珍藏本
纪念版

汉译世界学术名著丛书

拿破仑时代

上卷

〔法〕乔治·勒费弗尔 著

河北师范大学外语系《拿破仑时代》翻译组 译

端木正 校

2017年·北京

Georges Lefebvre
PEUPLES ET CIVILISATIONS XIV
NAPOLÉON
Sixième Edition
revue et mise à jour
Par
Albert Soboul
Presses Universitaires de France, Paris
1969
根据巴黎法兰西大学出版社修订第六版译出

汉译世界学术名著丛书
（120年纪念版·珍藏本）
出版说明

2017年2月11日，商务印书馆迎来120岁的生日。120年前，商务印书馆前贤怀揣文化救国的理想，抱持“昌明教育，开启民智”的使命，立足本土，放眼寰宇，以出版为津梁，沟通中西，为中国、为世界提供最富智慧的思想文化成果。无论世事白云苍狗，潮流左右激荡，甚至战火硝烟弥漫，始终践行学术报国之志，无改初心。

迻译世界各国学术名著，即其一端。早在20世纪初年便出版《原富》《天演论》等影响至今的代表性著作，1950年代后更致力于外国哲学和社会科学经典的译介，及至1980年代，辑为“汉译世界学术名著丛书”，汇涓为流，蔚为大观。丛书自1981年开始出版，历时三十余年，迄今已推出七百种，是我国现代出版史上规模最大、最为重要的学术翻译工程。

丛书所选之书，立场观点不囿于一派，学科领域不限于一门，皆为文明开启以来，各时代、各国家、各民族的思想与文化精粹，代表着人类已经到达过的精神境界。丛书系统译介世界学术经典，引领时代思想，为本土原创学术的发展提供丰富的文化滋养，为推动中国现代学术和现代化进程做出了突出的贡献。

为纪念商务印书馆成立120周年，我们整体推出“汉译世界学术名著丛书”120年纪念版的珍藏本，寄望既利于文化积累，又便于研读查考，同时向长期支持丛书出版的译者、编者和读者致以敬意。

两甲子后的今天，商务印书馆又站在了一个新的历史时间节点上。我们不仅要铭记先辈的身影和足迹，更须让我们的步伐充满新的时代精神。这是商务人代代相传的事业，更是与国家和民族的命运始终紧密相连的事业。我们责无旁贷，必须做好我们这代人的传承与创造，让我们的努力和成果不仅凝聚成民族文化的记忆，还能成为后来人可以接续的事业。唯此，才能不负前贤，无愧来者。

商务印书馆编辑部

2017年10月

出版说明

本书是法国出版的题为《民族与文明》丛书的第十四卷。《民族与文明》是一部以欧洲和法国为重点的世界通史丛书，其中第十三卷《法国革命》[①]和第十四卷《拿破仑时代》是乔治·勒费弗尔(Georges Lefebvre)撰写的。

乔治·勒费弗尔(1874—1959 年)是法国著名的资产阶级历史学家，他从 1914 年发表第一部关于法国革命的著作到逝世前的四十五年里，一直从事法国革命史的教学与研究。1932 年他继阿尔贝·马迪厄当选为"罗伯斯庇尔学会"会长和《法国革命年鉴》杂志主编，1935 年起在巴黎大学主讲法国革命史。勒费弗尔保持了马迪厄学派注重社会和经济问题和推崇雅各宾民主专政的史学传统。他对革命前和革命期间的农民问题有较深入的研究，著有《法国革命期间诺尔郡的农民》、《恐怖时期的农民问题》等著作。关于法国革命的各个阶段，也都有专著论述。

本书是勒费弗尔于三十年代初执教斯特拉斯堡大学时，边讲课边撰写的，1935 年完稿出版，到 1953 年已出了第四版。他的学

① 《法国革命》一书最初系由勒费弗尔与居约、萨尼亚克合著，1930 年初版；1951 年由勒费弗尔全部改写。从这一版起改由他单独署名出版，1968 年印行了第六版。

生阿尔贝·索布尔在他逝世后负责整理他的遗著，1965 年印行了由索布尔增订的第五版，1969 年值拿破仑诞生二百周年之际，又印了第六版。索布尔对原著正文增订不多，但对勒费弗尔开列的参考书目则有所补充。这部书从出版后四十多年来，一直被西方资产阶级史学界公认为关于这一时期历史的一部优秀著作，并译成多种文字。

本书不是一部拿破仑个人的传记，而是一部从拿破仑·波拿巴取得政权到他失败这段历史时期(1799—1815 年)的法国和欧洲的历史。作者不仅把拿破仑时期同法国大革命时期从纵的方面衔接起来，使读者看清这两个阶段的连续性，而且把拿破仑统治时期的法国放到世界史范围内加以考察，从横的方面同欧洲各国历史联系起来。勒费弗尔一方面肯定了拿破仑顺应历史潮流，在巩固资产阶级政治制度和推进资本主义发展方面的贡献，另一方面也指出了他与封建势力的妥协和对雅各宾派的压制。在论述拿破仑通过征战把法国大革命的成果推广到欧洲其他地区所起的积极影响时，作者也揭露了拿破仑建立欧洲甚至世界帝国的野心和他所进行的战争的扩张侵略和掠夺的性质。此外，本书对当时欧洲列强的争霸以及英国和俄国的扩张侵略政策也作了具体的分析和揭露。总的说来，作者对这段法国和欧洲历史的叙述比较全面细致，条理清晰，对当时法国国内外各种矛盾也有所剖析，对拿破仑本人性格的刻画，有些地方也是比较深刻的，有助于我们了解法国和欧洲的这段历史。

应该指出，勒费弗尔对于拿破仑的对外政策的分析是缺乏说服力的。尽管他也谈论法国同欧洲之间的社会、政治、思想的冲

突,法英、法俄争夺霸权的矛盾,以及欧洲民族主义反对法国统治的斗争,但是他没有紧紧抓住这些对立和冲突,进行阶级分析,揭示它们的转化规律,却认为拿破仑所追求的各种目的是互相矛盾的,因此断言:"没有任何合乎理性的解释可以把拿破仑的对外政策统一起来,……归根结底,还是要回到他的'野心'上来。"(161页)但是这种"野心"又是从哪里来的呢?作者无可奈何地又归之于拿破仑的"性格":"勇于冒险,迷于幻梦,任性冲动而不能自制"(同上),并概括地说:"拿破仑其人主要地就是他的气质。"(68 页)

我们并不否认一个英雄人物的性格对于历史发展所起的某种作用。马克思曾经指出:**"发展的加速和延缓在很大程度上是取决于这些'偶然性'的,其中也包括一开始就站在运动最前面的那些人物的性格这样一种'偶然情况'。"**[①]但是任何性格都脱离不了一个人的思想倾向,特别是政治思想,而政治思想也不可能是抽象的,超阶级的。拿破仑的称霸野心正是法国大资产阶级本性的集中表现。

勒费弗尔无法解释为什么拿破仑既满足了法国资产阶级的经济利益,同时又进行"没完没了的战争",以致损害了法国的民族利益。于是他又用"此人的性格较之他的天赋更不能安于和平与节制"(64 页)来说明。实际上,在当时欧洲的政治制度下,一国之所得就是他国之所失。而且每次战争总是以拿破仑作为胜利者强迫战败者接受自己的条件而告终,从而播下了新战争的种子。归根结底,拿破仑"野心"的根源不应从他的"浪漫主义"性格中去寻找,

① 《马克思致路·库格曼》,见《马克思恩格斯选集》中文版第 4 卷,第 393 页。

而应该从他作为大资产阶级代表的特殊政治观点和政治利益中去寻找。正如马克思指出:“**拿破仑已经了解到现代国家的真正本质;他已经懂得,资产阶级社会的无阻碍的发展、私人利益的自由运动等等是这种国家的基础。他决定承认和保护这一基础。**”[①]这就是说,拿破仑建立帝国这个政治上层建筑的真正目的,就是为了维护法国大资产阶级的利益,保护资本主义经济基础。但是,拿破仑的称霸野心又是无止境的,他把建立霸权看作最高的政治利益。“**只要资产阶级社会的最重要的物质利益(即商业和工业)一和他拿破仑的政治利益发生冲突,他也同样毫不珍惜它们。**”[②]正是拿破仑的不断战争论导致了法国的失败和帝国的崩溃。

作者还多次嘲弄“历史决定论”,宁愿强调偶然因素,例如他认为“拯救英国的不是自由主义经济的‘自然规律’,而是俄国的冬天。”(144 页)他也未能摆脱欧洲中心论的偏见,在涉及亚洲和中国的部分,他只把远东地区看成殖民和传教的对象,而抹杀了这个地区的独立发展。他还主观地推断,如果不是由于欧洲的战争,远东早已被西方列强侵占了,“欧洲的内讧拯救了远东达四分之一世纪有余!”(299 页)这些错误论点希望读者加以注意和批判。

原著书名为《拿破仑》,为了更符合本书的内容,中译本书名增加“时代”二字。本书原为一卷本,中译本分上下卷出版。上卷由河北师范大学外语系《拿破仑时代》翻译组根据美国哥伦比亚大学

① 马克思:《神圣家族》,《马克思恩格斯全集》中文版第 2 卷,第 157 页。

② 同上,第 158 页。

出版社 1969 年出版的英译本译出；下卷由中山大学《拿破仑时代》翻译组根据法文原著第六版译出。全书由中山大学历史系世界史教研室端木正同志根据法文原著参照英译本进行了校订。中译本除增加一些译注外，还选用了英译本的少量注释。

原著开列大量的参考书目，分别附在各编、各章节的页下。我们只择其要者选录，把参考书目集中附在上下卷正文后面。

原著索引全部译出，索引中的页码和译文旁边的页码均为原书页码。

1977 年 7 月

目　　录

第二编

内安法国　外和欧洲(1799—1802年)

第三编

提尔西特条约前帝国的对外征服(1802—1807年)

绪　言 1

当拿破仑·波拿巴取得法国政权的时候，法国大革命和欧洲已交战七年有余；除了短暂的间歇外，战争要一直延续到1815年。在这场战争中，雾月十八日本身并不具有划时代的意义。一般认为以亚眠和约带来的和平期间为界，把这场战争划分为两个时期，也许会更为合乎逻辑。但若论及法国国内历史时，则雾月政变无疑地使个人专权得以恢复，而就这一点来说，拿破仑时期和法国革命时期是迥然不同的。但是，这种不同并不能掩盖联系这两个时期的深刻的一致性。正是法国大革命使波拿巴能有如此非凡的命运；他之所以能把自己强加于共和制的法国，是因为只要旧制度的党徒还在勾结外国力图复辟，就有一种内在的需要注定这个国家要实行专政统治；波拿巴和救国委员会[①]在统治方法上存在有许多共同的特征，这些共同点比人们通常所愿承认的要多得多。他之所以能保持法国人领袖的地位，正是因为他尊重了制宪议会的社会立法成果；他的军事胜利保证了这些成果能够保持下去，并

① 救国委员会旧译“公安委员会”，1793年4月6日国民公会选举九人组成，权位在其他委员会和政府各部之上，7月27日罗伯斯庇尔加入后，救国委员会成为雅各宾专政的领导机构。热月反动后权力削弱，1795年10月27日解散。本书谈到救国委员会时，均指它在1793年7月至1794年7月发挥专政作用的时期。——译者

且使这些成果能够在法国永远根深蒂固。不仅如此，他的军事胜利还保证了把这些成果推广到欧洲各地，其迅速和功效，是宣传而尤其是自发传播所无从比拟的；如果他不曾把现代国家和现代社会的基本原则移植到他所控制过的各国，那么他以雷霆万钧之势所进行的许多征战是不会留下任何东西的。他曾致力于创建新的皇统和新的贵族阶层，但都枉费心机；在他同时代的人看来，他依然是法国大革命的战士，而他也正是作为这样一个人物而载入欧洲文明史册的。

然而，从他成为法国的主宰时起，他自然地就占据了世界历史
2 的中心地位，以致尽管他的统治与法国革命这一悲剧之间贯穿着深刻的一致性，我们对以他的上台为界标的传统分期方法，仍然不能置之不顾；本书采用的就是这种分期方法。

本书不是一本拿破仑的传记，这点几乎已毋庸赘述。正如这套通史其他各卷一样，本书不仅力图阐明法国人和拿破仑所征服过的各族人民共同生活的主要线索，而且力图阐明他所未能压制的各种独立力量所起的作用，以及他的权威所不及的各国的特征。英国和美国保持了它们的自由传统；资本主义继续在发展，不断壮大的资产阶级在准备夺取政权；宗教生活照样进行，拿破仑未能改变它的进程；他正在奠定基础的世界帝国已遭到各民族的反抗；尤其是在德意志，浪漫主义抚育了思想、认识和行动的新方式；拉丁美洲已在争取独立；这场欧洲大斗争的影响也不免一直波及远东，虽然这种影响不是正面的，因为如果欧洲不是被这场内部争战牵制住兵力的话，远东遭受欧洲的入侵就会早得多。透过拿破仑的天才所竭力造成的表面上的整齐划一，19 世纪变化多端的轮廓已

经端倪可察。这个时期虽然为时短暂，但在这段期间里，在拿破仑面前似乎一切都黯然失色，左右历史进程的正是此人。因此本书以他的名字命名也就不足为奇了。

第 一 编

革 命 的 遗 产

第一章　旧制度与革命的冲突

十年的演进，而尤其是战争，深刻地改变了法国革命的进程。
欧洲的面貌已经发生了明显的变化，法国领土向“自然疆界”的扩 4
张显然打破了欧洲的均势。波拿巴所接受的遗产对他的政策有重大影响。阿尔贝·索雷尔[①]认为波拿巴是他的命运的产物而不是他的命运的创造者；即使我们不同意这个论点，明确他所接受的遗产的一些特征还是适当的。

在这些特征中，最深刻的是法国革命从一开始就与欧洲之间的冲突。首先是社会冲突：特权阶级和受第三等级的其余阶层支持的资产阶级之间的冲突；其次是政治冲突：因为君主专制像特权一样受到了责难，此外，把贵族置于自己保护之下的帝王们，冒着和贵族同归于尽的危险。最后，还有宗教冲突，这种冲突是由于人们一般把法国革命理解为笛卡尔理性主义的产物而发生的，因为笛卡尔的无情批判摧毁了神秘和传统，人们认为这是构成旧制度的基础。各大国争夺霸权的斗争使上述各种冲突模糊起来，但却没有把这些冲突从当代人的意识中消除。这些冲突顽强地支配了

---

① 索雷尔（1842－1906 年），法国史学家，他的主要著作是八卷本《欧洲与法国革命》（1885－1904 年出版）。——译者

拿破仑时代的历史。

一、社会的和政治的冲突

热月9日以后，法国革命的退潮已经很明显了。共和三年(1795年)宪法使资产阶级掌握了政权，他们虽然真诚地拥护新秩序，但却反对民主，他们不能把民主和雅各宾主义的经验加以区别。他们同斯塔埃尔夫人和空论家们一道，设想了一种寡头政治，它比英国的寡头政治更加现代化，但在本质上相类似；它要在富人
5 的利益和“贤达”的智慧之间搞平衡。同时，资产阶级逐渐着手摧毁山岳党人的成果，甚至对制宪议会议员的成就也不放过。他们废除了家庭法庭和仲裁程序，恢复了债务监禁和公证人费。共和二年遗产继承法的“追溯既往”的特征消失了，私生子的权利受到了猛烈打击。国有产业[①]的出售，除对富人外，不再对任何人有利；共和七年，把那些被抵押的国有产业，无代价地给予了持有这些产业的人。村社公地的分配中止了；政府又力图把农民从1789年以来就自由使用的森林中驱逐出去。

但是这一切对于欧洲贵族来说，究竟有什么意义呢？尽管法国革命是为了争取资产阶级理想的实现，可是它仍旧是一场争取公民平等的革命。它的军队所到之处如比利时、莱茵地区、荷兰、瑞士，法国革命都摧毁了旧制度；教皇成了囚徒；奥伦治亲王、莱茵

① 字面意思是国家的财产，实际指法国革命时期国家从僧侣、贵族和其他人手里没收的财产。——英译者

的选侯们和瑞士的贵族们都逃跑了。只有苏沃洛夫的胜利夺回了意大利，恢复了那些正统王侯的地位。颠覆性的宣传秘密地渗入了法国的邻邦，到处都在议论法国农民的解放以及无套裤汉胜利的消息。作家和新闻记者所作的努力，其效果比不上这些不胫而走的传闻；他们几乎都由于恐怖时代的过激行动而感到幻灭，或者被迫沉默了。希望和法国人一致行动的人到处都能找到，例如在南部德意志就有。甚至在普鲁士，拒服劳役和抗交封建赋税的也越来越多。谣传国王将废除这些苛捐杂税；弗里德里希—威廉三世在即位时就收到了大批请愿书。在大洋的彼岸，纳里尼奥翻译了《人权宣言》；在美国，华盛顿及其随从怀疑杰佛逊和共和党人①已被平等狂毒害了。

各处的贵族，甚至在辉格党的各大家族中，都吓得惊慌失措而
聚集在国王的周围；各国的政府都加紧了控制。除了屈服于保罗
一世的残暴专制下的俄国之外，奥国是首屈一指的，因为在那里，
科洛雷多从此成了实行愚民政策的警察国家的化身，而梅特涅后
来又被认为是始作俑者。在普鲁士，直到弗里德里希—威廉二世
死前企图实行同样制度的沃尔纳险些被解职。在耶拿，费希特因 6
为宣传无神论而被控告，遭到了魏玛公爵的抛弃，并在1799年被
迫放弃了教授职位。在英国，1794年以后，人身保护法停止执行，
“煽动性的”社团和出版物也遭到了禁止。1799年，皮特强迫印刷
商表明他们的忠顺，把非法组织的成员流放七年。在美国，联邦党

① 美国资产阶级政党之一，于1791年由杰佛逊领导建立，1794年改名“民主共和党”，是1828年建立的民主党的前身。现在共和党的前身是汉密尔顿领导的联邦党。——译者

人利用和督政府断绝关系而通过了针对法国民主主义者的“移民法案”，还通过了针对社团和报纸的危害治安取缔条例。在拉丁美洲，已经有人为自由事业献出了生命。“雅各宾派”所激起的恐怖，虽然并非全无根据，但却是被人夸张了。那些少有的赞美法国的人，像康德、费希特和在着手批判伯尔尼的贵族和符腾堡的寡头政治的年青的黑格尔，都非常谨慎地规定自己只向往合法的与和平的进步。没有一个国家自发地效仿法国；传播法国革命原则的，就是法国的军队。

虽然反动势力很猖狂，但不能说它们谴责了所有的改革。开明专制已经表明：某些改革是可以同君主专制政体和贵族社会相调和的。旧制度的各国政府承认法国制宪议会的成就并非一无可取，因而羡慕法国行政上的统一和它对财政特权的废止。英国的例子进一步向欧洲大陆上的农业国表明了圈地的优越和农奴制的落后。然而，只有在德意志，尤其是在巴伐利亚和普鲁士才进行了改革，这种改革把西方影响和本国传统结合起来。

德意志的启蒙运动虽然在学者中间失去了威望，但已经教育了资产阶级和政府官员。在巴伐利亚新掌权的蒙特热拉伯爵就是启蒙运动的信徒之一。在柏林，奥国的大使尖刻地说过，普鲁士的官僚谴责法国的敌人想“把理性的统治从地球上清除掉”，而普鲁士的伟大正应是归因于理性的统治。普鲁士的高级文官形成了社团，事实上采用互荐的方法吸收成员，保持了强烈的团体精神。他们很不高兴地注视着国王不断扩大“内阁”权力，以致一切都由国王和他的“秘密顾问”来决定；国王及其“顾问”对西里西亚和波兰
7 的一些省份的亲自治理，曾在弗里德里希－威廉二世统治时期招

致了灾难性的后果。这些大官愿意把国王置于法治之下;1794年完成了弗里德里希法典起草工作的威廉·卡莫,就在法典中写入了关于个人自由、法官的终身任职以及宗教宽容等条文。他们同时也认识到:弗里德里希的国家实行的是农奴制,各省都珍惜自己的特殊制度,彼此为关税壁垒所分隔,都认为自己是一个自治的"民族",因而没有形成一个统一的国家。最后,像波罗的海沿岸各国一样,普鲁士二十几年来已经变成大量出口粮食和纺织品的国家;开明人士注意到,萨克森的农学家阿尔贝·塔埃开始把英国的农耕方法介绍到丹麦的范例。他们对亚当·斯密的经济自由主义同样感兴趣,这种学说在汉堡由比施讲授,在维也纳由瓦特罗特讲授,而在科尼希斯贝克以克里斯蒂安·克劳斯的讲授最为著名。他对这个君主国的两位杰出的治理者舍恩和施勒特尔产生了很大的影响。但是,最倾向于接受新思想的人都是普鲁士从德意志西部或国外招来的客卿:弗兰科尼亚的卡尔·阿尔滕施泰因,汉诺威的卡尔·冯·哈登堡——他治理安斯巴赫和拜罗伊特,从丹麦来的施特吕恩塞,尤其最重要的是莱茵帝国骑士的后裔施泰因,他在1804年出任大臣之前治理过克累弗和马尔克,这两个省从来没有采用过"普鲁士的制度"。

这还不是一切。和某些历史记载相反,施泰因和某些政治家仔细地考察了法国的实例,得出了这样的结论:如果让国民在法律、赋税和行政管理等问题上有一些发言权,政府就能增加力量和威望。然而,因为他们只把贵族和富有的资产阶级看做国民,所以他们就把注意力首先转向英国。在他们看来,在皮特的领导下,英国似乎已经把王室特权和宪法准则、党派竞争和维持

秩序与政府稳定、贵族优势和资产阶级野心、贵族利益和全国利益等等都协调起来。勋爵们的“私囊选区”、“腐朽选区”[①]保证了皮特在议会里获得多数，因而皮特也就迁就他们，但他并不同意
8 他们的偏见。在他提名晋封的九十五名贵族中，有很多“新人”，他们是银行和商业的巨头，他们使贵族恢复了生气，并帮助贵族保持富裕生活和活动能力。由于伯克的缘故，这种平衡和智慧的奇迹使得许多法国革命的敌人归附英国，尤其是像马莱·迪庞和德·伊韦尔努瓦那些资产阶级和新教徒出身的人。甚至在法国亡命者中间也有赞美英国的人。在德意志，亲英派在汉撒城市和汉诺威数以倍增是很自然的，汉诺威的格廷根大学完全受他们的支配。雷贝格和布兰德斯给施泰因介绍了英国的思想，而施泰因运用它充实自己的政治思想。我们能在威廉·冯·洪堡的个人主义教义中找到这种思想的痕迹，因为他主张国家只掌握警察和军权，而像在英国一样把其他各项管理职责都交给公民的自发组织；在洪堡的思想中，这就意味着使几乎全部社会生活置于贵族的保护之下。

特权阶级中大多数人像憎恨“雅各宾派”一样地憎恨这些改革家；面对着特权阶级的抗议，君主们动摇或退缩了。皮特本人就是一个例子。他虽然没有摈弃早年的计划，但却把它推迟到后来再实行。在奥国，约瑟夫二世的土地改革被利奥波德二世中止了，后者的继承人弗兰茨二世在 1798 年终于保留了封建义务和劳役。

---

① “私囊选区”指由一人或一家控制的议员选区。“腐朽选区”指具有同等选举权但居民比其他选区少得多的衰落选区。——译者

在里沃尼亚省[①]，保罗一世满足于使省议会通过某些和缓农奴制的措施；在多瑙河各公国，他的特派专员吉谢廖夫也没有更多的作为。在普鲁士，容克地主已经迫使弗里德里希－威廉二世修改弗里德里希法典。弗里德里希－威廉三世则很快地放弃了他在1798年考虑过的废止豁免赋税等财政特权的改革计划。的确，他在自己广大的领地上坚决地继续解放农民，并改革农业经济，但他不敢把这些改革扩展到领主们的领地上去。普鲁士的贵族仍然垄断着高官显职。1800年，在六七千名官员中只有六百九十五名出身平民。施泰因自己只在财政方面实行了一些技术性的改革；他甚至没有能够废除国内的关卡。

就这样，法国以外的改革家几乎和"雅各宾派"一样无能为力。只是拿破仑的统治，或者说，是他的军队的猛烈冲击，才使旧世界得到更新。因此法国一直成为欧洲帝王们和贵族的眼中钉。那不勒斯的玛丽亚－卡罗莉娜写道："我不同情，而且一辈子也不会同情法国人；我将永远把他们看成是杀害我的妹妹和王族的凶手[②]，是一切君主的迫害者。"德意志作家施托尔贝格把法国人称作"西方的匈奴"；英国的纳尔逊虽然不是出身于贵族，但也轻蔑地把他们叫做"法国坏蛋"。执政府和帝国虽然日趋保守，也一直没能使这些人显著地平息下来。关于反法联盟，过去惯用国家利益来解释，而将整个这场大搏斗归结为一个均势问题，或者归结为如皮特

① 里沃尼亚省在波罗的海沿岸，原以里加为省会，该省现分划入爱沙尼亚与拉脱维亚。——译者

② 玛丽亚－卡罗莉娜是上断头台的路易十六王后玛丽·安托瓦内特的亲姐姐。——译者

9

所说的安全问题。这个结论并不是没有道理的，因为对法国人的恶感从来没有妨碍过各国君主在认为有利的时候同法国打交道；但尽管如此，各国君主并没有放弃顽固的敌视态度，而且他们的亲信也一直公开表示他们对法国的憎恨。这是一个难以衡量而又不容轻视的因素。只是为了安抚辉格党人，托利党人自己才公开否认企图强加给法国一个由他们挑选的政府。1795 年 12 月 22 日，格伦维尔在和平条件中包括了大赦亡命者以及归还他们的产业，这就透露了他的真实思想。1800 年 1 月，他在和平条件中又增加了一条恢复君主政体。这位高贵的勋爵由于必须同共和派谈判而感到厌恶，因为他不能把他们看做是“正人君子”。而皮特不得不容忍那个被他在 1800 年 2 月 3 日称之为“革命彩票的最后冒险家”的人，这对他也绝不是件愉快的事。

二、思想的冲突

政治的和社会的反动必然会在思想界反映出来。权威和传统
10 再次流行起来，为数日增的作家和政论家公开地宣扬这些思想。
有些人是从信念出发，另一些人却由私利所驱使，因为各国政府都
11 认识到宣传的重要性，并为这个目的而拨了一些款项。在那些人
中，重要的是法国和日内瓦的亡命者，像里瓦罗尔和巴吕厄尔方
丈、德·伊韦尔努瓦和马莱·迪庞。在英国，坎宁由于出版《反雅
各宾》杂志而加入了这一行列。法国发生的事件通常都被用来对
12 人民进行恫吓。巴吕厄尔方丈一直很成功地恢复了霍夫曼对“光
明会”和共济会的攻击。但是某些作家在反对理性主义的批评中，

把为传统思想提供新的论据从而提高论战水平，视为一种个人荣誉攸关的事。

在这方面，并没有什么崭新的东西，因为18世纪期间由于休谟而变得保守、由于边沁而变得更加保守的英国的经验主义，曾想要重新树立权威和道德习俗。这个学说的论点是：正像理性能够通过观察和经验而找出物质世界的规律，并顺应这些规律而支配物质世界一样，理性也能够通过观察社会生活，从而证实传统制度由于能长期存在而完全符合“事物本质”。在伯克的哲学中，这种实用主义由于增加了从医学上借来的社会生机论而变得复杂起来，这种生机论18世纪在法国蒙彼利埃医学院讲授过，督政府时期由比夏讲授过。它认为人是由自发的幼芽发展而成的，这种幼 13
芽产生于一种被称为生命的非理性的力量。同样地，伯克把社会看成是一种植物或动物，而个人只是它的器官之一，因而社会的权威是作为个人的生存条件而强加在他身上的，他不能拒绝这种生存条件就像他不能拒绝身体的需要一样。这种和神秘主义混合起来的、有些类似浪漫主义的经验理性主义，从英国传到了德意志，对雷贝格和布兰德斯产生了强烈的影响。据说，早在1793年就翻译了伯克的《法国革命感言》的弗里德里希·冯·根茨，甚至梅特涅，都是从这个思想学派中得出他们自己的政治哲学的。

和这些思想非常接近的是路易·德·博纳尔和约瑟夫·德·梅斯特；1796年，前者的《政权与教权论》和后者的《法兰西论评》同时出版。他们也把个人放在从属于社会的地位，而且博纳尔也经常引据事物的本质，但他们都用上帝的创造来代替生机论。主张专制和威权的博纳尔像醉心天主教教义一样珍爱王政的传统；

他认为上帝为社会安排的结构是永恒不变的。具有历史感的约瑟夫·德·梅斯特，作为一个忠实的教皇至上论者，不大在乎世俗政府的形式；在他看来，上帝满足于以其无限明智和灵活手段来保护这个社会；因此，人必须在事实面前低头。

有时甚至连政治经济学也不免对崇高的理性进行攻击。马尔萨斯对当时的英国加以观察，在 1798 年他坚持认为，人类无限进步的概念只不过是一种妄想；因为尽管有科学技术的努力，人口增长的趋向仍然比生活资料的增长迅速得多。因此，有助于增加人口的一切社会改革只会产生加重祸害的恶果；而只有疾病、瘟疫、饥荒和战争才能调整人口和生活资料之间的平衡。可是，基本上是一个自由主义者的马尔萨斯，通过规劝穷人禁欲而找到了一种解脱。然而传统主义的思想家一致认为，马尔萨斯对孔多塞和戈德温的希望给予了致命的打击。

传统主义者把法国革命和理性主义等同起来，他们毫不迟疑地以理性主义所遇到过的最可怕的敌人，即仇视智慧至上的运动，来全力反对革命。这个曾经启发了卢梭和“狂飙运动”的运动，在
14 18 世纪末年正在向着通常被称为初期的德意志浪漫主义发展。笛卡尔的理性主义断定智慧将能够解释宇宙之谜，并且主张理性要保卫自己的自由，不受本能和感情的侵犯，而本能和感情则是受原子机械运动的物质所支配的。这是一种奋发努力的哲学，科学和幸福就是这种哲学的报酬。但是，总有一些神秘主义者期待着体验纯属天赐的启示的神迹；总有一些放荡不羁的人希望偶然的机会能给他们带来幸福，或者甚至在冒险中寻找乐趣；总还有一些艺术家倾向于想象和幻觉。现在，时代的车轮带来了新的一代，他

们为了赢得发迹的机会而探索崭新的东西。因此，他们恢复了感情的地位，提出了一套形而上学的提纲，这种形而上学赋予感情以通过直觉而达到"绝对"意境的能力，而认为理性是不能做到这一点的。有些哲学家具有与此完全相同的见解。特别是康德，他摧毁了笛卡尔的形而上学，然后又借助于道德感而创造了另一种形而上学，这种道德感归根到底就是神圣的直觉。

另一方面，一直没有被理性主义所窒息的神秘主义，在18世纪末期非常流行。它通过斯韦登堡、德·帕卡利斯和圣马丹的神灵学得到了广泛的流传，并且开始渗入到共济会和光明会教义里。它伪装立足于科学理论和科学发现：从医学上它也借用了生机论，从物理学上借用了磁力学，磁性也被认为是一种非理性的力量。梅斯梅尔的讲道坛像梦游一样，使精神达到恍惚昏迷的状态，于是精神便接触到超自然的世界了。甚至天主教教义也不能使约瑟夫·德·梅斯特那样虔诚的教徒不受神秘主义的诱惑。

然而，对于任何一个这样的运动，如果只考虑到它的思想意识，而不考虑到它的拥护者的气质和社会状况的话，就不能看出它的深度。大多数神秘主义者都不能使自己适应社会环境，或者去适应而还没有成功。他们之中包括病患者和精神不安者，这些人内心空虚，一筹莫展，便注定了他们陷入忧郁，甚至自杀；也包括一些青年人，他们渴望自立和欢乐，但却受到社会的限制因而愤激；还包括那些谋求出路的人，他们受到那些因地位、财产或名望而享有特权者的阻塞而不能得志。这些人想使扶善锄恶的"绿林好汉"的形象理想化，那是不足为奇的；其中很多人后来由于年龄和成就而变得聪明起来，那也不使人感到意外。过去总有一些"浪漫主义

者”,但在 18 世纪,这些人数以倍增,因为资产阶级的兴起打乱了原有的社会结构,越来越多的有才干但很贫穷的青年人变得愤世嫉俗或是心灰意冷。

文学和艺术或多或少受到反理性主义的反动影响。法国人以理性的名义,强制人们接受一些严格的美学准则,这些准则大大限制了人们发挥独创性的机会。法国作品成为各地的样板,因而评论家们,尤其是德意志的评论家,就很容易把这种“古典”艺术斥责为外国进口货。在文学艺术这个领域里,没有修养的个人主义者有获得成功的许多机会而很少需要冒险,而且实际上还大有成名的希望。在大自然中,在不为人熟知的国度里,在东方、中国和美洲,或在被遗忘了的过去的著作中,有人到处寻觅新意创见。英格兰人和苏格兰人心醉神迷地欢迎伪造的奥西安的诗①,法国人发明了“行吟诗体”。文学体裁的分门别类遭到攻击,法国古典戏剧中的时间、地点和情节的三一律也遭到攻击,而莎士比亚则被人用来证明这一切攻击都是正确的。为了摈弃 17 世纪的审美观点,甚至引证刚刚开始发现的希腊精神。变化较少的造型艺术没有得到同样程度的解放。18 世纪末,从古代和意大利文艺复兴中寻找源泉的古典精神,由于达维德和卡诺瓦的天才,再度赢得了胜利。与此相反,器乐的发展有力地激发了新精神。器乐是现代的艺术,它创造了自己的规律,而且因为它采用的方法是暗示而不是描绘,同时它的感染力主要是感觉上和情绪上的,所以就特别富于浪漫

① 《奥西安诗选》是苏格兰作家麦克孚生在 1760 年伪造出版的。奥西安是传说中公元 3 世纪的苏格兰吟游诗人,麦克孚生假托是从古代凯尔特语翻译来的,其实是他自己写的。诗歌情调哀怨悱恻,风行一时,也为波拿巴所爱好。——译者

色彩。

革命的大动荡似乎在许多方面必然有利于这种新精神。法国革命解放了个人，并向一切传统宣战，宣告了出版和戏剧演出的自由，取缔了以确保古典清规戒律为己任的特权团体。革命激发了人们的热情，它的瞬息万变和恐怖转折使很多人心慌意乱，他们对变幻无常和情节恐怖的东西养成了一种病态的癖好，安娜·拉德克里夫的小说风靡一时就足以证明这种倾向。最后，法国革命使一种悲剧感又流行起来，这是从许许多多的不幸事件的景象以及人对大自然和命运的无情力量作斗争的景象中产生的。然而这个运动并不是在各地都产生了同样的影响。

欧洲南部各国当时几乎还没有受到影响；甚至在法国和英国， 16
浪漫主义也没有取得多大的进展。尽管有威廉·考珀和湖畔诗人[①]，1800 年左右在英国风行起来的却是威廉·海利的古典主义，而乔治·克雷布则仍忠于朴实适中的现实主义。在法国，革命的激情鼓舞了演说词和歌曲的写作，但它没有使戏剧、小说和诗恢复生气。这种情况的出现很可能是由于政治和社会方面的原因。在英法两国，青年人在思考和艺术的范围之外，找到了活动的领域。在英国，他们被商业和议会政治所吸引，而反对法国的斗争又渐渐加强了对英国国教的信仰。华兹华斯、科尔里奇和索赛在被社会孤立的压力下，最后屈服了。在法国，青年人或者参加革命队伍，或者亡命国外。到 1815 年止，战争一直在吸引着他们的想象力，

① 由于华兹华斯、科尔里奇和索赛三位诗人都住在英国北部的沿湖区域，因此被称为“湖畔诗人”或“湖畔派”。——译者

诱使他们追逐荣誉和财富。拿破仑本人就是个浪漫主义诗人，后来转化成一位活动家，夏托勃里昂则没有经历同样的转化，这对于他来说并不是必须如此。

德意志的情况有所不同，它仍旧被束缚在中世纪的框框里。热情而意志脆弱的弗里德里希·施勒格尔是和韦尼奥[①]同类的人，他原来并不熟知革命，就连战争也没有能吸引他；因为德意志的爱国主义当时还不是政治性的，只是领导政治的那些王侯和贵族的事。

事实上，德意志的两位大诗人歌德和席勒在度过狂热的青年时期之后，也随波逐流，前者成为魏玛公国查理一奥古斯特的大臣，后者成为耶拿的教授。他们研究了古希腊，宣称发现了怎样能使人的不同倾向在艺术领域内和谐起来，即使生命的活力与激情同理性调和起来。他们的新人文主义号召个人自我孤立起来，以便“整体”地自我教养；这种人文主义在哲学上倾向于泛神论观点，在一段时期里产生了强烈的吸引力：《威廉·迈斯特》(1794－1796年)、《沃伦斯坦》三部曲(1798－1799 年)和《钟之歌》(1799 年)等杰作引人入胜，传诵一时。威廉·冯·洪堡投入了古典主义运动，弗里德里希·赫尔德林也并非置身于这个运动之外。

然而，这种吸引力是短暂的，这也不是偶然的现象。在任何其他国家，神秘主义都没有这样强大。它是路德教派的核心；通过虔信派和摩拉维亚修士派，人们可以发现 17 世纪的鞋匠和通神论者

① 韦尼奥(1753－1793 年)是法国革命中的演说家，吉伦特派头面人物，1793 年 10 月上断头台。——译者

雅各布·伯梅和浪漫主义者之间的联系。像亚伯拉罕·维尔纳、 17
卡尔·里特尔和弗朗茨·巴德尔这样的学者都读过伯梅的著作，他们以自己对他的著作的实际理解，竟作了一些最意想不到的象征性的解释。康德之后，直觉主义继续在德意志哲学中占据着越来越重要的地位，终于把哲学引到了先验论的唯心主义。费希特在1794年出版的《知识学基础》一书中，通过精神的洞察力，把“自我”当做纯粹活动中出现的唯一真实。然后，他又树立了“非我”，以便给“自我”提供一个企图吸收“非我”的动机。后来，谢林又赋予“非我”一种独立的存在，尽管这种存在纯粹是唯心主义的。他相信自然和“自我”只是“绝对”的两个方面，这两个方面的无意识的同一性被思考所分开，但是艺术家的天才可以通过直觉掌握它们，并把它们在作品中表现出来。最后，音乐在德意志达到了空前的繁荣。海顿那时候正在创作他的最伟大的乐曲《四季》和《创世纪》，他的艺术仍然散发着18世纪的满面春风的充满信心的乐观主义的气息。另一方面，贝多芬的悲剧精神已在他某些初期的奏鸣曲中有所激发。

18世纪将近结束之前，一群脱离了歌德以及更脱离了席勒的人，把“浪漫主义者”和“浪漫主义”作为他们号召的旗帜，并且因而取得了成功。1798年，弗里德里希·施勒格尔在他的兄弟奥古斯特的帮助下，在柏林发行了一个叫做《雅典娜神殿》的杂志，这份杂志出版了三年。他们1798年在德累斯顿，1799年又在耶拿（奥古斯特在这里任教）会见了诺瓦利（他的真名是冯·哈登堡男爵）、谢林和蒂克。当时，蒂克刚刚出版《一个艺术之友、世俗修士的倾诉》，这部著作是他的一位早逝的朋友威廉·瓦肯罗德遗留给他

的。他们共同议论出一种哲学，1804 年弗里德里希·施勒格尔在他的文学教程里采用了这种哲学，但是它本身却始终没有形成一个系统的、连贯的思想。由于他们都是古典作品的门徒，他们首先把世界看成是生命力创造物的无穷无尽的变化。在谢林和其他学者的影响下，他们把“普遍同情”的概念引入了他们的哲学，这种同情，例如在化学的亲和力中、在磁力中和人类之爱中，到处都显示出来。后来，他们被施莱尔马歇倾吐的宗教思想所感动，从伯梅那里借用了“中心”的概念；所谓“中心”就是世界的灵魂和神圣的原则。无论如何，只有天才的艺术家通过直觉，或甚至通过梦幻和魔术，才能接近真正的现实：在他的手里，这种神秘的体验转化成艺
18 术品。这是一种奇迹哲学，诗人变成了传教士。不幸的是：还不能说有人真正地创造过这种奇迹，因为这些浪漫主义者没有留下伟大的作品，最好的也不过是诺瓦利的那些作品，其中主要的是《夜之颂歌》(1798—1799 年)。

然而他们的确播下了丰富的思想种子。在这方面，1801 年至 1804 年间，奥古斯特·施莱格尔在柏林的一些讲演起了重要的作用。在那些演讲里，他给浪漫主义下了定义，并且宣称艺术是一个民族生活的最高表现形式，是民族灵魂的象征。施莱格尔给历史以这样的教训：美没有普遍性，研究和欣赏艺术必须首先联系艺术产生的环境。至于民族，它本身必然导致出这样的结论：为了达到完全的民族自觉，最好的措施莫过于研究民族的历史遗迹。已经开始政治复兴和社会复兴的德意志，正是通过浪漫主义运动，才也成为欧洲思想的一个中心。浪漫主义运动波及法国较晚，但传到英国却很快。已经发现直觉功效的科尔里奇在德意志旅行时，开

始接触到浪漫主义哲学，并且满脑子吸收了这种哲学思想。

浪漫主义本身不是一种政治学说，但是因为它像在其他领域里一样，在政治方面也依赖于情感，所以它的信徒们也就随遇而安。随着反动势力的得势，浪漫主义的信徒也大有作为，他们很快便成为狂热的反革命分子。此外，他们从历史上发现了神圣罗马帝国和教皇统治。从1799年起，诺瓦利就歌颂为中世纪大增光彩的基督教的统一；天主教的祷告书和音乐使他们深受感动，诺瓦利并且为圣母玛利亚写了一首赞美诗。他自己仍然是新教徒，但由于在奥国有做官机会，而且奥国比较坚决抵抗拿破仑，所以诺瓦利的许多朋友就为奥国服务，而且改信了天主教。

不管这些思想是多么值得注意，但却决不能夸大它们对舆论的影响。大多数憎恶法国革命的人并不是由于哲学的动机所促使，假如他们感到需要哲学，他们总是到宗教里去寻找。18世纪末年宗教势力一度重振，它得力于保守的实用主义和多情善感的直觉主义的赞助，但它也是自行滋长起来的。贵族像聚集在君主政体周围一样，深感与国教休戚相关，并且同意这样的看法：魔鬼
就是雅各宾派的始祖。此外，大灾大难和旷日持久的战争总是把 19
那些心神不安和胆战心惊的群众引回到祭坛面前。

天主教亟需这样的复兴，因为，它首当其冲，创巨痛深。法国及其所占领各国只不过是“传教区”而已。在德意志，新的灾难迫在眉睫：巴塞尔条约和坎波福米奥条约宣告了一项普遍的世俗化运动的来临，而甚至反对革命的新教徒也都热心地盼望“把黑袍军赶出莱茵河地区”。另一方面，开明专制一直把教会置于自己的监护之下。在德意志和奥国，国家在大学里培养僧侣，并把教区神甫

更多地视为小学教师而不是教士；在西班牙，戈多伊的继任者萨尔维拉和乌尔基霍，从1798年以来就一直以哲学家自命；1799年，禁止向罗马教皇法庭上诉，要开辟财源时就想攫取教会的产业。庇护六世作为督政府的俘虏刚刚死去，奥国几乎不掩饰它想和那不勒斯王国一起瓜分罗马教皇世俗领地的愿望。可是同敌人的期望相反，教会的不幸反而变得对它有利，因为不幸引起了同情。英国热情地迎接了被放逐的法国神甫，这些人后来为英国天主教的复兴播下了第一批种子。伯克为了同爱尔兰人妥协，也一直不停地主张他们应享有宗教自由。在德意志，明斯特一个叫做"神圣家族"的热心的小组聚集在菲尔斯滕贝格和奥韦尔贝格的周围，哥里津郡主和蒙塔居侯爵夫人（拉法叶特夫人的姊妹）这样的人物也活跃在这个小团体里。对于他们来说，施托尔贝格在1800年的改变信仰是一个大有希望的喜讯。俄国皇帝保罗一世也激起了很大的希望。约瑟夫·德·梅斯特和格律贝尔神甫已经说服他要求重建耶稣会，而且他已经把马耳他骑士团置于自己的保护之下，并被选为骑士团的首领。

直到这时几乎还没有受到法国革命触动的新教，从宗教的恢复中得到的全是好处。在德意志，施莱尔马歇在他1799年出版的《论宗教》一书中，重新激发了新教的神秘的热情，而威廉·瓦肯罗德和浪漫主义者正在通过美学直观的方法寻找他们返回宗教的道路。在荷尔斯泰因的恩肯多夫，雷文特洛是一个虔诚的团体的领导人，这个团体和明斯特的"神圣家族"很相似。施托尔贝格在改变信仰之前曾在这里面待过，甚至天主教徒波塔利斯也和这个团体有联系，他在签订教务专约后出任宗教大臣。在英国，卫斯理已

于1791年逝世；他既建立世俗传教士制度，又创立了一个互选补 20
充成员的教阶组织，从而使循道教派更加接近英国国教。① 这种情况在1797年引起了循道会派内部的第一次分裂，可是这个教派由于在群众中煽动神秘主义而继续得到发展。循道教派对“非英国国教信徒”②产生了深远的影响。浸礼会派③由于效仿循道教派的做法而得到了进展，而普利斯特利的索西教④的长老派和普赖斯的理性主义的长老派却在迅速衰亡中。甚至在英国国教中也形成了一个福音派的小核心，其中最出名的是威尔伯福斯，他们想使国教恢复生气，但是没有成功。复振后的非英国国教信徒抛弃了对法国革命的同情，他们对于人民群众的保守的影响即使有被夸大之处，但这种影响的存在也是无可争辩的。

法国似乎依然是世界上理性主义的堡垒，至少是在批判的形式下，反对传统和基督教，就像18世纪所采取的形式一样。理性主义的代言人德斯蒂·德·特拉西、卡巴尼斯、多弩和沃尔内，都固守在国民公会设立的科学总院和高等学校的重要机构里。他们通过然格内控制着《哲学旬刊》，他们的门徒在各个中心学校里任教，这种学校几乎在所有的郡里都成立了。然而理性主义正在起

---

① 约翰·卫斯理（1703—1791年），英国牧师，1729年在牛津创立循道教派（我国也译作“卫理公会”、“监理会”），虽反对英国国教腐化而自立山头，但卫斯理晚年又渐接近英国国教，现在成为基督教主要派别之一。——译者

② “非英国国教信徒”（dissent）指不奉国教的其他各教派的新教徒。——译者

③ 浸礼会派（也译作“浸信会”）出现于17世纪，主张只为成年人施洗礼。——译者

④ 索西（1525—1562年）是意大利新教徒，反对耶稣的神性，开创了一个异端教派。——译者

变化。“空论家”中少数仍然是唯物主义者，大多数也不再留意形而上学，而在科学的影响下，只注意对现象的研究，日趋倾向于经验实证主义。因为法国革命在公共教育中给科学以显著的地位，所以科学在法国很兴盛。德斯蒂·德·特拉西和卡巴尼斯打算建立一种思想的科学，一种从形而上学分离开来，却和生理学联系起来的心理学。加尼埃和萨伊研究政治经济学也想发展成为实验科学，但是基础不够。这是一个内容丰富多彩的运动，但是直到很久以后它才充分展开。此外，这种实证主义由于反映了百科全书派的精神，因此与英国的经验主义大不相同。这种实证主义也出现在拉普拉斯的《宇宙体系解说》中，出现在拉马克攻击生机论的著作中，以及迪皮伊的《一切宗教的起源》中。虽然从社会观点看来，政府和共和派资产阶级日益变成保守派，但他们却仍然敌视基督
21 教。在人民群众中，宗教习惯的确大大淡薄了，因为红衣主教孔萨尔维在签订教务专约时写道：“大多数人民都是冷漠的。”

然而，不应该忘记，在18世纪，理性主义哲学不但远没有被所有法国人接受而且遭到许多通常缺乏才能却并不缺乏读者的作家的攻击。在革命大动荡的高潮中，传统的卫道士不仅没有放弃自己的信仰，反而变得更加顽固了。他们的队伍由于一部分老资产阶级分子的参加而扩大了，这些人被通货膨胀搞得破了产，因而产生了对新思想的厌恶。法国也没有免于受到神秘的和情感的直觉主义的影响。神灵学在法国拥有一批忠实信徒，到1800年左右特别是在里昂和阿尔萨斯最盛行；在里昂是以韦雷尔莫兹为中心人物，在阿尔萨斯，奥贝兰把神灵学和德意志的影响结合在一起。事实上，感情的哲学只是在法国才找到了它的最优秀和最有影响的

首领；因为卢梭的吸引力一直没有消失，相反，摈弃他的政治理论的人恰恰是那些最热衷于在文学和宗教方面把感情置于首位的人，夏托勃里昂就是一个有名的例子。最后，像在其他各地一样，有些法国人重新皈依天主教是像儒贝尔一样由于感情的缘故；或者是像丰塔内一样出于保守思想；或者是像罗兰夫人的朋友邦卡尔·德·伊萨尔一样，仅仅是为了寻求一种慰藉。后来，当波拿巴改弦易辙而和教皇订立教务专约的时候，这些人都支持他，尽管遭到那些原来拥戴他上台的人的反对，甚至也违背了他自己军队的意志。

如果理性主义的传播因此而达到了它的极限的话，那并不是由于反革命的实用主义起了作用，因为博纳尔和德·梅斯特的著作是在国外出版的，还没有输入法国；德意志的思想也没有什么影响。法国的浪漫主义没有它的哲学；甚至在艺术上也没有取代古典主义。人们阅读北方文学只是为了要发现可以利用的主题，或者为了欣赏它生动的描绘，或者观摩它刻画感情的笔法。当时最流行的是"奥西安"的诗，玛利一约瑟夫·谢尼埃把它译成了法文。在"奥西安"著作的影响下，阿尔诺写了《奥斯卡》和《高卢人之歌》。波拿巴也和别人一样喜爱"奥西安"的著作。但在1800年，当斯塔埃尔夫人第一次把北方文学和南方文学加以对照时，她只奉劝法 22
国古典主义者从北方文学那里摹仿那种忧郁伤感的情调。法国公众中的大多数对哲学上的理性主义与传统的冲突仍然漠不关心，而这种重要情况的确最能说明波拿巴的成就了。那些从出售国有产业中、靠投机和政府合同而发财致富的、不学无术的新的资产阶级暴发户很少关心伯尼奥所说的"原则病"。政府中那些出身旧贵

族的人，像巴拉斯和塔列朗等，都是被公认的贪污腐化分子和叛卖的专家，他们对此表现了冷嘲热讽的蔑视态度。经常出入于塔利昂夫人、阿姆兰夫人或者雷卡米埃夫人的时髦沙龙的上层人物所想的只是寻欢作乐。更为严重的是，在动乱中成长起来的年轻一代，学浅识少还不以为忧；这一代人是现实主义者，他们只想出人头地的发迹问题；战争为他们开辟了一条成功之路，而勇气则是一个足够的条件。只要波拿巴无往而不胜，这些现实主义者就听任波拿巴为所欲为，但即便如此，他们也决不愿恢复旧制度。他们对各种思想都漠不关心，把法国革命的成就当做既成事实来接受下来，因为他们从革命成就中或多或少也得到好处。因此，全国大多数人始终忠于革命事业，而法国和欧洲之间的鸿沟则继续存在下去。

三、民族的觉醒

法国革命和旧制度之间的斗争具有普遍性，它是阶级对阶级
的战争，民族情绪起初似乎还没有起作用。而且在 18 世纪里，人
23 们并不认为这种感情是重要的。君主们和各个分支的贵族构成了
一个统治者的世界性的社会；他们不考虑各民族的起源特性，把各
族人民当做交他们看管的羊群一样地彼此瓜分；当时有国家而没
有民族。尽管有见识的资产阶级很明白人类可以分为各种不同的
种族，但他们基本上把人类看成是能够具有共同文明的一个整体；
而且，虽然理性主义使基督教世界的概念世俗化了，但却也使这个
概念延续长存下去。法国革命一开始，路易十六就呼吁各国君主

团结一致，而且法国亡命者也向所有贵族发出了同样的呼吁。这种呼吁并不是毫无效果的。1790年以来，伯克就鼓吹建立反对法国革命的十字军，1800年左右弗朗索瓦·德·伊韦尔努瓦也这样地鼓吹过。同样，对革命者来说，所有的人都是兄弟，所有的暴君都是他们的敌人。直到1815年，斗争大致都保持着这种特性；法国在国外始终有一些朋友，而在国内，也始终存在着一些不可调和的敌人。

法国革命号召人民起来治理自己，根据同样的原则，它确实也唤起了民族的意识。革命党人自豪地把自己称作"爱国者"；对他们说来，法国是"民族"。然而，当革命一开始他们深信一切民族都会欢迎法国的福音，并且深信，这样一来，文明就会保持它的普遍性。他们从没有想到各民族会变成敌人，他们深信只是暴君才挑起了战争，民主能给所有的人带来和平与博爱。相反地，君主和贵族都敌视民族这个概念，因为它好像是与人民主权和公民平等联系在一起——"民族这个词，听起来像雅各宾"。在尼德兰，贵族和僧侣宁可回到奥国的奴役之下，也不愿意丧失他们的特权。在波兰，同样的恐惧削弱了民族反抗的事业。在匈牙利，豪绅们仍旧忠于哈布斯堡皇室，这些人一旦被允许对农民为所欲为时，他们甚至自愿局部日耳曼化。至于君主们，他们除了自己的利益以外，仍然什么也不考虑。他们完成了瓜分波兰。匈牙利议会要求维也纳做出一些让步：以匈牙利语为官方语言，给以关税的优惠待遇，以及通过合并达尔马提亚或阜姆以便取得出海的通道，可是这一切都毫无结果。尽管匈牙利摄政王约瑟夫大公多次提出建议，但皇帝弗兰茨二世却对这些要求

置若罔闻。爱尔兰在1798年爆发了起义，皮特决心摧毁爱尔兰
24 还残存的独立地位，取消了都柏林的政府和议会。此后，一百名爱尔兰议员和三十二名爱尔兰勋爵便参加了英国议会。这个岛屿保留了它的债务和国内税收，但要负担帝国的开支十七分之二。英国答应向爱尔兰开放英国市场，更重要的是皮特在康华里总督和卡斯尔雷子爵罗伯特·斯图尔特国务大臣的支持下，透露了他的企图，即要废除禁止天主教徒参加议会的“宣誓条例”；[①]他甚至还暗示把天主教“树立”为爱尔兰国教的可能性，如果政府有权对主教的选择进行监督的话。对这一点，有十个主教表示同意。而只是这一点，就足以使很多爱尔兰的新教徒起来反对合并，这些人起初由于害怕曾拥护过这个合并计划。皮特无奈，只好采取分封爵位和奉送大量金钱进行贿赂，不过这些钱还是出自爱尔兰身上。合并问题终于在1800年2月5日在都柏林表决通过，5月间在伦敦得到了批准。

逐渐引起从世界主义转变到民族主义的是战争。受到各方面攻击的法国人，首先从自己的思想上倒退了。他们蔑视那些仍然处于“奴隶”地位的外国人，而以自己是一个“伟大的民族”，而自高自大起来。共和国在转向对外征服的时候，利用这种感情来激发自豪感和自利心；然而，这种感情同时也就开始背离革命的理想主义，从而失去了它的纯洁性。波拿巴从一开始就喜欢这种大大有

① 英国宗教改革后通过的一系列法律，总的内容是除英国国教徒外，任何人不得充任公职，要求文武官员就职时均须宣誓效忠英王，承认英王为教会最高首领等等，爱尔兰天主教徒对此反感极大。英国到1829年，爱尔兰到1871年才废除此项法律。——译者

利于他准备执掌政权的演变。与此同时，英国由于对法国作战，最后也染上了民族狂热症。起初，仍留在辉格党内的人士在福克斯的领导下附和了民众各阶级的情绪，认为战争只是皮特和托利党的事。但是当法国准备入侵爱尔兰，并且去征服埃及的时候，情绪就开始转变了。对瑞士的入侵改变了科尔里奇的态度，他在《法兰西咏歌》中斥责背信弃义与不敬神奉教的敌人是轻浮与残酷的民族。从这时起，皮特就能要求全国作出努力了，但在公众情绪改变以前，他慎重地还没有这样做。

同时，法国在荷兰、西沙尔平共和国[①]和瑞士根除了旧制度，从而实现了领土统一和国家统一；这就促进了这些地方民族情绪的觉醒和发展。法国的干预特别有利于意大利，那里的民族统一派比通常人们所想象的要多得多，他们突然意识到自己的存在。但是，法国迫于战争的需要，把这些国度当做前哨阵地来对待，而 25
它们由于担负了供应法国军需的重担，不久就体会到独立的价值。于是，罗伯斯庇尔曾预见到的一种致命的逆转局面出现了：法国引起了这些国家的仇视。1799 年当俄国人和奥国人侵入意大利的时候，他们被当做解放者而受到了欢迎。这种危险还不太大，因为德意志还没有受到影响。虽然文学艺术的蓬勃发展，以及浪漫主义所激起的“回到过去”的思潮，都在知识界大大激发了民族情感，但这种民族情感还没有采取政治的形式。同政治上已经组织起来的民族，及这些民族之间的野蛮厮杀相对照，德意志是个“文化之邦”；德意志人甚至从自己弱点中找出优越性和神圣使命。这种傲

① 意即(阿尔卑斯山)山内共和国。——译者

慢的自甘落后态度在法国入侵以后就不复存在了。

同时，针对法国革命的民族概念，德意志已经提出自己的民族概念，法国人认为，民族实际上建立在契约的基础上；虽然并不忽视决定个人选择的自然条件和历史条件，但是民族是在个人自愿加入的“结盟”公约的基础上建立起来的。相反地，赫德尔和他以后的浪漫主义运动，都把民族视为一个有生命的存在，像其他的生物一样，也是从生命力（即“民族精神”）的无意识的活动中产生的。风俗习惯、生活方式、语言、民歌以及艺术，无非都是这种“民族精神”的表现。我们再次发现，德意志处在欧洲发展转化的中心。它将成为反对革命法国的集结地，这不仅因为它作为一个民族出现，而且还因为它提出了一种不同的民族概念——民族是一种集体存在；在这种集体存在中，个人丧失了全部自主权，而自由，则像神秘主义所认为的那样，存在于愉快的逆来顺受之中；这种集体存在否认理性主义的普遍性的文明，并且赋予自己的需要和激情以神圣的价值。

大约在同一时期，日本也出现了同样的发展。在那里，汉学学者早就赋予他们的讲学以批判的理性主义的调子；他们争论天皇的祖先是否是太阳，他们宣称：天神并不承认人与人之间的差别。但是18世纪中叶以来，在贺茂真渊和他的门徒本居宣长（死于1801年）的领导下，日本重现了一种神秘主义和感伤主义的思潮，这种思潮在尊崇佛教和它的戒律的同时，重新树立起神道和这个民族过去的威望。这个运动的政治影响非常深远。按照这些革新
26 者的意见，天皇又成为天神之子，幕府将军成为篡权者，日本人成为注定要统治一个世界帝国的优等民族。在松平定信的独裁和改

良的摄政(到1793年为止)之后,幕府将军德川家齐[①]同京都宫廷和解了。尽管如此,皇室革命的种子还是播下了。在这里又看出人类思想中两种永恒的趋势在交替,这是不足为奇的;然而,由于欧洲和远东之间还没有文化上的联系,处于世界两端的这种不谋而合的情况却是很值得注意的。

① 原著误为德川家治(Iyeharou,1736—1786年),现改为家齐(Iyenari,1773—1841年),家治是第十代将军(1760—1786年在职),而第十一代将军家齐在1787年继位,因未成年始有松平定信摄政,1793年家齐成年而摄政结束。原著第四版(1953年)索引有Iyenari,而无Iyeharou是对的,但第六版(1969年)索引却只有Iyeharou,便与正文同误。——译者

27 第二章　战争的后果与和平的条件

由于不存在民族仇恨的问题，各国的传统野心从一开始就使法国和欧洲的冲突复杂化起来。反法同盟各国投入战争时，不仅仅是要扼杀法国革命：大陆列强还要肢解法国，英国要夺取法国的殖民地并摧毁它的商业和海军，以便有利地结束从路易十四以来的英法竞争，并恢复它那由于美国独立战争而受到危害的海上霸权。但是，18 世纪期间使列强彼此冲突的问题并没有全部解决：普奥同盟终于因波兰问题而垮台；俄国在东方和地中海的野心使皮特忐忑不安；西班牙一直对英国心怀忧惧。各同盟国从来没有有效地使彼此的作战努力协调起来；他们各自所得到的利益是悬殊的，这只能有助于加深他们的分裂。大陆各国被打败了；法国能够同普鲁士议和，并且能把西班牙争取过来，同自己结盟，还能够到达和越过它的“自然疆界”。1799 年，第二次反法同盟又夺回了
28 意大利和瑞士的一部分，但像第一次反法同盟一样，它本身已处于瓦解之中。相反地，英国在海上取得胜利，但它缺乏陆军，因而不能靠自己的力量打败法国，它的经济形势也不是没有弱点的。问题在于，从欧洲的分裂中得到了好处的法国，能否取得胜利并获得持久和平，以保持它的“自然疆界”。所有研究拿破仑的史学家都认为，这是支配他的命运的问题。

一、大陆各国

欧洲各国的君主都是非常庸碌无能的：在奥国，弗兰茨二世是一个虚有其表的庄严君主，他不重用他的兄弟查理大公，而愿和他的忠诚的但能力有限的首席顾问大臣科洛雷多伯爵一起指挥一切。在普鲁士，弗里德里希－威廉三世是一个诚实、善良但却不大机敏的人，他虽然优柔寡断，但却极力维护自己的权威。俄国的保罗一世，是个半疯的人，残忍而反复无常。甚至战争也没有使这些 29
君主们学到什么教训。例如，奥国仍旧实行强制在农民中招募或以抽签的办法来征召新兵，仍是终身服役。军官差不多都是贵族，他们仍旧是购买军职。1798 年，查理大公打算把团改编为师，但是战争迫使他放弃了这个计划。无论是战术、战略，或是后勤供应，都没有任何改进。

大陆各国并不缺乏兵员。据估计，从 1792 年到 1799 年，他们的损失是：死亡十四万人，受伤二十万人，被俘十五万人；这个数字无疑是很庞大的，但他们的人力远远没有耗尽。最缺乏的是钱。在奥国，尽管增加了赋税，但年度赤字却从约瑟夫二世统治末期的二千万盾（或福林）[①]增到 1796 年的九千万盾。政府不得不采用强制公债的手段，而债务就由 1793 年的三亿九千万上升到 1798 年的五亿七千二百万。英国给予奥国以补助金，另外还保证或准许在伦敦向私人借款。尽管如此，财政偿付能力只

① 这种货币单位约值五十法国索尔。

能靠发行纸币来维持，而纸币的价值又不得不强制规定，以便为1800年的战役提供经费。流通的纸币总额由1793年的二千七百万增加到1801年的二亿。从那时起，奥国的盾就开始贬值了。1801年，在奥格斯堡交易所里，盾的价值下跌了百分之十六。俄国的卢布更为虚弱，在莱比锡只按它的票面价值的百分之六十来兑换。保罗一世统治时期，俄国主要在荷兰欠下的债务就由四千三百万盾上升到一亿三千二百万盾，而且政府每年还要发行一千四百万新的纸卢布。瑞典也采取了印刷纸币的措施，纸币的价值在1798年下跌了四分之一以上。如果没有英国的补助金，反法同盟各国的确很难继续进行战争。但是，这个同盟是否仍然存在呢？

虽然保罗一世大事宣扬他如何仇视法国革命：他把路易十八庇护在米塔瓦，并且维持了孔代的军队，然而要等到埃及战役才使他决心参战。这是因为从那以后东方问题对于俄国的外交政策变得越来越重要了。不满足于肢解土耳其帝国各属邦的叶卡捷琳娜二世，已经在那里赢得了特权地位：即对这些地方的基督教臣民境况有一定的权利过问，以及俄国商船自由通过两海峡的权利。这
30 种特权只是在1799年才给予英国，1802年才给予法国的。土耳其帝国的瓦解给俄国人得寸进尺的机会。1793年以来，塞利姆三世一直在竭力建立一支现代化的军队，但是在很多省份里他的权力有名无实。阿里—泰布兰尼在阿尔巴尼亚和埃皮鲁斯为自己开拓领地；帕斯万·奥格卢占领了维丁，并且在向亚得里那堡进军时自封为帕夏；杰扎尔控制了叙利亚；瓦哈比教派的首领阿卜杜勒·阿齐兹征服了整个内志，并且威胁着圣城和巴格达的帕夏。希腊

人,特别是塞尔维亚人,也在引起人们的忧虑不安。前者乘战争的机会,利用土耳其当时守中立而遍布于地中海上;他们乘着俄国的船只深入黑海;在各大港口都形成了希腊人的集居点。他们从柯勒爱斯和来格斯的作品中知道了法国革命,并且看到了飘扬在爱奥尼亚群岛上的法国三色旗。这一切使希腊精神复苏。被土耳其近卫军步兵的掠夺所激怒的塞尔维亚人在上次土耳其战争中曾经援助过奥国。他们的首领卡拉一格奥尔吉和奈纳多维奇只是在等待时机,以便帮助俄国对土耳其重开战。

波拿巴远征埃及的结果使俄国获得了进入地中海的机会。保罗一世变成了土耳其苏丹的盟友后,使土耳其对俄国军舰开放了两海峡。他伙同土耳其人和艾奥尼纳的帕夏,占领了爱奥尼亚群岛,在这个群岛上建立一个受他保护的共和国。保罗在被选为马耳他骑士团大统领后,企图久据该岛;1799 年 11 月 3 日,格伦维尔不得不答应他:英国如从法国手里夺到马耳他,也不会留在那里。保罗还垂涎科西嘉岛,他的军队在那不勒斯王国登陆,并且答应使撒丁国王复辟。这样,保罗一世通过改变俄国对土耳其的传统政策,获得了一种俄国从未有过的势力。一心想重新占领埃及的英国,只得坐视俄国势力的扩张。但是弗兰茨二世却不愿意让俄国人在意大利为所欲为,保罗把苏沃洛夫在苏黎世的战败归因于奥国的背叛,因而召回了他的军队。由于反对参加反法同盟的罗斯托普钦接替潘宁出任外交大臣,俄国军队回国后也就不会再度出征。保罗脱离反法同盟的结果使奥国陷于孤立,并且可能带来更为严重的后果:如果英国认为今后它得以放手占有马耳他的话,则将导致英俄冲突。以前,叶卡捷琳娜二世也曾纠集过一些中

立国家反对英国的海上霸权，①并对英国关闭了对它的商业无比重要的波罗的海。

31 在此期间，奥国不得不单独承受战争的重担。帝国议会正式地支持这场战争，但是自从巴塞尔和约签订以来，神圣罗马帝国只不过是个影子罢了。普鲁士保证了包括汉诺威在内的北德意志的中立。在分界线以北——奥国的胡德里斯特称之为“迷人地带”——的德意志诸邦，享受着和平和大量商业利润带来的益处。普鲁士的威望因此大大提高，弗里德里希－威廉很快地成为一颗“北极星”，成为一位“与皇帝抗衡的皇帝”。根茨在1799年劝说弗里德里希－威廉坚持中立政策，其实这是完全多余的；因为他已经打定了主意，并指望成为一个北德意志邦联的首领。他还做着扩张领土的美梦，他急不可待地要实现教会产业世俗化，垂涎汉诺威，同时还策划要吞并纽伦堡。被赶出北方的奥国，由于丧失了莱茵河左岸而在南方感到耻辱；它还感到关于巴伐利亚的意图被出卖了，虽然在1799年继承了查理－特奥多尔的马克西米利安－约瑟夫时刻在为他的继承权担心。至于符腾堡公爵弗里德里希二世，他已被卷入到一场与各省等级议会长期纷争的局面里，这些议会已经擅自向巴黎派出了密使。在这样的情况下，南德意志的诸王侯只是出于恐惧才跟随着奥国，他们都在等待和法国和好的时机。因此，一个反法的德意志诸邦的同盟就不可能实现了，而神圣罗马帝国本身的消亡则看起来非常可能，戈雷斯甚至已经讽刺地

① 指在美国独立战争后期，从1780年到1783年俄国、瑞典、荷、普、奥、葡等国组成的第一次武装中立联盟。——译者

为它拟好了死亡证。奥国大臣图古特并不为此过分担忧，更不惋惜尼德兰的丧失。他没有忽略在波兰寻求补偿，但是像他的18世纪的前任们一样，他的注意力主要集中于意大利。在吞并了威尼西亚诸邦之后，他希望在这个刚刚驱逐出法国人的半岛上取而代之。在这种情况下，他估计总的看来，奥国最终将无可怨尤，这不是毫无根据的。

法国会不会把俄国人争取过来，并且通过把意大利让给奥国从而使它保持中立呢？假如是这样的话，英国起码会因此而孤立无援。

二、英国的战争努力 32

英国的行政制度也没有经历什么变化。它依然是陈旧过时和叠床架屋的，充满闲差冗员并日趋腐败。然而，议会制的政府证明是稳定的，并且具有政策观点的连贯性，这是会使大陆上的专制君主们羡慕不已的。统治英国的寡头集团把国家当做是自己的世袭财产，这一集团中富有才干的人虽不是很多，但是他们却能用不屈不挠的精神和一定的纪律来捍卫英国。他们的领袖威廉·皮特主政以来饱经忧患，[①]但是他们却称赞他的使英国人免受强制和牺牲的坚韧性和谨慎的经验主义，直到最后，他们认识到处境危险时，才开始大声疾呼，要求强化统治和做出牺牲。英国强征海员和

① 小皮特（1759—1806年）第一次出任首相是在1783年至1801年，是法国革命的死敌，拼凑前两次反法同盟，先后失败。1804年4月再度组阁，第三次反法同盟又告战败，1806年1月忧愤而死。——译者

招募士兵派出去参战，这些人都是来自贫穷的阶层。他们都是由出身贵族的志愿参军的人率领的，这些军官的职位都是用钱买的。为了保卫本土建立了国防军，民兵逐渐扩充到十万人。原则上，这些士兵都是由抽签办法挑选的，但实际上可以雇人顶替，许多教区往往用钱买足征兵名额；这样一来，正规军招募的兵源最终变得枯
33 竭了。1794 年到 1799 年间，招募的正规军被用在殖民地上，而那些靠英国补助金维持的盟国则担任了大陆上的牵制攻击任务，这对英国很有利；格伦维尔坦白承认，他宁可资助大陆各国也不愿给他们增派援军，因为后者将会剥夺英国工业上的人力；此外，由于那些钱还是花费在英国市场上购买军需品，所以钱并没有白白损失掉。

这是一种代价很大的政策。支出从 1792 年的二千六百万英镑[①]上升到 1801 年的九千一百万英镑。皮特稍微提高了间接税，这些间接税在 1797 年提供了百分之七十五的岁入，但是这还是不够的。1792 年，岁入只抵偿了支出的百分之六十八，而 1797 年则抵偿了不足百分之二十九。英格兰银行只好谨慎地贴现财政部证券：1792 年为八百五十万英镑，1797 年为一千七百万英镑。由于黄金支付的中止，英格兰银行变得比较慷慨了，以至于在 1801 年流动债务超过了二千四百万英镑。但是最重要的来源还是只付利息的固定公债，它的本金从 1792 年的九百万英镑上升到 1801 年的三千六百万英镑。皮特在偿还债务时能保持兑换率不变，这表

① 1791 年一英镑相当于二十法郎（一个金路易），十三马克，十一荷兰盾，八卢布或四点五美元。1791 年的一英镑等于现在（指 1967 年。——译者）的五英镑五先令。——英译者

明英国贵族对自己的未来的信心达到了何种程度，并且也证明英国已经从它的贸易和殖民地中获得巨款。尽管如此，英国的支撑力还是依靠信贷。由于英国资本家的活动也是依赖于信贷，所以在法国人看来，这个在当时不为人熟知的制度是虚假而脆弱的，这是可以理解的。正是基于这种判断，法国在整个时期一直对英国进行了经济战。

从 1794 年起，当欧洲大陆的战局变得恶化时，英国政府竭尽全力激励全国做出新的牺牲。然而，只是到坎波福米奥条约之后，当英国陷于孤立，在爱尔兰遭到攻击并在埃及受到威胁时，形势才有了决定性的变化。随着 1797 年黄金支付的中止，皮特坚持要进行财政改革，以限制通货膨胀。这一次，那些拥有土地的贵族和资产阶级较少受到照顾：土地税增加了，并且实行了所得税。与 1972 年的三百万英镑相比，1801 年直接税的收入达到一千零五十万英镑。但是，决不能夸大这些改革的重要性，因为在 1801 年间接税仍然占岁入的百分之六十五，而公债则相当于支出的百分之六十五以上。到这时已变得很明显，要继续进行战争就需要再做出新的努力。

改进新兵的招募更为困难。在 1794 年如遭入侵要征召数以万计的志愿兵是容易的，因为在没有遭到实际入侵之前他们都是待在自己的家里，并且免除在民兵里服役。他们是民间自动组织 34
起来的，并且同意在由他们自己所确定的一定地区内作战。人们期望他们会像在旺代暴乱那样地作战；事实上他们与法国革命的志愿军唯一共同之处只是个名称而已。对英国说来，侥幸的是他们从未经受过同样的考验。与此同时，正规军里的情况非常危急，

因此，在1796年政府要各教区用抽签方式提供一万五千名正规军士兵。如有不足，课以罚款。然而这一着完全失败了，因为各教区宁愿交付罚款。最后，在1798年，只得建议民兵转入正规军，凡转入者给以奖金。但是这个意见遭到各郡郡长的强烈反对。他们任命民兵的军官并且用土地税的收入来维持民兵，因此他们把民兵当作自己的私有部队。不过，这个办法最后在1799年7月12日还是在议会里通过了，而且一直延续采用到1815年。民兵响应了号召，参加了对荷兰以及后来对埃及的远征。皮特到此止步，没敢再进一步实行强制兵役制。皮特也没有结束在军政方面的混乱状态，当时军政是由邓达斯、温德姆、约克公爵和内政部共同掌管的。实际上，作战则是由皮特、格伦维尔和国王指挥的。但是，军事技术还是有了一些进步：1797年创建了骑炮兵中队，1799年炮兵被编成一支独立军团。除了驻防部队之外，英国军队能派出的远征军只有一万人左右；这支远征军队除了1799年在荷兰遭到惨败外，在1794年到1807年间只是在殖民地作战。首先是法属岛屿，接着是荷属各地，后来是特立尼达岛，最后在1801年瑞典和丹麦的安的列斯群岛都相继被英军占领。但是1798年当杜桑－卢维杜尔与松托纳[①]结成同盟从圣多明各岛驱逐英国人时，七千五百英军死在这个不得不放弃的岛上。在殖民地作战的这些胜利自然应归功于舰队的战斗行动，这是英国对反法同盟的主要贡献。

舰队扩充得更加庞大了，但是它的扩充并不是没有困难的，因

① 松托纳（1763－1813年）是法国革命议会从1792年起就派到圣多明各岛的代表，他采取发动黑人抗英的政策。——译者

为商船队正在以更快的速度扩大着。从1793年起，英国军舰不得不招募外国人，直到全部水兵的四分之三由外国人组成。各国的水手、战俘、罪犯、罢工者和政治嫌疑犯都一律被强迫服役。由于船上生活仍然令人难以忍受，所以哗变层出不穷。1797年，哗变发展成一次蔓延甚广的叛乱，这次叛乱通过杀一儆百的办法，但主 35
要靠增加军饷和战利品奖金的办法，才被平息下去。造船工艺几乎没有变化。标准的战列舰的船身仍然是二百英尺长，船体中部横梁五十英尺宽，装备七十四门大炮，有两层战斗甲板和六百名水兵；高耸的三层舰的数量也还是逐渐增加了。1801年前一直是海军大臣的斯潘塞勋爵，在建造战舰方面没有遇到什么大的障碍，英国的橡木和冷杉木或者苏格兰的林木仍然可以弄到。美洲的白松和从波罗的海地区来的木材也都能用上，而法国人再也买不到这些。

1796年以前，海战一直进行得毫无效果。冬季里，豪和布里德波特把他们的军舰停泊在港口里，这样就中断了封锁。而后，与西班牙的决裂导致了对科西嘉和地中海的放弃。1798年，当圣文森特伯爵杰维斯海军上将组织了辅以军需供应和定期轮换的经常的近海巡逻时，封锁就又恢复了。如果法国人企图冲破封锁，巡逻舰队就奉命在英吉利海峡的入口处集中。同年，皮特决定强行进入地中海以援救那不勒斯；他虽然没有成功，但却设法夺取了西西里和梅诺卡岛；这时，那不勒斯和葡萄牙的海军加入了英国舰队。1799年，荷兰舰队被拿捕了，纳尔逊已经在阿布基尔摧毁了布律埃斯的舰队。在埃及的法国军队完全被隔绝海外，马耳他也被包围了。看起来，除非保罗一世加以反对，否则地中海即将落到英国手里。但是法国海军还没有完全被清除出地中海：1799年4月，

海军上将布律克斯还能从布勒斯特启航而到达土伦，并且又回到原泊港口。英国舰队的将领们至少能保护他们的交通线，制止私掠船[①]的活动，以及摧毁敌人的商船。由于采用了军舰护航的航行办法，英国船主平均每年只损失五百艘船只。这个数字占英国船只总数的百分之三，几乎不多于通常在海上遇难所造成的损失。在美国独立战争时期，海上的保险率曾高达百分之五十，而在1793年到1800年间不超过百分之二十五，到1802年和平以后，甚至降到了百分之十二。英国拿捕了七百四十三艘海盗船，而从1798年起俘虏了二万二千名水手。法国人只剩下了二百艘二百吨以上的商船，这仅仅是他们1789年实力的十分之一。

在所有的反法同盟国家中，只有英国达到了它的目的。它的
36 盟国认识到这一点，都谴责它没有给它们派遣军队；而这不能使同盟得到巩固。但是英国还没有懂得：仅仅靠它的海军力量是不能迫使法国投降的，最后胜利必须在大陆上赢得。

三、法国及其盟国

随着反法同盟各国的分裂，法国在欧洲大陆上的地位却正是十分强有力的。除了阿维尼翁、蒙贝利亚尔和牟罗兹之外，法国还吞并了比利时、马斯特里赫特和荷兰弗兰德、莱茵河的左岸（至少
37 是一直到科布伦次以下离开莱茵河、到达并顺沿罗尔河一线）、以

① 战时交战国颁发“私掠船证书”给私人船只，让这些船只参加对敌海战，特别是拿捕敌国商船。这样参战的私人船只称为“私掠船”，这种制度在1856年的巴黎会议上正式宣布废除。——译者

前的巴塞尔主教邦（包括波伦特鲁伊、圣伊米耶山谷和明斯特山谷以及比尔）、日内瓦、萨伏依和尼斯。法国仍然是欧洲人口最多的 38
国家。战争使它死伤和失踪了约六十万人；然而，这些被公认为骇人听闻的损失并没有危及法国的有生力量；法国如果善于使用这些有生力量，无疑能击败任何攻击。何况法国已不再像1793年那样孤立了。

在“全国皆兵”的名义下作为临时措施而采用过的强制兵役制，根据共和六年果月19日（1798年9月5日）的儒尔当法已被规定为永久性的征兵规则。除非处在外敌入侵的情况下，这项法律只要求那些用抽签或征募的办法产生的一定的人数服兵役。但是在共和七年，那些适龄的青年人利用共同招募志愿兵以凑足他们所在公社的军队数额的办法，而得以逃避这项法律的规定。波拿巴后来只不过是增加了个人顶替的规定，这项办法是原曾实行过，以后被他的前任又禁止了的。此外，督政府还使“混合编制”臻于完善[①]，显著地改进了骑兵队，并改变了军官的产生办法；由士兵选举军官的办法已因共和三年芽月14日（1795年4月3日）的法令而大大减少了。军队的精神面貌起了变化。如同在市民生活中那样：追求荣誉，甚至追求金钱逐渐代替了革命的热情。然而，尽管有受王党煽动宣传而发生的哗变，军队依然是法国革命的后盾。作为战争的工具，它是无与伦比的。任何勇敢的人都有迅速

① 指新兵入伍即与经过锻炼的老兵混编，以便使新兵在开往前线的途中就学习战争的基本技术的过程。这样，由于免除了正规的军事训练，法国军队就能够在尽可能短的时间内获得所需要的补充兵员。这个最初试行于1793年的原则被后来的共和政府以及在执政府和帝国时期都越发频繁地采用过。——英译者

晋升的机会，这仍然是深得人心的平等象征，它吸引着雄心勃勃和富于战斗精神的青年人。法国革命使激发个人力量成为现代世界的主要原则，这个原则在战争中显示了它的价值；这个社会原则的优越性使法国军队显然比旧制度的军队高超得多。

和它的敌人一样，法国的弱点也在于筹措战费日益困难。督政
39 府不得不用宣布破产的办法来废除纸币而恢复了硬币。由于只剩下税收，督政府格外地陷于通货紧缩常有的窘境：价格调整、经济瘫痪、收入减少。这种本不应由督政府承担罪责的财政状况一直贯穿在它整个的历史中，而使它声名狼藉。实际上，督政府尽了很大努力来改善这种财政状况。它调整了直接税的基数，甚至还制定了新的基数；它催促编造纳税名册并设法加速税收，多少获得了一些成就，但是又不至剥夺选举产生的各机关的职权。督政府还增加了间接税，并且在共和七年成立了征收注册税、印花税和抵押税的机构；又开征了运输税和公路通行税，并且还授权城市征收城市通行税①来帮助它们。督政府完全懂得，要确保大量的经常性的收入，必须对重要的消费品(例如盐)征税，但是这些是它自己也感到没有足够力量去冒险采取的措施。因此，它除了削减支出别无他法，而这种削减接着又迫使它拒绝支付公债的三分之二，并且置公共事业于不顾。

即使督政府还能保持正常预算的平衡，它也还要为战争提供军费，这只有依靠借贷才能做到。可是，由于政治上的原因，强制公债成了借贷的唯一手段。银行家都不愿意贷款给政府，以维持国库的运转。因为收税官尽量长期地保存税款以便从中牟利，所以有人谈论要

① 指对运入城市里的商品征税，因此叫做城市通行税。——英译者

恢复“期票”，这就是说，1789 年以前包税人对预定的税收开出的期票。然而，谁会来贴现这些期票呢？银行家确实曾建议成立一个国家银行，但那将只不过是一个要用来贴现他们自己的票据的银行。简而言之，督政府不得不用债券偿还债务[①]，支付养老金和薪金等，这使人们极端憎恨督政府；它也不得不把军需供应让给诈取政府钱财的私人公司去筹办，而政府还得把国有产业、木材采伐、预收税抵押给它们，或者用没有银行能兑现的支票给他们作补偿。

这些构成变相通货膨胀的权宜措施，引起了狂暴的投机浪潮，而且也使许多政府官员和政客腐败起来，因为承包商贿赂他们以取得付款。军队深受其害，他们对这些“中间人”很气愤。由于警察缺乏战胜盗匪的手段，随着经济危机的不断恶化，盗匪为数日增，公共秩序越发难以维持。受到影响的不仅仅是这个国家的生 40
活和道德：穷困使督政府为了养活军队而剥削荷兰，并且扩张到意大利和瑞士去，军需承办商推波助澜；将军和军事特派员都热衷于追求自己的私利。军队，甚至国家，都依靠战争过活；这样就从战争中产生出一个主战派，它具体体现在波拿巴身上。

正如执政府后来所表明的那样，社会秩序和财政的恢复需要时间，但最需要的首先是一个有权威的当局。督政府很好地组织了自己的工作；例如它的“国务秘书部”后来被波拿巴重新采用；再如它的警务部，其中就有富歇，他是在共和七年进入警务部的。但是督政府却没有能巩固自己的权力。首先，共和三年宪法重建了

① 指各种各样的政府债务，诸如：债券、年金和其他证券（以及应付的利息），所有这些构成了公债。——英译者

广泛的地方分权制，而且在巴黎也实行分权制度，这种分权的情况剥夺了战争所需要的国家行政机构的活动能力。行政机构没有控制国库，它和立法机构之间，或立法机构两院彼此之间的不可调和的冲突妨碍了它的工作。其次，只要原来的特权阶级还是不向新秩序屈服，在法国就仍然存在着酝酿叛乱、内战和叛国勾当的顽固的骚乱因素，这种因素削弱了政府的力量，或者迫使政府采用暴力。共和七年，法国西部就曾再次发生武装叛乱，西南部也有叛乱发生；在普罗旺斯和弗朗歇一孔泰，有人勾结外国并拿英国的钱，也正在策划到春季发动暴乱。

只要反革命还得到部分天主教僧侣的支持，那么就不能指望它放下屠刀。1794 年 9 月 18 日，“教士法”随着宗教预算的取消而不复存在。现在对神甫的要求只是宣誓忠于共和国，但许多神甫仍拒绝这样做。这些人遭到了追捕，被拘禁在罗什福尔或雷岛的囚船上，然后流放到圭亚那。他们都和罗马以及先前那些顽抗的主教多少有些联系，这些主教多数都靠拿皮特的津贴住在英国。无论他们主观愿望如何，他们的忠实信徒都可能参加叛乱。那些已服从法律的罗马派教士和恐怖时期以后曾经改组过教会的老宪政派教士对督政府都没有好感，因为督政府和资产阶级共和派以及空论家一样，总不放过任何机会表示对天主教的敌意。督政府
41 卖掉了许多教堂，强迫实行第十来复日制，根据法律禁止一切公开的宗教仪式，甚至把第十来复日礼拜和“博爱宗教”[①]引进了教堂，

① 资产阶级共和派倡导的一种新宗教，只承认上帝的存在和灵魂不死。（汉译或为“敬神博爱教”、“自然神教”）——译者

以同天主教相对抗。果月 18 日以后，督政府开始攻击私立学校，这些学校主要是天主教办的。除非它们保证进行市民道德的教育，否则就得关闭；而且禁止政府公务员送自己的子弟进这些学校。假如共和国对宗教放弃这种敌视态度而实行一种真诚的中立政策的话，它无疑将会把宪政派教士和宣誓派教士争取过来，并且将会削弱那些顽抗派教士的影响。不过，这是个长时期才能见效的政策。为了迅速取得成就，有必要和罗马教皇达成协议，可是已经监禁和流放了教皇的督政府处于无可转圜的局面。而无论如何，督政府的支持者也决不会允许它同教皇谈判。全国的统一，即使至少是表面上的统一将能加强国家，但是要实现全国统一，首先要有一个强大的国家。

在法国的同盟国中，唯一名副其实的是西班牙，它做了力所能及的一切；它的一支分舰队甚至就停在布勒斯特。但是对于西班牙来说，战争却是灾难性的。它在圣维森提角[①]被击败的舰队已不能防止梅诺卡和特立尼达的丧失；西印度群岛的白银好不容易才能运来，西班牙对美洲的属地提心吊胆；而罗马教皇以及巴马和那不勒斯的波旁王室的命运使查理四世感到悲哀。然而，督政府对这个盟国却诛求无已。它鄙视这个仍有异端裁判所的国度，由于王后与戈多伊关系暧昧，它也鄙视这样一个国王；它垂涎路易斯安娜，它抗议西班牙对葡萄牙所表示的体谅，而没有注意到正是被葡萄牙人所贿赂的塔列朗在暗中捣鬼。被法国触怒了的西班牙终

① 圣维森提角海战发生在 1797 年 2 月 14 日，英海军在此战中打败西班牙舰队。——译者

于听从了英国的建议。虽然还不是一切都已无可挽回，但是法国和这个财力有限、只能缓慢行事的旧制度的君主国言归于好还是必要的。西班牙的财政状况也很可怜：1799 年，票面金额下跌百分之五十的皇家债券[①]才有了固定的兑换率。同圣卡洛斯银行创办人卡瓦鲁斯有联系的乌弗拉尔已经承担供应西班牙舰队的给养，他梦想在这个被法国人视为黄金国的国度里进行大规模的投机。

除了西班牙这个盟国外，法国还有一些附庸共和国。在意大利的附庸共和国都丧失了。在苏黎世战役中，马塞纳仅能解救出半个黑尔维谢共和国。巴达维亚共和国几乎不保，英国人夺走了它的军舰。这两个卫星国都供养了法国军队，并提供了战略要地。
42 要它们提供比这更多的东西，就需要有稳固的政府，但是督政府却没有给它们建立起这样的政府。在这两国里也存在着社会秩序问题。因为法国人宣告了旧制度的结束，所以那些特权阶级不是移居国外就是退隐不出；而资产阶级是比较乐于参加政府的，只要法国人授予他们政治权力的话。这种权力也是唯一真诚的亲法分子雅各宾派所要求的。这两派都和法兰西共和国的代表人物密谋发动政变。荷兰的温和派资产阶级领袖席梅尔佩宁克希望在和平带来独立之前，能重建一个和法国关系融洽的荷兰。但只是在 1798 年 7 月，他才建立起一个具有确定的组织的巴达维亚督政府，而这个政府仍然还是不稳固的。在瑞士，战争使得拉阿尔普能够强制

---

① 指西班牙政府为了偿付它当时的债务而作为纸币发行和流通的带有利息的皇家债券。——英译者

推行他的独裁统治，但是温和派却在策划推翻他。承受着军事占领的沉重负担的平民各阶级，在荷兰表现出情绪敌对，在瑞士则是态度犹豫。要想把他们争取过来，就需要像在法国那样去帮助农民。在荷兰什么也没做。在瑞士，1798 年无偿取消了对人的封建赋税以及非主要农作物产品的“小什一税”，但对物的赋税和主要农作物产品的“大什一税”却是要赎买的。虽然国家承担部分补偿，但那是打算用国有产业来进行的，因此这些补偿几乎到不了农民手里。而且，旧的封建赋税还没有废除，就又实行了土地税。结果，法国的统治使人人都感到不满。在这些国家里，国家的改革也势在必行。督政府也是这样想的，它甚至着手进行了一些在本国内也不敢进行的改革尝试，不过它却缺乏实行的权威。法国在同欧洲的斗争中最欠缺的是一个具有救国委员会的毅力的政府。

四、封锁与中立国

可是，欧洲大陆上的战争使法国要成功地争夺英国海上霸权的希望破灭了。因此，法国在经济斗争方面制定了一个新的方针：
它试图用 18 世纪英国人已行之有效的办法来对付英国。18 世纪 43
期间，封锁虽给敌人造成麻烦，但它却不能使敌人瘫痪。按照重商主义的原则，海上强国把封锁主要看做是一种制止敌国的出口以夺取它的市场，并取代敌国而垄断硬币的手段。即使这样，还是存在有购买敌国某些原料，或是乘机购买敌国食品的好处。从重商主义的观点看来，也没有任何理由拒绝把货物卖给敌人，除非是战时违禁品。这样，英国就以一种明智的经验主义运用封锁，按照它

的需要颁发特许证，甚至准许开放那些被它的舰队有效地封锁着的港口。由于这些港口从来为数不多，所以中立国也就总有办法
44 回避这一封锁政策。英国还以它独特的方式制定了一个海洋法：即使是用中立国船只运载的敌国货物也被宣布为合法的捕获品，而且敌国的全部或部分海岸都被宣布处在“虚拟封锁”之内——这样，任何往来于这些海岸的船只都被视为破坏封锁的船只。最后，英国通过在公海上临检所有商船而强制实行这个制度。于是，海洋就被置于英国的统治范围之内了。

中立国对于这个针对着殖民地的规定特别不满。在国际贸易中，殖民地的贸易一向是极为重要的，在和平时期每个宗主国都垄断与自己殖民地的贸易。但是正在同英国交战的法国，后来是西班牙，都放弃了他们的“专营贸易权”[①]，并对中立国开放了它们的殖民地。1793 年以后，同 1756 年一样，英国禁止中立国获得这个意外的好处，它企图强使英国船只到敌人的殖民地去。然而，为了安抚美国人（他们认为自己受损害最重），英国允许走“迂回路线”，即允许那些要到欧洲以外的中立港口去的中立国船在西印度群岛装货，然后，如果这些货物成了中立国的财产，就又允许他们再运出这些货物。此后不久，由于缺乏船只和希望利用中立国向法国出口货物，英国的航海条例暂时中止实施。1798 年，中立国船被允许在西印度群岛为英国或者为它们自己的国家进行贸易。这样，英国就在保持对殖民地产品几乎完全垄断权的同时，把中立国

① 表示殖民地贸易专有权的制度的术语。凭借这个制度，宗主国禁止它的殖民地发展或生产任何可能与宗主国相竞争的商品、与别国进行贸易，或者在对外贸易中使用宗主国以外的任何船只。——英译者

变成了它的帮手。英国根据自己的需要，还颁发给中立国一些特许证。这样一来，它的商业在一定程度上呈现出一种管制经济的面貌。那些中立国商人——斯堪的纳维亚人、普鲁士人、汉撒人和美国人，纵然心怀不满，却是获得了巨额利润。荷兰被法国占领以后，汉堡继起成为英国和德意志之间的中转站，成了欧洲大陆上最大的银行业中心；反法同盟是通过汉堡的帕里什银行才得到英国补助金的。美国的销售额（其中一半来自殖民地产品）从 1790 年的二千万美元上升到 1801 年的九千四百万美元。他们供应粮食给安的列斯群岛和西属美洲，把木材和谷物运往英国，并且在法国市场和汉堡都赢得了重要的地位。美国人那时正在改进他们的造船技术，把巴尔的摩的“飞剪式”快船视为标准式样。由于中立国贸易兴隆，它们的商人和金融家都成了坚定的亲英派。

法国是否要维持大部分海上贸易关系，甚至同英国的贸易关系，现在只取决于法国；由于中立国无不竭力违犯英国的规定，所
以情形就更加如此。在美国独立战争期间，法国接受了这样一个 45
办法，即，除禁运品外，中立国船有权保护它们的货物。这一办法使得法国能继续进行贸易，并赢得了与荷兰的同盟，而第一次武装中立联盟则是针对英国。后来国民公会采取了相反的政策，其基本原因是 1786 年的条约使得法国工业受到英国竞争的打击，战争为法国提供了一个与英国抗衡的极好机会。纺织企业家大声疾呼要求恢复禁止英国货入口，鲁昂的大商人丰唐内就是他们的代言人。他们支配着国民公会，就像后来左右拿破仑一样。而且人们坚持认为，英国的经济以及随之而来的信贷是依赖于货物出口的，因而，对英国的沉重打击莫过于对它关闭法国这个最好的主顾的

门户。这就是 1793 年 1 月布里索和凯尔圣的论断,后来这也成为皇帝的逻辑。5 月 9 日,一项法令宣布,中立国船运载的敌货为合法捕获品,并于 10 月 9 日禁止英国商品进口。

只要允许中立国与法国通商,这些措施就不能奏效,因为英国允许中立国船到法国完全是为了推销它自己的商品;此外,由于中立国来法国采购货物而使物价上涨,所以人民对这些国家深感不满。于是法国于 8 月宣布了禁运令。这样,法国使这次封锁达到了连英国人都没有做到的那样严密的程度。没有多久,法国就感到殖民地产品和原料的缺乏,首先是棉花的不足。这当然不是企业家所希望的。他们认为,这次封锁应该灵活一些,就像英国的封锁一样,以方便贸易利益。因为急于供应军队,救国委员会又重新对中立国开放了港口,热月党人恢复了中立国根据条约取得的特权。于是,英国货很快地重新出现了。但是在签订坎波福米奥条约之后,英国仍是唯一的敌人,而法国陆路贸易得以恢复时,那些保护贸易主义者又重申前议。督政府再次禁止英国货入境,并于共和六年雪月 29 日(1798 年 1 月 18 日)采取了一项空前措施来对付中立国:如果发现中立国船只运载任何英国产品或者只是在某一个英国港口停泊过,这些船就被视为合法的捕获品。这样一来,中立国的船只不再出现了,而美国则与法国断绝了外交关系。
46 但是货物走私仍旧猖狂地进行着,而且法国的盟国也参与了走私活动。1798 年法国合并日内瓦和牟罗兹的部分原因是为了限制走私活动。法国和荷兰两国在 1792 年进口了英国出口货物的百分之十八,1800 年仍占百分之十二。督政府充分意识到,法国要想贯彻一项既行之有效而又可以接受的封锁政策,就需要开拓广

阔的大陆市场。于是对别国的征服在一定程度上变成了经济斗争的需要。被占领各国和西班牙对英国是封闭的。人们指出，占领汉撒各城市会打开德意志的市场。这样便开始露出大陆封锁的苗头了。世界正在分为极不相等的两部分：法国及其盟国为一方，英国及所有其他各国为另一方。这两个主要交战国现在被迫巩固各自的阵地，以图生存。

法国遭受了严重的损失，最沉重的打击就是失去了它的殖民地贸易。1789 年与殖民地的贸易占法国进口货物的三分之一，占出口货物的五分之一。欧洲大陆的一部分仍然对法国实行封闭；在其他地方，法国仍不能恢复其原有的地位。尽管法国的版图扩大了，但它的贸易额却从 1798 年的四亿四千一百万法郎下降到 1800 年的二亿七千二百万法郎。革命的危机已经影响到各个工业部门。有些工业历经困难才得以恢复。在里昂，开动的织布机不到一半。从 1789 年以来纺织品生产减少了三分之二以上。遭受了无法控制的通货膨胀折磨之后，法国现在又发现自己成为通货收缩的受害者，这就又加深了已经普遍存在的不安情绪。硬币仍旧缺乏，信贷不复存在。月利率浮动在百分之三到百分之七之间，物价下跌造成了工业瘫痪。连年丰收本身应该起到一种稳定的作用，然而却招致了物价的进一步跌落，从而降低了农民的购买力。督政府除了多方鼓舞大家以希望之外无计可施。但是，这只不过是一个暂时的危机。假如政府恢复力量，并且在欧洲大陆上重建和平，硬币就将会逐渐在市场上再度出现，新的销售市场将得以重开，生产将得以恢复。

法国革命已经为经济发展创造了有利的条件。这些条件是：

由于废除行会而获得的经济自由；通过取消内地关卡、减少通行税和采用十进位制而实现的全国市场的统一；在被合并的各地区开
47 辟了新活动场所，例如，法国的冶金业可以使用比利时和萨尔的资源。农村仍富有大量的劳动力。如果实行封锁不单是为了追求战争的目的，而是相机行事的话，那么就会给初期的资本主义提供必要的保护，从而只会产生有益的结果。事实上在冶金业、化学工业，特别是在纺织工业方面，封锁的确起到了有益的影响。纺织业仍然是最富于创造发明的工业，是对资本家最富有吸引力的部门。“珍妮机”得到大量采用，1797 年奥伯坎普夫已经开动第一台花布印染机。一些工业界巨头出现了，并且建立了一些工厂：其中有图卢兹的布瓦耶一丰弗雷德，夏隆的里夏尔与勒努瓦，帕西和根特的鲍文斯。那时机器还仅仅处于幼年时期，在布匹织造方面还没有使用机器。一位跨过海峡来到大陆的英国机械师科克里尔刚刚被请到维尔维埃。丝纺仍旧采用沃康松的方法，雅卡尔还没有使他的织布机臻于完善。冶金术没有任何进展，除去昂赞矿之外，蒸汽机还没有被采用，直到 1799 年根特的鲍文斯才开始使用。但是免于受到英国竞争的法国却有暇发展自己的机械化。

不管怎样，法兰西共和国的人口大多数是主要保持自然经济的农民，如果十分必要的话，它是能够依靠自己的资源生存下去的。农业虽然已经从桎梏中解放出来，但是发展仍然缓慢。村社依然保留着老习惯：如保留着强制轮作制、无用的公用牧场和其他习惯的权利。这种对于旧习俗的依恋是如此强烈，以至在历届革命议会中从来没有人敢于提出强制重新调配土地的建议，以便根除这些习惯。大量的村社公地也还没有分配。虽然人造牧场、烟

草、菊莴苣和马铃薯的收获略有增加，但土地的排水和灌溉，以及
栽树育林则反而倒退了；道路失修，乡间警察尚未派驻。但是乡村
的社会结构还是在改进之中，全国抵抗外敌的力量因而大有增长。
小土地所有者的数量有了相当大的增加，至少在某些地区是如此，
如：摩泽尔郡增加了一万三千名，科多尔郡增加了百分之二十，诺
尔郡增加了一万名。与此同时，大规模的耕作一般地在减少之中，
从而有利于中等规模的土地占有。当然，农村中仍旧还有很多没
有土地的、几乎沦于乞讨的零散工，而乡村人口的平衡总是要看收
成如何而定。但是自从什一税和封建赋税取消以后，政府除了要 48
应付一些短暂的骚乱之外，再也没有什么其他担心害怕的事。

英国既不能用炮舰打败法国，更不能用封锁迫使法国投降。而且，如果共和国能够恢复大陆的和平，它的经济地位就可能再变得令人满意。在这方面，要预料英国是否会面临崩溃的局面是一个更为复杂的问题。

五、英国资本主义的力量与困难。欧洲向全世界的扩张

英国从资本主义生产的巨大进展中获得了利益。物价的上涨
继续有利于资本主义生产的发展。大约从 18 世纪中叶开始的物 49
价上涨，经过法国革命和拿破仑时代，一直延续到 19 世纪 20 年
代。其基本原因在于：首先，由于美洲金银矿生产的增长，也由于
信用货币在丹麦、瑞典、俄国、奥国、法国、西班牙和美国等国的出 50
现而造成通货的大量增加；并且战争又往往加速了纸币的发行。

革命的危机造成了资本外流，从而导致外国现金储备的增加。大量的法国硬币流到了英国、荷兰、普鲁士和汉堡。包括伦敦的巴林，阿姆斯特丹的赫普和拉布谢尔，汉堡的帕里什，更不用提在英、法两国都开业的博伊德，以及在巴黎的一些外国银行家（其中著名的是佩雷高）在内的国际银行家组合对不断贬值的指券[1]投机而牟取暴利；拿破仑以后也要对付这个国际银行家的组合。现在人们几乎不知道欧洲大陆的通货膨胀所造成的后果。从1793年到1799年汉堡的殖民地产品价格上涨的幅度很大，但是大量的货币似乎只是导致了投机的猖獗，而不是生产的发展。但无论如何，从通货膨胀中获利最大的是英国。

英格兰银行是发行纸币信誉卓著的唯一银行，因而在荷兰被法国占领以后，英国就变成最为可靠的资本避难所。1794年，这家银行购买了价值约为三百七十五万英镑的贵重金属，而不是以往每年平均花费的六十五万英镑。英格兰银行钞票的流通额从1790年的一千一百万英镑增加到1800年的一千五百万英镑。到1795年止，这家银行对商业证券的贴现率一直在百分之三以下；只是在1797年黄金支付中止之后，贴现率才开始增加：1800年增
51 加到百分之六以上。此外，英国是银行业发展到地方上的唯一国家：1792年就有三百五十家地方银行不受任何约束地发行纸币，这些银行为地方企业提供了资金。这样一来，就引起了伴随着通货膨胀而来的信用膨胀。这些银行虽然在1793年的恐慌期间受到暂时挫折，但是后来比以往更加兴隆：1804年，银行的数目接近

[1] 指法国1789年用国有产业作担保所发行的纸币，到1797年作废。——译者

五百家。物价几乎不断地上涨。以1790年的指数为100,则1799年为156。1780年至1789年间,每夸特[①]小麦平均价格为四十五先令,但在随后的十年里却涨到五十五先令;而工资的相应增加则要少得多,这样就增加了利润的幅度。由于通货膨胀而使得货币贬值,因此一切都在激励着投资企业的热情。

价格的上涨会造成阻碍出口的后果,但是中止支付黄金使情况缓和些。货币充斥已能使皮特得到贷款,这样他就可以对付英格兰银行,但是皮特仍不得不迫使英格兰银行贴现为数日增的财政部证券。1795年,英格兰银行的现金储备还不足五百五十万英镑,而它持有的财政部证券的总额竟接近于一千三百万英镑。此外,由于必须用现金支付远征军的费用,支付1796年购买谷物的费用,以及给予外国的补助金(从1793年至1799年总数高达二千八百万英镑之多),皮特还无视法律,迫使英格兰银行在1797年初从不过一百多万英镑的现金储备中提取一部分支付给他。于是不得不宣布英格兰银行的纸币为不兑换纸币,这种情况一直延续到1823年。由于英格兰银行是支撑经济的整个信贷机构的拱心石,因此,不兑换的后果本来会是灾难性的。但是这样做并没有引起恐慌。不懂得约翰·劳[②]的方法或纸币的人民没有意识到英镑处于危机之中。皮特也一再劝告资本家放心,用有力的财政改革来使他们相信他完全无意采用纸币。随着和平在欧洲大陆的恢复,他在1797年和1798年只花费了二百万英镑来维持在欧洲的武装

① 英国容量单位,等于四分之一吨。——译者

② 约翰·劳(1671—1729年)是苏格兰的金融家,到法国开办银行,滥发纸币,进行大规模欺诈,最后导致银行破产。——译者

部队和对外国的补助。英镑超过了票面以上的价格，英格兰银行1799年的现金储备达到七百万英镑。事实上，这家银行此后接受了一批数目更大的财政部证券，虽然存在着某种政府制造的通货膨胀，但还没有严重到像在法国那样毁坏通货的程度，这就使得英国免于遭受曾使督政府难以应付的通货收缩的祸害。但这只是暴风雨的暂时的平静。1799年大陆战争重开，歉收又迫使政府购买了价值几达三百五十万英镑的粮食。英格兰银行的储备减少了，
52 这一次英镑兑换率下降了。1799年在汉堡，英镑的票面价值失掉了百分之八，在加的斯失掉了百分之五。这场危机很快就挫伤这个国家的士气，但是英镑贬值本身却使大资本家捞到了好处：他们出口货物换回的是硬币，却用贬值了的纸币来支付工资。依照经验主义的方法制定的英国货币和财政政策证明运用自如，这是其他国家当时望尘莫及的。

工业革命得以继续进展应归功于这项政策，但是进展速度之慢有时出人意料之外。就是在发展最快的棉纺工业中，织布依然靠手工操作。埃德蒙·卡特莱特的动力织布机于1801年在格拉斯哥才首次被采用，只是在1804年左右威廉·拉德克里夫发明了上浆整理机之后，动力织布机的使用才得到推广。毛纺工业仍处于试验阶段，还很少采用“珍妮机”，而卡特莱特的梳毛纺纱机到1803年才完善起来。尽管扩建了铁路和使用了蒸汽机，煤矿业仍然处于落后状态。除了一些棉纺厂外，蒸汽机还没有在工业上使用；大多数棉纺厂依然满足于使用水力纺织机。在交通方面，注意力仍然侧重在开凿运河，结果是完好的道路寥寥无几。运输的迟缓和工资的不断下降使传统的制造业能够有力地维持下去，人们

的集中注意力仍然是在商业方面，而不是在开办工厂。一些当时的工业巨头，如罗伯特·欧文的岳父达维德·戴尔和斯托克波特的拉德克里夫都是靠把活分散发给家庭制造的方式起家的。纺棉机虽然还没有被普遍采用，但却给予棉纺工业以巨大的推动力。针织品和机织的花边也蓬勃发展起来。冶金业广泛地实现现代化。工程师们——其中最著名的是水压机发明家布拉默——使工作母机的数量迅速增加。机器在各个工业部门得到采用，确保了英国在全世界的绝对优势。

按照17世纪末叶通行的价格计算便览做出的海关官方估价，英国本应始终处于贸易顺差的地位。如在1799年，英国的贸易支
付余额达五百万英镑。人们把这归功于工业的进步；但是实际上，53
参考一下进出口货物的实际价值却得出相反的结论：除去非常有限的几年（从1798年至1815年间只有1802年一年）之外，英国的贸易差额一直出现赤字：1799年为一千零五十万英镑，1801年将近二千万英镑。即使工业品出口的数量增加了，工业品的价格也是在下跌；然而，这一因素却使得英国不仅能够保持原有的市场，并且能够获得新的市场，尽管存在着战争带来的困难。英国变得更加富有了。英国的支付差额是靠运费、保险费、手续费，尤其是靠对海外各地的剥削：贩卖黑人奴隶，投资于种植园的收益，东印度公司职员的薪水和养老金，私商在殖民地的投机生意，富翁们从殖民地带回的财富以及在那里投资的赢利等等来弥补的。

物价的上涨对农业也是有利的。当时英国已经不能再生产足够的粮食来满足本国的消费；战争使得粮价昂贵，因此，只要小麦仍然价格昂贵，“谷物法”就失去效用。因为种植小麦比畜牧业更

为合算，结果是，小麦的种植面积扩大了。圈地空前大规模地扩展开来，这就为地主、同时也为农民创造了一个黄金时代。耕作方法在不断改进。1793 年，约翰·辛克莱和阿瑟·扬格被任命为农业大臣。土地革命也影响到苏格兰。那里的部落首领就是大地主，他们乐意把土地用来饲养牲畜，他们赶走了苏格兰高地的佃农，这些人只好移居国外。就粮食供应而言，农业的繁荣加强了英国的力量，使得它不再像以前那样脆弱了。这也使得一些小土地所有者能够继续生存，甚至在某些郡里，他们的人数还有所增加。事实上，尽管留下的小土地所有者为数无多，他们对于自己的命运还是满意的；这些人和佃农一起构成了稳定的因素。

英国的资本主义尽管取得了进步，但还没有想到自由贸易。地主和农民绝不是要废除“谷物法”，而是要求强化它。工厂主仍忠于重商主义，他们甚至要求禁止机器出口。但在国内，他们越来越多地违犯限制徒工数目和准许确立最低工资的规定。相反地，工人们则继续要求制定“劳工章程”，并且以抵制和罢工的方式作
54 为支持自己要求的手段。虽然这样做在原则上是非法的，但是治安法官不愿对此判罪，因为雇主本人就已违法在先。同样值得注意的是 1799 年 7 月 12 日的“结社条例”。这项法案是在官方宣布废除有利于工人的法律时制订的，它规定要惩罚各种罢工工人的结社以及旨在支持罢工的募捐。对贫儿、女工和破产农民的雇用，以及机械化带来的进步，这一切使得工资下降。工资的增加远远落后于物价的上涨。此外，实物工资和任意专横的罚款更加降低了工人的工资。但是，从 1795 年开始，工资由济贫税的收入来补充，补足数额以面包价格计算。这就是劳动者阶层比较能够安于

他们处境的原因。

除法国外，几乎没有任何国家能与英国的工业竞争。欧洲大陆的资本主义，除了几个采矿场和西里西亚巨大的冶金工业——几个由大资本家或国家垄断的企业——使用机器以外，还没有采用机器，并且还没有超过商业资本主义的形式。萨克森、瑞士和士瓦本的棉纺工业蓬勃发展起来，但是直到1786年“珍妮机”才传到了克姆尼兹，而针织机在1797年才出现。此外，战争也损害了传统的工业，如西里西亚的亚麻工业从此一蹶不振。

在农业方面，为出口而生产的波罗的海沿岸诸国开始仿效英国。首要的任务是实现村社的解体，并且把小块经营的土地调整集中起来，大片经营就要除掉强制轮作制和公用牧场——总之，是向着圈地发展。国家也试图废除农奴制和赎买什一税、封建义务和劳役，以便使农民变为土地所有者或挣工资的零散工。这种改革从1781年就在丹麦实行开来，1800年基本上扩展到了石勒苏益格－荷尔斯泰因；普鲁士国王也在自己的领地上实行了这种改革。因为英国进口粮食，它只会从这些国家的农业改革中获得利益。它也同样以赞许的眼光看待美国的进步——当时美国还是个纯粹的农业国。“海岛棉”种植的发展使英国特别满意，这种棉花是1786年从巴哈马群岛移植到美国的；1792年第一次运到格拉斯哥的“海岛棉”立即受到棉纺工的赞赏。1793年，惠特尼发明的机器解决了轧棉问题之后，出口就增加到八百万磅，到1798年这
个数字又增加了一倍。“海岛棉”种植的发展对美国来说具有深远 55
的意义，因为从那时起，奴隶制在南方成为一种基本的制度，而种植园主开始垂涎佛罗里达和路易斯安那。然而，在这方面当时北

方所看到的还只不过是一个有利于投资和海运业的机会；英国机械刚刚开始传入，阿斯特家族和吉拉尔家族的巨额财富正在靠贸易、航运和土地投机积累起来。

失去了法国所控制的市场但却摆脱了法国竞争的英国，却以牺牲其盟国和中立国的利益而得到补偿。它通过汉撒同盟各港口取得了德意志的市场：1789 年至 1800 年间，它对不来梅和汉堡的出口货物增长了五倍。在法兰克福和莱比锡国际博览会上，英国开始和瑞士人、奥国人、波兰人和俄国人打交道。英国的棉织品，特别是棉纱，排挤了瑞士和萨克森的产品。金融世界都依赖于伦敦。黑森选侯在伦敦投了资，法兰克福的迈耶·阿姆谢尔·罗斯柴尔德依靠帮助黑森选侯进行投资而扩大了他的业务；1798 年，他的儿子内森在英国开业，很快就变成了富翁。另一方面，波罗的海地区也成为对英国具有头等重要意义的势力范围，因为英国从那里取得海军装备、粮食和纺织品供应。19 世纪初叶，英国百分之七十二的进口货物来自普鲁士和俄罗斯，四分之三的粮食来自但泽一个港口。在地中海，法国比较能顶住英国的势力。法国征服了意大利，这使得英国大受干扰，但是法国没有能把英国驱逐出地中海。而在 1798 年以后，法国却被从地中海东部的沿岸诸国逐出。

海上战争增加了从地中海到北方诸海之间陆上交通的重要性。对莱茵河的封闭危及了通过法国、意大利、瑞士和荷兰的交通；而在这之前，陆上交通是靠通过这几国进行的。但是从 1790 年起，法国把海关推进到莱茵河上，这样就切断了沿莱茵河左岸的过境贸易；而法国对莱茵地区和荷兰的占领则是对这条贸易通道

的一个新的打击。随着对莱茵河口的封锁，科隆的贸易到1800年就下降到原来贸易额的三分之一以下；只有通过埃姆登到法兰克福的部分贸易在断断续续地进行着；在另一方面，瑞士通往热那亚的路被切断了。像在路易十四时代一样，横贯大陆的通道向东推移了，它要通过汉堡和莱比锡到达威尼斯，而更多的是到达的里雅斯特。

虽然我们仅仅有以海关估价（官方估值）为基础的不太可靠的
估计，用来说明到1798年为止英国商业的波动情况，但这种对情 56
况的判断还是显而易见的。出口货物从1790年的二千万英镑约增加到1801年的三千五百万英镑，连同进口货物加在一起，总额就可能从三千九百万英镑增加到六千七百万英镑。以实际价值计算，出口货物从1798年的四千二百六十万英镑增加到1800年的五千二百三十万英镑，连同进口货物加在一起，总额就从九千九百一十万英镑增加到一亿一千八百八十万英镑。离港船只的吨位也增加了三分之一，几乎达到二百万吨。伦敦各船坞就是在战争时期建立起来的，船坞都设有保税仓库。棉纺工业从贸易增长中获得比其他任何工业更多的利润。它的出口从一百五十万英镑激增到1800年的六百万英镑；原棉进口从1797年的七十三万四千磅激增到1800年的一百六十六万三千磅。同年（1800年），还出口了二百万吨煤和一百五十万吨生铁和熟铁。

英国运往美国的货物也增加了一倍。像美国一样，它一直盯着西属美洲，占领特立尼达主要是用来搞走私的。西属美洲的动乱给英国以可乘之机。美国的独立、“专营贸易权”的中止以及法属安的列斯群岛奴隶制的废除动摇了整个殖民体系。首先是土生

白人要求贸易自由，在布宜诺斯艾利斯，贝尔格朗诺成为贸易自由的鼓吹者；西班牙被迫允许中立国的船舶进入它的殖民地港口。但是一些殖民地也开始渴望取得政治独立。在墨西哥和委内瑞拉，一些独立的密谋遭到了血腥镇压。米兰达将军首先求援于法国，但当西班牙变成法国的盟国后，他又转向英国。在伦敦他会见了纳里尼奥和沃伊金斯；他在伦敦似曾建立起一个“劳达罗支会”①，准备发动一次全面起义。无论如何，1798 年他以一个由他发起在西班牙成立的委员会的名义向皮特求援，但皮特却只指使他到当时已与法国交恶的美国那里去求援。

称霸海洋的英国当时是唯一能够把白人权威强加于世界其他各地的国家，但是英国却不很愿意这样做。重商主义的舆论并没有采取边沁敌视殖民地的态度，但是美国的独立使英国人不愿进一步多占领殖民地；更确切地说，英国是商业帝国主义。然而大英帝国仍在继续扩大中，法属安的列斯群岛还是值得去占领的。由
57 于大量资本投入荷属圭亚那，结果使那里的生产增长了十倍。海军需要像好望角这样的停泊地。贵族出身的殖民地官员自发地征服更多的殖民地来满足自己的战斗欲望。在非洲，1792 年建立了塞拉利昂殖民地；芒戈－帕克探查尼日尔河远至廷巴克图；从荷兰人手中夺得了好望角。1788 年，菲利普船长把第一批囚犯运到澳大利亚的悉尼登岸。但是英国人扩张殖民地最多的是在印度，尤其是在莫宁顿伯爵，后来又封为韦尔斯利侯爵的理查德·考利到来之后。1799 年，蒂普·萨希布死后，理查德·考利霸占了迈索

① 共济会的基层组织，用秘密结社方式进行反殖民主义统治的斗争。——译者

尔的部分领土，并在1800年确立了对占有迈索尔其余部分领土的海德拉巴的尼扎姆的保护权；然后又进攻马拉塔人。他密切注视着旁遮普，在那里兰吉特·辛格于1794年迫使阿富汗人割让了拉合尔；他也没有放松对波斯和红海的注意。在波斯，1801年约翰·马尔科姆和波斯签订了一项准许英国人到海湾沿岸贸易的条约；在红海，1798年英国占领了丕林岛，以后又派遣霍姆·波帕姆去攫取阿拉伯咖啡生产的垄断权，并调遣在英军中服役的印度士兵准备远征埃及。

如果不是欧洲在进行着战争的话，远东也很可能已受到欧洲的侵略。在印度支那，法国的百多禄主教帮助阮福映从西山农民起义军手里夺回了交趾支那，他死前一直是阮福映的顾问。以后，阮福映逐渐再次征服了安南和东京，那里的黎氏王朝已被推翻，他于1803年称帝，年号嘉隆。然而法国的影响也消失殆尽。在中国，乾隆统治时清朝达到了全盛时期，他平定了边远各省之后，于1799年死去。中国人不只移民到这些省份，他们已经有相当多的人到了交趾支那和菲律宾，甚至远达暹罗和孟加拉。中国人是唯一被允许进入日本的外国人。在国内，他们只在澳门的葡萄牙洋行和欧洲人进行贸易。自从荷兰的东印度公司解散之后，除了英国人和美国人经常来做买卖之外，其他各国人几乎不到澳门去。1793年被派往北京的英国人乔治·马戛尔尼没有能够获得任何特权。但是在乾隆死后，他的酗酒和残酷的儿子嘉庆[①](1796—1820年在位)由于受到秘密会党煽动的叛乱威胁，再也不能抵御

① 应为嘉庆，原书误写为嘉陵(Kia-ling)。——译者

任何人的大举进攻了；然而，英国人正在忙于其他的事务。至于日
58 本则更是闭关锁国。尽管粮食不能自给，饥馑不断地造成大量死亡，日本却依然禁止粮食进口和移民国外。它每年只允许为数不多的中国船和一艘荷兰船在长崎进港，出售给他们一些铜。军事力量十分薄弱的日本怀着不安的心情看着到来的英国船，特别是到达库页岛、千岛群岛、甚至在1792年到达北海道的俄国船。

传教士常常为商人和士兵开辟道路，但是在当时，他们主要关心的是美洲。在中国，乾隆迫害了耶稣会士的继承者味增爵会修士[①]。他们发展新会员的活动因法国革命而中断，传教活动到1800年则完全停止。但是新教徒却有了新的发展，那时代表新教在海外的只有几个摩拉维亚修士。事实上，是英国改变了这种形势。1792年，首先发动的是浸礼教徒；1795年，英国国教会建立了“伦敦布道会”；1799年，马香在孟加拉登陆，在这里他受到东印度公司的极端冷遇。

白人移民几乎停顿下来。在北美洲，主要是由于出生率过高才使得定居者大量增加，他们披荆斩棘，向西部迁移。肯塔基和田纳西先后于1791年和1796年作为两个州加入美国，俄亥俄是1802年建州的。但是到1800年，在五百多万居民总数中，西部还只有三十七万人。温哥华从1790年到1795年探查了太平洋沿岸，俄国人也刚刚开始出现在那里，但是从大西洋沿岸至太平洋沿岸之间的联系只有哈得孙湾公司的一些驿站，这些驿站的分布远

① 味增爵会修士（Lazaristes），因其创始人 Vincent de Paul 汉译名为味增爵而命名。——译者

至哥伦比亚河。1793 年，亚历山大·麦肯齐还宁愿深入荒僻的北极地带去探险。

当拉丁美洲市场还只不过是一种希望的情况下，欧洲和美国构成英国赖以生存的市场。这些市场迟早要受到威胁，这种可能性不是完全没有的。在欧洲大陆，工业不可避免地受到英国竞争的影响。为了拯救它们自己的纺织工业，瑞士，特别是萨克森，不得不革新它们的设备，1798 年在克姆尼兹出现了第一台水力机。这样一来，禁止英国货入口就像对法国一样，对它们也是有利的。另一方面，英国的封锁政策也随时在引起外交上的困难。1794 年，丹麦和瑞典策划结成一个新的中立联盟，但是它们本身的力量
薄弱不足成事，如果俄国参加联盟的话，普鲁士和北德意志就会随 59
着加入，这样就会关闭整个波罗的海。来自美国的威胁就更显得突出。除了封锁问题之外，还有个美国水手问题。英国从中立国船上寻找和劫走志愿服役的美国水手，把他们和英国国民混在一起。华盛顿和联邦党人对此只是提出抗议。但是 1800 年杰佛逊就任了总统，他可能并不像华盛顿及联邦党人那样好说话。

但是也不能忘记，由于战争，世界贸易的情况不是十分健全的。在伦敦、阿姆斯特丹和汉堡，殖民地商品的投机活动采取彼此间订立信贷协定的形式，而库存囤积造成了资金的冻结。1799 年隆冬，当易北河整个封冻、航运停止时，汉堡的物价上涨到令人晕眩的程度；而在春季贸易之前，易北河解冻时，船舶开始进港，物价也随之跌落，糖价下降了百分之七十二之多。同一时期，战争再起。到了 8 月，在被入侵前夕，阿姆斯特丹的银行家中断了信贷。在汉堡，一百三十六家商号倒闭了，帕里什银行的损失达一百多万

马克。这次危机波及全欧洲，特别是在伦敦，至少有二十个商人破了产。棉纺工业受到相当大的震动，工厂有的倒闭，有的削减工资。当时为了制止工人群众的骚动而通过了“结社条例”。财政金融形势适于此时恶化起来，再加上 1799 年和 1800 年的收成又特别糟糕，因而使得每夸特小麦的价格从 1799 年初的四十九先令上涨到 1800 年 2 月的一百零一先令。

法国没有达到把英国人拒之门外的目的，因为英国商业又找到了新的市场，并且比以往更加繁荣了。法国人认为英国的经济结构既脆弱又虚假，这种看法是错误的，因为他们不懂得“信贷的奇迹”。但是，英国的经济结构也确实是像一套需要不断自动检修的精密机械装置，若遇诸如其他国家的政策变化、歉收等一系列外部事件时，就可能被损坏。确实，这种威胁在英国隐隐约约地日益迫近着，因而一旦处境困难，英国也势必同意媾和。

60

六、和平的条件

为了从这样一种时机中获得利益，共和国就必须重建欧洲大陆的和平。因此它还要再一次战斗，并取得胜利；在签订条约之后，它还得重建国内秩序并解除反革命的武装。否则一遇危机，反革命又要向外国呼吁，而外国又会发动新的战争。但是能否获得大陆和平还取决于法国企图保留哪些征服地。

热月 9 日之后，法国政策就逐渐转向获得自然疆界的问题上。热月党人在共和三年宪法里规定，不得割让任何一块领土。在宪法通过时（1795 年 8 月），通过武力征服的法国领土仅仅包括萨伏依和尼斯。但是在共和四年的葡月 9 日(1795 年 9 月 30 日),国民公会合并了比利时,而这一新领土的获得被认为是经过合乎宪法的公民投票批准的。从这时起,1793 年的几次公民投票又被用来证明法国保有莱茵河左岸是正当的;普鲁士在巴塞尔,奥国在坎波福米奥以及神圣罗马帝国在拉什塔特先后承认放弃莱茵河左岸。在果月 18 日之前一直是督政官的卡尔诺不赞成这样的领土扩张,就连那些把波拿巴推上统治地位的“空论家”实际上也持有同样的意见。1799 年 11 月 1 日,他们之中就有一个人——大概是多弩——在《哲学旬刊》上宣称:共和三年宪法固定了共和国的疆界就等于宣告“没完没了的战争和全体法国人同归于尽”。但是这并不意味着共和派会像保王党那样,答应外国人以“旧边界”为基础进行谈判。法国仍旧可以向瓦伦区[①]和萨尔扩张。法国全国大多数人肯定会同意这种有节制的行动,因为他们首先需要的是和平,《哲学旬刊》这篇为政变做舆论准备的文章就足以证明这一点。然而,持这样一种态度所碰到的困难是决不可忽视的。在反对保王主义的斗争中,督政府从来没有停止过诉诸民族感情,以致共和派已经习惯于把革命与征服自然疆界看成一回事,从而就以完成了君主政体的事业而自豪。军队是不会赞成把他们征服的地方又丢掉的;如果军队以新的胜利赢得了和平,那么政府怎么可能 61
会比它的前任要求更低的和平条件呢?

督政府已经听任波拿巴超出自然疆界建立了西沙尔平共和国,从而开创了一个危险的先例。后来督政府效法波拿巴又在罗

① 指比利时南部,说法语的瓦伦人居住的地区。——译者

马和那不勒斯[①]建立了共和国；督政府还久据皮埃蒙特，为了控制阿尔卑斯隘口，它在伐累州也建立了共和国；在荷兰和瑞士它发号施令，主宰一切。但是人们还可以说，这样一种政策只是为了战争的需要。就是和约签订了，法国肯定不会对毗连“自然疆界”各地发生的情况坐视不理。但是这并不意味着法国必须在那些毗邻的国家驻扎军队：它完全可以满足于同其他强国一起保证这些国家的独立。在这方面，公众舆论无疑是会支持政府的。经受过许多的虚妄的经历之后，像吉伦特派那样对外宣传革命的热情变得淡薄了；没有人会因为波拿巴没有重建罗马共和国或帕尔瑟诺佩共和国而要责备他。

只要法国超越它的自然疆界，就不可能有持久的和平；但是如果法国不超越的话，大陆列强会不会因此而让它保有自然疆界呢？有人否认这一点，但却提不出令人信服的理由。普鲁士想的只是在德意志其他各地得到法国所答应给的补偿；俄国参战也不是为了夺回莱茵河左岸；最难对付的是奥国，但是只要给它一些领土补偿，特别是如果法国放弃意大利的话，奥国也会安静下来。剩下还有英国。皮特多次宣称，在英国的安全得不到保障的情况下，他拒绝谈判，并且说，只要法国占领着尼德兰，英国就不可能得到安全保障。他进一步申明，至少必须从法国手中夺回莱茵河左岸的大部分地方；后来，格伦维尔在1795年又补充说，并且要把这个地方同在奥国手中的比利时重新合并起来。但是说他们只关心英国安

①　那不勒斯人的共和国，是法国军队在1799年1月建立的，不过四个月左右，法军就被第二次反法同盟（俄、奥）军队打败，这个共和国只是昙花一现。——译者

全，这是不真实的；他们还想从法国手中夺去萨伏依。然而，不容争辩的是，英国外交政策的重点之一始终是不让法国控制尼德兰。而现在不得不重新夺回尼德兰，而如果没有大陆盟国的帮助，英国就不能成功地实现这一计划。法国若同大陆列强达成协议，那么这就会是一场消耗战，那时英国的经济情况可能会使它安于现状，特别是如果没有其他国家与它争夺海洋和殖民地的话。1797 年的危机曾迫使皮特提出这样的和解建议。1799 年，所有的迹象都表明又会出现同样的局面。可是危险恰恰在于法国认为，英国的 62
困难没有别的原因，而只是由于法国为了对抗它的封锁而采取的封锁造成的。在这种情况下，也可能引起法国把封锁扩展到整个欧洲，用增加压力的手段来与英国争夺海洋统治权。那么，大陆上的战争就会再次爆发，并会真正变成一场“没完没了的战争”，但是战争的起因并不是因为法国到达了它的“自然疆界”，而是因为超越了这些疆界。

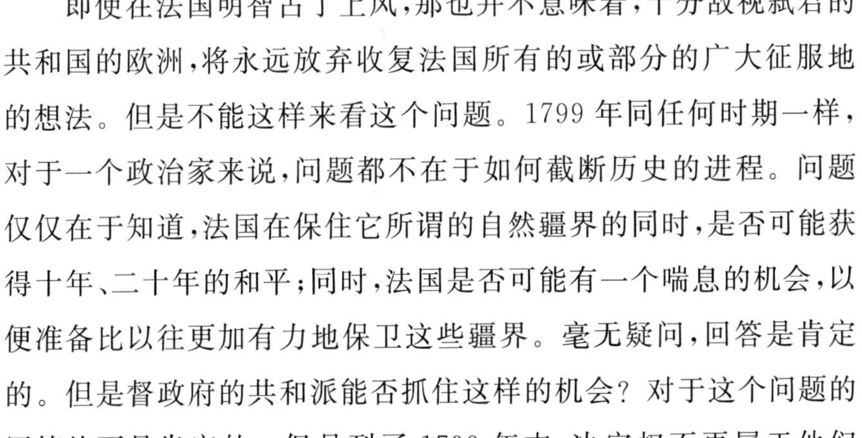

即使在法国明智占了上风，那也并不意味着，十分敌视弑君的共和国的欧洲，将永远放弃收复法国所有的或部分的广大征服地的想法。但是不能这样来看这个问题。1799 年同任何时期一样，对于一个政治家来说，问题都不在于如何截断历史的进程。问题仅仅在于知道，法国在保住它所谓的自然疆界的同时，是否可能获得十年、二十年的和平；同时，法国是否可能有一个喘息的机会，以便准备比以往更加有力地保卫这些疆界。毫无疑问，回答是肯定的。但是督政府的共和派能否抓住这样的机会？对于这个问题的回答绝不是肯定的。但是到了 1799 年末，决定权不再属于他们了。他们自己心甘情愿把决定权交到了一个人物的手里。

第三章　拿破仑·波拿巴登台

法国革命转向建立起独裁统治绝不是一个偶然事件；一种内在需要驱使它这样做，而且，这也不是第一次。这场革命终于导致一名将军的独裁统治，这也不是个偶然事件。而这位将军恰恰就是拿破仑·波拿巴，此人的性格较之他的天赋更不能安于和平与
63 节制。因此，这样一个预见不到的因素就像一只砝码加在天平上，使天平向着“没完没了的战争”的一端倾斜了。

一、法国的独裁统治

很久以来，共和派就想加强政府权力，从他们颁发给各附庸国的宪法就可以看出这一点。在荷兰，督政府的成员控制了国库；在瑞士，他们任命了政府官员；在罗马，甚至还委派法官；在黑尔维谢共和国和罗马共和国，各郡都已经有了一名“郡守”。这里还没有提到西沙尔平共和国，它成了波拿巴个人的采邑。不幸的是，在法国，共和三年宪法规定的修宪程序至少要迁延七年。果月 18 日的政变给西哀耶斯、塔列朗和波拿巴提供了他们所要寻找的机会，但是他们却放过了这次机会。然而，在共和七年，他们希望制造一次新机会。自从内战和对外战争开始以来，就已存在一种趋势要把

革命推向设立一名常任的并拥有绝对权力的行政长官，这就是说， 64
朝着独裁统治推进；共和派不一定都认识到这一点，但他们在顺应这种趋势。因为法国革命是一场社会革命，而被推翻了的贵族的反抗绝不止于掀起叛乱而已。依靠敌人资助的贵族，利用战争造成的种种困难——这是不满情绪的无穷源泉——特别是利用货币和经济危机，企图煽动人民起来反对革命政府。法国人并不想恢复旧制度，但是他们在遭受苦难，他们要自己的领导人对此负责。在每次选举中，反革命总是希望重新上台。在1793年，山岳党人意识到这种危险，才宣布延长国民公会任期，直至和平的到来。热月党人曾经打算恢复民选政府，但是他们随即利用通过“三分之二法令”的手段，重新采取了雅各宾派的权宜措施。接着，在共和五年（1797年）的选举中被挫败的督政府于果月18日又重建了独裁统治。可是只要共和三年宪法继续存在，这个独裁统治每年都要经受考验，就要采取接二连三的暴力措施，所以始终不能建立起来。还是得恢复1793年的原则，并且长期贯彻这个原则，直到重建稳定的和平之日，只有到那时反革命才愿接受新秩序。正是在这一点上，拿破仑的独裁统治才与法国革命史紧密相连。不论他说过什么，或做过什么，他本人或者他的敌人都绝不可能割断这个共同一致的联系，全欧洲的贵族也完全理解这一事实。

像在1793年一样，雅各宾派在1799年想依靠无套裤汉迫使立法两院建立起民主专政。他们利用苏黎世战役胜利前的危机成功地强行通过了几项革命措施：发行强制公债、废除兵役顶替、实行“人质法”，取消给予银行家和军需供应商优先从国库收入中领款权，扣除所得税，以及实行各种征用。所有这些措施打击了资产阶级的利益，以致使他们决定采取行动。在雾月 19 日当晚就恢复给予银行家和军需供应商优先向国库领款权，这是他们行动胜利的一个标志。聚集在奥德伊的孔多塞夫人周围或在斯塔埃尔夫人沙龙里的“空论家”们不想要民主专政，甚至也不要民主。1799 年，斯塔埃尔夫人在论述“结束革命”的手段和“共和国的基本原则”的某些片段中表达了他们的愿望；设法建立一种能保证有钱的
65 和有才的“新贵名流”享有权力的代议制度。成为督政官的西哀耶斯从“三分之二法令”中得到了启示。他想同他的朋友一起选择新成立的政府机构的成员，然后这些机构依靠互选办法补充人员，而只给人民选举候选人的权利；那些已经当官的人从这一企图中看到了保持自己权力的可能性。

自从把人民排除出去以后，要建立资产阶级专政就只有依靠军队。督政府于共和五年果月 18 日已经动用了军队，尽管文官政府的威信受到严重的损害，但它还没有丧失控制军队的优势。可是这一次的情况迥然不同；他们要驱逐的不是保王党，而是坚定的共和派。因此，这个任务只有一位深孚众望的将军才能完成；波拿巴的突然归来注定了这位将军就应该是他。有人用全民的意愿来替雾月 18 日政变辩护，其实全民意愿并没有在这次政变中起作用。波拿巴回到法国的消息使举国欢呼，因为人民公认他是一名能干的将军；可是共和国没有他也打了胜仗，而且马塞纳的胜利已为督政府赢得了荣誉。[①] 因

---

① 即上段开始时提到的苏黎世的胜利，1799 年 9 月 25—26 日，马塞纳统帅法军在苏黎世附近大败沙俄苏沃洛夫和柯尔沙科夫的军队。9 月 19 日，法军在荷兰击退英、俄联军登陆的企图。这些胜利使法国转危为安，而波拿巴当时还未从埃及回国。——译者

而，雾月 18 日政变的责任就落到被称作“雾月党”的那一部分资产阶级共和派身上，他们的领袖是西哀耶斯。他们本无意屈从波拿巴，他们选择他仅仅是把他当做工具用。然而他们没有提出任何条件，甚至也没有事先给新政权规定大政方针，就把他推上权力的宝座，这就暴露出他们是一帮难以想象的庸才。波拿巴没有抛弃那些新贵名流，因为他也不再是个民主派，并且只有他们的合作才能够使他进行统治。可是雾月 19 日晚，在匆匆忙忙地拼凑起一个临时的执政府的班子之后，他们就不应当再抱有任何幻想了。军队一直追随波拿巴，而且仅仅追随他一个人。因此他主宰了一切。不管他和他的辩护士可能说过什么，他的统治从一开始就是军事独裁，也就是专制的独裁统治。这样，决定法国和欧洲命运的那些问题就将由波拿巴独断专行。

二、拿破仑·波拿巴

他究竟是怎样一个人呢？我们很难给他勾画一幅肖像，因为
他的形象异乎寻常地在不断演变：从在瓦朗斯和奥松驻防时一个 66
勤学苦读和沉思默想的军官，甚至在斯蒂维耶雷镇战役前夜还是
个召开军事会议的青年将军，一直到变成晚年时醉心大权独揽和
自信无所不知的皇帝。但是有一些基本特性贯穿在他一生经历 67
中：权力只能加强某些特性或减弱另一些特性。

他身矮腿短，肌肉发达，面色红润，三十岁时还很消瘦，但体格健壮耐劳。他的敏感和坚定令人赞叹，反应敏捷迅如闪电，工作能力无可限量；而又可以想睡就睡。然而他也有相反的一面：湿冷天气使他感到郁闷，引起咳嗽，排尿困难；与人顶撞时暴跳如雷；操劳过度时尽管有长时间的热水浴，饮食十分节制，适量而经常地喝点咖啡与吸烟，但仍往往引起短暂的神思恍惚，甚至黯然泪下。他的头脑是迄今最健全的头脑之一：永不松弛的注意力不倦地抓住各种事实与思想；记忆力就把这些事实与思想存入头脑并加以分类；想象力机动灵活地运用这些事实与思想，他的思想处于一种持久而隐秘的紧张状态，不稍懈怠地拟订着政策与战略的要点。这些政策与战略于忽而恍然大悟之机闪现出来，有如数学家和诗人的体验一般，特别是深夜猛醒之际，他自己称之为“精神火花的迸发”，“午夜后出现的精灵”。他那炯炯有神的眼睛闪现出的这种热烈的精神，使得这个“头发平滑的科西嘉人”在飞黄腾达时脸色仍然呈现“硫磺色”的面孔神采奕奕。正是这种炽烈的精神使他落落寡合，而并不是如泰恩[①]要让人相信的，他从中世纪声誉欠佳的意大利雇佣兵队长继承来某种粗暴残忍，经过他野蛮地施加到全世
68 界。他给自己一个公正的评价：“我甚至是相当善良的人”；而这是符合实际的：他为人宽宏大量，对接近他的人甚至是和蔼可亲的。但是，在一般人与拿破仑·波拿巴之间确实是没有共同语言，彼此毫无共同之点，因为一般人对工作草草了事，急于想多点休息消遣时间，而拿破仑·波拿巴则孜孜不倦，一心一意在工作。从他的身心体质产生出不可遏制的冲动要采取行动与发号施令，这就是人们所讲的他的野心。他很有自知之明：“有人说我是野心家，说错

---

① 伊波利特·泰恩（1828－1893 年）的名著《现代法国的起源》（1875－1894 年出版）共十五卷，分为三部分。第三部分第一卷《拿破仑·波拿巴》（1891 年出版）描述波拿巴的形象和性格颇为生动，但也引起史学家的争论。——译者

了，我并非如此，或者至少可以说，我的雄心和我的存在是紧密交融，难以分辨的。"还能比这说得更好吗？拿破仑其人主要地就是他的气质。

他到布里埃纳念书的时候，还是一个小孩子，一个贫穷和受人嘲弄的，火热而又羞怯的异邦人，就从那时起，他已经从自高自大和藐视别人的意识中取得支持自己的力量。但是命运使他成为一个军官，这最适合他要求别人绝对服从的发号施令的本能。虽然这位军事长官也多闻多问，甚至征求意见，但最后还是由他个人做主并做出判断。波拿巴的独断专行的自发倾向变成了职业习惯。在意大利和在埃及，他已把独断专行推广到政府中去。在法国，他想以一个文官的面貌出现，但是军官的烙印是难以磨灭的：虽然他多方咨询，但是他决不能容忍别人随意反对他；更有甚者是，他在习惯于展开讨论的一群人面前，就沉不住气，莫知所措，这就是他何以对"空论家"深恶痛绝的原因所在。群众虽然是一团混乱的，无组织无纪律的，然而却是令人生畏的，因此波拿巴对群众总是既鄙视又恐惧。夺取政权的是波拿巴将军，他也就是作为将军运用政权的。服装和称号的改变都丝毫不能改变其将军本色。

然而，在这身军服下面实际上有着几个人，而他的吸引人的魅力正是来自这多种多样的性格，也同样来自他的多方面的聪明才智。共和三年的波拿巴，身无分文地浪迹于热月党人的宴饮作乐之中，周旋于当日的权贵、豪富与艳妇之间，他也燃炽过与常人无异的种种欲望。这个时期给他留下了某些终身的影响：使那些曾冷落过他的人屈居己下，他就感到某种乐趣；对富丽豪华的爱好；对家庭——这个曾同甘共苦的"氏族"——的无微不至的关怀；还

有某些资产阶级贵人的难忘的言谈，如在加冕典礼之日，他感叹地
69 说：“约瑟夫，要是咱们的父亲能看见咱们该多好啊！”然而在这很久以前，他也并非不曾为一种更高尚的爱好所吸引，即想知道一切和了解一切，这肯定是对他有用的，但他求知本身首先就是一种满足，原无其他打算。

当他还是一个青年军官时，他孜孜不倦地博览群书和搜集资料，也从事写作；显而易见，如果不是进了布里埃纳军校的话，他原有可能成为文人。领兵作战之后，他仍然是一个脑力劳动者；这个军人最愉快的事莫过于在自己安静的书房里，置身于公文卷宗之中。这项特征逐渐减弱；他的思想变得更实际些，他曾自夸已经摈弃了“空论”；然而他却依然是 18 世纪的人，是理性主义者和哲学家。他远非凭直觉行事的人，而是依靠推理，依靠知识和有条不紊的工作。“我习惯于在三四个月以前考虑我应该做的事，并且估计到最坏的情况”；“每次作战都必须按照一定方案进行，因为靠运气是不能取胜的”；他认为他的一些机智表现是坚毅的自然成果。他心目中的统一国家是按照一个简单而系统的方案由一个整体构成的，这个概念是十足的古典主义。在罕见的一瞬间，甚至在他身上以最鲜明的特征表现出理智主义：能剖析自己人格，既能正视自己的生活，也能忧郁地反省自己的命运。在获悉约瑟芬的不贞之后，他从开罗写信给他的哥哥约瑟夫说：“我需要离群索居。壮丽豪华使我感到腻烦，感情的源泉已经枯竭，对荣誉索然寡味。年仅二十九，却已历尽沧桑。”不久以后，他同吉拉尔丹在厄尔默浓维尔散步时说：“未来的事态将会表明，假如卢梭和我压根儿都没有在世间活过，也许

会对世界的安宁更有好处。”①在陪同波拿巴巡视荒芜的杜伊勒里宫时，罗德雷感叹地说：“将军，这是何等凄凉！”才就任第一执政两个月的波拿巴回答说：“是的，有如权势尊荣一样。”由此可见，夏托勃里昂和维尼的浪漫主义的忧郁，通过惊人的转折，渗入这个坚定而庄严的人的理智主义里。但是这从来只是一刹那，他立即就会恢复常态。

一切都似乎注定他要奉行现实主义的政策，而实际上他在执行政策时，直到细枝末节全部都是现实主义的。在他飞黄腾达的过程中，他摸透了人的种种情感，并且学会了播弄这些情感。他懂得如何利用自私、虚荣、嫉妒，甚至利用品德不纯；他深知从唤起人
们的荣誉感和激发人们的想象力中，能从他们获得些什么；他也没 70
有忽视可以用恐怖使人屈服。在法国革命的成果中，他准确地分辨出哪些是全国人心所向的，哪些适应他的专制主义的。为了争取法国人的拥戴，他同时既以和平使者又以战神的面貌出现。因此之故，他应被列入历史上伟大的现实主义者的行列之中。

然而，他只是在实际行动中才是现实主义者。在他身上还可以看到具有英雄的某些特征的另外一个人，这个人是从他在学校读书时，出于要支配那个轻视他的世界的愿望中诞生的；尤其是从比拟普鲁塔克②和高乃依③著作中的半传奇式的人物的愿望中诞

① 吉拉尔丹（1765－1827年）是法国将军和行政官，这段逸事出自他的《日记》。厄尔默浓维尔在巴黎东北的瓦兹郡桑利斯县，卢梭晚年卧病并逝于该村的吉拉尔丹侯爵的领地上；1800年8月，波拿巴到该村凭吊，这句话是他在卢梭墓前说的。——译者

② 普鲁塔克（生于公元45－50年间，逝于125年），希腊历史学家，曾撰述古希腊、罗马杰出人物的传记。——译者

③ 高乃依（1606－1684年），法国古典主义戏剧家。——译者

生的。他最大的野心乃是荣誉："我只生活在子孙后代之中"；"死算不了什么，但是被打败而毫无荣誉，虽生犹死。"他的心目中只有世界上伟大的人物：东方的征服者、梦想征服世界的亚历山大；罗马帝国的创建者与重建者恺撒、奥古斯都、查理大帝，这些名字本身就意味着世界大一统的思想。这点并不涉及一个具体的概念，一个为政治事业提供规范、尺度与极限的概念；这些人物是激发丰富想象力的榜样，是赋予他的行动以难以形容的魅力的榜样。他最向往的还不是英雄的事业，而是这些事业所体现的精力充沛的热情。他是艺术家，是实践中的诗人，对于他来说，法国和全人类都不过是些工具；他在圣赫勒拿岛回忆洛迪大捷和他内心燃起的权力欲望时，表达了他对权势的感觉，他说过这样的豪言壮语："我看到地球在我脚下旋转，仿佛我已腾空而入云霄。"因此，要想探讨拿破仑给他的政策确定了什么目标，或者他准备达到的极限是什么，都是枉费心机；因为根本不存在什么目标和极限。他的部下曾因此感到不安，他听到后说："我总是这样答复：我不知道有什么目标和极限，"或者尽管用平庸的方式，却意味深长地说："要取得上帝老爹的位子吗？啊，我才不想哪，那是条死胡同！"因此，在这里又可以看到，头一眼就给人印象深刻的、他心理上的强有力性格。这就是浪漫主义者的拿破仑，一种自行扩张的力量，对他来说，世界只不过是冒险行动的场所。而现实主义者不仅要善于运用手段，还要考虑在可能条件下明确他的目标；如果想象力和权势欲能够驱使他行动，现实主义者会知道到何等地步就应适可而止。

可是，正如莫莱[①]十分精确地观察到的那样，虽然拿破仑不正 71
视现实，他的精神在其他方面却是非常善于把握现实的；这不仅归因于他的天性，而且应归因于他的出身来历。当他从科西嘉岛初履法国本土时，他自视为异邦人，而且直到1793年[②]被他的同胞逼迫离开科西嘉岛为止，他还是敌视法国人的。当然，他已充分地钻研法国人的文明和思想，足以归化其中，否则他绝不可能变成法国人的领袖。但是他还没有足够的时间把自己的思想感情完全和法兰西民族的社会融合在一起，遵奉法兰西民族传统，以致能把法兰西民族利益视为自己行动的尺度与界限。他始终感到自己是一个离乡背井的游子。他也脱离了自己出身的那个社会阶层而无所依附，他既不完全是绅贵，也不完全是人民，他相继在波旁王朝和大革命时期充当军官，但是他对哪一个政权都没有衷心拥戴过。而他后来取得成功的原因之一也正在于此，因为他可以完全轻易地处于超党派的地位，并以民族统一的恢复者的面貌出现。但是，无论在旧制度下，或者在新政权中，他都没有汲取出可供他作为规范和限度的原则。他不像黎塞留[③]那样受效忠王朝原则的约制，这种原则使黎塞留把个人意志从属于君主利益；波拿巴也不受公民美德原则的约制，这种原则要求他献身为民族服务。

他是崛起于行伍之间的战士，是启蒙哲学家的弟子，因此他痛恨封建制度、社会的不平等、宗教的不容忍；他认为开明专制能够

① 莫莱(1781－1855年)，参政官、帝国时期历任要职，后来到七月王朝时出任首相(1836－1839年)。他的回忆录经后人整理出版，成为颇有价值的史料。——译者

② 原著误为1791年，应为1793年。——译者

③ 黎塞留(1585－1642年)，法国红衣主教，路易十三的大臣。——译者

调协政府威权和政治与社会改革，他自己就成为历史上最后一个开明专制君主，并且是开明专制最杰出的代表人物；在这个意义上讲，他是属于法国大革命的人物。然而，他的极端个人主义从来没有接受民主，他摒弃了使革命理想主义生气勃勃的18世纪的伟大希望，即将来总有一天，人类文明会发展到使人类成为自己的主人。他没有像其他人那样，为了顾虑自身安全而变得小心谨慎，因为，用一句通俗的说法，他已经把个人安危置之度外，他梦寐以求的只是通过英雄壮举与冒险行动而成就英名伟绩。还有道德约制问题；但是，在精神生活中，他与别人毫无共同之点；虽然他深知别人的情感，并巧妙地利用这些情感达到他自己的目的，可是他只留意那些能使人听他使唤的情感，却诋毁一切能激励人们牺牲精神的高尚情操：宗教信仰、公民美德、热爱自由等，因为他感到这些高尚情操对他个人企图构成障碍。这并不是说他对这些情操格格不入，至少在他青年时代尚非如此，因为这些情操能自然而然地导致
72 轰轰烈烈的事业；但是以后环境变了，使他朝着另一个方向发展而闭目塞听，高高在上。在权力欲支配下的既庄严又可怕的孤立中，准则限度毫无意义。

“空论家”把他看成是自己人而没有察觉他身上的浪漫主义的冲动。能够遏制他这种冲动的唯一办法也许就是把他置于一个强有力的政府之下，让他在一个从属的地位上为国效劳。但是雾月党人在把他推上最高权力的地位时，恰恰就已放弃了一切这类防患未然的机会。

第 二 编

内安法国　外和欧洲
（1799—1802 年）

第一章　法国独裁体制的组成

取得政权之后，拿破仑立即着手组织他的独裁体制。这项工作至少有一部分延续至今，构成现代法国行政机构的主体。但是这项工作不是能一蹴而就的，在倒台之前，他一直在进行工作，而其成效只能是逐渐地显现出来。同时，采取行动的需要又是不容迟缓的，他必须准备 1800 年的战役；因此波拿巴只得临机制策。这两个特点一直贯穿在他的统治的始终。他一生不停顿地致力于久远之计。但是，尽管他热切地想做力所不及的事，他却总是不得不临时对付每一项事业。

一、临时执政府与共和八年宪法 74

共和八年雾月 19 日（1799 年 11 月 10 日）晚上，几名议员匆忙地批准成立一个负责起草新宪法的临时政府。行政与立法创议的大权全部落到三名执政手里：波拿巴、西哀耶斯和罗歇·迪科；20 日，他们达成协议轮流担任主席；但事实上波拿巴从一开始就控制了一切。由二十五人组成的两个委员会（每个委员会分为三个组）取代了元老院及五百人院，其职能仅在于准备新宪法。

由于法国革命和共和国看起来似乎都没有成问题，所以这次事变并没有引起任何剧烈的反抗:这不过是又一次政变而已。人们不过是热心地等着瞧波拿巴如何着手工作——谁知道他是否能维持得下去呢?然而,少数的左派及右派还是很快地开始形成了。执政府就其起源讲是反雅各宾派的;因为发动雾月政变的借口毕竟是一个莫须有的“无政府主义者”的阴谋。正是左派反对在圣克卢的集会,而且他们在外地某些地区也企图进行反抗。六十一名议员被取消了议席;五十六名雅各宾派,其中有二十名议员,被流放到圭亚那及雷岛,其他很多人被捕。共和七年的“恐怖主义的”措施——强制公债、人质法及强迫征用等——被废除了,这是军需供应商及银行家的胜利。“良善之辈”[①]对此表示满意;保王党在他们的书刊里和讲坛上表示了同样的感情。他们希望波拿巴会成为蒙克[②]。当那批顽抗派的教士又抛头露面时,各地都明显地有猛烈的教士骚动。但是波拿巴立即谴责了这种反革命活动,因为督政府的各郡行政机构依然保留着、并被置于由三执政任命的特派员的控制之下,所以他能够轻而易举地把反革命活动镇压下去。警务部长富歇一开始就站到左派一边;他取消了对雅各宾派的放
75 逐令。波拿巴仍然忠于雾月政变的精神,同那些“新贵名流”一起统治,他们不是大革命的参加者,就是追随者。

与此同时,宪法起草工作依然由特别指定担任这一使命的立法委员会的两个组负责进行。他们就教于西哀耶斯,但是这位“圣

① “良善之辈”(honnêtes gens)指既非出身贵族世家,又非出身低微的平民,即指富有的资产阶级,在政治态度上拥护既存社会秩序者。——译者

② 蒙克(1608－1670 年),英国资产阶级革命的将领,1660 年叛变革命而拥立斯图亚特王朝复辟。——译者

人”声称他毫无准备，不过还是口述了意见。他的意见要点被布莱（默尔特郡人）、多弩与罗德雷保存下来。尽管他们各人的记录彼此有些出入，但是有两点还是值得注意的。第一，雾月党人将在各组成机构内先取得席位，这些机构然后将采用互选的方法从“新贵名流”[①]中来补足其成员。西哀耶斯认为，因为权力必须来自上面，所以公务员也将不是由选举产生。但是他补充说，既然信任必须来自下面，重新得到普选权而成为主权者的人民就有权制定“新贵名流”的名单。这样，导致雾月18日政变的主导思想——“新贵名流”的独裁统治——仍然得以实现。但在另一方面，必须细致地划分权力。立法权分给三个议院，行政权分给三个人，一个是由元老院任命的“大选长”和两个是由“大选长”指定的执政。“大选长”终身任职，但得由元老院“吸收”而去职；两名执政分别负责内政和外务。在他们各自的职权范围内，两名执政连同他们的各部部长和各自的参政院都享有完全的独立地位。这里表现出西哀耶斯的真正个人独创的想法。他设想出这些复杂安排的目的就是在于保护个人自由，使之不受国家的专制统治的侵犯。但他这样做却低估了加强政府权力的必要性——这曾是这次政变的第二个目的，同时也很不合乎政变中他的同谋者波拿巴的野心。

波拿巴对于民选政府的消失以及许许多多议院的建立当然并不反对，但是他却断然要求独揽行政大权。塔列朗安排了一次波

① 新贵名流（notabilités）或译为“知名人士”、“贵人”、“闻人”。在本书涉及这一时期，实际上是以拥有财产为标准，其中虽有出身旧贵族的大地产所有者，但他们已被大革命剥夺了贵族头衔和封建主权利，而向资产阶级转化。更多的是新兴的资产阶级。这一阶级是拿破仑政权的支柱，故译为新贵名流，或简称“名流”。——译者

拿巴与西哀耶斯的会见,但这只能加剧两位执政之间的冲突。参与起草宪法的两个组的成员由于宣称反对西哀耶斯,从而结束了这场冲突。他们设立一个第一执政,虽然有两个执政的协助,但赋予第一执政绝对的权威,并授予任命所有官吏的权力。他们甚至也不支持西哀耶斯计划的其余部分,决定恢复有财产资格选举权及选举制度,因为他们可能意识到,如果不这样做,议会各院在波拿巴面前将变得软弱无力。

当多弩刚把宪法草案誊写好,波拿巴立即在他的官邸召集了
76 两个委员会的成员进行审议。在这次新的审议过程中,西哀耶斯又设法把互选原则、新贵名流名单以及普选权等写入了宪法。他这样做显然没有遇到任何困难,因为波拿巴不得不同意这些内容。作为交换条件,波拿巴显著地增加了他个人的权力,他的两位同僚被贬低到只有咨询的地位,而他自己则取得了制定法令权。保民院被剥夺了参与对立法的创议权。这样,宪法的最后文本看来是一种妥协的产物,但在事实上,只要波拿巴把全部行政权集中在他自己身上,西哀耶斯所获得的成果就只能有利于波拿巴。毫无疑问,有些雾月党人跟着波拿巴走是为了想趋炎附势;然而另一些人支持他无疑具有更高的目的。他们认为拯救法国革命需要这样一位领袖。

由于这些辩论还不是正式的,法定程序的讨论应当先在五百人院的委员会内进行,随后再转到元老院。然而人们都希望结束这一讨论。霜月 22 日(12 月 13 日)晚上,当波拿巴要求议员们签字以表示同意这些条款,并立即要他们把三名执政的名字(波拿巴、康巴塞雷斯和勒布伦)写进去时,没有人反对这次新的政变。

为了要法国人民批准新宪法而举行了全国范围的公民投票，结果以三百零一万一千一百零七票对一千五百六十二票通过。这部宪法在准备过程中就不符合正常程序，而在正式批准前的雪月4日(12月25日)就开始生效了，这是再一次违法。[①]

这部共和八年宪法，仓促拼凑在一起有九十五条，除了夜间不得搜查民宅以外，并无一处提到公民权利。在国家权力的组织方面，这部宪法的规定也是极不完善的。这部“简短而含糊”的宪法是符合波拿巴要求的，给了他自由行动的余地。最主要的是宪法规定了第一执政拥有无限的权力。除了媾和与宣战(这在当时还无足轻重)以外，拿破仑取得了全部行政权。他任命各部部长和其他高级官吏；只有治安法官才要通过选举产生。各部部长得受立法院弹劾，而这样其实使波拿巴更便于控制他们。至于第一执政本人以及他的官员则不对任何人负责，官员只有得到参政院同意才可被追究，而参政院的成员又是波拿巴自己指定的。他独自掌
握了立法创议权。立法权只变成了一个单纯审议的过程，在听取 77
了参政院的意见后立法院成员只是在波拿巴提出的法案上写明“同意”或“不同意”而已。即使如此，讨论与投票还是分开进行的：有一百名议员的保民院进行讨论，而立法院的三百名“哑巴”投票表决。最后，波拿巴还不受约束地行使颁布法律的权力——这是革命议会过去为了执行法令而赋予首席行政官的权力，并由首席行政官规定或解释法令的详细内容。维护宪政的元老院则可以取消它认为违宪的法律，然而元老院议员的职务实际上只是个闲差，

① 投票到1800年2月18日才宣布计算出全部结果。——译者

因为该院成了一个主要是进行选举的机构。

因此,人们说从全部宪法中所能看到的,就是个波拿巴;这句话流传很广,确实表达出真相。然而还不是全部真相;议会各院之所以全然不起作用的另一个重要原因是由于取消了选举。各院成员的产生是没有人民参与意见的,两位即将卸任的临时执政与新上任的第二、第三执政任命了第一批三十一名元老院议员,然后再由这些人来挑选出另外二十九名议员;以后,元老院就将继续以互选的方式来补足其成员。元老院指定保民院成员及立法院议员,并在现任三执政任期十年届满时任命新执政。结果所有那些被任命的人都确是在各级普选中选出的"新贵名流"。在每一个"乡镇区域"里,公民们选出为他们人数的十分之一的候选人,然后从这些"乡镇新贵名流"的候选人中又选出其人数的十分之一来构成郡的人名单。郡级人名单上的新贵名流通过相同的程序再构成全国新贵名流名单。这所谓"乡镇区域"指的是什么?谁也还不知道。不管怎样,这种制度是无从实行的,到共和九年最后好歹算制定了各级名流名单,但也几乎根本没有采用。

人民是主权者,这是明确的,但没有人理会他们。雾月党人满意了,因为他们现在身居统治地位。但是他们只代表自己,不代表任何人。波拿巴毫不迟疑地告诉他们,"唯我一人代表人民。"尽管他们组成了所谓"代议制"机构,但事实上他们仍然是一伙被波拿巴召来、并在他认可的范围内协助他的新贵名流。以后在复辟王朝时,国王也是这么讲的。起初雾月党人不是这样想的。元老院成员是由西哀耶斯精心挑选的,由于他们控制了元老院,他们也就控制了保民院和立法院,所以这些人就自认

为能够强迫波拿巴同他们合作。事实上，议会各院确曾表现出反抗的意图。但是由于宪法里没有解决这些争执的办法，于是 78
就以一系列政变的形式加以解决，而唯有波拿巴才具有搞政变的手段。从一方面来讲，执政府的历史，甚至于帝国的历史，都部分地表现为立法权逐步屈从的过程。从一开始波拿巴就侵犯了立法权。共和八年雪月 5 日（1799 年 12 月 26 日），他授权参政院以发布“意见”的形式来解释法律。他也时常毫不为难地按照自己的意向以行政命令的手段修改或曲解法律。共和十年宪法允许他授予元老院咨询权，从而剥夺了保民院和立法院的一切权力。这样，在极大地扩充他的制订法令权之后，波拿巴终于开始以直接发布法令的方式来立法。

有人津津乐道，说波拿巴和西哀耶斯让雅各宾派，即所谓“可靠的雅各宾派”充斥议会各院。他们才不这样傻呢！毋宁说，他们更为喜欢的是温和派。元老院成为仅次于法兰西科学总院的“空论家”的大本营。保民院的成员多是作家和演说家，诸如多弩、谢尼埃、然格内、萨伊，而尤其是邦雅曼·贡斯当；那些不太著名的人物则安排在立法院。总共有三百三十名议员曾在督政府的立法两院中占有席位，五十七人曾在大革命时期三届议会中占有席位；雅各宾派和归附的保王党贵族都只占极少数。波拿巴此时还不能摆脱这一批人，必须从他们中择优录用，因此参政院和政府各部的政治色彩，也不可能有很大差别。这就是为什么参政院甚至也有一定的独立性。在挑选其余两名执政的人选上，波拿巴就暴露了他的真实倾向。康巴塞雷斯曾经是国民公会的平原派，他仪表堂堂，讲究修饰，但忠心耿耿，极力对波拿巴施展一种温和主义的影响。

勒布伦[①]曾任莫普[②]的秘书,在法国大革命期间很不得意,波拿巴本人知道他是个保王党分子。在财政方面波拿巴依靠曾在革命前的财务总署任职的戈丹及莫利昂,结果造成了革命的资产阶级与那些旧制度遗留下来的、但已向新秩序妥协的人物混杂在一起,这是富有象征意义的情况。后来,波拿巴逐渐加大"旧人员"在政府里的比重,这样他就准备好了适应向君主政体过渡的人马。

79 二、波拿巴权力的组成与扩大

波拿巴于共和八年雨月 30 日(1800 年 2 月 19 日)移居杜伊勒里宫,并立即进入了自己的书房,以便不受干扰地工作。唯一获
80 准进入书房的人是笔录他口授命令的秘书——最初是布尔里埃内,随后是梅内瓦尔或者是凡。每当他想与他的属下议事时,他总是到和书房相连的另一个厅里去。旧制度君主统治的先例也使他
81 对部长们及其越权行为充满了不信任。他使部长们习惯于书面与他联系;不久他手边就有了以各部长,定期呈递给他报告的"卷宗"、陆军部的军事情报,以后又掌握了国内外额外的临时收益报告。他保留了督政府时期创立的国务秘书处这个机构,把它变成一个部并派马雷任部长。马雷负责集中政府各部、处的文件表报,并把他每天从早到晚从波拿巴那里收到的命令下达给有关部门。就这样,部长们变成只不过是波拿巴的办事员而已。波拿巴还增

① 勒布伦(1739—1824 年),初为律师,1789 年当选为三级议会代表,雅各宾专政时期被捕入狱,热月反动后获释,1795 年又入选元老院。——译者

② 莫普(1714—1792 年)在路易十五晚年任大法官。——译者

加了部长的数目：共和九年从财政部分出一个国库部；共和十年从参谋总部分出了一个军政部；此外，波拿巴还派参政官到一些部里，分别管理有关宗教、国民教育、国有产业、森林、公共工程等事宜。当今的督导官职位即由此发端。部长们因此感到不快；但是拿破仑也和路易十四一样对各部长间的倾轧感到高兴。只有外交部长塔列朗得到与主上一起工作的特权；塔列朗装出一副对波拿巴真正崇敬的样子。而蔑视他的波拿巴却不由自主地对他表示相当尊敬，这是一种暴发户对娴熟礼仪的名门贵族的尊敬。波拿巴对塔列朗的高贵气派悠然起敬，并非常乐于接见他。由于部长们被剥夺了决策权，并且也不构成一个团体，波拿巴就如伯尼奥[1]所说的"总揽一切"。像弗里德里希二世[2]一样，波拿巴是从书房里进行统治的。

波拿巴从未受过治国方面的正规训练，他缺乏很多必要的专门知识，关于他对任何事物都立即能理解的传说纯系讹传。他通过自学学到了很多东西，然而他真正的长处却表现在能器重那些在法国革命期间有过行政经验的人，不时地向他们请教，并善于使 82
用他们。从共和八年雪月 4 日（1799 年 12 月 25 日）起，他从这些人中挑选出组成了拥有二十九名成员的参政院的大多数。除了布律纳与雷阿尔之外，这些人过去都以温和派闻名。在他们之中只有三名前国民公会的议员，在这三人中仅贝利埃一人曾为"弑君

① 伯尼奥伯爵（1761－1835 年）革命时立法议会议员，波拿巴的重要高级官吏之一，后来在复辟时期任大臣，此语出自他著的《回忆录》。——译者

② 旧译"腓德烈大王"（1712－1786 年），普鲁士国王，1740－1786 年在位。——译者

者”,就是他也曾赞成过国王的死刑缓期执行。与这些人同时入选的还有诸如尚帕尼、弗勒里厄、莫罗·德·圣麦利等人,他们肯定是同情王党的,对旧制度的灭亡不胜惋惜。在以后的几年内,这两个派别的发展是不平衡的:前者增加了蒂博多和特雷拉;后者增加了巴尔贝—马尔布瓦、波塔利斯、迪马、比戈·德·普雷亚梅纽以及米雷尔。他们并非都受到这位统治者的信任。共和八年果月 7 日(1800 年 8 月 25 日),波拿巴从马伦哥得胜回来以后,即实行改进人事制度,从而使他能不动声色地解除那些引起他不快的参政官的职务,因为他认为人事变动引起太明显的注目在政治上是不明智的。从此以后,波拿巴每隔三个月就准备两份名单,一份是那些执行正常公务的参政官名单,另一份为执行特殊公务的参政官名单,即那些负有特派外放任务的参政官名单;这样,这些人就不出席参政院会议了,虽然他们仍保留参政官的官衔和荣誉。任务一旦完成,他们就不必再重返原任,这就足以使波拿巴为掩盖某一参政官失宠而把他的名字从一张名单转至另一张名单。

参政院分为五个组,这五个组平时分别执行职务,不过定期召开全体会议,会议通常由波拿巴主持。参政院还设有一个由洛克雷领导的总秘书处。由于参政官是由第一执政任免,所以他们就缺乏独立性。而革命前王政时期的国务会议是有独立性的,因为它的成员是买来的职位,因而官爵终身,并且具有由于社会出身和职业联系而产生的一种团体精神。由于参政院没有决策权,所以它只是发表对波拿巴毫无约束力的意见而已。

然而参政院的作用还是相当大的,特别是在最初几年。它有诸如罗德雷、勒尼奥、夏普塔尔、克雷特、富尔克鲁瓦、波塔利斯、贝利埃以及蒂博多等许多著名的行政人才。正是在参政院里制定出了那几部重要的组织法及法典。参政院具有最高行政裁决权，它在处理争议中起着逐步调整整个行政机器运转的作用。波拿巴很高兴参加该院的工作。他让参政官畅述己见，然后他自己就毫无 83
拘束地以充沛的精力滔滔不绝地发表讲演。他只是把政治议题排除在参政院讨论范围之外，特别是教务专约与共和十年芽月 18 日法律即未交讨论，因为他知道这会遇到强烈的反对。

然而波拿巴不是单单听取参政院的意见，他还鼓励其他咨询团体发表意见。这些团体起初是临时召集的，但后来逐渐比较定期召集，称作“行政会议”。他经常召集有关的部长和他们属下各单位的负责人、一些参政官、甚至从各郡专门召来的某些官员来参加这些会议。这些“行政会议”虽然不如参政院那样有名，但却几乎起到了与参政院同样重要的作用。

像督政府一样，新政府从第一天起就为财政拮据所困扰。国库几乎一空如洗。这样，政府就不得不软硬兼施地几乎每天向银行告贷。这样，行政改革也就从财政部门开始。正是在这一部门，中央集权首战告捷。不等制订宪法完成，新财政部长戈丹在霜月初就采取了一些果断措施来开辟财源，充实国库。他的第一个行动就是霜月 3 日(1799 年 11 月 24 日)采取的剥夺地方政府确定每年税额分配的权力以及征收部分直接税的权力，改由中央政府指派的代理人负责征收。在这一新的中央财政机构中有一名总监及数名副总监分别负责直接税收及各郡的税收。在他们之下则有会计检查官和督察官负责分配各公社纳税人的税额。虽然这些副总监指派地方估税员协助他们工作，但是税则则由他们自己拟订。

但实际上,暂时并没有人对新订的税额给予太多的注意,会计检查官就着手开列拖欠下来的税单,并根据以往的税单着手订出共和八年(当年)的税单。在每个郡,由政府任命的其他官员包括一名收税员和一名出纳员,以及叫作一般收税专员和特殊收税专员[1]的税收经理人;在税额超过一万五千法郎的城市还有数名收税官。在另外一些地方,公社当局还保留了征税的权利,而一般都由出价最低的投标人承包。最后在霜月 6 日,一般收税专员规定的年度期票证券制度重新建立起来。[2] 这些期票按月份分十二次发行,但证券上规定的税额实际上在二十个月以上才付清。财政部内的主要机关——处理地产、关税以及公债的部门——很快地都有了参政院派来的督导官,国库当然采取了这一步骤;雨月 1 日(1800
84 年 1 月 21 日),它被置于迪弗雷纳的领导之下,他在 1789 年以前和在国民制宪议会时期曾经是国库雇员。直到共和十年设立了一个独立的国库部,由巴尔贝-马尔布瓦领导。

困难的问题是销售由一般税收专员发出的期票。为了给期票提供信用支持,戈丹设立了一个抵押银行。他通过恢复由国库会计官发出的保证金券,和授权银行负责仓库及信托业务的办法为银行筹措资金。由莫利昂负责的抵押银行,还负责通过进行公开购买来维持政府公债的价格,以便降低利率,使国库的地位更加稳

① 一般收税专员为旧制度留下来的传统代理人,他们包括作为国库的代表和银行业务代理人的政府要员。特殊收税专员是 1800 年 3 月 18 日新规定的,他们也是国库经理人,专负责征收直接税及罚金等。——英译者

② 这些证券是根据预计的岁入提出的,由一般收税专员以预定支付的期票形式提交给国库,这些期票然后由银行家为国库贴现。——英译者

定。这样一来，这家银行很快就以“还债金库”而著名。但是期票的贴现仍然得依赖银行家。法国革命使得银行家有可能与一些大企业家联合创办若干发行纸币的机构，来满足他们各自的需要。这些银行中主要的是共和四年成立的由佩雷高、雷卡米埃和德普雷经营的“往来存款银行”，以及在共和六年成立的“商业贴现银行”。前者拥有准备援助国库的资金，当然假如有一国家银行来掌握这笔资金则会更好。往来存款银行的股东们正是想要得到国家银行的特权，以便能够扩大他们的业务。股东们就这样与政府达成了最后协议。雨月 24 日(1800 年 2 月 13 日)，他们的银行改组为法兰西银行，它拥有三千万法郎的基金，每股为一千法郎。二百名主要股东选出了十五名董事和三名监事；董事之中指定三人负责分配用于贴现的基金和制定贴现率。法兰西银行承担收购三百万法郎的期票。这家银行得到的报酬是，“还债金库”的一半保证金被划为该银行的股金，另一半则由银行用做现金支付。最后，法兰西银行还要经办政府公债利息及各种年金津贴。但是这家银行没有获准发行钞票的垄断权，因为有人认为，如果给予这一权利，它就会只给自己的股东贴现钞票，从而就会迫使各地的商人都走这家银行的门路；其实这正是作为协议基础的一项默契。尽管戈丹所做的工作值得称赞，但是他在几个月的时间内只不过迈出财政改革的第一步而已，如果忘记这一点，势必会曲解执政府的历史。税则直至共和八年年底才准备出来，而且事实上仅有一小部分期票证券得到法兰西银行的贴现。即使法兰西银行贴现所有发出的证券，也不足以维持国家的开支。在很长一段时间内，波拿巴也像督政府一样听任银行家及承办商的摆布。

85 地方行政改革对于中央政府改革具有不可或缺的重要性,见效较快。改革是由波拿巴在 1800 年 1 月间发动的,雨月 28 日(1800 年 2 月 17 日)的法律作出决定,代表参政院提出这个法案的报告人就是夏普塔尔。郡、区以及公社仍然保留,由于取消了共和三年建立起来的区政府,公社又恢复了自治地位。介于公社和郡之间的真正的行政单位变成了县,这是旧专区的恢复,只是面积更大而已。各级行政区都由一名单一的行政长官领导:郡设郡守,由一名秘书长协助工作,取代了原来的“中心行政机构”;县设县长;公社设一名市长,连同一名或几名助理。同中央政府一样,地方行政改革的关键也是取消了选举制。从此以后,所有官吏均由中央政府委派,只有五千居民以下公社的市长及其助理则授权给郡守委派。虽然郡、县和公社各级的地方议会仍然保留下来,它们的议员则也要由中央政府或郡守委派,而且议会的会议次数和职权都大大地削减到所余无几:地方议会听取财政报告,郡和县一级议会分摊租税,通过为地方所需的附加税,并且有权提出建议案;公社一级的议会有权规定公地的使用,并负责维修属于公社的公共建筑物。至于涉及附加税及借款问题,公社议会只能发表意见。这样,公社就严格处在上级监管之下。各大城市于共和三年建立起来的割裂的行政区划被取消了。里昂、马赛及波尔多改由单一的市政厅管理,但在共和 13 年以前,它们一直还由几名区长负责。在巴黎,十二个区及其区政府依然保留下来,但是几乎所有的行政权都交给塞纳郡守;首都没有市政厅,而由塞纳郡总政务厅代行职权。

波拿巴对政治人员不够熟悉,所以他自己拟不出委派郡守的名单。这一任务就落到他的兄弟内政部长吕西安身上，或毋宁说，就是落到吕西安的秘书、立法议会前议员伯尼奥身上。但是康巴塞雷斯、勒布伦、塔列朗以及克拉尔克也参与提名，议会各院成员诸如肖夫兰、科尔多郡的克雷特等同样偶尔也参与其事。一般地说，波拿巴对吕西安提出的人选都是同意的。大部分郡守是在风 86
月11日(3月2日)任命的。这项人选又是主要来自温和派，其中约有半数在大革命期间曾任历届议会的议员。勒图尔纳甚至曾任督政府的督政官；让邦·圣安德烈曾经是救国委员会的成员，他的雅各宾派观点与其他人选的总的政治色彩截然不同，但他被派到一个并入法国的郡——托纳里山郡[①]。除了这些人，还派了一些将军和外交官出任郡守。郡守全部是富有经验的人物，大部分人都很有能力。郡守的人选曾大有助于提高波拿巴的声誉，但这是法国革命的遗产之一。正像中央机构人选的情况那样，郡守的人选也越来越多地起用旧制度下的旧官吏。

郡守都不是从地方上选拔的；不像级别较低的官员或地方议会成员实际上是由郡守和地方政界人物就地录用的。一般地说，郡守也同样优先选择那些在法国大革命期间充任过地方议会议员的或领导过公务部门的温和派新贵名流。例如，在下塞纳郡，参加过1790年郡议会的半数议员在1800年再次复任。乡村遇到较大的困难。由于乡村中只有极少数村民具有丰富的地方自治的知识，曾经受过具备公益感和廉洁奉公思想的培养训练，法国革命曾深感困难。郡守们遇到了同样的困难，这一事实常被用来作为把

① 在今德国西部莱茵地区，并入法国时以美因兹为郡首府。——译者

公社行政管理交给旧贵族的口实。

虽然中央集权成为波拿巴改革的首要特征，但改革也促进了官员之间职权的专业化，这些官员都是彼此独立而直接向中央政府负责的。他们的管理职能的熟练程度必然会提高，然而地方自治权却进一步被削弱。革命给了行政机构对处理行政争议、直接税收及治安的裁判管辖权。雨月28日法令授权实际上由郡守主持的郡政务厅处理争议事件；戈丹取消了行政机构的征税权；公社很快地将丧失对违法事件的审判权。

波拿巴也把警察从地方行政机构里分离开来，以便把警察置于中央机构的控制之下，这本是符合他改革制度的逻辑的。为了达到这一目的，他保留了由富歇在德马雷帮助下改组的警务部。
87 德马雷原是“红色神甫”[①]，督政府时期曾出任公职，作为警务部保安警察的头子，他成为富歇的左右手。风月17日（1800年3月8日）在巴黎，以警察厅长的名义恢复了过去的警察总监，这给富歇提供了一个帮手。警察厅长负责维持首都秩序，后来在1802年10月4日建立的市卫队也归他管。曾担任高等法院检察官的杜布瓦当上了巴黎的第一任警察厅长，他是富歇一手提拔的人。警务部在郡里没有常驻代表。直至共和九年雾月5日（1800年10月27日）才在各大城市及边境线上派设了地区警务专员接管了地方当局的警察权，在有些地点，如布伦港，还派驻了特派员。与此不同的是，在大部分郡里，只有郡守是警务部的常驻代表，他们就

① 指法国革命期间直到雅各宾专政时一直拥护革命，从天主教会走出来反戈一击的低级神甫。——译者

像过去的巡按使那样有权发出逮捕状和搜查状。但是他们的上司不只是警务部长一个人；而且，由于郡守缺乏有专业训练的部下，他们往往直接从部长本人或从他派驻到郡里的代理人那里得到有关的情报。与警察并存的还有在蒙塞将军统辖下经过周密改组的宪兵队，它是单独执行其任务的。

所有这些各色各样的机构从一开始就行使了极大的权力。富歇把侦探及告密者遍布各地，在这些人中甚至有从社会最上层的阶级里招募来的。由拉瓦莱特领导的书信检察室严格监视书信来往。肆意逮捕遍于全国，郡守本人就能签署“密札”，不但逮捕政治嫌疑犯，而且还徇情枉法，为了某些有权势家族的利害关系，而逮捕不能判定有罪的或已经法院宣告不予起诉的普通案件的被告。然而警察系统仍然缺乏政府其他部门所具有的那种统一和集中程度。这当然是由于波拿巴对富歇的不信任造成的；富歇在所有的部长中是最不可或缺的，最使人畏惧、也是最具有独立思想的人。他从政府预算中要求极少，而从赌场中，从颁发护照和枪支执照的收费中、从没收反叛分子的资产中、从肆意向妓院勒索名目繁多的捐税中为自己开辟财源。因此，为了控制富歇，波拿巴宁愿有几个警察机构并存。他还有他自己的秘密警察，更不必说他有着一大批像菲埃韦，让利斯夫人以及蒙洛西哀那样的告密者；他还准许杜布瓦插手政治，支持他与富歇对峙。结果，这些相互竞争的警察机构都竭力想胜过对方，而不顾那些求诉无门的公民的利益。

行政制度的改革刚在开始付诸实施，共和八年风月 27 日
(1800 年 3 月 18 日)法律也使得司法系统开始了改革。在民事方 88
面，乡区保留了它的治安法官，每一县也像过去的专区的情况一样

设有一个初审法庭。新设立的是二十九个上诉法院，这使人想起了高等法院。在刑事方面，治安审讯机关变成了简易警事法庭，而初审法庭和上诉法院则都有刑事宣判权；郡刑事法庭仍然保留下来，但从此有其专职法官。最高法院、起诉陪审团与判决陪审团，商务、军事以及海事法庭都保留下来。最后，选拔法院工作人员的方法也随之制订出来。公证人仍然由波拿巴指定；除了治安法官的执行吏之外，他还有权决定执行吏的人选，以及检察官（或公诉人）的人选。对后者他又恢复了“辩护士”的命名，但是不再强迫被告延请他们代为辩护。只有律师的职业依然是自由职业。

但是司法系统的调整并不是风月法律的最重要的特征。首先，除了治安法官以及商务法庭的法官外，法官不再由选举产生。第一执政任命所有的法官，只有最高法院的法官由元老院指派。虽然他们确实是终身任职的，然而他们的薪俸和晋级从此却仰仗着国家。勒布伦看见莫普改革的实现一定会心满意足，他很可能也曾在其中插过手。其次，国家检察官的职务完全重新树立起来，由此可见促进实行改革的原因在于稳定公共秩序。这不仅是一个整顿司法人员并保证其效忠于政府的问题，而且是一个在动乱的国度里加强镇压的问题。刑事法庭的公诉人的职能是与作为中央政权代表的政府专员的职能结合在一起的，也就是说，公诉人接受司法警官的领导。治安法官及宪兵队长仍然有权签发传票和进行预审。然后就像过去一样，这些预审的内容转给初审法庭庭长，他是起诉陪审团主席，但从此由国家委派。司法系统的集权化尚未彻底，但是集中的程度很快增长。

司法官的遴选比郡守的遴选困难更大，因为他们人数众多，而

且得要从地方上就地挑选。所以波拿巴只得听从别人的意见。要
求推荐官员的通知发到地方各级议会议员，并且要求提供各种背 89
景不同的知名人士的情况。司法部长阿布里亚尔按照不同的地区准备了一份候选人名单；然后在该地政界人物的协助下，由康巴塞雷斯加以审查。尽管采取了这些谨慎的措施，法庭的组成还是带来一定程度的紊乱，并且在某些人选方面产生了令人遗憾的后果。在这一方面，参加过革命的人士还是受到了重用，由于法官是终身任职的，司法官员才不像其他机构的官员那样迅速地增多了旧制度下的旧人员。

共和八年的行政改革和司法改革在法国历史上所占的地位，就其重要性来说，仅次于1789年国民制宪议会的成就；但是，它应归功于后者的成就之处颇多。国民制宪议会已经废除了特权和中层机构[①]，实现了国家的统一。波拿巴只要盖上他的图章就行了，这就是他能够如此迅速进行改革的原因。从另一方面来说，他只是重新开始了共和二年的事业。救国委员会没有足够时间同样彻底地实行中央集权，然而它也曾有过同样的意图。圣茹斯特曾经设想在每一个郡或区设置一个单一的长官，作为中央政府的代理人；夏普塔尔说，“行政制度的力量完全在于能够确保不折不扣地贯彻政府的法律和法令……执行法令要一竿子插到底，从部长直到被治理的百姓，不容中断；它要把政府的法律和法令以电流的速度传达到社会组织的基层去。”罗伯斯庇尔本来也可能这样说的。

① 指制宪议会在1789年12月至1790年1月实行的废除旧省制，划分新郡区的改革。——译者

这是无套裤汉非常喜欢做的一种比较。人们往往认为,共和八年的各项法律是波拿巴为了增加他个人的权力而制订的,这种看法并不是没有道理。宪法中从未提到关于取消地方议会的选举,与波拿巴同时代的人都很明白,他的个人独裁统治又向前跨了一大步。然而,在这些法律背后却隐藏着令人不能反对它们的更为深刻的动机:国民制宪议会所实行的地方分权的政策曾使法国在战争时期受到了危害,而且只要战争延续下去,这种局面也会继续存在下去。为了应付这种局势,救国委员会才又抓紧对政权的控制,在热月党人的手中政权又松弛下来,波拿巴再次抓紧政权。他把一时权宜之计变成了统治的理想措施。他所以能够使他个人的统治欲望得到满足,只是因为这种理想当时完全符合革命的法国的利益,雾月党人就同意这种看法。

90　当波拿巴忙于建国工作时,他觉得不得不自卫以免受到非难。新贵名流已经摆脱了民主的威胁,并且占有了所有的重要地位。但是,因为任何事情都不再由他们决定了,于是这些人就心怀不满;斯塔埃尔夫人曾经希望通过波拿巴,至少是通过邦雅曼·贡斯当来统治法国,现在毫不掩饰这种不满情绪。保民院还有活动余地,于是反对的呼声就从这里爆发出来。保民院是常设机构,它选出自己的办事机构,并且推选多弩为议长。它有权发表“意见”,讨论请愿书,谴责各部部长,当它认为政府的措施违宪时,可向元老院提出弹劾。最重要的是,人们能把它作为一个发表演说的场所,当第一个议案提交保民院讨论时,邦雅曼·贡斯当于 1800 年 1 月 5 日就开始充分利用这个机会。波拿巴听到这种情况之后很愤怒,于是所有的人都躲避起来。西哀耶斯隐居到他的乡间住宅,接受了一份养老金，这使他大为丢脸。为了驯服那些温和派，波拿巴只要说一句“你们要我把你们交给雅各宾派吗?”就够了。雅各宾派自然更加感到不满。在外地，特别是在法国西部，他们受到“白党”威胁的压抑。郡守的任命使雅各宾派在原有的行政机构中失去了支持。他们经常攻击政府，如在第戎和图卢兹，直到夏季才真正遭到挫败。至于保王党，他们改变了腔调，因为波拿巴在接见他们的代表伊德·德·纳维尔和当迪涅时拒绝答应他们提出的要求。由于他们控制了大多数报纸，于是就大喊大叫地反对新的议会各院，要求立即进行清洗。但是在1800年1月17日，波拿巴利用这一骚动一举封闭了当时七十三家报纸中的六十家。后来又有些报纸停刊了，到1800年底只剩下了九家。1799年12月27日以后，《政府通报》成为政府的机关报，并由马雷掌管。检查制度虽然没有正式恢复，事实上却由富歇执行起来。1800年4月5日，吕西安·波拿巴在戏剧演出方面也建立了这一制度。左派报刊当然也同时被清除掉了。

既然合法反抗已不可能，极端分子就开始想使用暴力。芽月里又出现了关于雅各宾派阴谋的传说。但是，唯一的严重危险来自军队，因为那里还有很多共和派，而心怀不满的人就更多，因为将军们没有一个不觉得自己也是适合做第一执政的。波拿巴使用了慎重的手段。他任命卡尔诺为陆军部部长，并且大大地增加了莱茵方面军司令莫罗的权力。他的最可怕的敌人仍旧是保王党分 91
子，至少是那些决心拒绝一切妥协的人。可是，他们彼此既不能在原则上取得一致，因为有些人是主张君主立宪的，也不能在做法上取得一致意见。同达瓦雷和圣普里厄斯特一起流亡在俄国米塔瓦

的路易十八把谈判和阴谋结合起来。巴黎的鲁瓦耶一科拉尔为首的王党组织被授命去试探波拿巴。于是他便托人交给波拿巴两封信，都没有得到答复。在士瓦本，一个由普雷西和当德雷掌管、并由威克姆资助的机构正在为保王党亡命者入侵普罗旺斯做准备。此外，这个机构还与里昂和图卢兹的保王党，特别是与波尔多(共和五年成立的"慈善学社"已深深扎根于此地)的保王党互通消息。住在英国的阿图瓦伯爵维持着在泽西岛[①]和巴黎的联络机关，但在 5 月间，伊德·德·纳维尔在巴黎的阴谋暴露了。然而，保王党的主要根据地是在西部。共和七年，那里舒安分子曾死灰复燃，但他们不久就堕落为土匪，当政府军 10 月到来时——埃杜维尔的部队在卢瓦尔河以北，特拉沃的部队在旺代——他们就立即被降服了。埃杜维尔和舒安分子的贵族首领们进行了谈判，1800 年 1 月 4 日达成停战协议。波拿巴非常希望把全部兵力转来对付奥国，因而迫切希望平定西部。然而，和热月党人不同，他不愿平等对待乱党，而决心解除农民的武装。因此，他提出赦免那些放下武器的人。但是没有得到响应，他把布律纳将军和勒费弗尔将军派到西部去。在那些郡里暂时中止了宪法的实施，并且下令枪毙那些携带武器的人或是鼓动叛乱的人。实际上几乎没有进行什么战斗，贵族出身的首领如道蒂钱普和布尔蒙在 1 月里投降了。布列塔尼的非贵族出身的首领坚持得更久一些；卡杜达尔是在 2 月 14 日最后一个投降的。弗罗泰在得到安全保证的情况下到阿朗松去谈

① 泽西岛在英吉利海峡，虽属英国，而更靠近法国诺曼底海岸。当时是英国对法进行特务活动的一个基地。——译者

判，但在 2 月 15 日至 16 日的夜间在诺曼底被捕了。2 月 18 日押送他到巴黎去的分遣队在韦纳伊遇见了一名传令官，他带来立即就地交付军事法庭的命令，于是弗罗泰当天就和他的六名同伙一起被枪毙了。由此可见，波拿巴在同叛党进行斗争中，也继续了共和二年的传统：他完全是个恐怖主义者。希农的一位编年史作者写道：“从罗伯斯庇尔统治时期以来，法律从未曾如此严厉过。”

然而，波拿巴小心翼翼地不把这种手段普遍化。他比雅各宾派灵活，不过惩一儆百，而欢迎一切投降的表示。他没有等到全部 92
解除反革命武装的和平时期的到来，就采取了措施以加速在全国招降。这样做肯定会使很多人高兴，因为结束混乱就会恢复繁荣，使那些从革命中得到好处的人安下心来。确实让人担心的是，那些人的归顺并不是那么真心诚意的，而在这一点上波拿巴也从不抱任何幻想。不过，只要他还在继续赢得对外战争的胜利，那又有什么关系呢？

主要的困难在于使资产阶级共和派，特别是使军队，接受那些有利于顽抗派教士和亡命者的宽大措施。因此在马伦哥战役之前，波拿巴只采取十分谨慎的措施。1799 年 12 月 28 日，他批准天主教徒使用那些没有卖出的教堂。他允许他们享有每天（甚至在星期日）做礼拜的自由，只有第十来复日是例外，这一保留没有什么重要意义，因为他实际上废除了第十来复日礼拜和几乎所有的革命节日。他只是要求神甫们答应忠于共和八年宪法而已；有一个时期，他似乎相信他们会趁此机会屈服顺从。可是，没有产生什么结果。那些原来拒绝宣誓的教士现在大多数都不顾埃梅里方丈的劝告而继续顽抗。秘密的宗教礼拜继续存在，教堂的钟声和

敬神巡行仍旧是无数冲突的起因。波拿巴很快就意识到,为了平息教士的反抗,就必须和罗马教皇和解。此外,参政院还宣称,宪法默认取消了禁止原来贵族和亡命者亲属充任国家公职的规定。然而,参政院也决定保留有关对付亡命者本人的法律。但在1800年3月3日又作出决定,只有那些在1799年12月25日以前逃走的人才包括在亡命者的名单中。于是一个为了审核亡命者申请回国而设立的委员会接到了很多这样的请求。原先的恐怖主义者巴雷尔和瓦迪埃,那些因果月事件被放逐的人,以及包括拉法叶特在内的国民制宪议会议员中多数的老"爱国党"成员,都被毫无异议地召回了。可是,名单上的亡命者仍有十四万五千人,而委员会的审核工作不能操之过急。富歇亲自建议除少数人以外大赦全部亡命者。但是,时机还未成熟;要冒这样的风险就像准备教务专约所冒的风险那样,波拿巴就必须首先取得胜利与和平来提高自己的威望。

93 三、仓促上阵的1800年战役

波拿巴个人权力的保持和扩大有赖于1800年的战役,所以他就满腔热情地准备这次战役。人力不成问题,因为当年的新兵在3月8日已全部入伍交给他来支配了。但他反对雅各宾派和督政府所采用的方法。现在断然不是模仿共和七年大征兵的时候,何况也缺乏款项。此外,如果我们相信一位非常偏袒他的史学家的话,波拿巴很知道,"全国战争热情的高度和愿去打仗士兵的人数成反比"。所以他就满足于统帅三万名士兵了。那些富有的阶级

是容易对付的，因为法律允许他们可以出钱雇人顶替。莱茵军已经准备就绪，一支新的后备军还有待建立。这就需要使用一切可用的手段：倾出训练站的新兵，召回西方军的老兵，成立意大利军团，在行军途中训练那些新兵掌握战斗技术。但是骑兵极少，而炮兵更少。在这样的条件下，波拿巴要全力以赴地出征意大利，就需要有非常的胆量和自信。

最难的问题是为战役提供军费，据说大约需要六千五百万法郎。替代了强制公债的额外军费捐献以及加速征集税收的措施都不能开辟急需的财源；由于捐献和租税可以用督政府发出的票据和支票来支付，而此时这些票据却毫无价值了，于是情况就更加严重。此外，军需供应又委托给了承包私商，这些人都以动产的收益作为担保。戈丹希望依靠征收间接税，但是，对自己的力量仍没有多大把握的波拿巴只准许统一城市通行税，但这项税收专用于济贫院和城市本身。开支被压缩到最低限度，可是执政府最后不得不采用督政府所用过的权宜措施。政府停止了实行承包制度，并且恢复了征购的办法。但是征购时发出的票据又不能用来缴纳租税。政府最后决定部分延期付款；国库中的少量余款每隔十天给各部发放一次。此外，政府还发行了不兑现的支票。最后，它就依靠银行家和承包商了，他们同意每月按百分之五来贴现票据。政府也求援于在热那亚、汉堡等地的国外金融家，他们被强制垫款六 94
百五十万法郎。

这个专制政府在财政政策上的唯一新奇特点就是它的高压手段。政府要求那些没有得到政府付款的承包私商：如果他们希望用新指券来补偿他们的话，他们就要交出五千二百万法郎。但是

这种债务证券立刻就丧失券面价值的百分之五十。已经被捕入狱的著名金融家乌弗拉尔被迫向政府交出一千四百万法郎。因此政府只能过一天算一天。虽然政府做了极大的努力,可是,不应以其结果来欺骗自己。由于政治原因而最受优待的莱茵方面军总共得到了六百二十万法郎,在雨月还拖欠了一千五百万法郎薪饷。徐徐前进的后备军,除了沿途从农民那里得到给养之外,既无军饷又无军粮。像在革命时期一样,战役准备中财政上的巨大不足造成了军队的苦难。在财政方面,像在政治方面一样,一切都取决于胜利。如果不要求全国作出牺牲(这种牺牲曾使得国民公会和督政府不得人心)的话,那么,这场战争就不可能长期打下去。

至少人民是这样推论的,而且每一个人都相应地做了准备。当波拿巴于 5 月 6 日离开巴黎的时候,雾月党人就纷纷开始考虑万一他不能回来的话,有哪些可能解决的办法。西哀耶斯又在巴黎露面了,于是有人开始议论起什么新的督政府,什么新的第一执政来——卡尔诺、拉法叶特、莫罗。也有人提到奥尔良公爵。波拿巴的弟兄约瑟夫和吕西安也跃跃欲试。在这种形势下必然会有某些猜测;但是,肯定有很多显要人物会幸灾乐祸地指望着他的失败。除了他的失败以外,自由主义者和某些雅各宾派没有别的指望。斯塔埃尔夫人后来写道,“我在指望波拿巴失败,因为只有这样才能结束暴政统治。”就保王党人而言,他们仍旧无所不用其极地帮助敌人。卡杜达尔 6 月 30 日从英国回来,打算再策动舒安分子的叛乱。如果波拿巴失败了,这就肯定会意味着法国亡国和革命失败。在波拿巴和他的敌人之间,法国人民再无犹豫的余地。

第二章 欧洲和平的实现

尽管进行战争并迫使敌人讲和对波拿巴是有利的，但让法国人相信他并非战争祸首对他也是同样重要的。为了完成他的备战工作，特别是为了挽救在埃及的军队(它的损失将成为法国在地中海和东方的不可挽回的挫折)，他本会乐意签订一个停战协定。但是要在自然疆界的基础上媾和在他是难以想象的。他后来说，放弃意大利“会挫伤想象力”，也就是说，有损于他的威望。他也不愿意听取普鲁士国王的建议，国王对博浓维尔说，体现和平的诚意的条件是从荷兰、瑞士和皮埃蒙特撤军。塔列朗的得力助手德·奥特里夫不久后出版的《共和八年法国的状况》一书可以认为反映了波拿巴的思想。此书建议欧洲成立一个以法国为盟主的大陆国家联盟来代替传统的均势政策。

109

但是敌人拒绝了波拿巴的和平建议，这反而成全了他。实际上，奥国宰相图古特颇有试探和平条件的手腕，但是当塔列朗提到坎坡福米奥和约中所规定的领土界限时，图古特强烈地表示反对；当提出以现有边界为谈判基础时，他却又加以回避。因为只要图古特还没有被打败，他就梦想着收复尼斯和萨伏依，以便迫使撒丁国王割让皮埃蒙特的一部分给奥国作为报酬；建议与法国谈判的奥国大公查理失去了对德意志军队的统帅权。图古特对英国人微微暗示,对法国一些地方的征服可以用来作为恢复君主政体的条件。他至少相当慎重,没有公开说这件事情。然而皮特和格伦维尔却失策地泄露了贵族同盟的内心愿望。他们向众议院宣布,与波拿巴签订条约不能保证未来,并且对法兰西共和国无礼地宣称,最可靠的保证是"让原来的王室复位。这个王室在统治法国数百年中,使法国国内繁荣昌盛,备受外国的尊敬"。被他们收买的根茨突然极端狂热地鼓吹发动反革命的十字军。这样法国就别无其他选择,只有战斗。

一、1800年战役与吕内维尔和约

俄国已经退出这场斗争。弗里德里希—威廉三世就只希望使法国和解,这样做可以使自己免于一切风险。然而选他做仲裁人
97 并不合波拿巴的心意;波拿巴一方面恢复迪穆里埃和丹东的政策[①](他们本人就是法国外交上反奥传统的继承者),一方面却向弗里德里希建议结盟,而这种联盟会使普鲁士沦于从属地位。国王拒绝了,这样一来,战争仍然是法国与奥国之间的一场决斗。

一心想着意大利的图古特让克赖在莱茵河后面驻防,同时命令在意大利的梅拉斯(他的兵力经过很大的困难才扩充到十万多人)进攻法军,后者自11月就已经撤到亚平宁山后面。图古特还命令梅拉斯攻入普罗旺斯,那里的维约和皮韦尔侯爵计划挑起一场叛乱。奥国人指望着在梅诺卡岛的英国人的帮助,但正像往常

① 1792年迪穆里埃任外交大臣,与丹东皆主张以奥为主要敌人。——译者

一样，邓达斯不能聚集必需的兵力。只得到五千名士兵的斯图尔特提出了辞呈，而他的继任者艾伯克龙比直到马伦哥战役之后才到任。梅拉斯当时把他的一半兵力分布在平原上和阿尔卑斯山各山口；另一半兵力则采取攻势。4 月 6 日他把法军截为两段，包围在热那亚的马塞纳，并把絮歇赶回瓦尔河畔。结果，纯粹出之政治上的考虑的图古特的军事战略，只是使奥国军队把法国人赶到了西南方，并没有获得决定性的战果；而法国人则仍然控制着瑞士，因此得以从侧面攻击两支奥国军队。

起初，波拿巴把他的后备军分布在夏龙和里昂之间。3 月，他企图说服莫罗率领他的全部兵力在沙夫豪森附近渡过莱茵河，以便切断克赖的交通联系，然后各个击破[①]。那时后备军将开进瑞士，而且得到获胜的部分莱茵军的增援，尽可能向东前进，至少在圣戈塔德山口越过阿尔卑斯山就可以用同样战术对付梅拉斯。但莫罗完全没有理解这种速战速决战术的意义，而这时梅拉斯就发动了进攻。波拿巴置莫罗于不顾，在 4 月底把自己的后备军集中在下伐累地区。同月 27 日，根据工兵搜集的情报，他决定带领军队向大圣伯纳德山口进发。法国军队于 1798 年和 1799 年曾两度通过这个山口，所以他们很熟悉这条道路。尽管如此，5 月 5 日他还是命令莫罗派蒙塞率领二万五千人经圣戈塔德山口到他那里。然而莫罗只愿派去一万五千人。可是这却仍然削弱了莫罗刚刚开始的进攻，而给敌人决定性打击的功劳却归于波拿巴。这是他们二人感情破裂的起点。

---

① 把敌人分割在分散的孤立的包围圈里，然后各个击破。——英译者

通过大圣伯纳德山口的进军是从 5 月 14 日至 15 日夜间开始的,到 5 月 23 日结束。由于部队必须排成纵列行进,艰难地通过
98 巴尔德堡垒的猛烈炮火扫射,因此只有十门大炮能够通过,在部队到达米兰之前,这就构成了整个炮队。先头部队拉纳夺取了位于波河平原前沿的伊夫雷阿要塞,从这里波拿巴可以同沿瑟尼山口和热内弗尔山口而下的蒂罗部队会合起来,向热那亚进军。在这种情况下,梅拉斯如果被击败,仍可主动地集中他的兵力退往伦巴第。可供波拿巴选择的另一条路线是向米兰进军,这样来切断梅拉斯的退路。于是,打一场胜仗将是有决定意义的,并会把意大利交给法国人。然而这样做要冒很大的风险。只要在米兰的法军没有重新开辟一条通过圣戈塔德山口的战线,梅拉斯就能在波河北岸发动一次进攻而切断法军的交通线。波拿巴需要打一次胜仗,而且是一次立即取得的胜仗。他因此选择了后一条路线,虽然冒险,然而一旦成功必将产生惊人的战果。主力部队在拉纳掩护下向东迂回,于 6 月 2 日到达米兰,在这里与蒙塞会师。奥国的武卡索维奇已撤退到奥利奥河后面,奥军发现他们被分割成力量十分悬殊的两部分。法军各师然后向南进发,渡过波河,转而向西,夺取了斯特拉代拉的隘路。在这里,拉纳于 6 月 9 日攻占了芒泰贝洛村,然后向马伦哥平原进军。6 月 13 日先头部队到达能看到亚历山大里亚的博尔米达河畔。波拿巴做到了既使他的师团挺进,又确保安全。他把部队编成独立的兵团,并且使各兵团尽可能地集中。与此同时,马塞纳不得不同意于 6 月 4 日撤离热那亚,并与絮歇重新会师。而絮歇正在击退厄尔斯尼茨,并使奥军蒙受巨大的损失。波拿巴以为他们可以包抄梅拉斯。虽然他们没有能够这

样做，但是却牵制了大量的敌人骑兵。

梅拉斯在亚历山大里亚从剩下的七万多人中仅仅集中起了三万人。像下赌注一样，他竟没有保留骑兵，但他还有大约二百门大炮。波拿巴对他的确切下落一无所知，但是他知道奥军可能试图渡过波河，或者沿亚平宁山逃掉。因而在6月13日他调遣了一个师到波河以北，另外两个师在德塞统帅下南进，他仅留下了二万二千人和二十二门（或二十四门）大炮。此外，由于他没有破坏博尔米达河上的桥梁而铸成大错。6月14日上午9时，他的先头部队遭到二万名奥军的攻击。两个师匆忙赶去营救，但被敌人的左翼包围，于是法军丢下了他们的大炮仓皇溃退。对他们来说侥幸的是，奥军左右两翼的师团，只注意他们的前面，而并没有企图包围法军。波拿巴匆忙召回派去执行拦截任务的部队，但是只有布代的部队（五千人和五门炮）被德塞及时撤回。德塞集合起法军残部，从正面攻击前进中的奥军。直到这时，战局仍胜负未定，但当克勒曼率领四百名骑兵从侧面冲击奥军时，敌人惊慌失措，纷纷溃散；而他们的左右两翼尚未遭到削弱，掩护了撤退。德塞死于混战中，但未被人发现。这正是波拿巴曾经想要获得的胜仗，它的确是一场令人赞叹的战役的顶峰；但是如果战斗像开始时那样打法，他本来会打败仗的；后来他煞费苦心地搞了关于这次战役的虚假报告，这在很长一段时间内蒙蔽了史学家。如果他失败了，部队也可以撤退出来，因为部队保留着一条退却的路线，但是这样一来，波拿巴的政治生涯无疑地将会从此告终。在战争中和在人生中一样（即使这人是天才），不能预见的因素所起的作用从未像这样明显地表现出来。奥军的失败也尚未陷入绝境，因为法军也疲惫不堪

而且弹药缺乏。但是梅拉斯却沮丧万分。奈珀克伯爵说:“看上去他的面容像他身体一样在颤动。”这位注定会赢得一些名声的伯爵,当时是被派去与“暴民”谈判的奥国军官之一。按照6月15日在亚历山大里亚签订的停战协定的规定,奥国人撤退到明乔河以东,这样就保住了托斯卡纳和罗马教皇国属地。

与此同时,莫罗在德意志缓慢前进。在对克尔发动了一次佯攻之后,他的部队于4月28日至5月1日在从布赖扎赫到沙夫豪森之间渡过了莱茵河。然后继续越过黑林山,向统帅法军右翼的勒古布将军的方向前进。这就花费了相当长的时间,而且分散的兵力不能集中作战。只有莫罗带领着中路部队,能够支援勒古布。克赖措手不及,他也没有能够集合起自己的队伍,以便利用这种混乱局面。由于莫罗的士兵坚强刚毅,使他于5月3日在恩根和施托卡克,5月5日在默斯基尔克占了上风。他得以继续朝着伊勒河和福腊耳贝克前进,在克赖和他占领提罗耳的部队之间打进一个楔子。后来克赖就退到乌尔姆。莫罗由于被抽调一万五千人到意大利去而力量遭到削弱,他只剩下了九万人来对付奥军的十四万人。因此他便机动迂回而不敢攻击克赖。最后于6月19日他在赫克施塔特强渡多瑙河,迫使奥军放弃乌尔姆向北撤退,然后又
100 折回到多瑙河,并且渡过河要占领伊扎尔防线,但是法军由于占领了慕尼黑而击退了他们,使他们后退到因河。7月15日在帕尔斯多夫签订了停战协定。

自从6月16日以来,波拿巴已经再次写信给弗兰茨二世,邀请他举行和谈。但是这个建议的提出不是时候。6月20日,图古特与明托勋爵缔结了一项条约,条约规定,由英国人资助奥国,但

以后者不单独签订和约为条件。为了赢得时间，奥国宫廷还是派了圣朱利安伯爵出使巴黎，非正式地探询和平条件。塔列朗的欺骗和波拿巴的威胁使得圣朱利安被迫签订了和约的一些初步条款，规定把整个莱茵河左岸割让给法国，奥国为此可以在意大利得到未加详细规定的补偿。圣朱利安一回到维也纳，签订的条款没有得到承认，他本人并被捕入狱。同时，英国采取了有利于奥国的行动，声称准备参加和谈会议。在这种情况下图古特同意正式谈判。由于停战协定行将到期，波拿巴就利用这一机会要求全面停止战斗，并要求给他供应马耳他粮食和增援他在埃及部队的权利。格仑维尔终于拒绝了他的要求；而马耳他则于 9 月 5 日投降了。奥国为这种僵持的局面付出了代价，因为只有在奥国放弃菲利普斯堡、乌尔姆和英戈耳施塔特的条件下，波拿巴才同意了延长停战。与此同时，在维也纳，主战派与主和派之间，即以得到那不勒斯的卡罗莉娜和皇后支持的图古特一方与查理大公一方之间，展开了一场激烈的斗争。图古特拒绝承认由圣朱利安签订的协定、并且辞去了大臣的职务，而由路易·德·科本兹继任，他曾在圣彼得堡参加过对波兰最后两次瓜分谈判。尽管如此，由于科本兹亲自去吕内维尔参加谈判，图古特通过科洛雷多仍然保持着自己的影响。首先被波拿巴召到巴黎去的科本兹直到 1800 年 11 月 5 日才开始在吕内维尔同法国的代表约瑟夫·波拿巴谈判。然而吕内维尔的谈判毫无结果，因为第一执政对法国将在意大利作出的让步拒绝明确表态。波拿巴在西沙尔平共和国、热那亚和皮埃蒙特一直在建树自己的势力。缪拉率领的第三后备军就在这些地方驻扎着。更有甚者是杜邦借口英国人在里窝那，而不惜破坏停战协

定,占领了托斯卡纳。因此到停战协定满期时,冬季战役便开始了。

当时法国在意大利的兵力有十万人,但其中只有五万七千人是由布律纳将军统率。布律纳固守明乔河一线,与奥国的贝勒加德将军对峙,后者统帅的八万人分布在福腊耳贝克与波河之间。统率着第二后备军一万八千名士兵的麦克唐纳占领着瑞士的格劳宾登州,他越过施普鲁根山口攻入提罗耳时,就可以增强布律纳的左翼。在巴伐利亚,莫罗率领着一支九万五千人的队伍,奥军以十
101 万人的兵力与之对抗。这支奥国军队名义上由年轻的约翰大公率领,而实际上由劳尔将军指挥。奥热罗率领着一万六千名法军和巴达维亚军队守在美因河上。把奥热罗、麦克唐纳、甚至缪拉的兵力与莫罗的部队联合起来全力进攻维也纳,这是很自然的部署,但是波拿巴打算由他自己在意大利来给予敌人以致命打击。

这场战役的解决比波拿巴所预料的要快得多。莫罗为了部署渡过因河,已把他的一些师团分布在沿河一带,手边只有六万人的军队;这时候劳尔带领六万五千人从右侧发起了攻击,巧妙地威胁安普芬法军的左翼。当两军相对时,莫罗赶忙集合起沿霍恩林登森林分布的一切可利用的兵力。战斗于 12 月 3 日在这里爆发了。奥军在通过森林时以独立的、互不联系的纵队前进,他们发觉自己不能从森林小路进入开阔地了。与此同时,德凯恩和里什庞斯迂回到奥军的左翼展开进攻。然后,里什庞斯从背后袭击奥军的中锋,使其溃散。奥军损失了一万二千人到一万五千人,大炮一百门。这次莫罗十分迅速地追击,追赶溃散之敌,俘获了二万五千人。奥国为了保住维也纳,于 12 月 25 日在希太尔签署了停战协

定，并同意单独缔结和约。与此同时，麦克唐纳经过一场出色的山地战斗之后到达阿迪杰河上游，而布律纳也最终能够发动攻势。然而，在布律纳的率领下，军队横渡明乔河配合得很差；正是由于敌军的指挥同样拙劣，才使得杜邦于 12 月 5 日在波佐罗免除了一场灾难。由于法军渡过了阿迪杰河和布兰塔河，1801 年 1 月 15 日在特雷维佐签订的停战协定使奥国人撤回塔利亚曼托河后面。因此，结束了这场战争的是莫罗，也正因为如此，波拿巴永远不宽恕他。至于缪拉，他侵入了托斯卡纳和卢卡并把奥军逐出卢卡，还迫使那不勒斯人在福利尼奥签订了停战协定(2 月 18 日)。

在吕内维尔，科本兹竭力抗拒波拿巴的要求，随着消息越来越坏，他才一步一步地屈服了。在同意以神圣罗马帝国的名义谈判并放弃曼图亚之后，他企图保住托斯卡纳。但是英国在这件事上无能为力，而且保罗一世已经明确地与英国断绝了关系，并向法国靠拢。1801 年 2 月 9 日，和约终于完全像第一执政命令的那样签订了。神圣罗马帝国完全无条件地割让整个莱茵河左岸，只是把
教会的土地分配给被剥夺了领地的各诸侯作为补偿。摩德纳公爵 102
得到布赖斯高，而托斯卡纳公爵也将在德意志得到补偿。法国人控制着意大利北部和中部；西沙尔平共和国扩展到阿迪杰河，合并了维罗纳和波利齐内；从皮埃蒙特夺来的诺瓦腊已经给了西沙尔平共和国，以便它打开辛普朗通道的路；最后从罗马教皇国夺来的属地也都并入了西沙尔平共和国。和约没有提到撒丁国王和那不勒斯国王，也没提到罗马教皇，这样就可以听任波拿巴随意处理他们。诚然，和约的确保证西沙尔平共和国、热那亚、荷兰和瑞士的独立，但是这一诺言又有什么价值呢？

对于关心意大利命运的人来说，不久就明白了。波拿巴已经重新改组西沙尔平共和国，首先给它成立了一个“咨询会议”，然后又实行了他自己创造的三头政治。在热那亚，他还建立了一个执政委员会。由于撒丁国王查理-埃曼努埃尔四世拒绝回都灵，波拿巴就在都灵建立了一个临时政府。俄国人与法国大使圣马桑就皮埃蒙特的前途问题的谈判——它完全是看在沙皇的面子上进行的——在保罗一世死后立即中断了。皮埃蒙特变成了法国的一个军管区，下面设郡，并与法国本土一样实行同一行政和财政制度。那不勒斯国王费迪南四世于 3 月 28 日在佛罗伦萨签订了和约，按照和约的规定他撤离了罗马，割让了厄尔巴岛和皮昂比诺公国，同意对英国船只关闭他的港口，并且还答应法国派遣部队占领奥特朗托和布林的西，为期一年；这些部队可以从这两个港口乘船到埃及去。卢卡变成了一个共和国。而托斯卡纳则成为波拿巴对西班牙政策，甚至殖民地政策的一张王牌。1801 年 3 月 21 日，阿兰胡埃斯条约把托斯卡纳大公国，作为伊特鲁利亚王国授予巴马公爵的儿子，他是西班牙王后的侄子，一位西班牙公主的丈夫。给予西班牙的这块地方是对它于 1800 年 10 月 1 日把路易斯安那交还给法国的补偿；①而法国则应取得巴马，年迈的巴马公爵的确对这一交易置若罔闻，波拿巴搁下此事直到公爵死后才办。波拿巴的代表在意大利各地都享有很高的权威：布律纳在米兰，儒尔当在都灵，德让在热那亚，萨利切蒂在卢卡，克拉尔克在佛罗伦萨，莫罗·

① 路易斯安那原是法国从 1699 年起在密西西比河右岸侵占的殖民地，故以路易十四之名称其地，1762 年在法、西联合反英战争中，为补偿西班牙殖民地的损失，法国把路易斯安那割让给西班牙。——译者

德·圣麦利在巴马，阿尔基埃在那不勒斯，缪拉在罗马——在这里，1800 年 2 月在威尼斯举行的教皇选举会选出的罗马教皇庇护七世已接着在夏天即位。像半岛上其他王侯一样，教皇完全在拿破仑的控制之下。马伦哥战役和二百八十五年前的马利尼亚诺战役[①]一样，将会在有利的情况下进行缔结教务专约的谈判。

从一开始，波拿巴就像快刀斩乱麻一般，一举而解决了意大利这个疑难问题。他不是为了确定征服自然疆界的战果，并为巩固这个战果准备与奥地利言归于好，而是超越了法国的自然疆界。103
波拿巴既是西沙尔平共和国的创建者，如果不把它据为己有，对他个人来说是难以想象的。但他远不是就此止步，他明确表示要把奥国赶出意大利；同时吕内维尔和约还为法国在德意志与奥国相争提供了法律根据。如果波拿巴坚持这些意向，则欧洲大陆的媾和只能是暂时的休战而已。

二、武装中立联盟与英国的危机

在夺去英国的盟国的同时，波拿巴也力图直接威胁英国。在保罗一世的协助下，他开始策划大陆国家反英联盟，这是以后在提尔西特成立的体系的雏形。

1800 年期间，波拿巴开始改组海军的后方勤务和发展海军军备，特别在布勒斯特是如此。在吕内维尔条约签订之后，他建立布

---

① 马利尼亚诺在米兰附近，1515 年法国弗朗索瓦一世大败瑞士等国联军于此，在争夺意大利的战争中取得决定性胜利；翌年，法国与教皇里奥十世在波伦亚签订有利于法国的教务专约。——译者

伦大营准备登陆英格兰。此事在英国即使没有引起英国政府不安,也立即引起公众舆论的惊慌情绪。1801 年 8 月纳尔逊曾先后两次进攻由拉图什—特雷维尔率领的法国小舰队,但是遭到惨败。由于荷兰在海上已不能有所作为,波拿巴就对西班牙提出了更多的要求。他在意大利扩张自己的势力的部分原因就是为了更好地控制西班牙,因为波拿巴后来宣称,谁控制意大利,谁也就控制西班牙:这令人回忆起 18 世纪和家族条约的政策[①]。然而那不勒斯的波旁王室没有参加恢复这一政策并不取决于波拿巴。但是,
104 1802 年出现的费迪南四世的儿子和一位西班牙公主、阿斯图里亚斯亲王和那不勒斯的玛丽—安托瓦内特的两桩婚事在这方面提供了一些希望。

不幸的是,波拿巴同督政府对西班牙持有同样的看法。他也同样鄙视这个有着异端裁判所的国家,以及这个国家的国王、王后和他们的宠臣戈多伊;在乌尔基霍于 1800 年 12 月 13 日失宠后,戈多伊通过塞瓦略斯[②],恢复了对国事的控制。因此,波拿巴蔑视地对待他们。他相信这个王国是极为富有的,所以对它提出很多要求;它提供得迟缓就认为它是不情愿。同时,他的左右亲信也把西班牙视为掠夺的对象。塔列朗勒索了大量贿赂,与贝尔蒂埃分赃。他从不错过任何机会来表示他对查理四世的仇恨,而查理四世也从不掩饰对他的蔑视。乌弗拉尔也在期待着从西班牙获得巨富,他一直与埃尔巴斯保持着联系;此人是居住在巴黎的西班牙银

---

① 指 1761 年(路易十五时)法国、西班牙和那不勒斯波旁王室之间为对抗英国而缔结的条约。——译者

② 戈多伊的侄子,当时被任命为国务大臣。——译者

行家，他的女儿嫁给了迪罗克。光靠西班牙舰队本身对抗英国是不行的，由海军上将格拉维纳率领的主要舰队仍然停泊在布勒斯特。然而，在西班牙的那边，英国的“采邑”葡萄牙是脆弱的。吕西安·波拿巴被派往马德里去说服西班牙人进行联合远征。这件事结果成为一场真正的喜剧。心抱怀疑的戈多伊没有等待法国军队。他在 1801 年 5 月 16 日占领了奥利范萨要塞，5 月 18 日围攻埃尔瓦什。在结束了这场“橘林之战”以后，他立即着手签订和约。和约的条件是由葡萄牙割让奥利范萨省，并答应给西班牙一千五百万法郎赔款。吕西安曾参与其事，他带着大批战利品回到巴黎。塔列朗也伸手捞一把，因为他已被葡萄牙收买，并且曾是改嫁给葡萄牙大使的弗拉奥夫人的情人。甚至英国也准备必要时占领巴西而从这一局势中牟利。英国拒绝给若奥亲王——他以他的疯癫的母亲的名义做了葡萄牙的摄政王——和他的大臣科蒂尼奥提供军事援助，只是劝他们为避免国土沦陷而求和。多方的愚弄激怒了波拿巴，但是恼怒毫无用处，他除了把赔款数字提高到二千万法郎外别无他计可施。

波拿巴得到的援助主要来自日益敌视英国的保罗一世；同时也来自追随俄国的榜样的中立国。同督政府的政策相比，波拿巴对中立国家表现出某种程度的节制，这种节制令人难以预测到大陆封锁。从 12 月开始，他就废除了他的前任的过激措施，恢复了在美国独立战争时期法国所采取的态度；此外，他在有关海上捕获
品的裁判权方面也做了某些变动。美国使节很快到达了法国。他 105
们是亚当斯总统为急欲避免战争而同意派出的。既然法国承认除战时禁制品外，中立国旗可保护敌货的原则，所以双方很容易达成

协议,并于1800年9月30日在莫尔丰塔尼缔结了一项条约。美国人尤其切望波拿巴不再坚持1778年的联盟,这样他们就可以遵循华盛顿一贯叮嘱他们的孤立(不卷入)政策。波拿巴的态度使得英国的态度在斯堪的纳维亚人、普鲁士人和俄国人看起来更令人生气。此外,保罗一世越来越担心马耳他的命运。他于8月29日宣布对英国所有船舶的封港令,当他听到马耳他岛已经失陷时又重申了这一禁令;此外,格伦维尔于10月17日决定保有马耳他。最后瑞典和丹麦追随俄国并于12月16日同俄国一起组成了保护中立国贸易联盟。普鲁士于12月18日参加了这个联盟。这样英国就从波罗的海被排斥出去;在防止法国占领的借口下,丹麦人占领了汉堡,普鲁士占领了汉诺威。这样就有效地阻止了英国在德意志各河流和汉撒各城市的贸易。而德意志和波罗的海沿岸各国却是英国的两个主要市场。

波拿巴殷切地希望保罗一世的反英步骤不会到此为止,并且希望一个法俄联盟将正式联合欧洲大陆来对抗英国。从1800年7月起,他就提出把法国扣留的俄国战俘交还给沙皇,不是作为交换,因为俄国人没有扣留法国战俘。为此目的,斯普连格波尔琴被派往法国。12月在波拿巴和保罗之间同时交换了一些友好信件;前者命令中止对俄国船只的敌对行动,后者驱逐了路易十八。然后在1801年3月科利切夫被派往巴黎签订和约并商讨成立联盟的条件。保罗激烈反对英国,他决定要远征印度,并派出哥萨克骑兵先锋队向中亚草原进军。尽管如此,他还是无意放弃他已经到手或可能攫取的利益。罗斯托普钦向他呈递了一个重新安排欧洲的计划:俄国和奥国瓜分土耳其帝国,并且创建一个置于俄国保护之下的领土辽阔的希腊国。保罗一世仍然垂涎马耳他；他期望法军撤出那不勒斯王国，并且恢复撒丁国王的王位；他还保持着对德意志的保护权①。可是波拿巴既然已经拒绝把意大利交给奥国（这样做将会保证和平），也不会把它让给俄国的。他也更不准备把“土耳其大皇帝”交给俄国控制。那么波拿巴不给俄国任何好 106
处，又怎样能争取到俄国呢？何况事实上科利切夫同稍后在 7 月接替他的马尔科夫一样，不仅是保罗一世的、而且也是仍然非常敌视法国的俄国贵族的顽固代表，他把保护意大利各王侯的利益视为一个荣誉问题。波拿巴必须作出抉择。但是就英国而论，前途依然非常危险。

英国的工业遭受了 1799 年危机的打击，这一年的收获又造成饥馑：1800 年至 1802 年间英国进口了将近三百五十万夸特的小麦；在这种情况下，武装中立联盟所给予它的打击就更加沉重。波罗的海航运的中止引起了谷物市场的恐慌，1801 年 4 月 25 日，每夸特小麦涨价到一百五十一先令。一磅面包的价格高达五便士以上，相当于七个法国苏。虽然议会针对这类情况发布法令采取了通常所采取的措施，可是到处发生了骚动；因为人们认为谷物涨价应归罪于投机买卖，而实际上是农民联合起来维持高价。那些诸如号召“面包或血”的威胁性的标语，被认为是雅各宾主义和法国宣传的产物，激怒了公共舆论。与此同时，财政出现了令人不安的形势：1801 年黄金升值百分之九，白银升值百分之十七；英格兰银

① 俄国对德意志的保护权是根据 1779 年的特欣条约而来的。这个条约结束了 1778 年的普奥战争，并确认了过去德意志各邦间签订的一系列和约。俄国因调停普、奥战争而被缔约各方承认为条约保证国之一，从此取得干预德意志的权利。——译者

行的现金储备再次减少到四百五十万英镑;对盟国的补助金(五百六十万英镑)连同维持驻防军的费用(二百八十万英镑),以及购买粮食的款项共达二千三百三十万英镑。这笔钱于 1800 年和 1801 年流入大陆。1801 年,英镑在西班牙的外汇损失了几乎百分之十六,在汉堡损失了百分之十三。但是不论是贵族还是商人都不赞成提高所得税。在这些情况下,如同 1797 年一样,和平很快又变成了人民普遍的要求,福克斯则利用了这一点。1800 年 10 月 9 日格伦维尔的兄弟写道:“面包的缺乏和由此引起的穷人的困苦如果继续下去的话,我相信,它会迫使你——不管愿意与否——要与法国讲和。”《每月杂志》指出,“既然那种要饿死法国国民的人道的和值得称赞的政策不能实现,也许试图用媾和来防止我国人民饿死可能是善策。”

皮特和格伦维尔对是否应与法国议和举棋不定,然而一个内政事件却使他们幸免蒙受被迫求和之辱。合并爱尔兰既已实现,英国政府就应兑现默许天主教徒的废除“宣誓条例”的诺言。然而 9 月 30 日,大法官拉夫巴勒宣称反对取消“宣誓条例”;他的意见
107 在全体新教徒中立即赢得共鸣,而且国王也公开宣称他持有同样的意见。内阁为此争端而陷于分裂,皮特于 1801 年 2 月 5 日提出辞呈。国王那时召见了阿丁顿,让这样一个平庸的人组织政府,以保证自己在处理政务中有更多的影响。这些麻烦引起乔治三世的疯癫症复发。但是很快就复原了,他把发病归咎于皮特。急欲恢复自己职位的皮特厚颜无耻地答应,国王在世期间永不再提及天主教问题。可是,格伦维尔拒绝收回原来的承诺;而且,由于阿丁顿不愿意让位,皮特于 3 月 14 日被迫辞职。可以想象,皮特下台

虽然不无耿耿，但当时的形势，使他未尝不稍感宽慰。新任外交大臣霍克斯伯里2月21日就向法国提出了开始和平谈判的建议。阿丁顿政府是由于皮特的容忍才得以继续存在，它的政策，包括亚眠和约的签订，都得到了皮特的赞成。据认为，皮特看到和平是不可避免的，因此乐得逃避签订和约的责任。

霍克斯伯里和塔列朗的谈判立即在埃及问题上发生了冲突。他不反对让法国人待在那里；他甚至发出了召回开往埃及的远征军的命令，然而这一命令到达得太迟了。但他想要保留英国的大部分征服地作为补偿，而塔列朗却不动声色地只同意交出印度！实际上，英国的建议只是助长了波拿巴指望联合俄国以摧毁英国的希望。而另一方面，阿丁顿虽然决心谈判，但却期望着产生一种较好的结果，说不定缔约的过程会对英国产生有利的结果。果然这种拖延策略有利于英国。

三、亚眠和约(1802年3月25日)

几乎同时发生的两个事件打破了大陆联合的迷梦。1801年3
月23日夜间，保罗一世被暗杀。这个事件的发生并不意外。因为 108
与英国的绝交会使俄国贵族失去他们出售粮食和木材的市场，所以，保罗一世的残暴和变幻无常的性格威胁着所有的官员，已被他这种性格所激怒的俄国贵族才被迫采取了这一行动。这一阴谋是由潘宁、帕伦与亚历山大共同策划的。皇太子似乎曾提出要求：不要伤害他父亲的生命。后来他表现很悲伤，但是在这种情况下他的幻想是十分天真的。亚历山大做的第一件事就是谋求与英国和解。

但是，同月28日，以帕克为司令、纳尔逊为副司令的舰队开进松德海峡[①]。哥本哈根遭到炮击，丹麦舰队遭受严重破坏。于是，丹麦缔结了停战协定，并且在获悉沙皇死后，于5月28日签订了和约；瑞典也已于5月18日签订了和约。6月17日亚历山大也采取了同样的步骤。这样，第二次武装中立联盟就结束了；它于冬季成立，虽未使英国受到很大物质损失，但它确实给人们留下了不能立即忘却的印象。波拿巴唯一可做的事情只能是与俄国和好。10月8日，亚历山大正式同意恢复和平。他获得了对他父亲在地中海和土耳其开创的局面的承认：在地中海，他保留了对爱奥尼亚群岛的保护权和在科孚岛的驻军；在土耳其，波拿巴承认他为土耳其苏丹的调停人。法国也同意在埃及问题解决之后撤出那不勒斯，并且同意以符合形势要求的尊重态度对待撒丁国王。最后，德意志问题还要通过共同协商来解决。总之，波拿巴几乎把从保罗手里诈取来的一切都让给了亚历山大，并且，除了换取到一项和约之外，他毫无所得。对波拿巴来说这是一个惨痛的失败。

在埃及的冒险得到的又是一个失败。离开埃及时波拿巴任命克莱贝尔将军继任。后者决定一俟撤退协定签字，他将继波拿巴之后尽快返回法国。克莱贝尔同率领土耳其军队从叙利亚前来的优素福宰相以及英国的西德尼·史密斯于1800年1月24日在阿里什会晤，并达成了一项协定。但是英国舰队司令基思拒绝承认

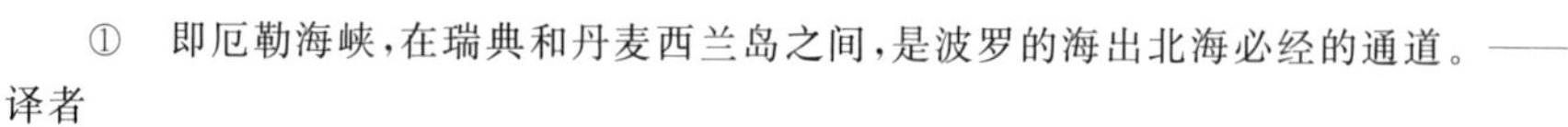

① 即厄勒海峡，在瑞典和丹麦西兰岛之间，是波罗的海出北海必经的通道。——译者

这一协定。克莱贝尔于3月20日在希里奥波里斯彻底击溃了土 109
耳其军队。不幸的是,克莱贝尔于6月14日被暗害。他的继任者梅努将军没有威信,他改信伊斯兰教也未能提高他的威望。他经常和部下争吵,并让士兵评理。为了尽力挽救这支军队,波拿巴派冈托姆率领的舰队增援梅努。这支舰队于1801年1月23日从布勒斯特启航,它是几乎不会遭遇敌人的攻击的,但却胆怯地驶进了土伦港。当舰队于3月底重新启航时,英国远征军已经在埃及登陆,冈托姆就退却了。4月底他又出航,试图使他的援军在的黎波里登陆,那里的帕夏已经同意签订一项条约,但是因为阿拉伯人持反对态度,以致谈判失败。当时埃及的命运已经决定了。在马耳他被攻占后不久,邓达斯就已命令准备派艾伯克龙比指挥的远征军开赴埃及。这支远征军于3月6日登陆,3月21日在卡诺普击退了梅努的进攻。由于波帕姆的舰队控制着红海,韦尔斯利派来的六千名印度士兵到达了库赛尔;与此同时,二万五千名土耳其军队取道苏伊士地峡进击。6月28日开罗投降,8月30日亚历山大港被英军攻陷。

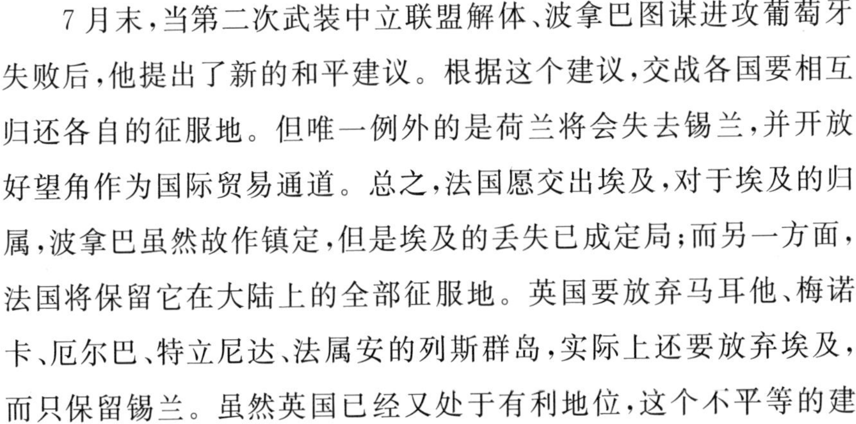

7月末,当第二次武装中立联盟解体、波拿巴图谋进攻葡萄牙失败后,他提出了新的和平建议。根据这个建议,交战各国要相互归还各自的征服地。但唯一例外的是荷兰将会失去锡兰,并开放好望角作为国际贸易通道。总之,法国愿交出埃及,对于埃及的归属,波拿巴虽然故作镇定,但是埃及的丢失已成定局;而另一方面,法国将保留它在大陆上的全部征服地。英国要放弃马耳他、梅诺卡、厄尔巴、特立尼达、法属安的列斯群岛,实际上还要放弃埃及,而只保留锡兰。虽然英国已经又处于有利地位,这个不平等的建

议足以使它感到不满，但除锡兰外它只是提出保留特立尼达的额外要求。它仍然很注意要搞好同亚历山大的关系，所以，并未提出反对归还马耳他，虽然英国只要提出给那不勒斯和撒丁以保证就能讨好亚历山大。然而，它并未为此目的而做出努力。霍克斯伯里只是在关于荷兰问题上试图得到保证，并且要求一个强国为马耳他提供驻防部队，这样，这一强国就会成为马耳他中立的保证国。这个极好机会使法国可以提名俄国为保证国，并使俄国与英国恢复竞争。但波拿巴对此机会并未予以重视。当他威胁说如果
110 不在这些预备条款上签字就要中断谈判时，霍克斯伯里于 1801 年 10 月 1 日让步了，甚至没有为奥伦治公爵要求补偿，或要求签订通商条约。

人们曾把这种投降解释成是由于阿丁顿内阁的无能所致，但这一理由很不充分。实际上，英国政府仍旧处在危机的压力之下，这次危机在这一年的头几个月就出现了，现在全国各地仍然感到它的影响。这个政府无论如何需要实行节约，并且指望和平可以恢复繁荣。公众听到和平消息所反映出来的欢欣鼓舞表明要求和平是压倒一切的意见。然而在议会和新闻界却提出了抗议和保留意见。温德姆大声疾呼反对这一“致命的条约”，他认为这是个“亡国判决书”，这一条约将会使波拿巴得以进行新的征服。阿丁顿反驳说，既然暂时不可能组织新的反法同盟，最好还是试行一种和平政策；而心满意足的法国或许会关心这一政策。反之，如果法国不信守和约，英国总会再找到盟国的。卡斯尔雷在一封信中表示了同样的意见。皮特赞成政府这一政策，他于 11 月 3 日提出令人吃惊的解释说：特立尼达要比马耳他具有更大的经济利益，而保留马

耳他就不可能恢复和平；在他看来，锡兰似乎比好望角更可取。他十分重视特立尼达，因为那里生产糖并且是与西属美洲进行走私贸易的重要基地。从这里人们可以看出重商主义观点对于战争目的的影响，这种观点一直支配着英国寡头统治的政策。对英国而言，和平不只是一次休战，而且是商人的一次试验。

不久，明眼人就看出，获得持久和平的机会是微乎其微的。波拿巴在向圣多明各派遣军队（1801 年 12 月）；1 月他就成了改名为“意大利共和国”的西沙尔平共和国总统。在讨论条约最后文本时，波拿巴拒绝在条约内列入一项贸易协定，而要求某些殖民地的特权，要求开放印度自由贸易以及在福克兰群岛的停泊站。这些要求虽然被拒绝了，但却引起了很大的注意。然而阿丁顿仍然坚持他的方针。可以肯定，后来在亚眠的谈判中，英国利益因为英国政府及其代表康华里的无能而再次受到损害。康华里是一个诚实的人，一名勇敢的军人，但却是一位不高明的外交官。为换取和平而付出代价的法国各盟国，特别是巴达维亚共和国的席梅尔佩宁克，是会乐于支持康华里的，但是直到这些盟国同意初步条款之后，波拿巴才准许他们参加会谈。

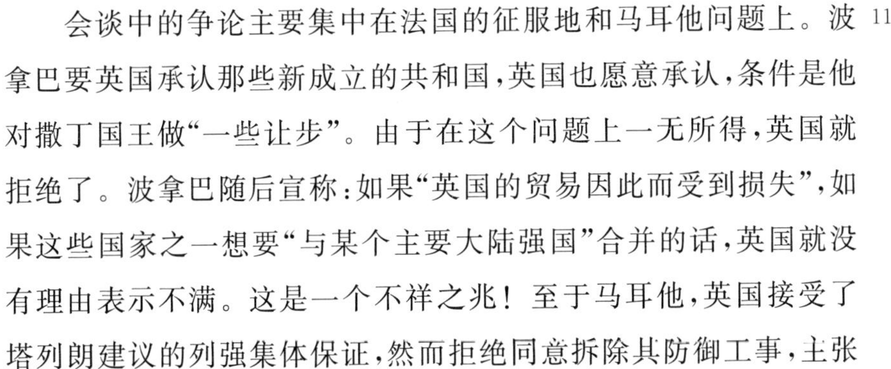

会谈中的争论主要集中在法国的征服地和马耳他问题上。波 111
拿巴要英国承认那些新成立的共和国，英国也愿意承认，条件是他对撒丁国王做“一些让步”。由于在这个问题上一无所得，英国就拒绝了。波拿巴随后宣称：如果“英国的贸易因此而受到损失”，如果这些国家之一想要“与某个主要大陆强国”合并的话，英国就没有理由表示不满。这是一个不祥之兆！至于马耳他，英国接受了塔列朗建议的列强集体保证，然而拒绝同意拆除其防御工事，主张

这个岛应由那不勒斯派出驻军,直到重组的圣约翰骑士团能获得足够的力量保持这个岛的独立为止。既然从英国人手中夺得马耳他,波拿巴看到成功已成定局。但是,交出马耳他所附加的条件很多,英国人其实也没有理由感到十分不满,并且他们还等待着事态的发展。英国政府训令康华里坚持其余两点:第一,割让多巴哥作为维持法国战俘费用的补偿;第二,赔偿奥伦治亲王。可是,波拿巴坚决拒绝放弃任何法国领土;至于“奥伦治一纳索”家族,他说,有关赔偿的谈判正在柏林进行。这个家族的继承者,第一执政的伟大赞美者,表示愿意直接与波拿巴交涉,于是便离开了英国。这样康华里就于1802年3月25日签署了和约。

英国公众舆论虽然比以前有些淡漠,但还是满意的;这个岛国许多居民成群结队奔往法国,想对一个为许多重大事件所改变了的,并被这样一位非凡的人物统治着的国家进行一番好奇的考察。虽然政界的批评日益增多,但议会此次仍然跟着政府走。

作为民族领袖,波拿巴在签订亚眠和约时已经达到他的命运的顶峰。欧洲已同意放下武器,不再反对他对自然疆界的要求。但是他那种一遇机会就一发不可收拾的权力欲,未能使他对这样的成就感到满足;而法国在成为自己命运的主宰时,如果只关注自己的民族传统和民族利益,它本来会对这些成就感到满意的。波拿巴如果停止干扰英国在海上和殖民地的事业,同意对英国贸易重新开放法国市场,并且满足于对其邻国施加他力所能及的、而又
112 为法国疆界安全所需要的合法的影响的话,那么法国将一无所失。然而,甚至在亚眠和约缔结以前,波拿巴就已表明,他并不是这样理解问题的。

四、附庸各国的改革

实际上，法国在没有确实肯定这些屏障其疆界并被它占领的国家能自卫和自治的情况下，是不能够听其自然，不加过问的。现在，在法国使得这些国家实行了政治的和社会的变革之后，它们就难于靠自己的力量建成国家了。在许多附庸共和国中，拥护强大中央政府的联合派在政府组织的原则问题上就不能同联邦派意见一致。荷兰的情况是如此。西沙尔平共和国也是如此：奥罗纳郡的居民，也就是梅尔齐伯爵统治下的米兰人与波河南部各邦的居民，即由阿尔迪尼领导的艾米利亚人经常争吵。瑞士的情况就更加如此，各州都一直念念不忘丧失了的自治地位。

显得更严重的是社会冲突。雅各宾民主派变得十分活跃，他们在自己的俱乐部里慷慨陈词，任意嘲弄贵族和教士。他们虽然只不过是少数，但却是法国人最好的朋友，他们求助于法国人，并且非常乐于按照法国人的意愿行事。像荷兰的席梅尔佩宁克、瑞士的厄斯特里和伦格尔、热那亚的科尔韦托等这样的资产阶级代表人物，以及那些像西沙尔平共和国梅尔齐·戴里尔那样归附新政府的贵族，都在不同程度上热情赞成统一和新的社会制度；但是他们反对民主，并且希望像在执政府时期的法国那样，确保新贵名流占有优越的地位。然而他们在是否赞成共和八年宪法取消选举制度的正规运用这一点上，看法并不总是一致的，特别是在瑞士是这样。虽然他们感到需要依赖法国，他们也不是那么顺从的。在 113
荷兰和瑞士，他们要求法国维护他们国家的完整；在各地人们都希

望法国撤兵，希望独立，至于贵族阶级，他们盼望着法国战败，以便旧制度复辟；为达此目的，他们会毫无顾忌地把自己的国家交给其他外国人。可是由于法国人在那里，所以他们便只好充当爱国者的角色。只要波拿巴不干涉他们，他们就愿意顺从。

除这种党派斗争外，预算上的困难也使得政府无法正常地维持下去。战费和占领费的负担从一开始就使财政遭到破坏，经济陷于瘫痪。拥有四百万居民的西沙尔平共和国向法军交付了三千三百万法郎，并为法军提供了估计总值为一亿六千万法郎的军需品。此外，军队也随意为自己征收附加捐税，将领们，特别是缪拉，对本地政府专横跋扈。像驻在荷兰的塞蒙维尔那样的文官们，同样也不是廉洁的。法国文武官员都干预地方政治，并且根据自己偏爱支持这一派或那一派。因此来自各方的请愿者都要求波拿巴按照他们的意愿来改组国家，或者要求减轻他们的负担并惩办他自己的部下。波拿巴像在法国一样可以任意对待这些派别：他憎恨民主派，不信任那些对法国保持强烈独立性的温和派，也不想重建贵族统治。只要尚未同仍然希望收回他的属地的罗马教皇缔结教务专约，只要与英国的战争仍在继续，波拿巴就要持保留态度，而在这一点上他万无一失。因为这些国家形势越坏，他的事情也就越好办；而且，只要占领继续下去，他的军队就不需要他拿出费用。只是在恢复海上和平的初步条款签订之后，情况才开始变化。

在荷兰出现了一些反抗现象，那里的法国代表塞蒙维尔经荷兰的督政府同意起草了一部宪法，以便使政权掌握在可靠的人手里。他依仗自己的权势把这部宪法提交公民批准，但立法议会取消了这些不合法的决定。奥热罗解散了议会两院，宪法就提交给

公民投票表决。由于宣布弃权就被视作为赞成的表示，结果获得了多数票。宪法于1801年10月6日颁布。由宪法产生了一个拥
有立法创议权和行政权，包括对官员的任命权的“政务会议”（即摄 114
政会议），还产生了一个立法院，它的成员经过两级选举产生，每年更换三分之一。事实上，督政府亲自指定了十二名政务官中的七名，其余的则由这七人互选产生；它还遴选了立法院的成员。正像波拿巴所希望的那样，新政府由各派别混合组成，但是清除了民主派、并把所有的官职授予新贵名流。

在波拿巴想亲自统治的意大利，改革工作花的时间较长一些。1801年7月间，西沙尔平共和国派遣代表团到巴黎，诉说了国内难以容忍的形势。10月，大家同意在里昂召开一个“协商会议”，以期建立一个新政府。这个“协商会议”由当然委员[①]、政府选拔的军队和国民自卫军的代表，以及由法院、商会、大学、郡政府和市政机关选出的代表组成；这些人都是在缪拉的密切监视下选出来的。1801年12月29日，四百四十二名代表在里昂会合。塔列朗在会议前夕到达，他把代表们按地区分成几个组，来研究宪法草案并拟出“可以信赖的候选人名单”，从名单中再选出新人员。他煽起了地方主义的冲突，以便由波拿巴出面裁断。波拿巴于1802年1月11日到会，同往常一样亲自调查情况，并解决了所有的问题。他考虑要把西沙尔平共和国总统职位交给约瑟夫，但是这个重要人物拒绝了，因为波拿巴没有把皮埃蒙特一并交给他。1月21日负责选举总统的委员会选出了梅尔齐伯爵和阿尔迪尼伯爵，但是

① 指因职位当然有权出席的人，如政府成员、议员等。——译者

他们两人也都拒绝了。1 月 24 日,总统职位交与波拿巴,他就接受了,并任命梅尔齐为副总统。两天以后,他把“西沙尔平共和国”改名为“意大利共和国”,这样就激起了人们的巨大的希望。新政府定于 1802 年 2 月 9 日成立。行政当局像在巴黎那样行使特权;它包括一名国务秘书和各部部长。此外,总统还亲自从三个选举人团提名的候选人中指派立法议会的成员。但是这一次,当然是波拿巴亲自建立了立法议会和选举人团。最后,还给意大利共和国建立了一个叫做“国务协商会议”的独创机构。这是个永久性的机构,负责处理外交及国家安全等事宜。在热那亚,1802 年 6 月颁布了由萨利切蒂于 1801 年 10 月起草的宪法。在那里波拿巴任
115 命了元老院的成员和一个“总领政”,二者构成行政权力机构。本应由三个选举人团选举的咨议院从未组成过。卢卡于 12 月 28 日成立了类似的机构。

黑尔维谢共和国的历史更是动乱不安。1799 年 11 月间,拉阿尔普向他的同僚建议发动政变,没有得到他们的赞同。得到消息的立法议会予以回击,在 1800 年 1 月 7 日宣告解散督政府,把权力委托给一个执行委员会,多尔德在其中起着支配作用。这个委员会很快地也和议会发生了争执,并要求波拿巴解决。1800 年 8 月 7 日,被法军包围的议会投降了,并由议会成员组成临时政府负责准备一部新宪法。这一政变是由温和的联合派搞的,他们赞成单一制国家,更重要的是,他们都鼓吹由新贵名流来统治。他们反对雅各宾派,寻求旧贵族的支持,宣布暂时中止实行关于废除什一税、地租和封建赋税的法律,然后又宣布废除这个法律,只保留农民可以出钱赎买这些封建义务的权利。1801 年 1 月,这些温和

派制订了一个更具有单一制特点的宪法草案；根据这个草案，政权各机构的成员要通过互选产生。由于他们坚持要求把伐累和巴塞尔主教邦归并瑞士，法国政府代表雷因哈尔建议，在贵族的支持下煽起一次新的革命。波拿巴没有批准这个建议。他完全拒绝了这个宪法草案，并在 1801 年 4 月 29 日提出了一个被称为“马尔梅松条例”的草案来代替原来的宪法草案。这个条例是后来的“调停条例”的雏形。波拿巴感到联邦主义在瑞士非常根深蒂固，因此不得不给予各州一大部分的主权。不过，大概是由于波拿巴有意从瑞士撤军以便从它的中立中获得好处，因此他不赞成有一个实行中央集权的单一制的瑞士，因为这样会使这个国家变得过于强大。依照“马尔梅松条例”的规定，给予十七个州相当大的自治权，并允许它们制定自己的宪法，条件是要规定有财产资格的选举权。联邦议会选出一个二十五名成员的元老院，他们再在自己中间选出两名“首席长官”，一名主持元老院，另一名与其他四名元老院议员一起组成一个小委员会，行使行政权。中央联邦当局保持着广泛的权力，特别是有任命各州行政长官的权力。

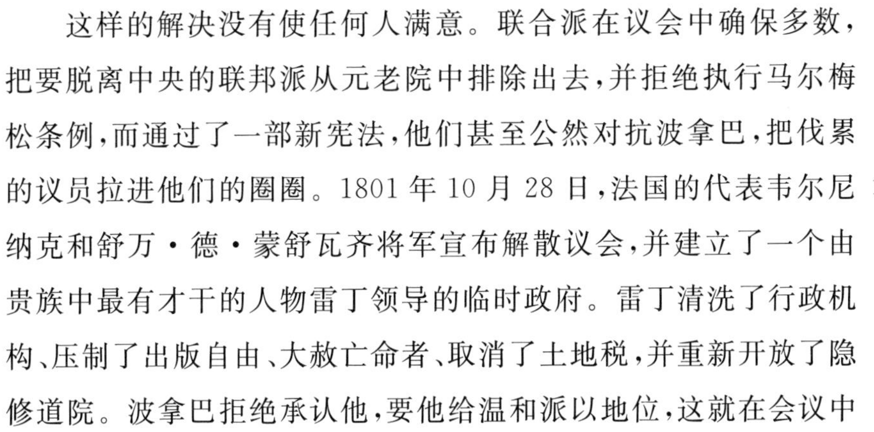

这样的解决没有使任何人满意。联合派在议会中确保多数，把要脱离中央的联邦派从元老院中排除出去，并拒绝执行马尔梅松条例，而通过了一部新宪法，他们甚至公然对抗波拿巴，把伐累的议员拉进他们的圈圈。1801 年 10 月 28 日，法国的代表韦尔尼 116
纳克和舒万·德·蒙舒瓦齐将军宣布解散议会，并建立了一个由贵族中最有才干的人物雷丁领导的临时政府。雷丁清洗了行政机构、压制了出版自由、大赦亡命者、取消了土地税，并重新开放了隐修道院。波拿巴拒绝承认他，要他给温和派以地位，这就在会议中

掀起了不和。雷丁的巴黎之行一无所得,于1802年2月26日凭借自己作为首脑的职权颁布一部新宪法。可是在复活节休假期间,韦尔尼纳克趁雷丁不在的机会,策动雷丁的政敌废除了这部宪法。接着召集名流会议,议员最后于1802年5月29日承认了马尔梅松条例,并且任命了多尔德为"首席长官"。伐累州被建成一个独立的共和国,而普斯河谷则割让给法国。

这些变化与法国发生的变化有着明显的联系。共和八年宪法到处都在激励着新贵名流以差不多同样的方式夺取了权力。行政权在各地都得到了加强,从而有助于建立秩序和稳定局势。在各地,波拿巴都要求撇开民主派,并要求努力使温和派与善意的贵族和解。但是,在意大利,波拿巴把自己看作主人而不是仲裁者,他透露了他的秘密的偏爱,这是他在法国所从不敢公开表示的,更不用说在荷兰或瑞士;在那些国家里他还要保持真正的选举,以待将来再改。在意大利的宪法中,选举人团决不是在投票的基础上,甚至不是在只限于财产资格投票的基础上产生,而完全是由职业团体产生的:第一个团体包括一定数量的土地所有者,第二个团体包括商人和工厂主,第三个团体由各自由职业成员组成。前两个选举人团由他们的成员互选补充;显然是具有"空论"倾向嫌疑的第三个选举人团只限于向政府提出候选人名单。现在只差一步就告成了:这就是直截了当地由国家元首任命选举人团成员。

就事论事,毗邻法国的这些国家的改革本来丝毫没有引起欧洲不安的理由。相反地,人们希望,在使得这些国家能够自己治理自己以后,法国会召回它的军队,并给这些国家以独立,这是法国
117 在吕内维尔和约中——其实没有确定具体细节——已经答应过它

们的。事实上,波拿巴于 1802 年 7 月的确下令从瑞士撤军;他也同意减少在荷兰的驻军,奥伦治亲王在 5 月 24 日已放弃了他的权利要求,他提出把德意志的富耳达和科韦割让给他的儿子作为交换条件。不管怎样,这足以被认为是一个未来撤军的希望。在意大利共和国,梅尔齐希望迟早能得到同样的好处,因为波拿巴亲任总统只不过是暂时的。今天在我们看来,这些纯粹是幻想。但是如果没有这些幻想,阿丁顿和皮特同意冒险一试的道路就会缺乏存在的理由。

118 # 第三章　波拿巴就任终身执政

胜利与和平已使波拿巴成了一位民族英雄；他利用了这一时机更加增强自己的权力，并继续推行个人的政策。正因为对他的功绩感到满意，全国才愿意跟他走；但是，正当和平的局面有利于恢复自由的时刻，他却加强了独裁统治，因此全国不免出现遗憾和焦虑不安的情绪。无论如何，反抗增加了，只有依靠重新使用武力，波拿巴才能够镇压这些反抗。

一、共和九年的危机

波拿巴出发去意大利之后，法国全国上下忧心忡忡。他的战败可能会引起外国军队的入侵，而且肯定会引起新的骚乱，因为从共和七年收获季节以来面包价格再度上涨；在图卢兹一次骚动期间，群众强迫限制粮价。在巴黎交易所，价格正在跌落。马伦哥战役胜利的消息像魔术般地使舆论又平息下来，同时使波拿巴的威望扶摇直上。波拿巴重视报纸的威力并善于利用新闻工作，他从
119 来没有放松过为自己制造舆论。在他的心目中，自豪和抱负会自然地把真相变成传说。他出版了一份《后备军通报》，这份通报和《政府通报》及其他半官方的报纸都把整个战役的荣誉归之于他个

人。莫罗在霍恩林登战役获胜的消息来得太迟了，不能减弱波拿巴的威望；除此之外，他还想方设法压制这次战役胜利的影响。由于运气比天才更能迷惑人，并使人产生某种迷信的敬畏，所以，倘若人们知道了马伦哥战役的真相的话，波拿巴的名声必定会更加响亮。马伦哥的赌博并没有减低那个曾两次奇迹般地逃过了英国巡洋舰的人的声望。

与此同时，波拿巴在听到他不在法国期间的议论和正在策划的阴谋之后就赶紧返回巴黎。1800 年 7 月 2 日，他进了巴黎城。内心忿懑不平，非常怨恨他的左右亲信，对那些曾想伺机取代他的将军们充满敌意的猜疑；而现在紧张的努力松弛下来，危险已成过去，这次冒险的悲剧性一面使他深深感到自己的地位是如何脆弱，因此他又充满着浪漫主义情调的感伤。但是，类似的感想从来只能使他心情郁郁而意志更坚。他毫不迟疑地利用了他的政敌陷入一片混乱的时机。

保王党立刻土崩瓦解。他们发动叛乱的种种准备，只剩下了几伙盗匪。威克姆溜回到英国，设在奥格斯堡的王党机关作鸟兽散；该机关某些成员妄图在拜罗伊特重新纠集起来，但是富歇命令普鲁士警察把他们逮捕入狱。英国中断了对它所雇佣的孔德亲王军队的资助，并且解散了这个队伍。1800 年 9 月 7 日，波拿巴终于答复了路易十八：“您不应该再期望回到法国来，如果您要回来，就非踏过十万死尸不可。”这位国王从米塔瓦被驱逐之后，躲在华沙，后来又从华沙到了英国。波拿巴和保王党之间彻底决裂了。

共和派也很清楚，波拿巴的胜利会给他们钉上枷锁。在波拿巴的左右亲信中，有许多曾盼望他阵亡或垮台的人，现在他们变得更加热切地向他建议,为了他自己的利益,必须重建世袭君主政体,以使他的权位具有原先缺乏的稳定性。他们之中最积极的是罗德雷和斐扬派,这些人虽然已经归附了共和国,但是他们骨子里还是君主主义者。塔列朗自然是支持他们的。一贯狂妄的吕西
120 安·波拿巴抛出了一本题为《恺撒、克伦威尔与波拿巴之间的对比》的小册子,首先说出了其他人不敢说的话。这本小册子可能是他叫丰塔内写的。第一执政一回到法国就指派丰塔内在华盛顿逝世时发表一篇悼词,他从此官运亨通,更不必提他已是埃利莎·波拿巴的情夫了。但是,所有这类活动都遭到了反对。富歇虽然同各界各派都有联系,甚至在圣热尔曼郊区也因他的秘密效劳而博得好感,但他仍被看成是一个左派的领袖。这不是没有充分理由的。的确,他是一个对人不抱任何幻想的怀疑论者,爱钱贪权,总是首先为自己打算。但是他留恋自己革命历史的程度比人们想象的要大得多。首先,他生活朴素,平易近人,精力旺盛而又沉着果断;他对恐怖镇压的爱好,虽然是审慎而有节制的,但却也是非常自然地适应他那警务部长职务的需要的。其次,他真诚地愿意尽其力所能及拯救法国革命的成果、并且阻止旧贵族重掌国家大政。最后,特别是他具有一种炽热性格,隐藏在恬静外貌下面,这种外貌掩护住他好讥评时政的习惯,尖酸刻薄的谈吐,和对充当国民公会特派员时期的眷恋,当时他也曾以至高无上的人民的名义发号施令。波拿巴重视他的才能,但却对他心怀疑惧,他始终感到,富歇随时可能会闹独立性。在 1804 年以前,富歇对那些君主政体的计划都一直持敌视态度。他在波拿巴的家族中找到了支持。没有生下子嗣的约瑟芬担心世袭的王位继承制会导致离婚。波拿巴对

自己家族的贪得无厌很不满；如果情况迫使他从自己的兄弟中间挑选继承人的话，他准备迎接一场大风暴。此外，他也不打算勉强从事，并且认为，这时有关君主政体的种种谈论都为时过早：和约还未缔结，国家的改革尚待完成，最后，议会各院还没有驯服。因此吕西安遭到贬黜，他的内政部长职务移交给夏普塔尔，而他受命出任大使。

尽管如此，波拿巴仍然在伺机增强自己的权力。几起谋反案给他提供了这样一个机会。这仍然是马伦哥战役胜利的一个后果：那次战役之后，雅各宾派和保王党失去了一切希望，其中有些亡命之徒试图采取暗杀手段。从共和八年底及其后不久，相继破获了三起雅各宾派的阴谋：9 月 14 日，逮捕了三个人；接着又在 10 月 10 日逮捕了阿雷纳、托皮诺－勒布伦和其他二人；最后，在 11 月 8 日，又逮捕了谢瓦利埃和一名共谋嫌疑犯。这些阴谋真实与否却一直是成问题的。第二起阴谋似乎是背着富歇破获的，富歇 121
觉察到自己处境危险，于是就大事宣扬第三起阴谋。正当政府在制定一项放逐雅各宾派的计划时，保王党粉墨登场了，这就大大地方便了这项工作的进行。6 月卡杜达尔从布列塔尼派了几个舒安分子到巴黎去组织一次运动。跟踪他们的警察只逮捕到其中某个马尔加德尔的小贵族，并把他枪毙了。圣雷让、利莫埃朗和卡邦三名阴谋分子竟制造了一颗定时炸弹。12 月 24 日晚，在波拿巴到歌剧院途中，这颗炸弹在圣尼凯斯大街爆炸了，当时有二十二人死亡，五十六人受伤，但是波拿巴却安然无恙。在当时的舆论中，人们自然只能一致认为“此事是雅各宾派干的”。日益接近帝位的波拿巴尤其痛恨这些“弑君者”，他似乎也是这样认为的。12 月 25

日,当议会各院祝贺他幸免于难时,他高声怒咒"那些败坏共和国声誉、并用各种过激手段,特别是他们在九月事件中[①]所扮演的角色,以及用类似的手段来毁坏自由事业的人"。12月26日,波拿巴在参政院宣称:"血是必须流的"。事实上,稍后在1801年1月13日、20日和31日,早先已被逮捕起诉的雅各宾派不是被枪杀就是被送上了断头台。

然而,主要的结果还是,对雅各宾派的大规模逮捕,接着又未加审讯就流放了他们。从谋杀波拿巴那天夜里起,富歇确实一直把责任归咎于"英国金币"——他确实知道谁是真正的罪犯。利莫埃朗被耶稣会会士克洛里维埃尔和尚皮翁·德·西塞的姐妹窝藏起来,因而得以逃脱,后来他成了一名神甫,而卡邦则于1月8日被捕,圣雷让于1月28日被捕。但是已太迟了,何况,波拿巴也不愿改变他的既定目标。参政院拒绝对放逐表态,它声言这是一个"政府措施"。1月5日又作为"有助于维护宪法的一项措施"提请元老院批准这一行动,在一百三十名被放逐的人中有舒迪厄[②]和两名前议员塔洛和德特雷姆,波拿巴一直没有饶恕他们在雾月19日所进行的激烈抗议。其中还有一些著名的革命家,如被称为"美国人"的富尼埃、罗西尼奥尔和勒佩尔蒂埃。富歇用拖延时间的方法从中救出了大约三分之一的人。二十六人直到1804年才被送往圭亚那、六十八人在1801年以后被运往塞舌尔群岛;有一半以

① 指1792年9月巴黎革命群众,在出发抗击外敌入侵前,镇压狱中反革命分子的群众运动。——译者

② 舒迪厄,山岳党人,1793年在建立雅各宾专政过程中,曾坚决对吉伦特派和丹东派作过斗争。——译者

上的人在流放中死去。此外，其他的共和党人大批受到监视。同
时，富歇也逮捕了大约一百名保王党人，有的被判刑坐牢，有的未 122
经审判就拘留起来。至于卡邦和圣雷让终于受到审讯，并于 4 月 21 日被送上了断头台。这样，波拿巴主义的恐怖再次打击了左派和右派。“这是他从未背离过的唯一的一种不偏不倚的公正态度，”斯塔埃尔夫人写道，“这样他就以拉此打彼的手段在那些人中结交了朋友。”这一回左派成了打击的主要目标，可以说左派因此被彻底粉碎了。但是受到打击的不仅仅是雅各宾派。议会各院没有被召集起来就放逐法令进行投票，因为不能绝对肯定它们是否会接受这一法令。所以，波拿巴于 12 月 26 日宣称，“玄学家是造成我们一切麻烦的一类人。”十分明显地构成了对议会的威胁。此后，他又转求之元老院。作为“宪法保护者”的元老院却暗中赋予自己违犯宪法和更有理由的修改宪法的权利。结果，第一个“元老院决议案”在共和九年雪月十三日（1801 年 1 月 5 日）通过。这些元老院决议案使波拿巴有可能不需要议会其他各院在法律上的赞助就可以亲自立法，也可以根据自己的利益需要而修改共和八年宪法，而这部宪法没有规定任何修宪的程序。

1800 年 11 月间及其以后，在放逐雅各宾派的同时，波拿巴已在考虑采取某些镇压措施，这些措施虽然不那么令人注目，但对全国总的形势产生了更大的影响。在他看来，问题就是要一举平息舒安分子的暴乱和制止抢劫。煽动起舒安分子暴乱的卡杜达尔那时正出没于布列塔尼一带的农村，虽然不断地遭到追捕，但是他却一直未被捕获。由于保王党人布尔蒙的帮忙，富歇终于成功地收买了卷入舒安分子暴乱的某些人，这些人奉命杀掉卡杜达尔或者

把他交给警察。但是,布列塔尼的保王党有一个钻进政府各部的十分活跃的反警务的组织,因此,当两个名叫贝克德里厄弗尔和迪夏泰利埃的舒安分子叛徒被指派去杀害他们的头头时,卡杜达尔就得以先把他们逮捕处死,可能是伊尔一维兰郡的郡守博里亲自出卖了迪夏泰利埃。舒安分子的猖狂激怒了波拿巴。1800 年 9 月 23 日,安德尔卢瓦尔的前郡守、元老院议员、国有产业的重要购买人克莱芒·德·里斯在他的歇尔河上的阿泽别墅里被绑架了,同时在 11 月 19 日,菲尼斯太尔郡的主教奥德利安被暗杀了。运送国库基金的车队不断遭到匪帮的袭击和抢劫。像在共和八年一样,波拿巴又采用了严峻措施。共和九年花月 18 日(1801 年 5 月
123 8 日),派出了由贝尔纳多特率领的、并带有军事法庭的三个纵队。扫荡进展得很迅速。到年底,卡杜达尔返回了英国。即使如此,仍然有分散各地的舒安分子残存下来。除了少数死心塌地的人之外,大多数是把叛乱视为谋生手段的社会渣滓。

不管盗匪是假借宗教的或是国王的名义,这些人几乎到处都有。当然,他们不只限于在山区,如阿尔卑斯山和亚平宁山有“巴尔贝”[①]在搞走私买卖,就是像诺尔和博司这样富饶的地方也出现了盗匪。他们用火刑折磨遭难者勒索金钱,所以人们通常称他们为“火夫”。这并不是新现象;农村人口中有很多是一年里有部分时间失业的零散工和依靠自己的微薄收成不能维生的农民,尤其在歉收年份更是如此。农村中总是有成群结队的乞丐和游民,因此他们当中的一些人不可避免地变成了不法之徒。战争和国内动

① 指阿尔卑斯山里的走私者。——译者

乱造成经济失调与乡间警政瓦解,使这种灾难更大大恶化了。农民比城市居民更加看重治安问题,因为他们一般更容易遭遇危险。既然治安是正常的和有成果的劳动的首要条件,因而,对于全国来说再没有比恢复治安更为有益的事业了。所以波拿巴的威望将因此大大提高,就像当年亨利四世和路易十四一样。

困难不只是在要抓到强盗,那是让军队增援宪兵队就能办到的事,而是在于能做到依法判处他们。证人和陪审员都知道他们是易于遭到报复的,因此有些人保持沉默,另一些人从宽发落罪犯。共和八年,许多轻罪案件已改送法庭判处,并且已授权郡守监督遴选陪审员,而这个权力原属治安法官行使。但是效果却仍旧微不足道;何况镇压的迟缓至少部分地削弱了镇压的效果。在类似情况下,旧制度下王国政府曾借助于一种特殊的审判制度即"宪警法庭"简化手续就地判决正法:"拿获即刻绞死"。波拿巴也求助于一种非常手段,在西部、普罗旺斯和莱茵地区已设立军事法庭,他丝毫没有要废除这些法庭的意图。然而,他也愿意以永久而正规的形式恢复旧制度的简易的镇压办法。

这就是共和九年雨月十八日(1801 年 2 月 7 日)法律的目的。124
这项法律授权政府在波拿巴认为适当的郡(他选定了三十二个郡)里,各设一个特别刑事法庭,由一名庭长、两名普通刑事法庭法官和另外五人(三个军官和两个文官)组成;这些人都由第一执政任命。他们对无业游民、积犯、与诸如此类人犯,以及大批惯盗犯罪如夜盗、路劫、凶杀、纵火、伪造货币、煽动性集会、非法携带武器等进行终审判决,不得上诉,也不得要求重审。次年,共和十年花月 23 日(1802 年 5 月 13 日),在每个郡都设立了另一个特别法庭审

理欺诈罪,但是在没有特别刑事法庭的郡里,这个法庭也可以审理多种盗匪案。此外,共和十一年葡月26日(1803年10月18日),根据一项元老院决议案,许多郡停止实行陪审制度;这样就使刑事法庭的法官实际上构成一种特别法庭,虽然还没有军官干预。总之,由于这些特别法庭一直保持到他垮台为止,波拿巴在法国的大部分地方都废除了陪审制度。由于特别法庭现在委任他们当中的一名成员进行预审,所以根据同一理由也就废除了起诉陪审团。最后,在还存在着正规的司法制度的地方,由于检察官职务的变化及诉讼程序的改革,司法制度也都加强起来。共和九年雨月7日(1801年1月27日)"保安法官"代替了初审法庭中的政府专员,其任务是起草公诉状;预审部分地变成了秘密的预审,证人在被告不在场时作证。原告和证人不出庭,目的是为了避免遭到匪帮的报复,因此起诉陪审团就只得根据书面证据来做出决定。

尽管采取了所有这些措施,我们也不应该认为,波拿巴已成功地在农村迅速地恢复了井然的秩序。不管他怎样考虑,制止行乞和流浪并不是他力所能及的。即使是名副其实的盗匪也经过长时间之后才镇压下去。在莱茵地区,法国政府好不容易才逮捕到申德尔汉内斯——一个真正的"卡图什",①当地居民相当喜欢他,因为他特别喜欢袭击犹太人。尽管如此,但到了帝国的初年,情况已经无疑地大有好转。既然特别法庭不是用来达到政治目的的,它
125 们触动的只是社会上的坏人和犯罪者,因此这种法庭没有遭到公

① 卡图什是18世纪初法国一伙"盗贼"的有名首领,被捕受车刑而死,但是他的机智和大胆的故事却在民间广泛流传。——译者

众舆论的谴责。至于说到政治嫌疑犯，波拿巴通常用军事法庭来对付他们。新的司法改革不仅严惩了职业罪犯，还可以用来阻止那些走投无路的穷人被迫走上暴乱的道路，像在 1789 年所发生的情况那样。“良善之辈”守法的公民不加区别地看待饥饿的暴民和罪犯，而共和九年的法律也是如此。这肯定是波拿巴所期望的，因为，据夏普塔尔说，他最害怕的是饥饿暴动。

在放逐雅各宾派之后接踵而来的是建立特别法庭，这引起了议会各院中共和派的极大不安。保民院的辩论很激烈；立法院投票的结果是一百九十二票赞成，八十八票反对。对波拿巴不再抱任何幻想的共和派没有放过这一表示抗议的机会。尽管如此，还必须给他们以公正的评价：这些新贵名流赞成一个强有力的政府，但不是一个武断专横的政府，在他们看来，这些非常措施在执政府时代并不比在山岳派统治下的国民公会时代更符合原则。然而波拿巴不愿受任何原则的约束，甚至不受宪法的约束。共和十年他在参政院发表演讲时直截了当地说，“一部宪法决不应妨碍政府进行工作，也决不应逼得政府去违犯它……每一天都不得不违犯成文法，实在没有别的办法，不这样就不能前进。”“政府诚然不应是暴虐的……；但是它不可能不采取某些专断的行动。”简而言之，宪法只是为开明专制点缀门面而已。保民院的辩论也激起了波拿巴的愤怒。“在保民院中有一打或十五个只适宜扔到水里去的玄学家。他们是我衣服上的虱子。我是军人，是大革命的儿子，我决不容忍把我当成一个国王那样来侮辱。”于是，共和九年的危机导致波拿巴与捧他上台的资产阶级共和派之间的决裂。但是现在，波拿巴想要他们批准教务专约，而在他所有的重大措施中，他们最不

赞成的恰恰就是这个教务专约。

这个议会反对派是自己委任的，因此在全国得不到支持。各个利益集团得到了满足，而且，和平和社会秩序的改善有利于商业的复兴。一家新的发行钞票的银行在巴黎创办起来，这就是通称为“雅巴银行”的商业银行。法兰西银行和它的竞争者所发行的钞
126 票使得投机商能够把硬币拨到外地，从而能在外地刺激经济发展。连年歉收引起了农产品价格空前上涨，这就提高了有土地的农民或佃农的购买力。在经历过督政府时期那样令人不满的通货收缩之后，这些人当然喜欢这一意外之财；他们感激第一执政，因为他表现出非常关注国家产品的产量，并且极力鼓励生产。国家财政状况也有显著的改善。军事征服有助于减轻预算的重担，因为法国军队现在能够在国外取得给养。租税在定期征收，共和十年的预算实际上表明，收支相抵还略有节余。在大城市中，城市通行税正在逐渐取代私人动产税，这就使得富人非常满意。至于地产税，政府正在研究在各公社之间确保较为公平地分配负担的方法。后来在共和十一年，每个郡里都有一些公社着手进行了可耕地面积的测量登记和净产量的估价工作。

国库的情况仍然引起人们的关切。共和十年热月 30 日(1802 年 8 月 18 日)，政府企图通过创办一个一般税收专员的办事处或联合会，而在国库部的工作中取消某些中间包税人，目的就是要迫使一般税收专员贴现他们自己的证券；但这一尝试失败了。票据继续在跌价中销售。然而，对于国民来说，主要问题是清算了债务。如同在督政府时期那样，清算债务是靠宣布破产来完成的。1797 年发行的大大贬值了的“三分之二”公债券，如果人们不愿意

像以前一样拿来偿付购买国有产业，则可以随意以票面价值的二十分之一兑换成带有百分之五利息的政府统一公债。共和六年发行的公债和拖欠的债务非常缓慢地分别按百分之三和百分之五的利息整理合并进政府公债中去。但持券人仍然很高兴，因为共和九年风月 30 日（1801 年 3 月 21 日）的法令起码给他们带来了一些好处；但给人印象最深的是结果在共和八年年底的恢复最少对工资收入者和公务人员用现金支付薪水和年金。对于国家军需供应商，波拿巴高兴的时候就付给他们现钱。

这并不是说，对法国财政方面的信心很足。尽管还债金库采取了措施，但证券交易所中的政府公债的市价仍然很疲软。亚眠和约签订之后，利息百分之五的法国政府统一公债的市价为四十八至五十三法郎，而利息为百分之三的统一公债在英国市价却在六十六至七十九法郎之间波动。但是，如果资产阶级感到自己可能被一次新危机所摆布的话，它是不愿意给波拿巴制造困难，从而促使这场危机早日爆发的。遭受痛苦的只是平民各阶级。共和八年收获之后，在巴黎，一个四磅重的面包价格上涨到十三苏。到了1801 年，所有的食品都涨了价，因而也减弱了吕内维尔和约所带来的快乐情绪。共和十一年的收成相当可怜，甚至在大面积耕作的地区情况也是如此。那年冬季，在巴黎，面包上涨到十八苏，在小城镇和乡间，每磅面包涨到七苏——和英国的面包价格相同。不再能出口粮食的布列塔尼的面包没有涨价，这是唯一的例外。

为了应付危机，波拿巴转而采取了旧制度曾用过的办法。警察厅长又重新把面包商组织成行会共同负责，而且强迫他们建立储备谷仓。这一措施的结果使许多小面包铺破产消失了。1801

年 11 月 17 日,政府授命夏普塔尔从国外购买粮食,但由于政府短缺钱财,因此就又一次要求助于银行家:五名银行家负责每月要弄到五万公担粮食,结果还是不够。共和十年花月,波拿巴起用了曾遭贬黜的乌弗拉尔。结果保证了巴黎的供应,面包价格保持在十八苏。这样做就得需要供应一百多万公担粮食,要花费二千二百多万法郎;由于粮食按低价卖出,使国家亏损一千五百五十万法郎。首都以外的地方又出现司空见惯的现象:乞丐成群结队,农民受到煽动,纵火案四起,市场经常发生骚乱。虽然面包比 1789 年还要贵些,但是这次动乱没有造成威胁性的形势,这是由于没有同时发生政治的和社会的骚动,同时也由于刚刚实行了加强镇压措施:共和九年雨月 18 日法律已产生效果。不管怎样,民众的骚动只能会促使有产者更加依附于波拿巴:他变成了社会的捍卫者。危机在共和十年的夏季达到了顶点,这正是波拿巴准备改任终身执政的时刻,这场危机大大有助于他达到自己的目的。

二、教务专约

然而,为了使社会秩序完全恢复,关键问题始终是要在国内解除反革命的武装,波拿巴很久以来就认为,要做到这一点,必须同
128 罗马天主教会和解。那些顽抗派教士仍然是难对付的。执政们的一个特派专员从伊尔—维兰郡的雷东写道:“不能指望与拒绝宣誓的教士和解。”假如宗教和国家一直保持分离的话,他们还有什么可指望的呢?罗马天主教徒们是不会承认国家与宗教分离或信仰自由的;他们充其量只会接受宗教容忍,交换条件是要给他们一种

特权地位；只有付出这样的代价，他们才会同意解除武装，起码暂时会如此。于是，波拿巴决定做到这一点。共和八年热月 30 日(1800 年 8 月 17 日)波拿巴在罗德雷面前斥责有些人“认为，只要神甫保持沉默，就应把他们扔在一边，不去搭理他们，如果他们捣乱，就把他们逮捕起来。这就好像是说：‘有些人在你的房屋周围举着火把，你别管他们，假如他们放火，就逮捕他们’。”那么该怎么办呢？“用照顾他们的利益的办法，把他们的首领争取过来”，而首要的是选择好这些为首的人。波拿巴稍后对蒂博多说：“由英国收买的五十个亡命的主教现在管理着法国的僧侣。必须消除他们的影响；要完成这一任务，就需要罗马教皇的权威。”这就是要签订教务专约的基本理由。 129

像路易十四曾经想要做的那样，要请求罗马教皇免去法国一些主教的职务，就等于是给法国最古老的传统之一，即教会的“高卢主义”[①]一个致命的打击。这个传统与波拿巴毫不相干，他唯一关心的是君权的“高卢主义”。唯一可能触动波拿巴的是蒂博多提出反对的话，“你永远无法使他们真心诚意地拥护革命。”波拿巴是藐视这一判断的。像曾寻求罗马教会协助的其他人一样，他相信自己强大到足以把罗马教会置于他的控制之下。

使保王党人失去僧侣的支持，从而削弱保王党人，这还不是教务专约带来的唯一好处。在新并入法国的地区，尤其是在比利时和莱茵地区，虽然并不关心波旁王朝的事业，但是当地僧侣是否效

① 高卢主义(Gallicanisme)法国天主教会中反对教皇权威至上的一派主张，这一派并不脱离罗马教会，但维护法国教会一定的独立性。——译者

忠法国仍然关系重大，因为这些地区从来没有组成独立的国家，居民主要是服从神甫；因此，如果要使这些地区的居民归顺法国，最好先争取僧侣。其次，波拿巴还注意到，即使在拥护法国革命的人士中，也有不少人在思想感情上仍然依恋传统宗教，并且对教会的分裂深感遗憾。如果有人能办到使天主教会同 1789 年的原则实现和解，哪怕是表面上的和解，他们对这个人该是何等感激？哪个购买教会产业的人，当他听到僧侣永远不再要求他归还这些产业时，能不感到高兴呢？

波拿巴也指望将来会获得另一种好处。他希望把贵族和反对革命的资产阶级争取到自己这边来，因此他也不能忽视宗教复兴对他们的影响。1801 年初，德尔皮什神甫创立了圣母修道会，后来名声很大，像马蒂厄·德·蒙莫朗西和他的兄弟，以及拉埃内克[①]这样的著名人士很快加入了该会。慈善性质的圣会又重新出现了；夏普塔尔在巴黎和某些郡守，像贝藏松的德·布里都自愿赞助这些组织。宗教又在社会上受到尊重，文学作品抓住了这一主题。有些作家乐于恢复写宗教主题，并很重视用它来左右文化界的风尚。自诩为“教会之母”的让利斯夫人正在创作大量的宣传德行小说；觉察到这种趋势的夏托勃里昂正在写他的《基督教的真髓》一书，这本书后来在庆祝教务专约签订的 1802 年复活节感恩颂典前夕出版了，它以其美学价值来证明天主教的真理。像丰塔
130 内那样有政治头脑的一些作家则看得更远些，他们认为，恢复宗教

① 蒙莫朗西（1767－1826 年），出身大贵族世家，1789 年当选三级议会代表，是自由派贵族，后来是君主立宪派。拉埃内克（1781－1826 年），杰出医学家。——译者

有其社会意义：宗教必然能维护新的等级制度。既然波拿巴正是要巩固这一等级制度，因而他完全赞同他们的看法。他对罗德雷说过，[①]以后又对莫莱重复过：

> “没有财产的不平等，社会就不能存在，而没有宗教，就不能保持财产的不平等。当一个人饿得要死，身旁却有另一个人饱得要吐的时候，他是不能忍受这种差别的，除非有一个权威对他说：上帝的意志就是这样，这个世界上必须有穷人也有富人；但是，在来生和在永生中，贫富之分将完全不同。”

除此以外，丰塔内机敏地看出，政府也将从一项协议中得到好处。1801 年 4 月 18 日，他写给吕西安的信中说：“没有宗教，就没有政府。精明的征服者是从来不同神甫争吵的。可以既迫使他们就范，又利用他们……你可以嘲笑占卜师，但是最好还是同他们一道吃献祭的小鸡。”

虽然争取罗马教皇似乎还不是最困难的工作，但要完成这一任务却也不容易。1800 年 6 月 25 日波拿巴路过维切利时向马蒂尼安尼主教提出一些建议，由他转达罗马教皇。庇护七世和他的前任不同，他不是好斗的，而是个温文尔雅，并且有些意志薄弱的人。在与法国革命讲和的问题上，特别是在要抛弃那些自称为教皇做出了牺牲的主教的问题上，他仍然犹豫不决；而且他也还要冒疏远路易十八和天主教各国的危险。1800 年 8 月，那些不赞成同法国革命和解的红衣主教宣称，对宪法的忠诚宣誓是非法的。这

---

① 这段话是 1800 年 8 月波拿巴在马尔梅松花园中对罗德雷讲的，记在后者的《日记》中。——译者

是庇护六世从来也不敢做的一项决定，而庇护七世却谨慎地不动声色。另一方面，要拒绝对天主教会，同时也对教皇国如此有利的一项提议，看来也是不可能的。这后一种考虑的确是权衡得很重的。首先，法国军队仍然能到罗马来，庇护七世既不信任占领着他的首都的那不勒斯人，也不信任仍然占据教皇属地的奥国人。其次，通过免除法国主教的职务，罗马教皇就有权任免“高卢主义”僧侣，这项权利是法国从来不肯承认的。

波拿巴事先答应了这一点之后，教皇首先以充分的理由提出要求恢复罗马天主教为“占统治地位的宗教”；红衣主教斯皮纳带着指示被派往巴黎。11 月 6 日到达后，他就立即会见了波拿巴的
131 谈判代表贝尼埃。贝尼埃原是旺代乱党的宗教首领，他刚刚投诚到波拿巴的阵营里来，一心指望成为巴黎的大主教和被提拔为红衣主教。法国的方案中自然没有提到国教，但由于斯皮纳的坚持，贝尼埃让步了，而波拿巴也没有从中看出什么害处。这是出于误会，因为，在这个领域里，波拿巴也缺乏法律上明确的概念；他把罗马天主教称为国教或占统治地位的宗教，只是想要给教会一笔拨款，并给它超于其他教派之上的特权地位。塔列朗和奥特里夫使波拿巴认清了问题，他们指出这样会毁掉信仰自由和国家世俗化这些基本的革命成果。从此以后，波拿巴就只承认罗马天主教为大多数法国人信仰的宗教，这是他毫不动摇的立场。

争论的另一点是主教们的辞职问题；尽管教皇小心谨慎，但是这问题牵涉到他的利益太大，以致斯皮纳最后也没作出让步。谈判之所以拖延下去，是因为罗马教廷在等待着战争的结果；当法军占领了教皇各属地和罗马本身的时候，教皇只好让步。1801 年 2

月末，谈判的速度加快了，波拿巴派卡考尔到罗马去催促此事。由于罗马教廷拖延答复，5 月 19 日，波拿巴指示卡考尔，要求对方无保留地接受法国的条件，如果对方拒绝，就中止谈判。庇护七世刚刚写好一封信，建议做某些修正；但是卡考尔自作主张，在返回巴黎时把罗马教皇的国务卿红衣主教孔萨尔维带往巴黎。6 月 2 日到达后，孔萨尔维就开始逐条力争，但终于在 1801 年 7 月 16 日早晨 2 点钟最后签订了教务专约。

根据教务专约，罗马天主教被宣布为大多数法国人同时也是执政官们信奉的宗教，假如一个非天主教徒继任政府首脑，就必须另行谈判。宗教仪式可公开举行，但应遵守世俗政府为保证公共安宁而制订的必要的规章。国家支付主教和教区神甫的薪给，后者的人数应相当治安法官的人数。[①] 国家允许恢复大教堂圣职会和主教管区的修道院，但是不给他们捐助资金；国家还许可天主教徒捐款成立基金会。教皇答应劝告顽抗派主教放弃教职，如不能做到，就免除其教职。波拿巴也应对宪政派主教提出同样的要求，这样来结束教会的分裂。和约没有提及修道会，因而，它们仍然无保留地处在教皇的直接管辖下。根据 1695 年敕令的精神，主教的

权力也大大地增加了：他们有权指定教区神甫和下属人员，这是主 132
教在旧制度下未曾拥有过的权力。作为交换条件，波拿巴获得了一个由他挑选的新主教团、教士的忠诚宣誓、在礼拜仪式结束时为共和国做祈祷，教会答应不再要求收回已出售的教产，以及重新划

① 根据共和十一年雨月 8 日（1803 年 1 月 28 日）的法律规定为三千至三千五百名。——英译者

定主教管区。主教由第一执政提名,而由教皇授予圣职。就波拿巴来说,这一点是至关重要的:他认为,通过控制主教,他就会控制他们的教士,由于害怕顽抗派教士难以驾驭,他宁可把教区的教士置于主教团的监管之下,而不愿意亲自监视他们。至于那些隐修院的修士,他打算容忍他们,但是要限制在对他有利的范围之内。

罗马教皇批准了教务专约,并派卡普拉拉红衣主教作为他的使节到巴黎去监督专约细节的实施;10 月 7 日,波拿巴委派参政院参政官波塔利斯担任宗教部督导官。此人既是个高度虔诚的信徒又具有"高卢主义"思想,但他不久就做了很多的让步。在 1801 年曾经举行过一次宗教会议的宪政派主教没有反抗地顺从了,尽管他们之中最优秀的代表格雷古瓦对教务专约提出了严厉的批评。而顽抗派主教的情况却并非如此:八十二名主教中有三十六名拒绝顺从,在新并入法国的领土上的十三名主教中有一名也不服从教务专约。这些顽抗的主教抗议剥夺他们教职,他们的一些信徒仍跟着他们走。结果,在很多主教管区里,反对教务专约的教派继续存在着,并延续至今,这就是所谓的"小教会",虽然他们的信徒从来不是很多。尽管存在着反对派,但还是很快就准备出了一份新主教名单。由于教务专约没有为宪政派主教保留任何职位,所以罗马声言拒绝为他们授职,由于波拿巴毫不动摇的决心,才迫使教皇同意对十二名前宪政派主教的任命。在这十二名中间,竟然没有格雷古瓦。十六名已经递上辞呈的前顽抗派主教也被任命了,其中包括埃克斯的尚皮翁·德·西塞,图尔的布瓦热兰和波尔多的达维奥。除此之外,又增加了大部分从接受教务专约的神甫中提升的三十二名新主教。由于卡普拉拉坚持要新任命的

前宪政派主教承认过去的错误，而他们拒绝认错，于是整个安排在最后一刻又陷入了危机之中。代表法国政府谈判的贝尼埃用模棱两可的办法解决了问题，这是 1668 年为调解教皇和詹森教派[1]的高级教士之间的争端所用过的办法：他只是让卡普拉拉相信，分裂派已经发表令人满意的口头声明。应该补充提一下，这个十分圆滑的人物所得到的报偿只是奥尔良主教的职位。

现在留下的问题是要议会各院批准这一和约。参政院公然表示反对，10 月 12 日的会议是非常激烈的。波拿巴刚刚禁止了敬 133
神博爱教的集会，这是很难平息人心的。11 月 22 日，立法院选举了反宗教的《宗教的起源》一书的作者迪皮伊为主席；11 月 30 日，元老院选择宪政派主教格雷古瓦填补空缺。在保民院中，几乎一致地反对教务专约；沃尔内遭到波拿巴一场有名的责骂。政府中的反对派找到了两个机会来表示他们的激怒：一个是与俄国订立的和约，他们严厉地批评了这一和约，因为和约提的是“法国的臣民”而不是“法国的公民”；另一个是《民法典》，除了关于户籍的标题外（因为它明显地排斥任何国教），他们于 12 月 28 日否决了《民法典》开头的一些标题。至于军队的情绪，那是一清二楚的；7 月 20 日，即教务专约签订的第二天，富歇指示要搜捕那些不接受教务专约的教士；波拿巴不得不让他撤回这个命令。看来，教务专约肯定要遭到挫折。

塔列朗建议对反对派作一些让步，办法是，在实施教务专约时必须制订一些补充规章。因此，政府公布了“天主教组织条款”作

① 詹森教派是天主教的一个异端教派，崛起于 17 世纪末。——译者

为教务专约的补充,事先没有通知罗马教皇,教皇也不敢提出抗议。这些条例使“高卢主义”成为国家的法律:它规定修道院要讲授 1682 年的宣言;教皇圣谕的公布、主教会议的召开、教士圣职的授任、修道院的创办以及教义问答的编撰等等都须经政府批准。世俗政权还取得了规定鸣钟、仪仗和教士服装的权利。条例还规定了新的教区划分和教士薪俸,从薪俸中要扣除革命时期法律所已发的年金。公社可为附属的小教堂人员和低级教士提供住所并发给薪俸,但这项规定对公社不是强制性的。

这还不是全部办法。为了显示天主教并不是又变成国教,于是又制订了“新教组织条款”。对改革派和路德教派牧师也一视同仁发给薪俸;卡尔文教徒则由捐款最多的信徒组成的一些教务监理会管理,由最老的牧师担任该会主席;路德派教徒设有各堂教务监理会负责管理。“新教组织条款”成为新教徒的宪章,与教务专约组成一体,教务专约又有“天主教组织条款”加以补充,因而构成了一部自成体系的完整法律。尽管采取了这样的调节措施,但也
134 还不能肯定与教皇的协议就会得到议会的支持。但是,波拿巴已经开始警惕起来,特别是他正在酝酿其他重要措施,而这些措施也必定会遭到反对。举行一次新的政变才足以使议会各院投降。

三、清洗保民院和就任终身执政

1802 年 1 月 4 日波拿巴撤回了提交给议会各院的所有议案,有如波塔利斯曾经预言的那样,使议会各院处于“法律禁食”的状态。三天以后,参政院宣布,议会各院会期因此应被认为已告结

束，而且宣布，现在应着手更换到共和十年任期已满的五分之一的议员。鉴于宪法中没有规定卸任成员的选定方法，此问题便提交给了元老院。很明显，这些成员应由抽签来选定，人们本来以为，元老院会采用抽签办法，因为它和其他各院一样怀有某种不安。但是元老院可能受到了恐吓，如果它表现得不驯顺，就要对它施加武力；而最重要的是，如果它让步屈服的话，就答应给予新的好处，不管怎样，元老院以四十六票对十三票决定由它自己提出卸任的成员。这样做的结果就免除了保民院中的最杰出的“空论家”的成员如邦雅曼·贡斯当、谢尼埃、多努、然格内、拉罗米居厄尔和萨伊等人的职务。他们被第二流的人物，一些文武官员所替换。只有卡尔诺一人例外地留了下来。吕西安·波拿巴变成了保民院议员，这样他就重新进入政界，以便能起他在雾月时同样的作用。他向保民院提出了共和十年芽月 11 日（1802 年 4 月 1 日）的规章，这个方案把保民院分为三个组，各组秘密审议法案。不久以后又有一项执政的命令规定，法律草案事先要在第一执政主持下的特别委员会里由各组的“报告人”和参政院负专职的参政官共同审查。这样就不至于在公开的会议上出现任何争论。“不应有任何
反对意见，”波拿巴说道，“什么是政府？如果它得不到舆论的支 135
持，就什么也不是。它怎么能够抵消一个随时公开攻击它的议会讲坛的影响呢？”同样也变得可疑的参政院也受到这些变化的影响，因为它不再能控制法律的起草工作。最后，波拿巴在由他任命的心腹人组成的特别委员会里，着手准备他那些雄心勃勃的纲领，其结果提交给参政院通过只是走走形式罢了。

议会各院被压服之后，剩下的危险只有军队的叛乱。波拿巴

利用和平的机会遣散和清洗部队;意大利方面军被调到葡萄牙;莱茵方面军被派往圣多明各。尽管如此,在军队中仍然存在着显著的不满,因为不能按时发军饷,而且,尤其在这饥荒的年代,士兵们都怀念他们在战斗中有利可图的冒险生活。巴黎简直是充满了百无聊赖的将军们,他们嫉妒他们的上司,都不相信他的军事天才、而只承认他运气好。波拿巴总是说,“他们之中没有一个人不自认为具有同我一样的权利。”他们都自命是共和派,但他们的公民精神却大可怀疑。他们谈到要把法国分成几个大军区治理;倘若他们得逞,他们之间很快就会打起仗来,国家就会陷入无政府状态。即使现在就要实施军事独裁,那也只应有一个独裁者,因此在这一点上,全国又是支持波拿巴的。

在与波拿巴敌对的将军中,最显著的是莫罗和贝尔纳多特。莫罗已经断然与他的对手闹翻。他的妻子和岳母甚至怂恿他和波拿巴断绝社交往来;而《政府通报》却暗示,莫罗在德意志曾违法乱纪。但是他在脱下军装后甚至比在担任军职时更加优柔寡断。而贝尔纳多特看来比较有能力,作为驻扎在雷恩的西路军统帅,他随时可以发动兵变。实际上,尽管他有傲慢自大的气派,但由于他过多地考虑自己的利益,以至不敢轻举妄动。他在督政府任陆军部长时,错过了共和七年夏季夺取权力的机会,而现在的形势却大大不利了。他在参与夺权的活动中,坚持要元老院首先采取行动。在巴黎,从 3 月到 6 月举行了许多密谋反叛的集会,并且试探了包括富歇在内的某些文职官员的意见。与此同时,三名军官于 5 月 7 日被捕,其中一名是多纳迪厄将军;5 月 20 日,贝尔纳多特的参
136 谋长西蒙将军向军队秘密地散发了两份攻击波拿巴的煽动性宣

言。这两份宣言落入了巴黎警察厅长杜布瓦手里，他为抓住了上司的把柄而高兴。而后富歇以“诽谤阴谋”罪逮捕了西蒙将军及其同伙。波拿巴对此事秘而不宣，因为他不想让人谈论军队中有人反对他。有嫌疑的军官不加审讯地被关在监狱里；正规军第八十二团被运往圣多明各，到那里就有去无回；而里什庞斯和德凯恩将军被派往殖民地去，拉纳出使里斯本，而布律纳出使君士坦丁堡。拉奥里退职了，勒古布转入后备役。贝尔纳多特却未被触动，这是由于波拿巴考虑到贝尔纳多特的妻子朱丽叶·克拉莉，她是波拿巴原来的未婚妻，后来因为约瑟芬的缘故而被抛弃了。尽管如此，贝尔纳多特还是被罢了官。从来没什么事情使波拿巴这么强调他的所谓的“反军阀主义”，其实这只是对他旧日袍泽心存戒意而已。这种戒心表现在 1802 年 5 月 4 日他向参政院发表的名言中：“毫无疑问，文官是要高明得多。”在这种场合他是以文官自命的。富歇给那些受牵连的政界人士通风报信，劝他们躲避起来。斯塔埃尔夫人到她在瑞士科佩的别墅去了；当她在 1803 年试图返回时，波拿巴下令将她驱逐出法国。

波拿巴的种种忧虑从没有成为严重事件，因为它们决没有使事态的进展放慢速度。1802 年 3 月 25 日签订了亚眠和约，它像是一个信号。在从 4 月 8 日到 5 月 19 日的不到两个月的时间里，整个政体全然改观：共和政体改变为君主政体，反革命正式归附，新贵名流的权势加强了。共和十年芽月 18 日(1802 年 4 月 8 日)立法院通过了包括教务专约等有关宗教的法律。十天以后，在巴黎圣母院举行了感恩颂典来庆祝法国革命和罗马教会的和解。接着在花月 6 日(4 月 26 日)通过了一项元老院决议案(实际上是十

五天前在一个特别委员会上准备好的),答应赦免亡命者,条件是在共和十一年葡月 1 日(1802 年 9 月 23 日)之前回国、并且宣誓忠于宪法,只有罪恶深重者不在赦免之列,他们的人数不过一千左右。花月 11 日(5 月 1 日)法令决定建立国立中学,这些学校颁发奖学金将会造就大批公务人员和各种自由职业者,使他们成为政府的拥护者。花月 29 日(5 月 19 日)一项法律创立了荣誉军团。它包括十五个"大队",每个大队由二百五十名军团成员组成,他们是由波拿巴从新贵名流中遴选出来的。既有武官
137 也有文人。从国有产业中拨给每个"大队"二十万法郎的年金,作为军团成员薪俸、住所和疗养院的费用,而他们则要宣誓"为共和国服务而献身","击败一切复辟封建制度……的图谋……"并且"竭尽全力维护自由与平等"。荣誉军团的确是一支有功勋的公民的组织而不是国家的装饰品,因为当时甚至没有给它的成员颁发一枚特别荣誉勋章。最后于 5 月 8 日至 14 日,波拿巴的权位转变成为终身执政。

虽然元老院的屈服和对保民院的清洗使雾月党人资产阶级失去了所有的希望,但仍然可以察觉出一些反抗。创立荣誉军团法令在参政院中受到了严厉的批评,在立法院中仅以一百六十六票对一百一十票通过。至于宪法,波拿巴成功地废除了它,但只是以不断滥用权力,并与他身边具有君主制思想的成员如康巴塞雷斯、罗德雷、塔列朗和吕西安的合作下才获得成功的。亚眠和约于 5 月 6 日送交元老院,并要求这个机构决定采取什么方式最适合酬答第一执政,以表示"全国的谢意";但是 5 月 8 日当一名元老院议员提出设立终身执政时,该院只赞成重选"拿破仑・波拿巴"连任

十年第一执政。就是在这种情况下，在官方文件上第一次出现了波拿巴的鼎鼎大名的教名[①]。这一计不成之后，波拿巴据说是依照康巴塞雷斯的出谋划策，于5月9日顺水推舟回答了元老院的提议：如果人民的愿望“命令”他这样做的话，他将接受这一提议。然后，一个特别会议接受了由罗德雷起草的草案，其中提出，除了终身执政之外，还授予波拿巴指定自己继承人的权力。这个决议竟被提交给参政院通过，虽然这并不在参政院的权限之内。富歇没有参加会议，五六名参政官缺席。然后，波拿巴慎重地删去了决议中罗德雷加上的关于指定继承人的条款。本来无权参与宪法修改的保民院和立法院也通过了由三执政之一任终身执政的公民投票。像共和八年一样，这次公民投票也是公开投票，而在决定公民投票过程中靠边站的元老院则被指派负责清点票数，这简直是讽刺。热月14日（8月2日）元老院宣布波拿巴为终身执政。

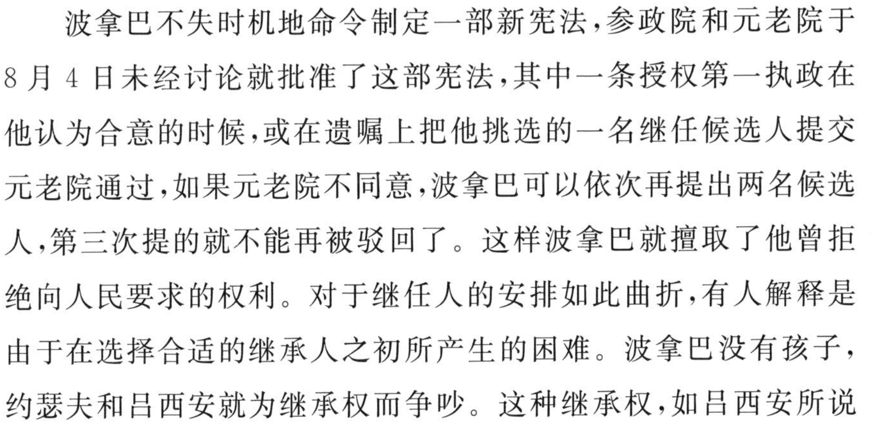

波拿巴不失时机地命令制定一部新宪法，参政院和元老院于8月4日未经讨论就批准了这部宪法，其中一条授权第一执政在他认为合意的时候，或在遗嘱上把他挑选的一名继任候选人提交元老院通过，如果元老院不同意，波拿巴可以依次再提出两名候选人，第三次提的就不能再被驳回了。这样波拿巴就擅取了他曾拒 138
绝向人民要求的权利。对于继任人的安排如此曲折，有人解释是由于在选择合适的继承人之初所产生的困难。波拿巴没有孩子，约瑟夫和吕西安就为继承权而争吵。这种继承权，如吕西安所说

① 即出现“拿破仑”之名。按欧洲习惯，只有帝王才用教名称呼，在拿破仑未称帝前，正式文件只能称他的姓“波拿巴”。拥戴他称帝的人在他登基以前，早就只尊称他为“拿破仑”了。——译者

的,就像是继承"先父的遗产"一样。如果偏爱一名雾月党人,势必招致其他雾月党人的强烈忿懑。这一困难问题本来可以在路易·波拿巴和奥坦斯·德·博阿尔内的儿子查理身上得到解决。事实上,波拿巴曾想从这对夫妇过继一个侄子;但是查理直至 10 月 10 日才出生。因此,看起来尽管波拿巴控制了报刊和议会各院,但是他仍然看到了把一项太露骨的君主制的建议提交给公民投票的危险性。所以他用武力取得了他未敢请求的东西。另一方面,则有人认为,那些把法国革命的命运和波拿巴的命运联系在一起、并把他视为唯一能够保卫自然疆界的革命人士发现,他们自己在逻辑上不得不使他成为一位君主,以便得到他们所希望的稳定局面。事实上,正如蒂博多十分正确地看出的:在这一点上,终身执政和世袭继承本身都只不过是虚幻的保证。波拿巴的统治实质上是建立在胜利基础之上的军事独裁统治,只要他在战场上仍然保持胜利,并不是非要这些措施不可。正如波拿巴自己所说,如果反法同盟一旦进入巴黎,"这些元老院决议案还会有什么意义呢?"他一旦死去,谁还会关心他的遗嘱呢?"有谁曾经把路易十四的遗嘱放在眼里?"崇敬他的法国和成为他的俘虏的雾月党人都顺从了他的要求。获得作为民族化身和成为全国第一公民的荣誉都不足以使波拿巴满足,他甚至明知自己因缘际会做出的伟大功业不过是过眼云烟,但他仍一意孤行要称王称帝。

仍然必须指出的是,资产阶级共和派在对他的要求表示赞助的同时,仍然谨慎地提醒他在雾月结成的盟约。这些人中就有罗德雷,他自己谈到了代表着主要社会利益的重要机构,这些机构会得到宪法的保障而与政府联系在一起;无疑,这意味着要给议会各院、特别是元老院某种真正的控制权。这些共和派还指出，现在行政权已很强大，足以给公民恢复一定程度的自由权。夏博在保民院提议国民应感谢第一执政，当他把关于公民投票的法律呈递给波拿巴时，他胆怯地暗示了这种需要：“波拿巴的思想非常伟大和 139
豁达，他决不会脱离那些创造了法国革命与建立了共和国的自由原则。他非常珍惜真正的荣誉，决不致以滥用权力来玷污他已经取得的莫大荣誉。”“空论家”若尔当在一本很快被查禁了的小册子《为终身执政而举行的公民投票的真正含义》中更加清楚地表达了这种思想。主子是不会宽恕的。果月二十六日(9 月 13 日)富歇失宠了，他所管辖的警务部与司法部合并。罗德雷最后也被剥夺了参政院组长的职位和掌管国民教育的权力。波拿巴当时的答复是，独裁统治仍然是必要的：在英国，反对党在宪法范围内有它的地位；而在法国，反对党就成为反革命和雅各宾派的活动范围。既然他已经恢复了反革命分子的公民权，他就完全可以提醒“革命人士”，如果举行选举未必会对他们有利。“政府必须掌握在革命人士手里；这是他们唯一拥有的东西。”波拿巴的合作者没有和他争论这一点，但是他们提醒他，他们将和他一起分享政权，这曾经是他们之间的谅解。

相反地，共和十年宪法反而缩小了他们参与政权的范围。第一执政独揽缔约权、特赦权，独自指定元老院、最高法院和第二、第三执政的候选人，以及从选民提出的候选人中遴选治安法官等权力。他特别保留了以系统的元老院构成法来解释或补充宪法的权利，这就使后来在建立帝国时没有遇到像在设立终身执政职位时所引起的那样多的困难。他还僭取了通过颁发一般的元老院决议

案来暂停实施宪法、解散保民院和立法院以及撤消法院判决的权力。他建立了枢密委员会,在每次会前由他指定其成员,这个机构起草他所提出的元老院决议案,而只有他才有立法的创议权。被授予这种过高权力的元老院进行了适当的改组,虽然它仍然由互选增补成员,但是只能从波拿巴提出的候选人中选出,波拿巴并有权直接任命四十名附加元老院议员。不久,波拿巴于共和十一年雪月 14 日(1803 年 1 月 4 日)侵夺了任命元老院秘书处的权力,同时他在每个上诉法院管辖区都设立了一个元老院议员庄园,每个庄园拨有国有土地和宅邸,这是波拿巴在薪俸之外赠与那些最听话的元老院议员的。最后,新宪法还授权元老院议员得兼任部
140 长和政府的各种高级职位。另一方面,其他议会各院的权限则大为削减。立法院失去了召集例会和选举主席的权力。保民院被缩减为五十名成员,并且在宪法中列入一项取消保民院发言权的条例。参政院把它的优先地位让给了元老院,并且有枢密委员会在和它抗衡。虽然波拿巴继续在向参政院提交新法案,但是他现在不通过它也可用元老院决议案来制定法律。

另一个重大变化是废除了元老院终于在 3 月刚刚发表的“名流名单”。波拿巴的借口是起草过程中曾遇到困难,而实际上是他感觉到这使议会各院拥有太多的选择自由。毫无疑问,他也希望每个郡恢复他认为合适的代表机构,以便使新贵名流高兴。因此他建立了选举人团制度来代替“名流名单”。在基层,由各区公民大会提名治安法官和地方议会的候选人,并提名县选举人团的候选人和郡选举人团的成员,后者是从六百名纳税最多的公民中选出的,这样一来,选举人的财产资格就终于出现了。县选举人团为

保民院和立法院中每个空缺席位提出两名候选人；郡选举人团为立法院和元老院中每个空缺席位提出两名候选人。这样议会各院就具有地方代议制的性质。由于选举人团必须在它们自己成员以外选出两名候选人之一，因而它们就不完全是寡头性质的。第一执政对这些选举人团有着巨大的影响，因为他不仅指定它们的主席，而且还可以给县选举人团追加十名成员，给郡选举人团追加二十名成员，并且授权政府官员加入选举人团。

既然选举人一经提名终身任职、并且只有在选举人团成员有三分之一的缺额时才增补空缺，这样就使选举减少到最低限度。此外，直到共和十二年，新近被选定的公社新贵名流才独自组成了区议会，而他们组成的选举人团继续起作用，到帝国灭亡之前一直没有变动。新贵名流的垄断权就这样得到巩固并且加强了。请倾听吕西安于 1803 年 3 月 24 日对塞纳郡的选举人团演讲时所说的话吧："我们的新选举法原则……不再是建立于虚幻概念的基础之上，而是建立在唤起我们保持公共秩序愿望的社会与财产的基础上。今天，选举权以逐渐的、稳健的方式变成为最开明、最关心良 141
好秩序的阶级独享的特权。"但是实际上，这个阶级从此只有依靠波拿巴才能保持它的地位。

四、波拿巴的社会政策

共和十年的重要法律不限于扩大波拿巴个人权力；它们还显
示了在他头脑里正在形成的社会概念。在参政院会上，波拿巴批 142
判了从法国革命中产生的个人主义社会。他把这个社会描述为

“一盘散沙”,并且强调了必须在“法国的土地上投上一些大块花岗石”,以便“给法国人民指明方向”。明白地说,波拿巴想要用利禄与荣誉组成一些依附于这个政权的利益集团,并期望这些集团对工资劳动者施加影响,以便赢得平民各阶级的忠顺。这就等于是复活旧制度下官民之间的中间组织或行业集团,但必须警惕,不能使这些组织再能够对抗国家或蜕变为寡头统治。波拿巴机敏地指出,资产阶级将从中得到好处。他认为:贵族是靠血统、阶级偏见和教会的等级结构而结成一个集团的,而“咱们,咱们却是各自分散的”;因此,荣誉军团应“把革命人士集聚在一起”。然而,这些社会集团将有待于他、并且只有他一人去创立;刑法甚至规定,凡成员在二十人以上的一切团体都要经他批准才能成立。这样,人们就清楚地看到,他个人的权力因此也大为增长。议会各院就是集聚革命人士的一个社会集体,荣誉军团是另一个集体,选举人团又是另一个集体。除这些集体之外还有由波拿巴不断增加的官吏也是一个集体。他们被组织在各部门等级森严的制度中工作;公费生将被培养成为官吏。波拿巴在共和十一年芽月十九日(1803 年 4 月 9 日)任命了十六名协理专员①。但这只是个开端。他们隶属政府各部和参政院,并且要形成一个与法国革命或旧制度都没有联系的高级行政核心。在这个体系中法官占据了显要的地位,他们的薪俸微薄,因此只能从富裕的资产阶级中选拔。共和十年宪

① 这些协理专员被推荐为未来的参政官、法官和其他高级行政官吏。因此他们一方面在政府与参政院中间、另一方面在政府与议会各院中间起着行政联系的纽带作用。他们负责给参政院各组的会议提出报告,并得出席全院大会,但除回答要求做解释的要点之外没有发言权。——英译者

法规定了法官的等级和专业训练制度。司法官也都组织成了团体：辩护士会从共和八年就已存在；公证人和公共拍卖人从共和九年就已联合起来。实业家们也没有被忽略，有商会、制造业公会、经纪人公所，而代理商的再现不只是适应了工业技术上的需要，也是既定的社会计划的一部分。如果只凭波拿巴为所欲为的话，人们一定会看到行会复活。

像波拿巴当时所设想的那样，社会的阶梯等级制度建立在财富的基础之上。因为他是在资产阶级的支持下夺取政权的，所以不可能出现别的局面。的确，空论家们打算以对所有的人实行免费教育的办法，使有才能的人同有财富的人能取得领导国家的职位。但是，已据有财富的人很自然地倾向于把持领导权。此外，只要那些"才能之士"仍旧处于贫困状态，波拿巴就同有钱人一样对他们存有戒心，视他们为革命的火种。所以波拿巴和富人一致同意，只能用他们充任技术性的官员，像过去的贵族政治和君主专制时代那样做法。当波拿巴宣称自己是法国革命的代表时，他总是把这场革命归结为废除特权，其后果则是拥有财产的资产阶级的抬头。他的个人专制一倾覆，人们就可以看出，共和十年的社会制度已经为"七月王朝"打下了基础。

《民法典》成了新社会的圣经。1800 年 8 月 12 日，波拿巴指定一个由特隆歇、波塔利斯、比戈·德·普雷亚梅纽和马尔维尔四位法律专家组成的委员会负责起草民法，草案于 1801 年 1 月完成，但是波拿巴与议会各院的冲突中断了《民法典》的讨论，直到 1803 年才恢复讨论。法典最后于 1804 年 3 月 21 日以《法国人的民法典》的名称颁布了，后来改称为《拿破仑法典》。波拿巴只是在

涉及家庭法时才直接参加了民法的起草工作。他的注意力集中于加强父权和夫权,剥夺未经认领的私生子的财产继承权,并削减已获认领者所继承的份额,以及保留离婚的规定,这一项是出于为他个人着想。

像波拿巴所有的成就一样,这部法典也有它的二重性。一方面它肯定了封建贵族的消灭,并且采纳了1789年的社会原则:个人自由、法律面前人人平等、国家世俗化、信仰自由和选择职业的自由。这就是为什么这部法典在欧洲成为法国革命的象征,不论
144 传入什么地方,它都提供了现代社会的基本法则。虽然这一特点在今天我们这个时代可能已经丧失其光彩,但是,如果不认清法典当时具有的创新之处,则将是对拿破仑时代历史的歪曲,并且将妨碍我们理解法国统治扩张的意义。但是另一方面,法典也体现了反对共和国民主成就的反动倾向。它为资产阶级的利益设想,首先关心的是确保财产所有权,把这种权利视为自然权利,是先于社会的、绝对的、属于个人的权利,并且保障实际占有的所有权。有关契约的各项规定涉及的几乎都是财产问题,而有关雇用问题的规定只有两条。家庭问题有很大部分也是从保障财产所有权的角度考虑的。结果,关于婚姻契约的详尽规定使婚姻成为金钱交易,而法典对血统关系如此重视,所考虑的也就是继承权的问题。

波拿巴和他的法学家心目中的国家利益,是民法起草工作中的另一个主导思想。正是波拿巴在涉及诸如地下资源,或为公益而征用土地的情况下,尤其是以遗嘱处理财产的能力方面,在一定程度上限制财产所有者的权利。家庭对国家有很大的价值,因为它是约制个人行为的那些社会实体之一。被法国革命削弱了的父

权因此又得到加强：父亲无需司法机关的认可就可把他的子女监禁六个月；他完全有权控制他们的财产；同样，他也可以支配他妻子的财产；虽然夫妻财产共有制是习惯法的一部分，但他往往可以随意处理它。但是，像所有的团体那样，家庭也可能变得十分强大以至于能够对抗国家，因为它自发产生的自然结合力非常强大，所以情况就更加如此；从家庭就可能又形成了一个独立的贵族阶层。由于这个缘故，国家把家庭置于自己的监护之下：父亲遗嘱的权力被重新建立的“特留份”①所限制，继承权被宣布是一件有关社会秩序的事，因此就由法律加以规定。从这个观点来看，民法典遭到旧贵族和一部分资产阶级的尖锐批评，因为它确定遗产分散，从而限制了他们的经济实力。

对那些一无所有的人，民法典除去禁止终身合同和永久雇用，以保护他们的人身自由之外，别无其他规定。民法典宣布了劳动自由和在法律面前公民平等，实际上像国民制宪议会所希望的一样，抛弃工资劳动者，使他们置于经济竞争的一切危险之中，并且 145
把劳动力视为只不过是一种商品。民法典拒绝接受 1793 年出现的关于承认公民有生存权的主张。由于在工资争议中只承认雇主的供词为可信的，因此民法典甚至歧视工资劳动者，从而背离了法律上平等的原则。此外，国家还以治安法的名义出面干涉，因为既然穷人一无所有，他们就会违抗民法典，使雇主提出的惩办不守纪律的诉讼归于无效。共和十一年芽月 22 日（1803 年 4 月 12 日）

① 法律保障子女继承父母遗产的部分，父母不得以遗嘱予以剥夺。——译者

法律重申了对工人结社的禁令[1];在12月1日一项法令强迫工人携带地方当局颁发的工人手册,不能出示工人手册的人被禁止雇用。

法国社会的演进产生了资产阶级并使之获得政权,民法典也是法国社会演进的结果。从法典的细节上看,它的历史标志就更明显。拿破仑时代的法学家主要是从多马和波蒂埃[2]的著作中吸取了法典所需要的东西。他们两人都已经开始从事条理化编纂法典的工作,后者专心致力于编纂法国南方保存的成文罗马法,前者献身于编纂习惯法。法学家们把这项学术遗产与法国革命的成就结合汇编在一起,并删除某些不妥条例,从而使民法典成为一部折衷的法典。民法典对地产特别注意,因为地产仍然是当时财富的主要形式,但它却很少涉及工业财富、公司组织和信贷,这也是它的历史特点之一。总之,民法典决不是理论家的创作,不是理论家硬加给社会的、与生活实际无关的一部抽象法律书,而萨维尼和其他德意志法学家所提出的批评都是完全没有根据的。这些批评家内心里充满贵族阶级思想感情,而民法典正是否定这种感情的。

波拿巴关于国民教育的主张是,它应当与已经建立起来的社会秩序和政权的专断性质协调一致。他说,教育必须"普及全国",并且是"政府首先要关心的事"。夏普塔尔的教育方案被认为野心太大,于是改由富尔克鲁瓦主持,起草了共和十年花月11日(1802

① 即重申1791年6月14日国民制宪议会通过的"勒·沙白里埃法"。——译者

② 多马(1625—1696年)和波蒂埃(1699—1772年),法学家,曾整理旧制度下法国各省因地而异的法律,为大革命时期的立法工作和《民法典》做了大量的准备工作。——译者

年5月1日）的法律，把初级学校交给公社市政当局管理，就像在旧制度统治下那样。波拿巴和当时大批资产阶级人物都同以前的伏尔泰抱有同感，他们认为，教育穷人在政治和社会方面都是件麻烦事。至于为培养教育未来领导人物的传授专门知识的中级学校，情况就不同了。这些学校是仿照普利坦内——原来通称为路易大王中学——建立起来的，这所学校是法国革命唯一保留下来的旧学校；在督政府时代，该校曾恢复为寄宿学校，新办的"中央学 146
校"就没有。共和八年（1800年3月22日）当时的内政部长吕西安·波拿巴对它进行了改革。每个上诉法院管辖地区都要有一所国家提供经费的国立中学。同时也规定有由私人开办、但由政府批准和监督的中级学校；共和七年，政府开始指派这些学校的教师。政府在国立中学设立了六千四百份奖学金，其中二千四百份授予军官和政府官员的子弟，其余四千份留给中级学校的优等生。在一定程度上，这些奖学金迎合了"空论家"的愿望；但在实际上穷人是申请不到奖学金的，它成为只是对文武官员有利的补助金，成为使小资产阶级依附于大资产阶级、并把其中最优秀分子吸引过来的诱饵。他们成为公务员或经济部门的领导者，就不再会有变成动乱的因素的危险了。私立教育机构原则上继续存在，虽然塞纳郡郡守弗罗肖最少在巴黎有权批准和监督这些学校。天主教的教士立即从这种宽容中得到了好处，在有关初级教学的问题方面，波拿巴从没有给教士设置任何障碍；基督教学校的修士再次变得活跃起来，并于共和十二年在里昂建立了一所学院。因为他不重视妇女教育，所以便允许恢复了一些培养修女的修道会。可是国立中学和教会男子中学彼此间很快就发生了冲突；这导致拿破仑

对各级国民教育都实行了控制。

然而,正在波拿巴确立资产阶级的社会权势时,他却已在表现对这个阶级的不信任。他在参政院谈到财富时毫不留情地说:"不能把财富当作某种资格、权利的证明。富人往往是一无所长的懒汉,富商则通常只是依靠高价出售或偷盗而致富的。"他对金融界人士更没有好感。很清楚,他并不是反对各种形式的财富,而只是抨击反对那正是产生资产阶级的动产。首先,它是一种不易控制的财富,不论是对它实行征税还是没收。其次,它每时每刻产生出一些新人物,这些人无所凭借因只靠自己发财致富而感到自豪,并
147 且更小心翼翼地维护他们的独立性,因此他们趋向于打破波拿巴竭力建成的社会结构。为了登上帝位,波拿巴自然转向拥护君主政体的各派,而在君主政体下,君主依靠土地贵族的支持,反过来他则保证贵族对农民的奴役。这一理想当时是不可能实现的,这时波拿巴甚至还没有考虑要重建贵族阶级;但是他已想要与反革命和解,这是出于个人偏爱,而不是从民族利益考虑。在共和十年宪法颁布之后的几个月里,使那个时代的人最感诧异的就是这种和解的进展。

教务专约按部就班地在实施。埃梅里深恐拿破仑侵越专约规定的权益,便在圣使卡普拉拉的左右对勒絮尔方丈施加影响,使卡普拉拉倾向和解,而波塔利斯有时虽不免流露对"高卢主义"传统的依恋,却也尽力使卡普拉拉感到满意。

在新任命的各级僧侣中,顽抗派占了优势,这是势所必然的。原来的宪政派的主教也因政府加以限制,不得不让顽抗派教士占优势,如果不是这样安排,他们也找不到足够数量的宣誓派教士。

例如在下莱茵郡，宪政派主教索里内在三百五十一名教区和小教堂神甫中，只能派十六名“宪政派”教士，还占不到百分之五；至于原先虽属顽抗派主教，如加来海峡郡的拉图尔·德奥弗涅和北滨海郡的卡法雷利，却派了约百分之十二的宪政派教士，前者在六百三十四个圣职中派了七十八个，后者在三百四十个圣职中授予“宪政派”教士四十三个职位。另一方面，有一些前顽抗派主教迫使1791年的宣誓派教士宣誓顺从，这就等于要他们悔过；即使郡守们反对这一做法，充其量也只不过是能使宣誓书的措辞搞得含糊些罢了。宪政派主教遭到了他们下属教士的无礼对待，而普通神甫的遭遇则就更坏。富歇在他发出的通报中坚持应维护信仰自由，他不加掩饰地认为有权把主教看成政府雇员或警察的辅助人员，即视为精神的宪兵队。然而他失宠了，波塔利斯几乎总是站在反对郡守一边。为了安抚主教，加来海峡郡和罗讷河口郡的郡守终于被撤职了。从共和十年“组织条款”一颁布就遇到重重障碍。高级教士被曾称为“阁下”；教士服装又重新出现了；宗教仪仗和教堂钟声又自由地恢复了；主教被允许把“承天主慈悲与圣座恩典”加上他们的称号。波塔利斯虽然不掩盖他个人的感情倾向，但他 148
拒绝强制规定礼拜日休假，他认为习惯很快就会形成自然。他准许恢复教堂婚礼公告；尤其赞助主教竭力想获得监视政府官员的权利。他写信给尚皮翁·德·西塞说：“在向政府报告涉及公共利益的一切问题方面，您处于比任何人都更为有利的地位。”布伦的县长马斯克莱虽然对教士不信任，但仍然告诫他属下的市长，不论他们个人的信仰如何，由于职务的约束，他们仍然应遵奉宗教。

低级的不享有薪俸的教士立即抱怨起他们的可悲境况。农民

对他们没有敌意;但多数人对他们很冷淡,没有人愿意养活他们。虽然“组织条款”规定宗教礼拜是免费的,但是信徒的捐款要分配给教区神甫和分教区神甫,而捐款的旧习惯就迅速地恢复了。主教开始公布预期的捐赠数额,并且获准成立旨在保证教区物质福利的委员会。不领薪俸的低级教士既不能从信徒那里得到住所,也得不到薪俸,因此波拿巴从共和十一年开始迫使行政机关“考虑”这些事情;他还把没有卖出的教会产业还给了教区神甫。这些措施收效不大;但是不久到了帝国时期,国家对于教会变得日益慷慨起来。这样教务专约就成为天主教教士扩大影响的起点,从而为他们后来在复辟时期的得势做了准备。

亡命者的归国没有像教务专约那样激起舆情大哗,但是此事仍然给人们留下了更为深刻的印象。值得一提的是,波拿巴在就任终身执政时曾收到许多祝贺信,但在颁布大赦令时则连一份都没有收到。在此后十年里大赦令把亡命者置于警察的监视之下,像对其他人一样,只要发出“密札”就能够把他们监禁起来。因此,他们通常都采取十分谨慎的态度,但是这既不能限制他们横行乡里,也不能阻止他们企图强迫那些买下他们产业的买主归还,或让赎买回他们的产业。国有产业的买主大为惊慌,特别是自从1803年7月23日波拿巴下令清算买主未付清的差额,就更引起了人们的忧虑,人们甚至竞相拍卖,因为这给人们造成的印象是产业出售
149 本身可能成问题。如果一任波拿巴为所欲为,1793年7月17日那项曾无偿地废除封建地租的法律就可能会被修改,从而既给业主补偿又可增加国库收入,这些地租有许多同国有产业有关。可是波拿巴不敢无视参政院的决定,1803年2月19日该院宣布决

不能修改这一法律。一些回国的亡命者已经参加了政府工作:塞居尔被派到参政院;塞吉埃在巴黎上诉法院任职,吕伊纳公爵进了元老院;1804 年约瑟夫－玛丽·德·热朗多成为内政部的一个司长。另一方面,波拿巴还使他的一些高级军官如朱诺、内伊、拉纳、奥热罗、萨瓦里同贵族的女儿结了婚;但也有几个人,如迪罗克和马尔蒙,则宁愿同金融家通婚。

融合在一起的气氛在第一执政的宫廷里表现得尤为明显,他很快地使杜伊勒里宫比马尔梅松表现出更多的旧制度的气象。迪罗克已经是杜伊勒里宫的总管;1802 年 11 月,约瑟芬得到一种正式的显贵地位,从那时起她就由从旧贵族中选出的四名贵妇陪随。就是在这四名贵妇的陪伴下她同波拿巴到比利时去的。宫廷的礼仪规定越来越细;波拿巴本人穿起丝袜,在佩剑上系有“摄政式”的绒球。老百姓再次被那些装束、车辆、身着制服的随从、祝宴和歌剧院的化装舞会弄得眼花缭乱。当波利娜·波拿巴的丈夫勒克莱尔将军于 1803 年 1 月在圣多明各去世时,宫廷丧礼也恢复了。1802 年 8 月 15 日,一个新的圣徒节,圣拿破仑的节日被规定下来;而 7 月 14 日和葡月 1 日的共和国节日的庆祝只是为了摆摆样子而已,到 1804 年就停止举行。1803 年,硬币铸上波拿巴的肖像。

沙龙也紧紧追随着宫廷的情调。这个新兴的贵族阶层与暴发户和金融界人士保持着一定的距离。波拿巴为这个贵族阶层规定了一些礼仪,这是革命前的贵族所不具备的。他使约瑟芬离开了她以前的好友塔利昂夫人和阿姆兰夫人,并且唤起了妇女们的品德观念。但是这种严格的伦理永远只不过是表面的粉饰而已,波

拿巴本人就是恣意寻欢作乐的人;他关心的只是保持外表的丰采,并且给别人树立了一个榜样。事实上,这个社会是彻头彻尾的资产阶级社会,它因为 18 世纪的贵族太不“检点”而谴责了他们的闲散和放纵。此外这个阶级的演变还远未完成,“荣誉军团”的命运清楚地表明这一点:波拿巴由于独自任命了军团的“大政务会”成
150 员而破坏了他自己制定的法律,于是推迟对“军团”成员的任命。他已经感到,由他建成的这一组织似乎与法国革命的记忆的联系太紧密了。

到 1802 年末,许多征兆已昭然若揭地显示了波拿巴的真正意图。这样,从民族的角度来看,亚眠和约的签订标志着波拿巴已达到登峰造极的地步。法国人民的最大要求莫过于和平,波拿巴已给了他们和平;他们热爱法国革命的社会成就,而波拿巴维护了这些成就。对自己的领袖感到满意和自豪的法国人民还没有开始意识到他正在滥用权力,也没有意识到他要做的事都是违反他们自己的利益的。但是他们不希望他们的领袖成为皇帝,更不希望他创造一个新的贵族,但此时波拿巴的内心里已经同共和国以及平等的观念决裂了。他们对自然疆界的获得很高兴,并且丝毫不希望超越这些边界,但此时他们的主人却已经这样做了,这就使得战争成为不可避免的了。法国人民仍然把他视为民族英雄,但正是在这一时刻他已经不再是这样一个人了。

第 三 编

提尔西特条约前帝国的对外征服（1802－1807 年）[1]

① 全编参考书:

关于拿破仑的外交政策,提出主要论点的有:

梯也尔:《执政府与帝国史》,共二十卷(巴黎,1845－1862 年);

索雷尔:《欧洲与法国革命》,第 6－8 卷(巴黎,1903－1904 年);

布尔热瓦:《对外政策史纲》,第 2 卷(巴黎,1900 年,第六版,1920 年)

德里奥:《拿破仑与欧洲》,共五卷,(巴黎,1910－1927 年);

阿尔蒂尔－莱维:《拿破仑与和平》,(巴黎,1902 年)。

以上主要论点经皮埃尔·米雷加以概述和评论:《拿破仑一世对外政策的一个新见解》,载法国《近现代史杂志》,第十八卷(1903 年),第 177－220 页和第 353－380 页。在梯也尔看来,拿破仑的主要目标是击败英国,英国的对策就是煽动组成反法同盟;但是拿破仑的野心也有助于挑动起反法同盟。布尔热瓦也认为拿破仑总想进攻,其原因则是遑雄东方的幻景。德里奥发现拿破仑有一个雄图大略:首先以加洛林帝国为模式,然后以罗马帝国模式而重建欧洲的统一。在索雷尔看来,拿破仑只不过是在捍卫自然疆界,而自然疆界的取得不断引起反法同盟一再组成;法国合并许多地区其目的在于保卫自然疆界以后免受侵略(班维尔的《拿破仑》,巴黎,1931 年,完全照搬索雷尔这一论点);而阿尔蒂尔－莱维甚至声称拿破仑是一贯盼望和平的。米雷在他杰出的文章中指出,上述这些论点没有一个能说明全部史实,米雷的意见是:不能把拿破仑的政策归结为一个单一的和明确的目标,一旦达到这个目标,他就会完全心满意足。从根本上来说,米雷的话是正确的:只有年事渐高,或可使拿破仑性情变得沉着起来,对外征服或能中止。然而上述其他各家的论点仍各有其价值:拿破仑战争确是英法争夺海上和世界霸权的最后阶段;各大强国无疑都希望一旦时机许可就夺回法国所征服的地方。从 1806 年起拿破仑即想把欧洲大陆组成一体,这种趋势是很明显的;我们甚至可以同意,如果听任拿破仑为所欲为,他也会非常乐于保持和平。最后,欧洲与拿破仑为敌,也可用贵族对革命的法国和对这个暴发户的深仇大恨来解释,而令人诧异的是:上述史学家中竟无一人主张这一论点。遑雄东方的幻景的作用似乎是最无足轻重的论点。

晚近又讨论这一问题的有多伊奇著:《拿破仑帝国主义的起源》(美国,坎布里奇,1938 年),但未提出任何创见;还有在勒努万主编的《国际关系史》第四卷,《法国革命与拿破仑帝国》(巴黎,1954 年)一书中,著者菲吉埃主张"民族仇恨"之说,并强调旧欧洲反对拿破仑的斗争具有"深刻的"社会性质。

波拿巴的同时代人以及早期论述他的史学家,都用所谓拿破仑的“野心”来解释帝国的对外征服和帝国本身。当然不是说有野心就可以为所欲为,还要有机会,他的野心抓住了这些机会,而如果明智占了上风并考虑民族利益,他本应放过这些机会。后来的一些史 152
学家认为,这样用“野心”解释似乎过于简单化。这些史学家中的一派只愿意把波拿巴看做是法国自然疆界的捍卫者:共和派使他出来任第一执政,继而又让他当皇帝,目的就是为了要他替他们保住自然疆界,这项不可能实现的任务是法国大革命遗留下来的不幸的遗产,这迫使他去征服欧洲,并且终于毁灭了他。这一派史学家认为他是大革命的战士,他所做的一切无非为了自卫而反抗欧洲旧制度下的帝王;从某种意义上看,这些史学家不过是照搬“老兵”们的偶像崇拜所形成的、后来拿破仑本人又在圣赫勒拿岛上散布的神话传说。另一派史学家不愿贬低个人在历史演变过程中的作用,反对把拿破仑仅仅看成是命运的工具,他们坚持要从他本身找出他的政策的原动力,他们认为可以从贯穿他的政策的宏图壮志中找到这种原动力。在一些人看来,这种宏图壮志就是要夺取英国的海上霸权,这样看来,波拿巴的历史,至少从亚眠和约破毁以来的历史,只不过是路易十四发端的对英斗争的最高潮,因此是与旧法国的传统一脉相承的。在另一些人看来,招致他坠入深渊的是逞雄东方的幻景。还有一些人认为,他与其说是个法国的人物,不如说是个欧洲的人物,因为他想首先恢复加洛林帝国[①],然后重建罗马帝国——西方

① 加洛林帝国(800—987年)为查理大帝所建,其皇朝即因查理之名而称为加洛林皇朝;帝国据有今西欧法、比、瑞士、西德和北意大利大部地区。——译者

的和基督教的文明的一统天下。

在上述各种解释中,每一种都包含一部分真理,但都是以偏概全。那些捧波拿巴上台的人确实想要保住自然疆界,而为了捍卫自然疆界就可能试图越过这些疆界;但是,如果认为这就是唯一的,或最可靠的保卫自然疆界的办法,并且认为他在扩大征服时一心想的只是民族利益,那也是不确切的。英国确实是与他周旋到底的顽敌,并且一打垮了他,就断然地战胜了法国;但是,如果他果
153 真有一个深思熟虑的专只针对英国的计划,那他对大陆的政策就会迥然不同;曾造成很多问题的大陆封锁本身就是大帝国建立的产物,并不是建立大帝国的原因。没有比长驱直入君士坦丁堡或印度更能使这位新的亚历山大大帝[①]乐意的事了;但是,除一时心血来潮而外,他的大部分事业同这种梦想没有联系。他常自比查理大帝与恺撒,有意把西方世界从政治上联合起来;但是,驱使他行动的绝不是存心复古。关于拿破仑的传说揭露了反法同盟帝王们对法国大革命战士的深仇大恨,可见传说之中也有真知灼见。而令人惊异的是,有很多史学家竟忘却了这一点;但是,拿破仑并不是限于防御而已。

没有任何合乎理性的解释可以把拿破仑的全部对外政策统一起来,因为他同时在追求几个不同的目的,有些至少在我们现在看来是彼此矛盾的。归根结底,还是要回到他的"野心"上来。然而,他的同时代人由于目睹喧嚣一时的穷奢极侈的新的豪华排场、放

① 亚历山大大帝(公元前约356—前323年),马其顿国王,二十岁即位,曾征服希腊、埃及、波斯,直到印度河。——译者

荡的胡闹、贪婪的皇族的争吵、官吏的贪污盗窃,因此虽不否认其天才,但鄙视其“野心”,视之为与常人无异。随着时间的推移,他的形象清晰了,显示出他的奥秘在于:勇于冒险、迷于幻梦、任性冲动而不能自制。

第一章　法国和英国:战端重启 154
(1802—1805年)

从亚眠和约到1805年战争之间,在这段关键性的岁月里,拿破仑的个性特征比任何时候都表现得更为明显。同英国签订的和约只维持了一年多的时间。但是,只要大陆战争没有重开,使波拿巴能在1799年上台的解决办法——一个扩大了领土而爱好和平的法国同称霸海洋的英国对峙——并没有被废弃。普莱斯堡和约之后,问题又是另外一回事了。

一、波拿巴的经济政策与亚眠和约的撕毁

阿丁顿内阁决心认真试行保持和平,并且相信和平会保持一
段时间;这是很难加以反对的。他废除了所得税,把海军开支削减 155
了二百万英镑。海军大臣圣文森特暂时停止造舰,并且解雇了海军造船厂的工人。木材供应商由于他着手调查他们侵吞公款的案件,和他闹翻了,于是造船厂的材料供应很快就断了。然而政府在自己党内遭到了反对。托利党内持不同意见的人相信,和平会使法国重新武装起来,从而对不列颠帝国发动新的袭击,所以他们就像一百年前辉格党人一样呼吁作战到底。这些托利党的反对派控制了一部分报纸,法国的亡命者佩尔蒂埃帮助他们咒骂法国革命

和波拿巴的军事独裁。英国商业界人士在托利党这两派意见之间
156 举棋不定。和平危害着很多行业的利益:许多军事工业苦于停工;英国商人就要失去他们对波罗的海和德意志商业的垄断,尤其是失去了对殖民地贸易的垄断;归还法国的殖民地意味着英国贸易的减少,仅仅荷属圭亚那的贸易就减少了一千万英镑。最后,在亚眠和约签订之后,世界市场的价格大大下降,以至中立国,特别是美国,也认为和平是一场灾难。然而一般都认为这些不幸只是暂时的。这些托利党人敲起的警钟给人留下了一个印象,但在海上和殖民地,危害似乎还不是迫在眉睫。至于大陆,英国舆论对它并不过于关切。真正问题却是要弄清楚:波拿巴是否会把法国及受它控制的一些国家的广大市场向英国的商业重新开放,因为假如不建立对英国人有利可图的商业关系,英国人就不会长期容忍这项条约的存在。1802年5月,外交大臣霍克斯伯里重申,为了争取尽可能多的人赞成和平,就需要加速重建商业关系。因此,问题的关键在于第一执政的经济政策。

拿破仑同一切开明专制君主一样,总是非常注意经济的进展;这的确不是因为它能改善人民的处境,并使平民各阶级分享文明的成果,而只是出于政治的动机。因为发展经济就有希望建立健全财政,有利于人口的增长,从而使军队获得新的兵源,最后由于减少失业和增产粮食,从而确保“秩序”。因此,他对各种不同的生产部门的关注是不平衡的。一心考虑着战争的拿破仑对商业界和金融界是不信任的,因为这两界的活动是超越国家界限的,并到处同英国有密切联系。他对工业很感兴趣,尤其关注那些消耗本国原料的工业。他认为,一个军事大国的力量,像斯巴达或罗马这样

军事强国的力量,是寓于农业之中的;农业提供好士兵,在必要的时候,经济上能够自给自足。在这一点上他的思想是重农主义的,随着他疏远资产阶级而考虑重新创立土地贵族,他就从另一个方面来接近这个学派。然而,正像往常一样,每当他遇到具体困难,他从来都不屑拘泥于一家的学说。虽然他偏爱农业,他却总是不愿给予出口粮食的权利,因为正像共和十年的经验所证明,面包价格一上涨就会引起群众的骚动。为了国家的利益,他和一般平民 157
想法一样,痛恨囤积粮食投机的商人和粮农的"利己主义"。工业危机使得工人失业,引起了同样的问题;所以他需要非常照顾棉纺工业,尽管它所使用的是进口原料。

在波拿巴所面临的一切实际问题之中,最需要他注意的是货币问题。英国是允许适当的有控制的通货膨胀的,它使物价保持在较高的水平上,因而对生产起到了刺激作用;而法国除了银行发行的有限的纸币外,仍然不得不使用硬通货,这种通货总是被人贮藏起来,因此总感到金币不足。这种情况使法国的经济遇到了麻烦,因为资金继续不足,而且昂贵。波拿巴总是不断责备法兰西银行在贴现商业证券方面所持的过分谨慎态度,他很想看到这家银行在外地多设分行,使信贷得到广泛使用。硬币的不足使国库负担沉重,因而对国家的财政也产生了不利的影响。在发行指券失败之后,波拿巴无论如何不愿采用纸币,因为用纸币就要用政权力量去强制流通,这样势必有损他的威望。像科尔贝尔[①]在类似的情况下必须为路易十四解决财政问题一样,波拿巴也转变为重商

① 科尔贝尔(1619—1683年),1664年起任路易十四的财政大臣。——译者

主义者,他认为,法国必须少从国外购买货物并增加出口,或征服外国,以取得金属而保护其硬币的供应。

因此执政府尽力鼓励生产,特别是生产奢侈品。1800 年建立的统计局重新进行由救国委员会和弗朗索瓦·德·纳夫夏托[①]所开始的调查工作。它通过郡守从事法国经济和人口的调查,而且在随后的几年里发表了调查结果的相当重要的一部分。为了统一国内市场而采用了十进位的公制,不过这种公制只是很缓慢地才获得通用。共和十一年芽月 17 日(1803 年 4 月 7 日),把货币制度固定在金与银的为一比十五又二分之一的比率上,但是,由于贵金属缺乏,不能保证铸造足够的硬币来代替旧通货。然而新政权坚决稳定货币,因为法郎的法定价值以白银为依据(一法郎为四又二分之一克纯银,或五克九成纯银)。而旧制度下的里弗[②]从来没有过法定价值,所以计算上的货币和实际使用的货币在价值上第
158 一次完全相符。商业的管理委托给了一个总委员会;随着帝国的诞生,商业管理又由参政院中的一个组负责。1801 年 3 月 19 日,商业交易所改组了;1802 年 12 月 24 日,商会重新出现了;1803 年 4 月 28 日,十六个海港被指定为国际贸易港,并准予建立保税仓库。1801 年底,在夏普塔尔的主持之下组织了一个“全国工业促进会”;作为内务部长,他恢复了督政府时期举办工业展览会的做法。1803 年 4 月 12 日,制造业公会出现了。巴黎农业协会则于 1798 年就已重新成立起来。波拿巴和科尔贝尔一样,本性就倾向

① 弗朗索瓦·德·纳夫夏托(1750—1828 年)在督政府时期曾任督政官(1797—1798 年),后改任内政部长,进行了一些改革,包括首次举行人口普查等。——译者

② 法国古银币,约重五克,汉译或作“锂”。——译者

于通过行会进行管理。工匠会因为恢复了他们的垄断权而高兴，某些商人会欢迎那些针对家庭手工业者或雇工的管制规定。警察厅长以“公共秩序”为借口设法把面包商和屠宰业各组成公会。可是,第一执政当时还不敢走得更远,因为受到参政院支持的银行家和大实业家都强烈反对任何限制劳动自由的规定。共和十一年芽月22日(1803年4月12日)法律只限于规定商标注册制度。另一方面,财政状况也不容许波拿巴按他本来的意愿那样大举兴办公共工程,同时也没有能力直接资助鼓励私人企业。甚至稍后到资金较为宽裕时,拿破仑也拒绝直接资助私人企业;他只给加工订货,并在经济发生危机时,为了避免失业现象,拨出贷款给私人企业建立库存。因此在科尔贝尔的制度中,还没有使用的只有保护关税而已。

许多强有力的理由表明应当采取最后这一步骤。让—巴蒂斯特·萨伊所极力主张的自由主义经济还远未被人们普遍接受。费里埃在1805年出版的《论政府与商业的关系》一书中仍然坚持科尔贝尔的重商主义。甚至在亚眠和约签订之前,有人就不断攻击英国的走私活动,战争一结束,走私活动更为猖獗。棉纺工业家大喊大叫地说,如果又恢复1786年条约[①],则随着该条约产生的严重危机势必重现。织布业依然是极其繁荣的,纺纱业虽然有些进步(棉花进口量前十年的年平均数五百万公斤,到共和十二年上升为将近一千一百万公斤),却不能满足人们的期望。尤其是在高支 159

① 1786年的英法条约减低了英国货物输入法国的关税,以致英货充斥法国市场,打击了实力较弱的法国工业,造成了大量工人失业;法国制造业的资本家和工人都对政府不满。这个条约加深了1789年革命前夕的经济危机。——译者

纱方面,无人能与英国工业竞争。波拿巴没有撤销督政府对英国商品的禁令;他并且在1802年5月19日还批准暂时提高关税率,对英国殖民地商品的征税至少比法国殖民地的同类商品高百分之五十。

在亚眠和约以后,波拿巴并非不愿和英国订立一项商务条约。科克贝尔·德·蒙布雷和一些商界代表被派往伦敦;英国提议恢复1786年的条约,但可适当修改,并允许法国采取一些临时措施照顾本国工业。1802年夏天,商会宣称断然反对禁止英国商品进口,夏普塔尔建议政府接受伦敦的提议,同时要求英国按从葡萄牙进口雪利酒和波尔图酒的同样条件准许法国酒类进口,并且也允许法国丝绸输入英国。他也忠告法国不要把关税定得太高。他说:"我在等待我们的工业家开始大声疾呼。"如果给工业家适当照顾的话,这个方案是站得住的。科克贝尔却提出相反的建议:法国输入英国多少商品就准许英国输入法国相等价值的船货。夏普塔尔反驳道,这样的建议意味着颁发特许证,并会造成只对少数人有利的对外贸易垄断。夏普塔尔称之为"荒谬"的特许证制度事实上就是后来在1811年实行的办法。在自由竞争和禁止通商这两个极端之间,还有制定适当的保护政策的余地,如果取得英国同意的话,这是夏普塔尔所倡议的,也是法国工业非常需要的。波拿巴要在大工业家的要求和民族利益(它需要和平)之间做出抉择。最后他事实上支持了禁止通商。

波拿巴对维护和平是不感兴趣的。他告诉蒂博多:"一个第一执政不同于那些蒙上帝恩典的帝王,他们把他们的国家视为世袭的财产……而第一执政需要取得辉煌的成就,因此他需要战争。"

他很谨慎而不公开说出这种想法，因为国民不会赞成这种想法。“让外国人先开仗，这对我更为有利。”但是，他补充说，“他们将是首先再动武器的人。”他既抱这种态度，当然就会鼓励他们先动手。无论如何，禁止通商保证了硬币的积累，有助于备战工作，直到变成一项战争的武器，法国大革命期间就是如此。人们认为建立在 160
举债和通货膨胀基础之上的英国经济和财政结构似乎比以往任何时候更加脆弱了。奥特里夫于共和八年、盖尔于 1801 年、拉萨尔于 1803 年，还有《政府通报》本身都用各种笔调反复表达这一意见。虽然威胁法国的危险毫无疑问地存在着，然而法国却又错误地认为自己单枪匹马就能使英国在经济上遭到毁灭。波拿巴也大有这种错觉，因为作为一个军人、一个独裁者，他蔑视这个既无陆军和又无政府可言的商人寡头统治。他把英国比做迦太基，而他自己则要扮演伽图和西庇阿[①]的角色。商业条约已无人再提：有一些商船被拿捕了，因为发现它们运载了英国的货物。然而法国的对外贸易从 1799 年的五亿五千三百万法郎上升到共和十年的七亿九千万法郎。英国资本家知道经济斗争将会继续下去，他们厌弃这种对自己毫无好处的和平。

因为殖民地产品是法国对外贸易的主要项目之一，所以尽早收复仍旧属于法国的安的列斯群岛就成为当务之急。甚至在亚眠和约签订之前，波拿巴就向圣多明各派遣了一支远征军。杜桑—卢维杜尔这时控制了全岛，而且于 1801 年 5 月 9 日颁布了一部宪

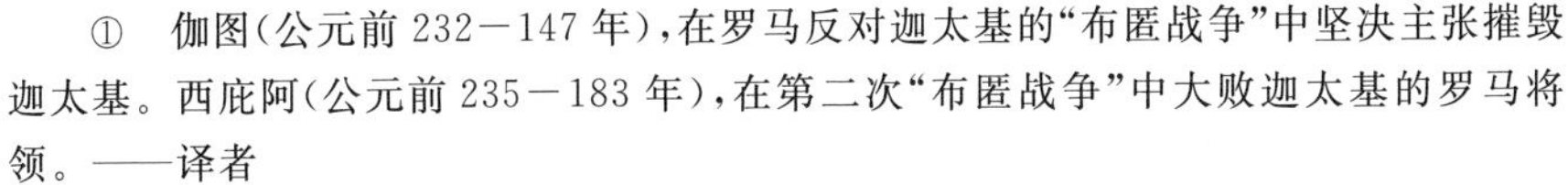

① 伽图（公元前 232—147 年），在罗马反对迦太基的“布匿战争”中坚决主张摧毁迦太基。西庇阿（公元前 235—183 年），在第二次“布匿战争”中大败迦太基的罗马将领。——译者

法,名义上仍属于法国,实际上归他自己统治。然而他终于向法国远征军首领勒克莱尔将军投降,但却在 1802 年 6 月 7 日被捕,解送法国,1803 年 4 月 7 日死于法国日乌堡里。与此同时,里什庞斯再度占领了西印度群岛中较小的岛屿。虽然英国不能再阻碍法国去征服安的列斯各岛,但却不安地注视波拿巴对路易斯安那的计划:北海沿岸正在准备一次远征,打算把维克托将军派往那里去。舰队预定在 1803 年 3 月启航,但是出发的时间推迟了。在准备远征期间,西班牙已禁止美国船航行密西西比河。由于法国和西班牙是盟国,荷兰受法国控制,所以墨西哥湾似乎任凭波拿巴的摆布,从而也控制了西属西印度群岛上的走私,法国在这里处于一种有利的特权地位。然而,这种前景不必英国出来干预就消失了。若干时候以来就垂涎西属佛罗里达的美国不希望看到法国在新奥尔良立定脚跟。新当选的总统杰佛逊同他的国务卿麦迪逊和加勒廷试图实行共和党的和平、裁军和压缩开支的纲领。纵然杰佛逊
161 对法国有好感并对莫尔丰丹尼条约的签订感到高兴,他却不能不顾美国的舆论。因此他透露:如果法国留在路易斯安那,美国在即将来临的战争中将参加英国一方。1803 年 4 月 12 日,杰佛逊的大使门罗到达巴黎,带来一项波拿巴已经同意的建议:购买路易斯安那的领土。随后于 5 月 3 日签订的条约规定给波拿巴八千万法郎,在扣除应付美国的赔偿,并给办理交款的银行家霍普和巴林的佣金之后,只剩下了五千五百万法郎。

这时,起义已经遍布圣多明各全境,这是由于恢复奴隶制引起的。在波拿巴身边的亲信随从里,白人种植场主的代言人很多(更不用说约瑟芬本人了),他们认为奴隶制是在殖民地迅速恢复生产

的最得力的方法。但是,恢复奴隶制并不是迫切需要的,因为,甚至在已经实行共和二年雨月16日法令①的殖民地,督政府的特派员和杜桑-卢维杜尔本人都已经实行了强制劳动。波拿巴最初倾向于确认这个制度,而把奴隶制仅限于存在奴隶制的岛屿上——例如在马斯克林群岛,那里把国民公会法令视为一纸空文;又如英国占领下的马提尼克岛,那里从来没有能接到这项法令。最后,波拿巴让步了。的确,1802年5月20日法律明确规定在殖民地将“保持”奴隶制;人们从这条法律可以推论出,在已经废除奴隶制的地方,就不再恢复奴隶制。但是,波拿巴却做出另一个决定,他命令里什庞斯在瓜德罗普岛重新实行奴隶制,因而激起了一次起义。在圣多明各,勒克莱尔宣称实行这一措施的时机还没有成熟;但是,黑人都知道将要遇到什么不幸的事了,9月,杜桑的部将克里斯托夫和德萨利纳轻而易举地在全岛发动了起义。法国军队由于黄热病而大批死亡,迅速遭到削弱。勒克莱尔病死,他的继任者罗尚博是种植场主的支持者,他在进攻黑白混血人的战争中使法军伤亡殆尽,由于波拿巴禁止这些混血人进入法国和与白人通婚,已经激怒了他们。太子港法军于1803年11月9日投降,少数被围困的驻防部队设法苟延残喘到1811年。

英国人虽不喜欢看到法国重建它的殖民帝国,但他们也不会为阻止它这样做而提早重新开始战争的。但是,威胁英国的属地却完全是另一回事,而这恰恰是波拿巴所干的。一个新的宏伟的

① 在雅各宾专政时期,1794年2月4日国民公会通过的法律,在法国全部殖民地上废除奴隶制。——译者

162 设想激励着他向地中海方面扩张，这就是说，目标就是埃及。亚眠和约终于使土耳其人决定同法国人签订和约(1802年6月26日)，并为法国人开放博斯普鲁斯和达达尼尔两海峡。一个名叫吕芬的法国代办立即着手在地中海东岸各国重建领事馆。法国在1801年和1802年还分别与的黎波里的帕夏和突尼斯的别伊缔结了条约。1802年8月，一支舰队强迫阿尔及尔总督也同法国订立了条约。君士坦丁堡已经很担心法国在伯罗奔尼撒、艾奥尼纳和塞尔维亚人中间搞阴谋，并且感到有被瓜分之虞。8月底，塞巴斯蒂亚尼上校经过的黎波里前往埃及，然后又访问了叙利亚，他到处都设法和本地的首领建立联系。卡韦尼亚克被派往马斯喀特；德凯恩于1803年3月6日启航前往印度，随行的重要参谋人员之多足能把印度士兵组成若干团队。所有这一切使得英国得出结论，波拿巴正在计划对埃及和印度发动一场新的进攻；为了谨慎起见，一定不让他完成准备工作，特别是不能放弃马耳他岛。但是，英国人继续占据该岛就是破坏亚眠和约。

波拿巴在欧洲大陆的政策给英国人提供了不交出马耳他的借口。波拿巴不顾席梅尔佩宁克的再三要求，拒绝从荷兰撤军，他辩解说，和约的条款还没有履行。虽然波拿巴放弃了那不勒斯的各港口和教皇各属邦，他却在1802年8月吞并了厄尔巴岛，9月吞并了皮埃蒙特，10月在巴马公爵去世之后占领了巴马。在瑞士，法国军队刚刚撤完，雷丁就在1802年8月27日夜间领导山区的一些州起义。起义者在施维次召集了议会。苏黎世、伯尔尼和弗里堡都在其掌握中。合法政府到洛桑去避难，答应沃州起义农民废除封建赋税，同时允许以国有产业来赔偿地主的损失，可是并无任何效果。因此，这个政府只好向波拿巴请求援助。第一执政于9月30日进行调停，强迫起义者解除武装。内伊进军瑞士，议会从英奥两国那里只听到一些好听的话，却没有得到什么实质性的东西，只得自行解散，雷丁被捕。12月10日，在巴黎召开了一个协商会议，指派了一个委员会同几名法国元老院议员一起讨论波拿巴关于制定宪法的计划。波拿巴命令委员会为各州草拟宪法，草拟的条文后来附入1803年2月19日的“调停条例”中。十九个州各都有自己的宪法，大都规定了有财产资格的选举权，尤其在以前由贵族统治的各州里是如此；在那里，宪法规定保证革命前的城市贵族的统治。这些州恢复了大部分自治权，特别是处理国有产业和解决封建赋税和
宗教事务的权利。这就使得反动势力几乎在各地都取得了胜 163
利，宗教自由只在原已存在的地方才得到了保证。表现国家统一的就只剩下各州的平等权利，它们被禁止各别结盟，瑞士人在全联邦居住和拥有财产的自由，国内关税壁垒的废除，以及一个软弱的中央政府。这个政府包括一个议会，每个州根据其重要性在议会有一个或两个表决权，还包括一个行政长官，即联邦主席的官职，由六个主要的或者说“执政的”州的首领轮流担任。波拿巴指定路易·达弗雷为第一任总督，他是一名法国的瑞士卫队前任军官，代表弗里堡州。1803年9月27日，瑞士联邦和法国签订了一项为期五十年的防御同盟条约，并且重订了为法国招募四个团、每团四千名新兵的条款。但是联邦却没有常备军，而且波拿巴甚至不允许瑞士成立总参谋部。

与此同时，法国利用根据吕内维尔和约规定补偿莱茵河左岸

被剥夺了的王侯的机会,在德意志扩充势力,进展很快。德意志帝国议会曾拒绝让神圣罗马帝国皇帝解决这个问题,并授权一个委员会就此事与法国相商。奥国外交大臣科本兹企图以提议结盟来对法国施加影响,但却徒劳无益。波拿巴和俄国的亚历山大已经同意共同解决此事。事实上,以普鲁士国王为首的所有德意志王侯都去巴黎谈判,他们以合计总额达一千万到一千五百万法郎的巨款贿赂塔列朗,以保证尽可能争得最好的土地。乔治三世自己接受了奥斯纳布吕克主教邦。美因兹的选侯达尔贝格热心为法国效劳。唯有萨克森很不高兴,因为它没有要求补偿的权利。1802年6月3日,法国和俄国邀请帝国议会批准在巴黎制定的计划。奥国表示不赞成,并且占据了帕骚,此地是决定要给巴伐利亚的;但是在各王侯的一致抗议下,奥国不得不撤离帕骚。最后是波拿巴在12月26日缔结的条约中为它保留了一块地方,从而挽回了奥国的面子。1803年2月25日德意志帝国议会批准了"帝国大法"。

这个新的帝国组织法废除了各教会邦国,从而完成了1555年和1648年的世俗化过程,[①]同时把五十一个自由市减为六个。普鲁士获得了几个主教邦:帕德博恩、希尔德斯海姆、埃尔富特和明斯特的相当大一部分;巴伐利亚得到了弗顿津主教邦和帕骚的一部分;
164 巴登得到了曼海姆和海得尔堡两城市,以及斯皮尔、斯特拉斯堡和巴塞尔等各主教邦的在莱茵河右岸的领土;其他各邦则按

① 1555年的奥格斯堡条约结束了路德教派诸侯同天主教诸侯的混战;1648年的威斯特伐利亚条约结束了"三十年战争"。这两次条约都加强了世俗诸侯的地位。——译者

其比例大小各分得一份。分得最少的奥国获得了布里克森和特伦特两个主教邦以及帕骚主教邦的一部分;它把布赖斯高和奥尔特瑙割让给了摩德纳公爵;由于奥国的影响,托斯卡纳大公接受了萨尔斯堡和艾克斯塔特主教邦。奥国没收了它自己领土内被剥夺了的王侯们的土地和财产。

对于罗马天主教会来说,1803年的"帝国大法"是一场大灾难,它可以与16世纪的大灾难相比:教会丧失了将近二百五十万臣民,损失了岁入二千一百万弗罗林;十八所大学以及所有的隐修院脱离了宗教控制;在大主教选侯中,经过这次大改组之后幸存下来的只有美因兹的达尔贝格,而他又被调往累根斯堡。奥国除丧失其威望之外,还眼看着神圣罗马帝国难保,因为符腾堡、巴登与黑森—卡塞尔等新教各邦都成了选侯,就使得新教徒在德意志各邦中和在选帝侯中都一跃而为多数。尽管奥国竭力想保住帝国骑士[①]和各骑士团地位,在"帝国大法"中为他们争取到保留规定。但他们不久就消失了。德意志领土的打乱调整,只有法国能从中取利,因为整个南德意志都倒向法国一边来反对哈布斯堡王室。普鲁士取得很多,但仍未能满足它的欲望;为避免与英国发生纠葛,普鲁士不敢接受汉诺威并同法国结盟的建议。随着和平的降临,普鲁士不再能控制北德意志。1802年6月10日,弗里德里希—威廉三世在梅默尔会见了俄国沙皇,亚历山大在那里和路易莎王后发生暧昧关系,这种关系使他后来一直和霍亨索伦王室连在一起,但是普鲁士国王感到他自己不像是俄国的同盟者,倒像是

① 详见第189页(原书页码)。——译者

俄国的被保护人,所以颇感受到轻视。

英国目击了这一切巨变,但却无能为力。这些变化纵然没有破坏亚眠和约的明文规定,但在英国看来却是与条约精神不符的。英国在感到愤慨的同时,也感到快慰,因为它知道俄国与奥国都关心瑞士的命运,而且奥国在丧失意大利之后,又失势于德意志,心有不甘,正如阿丁顿所预见的那样,英国又将会找到同盟国。直至1802年10月,英法关系一直是相当好的。对于《政府通报》颇多不满的阿丁顿甚至接受波拿巴的抗议,对佩尔
165 蒂埃提出了控诉。直至9月10日,内定派赴巴黎的英国大使惠特沃思得到的训令还完全是心平气和的。但是法国在意大利吞并领土,特别是对瑞士的干涉(这次干涉同1798年那次干涉一样引起很大震动[①])使得英国从根本上改变了态度。霍克斯伯里表示"深感遗憾"。"我们是要和平的……,但我们需要法国政府的合作。""英国希望恢复签订亚眠和约时欧洲大陆的状况,别无其他。"在他的心目中形成了这样的看法,即法国每扩张一次,英国就要求补偿一次。最符合法国利益的做法至少是要赢得时间;它只有四十三艘战列舰,虽然还计划建造二十三艘,但却要到1804年才能完成。波拿巴在给德凯恩的训令中预料到了战争,但是认为不至于在1804年秋季之前爆发。然而他反驳说,英国"应履行全部亚眠条约,别无其他。"塔列朗的恐吓则更是火

① 1798年瑞士爱国人士拉阿尔普等领导起义,反对伯尔尼的寡头统治。2月,法国军队在布律纳统率下开进瑞士,劫掠了伯尔尼的国库。法国督政府把瑞士邦联改为单一制的黑尔维谢共和国,制定了一部法国式的宪法。法国这次干涉瑞士,引起欧洲大陆专制国家很大震动。——译者

上浇油：“随着第一声炮响，就会诞生一个高卢人帝国，”并且劝告波拿巴“使西方帝国重见于今日。”即使如此，霍克斯伯里也没有加剧这一紧张局势，还是让法国大使安德列奥西和英国大使惠特沃思各赴任上。这种显而易见的软弱表示只是更加激励了第一执政。1803年1月30日，正当英国行将完成从埃及撤军的时候，他在《政府通报》上发表了塞巴斯蒂亚尼将军的报告，其中提到了“一万士兵足以再征服埃及”的名言。这一类挑衅的话使人思想混乱不解。尽管他曾对吕西安说，他这样做是指望刺激“约翰牛来战斗”，但是他清楚地知道法国还没有准备好。但到10月间塔列朗也宣称，如果英国要让世界相信“第一执政由于不敢而不去做某一件事情的话，那他就会立即去做的。”这种声明既缺乏理性，又有损民族利益。

事实上，霍克斯伯里的忍让姿态完全是暂时的。他在1802年11月25日写信给惠特沃思说，“由于法国最近某一次侵略行为而使英国卷入战争，这在目前情况下是不可能的，即使这是一种明智的政策。我们的政策是必须设法利用这些侵略来为将来同俄、奥两国建立联合防御体系。”早在10月27日，他就明确地向俄国建议结盟以维持欧洲现状。亚历山大那时正专心致力于同法国一起处理德意志的事务，所以最初对这一建议置若罔闻。但是波拿巴
的东方政策终于触动了他：就像在1798年法国对埃及的远征那 166
样，它使俄国转而接近英国。亚历山大认为，假如他得不到马耳他，那么宁可让英国人得到这个岛屿，也比让法国人得到它要好些。因此在1803年2月8日霍克斯伯里获悉，沙皇希望英国推迟撤离马耳他。这一消息是在塞巴斯蒂亚尼的报告在《政府通报》上

发表之后到达的,真是来得及时。9日,霍克斯伯里指示惠特沃思,在从马耳他撤离之前,英国要求法国政府对其行动做出"令人满意安心的解释"。

接着在波拿巴与英国大使之间进行了多次激烈的争论。2月20日,波拿巴在给立法院的一份咨文中谴责了伦敦主战派的行径。3月8日,乔治三世在议会开幕致词时回答了这种谴责,他提醒人们注意法国的军备情况;议会即通过征召民兵。当时,英国留在马耳他是有根据的,因为亚眠和约中所规定的条款还没有履行:亚历山大提出要先修改条约,他才肯充当保证人;普鲁士亦步亦趋。而此时已决定继续占领马耳他的阿丁顿则利用这一机会,以便迅速扭转形势。3月15日,他提出要在马耳他占领十年,作为由于法国进行新的扩张而给予英国的补偿;塔列朗答复愿在亚眠和约的范围内举行谈判。与此同时,霍克斯伯里于4月14日得知,尽管俄国又表示拒绝缔结同盟,但却答应在土耳其受到攻击时给予援助,并重新提出它在马耳他问题上的忠告。26日,惠特沃思交给波拿巴一份最后通牒。

英国人突然采取的坚决态度使第一执政周围的人感到不知所措。富歇在元老院告诉波拿巴,"你自己与我们大家一样,是革命的产物,而战争又使一切都成为未定之数。"3月,有人从中奔走告诉惠特沃思说,只要进行适当贿赂,第一执政的亲属可能会答应使波拿巴平息下来,而且只要塔列朗也能得到一份好处的话,他也会帮忙的。俄国表示不安也使波拿巴感到十分烦恼:3月11日,他再次写信给沙皇,要他放心,并请他劝说英国人平静下来。他现在要求沙皇从中调停,并建议让英国人占领马耳他一两年,然后把它

移交给俄国。阿丁顿答复说，不能接受这一建议，惠特沃思于5月12日离开了巴黎。至于是否把断绝邦交视为宣战，英国政府还保留有抉择权，但这与欧洲大陆的惯例正相反，英国的战舰在海上不预先警告就开始拿捕法国商船，于是这被法国斥为“背信弃义的阿 167
尔比恩[①]”的不折不扣的海盗行径。

事实上亚历山大接受了调停的邀请；波拿巴这一邀请又巴结了他，此外，占领马耳他正中他的下怀，这样就可以把英、法两国排除在东方之外。俄国大使沃龙佐夫要求说明英国拒绝调停的理由，阿丁顿答复说是由于他还没有时间请示国王。阿丁顿态度如此强硬，一反常态，只能有一种解释，那就是受了主战派——可能是皮特——的干预。这种态度在国内没有造成好印象，辉格党人不遗余力地予以谴责；英国要过了一些时间才能适应这种形势。但是波拿巴是如此气势汹汹，使英国很快纠正错误，比在法国革命时期要快得多。

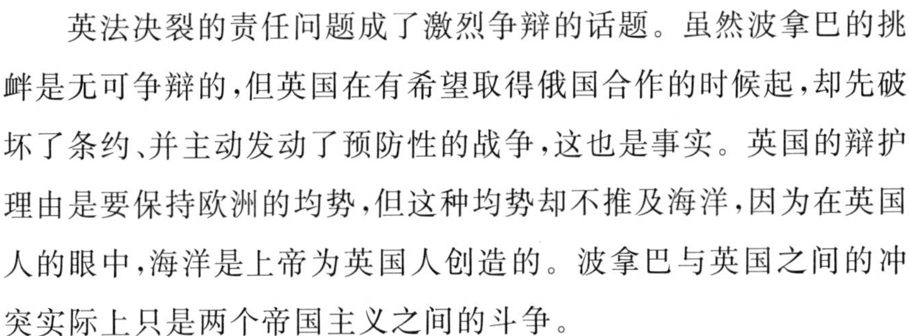

英法决裂的责任问题成了激烈争辩的话题。虽然波拿巴的挑衅是无可争辩的，但英国在有希望取得俄国合作的时候起，却先破坏了条约、并主动发动了预防性的战争，这也是事实。英国的辩护理由是要保持欧洲的均势，但这种均势却不推及海洋，因为在英国人的眼中，海洋是上帝为英国人创造的。波拿巴与英国之间的冲突实际上只是两个帝国主义之间的斗争。

① 阿尔比恩(Albion)为大不列颠岛古名，盎格鲁-撒克逊人到该岛后，公元5世纪始有英格兰之称。Albion原意为白色，因该岛沿海山崖多呈白色，故后世又称英格兰为阿尔比恩，即“白垩岛国”。现在用阿尔比恩称英国为较富诗意的字眼。波拿巴用之则谓自古以来英国即背信弃义，骂得较文雅。——译者

二、法兰西帝国的建立(1804年)

战争给中立国的海运带来了利益,但同时却阻碍了英国的贸易,并且引起了英镑贬值;但战争使法国贸易受到的打击更大。波
168 拿巴以没收敌人的货物,尤其以逮捕和监禁英籍臣民来报复英国对法国商船的沉重打击。尽管他认为英国拿捕法国商船是他采取行动的正当理由,但他这样的反击措施却被认为是太过分了,而且对法国商人无补于事。亚眠和约签订以后,法国商人大量投资造船业,很多人为此破了产,其中就有法兰西银行的一位董事巴里荣。所有的银行均直接或间接地投资于海运业,因而都面临着破产的威胁。证券交易所也受到了影响:利息为百分之五的证券3月份还值票面价值的百分之六十五,到5月下跌到百分之四十七。意识到危机临头的波拿巴根据共和十一年芽月24日(1803年4月14日)法律改组了法兰西银行。莫利昂曾不断谴责法兰西银行的股东,这些股东享有为他们自己的票据贴现的特权,并且分得优厚的红利,而后又在银行股票价格上升中搞投机。根据新法律,红利限定在百分之六,贴现工作委托给一个商人委员会办理,但从1805年的情况看来并无任何真正的改进。对于波拿巴来说,加强法兰西银行的地位是至关重要的。这家银行的资本提高到了四千五百万法郎,并有了储备金。它取得在巴黎发行钞票的垄断权,并且吞并了其对手商业贴现银行。作为报答,法兰西银行同意贴现在一两个月后可以收集的收税专员的期票。商业和国库仰仗法兰西银行的帮助都能渡过风险,而不致遭受重大的损失。

波拿巴的声誉并未受到损害。既然英国撕毁了亚眠和约，并且未经宣战就开始敌对行为（这是它的一贯做法），他完全可以把责任推到英国身上，而不会受到反驳。遭到攻击的法国除了团结在其元首周围之外别无其他选择，在面临英国政府又开始怂恿和资助的新的保王党阴谋的情况下，全国的决心更加强了。所以战事重开后的第一个结果是国民让波拿巴获得了皇帝称号和世袭继承权。

卡杜达尔一直不断地使他的同谋者进行阴谋活动；从1803年初以来，他的两名间谍被捕入狱。8月21日，他亲自在下塞纳郡的比维尔登岸，从那里来到巴黎，许多同党把他隐藏起来。据他自己说，他是想要绑架波拿巴，而不是要暗杀他；但已决定，倘若波拿巴抗拒就杀掉他，显然，这个企图就是要杀害他的。阿图瓦伯爵的到达将作为这次行动的信号，但他一直没有来。与此同时，到处又出现了保王党的骚乱，西部又出现成帮的盗匪。另一方面，拉若莱 169
将军正力图把皮什格鲁与莫罗撮合在一起。他们两人之间已经通过一位叫作达维德的神甫建立了联系，这个神甫已于1802年底被捕。拉若莱于1803年8月底赴伦敦，12月又返回来，皮什格鲁也很快随之而来。莫罗同意与皮什格鲁会面，但鉴于舒安分子卡杜达尔参与了这项阴谋活动，他就不同意参加。最后参与这项阴谋活动的第三条线的线索被梅埃·德拉图什破获了，他以前是雅各宾派，后来成为一名间谍；他在伦敦和某些亡命者集团接触联系之后，建议他们与共和派阴谋分子合作。随后他设法到了德意志，在慕尼黑英国使节德雷克把自己的种种策划告诉了他：要在莱茵地区煽起叛乱，并维持与阿尔萨斯通消息，以便准备使当甘公爵率领

的一支由保王党亡命者组成的队伍能进入法国。

其实叛卖活动到处都有，而第一执政只发觉其中的一部分而已。在德累斯顿，亚历山大的间谍昂特雷格伯爵通过“巴黎女友”，约瑟芬的一位密友详细地了解波拿巴私生活的情况，并通过“巴黎友人”了解他的政治动向，此人是塔列朗的一个助手，似乎是未来的帝国大军的兵站总监达律，或是他的父亲，他把一些外交文件提供给昂特雷格。在大法官雷尼埃平庸无能的指导下，警察的搜索毫无结果。尽管富歇动用了他自己的情报系统为第一执政效劳，但波拿巴在 1804 年初对这一切还是所知有限。2 月，他决定采取行动。有两名囚犯在拷问下供出了“有位亲王”即将到来一事，并供出了关于和莫罗谈判的情况。于是莫罗立即被捕，当时“恐怖政策”似乎再度提上了日程：关闭栅栏、搜查住宅次数增多、中止陪审制度、任命缪拉为巴黎总督。警察不久就抓获了皮什格鲁和卡杜达尔。同时梅埃·德拉图什报告说，当甘公爵就住在巴登的埃登海姆，离斯特拉斯堡不远，他还说亡命者正在奥芬堡集结。波拿巴认为，这位公爵即是阴谋分子等待着的那位“亲王”。3 月 10 日，在一次有富歇和塔列朗参加的会议之后，他决定绑架当甘公爵。

绑架交由旧贵族出身的科兰古侯爵执行，并由奥德内尔将军作为他的助手。科兰古未能在奥芬堡发现任何亡命者的军队，但奥德内尔却在 3 月 14 日至 15 日夜间于埃登海姆逮捕了当甘公爵。20 日，另一次会议决定了执行步骤。这位公爵于下午五时被
170 带到万森，夜间十一时被带到一个军事法庭受审，次日清晨二时被枪决。尽管他的文件没有表明他与卡杜达尔共谋，但却有证据说明他被英国收买了，并且他盼望指挥入侵阿尔萨斯。他不是被宣

判为阴谋分子，而是被宣判为接受外国津贴要入侵法国的亡命者。假如他是在法国本土或在敌国被捕，就可以合法地宣判他死刑。但是在一个中立国绑架他，波拿巴却十分明显地损害了法国的利益，因为这给欧洲列强提供了一个求之不得的借口。随即审判了一批阴谋分子。有二十人于 6 月 9 日被判处死刑，波拿巴赦免了其中十二名大部分出身旧贵族的人，其余的（包括卡杜达尔）都被送上了断头台。皮什格鲁被发现勒死在他的牢房里。莫罗被判释放，但是法官奉命重审；这次法官宣判他服刑两年，后来减刑为流放。在审判过程中，资产阶级及出入于沙龙的上流社会人士情绪激昂。罗德雷于 6 月 14 日写道，“对政府的仇恨和谩骂就像我在法国革命前所曾看到的那样剧烈，那样肆无忌惮。”这种情绪在剧院里和在法院里都有所表现。波拿巴政权同旧势力的和解一时遭挫，已经接受了一项外交职务的夏托勃里昂辞职了。但是这些激烈的批评者并不考虑要诉诸人民，新闻界保持缄默，从全国的动向来看，不是表示漠不关心，就是表示拥护波拿巴。

波拿巴周围的人，以及希望重新得宠的富歇这一次都催促他要趁热打铁利用这一机会。他们向他建议，世袭制度的建立将会解除刺客们的武装：这纯是稚气十足的议论，因为假如波拿巴遇害，这个政权就肯定会被推翻。真正能肃清暗杀活动的是实行恐怖措施和改进警察监视制度。但是议会各院却装出一副认真考虑这个借口的样子，以便表明在建立世袭制中它们不是没起过作用的。此外，共和派对当甘公爵被处死一事是满意的：“我很高兴”，保民院议员居雷说，“波拿巴与国民公会是由同样材料制成的。”3 月 23 日，元老院宣布，“修改制度”的时机已经到来。在征询参政

院的意见时,它表示反对世袭统治的原则,但在4月23日,居雷使保民院通过同意建立世袭制。于是波拿巴答复元老院说,“贵院已认为有必要建立世袭制。”并未作出这样的决定的元老院只好默
171 认。5月16日至18日,起草了一部新宪法,然后以元老院决议案的形式于共和十二年花月28日(1804年5月18日)颁布,最后由公民投票批准。“共和国政府”付托给一位世袭皇帝,这位世袭皇帝领取二千五百万法郎的皇室费,并获得除他私人庄园之外的皇室领地的收益。在建立宫廷和管理皇族事务方面,他有权自由处理。

主要困难在于规定继承法规。“世袭”一直总是“长子继承权”的同义语,然而波拿巴无子,他自己甚至也不是家庭的长子。最简单的解决办法不外乎像在罗马帝国时代那样,让皇帝保留指定自己的继承人的权利。事实上,波拿巴保有认领嗣子的权利,但他却拒绝给那些可能继承他皇位的人这一权利。即使如此,他还是极为忠于他的一族的,而不愿意全然摈弃他们。然而,他的兄弟们却拒绝把他们的继承权让给路易·波拿巴的儿子。他们享尽了荣华富贵,但却不知道感恩,在他们的母亲的支持下,这些人给拿破仑制造了无数的烦恼。吕西安刚娶了儒贝尔通夫人(一个破产了的投机商的寡妇);随战舰到安的列斯群岛服役的热罗姆跑到美国与一个商人的女儿结了婚;改名叫波利娜的波莱特不征求她兄长的意见就嫁给了博尔盖泽亲王。还有缪拉的妻子阿农齐阿塔(现在重取教名卡罗利娜),以及嫁给了那位荒唐的科西嘉人巴乔基的玛丽亚娜(后来叫做埃利兹),这两姊妹都因波拿巴没有封她们为公主而大发雷霆。最后决定,如若没有亲生的或认领的后嗣,那么继

承人就是约瑟夫，约瑟夫之后即是路易。吕西安因为拒绝与其妻离婚而被剥夺了继承的权利，他于是离开法国住到意大利去了。

像在共和十年那样，元老院要利用这样时机表达想取得一些宪法保证的愿望，不过这一次是正式提出。元老院想要变成一个拥有否决权的世袭团体，这一权力使它能保护公民的基本权利。至于立法院，丰塔内要求还给立法者发言讨论的权力，并让该院主席职位具有“稳定性”，实际上就是指他自己。但实际取得的结果是，元老院取得了指定两个常设委员会的权力，这两个委员会分别负责维护人身自由及出版自由。它们仅有权听取申诉，并且在调查之后宣布：有这两种自由受践踏的“推定”。与此相反，警察又经改组，并在更大程度上加强中央集权；富歇在 7 月 10 日又重新成为警务大臣，法国被分为四个警务区，分别由对他负责的四名参政官掌管。除此之外，政府机构很少有什么改变。拿破仑更趁此机 172
会掌握了不受限制地选定元老院议员的权力，并宣布，亲王们即他的兄弟们同六名帝国大勋爵是元老院的当然成员。

由于规定了亲王和大勋爵，以及高级官员（包括十八位元帅及若干宫廷大臣），共和十二年宪法就标志着创建新贵族的重大步骤。帝国宫廷规模日大，金碧辉煌，奢侈豪华。关于优先位次的共和十二年收月 24 日（1804 年 7 月 13 日）法令将礼仪推行到整个政府机构。与旧势力和解的事很快又恢复进行了。从这时起拿破仑热衷于要创立一个新的贵族阶层，他很快地把荣誉军团变成了单纯授勋的装饰品。当决定邀请选举人团的代表参加他的加冕典礼时，他特别指出，这些代表要从有名望的世家中挑选。在典礼举行的那天，他发泄出对平民各阶级的蔑视，“法国真正的人民是各

区的长官、各选举团主席和军队”,而不是“两三万鱼贩子以及类似的人……;我看他们只是一个大城市的堕落的愚昧无知的社会渣滓。”

因此,拿破仑不能把民众的委托视为新皇统的真正基础。像矮子丕平[①]一样,他要求教皇为他授圣职,这样王权神授说就能恢复,并可写入教义问答中。塔列朗与贝尼埃在巴黎同圣使卡普拉拉谈判;在罗马,皇帝的舅父红衣主教费什也在同孔萨尔维进行谈判。作为前宪政派教士的费什,曾被任命为里昂大主教、红衣主教以及派到圣座前的大使。鉴于拿破仑不久前对当甘公爵的处决,庇护七世害怕得罪各列强,当然有理由犹豫不决;但是因为他希望修改组织条例,而且也许还希望收回其属邦,最后他还是同意了。保王党顿时喧哗叫嚷起来;约瑟夫·德·梅斯特写道,教皇已经“使自己堕落成一个无足轻重的傀儡小丑。”教皇所得到的只是那些过去拒绝向正统派屈服的宪政派主教对他的顺从;即使如此,斯特拉斯堡的索里内主教仍然拒绝否认“教士法”。庇护七世甚至未能幸免于受屈辱。1804 年 12 月 2 日在巴黎圣母院,拿破仑从教皇手中夺过皇冠自己戴上;在教皇退席后,他又宣誓忠于自由和平
173 等。约瑟芬也是由她丈夫加冕的。但在加冕典礼前夕,她还要了令人不快的一招,她告诉教皇,他们只举行过世俗婚礼没有经过宗教仪式;因此拿破仑只得答应补行宗教仪式,这就使得离婚变得更为困难。

虽然加冕典礼的戏剧性仪式(这个场面经达维德的名画流传

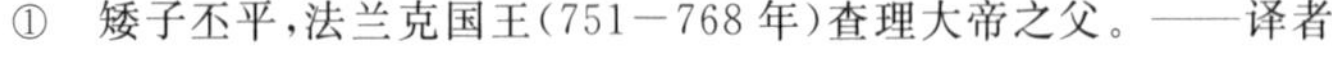

① 矮子丕平,法兰克国王(751—768 年)查理大帝之父。——译者

后世)满足了拿破仑的心愿,但却没有增添他的威望。人民用怀疑的眼光瞧着这种稀奇的仪仗,以及在十二月全月不断举行的庆贺宴会。没有人相信拿破仑的权力会因此而巩固起来。由于重建了君主政体,并加强了政权的贵族政治的性质,他只不过使他个人事业与民族事业更分离开了。夏普塔尔说,"在那些日子里,法国革命的历史对我们说来就像希腊人和罗马人的历史一样遥远。"对夏普塔尔及和他一类的人来说,情况可能如此,但是在人民之中,法国革命的精神却并未消逝!拿破仑曾许诺人民要实现和平来赢得民心,但他却在重启战端时,终于自己登上帝位。现在没有任何东西阻碍他为所欲为了:帝国的征战扩张、专制统治和贵族政治一发不可收拾,而惊惶失措、忧心忡忡的国民只能跟着常胜的恺撒的战车奔跑,以免遭到亡国之灾。

三、入侵英国的计划。特拉发加海战(1805年)

英法之间的战争拖了两年多还胜负难分。双方都在经受了始料未及的重重困难。1803年,英国有五十五艘战列舰,法国有四十二艘,其中仅有十三艘处于战备状态。这种压倒的优势使英国 174
一开始就掌握了制海权。法国各港口再次被封锁,商业受到打击,而英国的商船则除私掠船外几乎无所畏惧,他们恢复使用护航舰队保护商船以对付私掠船。英国迅速重新占领了圣卢西亚、多巴哥以及荷属圭亚那。即使如此,阿丁顿还是被斥为作战不力。战舰多已陈旧,新造船舰极少,因为圣文森特不能够组织木材的供应。虽已开征间接税,但财政仍令人感到不安。从对马耳他问题的调停以来,阿丁顿政府与俄国的关系一直很冷漠,而且在共和十二年保王党阴谋的问题上这个政府所扮演的角色损害了它的名声。

拿破仑加紧扩军备战,但他缺乏经费。共和十二年,财政又出现赤字。对自己权力很自信的拿破仑终于采纳财政大臣戈丹的意见,他恢复了间接税。“难道我没有宪兵、郡守和教士吗?”他吼叫道,“如果有人胆敢造反,我就绞死他五六个,其他人就都会缴税了。”共和十二年风月5日(1804年2月25日),他成立了综合消费税局,并任命弗朗塞·德·南特为局长,但只限于对酒类征收适当的税。至于国库,巴尔贝－马尔布瓦开源无术,不得不求助于银行家及供应商。1804年,法兰西银行的一名董事德普雷伙同两名金融家米歇尔和塞甘组织了一个“联合商行”,于1805年收购了所有未兑现的收税专员期票。在一定程度上,这家商行附属于范勒尔贝格的粮秣供应公司,但是它的幕后的大老板却是乌弗拉尔。[①]这一年的4月,乌弗拉尔提出以百分之九的利率借给政府五千万法郎,其条件是政府要把原来欠他的并拒绝归还的二千万法郎算作这笔新借款的一部分,这样事实上就把利率提高到了百分之十五。6月,乌弗拉尔借出了一亿五千万法郎,其中的四千二百万要算作倒账。巴尔贝－马尔布瓦则以指定的税收和国库债务作抵押。德普雷保证所有证券在法兰西银行贴现,这样该行事实上搞

① 作为一个粮食承办商和投机家的联合组织,这家商行的主要业务是向法国国库提供资金,并供应军粮。——英译者

了变相的通货膨胀。法国各盟国被迫捐献。从 1803 年 4 月起,法国派军驻扎在符利辛根城和荷兰的布拉班特;虽然荷兰希望保持中立,它不得不于 6 月 25 日同意提供一万六千名士兵以及法国要求的所有战舰。给戈多伊下了最后通牒迫使他也照此办理;10 月 19 日,他答应每月捐献六百万法郎;12 月 19 日里斯本政府也同意支付一千六百万法郎。不过西班牙和葡萄牙均未对英宣战。另一 175
方面,法国人重新占领了那不勒斯各港口,1803 年 5 月莫蒂埃从荷兰侵入了汉诺威,解除了军队的武装,然后占领了易北河口的库克斯港以及埃姆斯河上的梅彭。但所有这些还不能迫使英国投降;即使法国海战得手,也只能给人以遥远的期望。因此,拿破仑决定以入侵来威胁敌人。

拿破仑没有忽视爱尔兰:1803 年,那里曾爆发一次起义,但被镇压了下去;拉塞尔和埃米特被处以绞刑,法国未能及时赴援。然而,他最关注的是 1801 年的计划。军队集结在布伦大营;1803 年 12 月 2 日,这支军队被称为“英格兰方面军”。这样集结部队的好处是把军队同全国隔离开来,并以从事一桩伟大事业的希望来赢得军队对他个人的效忠,这样集中的部队也可在必要时掉头在欧洲大陆上大举出击。1805 年 1 月,他宣称,这支集中的军队别无其他目的。而实际上他是竭力想掩饰当时已十分明显的挫折。毫无疑问,拿破仑曾经多次下决心要横渡英吉利海峡,鉴于联合王国的军事形势,这是很可理解的。1804 年初,英国正规军不到十万人。民兵按理应有七万二千人,为了逃避征兵中签而加入志愿部队的为数极多,据说超过三十多万。1803 年 7 月 27 日,议会也通过“全国总动员”,强迫年龄在十七岁至五十五岁之间的所有男人

接受军训;最后于 7 月 6 日,决定成立“增援部队”,用抽签办法征募。但所有这些军队都没有作战力:万一在法军登陆的情况下,政府似乎计划退到威尔士的乡间去打游击。可以断言,法国人有可能不发一枪就占领伦敦。只是这一点对拿破仑就具有足够的吸引力。

英国人对于这样的危险做了充分的准备。国民动员运动显出甚至比 1797 年更加激励人心;关于这一切,有华兹华斯为后人留下了著名诗篇为证。1804 年 2 月,皮特开始抨击内阁;多数党分崩离析,到 4 月底,阿丁顿辞职。皮特希望组织一个全国联合政府,但是国王拒绝接纳福克斯入阁。因而与福克斯言归于好的格伦维尔也拒绝参加新内阁。这样,皮特不得已只好与阿丁顿的同

176 僚一起组阁,他甚至不得不在 1805 年把阿丁顿本人也拉入内阁中。因此皮特再也不能像从前那样在议会中处于强有力的地位。他的地位由于追究海军部另一件贪污事件而进一步削弱。在一些盗用公款的人中,有他的密友邓达斯(当时已封为梅尔维尔勋爵)在内,后者为此被迫辞职。但是无论如何,皮特还是给英国的政策带来了一种前所未有的坚定性。而且他还结了新的同盟,由于拿破仑的政策而投向英国的俄国,结果主动提出与英国结盟的建议。他还组织起志愿部队,最后把他们置于国家控制之下;他把民兵与“增援部队”合并起来组成后备部队,并从中抽调一万人加强正规部队;为了取得海军承办商的协作,在供应舰队器材方面,他给那些承办商以自由处置权。战列舰逐渐增加到一百一十五艘。他大抓了海防工作,并以恢复所得税来稳定财政。他最成功的措施是在 1805 年 4 月任命巴勒姆勋爵查理·米德尔顿接替邓达斯的海

军大臣职务。正是由于米德尔顿对舰队在海战中出色的指挥，才有特拉发加海战的大捷。在这一战役胜利之前，英国的舆论是没有信心的，但皮特与巴勒姆从未失去他们那泰然自若的神态。拿破仑拥有一支军队这一点现在倒是无足轻重的，主要的障碍仍是横渡海峡。

显然拿破仑一方面总是心存侥幸：他不是不顾英国的舰队而远征过埃及并且又回来了吗？另一方面，他是个地中海人，所以他起初没有足够估计到多佛尔海峡的种种困难：它那汹涌澎湃的浪潮，湍急狂暴的海流以及变幻莫测的风云。最初，他曾计划用炮舰和平底船开道，这种船与弗拉芒各运河上的驳船相似，能装载大炮，并用桨划行。部队要由商船运送；但是必须承认商船数量不足，1803 年 9 月决定军队也要乘坐平底船。拿破仑下令从荷兰到大西洋沿岸各处都建造平底船，但是英国舰队却决不会让它们集中在一个地方。尽管如此，1804 年还是有一千七百多艘平底船集结在布伦港及其邻近的港口，设置了一些码头以训练这些水兵。海军大臣德克雷和舰队司令布律克斯海军上将看出，每次涨潮能开出布伦港的船只不超过一百艘，敌人舰队就有足够时间出击这些船。虽然海上风暴可能使敌人不致出来截击它们，然而这些平底船却不能冒险出航，除非是在风平浪静的天气里。这样就使得 177
拿破仑需要派遣战舰在海峡一带进行扫荡；总之，他被迫要再次进行一场海战。

在海战方面拿破仑显然处于劣势。英国人不但在数量上占优势，而且还拥有相当多的三层甲板的战舰。这种战舰胜过古典式的装有七十四门炮的炮舰，并在上甲板上装有大口径短炮，这样就

大大加强了火力。霍姆·波帕姆爵士采用了一种新的有效的信号系统。英国战舰装备较好,水兵久经战争锻炼,他们的海军将领,尤其像纳尔逊这样的人,都是从参加过战争的舰长中选拔上来的。一向困守在海港里的法国水兵和战舰却不具备这种素质。法国的海军将领也不具备这种素质,他们只能指挥他们自己所统帅的分舰队。但是英国舰队尽管有这些优点,却由于分散停泊而有被各个摧毁的危险。在法国几个海军基地之中,受到英国舰队严密监视的只有布勒斯特;罗什福尔坐落在难以封锁控制的比斯开湾上,眷恋于汉密尔顿夫人[①]的纳尔逊逗留在那不勒斯水域,因而土伦也只是处于纳尔逊的远距离警戒之下。这样,法国舰队是能够出航的。倘若法舰一旦启航,英国海军部已经计划在乌桑岛[②]集结
176 舰队;只要英国舰队封锁着英吉利海峡的入口,英国本土就无所畏惧了。即便如此,还不能完全忽视突然袭击的可能性,不管人们怎么说,对突然袭击的作用是不能低估的。

1804 年 5 月,拿破仑决定,他的舰队只要都冲破封锁,即可在布勒斯特救援冈托姆,随后扫清英吉利海峡。他于 8 月到达布伦港,16 日他在那里颁发了荣誉军团勋章。但是事实证明准备不足。布律克斯与拉图什—特雷维尔先后死去。从 1804 年 9 月到 1805 年 3 月,由于拿破仑在意大利肆意兼并,奥国准备立即发动进攻,看来拿破仑势必要放弃入侵英国的计划。拿破仑命令他的舰队启程到安的列斯群岛,去攻击那里的英国殖民地。但只有海

① 汉密尔顿夫人是英国驻那不勒斯公使汉密尔顿的妻子,纳尔逊的情妇。——译者

② 乌桑岛属法国菲尼斯太尔郡,位于布勒斯特港外。——译者

军上将米西埃西的舰队能够驶离罗什福尔;他在美洲未能会合其他法国舰队,便返回法国。

但随后大陆上战争的危险从表面看来减少了:直到 1805 年 7 月 15 日,拿破仑才理解到反法同盟的真实意图。与此同时,长期以来已在威胁西班牙的英国,在 1804 年 10 月 5 日截夺了数艘装载着财宝的西班牙大帆船。12 月,戈多伊终于向英国宣战,他把他的舰队交给法国皇帝指挥。由于戈多伊在国内的地位正在受到阿斯图里亚斯亲王夫人的威胁,他就派了自己的代表伊斯基耶多 178
向拿破仑建议瓜分葡萄牙,以便为他自己在那里开拓一块封地。这使得拿破仑大受鼓舞,他又回到他那宏伟的计划。对安的列斯群岛殖民地的远征现在变成了战略行动:法国各舰队要在安的列斯群岛会合,在给敌人制造了混乱之后,舰队将折回英吉利海峡,必要时就展开战斗。这个计划看来可能很高明,但这首先需要物质条件和指挥能力,而这两者都是法国缺乏的。此外,拿破仑自己就没有一个前后一致的指挥计划:既然最后决定作战,他又不允许冈托姆从布勒斯特突破封锁,这样就使得后者不能有所作为,整个重担就落在缺乏胆识的土伦舰队司令海军上将维尔纳夫身上,以致毁了整个计划。

1805 年 3 月 30 日,维尔纳夫指挥着十一艘军舰启航(在加的斯西班牙人又加入了六艘),一开始他就忽视了歼灭守卫直布罗陀海峡的奥德的部队。随后他驶向马提尼克岛,于 5 月 14 日才到达那里。与此同时,英国舰队除了违背训令的纳尔逊未到外,都在乌桑岛集结。直到 4 月 19 日,纳尔逊一直在驶往埃及的航线上搜寻维尔纳夫;他最后接到了情报,就匆匆赶到直布罗陀,在那里他才

获悉维尔纳夫已经西去。5月11日他全速赶往安的列斯群岛。这要冒很大的危险，因为敌人可能已经开往英吉利海峡，或者可能已与其他舰队在美洲海面会合，这样他们就具备了足够的力量来打败纳尔逊。海军部由于受到公众对牙买加安全问题担忧的影响，便批准了这个大胆的行动计划。纳尔逊的大胆主动精神固然十分可嘉，然而结局仍然可能是灾难性的；但他赌赢了。在安的列斯群岛，维尔纳夫等待其他法国舰队到来，但没等到。他只接到了拿破仑的紧急公文，皇帝在其中终于亮出了他那宏伟的计划，命令他等待一个月，然后折回与费罗尔和罗什福尔的舰队会师，来解除英国对布勒斯特的冈托姆的封锁。

6月4日纳尔逊到达巴巴多斯之后，开始搜索法国人。当维尔纳夫获悉这种情况之后，他决定立即折回费罗尔，希望能摆脱纳尔逊的追踪，但徒劳无益。纳尔逊派遣了一艘快速双桅船去通知海军部，接着于6月13日即驶向欧洲。但是他仍然担心维尔纳夫可能到埃及去，所以他就驶向直布罗陀；由于巴勒姆曾命令海军上将考尔德在菲尼斯特雷角截断维尔纳夫的归路，英国的舰队再次分散开了。7月22日，维尔纳夫遇上了考尔德的舰队。在遭遇战中考尔德拿捕了两艘军舰后撤退了，让法国人进入了费罗尔港。另一地方，接替了米西埃西的阿勒芒从罗什福尔出海，游弋了几个
179 月，既没有遇上友舰也没有碰上敌舰。从8月12日至15日，英国人再次在乌桑岛附近集结他们的力量，但是立即被康华里海军上将调遣分散了，他为东印度护航舰队的安全和克雷格将军所率赴援那不勒斯的部队滞留里斯本的安全担心，于是考尔德被派回费罗尔，而纳尔逊则返航英国。维尔纳夫对这一有利时机一无所知，

所以根本没有利用这一机会。8月14日,维尔纳夫启航出海,看到自己舰队的情况不佳,又听到关于敌舰正在全速赶来的虚假情报,他感到十分沮丧。他接到的7月16日命令是,要他在遇到不可克服的困难时,可驶往加的斯。他遵照命令于8月18日在加的斯下锚。即使他在布勒斯特突破封锁并击败康华里,他也来得太晚了。8月24日,拿破仑指挥大军向德意志进军,并命令舰队解除战备。

维尔纳夫的错误在于没有立即驶往土伦,而使自己困于不断得到其他舰队增援的康华里和考尔德的封锁之中。9月28日,纳尔逊终于负起指挥舰队作战的任务。不过法、西联合舰队躲在港口里是能得到掩护的,而且还牵制着三十三艘英国战舰。但是拿破仑命令舰队不惜一切代价去进攻那不勒斯,此举正中纳尔逊的下怀。当维尔纳夫于10月19日得知有六艘敌舰为补充给养而前往得土安时,他便率领三十三艘战舰启航。21日,正当他们在特拉发加角一带排成六公里长的队形行进时,纳尔逊赶来,向他们展开进攻。在10月9日的一份备忘录中,他曾指出,他将从垂直角度向敌人发动进攻,而不是一般惯用的并排作战方式。这就得把舰队排成两列,从中间切断敌舰队形,一列舰队吃掉其首部,另一列则歼灭其尾部。事实上,英国舰队并没有保持预想的队形。攻击进行得相当混乱,因为纳尔逊认为法、西联合舰队会转头驶向加的斯。尽管如此,他的计划还是成功了:法、西联合舰队的中部及后部全部被歼。率领先头的十艘战舰的海军上将迪马努瓦投入战斗较晚;他的四艘战舰当时逃脱了,但几天后还是被俘获了。夜晚,一场暴风雨结束了这场灾难。法、西联合舰队仅有九艘战舰回

港,四千三百九十八人死亡,而英国人仅有四百四十九人死亡。纳尔逊也受了致命伤。维尔纳夫被俘,他受尽了皇帝的辱骂,在返回法国时自尽身死。

英国终于可以喘口气了。确实,反法同盟使得登陆英国成为一桩不可能的事;但是得胜的拿破仑随时可能重新执行他那攻英计划。然而纳尔逊的胜利使这一计划无限期地拖延下来。同时也
180 宣告了海战的结束。到后来英国人就可以利用西班牙人的起义而把战争推到欧洲大陆上。然而在当时,英国人比以往更不愿在大陆上作战,这样,特拉发加海战的唯一积极后果是拯救了那不勒斯。看来这次海战只是确认了英国的海上霸主的地位。在拿破仑看来,特拉发加海战只不过是一个不幸的插曲,人们是很容易理解这一点的,因为只要他在大陆上立于不败之地,英国就永远不会打败他。

四、封锁

拿破仑的事业至少可以确保他掌握主动权。只有招架之功的英国再也无力从事征服新的殖民地。唯一例外的是韦尔斯利,他继续在印度扩张。他吞并了阿瓦德的一部分,控制了卡纳蒂克,并建立了对苏拉特和坦焦尔的保护关系。他利用马拉塔人内讧的时机在那里也采取了行动。马拉塔王公之一霍尔卡把丕什瓦巴杰劳从浦那赶了出去;韦尔斯利却把巴杰劳于 1803 年 5 月护送回到浦那,这样把他变成了受保护者。韦尔斯利随后又对道拉特开战,后者的父亲辛地亚在十五年前,在 1788 年征服德里时几乎要建立起

一个庞大的帝国。韦尔斯利又袭击了贝拉尔王公拉古吉·邦斯勒。1803 年 9 月 23 日，他在阿塞战役中打败了道拉特，在阿尔加翁击溃了拉古吉·邦斯勒，这两位统治者都割让了他们的部分辖地。1804 年，霍尔卡也拿起了武器，成功地击溃了蒙森上校的部队，但他自己后来也以失败告终。第二年，大莫卧儿皇帝阿林沙的国家沦为英国的保护国。尽管获得了这些利益，但韦尔斯利的自行其是与目中无人的态度还是激怒了东印度公司，并使得已经焦头烂额的英国政府感到担忧。韦尔斯利辞职，并于 1805 年 8 月 15 日启程回国。

英国所关心的主要问题始终是如何利用他的海上优势取得贸易的垄断地位。它全力恢复了有关封锁的规定。从 1803 年到 1805 年，它的虚拟封锁的范围甚至扩及法国占领下的汉诺威。与此同时，英国在 1803 年 5 月 18 日开始重新颁发特许证，甚至允许用中立国船舶载运敌货进口。对敌人的殖民地贸易重新实行了“1756 年规则”[1]，但对也能为它服务的中立国则实施得并不严格， 181
予以适当照顾。在欧洲，中立国只得顺应形势，屈从英国；而对美国的关系则很快就发生困难。美国航运事业的进展日益遭到英国妒忌；斯蒂芬在他的《伪装下的战争》（1805 年）一书中认为，“迂回

---

① 在“七年战争”（1756—1763 年）时，法国海军处于劣势，不能用本国商船维持对本国殖民地的贸易，因而将平时保留给本国商船的贸易，向中立国荷兰的船舶开放；于是英国认为自己有权拿捕从事这种贸易的中立国船舶及其所运载货物，理由是：它们已参加了法国的商船队，从而给自己取得了敌性。英国这种主张被称为“1756 年规则”，简言之，即战时中立国的通商应限于平时的通商范围，否则即成为合法捕获品。1793 年英国对法战争后，变本加厉地推行“1756 年规则”；主要是针对美国。——译者

路线"[①]有助于欺骗,所谓"中立化"的敌货甚至没有卸船,也没有按照美国的规定征收关税。由于英国海军部从未明确地规定在何种情况下"中立化"才算有效,所以一些捕获法庭就开始数以倍增地没收货物。1806年4月18日,美国国会采取了报复行动,它宣布,在11月15日以后禁止英国货进口。但是这时拿破仑实施了大陆封锁,于是形势就起了变化。

由于波罗的海和亚得里亚海仍然没有被封锁,所以英国能够像在前次战争期间所做过的那样重新组织它的贸易,因而损失甚少。1803年它的出口从二千五百五十万英镑下降到二千零四十万英镑,但在1805年回升到二千三百三十万英镑。再出口受到的影响较大,从1802年的一千二百七十万英镑下降到1805年的七百六十万英镑。英属安的列斯各岛(世界上糖的主要供应者)的糖的产量继续上升,价格不断下降,因为尽管英国的消费不断增长,但进口过剩。糖价从1805年的每公担五十五先令下降到1807年的每公担三十二先令。连年丰收和开垦土地(由于1801年圈地条例促成)的结果使面包价格下降到每磅两便士,这就使得地主要求加强谷物法,他们的要求在1804年得到了满足。这说明为什么从法国入侵的梦魇下解脱出来的英国舆论,在提尔西特和约签订前,一直处于一种漠不关心的状态,它漫不经心地瞧着大陆的事态。

这一时期拿破仑的经济政策没有引起英国人太大的关注。1803年6月20日,他重新下令禁止英国货进口;他原先指望入侵英国,后来又把全副精力倾注在他的大陆战役上,但是不管史学家

① 这一名词的详细解释,见本书第一编,第二章,四、封锁与中立国。——译者

怎样看法，他认为在这期间这项禁令只不过是次要的措施，他甚至没有很严格地执行这一规定。事实上，他依然忠实地执行着有节制的政策，这一政策从他上台以来就替代了督政府的政策。他对中立国的贸易未加任何限制，结果中立国成了交战国之间的中间 182
人，使伪装中立国货物的交战国货物依然来来往往。大陆封锁完全符合构成拿破仑重商主义思想一部分的保护贸易主义思想。而且，封锁政策是为满足工业家的愿望而制定的；它排除了外商的竞争，但却不排除必要原料的进口，也不妨碍本国货物的出口。海关税表表明，这一政策不仅是针对英国的。共和十一年，精制糖与糖蜜，不论来自哪个国家，一律不准进口。1804年3月13日和1805年2月6日，棉织品及殖民地产品的关税都提高了。1806年3月4日，对殖民地产品又加征收附加税。由于这些货物主要来自英国，因此可以默认，封锁并无实效，而这时拿破仑的封锁政策其实并不是一种作战的手段。

最狂热的保护主义者总是那些棉纺企业主，特别是纺纱厂厂主，因为英国棉纱进口量从1804年的三十一万公斤增至1806年的一百三十六万八千公斤。里昂的工厂主也同样强烈要求排除意大利的竞争，他们要求把皮埃蒙特的生丝专门供应给他们。从不断上升的海关税率可以看出，工厂主的影响起了决定性的作用，他们逐步地使拿破仑采取了他原来并不想采取的措施。夏普塔尔不同意这样做，巴黎的商人也不同意，他们在1803年通过商会谴责了所有的贸易禁令和针对中立国的所有措施。1806年2月22日，拿破仑终于下令禁止进口漂白布、印花布、软棉布、灯芯布及金属器具；但他允许继续进口其他棉纱，杂货以及各种丝缎带，但要

征收附加税。到1805年,已拥有超过一百万纱锭的棉纺业又取得了更大进展,纱锭的生产从1806年的二百万公斤上升到1808年的四百五十多万公斤。里昂的工厂主也得到了满足:尽管1803年和1806年的法律准许不单从里昂,也可从热那亚和尼斯出口皮埃蒙特的生丝,但是海洋被封锁确保了里昂人的垄断地位。他们还在意大利王国谋取好处,1808年,他们把通商条约强加给意大利,这一条约减低了法国进口货的关税,并且由于税率的特惠而保证了里昂对意大利的生丝贸易。

然而有些迹象表明,拿破仑也顺着督政府的老路滑下去,他因
183 封锁没有起作用而烦恼。1804年3月13日,他下令禁止进口“直接来自英国”的货物,并命令中立国要出示货物来源地的证件。另一方面,他的民族经济主义的倾向很自然地与战争热狂融合在一起,这表现在1806年2月22日对成包棉花突然征税的措施上;毫无疑问,这一措施使工业家极为不满,并导致增加了对亚麻及苧麻的使用。最后,法国的反英政策逐渐也施加于自己的盟国——荷兰、西班牙、意大利,在1806年甚至强加于瑞士,对瑞士只有棉纱是破例开禁的。至于英国同德意志的贸易,则由于法国对汉诺威与库克斯港的占领而受到阻碍,这是督政府没有做到的事。很多人仍然相信,只要扼杀了英国的出口贸易,就能击败它,蒙加亚尔的著作再次表达了这种信念。

总的说来,拿破仑对英国的封锁没有采取对策,这种封锁超越了传统的重商主义的措施,也比交战国之间通常采用手段更为严厉。拿破仑耐心地容忍英国施加于中立国的强横要求。这一点甚至体现于他在1806年3月4日在参政院所发表的演说中,使人感

到惊讶的是，这时他非但无意加强封锁，反而在等待和约缔结，以便着手完善他的禁止进口制度。“在与英国媾和四十八小时之后，我将下令禁止进口所有外国货，我将颁布一项航海条例，它规定，我国的港口只许法国船舶进入。”但是当拿破仑在大陆上赢得了摧枯拉朽般的节节胜利，并建立起大帝国时，他的大陆政策激起他的权力欲，从而使一切翻然改观。

五、第三次反法同盟的起源

由此可见，不能说拿破仑的大陆政策是他对英作战的后果，说
成仿佛是由于不能在海上或以入侵其本土战胜英国，他就封闭欧 184
洲大陆市场来摧毁英国。他当然不会没有过这种想法；但是这种
想法之所以形成，是因为以往的征服扩张使这项政策奏效。这种
想法也不能解释那些激怒大陆列强的轻举妄动和侵占行径。假如
我们这样说就会更加接近于事实：尽管欧洲大陆的君主们像英国
一样不安地注视着拿破仑在扩张势力，尽管他们内心仍旧充满对
这位革命民族的领袖的仇视——他们通常称他为“科西嘉人”、“篡 185
位者”，或者像玛丽亚－卡罗莉娜所称的“罗伯斯庇尔的继承人”，
更不用提其他诨名了——假如没有英国的援助，他们是不能够拿
起武器的，因为他们是分崩离析，贫困不堪的。亚眠和约的撕毁使
他们有希望获得英国援助，因为英国有钱资助参加反法同盟的国
家，而且组成同盟对它最有利。然而在 1803 年，他们显然缺乏主
动作战的精神，至少在德意志各邦是如此，奥国甚至在 1802 年 12
月 26 日承认了自吕内维尔条约签订以来在意大利境内的变化。

即使反法同盟的组成是可能的,甚至像是就要发生的,但是绝不是注定不可避免的。设法推迟同盟的建立,耐心等待,直至英国像在1801年那样必然陷入的困难之中(这些困难不单是由法国造成的),这是最符合法国民族利益的政策。但是这种平淡无奇的政策拿破仑从来没有想过。不尊重任何人,相反地自高自大,这只能加速同盟的组成,并且要冒可怕的风险,注定了要挑起连绵不断的战争,除非征服整个欧洲方得罢休。再没有比这样的前景更能适合拿破仑的性格。

1803年之前,与俄国和好一直是拿破仑外交政策的基石;而两国失和是沙皇造成的,这样沙皇就能主动发起组成反法同盟。当时二十六岁的亚历山大一世是一个放荡堕落妇人的孙子,而其父是一个疯子,因此他生来就存一种病态的变幻无常的性格,而他所生长的环境及早婚更加重了这种特点。叶卡捷琳娜把他托付给瑞士沃州人拉阿尔普教育,此人侈谈自由主义,却没有把它的精神灌输给他的学生,保罗又使他接受普鲁士式的严格的体格训练。他随时都可能堕入这个凶恶残忍的宫廷的陷阱,因此变成一个矛盾交织的人:既单纯而又敏锐狡猾;既胆怯而又固执;既性急而又懒散;既侈谈道德而又放荡淫逸;这是一个"北方的塔尔马①",一个好色之徒,一个轻易变节的拜占庭帝国的希腊人②。他即位后轻易地就获得了自由主义者的声誉。在很快地贬黜了杀害他父亲的凶手帕伦和潘宁之后,他便在自己周围聚集了一批对西方文明

① 塔尔马(1763—1826年)是法国革命期间杰出的演员。——译者

② 欧洲俗语指诡计多端的人,特指在赌博中作弊者。——译者

有一定兴趣的人,如曾在日内瓦和伦敦逗留过的柯楚别依和诺沃西尔佐夫,和在巴黎留过学、曾受教于罗默[①]的斯特罗格诺夫。除这些人之外,还有跟他一起寻欢作乐的伙伴亚当·恰尔托雷斯基,他是个波兰民族的叛徒,为人机智,但却缺乏品格。这些人组成了“密友委员会”或叫做“非正式委员会”,在这一组织中酝酿着有关 186
宪法改革的各种设想,而元老院的贵族们则要求将该“委员会”纳入政府之内。与此同时,亚历山大把拥护旧制度的人也留在身边,如他的侍从武官多尔戈鲁基亲王、炮兵司令阿拉克切夫,以及东正教圣教总会代表哥利津,后者使沙皇逐渐地沉溺于神秘主义。由于那批自由主义的“朋友们”认为,俄国实行自由的条件尚未成熟,并且有充足的理由不主张解放农奴,所以亚历山大在他的统治时期可以大胆随便地时而重用这一派,时而重用另一派,这要根据他自己倾向于法国还是反法同盟而定;当然,不管起用哪一派,他一直是个专制帝王。1802年9月20日,俄罗斯元老院成为监督司法的机构,并在立法事宜中取得了规谏权,但这种权力刚一试行很快就被废弃了。新建了八个部,但是各部大臣仅仅是业已存在的各行政合议机构的首席官吏而已。除了西耶弗斯在里沃尼亚省根据1804年2月21日的命令答应对农奴实行某些改革之外,政府没有为农奴采取什么重要措施。唯一进步的措施是由新设立的国

① 吉尔贝·罗默(1750—1795年),起初学医,深受卢梭教育思想影响,1791年当选立法议会议员,参加“平原派”。1792年又当选国民公会议员,从接近吉伦特派转而拥护山岳派。1795年巴黎人民牧月起义(5月20日)冲入议场时,罗默挺身而出主张接受人民的合理要求。起义失败后,被热月党人军事法庭判处死刑,听到宣判后自杀而死,被称为“最后的山岳党人”之一。——译者

民教育部在多尔巴特、哈尔科夫及喀山建立了大学。

自我陶醉、虚荣心胜过勃勃野心的亚历山大，在外交政策中也侈谈自由主义和人道主义，特别是想哗众取宠；所以他一开始就把波拿巴视为自己的敌手。他很早就在自己身边聚集了一批德意志人，他们吹捧他为自己祖国的保护者和欧洲未来的解放者。这些人一般都曾是法国革命的赞美者，由于波拿巴恢复了君主政体而使他们的幻想破灭。他们之中著名的有克林格尔，他曾参加过狂飙运动，并曾被保罗一世聘为私人医生。他写道，“从受尽蹂躏的欧洲将出现一位王子，他将反抗威胁我们的肆无忌惮的蒙昧主义和政治迫害者，而变成人道、正义与文化的保护人。……这个人将是他！”随着他日益沉溺于神秘主义，亚历山大越来越相信自己就是这位新的救世主。他很自然地把这个天启使命同他保持与扩大俄罗斯帝国的愿望合而为一。根据特欣条约的规定，并作为1803年帝国大法的保证人，他自诩为德意志各邦的保护者，在这些邦的王侯中他有很多亲戚，恰尔托雷斯基遵照亲俄主义的家庭传统，劝
187 说沙皇重建波兰，并封他为王。然而亚历山大梦寐以求的和俄国由来已久的野心都是觊觎君士坦丁堡。因此当恰尔托雷斯基在1804年出任外交大臣之后就起草了瓜分奥斯曼帝国的计划。他利用彻底重画欧洲大陆地图的机会，把恢复波兰的设想纳入这个计划。此时亚历山大先迫使土耳其苏丹承认俄国对多瑙河各公国的保护关系：1802年，沙皇发布一道敕令，除守备队之外，将所有土耳其人逐出这些公国；敕令规定所有官职均由希腊人或罗马尼亚人充任，没有俄国同意不准撤换公国国君。从1783年起，格鲁吉亚君主就接受俄国沙皇的保护，1803年国君赫拉克里斯死后，

格鲁吉亚很快就被并入俄国,俄罗斯的统治从此便越过了高加索山。这样,亚历山大的侵略野心就使得他与埃及的征服者波拿巴发生了冲突。他推断,如果让波拿巴在德意志建立统治的话,君士坦丁堡就可能落入他的手中。亚历山大从来不是想与拿破仑瓜分欧洲,他只是在等待从他手里夺到欧洲。

波拿巴的东方政策引起沙皇的不安,沙皇便靠拢英国一步,并间接地鼓动它撕毁和约。但是当法国要求俄国出面调解时,他就后退一步,对英国疏远起来。法国的提议满足了他的愿望;他不但可以扮演所罗门[①]的角色,而且还能取得马耳他。尽管他的驻巴黎和伦敦的大使马尔科夫和沃龙佐夫执行着亲英政策,但他于1803年6月5日正式接受了法国的邀请。7月19日,他提出自己的建议:马耳他将接受一支俄国军队驻防;英国将占领毗邻的小岛拉姆佩杜扎;法国则继续占领皮埃蒙特,条件是给其国王补偿;意大利各邦、荷兰、瑞士、德意志以及土耳其的中立由欧洲列强共同给以保证。总之,他想以调停英法间争端为口实而充当整个欧洲大陆的仲裁人。法国如接受这一调停将一无所失,因为它的自然疆界不成为问题,甚至也不危及它对意大利的控制。就波拿巴本人来说,他本不想被这样的条件束缚手脚,但他即使赞同沙皇的条件,实际上不会有什么结果,因为6月27日英国已宣称它将不交出马耳他。然而波拿巴已经占领了汉诺威和那不勒斯的各港口,在沙皇看来,这对他是一种侮辱。于是在8月29日,波拿巴最终拒绝了俄国的建议,理由是这个建议极其偏袒英国。他极为粗暴

① 所罗门,古以色列王,近东地区流传有很多关于他判决案件的故事。——译者

188 地对待马尔科夫,并要求召回这位大使。亚历山大于 10 月 28 日同意了这一要求,只把奥布利尔留在巴黎担任临时代办。现在他意识到,波拿巴决不会承认他是欧洲的最高裁决人,这使他深为恼怒。劫持当甘公爵一事终于使这两个人彻底决裂了。亚历山大以德意志的保护人自居,在帝国议会上抗议这种破坏德意志中立的行动。波拿巴从圣彼得堡召回了他的大使,并带着侮辱性的讥讽口气问道,假如为英国所雇佣的刺杀他父亲的凶手在邻近俄国边境地方定居下来,亚历山大是否“不会迫不及待地把他们抓起来”。奥布利尔接着申请护照,于 1804 年 9 月底离开巴黎。

亚历山大既与波拿巴发生冲突,必然就倒向英国。但是由于他仍然对阿丁顿抱有不满,所以直至皮特重新掌政之后他才以明确的姿态开始接近英国。然而仍不容易取得谅解。沙皇为了仍然充当他曾经扮演过的角色,希望组成一个总的联盟来使欧洲实现和平,并完全重新绘制欧洲地图;他甚至谈到恢复海洋自由! 1804 年 6 月 29 日,皮特只建议英俄结盟,其目的是为了从法国夺回比利时和莱茵地区。9 月 11 日诺沃西尔佐夫带着谈判结盟的训令出使伦敦,训令是照抄他的副手修道院长皮阿托利草拟的备忘录的。备忘录的精神依然是野心勃勃,但为了迎合皮特,提出了要法国退回到它原有的疆界。莱维森一高尔于 11 月出使圣彼得堡,建立联盟的条件开始渐趋形成。瑞典的古斯塔夫四世于 12 月 3 日与英国结盟,1805 年 1 月同俄国结盟。亚历山大要求英国与俄国在科孚岛的军队合作,以救援那不勒斯,1805 年 4 月,克雷格将军启航到地中海。但是直至 4 月 11 日两国才签订条约,英国答应为俄国参加反法战争的十万名士兵提供补助金一百二十五万英镑。

征服地的分配问题将留待以后再定，但已取得谅解的是：荷兰将取得比利时，普鲁士将得到莱茵河左岸北部一带。虽然没有明文规定强迫法国复辟波旁王朝，但双方同意竭力使法国接受复辟。条约签订后，亚历山大企图立即加以修改。他通过诺沃西尔佐夫最后一次试图以牺牲英国人为代价与拿破仑达成协议，然而英国人却丝毫没有想到俄国人会有必要这样做。

这样，在准备战争的同时，谈判也在进行着。俄国与英国同意增援在波美拉尼亚的瑞典军队，这支军队将入侵汉诺威与荷兰。189
在那不勒斯，俄、英与玛丽亚－卡罗莉娜达成了协议，她在拿破仑于1804年5月要求撤换国务大臣阿克顿之后就执政。11月签订了一项条约，由一名法国亡命者达马斯男爵指挥那不勒斯的军队；同时，纳尔逊控制着西西里。此外英、俄还对君士坦丁堡施加了压力，那里的土耳其苏丹拒绝承认拿破仑为皇帝。可是，单从南北两方威胁法国还是不够的；要打败法国，俄国人还必须保证能假道德意志或奥地利。

在德意志，俄国人并未取得任何进展。实施1803年的“帝国大法”继续激起德意志各王侯反对奥地利，奥地利正试图在帝国议会中恢复天主教徒与新教徒之间的平衡，奥国尤其要维护“帝国骑士”的利益。在“帝国骑士”的名下，包括三百五十名封建领主，其中有很多伯爵和男爵，他们领有一千五百处封地，总面积达十一万公顷。他们组成三个部分——士瓦本、弗兰科尼亚和莱茵，他们直接臣属于神圣罗马帝国的皇帝，各自有权进行统治。他们的子孙一般由于家道贫困而去做教士，或进入政府供职，尤乐意在奥国为官。事实上像梅特涅、施塔迪翁、达尔贝格和施泰因一类的人家庭

出身就是如此。他们已经由于把教会产业拨归俗用受到伤害,而现在又看到他们自己为那帮贪婪的王侯所垂涎,这帮王侯要把他们降格为“间接附庸”①,也就是说,要把他们变为隶属王侯的臣民。普鲁士在弗兰科尼亚开了先例,其他王侯也就跟着仿效;1804 年 1 月 13 日,施泰因抗议纳索公爵吞并了他的两个村庄。奥国根据 1803 年“帝国大法”撤销了这些“间接化”的降格措施,并威胁因此向法国求援的巴伐利亚。奥国态度如此强硬,可能是由于维也纳已风闻共和十二年巴黎发生谋刺波拿巴的阴谋案。1804 年 3 月 3 日,即下令逮捕当甘公爵的前一周,波拿巴向奥国发出一份最后通牒,奥国立即解除了武装。这次危机产生的后果是:当瑞典和俄国抗议法国侵犯德意志领土时,南德各邦闭口不言。1804 年秋,拿破仑出巡莱茵地区,有些王侯来美因兹觐见以巴结他。他们就组成一个莱茵联盟问题交换了意见;拿破仑想让欧仁·德·博阿尔内娶巴伐利亚的奥古斯塔公主,但是这位公主已与一个巴登的亲王订了婚;达尔贝格建议全帝国与罗马教皇签订一个教务专约,但是德意志各邦拒绝了这一建议,它们宁愿同教皇个别交涉,
190 从而加强各自的独立地位。不管怎样,南德意志各邦现在都在转向法国这一边。

如果普鲁士明确支持南德意志各邦反对奥地利,情况就会不

① 在神圣罗马帝国的封建阶梯制度中,德意志各邦的王侯都是皇帝直属附庸,“帝国骑士”封地虽小,却独立于其他大邦之外,只臣属于皇帝。神圣罗马帝国既瓦解,大邦兼并小邦,把“帝国骑士”降为自己的附庸,成为皇帝“间接附庸”(prince médiat),即“降格附庸”。这是波拿巴·拿破仑兵力扩及德意志造成的影响,小邦林立的封建割据局面逐渐被消灭,有利于此后德意志的统一。——译者

同,但普鲁士只顾自己,而在国王弗里德里希－威廉三世的周围始终有一个“亲法派”,内阁大臣洛巴德就是这一派的头面人物;这一派人会很乐意接受波拿巴关于普、法结盟的建议。外交大臣豪格维茨的态度则较有保留,有时也建议对法国采取坚定态度,然而他过于看重自己的官位,以致不敢坚持己见。1804 年 4 月初接替他的哈登堡自夸采取一种更为有力的政策;然而事实上,他并不比他的前任更坚定。英法之间的战争使弗里德里希－威廉进退维谷:乔治三世以汉诺威选侯的身份宣布了中立,在迫不得已的情况下,他宁愿让普鲁士占领他的领土,而不愿被法国征服。对普鲁士来说这真是恢复 1795 年的中立联盟的极好机会,这个联盟曾使它得以称霸北德意志,并像 1801 年一样,这也是一个重新占领汉诺威的极好机会。在这个问题上,普鲁士谨慎地决定先取得俄国沙皇的同意,然后再采取行动;亚历山大怀疑普鲁士与法国有秘密协议就加以反对。豪格维茨建议动员军队,并要求法国在汉诺威只限于索取金钱捐献;但是国王拒绝这样做。这位大臣于 1803 年 6 月 28 日又重申前议,他指出,由于法国占领汉诺威和库克斯港,使普鲁士的贸易受到危害。弗里德里希－威廉却愿派洛巴德去会晤那时正在比利时的波拿巴,建议法国同普、俄建立三角联盟,其条件是:在汉诺威的法国军队保持当时的水平,并要恢复贸易。但是这一尝试失败了。豪格维茨随后建议,如果法国人撤离汉诺威,普鲁士保证全德意志的中立。波拿巴仅仅同意重新开放港口,条件是普鲁士同法国结成盟国。普鲁士国王勉强同意了这一点,波拿巴就认为普鲁士因此承担了义务,也应保证维持意大利及土耳其的现状,这在事实上将会使普鲁士与奥、俄两国为敌,而给普鲁士的

只是获得汉诺威的希望而已。1804 年 4 月,普、法谈判陷于破裂:普鲁士对汉诺威垂涎欲滴,但却只肯以它本身的中立为条件。

正在此时,逮捕当甘公爵一事使弗里德里希－威廉再次感到驻在汉诺威的法军近在咫尺的威胁,他最后放弃了在法、俄两国之间搞平衡的企图。亚历山大早在 1803 年 7 月就建议签订的防御
191 同盟条约,终于在 1804 年 5 月 24 日签订,俄国应允当拿破仑加强在汉诺威的兵力,或扩张越过威悉河以东时,提供五万名士兵。战争的借口在十月里的确出现了,当时英国驻库克斯港的使节乔治·朗博尔德被富歇下令逮捕了,富歇希望从他的公文中发现与共和十二年阴谋案有关的证据。哈登堡希望利用这一机会进行军事动员来要求法国从汉诺威撤军,但弗里德里希－威廉仅只要求释放被捕的人,当拿破仑把他释放之后,整个事件也就解决了。

在一段长时期内,奥地利和普鲁士一样,也没有什么指望。吕内维尔条约签订之后,奥地利恢复元气颇为不易。查理大公力图劝他的哥哥改革统治方法,允许大臣有职有权,并允许他们参加会商议事。1801 年 9 月 12 日,成立了一个由三个部组成的内阁。然而这也没有用,因为弗兰茨依然要独揽大权专断一切。不过他起码还是允许于 1801 年 1 月 9 日提升为军务院主席的查理大公在他的参谋长迪卡和他的顾问法斯本德的协助下负责改组军队。但是经费缺乏:1801 年至 1804 年间,国债从六亿一千三百万盾增加到六亿四千五百万盾,流通的国库券从二亿零一百万盾增加到三亿三千七百万盾。结果通货膨胀为害极大;1801 年,按票面价值百分之十六贴现的纸币现在却按百分之三十五贴现。物价上涨,以致必需增加工资和薪俸。投机使少数人致富,但却毁了那些

有固定收入的阶层。1804年影响到全德意志的饥馑更加深了苦难，同时人们仍拒绝打击特权等级享受的纳税豁免权，如果取消这种特权，那将不难重整财政。在这些情况下，正如查理大公所言，奥国亟需休养生息。外交大臣科本兹和有影响的科洛雷多伯爵也持有这样的见解；以恢复同法国结盟而自诩的科本兹与法国大使尚帕尼密切合作，每当波拿巴一提高嗓门，他就让步。

尽管如此，在维也纳还是有一个主战派。一些奥地利人，像施塔伦贝格伯爵和施塔迪翁，就属于这一派，但是起主要作用的则是已组成反法同盟的那些国家的大使——俄国的拉祖莫夫斯基、英国的佩吉特、瑞典的阿姆费尔特，他们正是在几个俄国贵妇人的沙龙里展开阴谋活动。他们通过当时宫廷图书馆长约翰·冯·米勒，与沙皇驻德累斯顿的代表昂特雷格伯爵取得联系，后者也被奥国所收买。通过施塔迪翁和当时驻萨克森的大使梅特涅，他们把弗里德里希·冯·根茨拉进他们一伙。在柏林负债而破产的根茨于1802年9月接受了奥国宰相府顾问一职，但却没有停止接受英
国的津贴。尽管这伙人都是得人钱财替人效劳，但他们个人也都 192
是仇视法国革命的，特别是阿姆费尔特，他是一个死硬的贵族，根茨称之为“最后一位罗马人[1]”。根茨本人游说弗里德里希-威廉参加这次圣战未成后又希望争取弗兰茨。奥国的大臣们不信任他，仅仅把他作为一个政论家而加以利用；这样他就只得到僚属的待遇，因此他猛烈抨击科本兹与科洛雷多，并且夸大他们的软弱无

① 在欧洲历史上，有些人颂古非今，崇拜美化古罗马人。这里根茨与阿姆费尔特臭味相投，故吹捧他大有古人之风。——译者

能的缺点。

事实上,科本兹绝不是无所作为的。他对英法之间的战争感到不安,因为他忧虑的是,在海上不能取胜的波拿巴可能会以奥国为牺牲品而在大陆进行报复。同时他意识到,这次战争使他处于一种有利的讨价还价地位,从1803年起他开始向伦敦要津贴,后来他终于拿到了手。法俄之间的破裂又给他提供了新机会。1803年9月1日,多尔戈鲁基到达维也纳,受到热情的接待,并请他提建议。1804年1月,俄国提出愿出兵十万,以迫使法国重新接受吕内维尔条约的规定。科本兹宣称,俄国这点援助是不够的;除此之外,他也无意冒犯法国,弗兰茨更是如此,他说,“法国没有做什么伤害我的事。”

法兰西帝国的宣告成立改变了一切。反革命派惊呼狂嚎,根茨写道:“法国革命已经被我们时代血腥悲剧的不可思议的结局认可了,甚至几乎是郑重批准了。”如果说维也纳宫廷也被此事搅动起来,那特别是因为它对神圣罗马帝国和哈布斯堡王室利益造成了严重后果。拿破仑采用皇帝的称号而不用国王的称号,这不只是尊重大革命的传统;而且还意味着是针对整个欧洲的,因为到当时为止仅仅有一位皇帝,即罗马帝国的正统继承人,基督教理论上的首领。在法理学家看来,帝国不一定非得是德意志帝国不可,教皇加冕礼(哈布斯堡王室久已废而不用)在巴黎举行同在罗马举行一样有效。拿破仑巧妙地把这种尊严归于他的国家,自称法国人的皇帝,并否认有统治全球的野心;然而人人都看出,既然一个新皇帝出现了,则德意志神圣罗马帝国的日子屈指可数了。因此,尽管弗兰茨二世决定承认拿破仑也称皇帝,但他要求,当他在1804

年 8 月 11 日改称奥地利皇帝时，也将得到同样的承认。他暂时还
兼任神圣罗马帝国的皇帝，但他显然料到有朝一日会被赶出德意 193
志的。此外，由于传统把意大利王国与神圣罗马帝国联系在一起，所以他也担心法国可能在意大利进行新的扩张，在这一点上他没有看错。因此，法兰西帝国的创建就加速了第三次反法同盟的形成。

科本兹第一步是想要试探普鲁士的意图，但是由于他没有提出任何实惠的东西给普鲁士，这种试探就毫无结果。当他在十月获悉诺沃西尔佐夫前往伦敦时，他推测，同英国结盟的俄国可能会置奥国于不顾，于是就与亚历山大签订了 1804 年 11 月 6 日条约，虽然条约是防御性的，但它却规定“在需要以其他形式动用共同的兵力的情况下”，双方将洽商采取联合行动。到 1805 年 1 月有消息说，意大利共和国将要变为一个世袭王国；为了不妨碍自己的手脚，科本兹决定排挤掉不赞成与俄国结盟的查理大公。查理大公处事有独立见解，因而长期以来就使弗兰茨皇帝感到不快，皇帝对他不断无端指摘，以致使这位大公不得不辞职。迪卡和法斯本德也受到冷落，颇受英国称赞的麦克将军应召主持总参谋部。即使如此，弗兰茨还是反对发动进攻，科本兹本人也犹豫不决，结果就使得焦急等待的俄国以废弃协约相威胁。拿破仑一系列新的侵略终于巩固了俄奥两国的协约。

拿破仑的附属国和同盟国都没有按照他的意图行事。荷兰依然听任走私活动继续进行，荷兰议员拒绝通过为增加军备而征税或举债。1804 年 9 月，拿破仑指出需要修改宪法。1805 年 3 月 22 日，席梅尔佩宁克受任为拥有全部行政权的首席行政长官；立

法权授予了“拥有最高权力”的议会,议员由公民从政府提出的候选人名单中选出;候选人由席梅尔佩宁克挑选,这还是第一次。这一切都安排就绪之后,财政部长高格尔便能着手实施财政改革。

具有更大影响的事件是意大利共和国的消亡。共和国副总统梅尔齐仿照法国组织了行政和司法体系,签订了教务专约,创建了一所学院,重新开设了一些大学。为了镇压盗匪,他取消了陪审制度,设立了警察厅长的职务,建立了宪兵队,并建立了特别法庭。
194 公共工程增加了,辛普朗通道建成了。精力充沛、精明能干的财政部长普利纳采用了征收间接税,清偿了债务,整顿清洗了财政部人员,改进了账目管理。最后还建立了地方军队,征兵制度终于在 1803 年成功地实施了。然而这些改革没有使人高兴,而是更把人激怒了,公共舆论依然非常敌视法国人。虽然梅尔齐很照顾贵族,但却几乎得不到他们的支持;立法院显然难以驾驭,它拒绝采取建立登记注册机构和征收遗产税等措施。梅尔齐本人希望法国军队撤离,得到独立。1803 年 5 月,他向奥国政府提出一项古怪的建议,内容是建议把包括威尼西亚在内的北部意大利统一起来,而置于前托斯卡纳大公的统治之下。当波拿巴得知此事后便产生了疑心,促使他决定亲自控制意大利共和国的事务。

法兰西帝国的建立给拿破仑的意大利计划带来了最危险的因素。自从查理大帝以来,所有的罗马皇帝不是伦巴第的国王就是意大利的国王,所以拿破仑也必须如此。早在 1804 年 5 月,他就把他的意图通知了梅尔齐。意大利的一个委员会制订了一部宪法,但是当皇帝发现宪法对他的权力做了若干限制的时候,他极为愤怒;因此他把委员会成员召到巴黎,颁布了他的全部条文。他似

乎已经意识到把王冠加于自身的危险,因为他曾首先提出让他的哥哥约瑟夫做国王,1805 年 1 月 1 日,他写信给奥国皇帝,向他保证,新成立的王国将永远与法兰西帝国区分开来。但是指望将成为法国统治者的约瑟夫拒绝做意大利国王,路易也代表他儿子同样表示拒绝。结果,拿破仑安排于 3 月 18 日通过一项元老院决议案,宣布他兼任意大利国王。5 月 18 日他在米兰为自己加冕,并指定他的继子欧仁·德·博阿尔内做副王。对奥地利,他只答应随着和平的到来,当从马耳他和科孚撤军时,他将让位给他的一个亲属。这样,吕内维尔条约遭到了破坏。在他的驻热那亚代表萨利切蒂策划下,利古里亚共和国决定与法兰西帝国合并,拿破仑便于 6 月 6 日把这个共和国划分为法国的三个郡,这就再次违反了条约。除此之外,拿破仑于 3 月 18 日把皮昂比诺公国赠给了他的妹妹埃利兹,并于 6 月 23 日封他的妹夫巴乔基为卢卡公爵。这两块领地是皇家采邑,拿破仑通过这样赐赠,目的显然在于表示他以罗马皇帝继承人自居。奥国不再犹豫了。6 月 17 日,帝国议会决定加入英俄同盟。恰在这时诺沃西尔佐夫途经柏林去巴黎,受权 195
表示同意法国据有莱茵地区及比利时(安特卫普除外);6 月 25 日,亚历山大取消了诺沃西尔佐夫的使命。7 月 16 日,奥地利的温青格罗德将军与麦克磋商,决定了作战计划。7 月 28 日,皮特和亚历山大终于批准了 4 月 11 日在圣彼得堡签订的英俄条约,但在马耳他命运的问题上没有达成协议。奥地利于 8 月 9 日也在条约上签了字。然而它还在向巴黎进行试探,希望获得法国一些让步就可以不必参战。由于没有取得任何结果,奥地利于 9 月 11 日侵入了巴伐利亚。

在此同时,双方都尽了很大努力说服争取德意志各邦。弗里德里希—威廉对于沙皇的责难仍然固执地充耳不闻,7 月 15 日,他拒绝集结在波美拉尼亚的军队假道普鲁士,这就给拿破仑帮了大忙。亚历山大要求会见国王,但没有成功,于是便威胁说要强行通过西里西亚。恰尔托雷斯基感到大有希望:9 月 23 日,沙皇到达恰尔托雷斯基家族的城堡普瓦维;他在那里谈到要夺回在瓜分波兰时普鲁士所得到的一份领土,并扬言要复兴波兰。其实亚历山大却是在欺骗他的朋友,因为他只是企图威胁普鲁士国王,希望把他争取过来。

至于拿破仑,那年冬天他对在威尼西亚集结军队感到焦虑之后,直至七月底他也没有什么怀疑,只是到 8 月 23 日他才意识到危险。尽管如此,他于 8 月 8 日以答应把汉诺威给普鲁士作为诱饵,试图把普鲁士争取过来;8 月 22 日他派迪罗克到柏林去谈判,普鲁士国王回答说,他只同意在吕内维尔条约的基础上保持和平,才肯与法国结盟。在普鲁士宫廷和军队内部,主战派开始形成;路易莎王后一直对亚历山大表示同情支持,也从未减少对拿破仑的憎恨。但是包括军队在内的大部分普鲁士人仍然赞成执行中立政策。由于其他地方需要贝尔纳多特的部队,皇帝决定从汉诺威撤军,并许诺由弗里德里希—威廉的部队占领,如果这位国王想利用这个机会,那机不可失,他不应错过。拿破仑预料到这位国王对此会感到极为满意,起码暂时会放弃参战的念头。这种估计完全正确。拿破仑在受奥国威胁的南德意志各邦中进行得更为顺利。8 月 25 日,巴伐利亚与法国结盟,9 月 5 日,符腾堡原则上也追随巴
196 伐利亚的做法。早在 1803 年已端倪可察的德意志的四分五裂过

程就这样完成了。

拿破仑在意大利也施展了相同的手腕。9月10日,那不勒斯王后玛丽亚—卡罗莉娜与俄国结盟;9月21日,拿破仑与那不勒斯大使加洛侯爵签署了一项撤军条约,因为他要派这支军队到阿迪杰河一带。他还占领了伊特鲁利亚,甚至不顾教皇的抗议占领了安科纳港。那不勒斯的费迪南四世由于害怕维尔纳夫的进攻而批准了这一条约。特拉发加海战之后,玛丽亚—卡罗莉娜扔掉了假面具,11月19日,一支英俄联合舰队把一万九千名士兵运到那不勒斯登陆。但已为时太晚;拿破仑已经赢得了胜利。

第三次反法同盟一直被认为是存心要剥夺法国的自然疆界。反法同盟如若获胜,势必夺回全部或部分法国的征服地,这是不在话下的。不过有待说明的是,英国于1803年、俄国和奥国于1805年挑起战争并不纯粹是为了这一目的;这一点没有任何证明,甚至英国方面也没有。首先,这种十分明显的侵略精神是由一直未被人们重视的强烈欲望和利害关系助长的;英国满脑子的经济利益盘算及海上帝国主义的政策;亚历山大的妄自尊大及个人嫉妒心;在维也纳影响很大的欧洲贵族的敌对心理,这种仇恨法国的根源在于社会制度的冲突。其次,更为清楚的是,拿破仑就好像在赌博一样,拼命煽起这种郁积着的仇恨心理,使各强国无不惊恐万状,甚至使最怯弱的奥地利也被迫走极端。且不说法国民族的利益,只从他个人政策的观点来看,绑架当甘公爵、建立帝国、过早地触怒英国、使俄国的东方野心惴惴不安、特别是改意大利共和国为世袭王国,以及吞并热那亚等等对于保持他的政权并不是绝对必要的。尽管他没有吉伦特派的革命热情,但他也向各国帝王与贵族

恣意挑衅,而吉伦特派已曾为此而受到责难;他执行了强横的侵略政策,而督政府已曾为此而遭到轻蔑的批评。

不管怎样,亚眠和约被撕毁之后形成的第三次反法同盟终于决定了他命运的道路。这并不像有些人所主张的那样,他的最后倒台从此就是注定了的;要使拿破仑垮台还有待他犯下更多的错误和发生某些不可预测的偶然事件。但是从此时起,他除了征服全世界之外,已别无其他选择。

第二章　拿破仑的军队 197

吕内维尔条约签订之后，波拿巴便着手清洗军队内部的厌战分子和不可靠分子。他裁减了许多军官，遣散了至少参加过四次战役、总数达八分之一的精锐部队的士兵。从1801年到1805年，他花费了四年多的时间来改组军队，并重新审查和改进他的作战体系，这个体系在1805年和1806年付诸实施时将震惊世界。波拿巴的独创天才充分表现在精心制订的战略原则和建成对战略原则不可或缺的战术部队上面。除此以外，他大体上仍然忠实于法国革命所采用的办法：混合编制和从士兵中晋升始终是他的军队最重要的特征。虽然波拿巴在战争准备中表现了极高的组织能力和对细节的慎重考虑，但是他对每次战争总是临机处置。

一、征募与晋级

征募新兵仍根据共和六年的法律，这项法律已补充了许多行政规定，最后于1811年把所有这些规定都编纂成一部法律。这部 198
法律规定，所有从二十岁到二十五岁的法国男子都得服兵役；但是为了免得使政府帮助供养应征者的妻子儿女，它又允许有许多例外。首先免服兵役的是那些已婚男子，以及在1798年1月12日前已有孩子的鳏夫或离了婚的男人。公共舆论忽视了限定的日期,而一般都把免服兵役视为永久性的。然而由于法律有明文规定,所以1808年以前的征召,甚至追溯既往的征召入伍,都没有放过已婚男子和成为鳏夫的父亲。不过,征募新兵的军官倾向于不征募这几类人,或把他们列入“备取”,也就是说,编入已中签的一部分新兵之中,这些人只在应召新兵不足额时,才应召入伍。最后,按照1808年9月10日元老院决议案免除了这几类人的兵役。因此到帝国末期匆忙结婚者数以倍增。另一方面,赡养家庭者受到相对的优容,在教务专约签订之后,对神学校学生则更是如此。最后,在共和八年只是一种优待的“顶替”制度,根据共和十年花月28日(1802年5月18日)的法律变成了一种权利。

出于财政的也有经济的考虑,为了保存劳动力,共和六年法律规定,除了祖国在危急中的情况之外,不征募所有适龄者入伍,而
199 是由议会每年规定一定的新兵名额,首先从年龄最小的适龄者中征募。在执政府时期,新兵的征募大体同在大革命时期一样:本已为数无多的每年新兵名额由立法院通过决定,然后摊派到各郡。在原则上,郡议会和县议会再给各公社分配名额;各市府自己选择医生检查新兵体格,指定免役人员,批准顶替兵入伍,如有异议最后上报郡守决定。

兵役制度如同帝国其他制度一样,朝着同一个方向演进。从一开始“顶替制度”就已优待新贵名流。1805年9月24日拿破仑以元老院决议案规定了名额,此后就剥夺了立法院在这方面的权力。另外,许多市政府玩忽职守、庸碌无能和舞弊作恶,以致怨声载道。于是像剥夺市政当局财政权那样剥夺了它们在征兵中的职能，地方征兵改由专职官员主办，这就大大有利于平民。政府禁止各市政当局用投票方式抽征新兵，而鼓励用抽签办法征募新兵。郡守和县长日益频繁地干预兵役制度的实施。共和十年热月18日（1802年8月6日），每个郡都成立了一个由郡守和数名军官组成的巡回征募委员会，目的在于重新审查所有因健康不合格而免服兵役的人。1805年的战役又引起决定性的变化：按照8月26日法令剥夺了地方议会的分配名额的职能。从那时起，名额分配改由郡守和县长负责；后者开列适龄新兵名单，以抽签方式选择应召新兵，并负责主持体格检查，不过检查要经征募委员会复审。中签应征入伍新兵仍然保留由志愿兵代替入伍的权利：这叫做“替换”；此外中签新兵还可以雇人代替：这叫做“顶替”。甚至在新兵编入团队之后，还可以雇人顶替。入伍新兵的分配是由皇帝或他的大臣决定的。每一个团派出一名军官以顾问的名义参加征募工作；这名军官由一个护送队陪同，把分配给该团的新兵带到新兵训练站。除了1800年由阿让维利埃负责、1807年由督导官拉居厄·德·塞萨克管理的征兵局之外，新兵征募工作没有建立一个专门的机构。但是征兵制度还是取得了很大的进步。至于新贵名 200
流的滥用职权，贪污受贿，拿破仑无疑地有所制止，但是他也不能做到杜绝。

虽然这一制度做到了合理利用人力，但是由于取消了平等，由于把大部分负担转嫁给穷人，因而改变了兵役制度的全民性，所以也带来了不利的一面。1805年到1811年顶替兵的价格上涨得不很多，但是在科多尔郡价格从一千九百法郎波动到三千六百法郎，以致新兵名额中只有百分之五的人能有钱雇人顶替。但是，征兵

之所以终于为人民憎恶,那是因为在1805年之后一直在打仗的缘故。被征来的新兵从来没有进过兵营,而是尽快地开赴前线,投入战斗。无休止的战争不允许他们退役:士兵只有在残废的情况下才能回家。1803年军队仍然还有十七万四千人是在1792年到1799年间征募的;而且他们的退役还遥遥无期。此外,随着皇帝的冒险事业的不断扩增,征募数字也不断地增加,而且1806年之后都是提前征募新兵,虽然法律并没有此项规定。直到1813年,确实并没有任何一年的适龄入伍者是一次全部被征入伍的,但是那些没有中签的人,甚至那些已雇人顶替的人也都是毫无保障的,因为谁也不能阻止发布补充征募新兵的征召令,从尚未入伍完毕的各年适龄应征者中补征。早在1805年,拿破仑就从1800年至1804年每年适龄男子中补征了三万人。

对当时的人来讲,这些要求似乎是不能容忍的,因为在旧制度统治下还闻所未闻。不过必须指出,从1800年到1812年拿破仑一共仅仅征募了一百三十万人,其中从法国原有领土[①]内征募的占四分之三稍多些。甚至把1812年和1813年的巨大征兵数字(超过一百万人)考虑在内,那些实际上被征募的男子的比例没超过适龄的男性人口的百分之四十一。科多尔郡从三十五万居民中提供的新兵总数仅为一万一千名,占百分之三点一五;北滨海郡从五十万居民中征募了一万九千名士兵,占百分之三点八。正如在法国革命时期那样,拿破仑不得不追捕规避兵役者和逃兵;早在共和八年,他们的父母就要被罚款,1807年之后,他们的家又都受到

① 即不包括从1789年以来合并入法国的新领土。——译者

驻兵监管。宪兵和国民自卫军的别动队在全国各地搜捕逃犯。这些措施的确很有效，因为触犯军纪的人在1812年之前一直为数不多：例如在科多尔郡，从1806年到1810年这样的人不足百分之 201
三。共和八年、共和十年以及1810年拿破仑三次大赦他们。因此，国民比人们通常所认为的更为顺应强制兵役制；只有最后由于军事失利而出现大量征兵的时候，国民才变得难以驾驭了。

由于不断地进行战争，拿破仑的军队通过不断的混合编制加以补充，这个原则产生于法国革命。每个战役一开始，新兵部队不管服装和武器好坏，都分成小股部队奔赴前线。皇帝在1806年11月16日写道，“新兵不需要在训练营里待八天以上”。他们在开赴战场的路上学习基本军事技术，如此而已！一旦编入团队，他们就和久经战阵的老兵混合编制在一起，在战斗中获得他们所能得到的知识。即使在战争中有短时休整期间，也不注意操练，因为操练被看成是没有用处的。拿破仑的士兵和兵营中训练出来的士兵毫无共同之点：他同法国大革命时期的士兵一样，是仓促上阵作战的斗士，并且还保留着同样的独立性。既然由普通士兵提升的军官们是他昨天的战友，并且他自己也可能在明天被提升，因此他很不注意“军队的”精神；对他来说形式的、机械的纪律是难以容忍的；他往往随便离队，到时候回队，只有在炮火下才服从命令。很少有军队容忍违反纪律到这种程度；在这种情况下，集体示威，个别抗命以及哗变经常发生。拿破仑为此大发雷霆，但他总是对军队表现出比政府特派员更加纵容的态度；他认为士兵基本上是一名战士，而他最关心的是他的战士是否渴望战斗、并且奋不顾身地投入战斗。

这种在敌人面前表现出鼓舞着个人的主动性、大胆、自信并使军队具有集体精神的热情，也是大革命的遗产之一。无套裤汉的激情、对平等的热爱、对贵族的仇恨、对教权主义的激烈反抗无疑地随着时间的流逝而减弱了，但是这些情感并没有熄灭；1805 年它仍然十分热烈。在老卫兵看来，被人亲昵地称作“小伍长”的拿破仑从来不是一位帝王，而是在反对各国帝王的战争中的一位领袖。从大革命中也迸发出了一种意气风发的民族主义感情，这是一种属于“伟大民族”的自豪感。皇帝用颁发“告士兵书”的方式，精心地哺育着这些情感，在这一点上，他承继救国委员会的办法，使战争成为一种得到群众拥护的事业。

如同国民公会和督政府的军队一样，拿破仑的军队的威力，主
202 要也是从为个人才干开辟了发迹道路的社会革命中得来的。在军队里，平等表现在从士兵中擢用军官。共和八年宪法授权总司令选用军官。即使拿破仑表示有意恢复军事贵族，但是他基本上还是凭军功大小决定任命。资历是无足轻重的；知识水平本身很少引起重视；打胜仗不取决于受教育多少，而是几乎完全依靠大胆和勇敢。每次战斗之后，负责晋升的上校军官从团内选拔战功突出的人填补阵亡军官的空缺，士兵是对他在提升问题上表现得公平与否的最好的法官。拿破仑也根据同一标准任命高级将领。在一个正在巩固等级制度的社会里，正是军队给有才干的人提供了出人头地的大好机会，因此，军队强烈地吸引了有抱负的青年人。军队中的优秀分子理所当然地热望投入战斗，冲在前面，他们带动了其他人，或者至少在战场上弥补其他人的短处。拿破仑从未停止过鼓励这种对荣誉的渴望，起初颁发滑膛枪和军刀，即表示荣誉的

武器，后来颁发荣誉军团勋章。同时他还大大增加了精锐连队和军团的数目，其中最得意的是身着闪闪发亮、五彩缤纷的检阅军服而显得异常突出的近卫军。

这个制度实行的结果是，相对地讲军官比士兵所受过的训练高不了多少。由此而带来的不利是微不足道的，因为拿破仑从未和任何人在一起商量制定战略思想和指挥作战；除此之外，只要有在战略运用方面很熟练、有经验的勇敢的将军们就足够了。总参谋部不是一个能对战斗进程施加影响的自主机关；那些在机关里工作的军官只是处理实际任务：皇帝下圣旨，他们转达。总参谋长贝尔蒂埃是一位优柔寡断、才能平庸但规规矩矩、唯命是听的将军，他实际上只不过是一名“传送陛下敕令”的少校而已。拿破仑在 1806 年写信对他说：“严格遵守我给你的命令”，“只有我知道我应该做什么”；贝尔蒂埃亲自告诫一位元帅说：“没有人了解他的思想，你的职责就是服从命令。”拿破仑的副官，如马尔博、费桑扎、卡斯特朗、古尔戈和他的侍从武官，如迪罗克、穆东、拉普、德鲁奥、萨瓦里和贝特朗，都是由于他们具有敏捷的判断力和尽职的热忱才
从行伍中选拔上来的。他们根本不具备左右军团司令官的权威； 203
他们只不过是主人的耳目而已。这些人总是奉命出差各地，他们发回视察该地形势的报告。然而，如果拿破仑不能同时到各处巡视，认为有必要指定人代他外出的话，他就派出一个心腹，如缪拉、拉纳、达武或马塞纳，他们是名副其实的副总司令或军队的临时司令官，也只有他们才有权制定战略方针。因此，真正富有才干的将领并不需要很多。

由此可见，拿破仑的军队并没有整套的制度；它不断地经历着

临时出现的变化。军队的力量在于发挥个人的勇敢和指挥官的天才。各兵种在组织方面的革新无关紧要。步兵仍然分成战列步兵和轻步兵或称流动步兵,他们的战术没什么重大的变化。共和十二年葡月1日(1803年9月24日)规定的骑兵建制,此后成为标准的分类法,即分为轻骑兵(狙击骑兵),主力骑兵(龙骑兵)和重骑兵(胸甲骑兵)。由于国民公会和督政府的努力,骑兵比步兵训练得要好一些。在缪拉和许多勇猛的骑手率领下,奥国的骑兵是没有什么可怕的。炮兵是按照骑、步兵团组成的,步兵的炮被取消了。工兵组织为一些独立的营,架桥兵也属于工兵营的编制。近卫军的编制在共和十二年热月10日(1804年7月29日)确定下来,那时这支部队有三分之二是富有经验的老兵;它包括五千名步兵和二千八百名骑兵,这两个兵种被分为掷弹兵、轻骑兵和轻武装搜索兵。再加上一百多名马穆鲁克[①]、一个轻炮队、海军陆战队、宪兵队、甚至拥有一个为时法国军队中唯一的辎重队。至于军械则没有什么变化。1777滑膛枪准确射程为二百米,每三分钟至多打四发子弹。格里博瓦尔炮[②]每分钟发射两发实弹,重量达四磅、八磅或十二磅,在六百米以内效果极好。在四百米之内效果良好的榴弹和霰弹偶尔也使用。也使用一种六英寸榴弹炮。拿破仑非

---

① “马穆鲁克”原意白奴,是埃及统治者从中亚和近东各国掠夺和购买来的,包括许多种族和国籍的奴隶,起初把他们组成卫队。但他们逐渐掌握兵权,在13世纪中取得政权,建立王朝,达两个半世纪多,在1517年被土耳其人打败。此后马穆鲁克军官集团仍是埃及封建割据势力。1798年波拿巴远征埃及打败了马穆鲁克骑兵,招了一些马穆鲁克加入法军。——译者

② 格里博瓦尔(1715—1789年),法国炮兵将军,他改进了大炮的火门,设计了较轻便的野炮架。——译者

常重视炮火，因此就非常重视炮队。然而他自己的炮队炮的数量
为数不多：1806 年以前，每师只有十二门炮，就在这一年才出现了
一个有大约五十九门炮的总停炮场。1808 年平均每千人中还只
有两门炮。马尔蒙对这种落后状态应负部分责任；1803 年，他曾
经着手进行改铸全部大炮的工作，但是当 1805 年战争又起时，他 204
被迫放弃了这个工作。但是还有些更为深刻的原因：装备工具缺
乏，而最重要的是运输能力不足；既不能搞到更多的炮车也不能得
到充足的弹药。

拿破仑的军力由于不断战争和扩大征服，也由于他日益增长的贵族倾向而逐渐削弱。随着共和国时期的老兵数量日减，而入伍新兵骤增，因此混合编制的效用变得越来越小，1809 年，军队开始建成完全是新兵的师。要使从士兵中晋级这一制度发挥其优越性，有赖于每次战役有相当数量的阵亡军官，以便为新人的提升腾出位子。起码在 1812 年之前，阵亡军官为数不多。特别是高级将领比比皆是，而一旦荣任元帅，他们所追求的只是保持钱财和荣誉，因此便希望和平与安逸。如果只由皇帝一人独断专行，这种弊端可能会发展得更为迅速，因为这符合他的政治意图，符合他要建立一个包括出身贵族、富人和军官子弟的军界优秀核心的社会理想。他建立了一所陆军中学，在圣热尔曼设立了一所骑兵学校，在枫丹白露创办了一所军官学校，这所学校于 1808 年迁到了圣西尔。拿破仑也考虑到要重建 1791 年解散的“亲卫队”[①]：按照这种

① 亲卫队（garde du corps）是旧制度下国王个人的卫队，1791 年宪法对国王卫队加以法律限制，废除了个人的卫队。——译者

方针,他于 1800 年创建了“后备志愿队”,1806 年创建了“宪兵队”。他鼓励组织从出身名门的国民自卫军的成员中征召的地方“仪仗队”,1805 年 9 月 30 日,他把这些原供检阅用的部队列入军队编制。虽然军官们愿意让自己的子弟到军校学习,但是贵族和资产阶级的上层分子不愿意送他们的子弟去。此外,拿破仑意识到有招致军队,特别是近卫军不满的危险。宪兵队和仪仗队于 1806 年被取消了,只是在 1813 年后者才又恢复起来。只有在意大利王国,1805 年 6 月 26 日建立的王室仪仗队成了军官养成所,这就揭示了拿破仑的真实意图。

军队的民族性质也减弱了。1800 年以后,法国部队中来自新合并地区的士兵占相当大的比例,而且这一比例随着新的扩张而不断增加。此外,拿破仑还恢复了旧制度的习惯做法,即尽量征募外国人入伍。他有瑞士团和波兰团,1803 年组织了汉诺威团和爱
205 尔兰团,1805 年又创建了两个“外籍”团。这些外籍部队与日俱增。最后帝国军队包括有属国和盟国的部队:1805 年以后有意大利人、荷兰人和南德意志人。他们的数量增加得如此之多,以致在 1812 年法国本土上的法国人在帝国军队中只占少数。

正是这个制度的成功暴露了某些随之而来的弱点。随着战场的增加,拿破仑如不能亲临现场就往往暴露出:他的将领中很少有人能独当一面,统率全军。内依、乌迪诺和苏尔特在独立指挥作战时表现庸碌无能。人们认为,拿破仑要对这种庸碌无能负责,因为他剥夺了这些司令官所有的主动权。这是没有根据的指责。虽然如同所有最杰出的军事统帅一样,他独自指挥战争全局不和别人共同商量,然而在选择具体作战方法上,他还是

留给他的将军们相当大的活动余地的。只是他在选拔高级将领时，没有使他们具备应付大规模战争的必要训练。另一方面，扩大征服地使交通线随之延长，并需不断分兵占领新征服的领土，这就又构成了另一个弱点。由于拿破仑总是想用决定性的打击一举结束战争，所以军队缺乏后备力量。除了提前征募下年度适龄新兵之外，没有其他办法补足军队兵员；只有依靠盟国甚至最靠不住的属国的军队，才有足够兵力驻防所占领的土地；在前线，精锐部队的战士不断地减少。以共和三年牧月 28 日（1795 年 6 月 16 日）法律为基础、根据共和八年宪法规定所重建的国民自卫军本来是能够为国防军提供兵员的。但到 1805 年，它只是存在于纸上；9 月 24 日，皇帝命令重新组织国民自卫军，他自己保留选派军官的权力；但在事实上，他只不过是组织了精锐的连队和仪仗队而已。后来，他部分地动员了国民自卫军，例如用在保卫沿海区域；不过直到 1812 年，他没有把国民自卫军同他的军事制度紧密地联系起来。

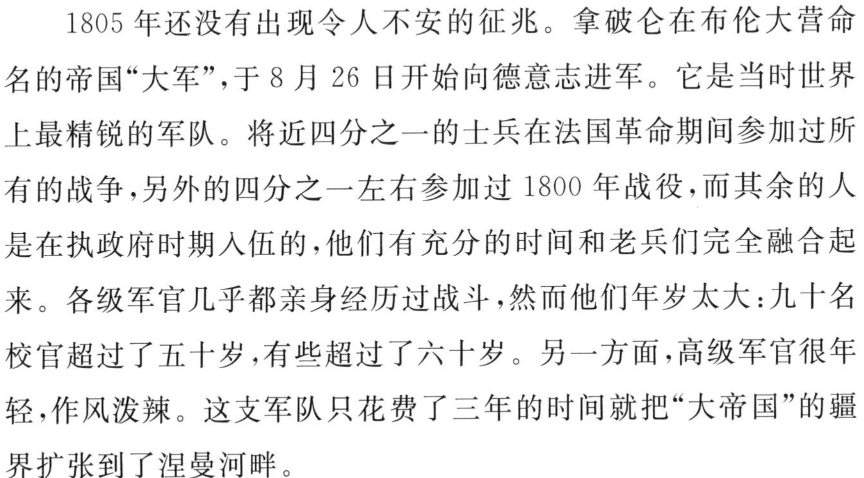

1805 年还没有出现令人不安的征兆。拿破仑在布伦大营命名的帝国“大军”，于 8 月 26 日开始向德意志进军。它是当时世界上最精锐的军队。将近四分之一的士兵在法国革命期间参加过所有的战争，另外的四分之一左右参加过 1800 年战役，而其余的人是在执政府时期入伍的，他们有充分的时间和老兵们完全融合起来。各级军官几乎都亲身经历过战斗，然而他们年岁太大：九十名 206
校官超过了五十岁，有些超过了六十岁。另一方面，高级军官很年轻，作风泼辣。这支军队只花费了三年的时间就把“大帝国”的疆界扩张到了涅曼河畔。

二、战争准备

在旧制度之下,战争总是在毫无准备之下进行的。一旦战争爆发,就必须征募官兵。变为大承包商的军需供应商不问贵贱地购买货物,充塞他们的仓库,囤积装备。他们敲诈国王,而他们的代理人吸尽士兵的骨髓。政府力图建立监督制度,但是军需官却没有职业良心,足以抵制腐蚀。这种弊端的显而易见的原因似乎是由于财政匮乏的结果;而深刻的原因则是国家的经济情况,经济还十分薄弱,以致不能支撑现代的战争,也不足以维持一个廉洁的、胜任的官僚机构。这样,王政下的政策总是超出它力所能及的范围。同样不得不仓促作战的山岳派做过非凡的努力,以便废除私人承包商,使供应业务国有化,并且要求公务人员忠于职守,廉洁奉公。热月 9 日政变之后,共和国处境与王政时期不相上下。在拿破仑统治时期一仍其旧,而由于军队数量剧增和战争旷日持久,这种情况就更加严重了。

像雅各宾派一样,拿破仑非常厌恶军需供应商;并且同他们一样,在缺乏足够金钱和人员的情况下被迫仓促行事,但由于他依靠
207 的是新贵名流,他就不能诉诸雅各宾派的做法。正像他为了充实国库被迫求助于金融家一样,他现在要维持军队也不得不求助于这些人。1805 年,范勒尔贝格等人保证为国内军队提供粮秣;战争爆发后,某些公司负责专营面包、肉类、饲料、医院和所有运输设施,包括大炮的运输设备,所有这些经营都可获得一定的保证利润。共和九年,创立了一个炮队运输营,只有近卫军才拥有自己的

行李辎重队。拿破仑做了很大的努力来厉行账目核实。共和十年，把军队的行政管理部门组成军政部，由德让领导。军队的财政机构成为一个独立的单位。早在共和八年，核实军队数字的任务就不再由军需官负责，而改交给叫做审核员的官员专门负责。前者与后者都对帝国大军的兵站总监维尔曼齐负责，1806 年达律接替了他。皇帝非常喜欢亲自清查名目繁多的账目和发现账目错误。虽然他查对收支账目只能偶尔发现没有落账的交易和不正当的支付。但战争时期匆促任用的军需官依然营私舞弊，民愤很大。拿破仑于 1808 年 5 月 18 日写道："他们叫我给已死的士兵发饷"，况且，他从未能防止他的将军们征收强制捐献以饱私囊。

1805 年，拿破仑已拥有将近四十万步兵，但是在和平时期他不能适当地维持这样一支庞大的军队。普通士兵每天得到五苏，但是国家仅仅配给他们一份口粮，在战争时期配给一份肉。即使是这一点微薄的军饷也不能按时发给。就在 1805 年出征的前夕，拿破仑注意到士兵的"军饷不足"；1806 年底军饷拖欠了五个月。由于经费缺乏就不可能储备食品、鞋、军服以及进行战役所需要的运输工具。拿破仑只得先注意武器和弹药。1800 年，他曾说明需要贮备三百万支滑膛枪，但他从未获得这么多的枪支，而且这个数字本已超过了国家的生产能力。到 1805 年，只制造了十四万六千支滑膛枪，据估计，仅一次战役中的损失就相当于这个数字。炮兵部队就更加供应不上，大炮的损失只有靠夺取敌人的军械库来弥补。如果说弹药的供应没有引起严重问题的话，那是因为节省使
用弹药的缘故；在耶拿，第四军团仅仅发射了一千四百发炮弹。至 208
于军马一直是供不应求，尽管拿破仑特别关心此事。由于法国不

能保证足够的马匹,不足的部分都从被征服的国家补充。

至于其他东西——食品、鞋、服装,原则上应是以战养战。贝尔蒂埃在1805年10月11日给马尔蒙的信中写道:“在皇帝发动的大举进攻的战争中,仓库是不存在的,军队要在入侵的国家中获得给养就全靠军团的总司令了。”人们会争辩说,在作战前夕,拿破仑非常努力布置给他的士兵烘制面包和饼干,分发鞋子。但是,首先是为时太晚,再则他的命令也没有全部贯彻。1805年,许多士兵只穿着一双鞋就渡过了莱茵河,而1806年许多人身无大衣就开赴耶拿;至于面包,他们能够得到多少就带多少。拿破仑的战争体系在某种程度上是以迅速行军为基础的,这种战争体系适应财政拮据的情况:以他所拥有的运输工具而论,即使有更多给养也赶不上军队的需要。士兵出征时装备很差,因为拿破仑每次作战时都指望速战速决。这种速战速决的胜利成为生死攸关的大问题;因为后方没有准备人力物力支援战争;如果军队被迫退却,或者敌人顽强抵抗,甚至敌军在投降之前来得及实行破坏的话,法国军队就会只因弹尽粮绝而遭覆灭。

当战争在无准备的情况下进行时,它总是以牺牲士兵为代价的。像达武这样煞费苦心按时为连续行军的部队筹办军需品的将军是寥寥无几的。士兵通常从居民那里掠夺他们所找到的一切;但是由于队伍接连不断通过,因而后来的就一无所获。士兵们忍饥挨饿,有时浑身湿透,往往睡眠不足,要么饿得要死,要么酩酊大醉,因而他们便落得疾病缠身。没有人关心他们的健康。医务工作依旧处于极其受忽视的状况。虽然国民公会征召内外科医生入伍充当军医官,但是督政府出于经济原因决定在和平时期立即把

他们遣散，而拿破仑也一仍其旧。除了像拉雷、佩尔西、科斯特这样杰出的军医首长之外，医务人员比庸碌无能更低一筹。他们只使用简陋不堪的医疗设备，从当地居民中征用必需品并招募他们 209
做护士，就这样建立起野战医院和临时医院。这简直是人间地狱，佩尔西在他的日记中描绘了这个地狱中的恐怖景象：医院里极端痛苦的炮弹重伤病员、不用麻醉药的截肢、坏疽与溃烂，难以形容的污秽、疥癣、虱子以及斑疹伤寒。拿破仑绝对禁止把伤员运回遥远的后方，特别是不允许运回法国；由于缺乏卫生设施他们会在途中死掉的。当时的死亡率，在很长一段时间内是用令人毛骨悚然的措辞描绘的，这是可以理解的。泰恩还是一再说，在执政府和帝国时期有一百七十万人死亡，而这个数字还只限于从 1789 年的疆界范围内征募的人。可是，既然从在这疆土范围内征募的士兵总数从未超过这个数字，那就是说全体官兵有去无回，更不必说被俘的了。事实上从 1800 年到 1815 年间实际损失可能不到一百万人，约占总数的百分之四十，其中有三分之一失踪，这些人肯定不是都死了。这个数字还要加上从 1789 年以后法国新合并的疆域内征募的大约二十万法国人，以及从盟国和属国征募的大约二十万人。尤其不应忘记的是，阵亡人数仅占死亡总数的一小部分：在奥斯特里茨战役中阵亡百分之二，在滑铁卢战役中阵亡数目最大，占百分之八点五。其余的人或者因为受伤、患病而死在医院里，或者因疲惫不堪、饥寒交迫而亡。

拿破仑对待供应问题的态度引起许多可怕的后果。法国的占领变得日益不得人心。抢劫与掠夺成风，这就使纪律大为松弛，士气极为低落。强行军使得部队把残废者与掉队者抛在后面，他们

聚众结伙，无所不为。悲惨的境遇常常引起兵变。最糟的是，拿破仑的军事体系是以土地肥沃、人口稠密的地方为依据而制定的，主要是伦巴第，在那里他曾经进行过头两次欧洲战役。当他侵入北德意志、波兰、西班牙和俄罗斯时，地理条件就使得他的战争体系行不通了，于是军队便陷入了危境。

三、战争指挥

在旧制度的最后年代里，法国的军事学家曾论证了由弗里德里希二世加以完善的传统作战方法的不利方面：一支不连贯的部
210 队，沿着单一的道路以线式队形缓慢行进，不能控制整个作战区域，因此不能迫使敌人迎战或在敌人坚守阵地时进行机动迂回。然而，要等到法国革命才使战争突破墨守成规的作战方式。随着兵员数量的增加和发动群众战争，法国革命的将军们不得不把军队组成为师，以便于指挥。不过很快发现这种新编制仍有不妥之处，因为随着师的数目逐渐增加，总司令要协调各师间的行动就很感困难。骑兵和炮兵分别编入各师，所以便不可能集中使用它们的力量。督政府时期曾断断续续地试行过一种较高一级的部队编制即军团，1800 年莫罗曾指挥过三个军团，每个军团包括四个师，但是没有后备队。拿破仑从法国革命的实际经验中以及从吉贝尔和布尔塞[①]的教导中引申出自己的战略思想；但是在马伦哥战役

① 吉贝尔(1743－1786 年)，法国军官、军事学者，著有《兵法总论》；布尔塞(1700－1780 年)著有《山地战原理》。——译者

中他才最后确定了部队的编制：每个军团有两个或三个师，尽可能配有少量的骑兵；大部分骑兵组成独立的兵种，炮兵后备队则直属最高统帅指挥。执政府时期，这种组织运用到了全军。这些师和军团的力量仍然是不断变化的。1805 年，一个军团包括二至四个师，总人数在一万四千人到四万人之间；一个师由六个到十一个营组成，人数从五千六百人到九千人不等；一个团包括一至三个营。次年，军队实行了较为正规的规定，每师有六千到八千人，每团由两个营组成。

拿破仑的军事天才表现在使几个军团协同行动的能力。这种 211
艺术在于部署和指挥几个军团如何进军，以便能够控制整个作战区域，使敌军无从脱身；同时，各个军团还得要保持相当近的距离，以便能够集中部队进行战斗。军团的部署一般采取容易变化的梅花阵形。在向敌人开进时，随着某些军团发现自己容易遭到突然袭击，战线就逐渐收缩。有时，如在艾劳[①]，军团在确定朝一个较远的前进方向之后，就在战场上进行集结，以便就在前进中迂回和包抄敌人。战役的总布局需要两个不同的战斗计划，它取决于拿破仑是打算同一支单独的敌军部队作战，还是希望在几支敌军之间占领中心阵地，如 1796 年至 1797 年在曼图亚周围的战斗，或者如在 1813 年的情形那样。无论如何，部署根据环境而变化，从未拘泥于一种方式，拿破仑的战略是一种艺术，虽然也有一些原则，但在判断形势和作战实际中从不受这些原则的拘束，从不损害他丰富的想象力。

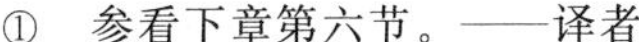

① 参看下章第六节。——译者

胜利取决于拿破仑的当机立断与胆略,其次取决于部队风驰电掣般的行动。突袭是取胜的重要因素,因此,它要求绝对保密。总是主要以骑兵为掩护的军队只要有可能就利用河流、山脉作为行军的天然屏障,虽然隐蔽自己、迷惑敌人是很重要的,但发现敌人的行动也同样是很必要的:掩护部队和情报机构就起了作用,情报机构利用外交官,各色各样的特务(或许应该包括神秘的基尔曼斯埃格伯爵夫人在内),尤其是利用间谍,像臭名昭著的舒尔迈斯特这样的人,很乐意一仆事二主,两边讨好。一旦部队沿行军路线前进,拿破仑就不再很重视与法国相连接的交通线了,因为他总是期望战役在短时间内结束。另一方面,作战路线却是他严重关注的事,不惜一切代价加以保护。这些路线是连接部队与后方指挥部所在要塞之间的道路,指挥部所在地随着部队的前进而推进。由减少到最低限度的小分队守卫各驿站驿路,保持部队和法国的

212 联系。因而,在拿破仑看来,要塞的作用很大,它们既是作战基地,又可据守河流和山口,可用来做桥头堡并掩护部队。然而,要塞没有起到在革命前的战略中那样重大的作用。在纯以迫使敌人决战和歼灭敌人为目标的战役中,要塞本身从来不是战役的目标。

在战场上,拿破仑力求迫使敌人全线作战以耗尽其后备力量。这一任务要用最少的兵力来完成,以便完整地保有一支密集的突击部队;然后,他就用步兵和大炮的火力对准威胁敌人的侧翼和退却路线,从而挫伤敌军的士气。最后,当拿破仑认为敌人已被大大地削弱时,他就投入生力军,击溃敌人,并无情地追击溃败的敌人。这种追击是拿破仑战争的最新颖的特点,只有少量军队的弗里德里希二世从来也不敢下令这样追击的。拿破仑指挥战斗确是无与

伦比的，但他并没有改变基层单位的战术，这是他从未论及的一个题目。在原则上，部队的基层单位仍遵循 1791 年的操典：师以旅为单位组成两道防线，一个团在前面展开，另一个团则成密集的纵队队形。但是，事实上，大革命时期的军队部署方法仍然保持未变：步兵往前面派出一群精心挑选的散兵，他们在地形的掩护下前进；第一线的步兵逐次跟进，通常以同样的方式投入战斗。就是这种随意的机动灵活的射击打乱了敌人的阵脚，敌人习惯于对付线式队形，在这种队形里，士兵依次成三列（后两列成立式），这就提供了准确的目标。一听到冲锋号，法军第二线步兵就以密集的纵队前进，几乎从来都无需动用刺刀，因为到这时敌军往往掉头逃跑了。战术毕竟经历了某些变化。斗志昂扬的法国人倾向于用刺刀大规模冲锋来缩短射击战斗的时间；随着没有经历过炮火的新兵数量的增加，指挥官们变得更喜欢使用纵队。然而，一旦英国人，甚至德意志人改革战术以适应这种新方法时，就造成了灾难性的后果。拿破仑战争艺术的弱点之一也许是缺乏对基层作战单位战术的重视，而当反法同盟各国军队有所改进并发挥其有利条件时，法国的弱点是没有随之改进自己的战术。

由于财政困难的限制，拿破仑的战争势必要速战速决，这就确 213
保了皇帝的威望。无坚不摧的威力和迅速结束战斗的无懈可击的机动灵活的致命一击，直到今天仍然唤起人们富于浪漫色彩的敬佩。战役进行的迅速与勇猛成为拿破仑火焰般性格的标志。就像供应军粮的方法一样，他的指导战争的思想是在他所进行的最初几次战役中形成的。群山环抱的波河盆地使敌人无路可逃。盆地面积相当小，巧妙铺开的部队很容易控制它，因此部队能够来回运

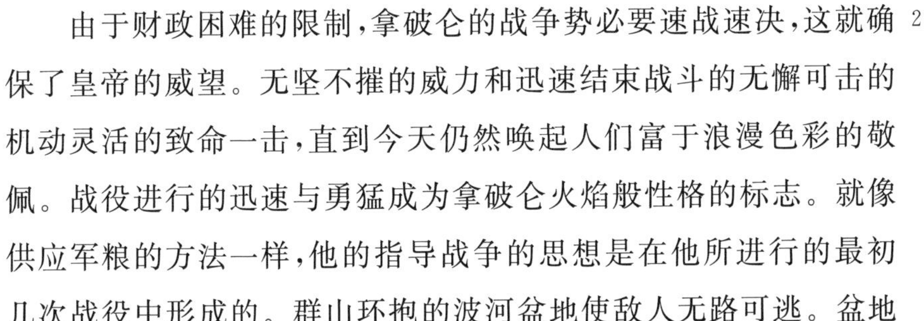

动而不致精疲力竭;这个盆地相当肥沃,足以为部队提供补给,使其得到恢复。军队到了南德意志,距离拉长了,因而已经倍感艰辛;但南德意志还是分为几块地区,所以仍然能运用原有的作战方法。但是一旦军队打进北德意志、波兰和俄罗斯漫无边际的原野,情况就不同了。敌人现在能够逃跑了,由于距离遥远,行军把军队搞得精疲力竭,军粮供应成为难以解决的问题。沿路都要分兵驻守占领地,以致在开始战斗之前军队就分散了。经济情况不能提供必需的运输工具,军事组织依然如故,后备力量缺乏。拿破仑的战略完全是以地中海区域为依据,这种战略没有预见到新的地理条件,因此便不能成功地完全适应这些新的条件。

第三章　大帝国的创立（1805—1807年） 214

拿破仑即位的头一年，在严重的财政危机下进行的1805年战役使他处于极大的危险之中。奥斯特里茨战役的胜利拯救了他，他控制了德意志，并开始组织大帝国。这样就招致了新的反法同盟的形成，而反法同盟的失败又把整个中欧置于他的控制之下，并且由于提尔西特条约的签订而巩固了“大陆体系”。

一、1805年的财政危机

拿破仑命令帝国大军开赴德意志之后就返回巴黎为战役做紧急准备。他发现工商界焦虑不安，惊慌失措的民众挤到法兰西银行的大门口，国库空空如也；而王党分子则满怀希望。长期以来，国库大臣巴尔贝-马尔布瓦的处境极为艰难，法兰西银行正在被通货膨胀所压垮。这家银行除了拥有已经直接为国库贴现的二千七百万法郎期票外，银行的一名董事德普雷又强加给它二千万法郎期票，这是国库部推销给“联合商行”的，更不必谈法兰西银行应负担的税收证券了。但由于乌弗拉尔在西班牙的财政投机活动——当时最大的投机冒险——这种灾难达到空前未有的程度。

215 查理四世的财政状况处境可悲。西班牙自从 1804 年以来饥荒严重,它在墨西哥国库贮存的银币皮亚斯特已经不再运到。答应每年给拿破仑的补助金早在 1804 年 6 月就已拖欠了三千二百万法郎。乌弗拉尔把这笔款项预付给法国国库,国库把收税官的新证券交给他作为抵押。由于以前曾给西班牙舰队供应粮食,所以乌弗拉尔掌握着的墨西哥国库的支票总数达四百万皮亚斯特;他的兄弟在美国费城开设了一家商行,他亲自证实了在墨西哥国库中存有七千一百万皮亚斯特,只要一有机会便可运往西班牙。乌弗拉尔出面担保,他有办法把这笔钱财运到欧洲,用来偿还法国和他自己。拿破仑对这种前景当然很高兴,乌弗拉尔得到皇帝的许可于 1804 年 9 月启程赴西班牙。

到马德里后,他便以豪华的排场、善辩的辞令与丰盛的礼品炫耀于宫廷。戈多伊热切地答应把西班牙拖欠的补助金偿还乌弗拉尔,并同意他以每公担二十六法郎的价格向西班牙提供二百万公担小麦。由于在法国,特别是在法国西部,粮食有剩余,乌弗拉尔每公担只花费十八法郎。拿破仑总是热望讨好农民并急于使硬币流入法国,便欣然批准出口特许证,条件是法国政府要收取一半利润。乌弗拉尔接着又热心和那个负责维持银币价格的保证银行打交道。他答应立即借款给保证银行,此外还给一笔为期五个月的信贷。他获得的保证是取得在罗马教皇同意下即将出售教会财产的权利。保证银行拥有烟草专卖权与汞矿开采权,乌弗拉尔要求取得这两项权利。西班牙对英国宣战后,乌弗拉尔给停泊在半岛各港口的法国和西班牙舰队提供粮食;为了支付这笔花销,他从在阿姆斯特丹经营霍普银行的一个朋友拉布谢尔那里借了一千万盾。

由于乌弗拉尔做出了这么多贡献,他就处于转运墨西哥白银问题的有力地位,他竭尽全力为这些财富的转运求得皮特的帮助,而皮特正因在印度搞商业活动而需要白银。1804年12月18日,乌弗拉尔收到了西班牙政府给他的墨西哥国库的五千二百五十万皮亚斯特的支票;他把其中一部分送给了巴尔贝—马尔布瓦,而后者没办法只好交付他更多的收税官的证券。已完全被拉过去的查理四世与乌弗拉尔合伙,承包了将来从美洲装运硬币的所有运转业务。但是乌弗拉尔由于经营得手以致不想就此止步:他邀国王与他合伙经营西属美洲的全部贸易。他取得了西属美洲贸易的专利权,并承担保证国王可能需要的一切运输业务,条件是,他将获得一笔佣金,
并取得每只船为他装运三分之一货物的权利,而查理四世则支付一 216
切开支和承担所有风险。乌弗拉尔为这笔交易取得了空白特许证,上面没有填写船只所驶向的目的地;他准备把这些特许证卖给美国人。然后他就出发去阿姆斯特丹,拉布谢尔起初有些不知所措,但终于在1805年5月6日同意替他承担墨西哥皮亚斯特的转运业务,并接受使用特许证的贸易。然而乌弗拉尔被迫事先同意霍普银行在最后决算时无论结果如何付给它所应得的盈利。

由于乌弗拉尔依靠拉布谢尔——他是最有影响的伦敦银行家、皮特的密友巴林的女婿——来取得英国的默许合作,因而就使这次业务成为具有国际性质的事件。实际上皮特同意了这种做法,甚至派出四艘英国帆船巡洋舰去装载首批白银,购买白银的款项由英格兰银行付给了拉布谢尔。但是为了运送其余的资财和利用贸易特许证,拉布谢尔派出了达维德·帕里什(一位有名的汉堡银行家的儿子)到费城,另外还派出了两名代理人,一名到新奥尔良,另一名

到韦腊克鲁斯。他们计划把墨西哥的皮亚斯特用美国船只运往美国,在那里,把皮亚斯特预付给商人,以换取运货到欧洲的代理商的支票。贸易特许证也以分享一部分利润为条件出卖给美国商号。交易直到1806年才得以进行,到1807年因杰佛逊宣告禁运而中止。整个交易将会使霍普银行和拉布谢尔获得九十万英镑,折合法郎是二亿二千五百万;而乌弗拉尔将只会分得二千四百万法郎。在这时候,拉布谢尔不得不与拿破仑达成协议。那些维护乌弗拉尔的计划的人有理由认为,这些计划能够获得成果;但是他们忘记了,皇帝不会赞同一个使外国银行、实际上是一家敌国银行发财的计划。他们尤其是没有认识到实际上是由法国付出这笔钱的。

运输银币皮亚斯特和利用特许证的贸易要取得成果需要较长的时间。在这期间,必须付款购买运给戈多伊的小麦,并须提供承诺给保证银行的资金和信贷。这些钱现在由法兰西银行拿出,它贴现了由保证银行发出的一部分票据和收税官的证券,这些证券是由巴尔贝-马尔布瓦只作为保证金而抵押的。因此当拿破仑踌躇满志,自以为做了一笔好生意的时候,实际上就是他在为整个活动提供资金!这时,就巴尔贝-马尔布瓦而言,他使法兰西银行贴现了西班牙票据,这些票据,相当于他从乌弗拉尔那里接受的皮亚斯特银币储备量。再者,德普雷和范勒尔贝格还没有收到国库应付给他们供应粮食的款项,而且由于资金缺乏,他们采取了接受通
217 融汇划票据的办法,这种票据使他们得以筹款和取得附加信贷。联合商行的所有股东开始互相开支票,甚至虚立户头为自己开支票,所有这些“包袱”集中压在法兰西银行身上,而银行却也毫不犹豫地全部承兑了这些支票。到1805年9月,这家银行的纸币发行

额为九千二百万法郎之巨。要不是因为德普雷是法兰西银行的董事,要不是巴尔贝—马尔布瓦的秘书罗杰受贿一百多万法郎的话,造成这样的局面将是不可想象的。

乌弗拉尔仍旧泰然自若,他相信西班牙会偿清所有的债务,而且法国的信贷情况会保持正常。而实际上,西班牙交付小麦贷款很缓慢,保证银行由于难于在短期内卖掉教会财产也就不能承兑它的任何证券。1805年夏季,巴尔贝—马尔布瓦向乌弗拉尔索讨他承诺的皮亚斯特。为了抚慰巴尔贝—马尔布瓦,乌弗拉尔开始用他所能得到的那么一点点皇家公债来购买皮亚斯特;以后不久,皇家公债的票面价值下跌了百分之五十八,乌弗拉尔停止了付款,他认为运来皮亚斯特已不可能,因为他发给西班牙的信贷已遭冻结。在这个时刻,法国又将进入战争;巴黎股票交易所的投机商利用战争迫在眉睫的形势,从中赚钱;而民众便挤到法兰西银行提取存款。到9月底,这家银行的现金储备下降到仅有一百五十万法郎。起初,银行寻找种种托词拖延支付,但最后被迫宣布停止部分支付。乌尔姆战役之后,恐慌情绪稍有平息,但在特拉发加海战之后,人们看到战争又拖延下去,恐慌情绪再次继起。11月,几家私人银行倒闭,其中主要有雷卡米埃银行和埃尔巴斯银行。

自8月底开始,法国国库的状况引起拿破仑严重的不安。加来海峡郡的军需官已发不出军饷,在斯特拉斯堡需要借款一千二百万法郎,但须有特别担保才能借到。因而相当多的士兵只穿一双鞋就渡过莱茵河是不足为怪的。最终还是士兵以自己的痛苦、甚至是以自己的生命为他们主上仓促作战和金融家的投机生意付

出了代价。不久,范勒尔贝格无力继续供应已出征的部队和国内驻防部队;9月23日,他只好吁请国库贷款,而国库也只得求助于法兰西银行。更为糟糕的是,政府后来授权范勒尔贝格,只要开一张简单的收条,他就可以从收税官的钱柜里领取现钱。这样一来,等收税官的期票到期时,法兰西银行收到的只是收条而已。1806年1月1日,范勒尔贝格亏损一亿四千七百万法郎,所以只好解除
218 契约。拿破仑曾这么谈到巴尔贝－马尔布瓦:“如果我被打败,他就会是反法同盟的最好帮手。”这是可以理解的,但是这位大臣的唯一过失在于他的无能。皇帝暗示过有一个在皮特的赞同下策划的阴谋,它的目的是要让前亡命者塔隆主管法兰西银行。不幸的是,我们对此所知无多。无论如何,我们从中可以看出,奥斯特里茨大捷消弭了这场可怕的危险。

虽然1805年的危机主要的是财政和金融危机,但不要忘记,在奥斯特里茨战役的一年里,整个经济,无论在农业或是工业部门,都遭受了打击。在默尔特郡,或多或少是同过去一样的原因导致了危机;但更严重的是又造成农产品价格的周期性下跌,像在革命前的经济中经常发生的那样,农产品价格下跌减少了大多数居民的购买力。这就造成了信贷紧缩,而高利贷重要性日益增长。这一切造成的最重大的社会后果,一如既往总是加深了民众的苦难。

二、1805年战役

拿破仑幸好碰上奥国还没有做好战争的准备。查理大公的改革几乎还没有开始:1802年,他曾以长期服役制代替终身服役制,

但是这一改革直到1805年才生效。虽然他订出免除兵役的规定，但也不能阻止人们规避兵役，在二千五百万人口中，每年登记适龄应征的只有八万三千名。匈牙利议会于1802年拒绝实行义务兵役制和征兵；它同意每年只提供六千名士兵，战时外加一万二千名(只给一次)。从技术上看，奥国人最多只能建立一个提罗耳人猎兵团。当麦克掌握了军队的指挥权以后，他制订了新的条例以增加步兵和轻骑兵，并从1805年8月1日起修改了操典，然而他这 219
样做只能制造混乱。另外，奥国的财政状况也使得这一切努力落了空。平时编制还缺少八万三千人，有九万七千人在休假，三万七千名骑兵没有马，没有一座大炮备有运载马车。临时凑合的程度比法国更甚，奥国军队发兵时比它的对手装备更差。

此外，麦克为俄国将军温青格罗德所误。率领俄国第一支部队的库图佐夫仅带来三万八千人，而不是原来答应的五万人；计划应紧跟他来的布克斯赫弗登直到11月才到来。而归根到底，同在1799年一样，奥国主要关心的仍是意大利，它把查理大公率领的六万五千人的主力部队派到了那里，另派约翰大公率领的二万五千人到提罗耳还不算在内。在德意志，不久就成为麦克将军部下的费迪南大公只率领一支六方人的部队，再加上在福腊耳贝克有一万一千人，兵力所以如此之少的借口是俄国人即将前来会师。费迪南原想在累赫河东岸等待俄军，但麦克向弗兰茨皇帝担保，拿破仑此来不可能超过七万人。麦克决定推进直到黑林山，于9月11日渡过了因河并占领了巴伐利亚，巴伐利亚的军队退至美因河北岸。

然而，决定这场战争胜负的是在德意志战场。拿破仑当然应把他的军队从布伦港开赴德意志,各个击败反法同盟各国的军队。马塞纳仅率领四万二千名士兵坚守在阿迪杰河上,因为意大利动荡不安,在皮亚琴察周围和皮埃蒙特不断发生暴动。拿破仑起初决定把帝国大军集中于阿尔萨斯:十七万六千人分为六个军团、外加一个骑兵后备队和近卫军;从布勒斯特开来的第七军团直到 10 月底才到达。接着,他于 8 月 24 至 28 日,发觉集中阿尔萨斯会使前进中的纵队延误战机,而且会使他们与从荷兰赶来的马尔蒙和从汉诺威赶来的贝尔纳多特会师不易。因此他命令他们改变路线向帕拉蒂纳前进,在那里从 9 月 25 日起渡过了莱茵河。然后军团在缪拉的骑兵掩护下转向东南,朝着乌尔姆以下的多瑙河上的各个目标前进。拿破仑获悉敌人已在乌尔姆集结的消息后,于 10 月 7 日命令他的士兵开始在多瑙沃尔特附近横渡多瑙河。他后来失去了与敌人的接触,因为担心麦克南逃,他便命令他的军团成扇形散开,派贝尔纳多特到慕尼黑去截击俄军,使达武居中,而主力部队则向乌尔姆和伊勒河挺进。实际上,遭到突然袭击的麦克要集
220 中他的部队有很大困难,而且他的两个军团于 10 月 8 日和 9 日在韦尔廷根和京次堡附近遭到沉重打击。后来麦克决定向北出击以期切断法国的交通线。被派去控制北岸的内伊,仅仅派杜邦指挥的一个师渡过河去。杜邦的师于 11 日在哈斯洛克遭受严重挫折,奥国的韦内克军团和费迪南大公得以设法沿北路逃跑。但是麦克于 14 日得知法国人向西奔伊勒河前进,他以为他们正在向莱茵河退却,于是就回到乌尔姆去截击法军的退路。拿破仑急忙包围敌军,并命令内伊在埃尔欣根强渡多瑙河。奥军四面受围困,于 15 日投降。韦内克军团在缪拉的追击下于 18 日缴械,费

迪南大公只率领几个残兵败将逃到波希米亚。总共四万九千名奥军被俘;唯独金迈尔一师得以逃脱。然而这场战役并不像某些人所断言的进行得那么整齐有秩序,军队经历了不止一次的战术上的挫折。阴雨和大雪使得部队的行军困难异常。费桑扎写道:“除俄罗斯战役之外,我从未遭受过这么大的折磨,也从未见过军队如此混乱。”

这时内伊追击约翰大公进入提罗耳,并到达德拉瓦河流域;与此同时,奥热罗占领了福腊耳贝克。在意大利,马塞纳进攻查理大公,在卡尔迪埃罗一战中未见分晓,后来查理率领军队向莱巴赫撤退。拿破仑不失时机地挥师前进,直扑俄军,使已经到达因河的库图佐夫仓皇溃退。然而,由于在恩斯以东的多瑙河河谷突然变得狭窄起来,以至追击放慢了些。马尔蒙和达武不得不越过山地,而莫蒂埃被调到北岸,以阻俄军渡河;但库图佐夫在克雷姆斯设法避开了缪拉,11月11日,他在迪恩施泰因几乎消灭了莫蒂埃的一个师。缪拉在向维也纳推进时,施计巧夺了多瑙河上的几座桥梁,使得法军能够前进并越过了摩拉维亚的布尔诺。然而,库图佐夫已在这些地方与布克斯赫弗登的部队和一支奥国军团会合;另一支俄军也即将到来。

拿破仑这边的形势转入危境。他已知道自己在数量上处于劣势。在南部奥国的几个大公可能把他们的军队集结起来;在北部,存在着普鲁士干涉的威胁。匈牙利按兵不动,弗兰茨于10月间再次拒绝匈牙利语为官方使用的语言和割让皁姆而使匈牙利深为不满;议会没有钱装备一次“起义”或总动员。匈牙利人对拿破仑没有敌意;当达武占领普莱斯堡时,帕尔菲宣布中立;摄政王约瑟夫

221 大公虽然表示不赞成中立,但他的态度表现十分犹豫,以至被怀疑是想自己称王。普鲁士的威胁则更为险恶。为赢得时间,拿破仑命令贝尔纳多特率军假道属于普鲁士国王的安斯巴赫公国;这是前几次战役中已有先例允许通过的。这一次,弗里德里希一威廉甚至预先没有得到通知,他勃然大怒;作为报复手段,他允许俄军假道西里西亚,然后不与拿破仑磋商就占领了汉诺威。亚历山大认为这是个适当的时机,便于10月25日到达柏林;他受到热情洋溢的接待,普鲁士的主战派大为振奋:当时已到普鲁士供职的米勒以及哈登堡都加入了主战派的行列;汉堡的书商佩尔泰斯呼吁普鲁士不要对奥国的命运置之不理;就连达尔贝格也于11月9日在议会宣称必须维护帝国的完整。11月3日,亚历山大和弗里德里希一威廉在波茨坦签署了一项协定,普鲁士国王同意向拿破仑提出调停,要法国遵循吕内维尔条约的规定;如果法国拒绝调停,他就要率领十八万人参战,其中还不包括萨克森人,他们也已答应与普鲁士合作,也不包括黑森人,他们仍在犹豫,但黑森军队已由布吕歇尔统帅了。从10月15日起,施泰因为开辟必要的财源,开始发行纸币,并用国库的支票来支付那些军需品供应商。然而国王仍然坚持让拿破仑在12月15日以前明白表示态度。带着最后通牒的豪格维茨经过很长时间,直到11月28日才到达布尔诺;然后他又被送到维也纳[1],拿破仑指示塔列朗敷衍豪格维茨。实际上,弗里德里希一威廉已经又动摇了,即使不像他后来声称的,他命令过豪格维茨不惜任何代价地维护和平,他也命令过要竭尽全力保

① 维也纳已于11月5日被法军攻占。——译者

持和平。由于担心拿破仑与奥国达成协议而调转头来反对普鲁士，他便决定等待事态的发展。

即使拿破仑不知道波茨坦协定，他仍然感到了危险；由于不能追击敌人到奥尔莫乌兹，他便切望敌人来进攻他：他假装害怕的样子，后撤军队，筑起堡垒防守，并试探要与沙皇谈判。库图佐夫识破了这一计谋，但是多尔戈鲁基和沙皇身边的亲信都劝说亚历山大发动进攻。12月2日拂晓，集结在奥斯特里茨以西的戈尔德巴赫河西岸的法军透过晨雾看到奥俄联军正在前进，准备发起攻击。联军总数为八万七千人，用以对付七万三千名法军，但他们是沿着十六公里宽的战线铺开的，目的是要包抄法军的右翼，并切断其去维也纳的退路。联军按照他们的计划开始从中央阵地普拉岑高地
下来，拉纳指挥的法军左翼，尤其是达武指挥的右翼，在敌人猛攻 222
下岿然不动。处在中路的拿破仑突然下令，命苏尔特猛攻高地。法军把敌军切成了两段，迂回包抄了他们的左翼，打得敌军溃退。奥俄联军损失总数达二万六千人；法军损失八千至九千人。亚历山大感到很受屈辱和恼火，宣布他要回俄国，奥地利于12月6日签署了停战协定。

既然没有等到普鲁士下决心反法同盟即已瓦解，拿破仑就轻而易举地把奥地利孤立起来。从12月10日至12日，他加强了与巴伐利亚、符腾堡和巴登的联盟。7日，他接见了豪格维茨，对他很粗暴；14日，他再次召见普鲁士特使，告诉他奥国正在要求把汉诺威交给前托斯卡纳大公，并给他接受与法国结盟的最后一次机会。在这样的恐吓之下，豪格维茨屈服了，在12月15日签订了肖恩布鲁恩条约：普鲁士总算吞并了汉诺威，但却被迫割让了纳沙泰

尔公国以及安斯巴赫侯国,第二天拿破仑就把后者赠给了巴伐利亚,以换取贝格公国。12月24日,弗兰茨撤了科本兹和克洛雷多的职务;26日,他批准了普莱斯堡条约。奥地利让出了从坎波福米奥条约中得到的威尼西亚的全部领土包括伊斯的利亚一部分和达尔马提亚,和它在南德意志的全部领地,以及提罗耳和福腊耳贝克;而获得了萨尔斯堡,这是托斯卡纳的费迪南用来换取巴伐利亚的维尔茨堡的。帝国骑士就这样落到了他们的敌人手里。升格为拥有主权的王国地位的巴伐利亚和符腾堡,还有巴登,解脱了与神圣罗马帝国的一切封建附庸关系。这样一来,奥国完全被驱逐出意大利,并且,除了仍拥有皇帝虚名之外,它在德意志的全部领地也荡然无存。

三、大帝国

拿破仑于1806年1月26日返回巴黎之后首先在莫利昂辅助
223 下整顿财政,莫利昂已取代巴尔贝－马尔布瓦任财政大臣。4月22日,拿破仑对法兰西银行及时采取措施,把它交给由皇帝任命的一名总裁管理,置于国家的控制之下。莫利昂改革了会计制度,迫使税收专员签署为期四个月的期票,并且于7月14日建立了公款存付银行,以便调节货币流通;此后,税收专员们除非真的把税款存入该银行,否则他们所收税款就不能再得到利息。解决1805年财政危机则更为艰巨。1月27日,皇帝召见军需供应商,在这一次令人难忘的场面里,皇帝以处死相威胁,迫使他们把所有的资产交给莫利昂;由于贝尔蒂埃走漏风声给乌弗拉尔,所以他能把一些资财隐藏起来。供应商的有价证券、信贷和仓库被清查结算,他们被迫继续其供粮业务,而只能得到应得粮款高达一千八百万法郎的半数。但是仍然还有欠款六千万法郎,这笔债要由西班牙来承担,尽管它只收入三千四百万法郎。查理四世被迫从拉布谢尔的霍普银行那里请求再借一笔贷款交付法国,并求得罗马教皇同意再征用一批教会财产。拉布谢尔自己不得不放弃了还没有获得汇票的一千万皮亚斯特。整个事情拖延了多年,最后,由于范勒尔贝格和乌弗拉尔不能偿付西班牙的债务而宣告破产;乌弗拉尔于 1809 年因债务问题而被捕入狱。但是这一恢复国家财政的巨大任务并没有妨碍皇帝从事内政改革:他还要筹备编纂多种法典,1806 年决定创办帝国大学。

然而,所有这一切不过只是细枝末节,因为奥斯特里茨大捷激起了他的想象力的新飞跃。在南德意志,重大变化接踵而来。奥地利在德意志的领地被瓜分了:巴伐利亚国王得到了艾克施塔特主教邦、提罗耳和福腊耳贝克;符腾堡获得了乌尔姆和另外一些领土;巴登侯国割去了布赖斯高、奥尔特瑙和康斯坦次。从 224
1805 年 11 月起,符腾堡首先进攻帝国骑士的领地,德意志其他王侯也急于并吞骑士领地。既然他们享有充分的主权,这些王侯就竭力效仿拿破仑的治国手段,符腾堡国王终于摆脱了他的议会。但是拿破仑无意让德意志土崩瓦解。1806 年 1 月,拿破仑建议成立一个新的邦联,以他为保护人。一部宪法将规定邦联成员国的权利和义务,并由一个拥有必要权力的议会来实施。拿破仑已经迫使他的德意志盟国在各国内给予新并入的附庸以特权地位——这是干涉它们内政的绝妙借口,他还强烈表示希

望这些盟国采用《民法典》。这些新国王感到愤慨,因为他这样做是想破坏他们刚刚获得的主权。符腾堡的弗里德里希一世大叫道,“这是对我的政治生命的一个致命打击”;巴伐利亚的大臣蒙特热拉只愿意缔结临时的联盟。这些国王既不敢同法国决裂,便都屈服了。1806 年 7 月 12 日,十六位王侯宣布脱离神圣罗马帝国,他们组成了莱茵邦联,并答应给他们的保护人提供六万三千名士兵。

但是拿破仑也非有他们不可,因为普鲁士很不可靠。联合决议规定了宪法和成立议会,然而它们却被无限期地延搁起来,从未见天日。此外,王侯们因顺从拿破仑而获得新的领土作为补偿:奥格斯堡和纽伦堡两个自由市划归巴伐利亚;法兰克福划给了达尔贝格。几个小邦的君主只是为了不致被吞并沦为“降格附庸”而依靠自己的亲缘关系加入了邦联,如雷严伯爵,他所以升格为侯爵是因为他是达尔贝格的侄子,在他的四千臣民中要提供二十九名士兵;还有霍亨索伦一西格马林根公主,她的丈夫是博阿尔内的朋友,她的儿子与缪拉的侄女结婚,后来成为罗马尼亚国王的祖先。其余没有参加邦联的所有较小的邦都被并入了较大的各邦,沦为附庸:诸如施瓦岑贝格、考尼茨、利内、图尔恩与塔克西斯等家族。也有升格的邦,如:巴登、贝格、黑森一达姆施塔特等公国升格为大公国;纳索成为公国;达尔贝格获得莱茵邦联大首领的头衔①。

留下来的唯一问题是要消除神圣罗马帝国的残迹。至于奥

① 达尔贝格男爵(1744—1817 年),原为美因兹大主教,是神圣罗马帝国七个选帝侯中居首位者,并兼帝国议会议长。由于他热心与拿破仑合作,拿破仑把法兰克福给了他,并让他担任莱茵邦联的元首。——译者

国,它要抵抗是不可能的,因为拿破仑以俄国占领了科托尔港为托词而把他的军队留驻在布劳瑙。帝国大军仍然驻扎在德意志各盟 225
国,开销当然要各国支付,这虽然给拿破仑提供了极好的机会来缓和法国的财政状况,但却招致了各盟国对法国的不满。蒙特热拉夫人在写给塔列朗的信中说:“我喜欢法国人,因为他们赶走了我们的敌人,恢复了我们的正统君王,但是我憎恶那些像吸血鬼一样地榨取我穷困可怜的祖国的人。”民族意识开始在德意志蔓延开来;巴伐利亚书商帕尔姆开始到处贩卖反法小册子,拿破仑枪毙了他。1806 年 8 月 1 日,帝国议会宣布自行解散。弗兰茨二世根据通知的要求,于 8 月 6 日放弃了神圣罗马帝国皇帝的称号。这样,由巴塞尔和约[①]肇端的这出悲剧便结束了它的最后一幕。

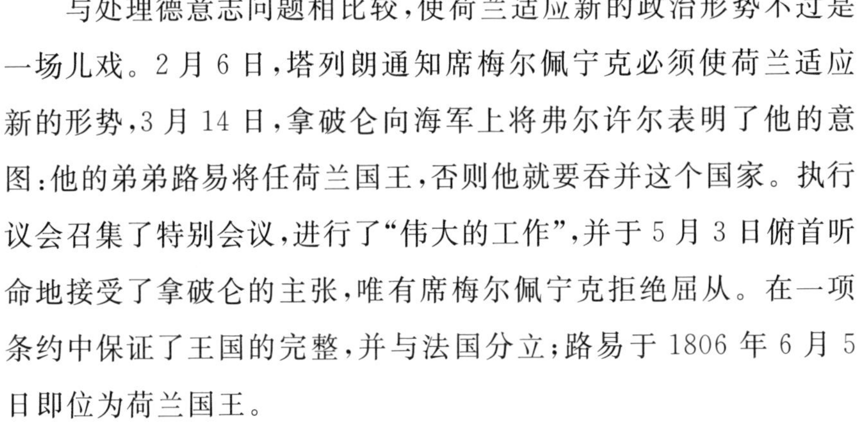

与处理德意志问题相比较,使荷兰适应新的政治形势不过是一场儿戏。2 月 6 日,塔列朗通知席梅尔佩宁克必须使荷兰适应新的形势,3 月 14 日,拿破仑向海军上将弗尔许尔表明了他的意图:他的弟弟路易将任荷兰国王,否则他就要吞并这个国家。执行议会召集了特别会议,进行了“伟大的工作”,并于 5 月 3 日俯首听命地接受了拿破仑的主张,唯有席梅尔佩宁克拒绝屈从。在一项条约中保证了王国的完整,并与法国分立;路易于 1806 年 6 月 5 日即位为荷兰国王。

在意大利,威尼西亚被并入意大利王国;马萨和卡腊腊给了埃利兹;瓜斯塔拉授予了波利娜,而她随后又把此地卖给了意大利王

① 巴塞尔和约是 1795 年 4 月 5 日法国与普鲁士缔结的和约,普鲁士退出第一次反法同盟。——译者

国。最大的变化是那不勒斯的波旁王室的垮台,1805 年 12 月 27 日,拿破仑在一项有名的敕令中宣布“那不勒斯王朝已不复君临”。马塞纳轻而易举地执行了这一宣判;俄军撤离那不勒斯退守科学岛;英国人满足于继续占领西西里岛,他们利用该岛进行军事演习;波旁王族流亡到巴勒莫。加埃塔一直抵抗到 6 月 18 日。在卡拉布里亚,成群的暴动者立即纷纷揭竿而起。然而拿破仑直到 7 月份还认为,一切都已解决,3 月 30 日,他将那不勒斯的王位交给了他的哥哥约瑟夫。然而,那不勒斯却在酝酿着像后来西班牙战争那样一场游击战。玛丽亚—卡罗莉娜没有放下武器。她只率领六千人,但煽起了武装暴乱。暴乱的骨干分子无所不包,从贵族罗地奥直到拦路强盗佩扎(别称弗拉·迪亚沃洛),他们之中的大部分都领导过 1799 年的叛乱。很多教士援助了他们。卡拉布里亚居民缺乏民族意识,对波旁王朝的命运几乎是漠不关心的,但是法国的占领使他们的负担过于沉重,并且解除他们的武装更使他们愤怒;因为,居民从事抢劫习以为常,这是由于该地经济状况、走私
226 以及强大的“黑手党”酿成的。牧民和农民认为资产阶级和贵族是最拥护法国人和新思想的人,所以他们把王后的呼吁视为允许抢劫上层阶级财产并普遍地抢劫各城市的表示。

英国人不赞成这一煽动民众暴动的呼吁,他们认为暴动的军事价值是值得怀疑的;但是他们在夺取了卡普里岛和蓬扎群岛之后决定冒险登陆,这样做就促成了这场暴动。7 月 1 日,一支五千二百人的英军在斯图尔特爵士率领下于圣欧菲米亚湾登陆。他们于 7 月 4 日在迈达遇上雷尼埃将军统帅的六千多名法军,雷尼埃毫无准备,命令士兵手持白刃冲锋。英军步兵岿然不动,等到他们

逼近,英军以排炮射击击溃了他们。这是威灵顿后来在塔拉韦腊战役到滑铁卢战役使用的杰出战术的第一个范例,不幸的是拿破仑完全没有重视这种战术。法国这次大败变成了普遍暴动的信号,暴动充满骇人听闻的恐怖景象。马塞纳和雷尼埃用残酷无情的屠杀一步步地重新征服了卡拉布里亚。劳里阿城夷为平地,弗拉·迪亚沃洛被处绞刑,监狱和囚船充塞犯人。尽管如此,暴动的影响仍很大:它使法国人付出了极高的代价,英军得以占领勒佐直到1808年,四万法军被牵制得寸步难行。

与此同时,拿破仑占领了里窝那,使英国人不能利用这个港口,他并且把一个西班牙师调驻伊特鲁利亚。这时在意大利仅有的独立国就是罗马教皇国。

早在加冕礼以前很久,庇护七世就一直担心法国在意大利的进展。他被迫同意于1802年9月并入法国的皮埃蒙特实施教务专约,随后他又不得不同意大利共和国签署另一教务专约。然而后一条约还能使教皇差堪告慰:它承认天主教为国教,优待教士,对悬而未决的问题都按教会成规解决。但是1804年1月,梅尔齐补充了一项法令,它宣布原有法律凡教务专约没有明文禁止的,仍然维持有效。庇护七世抗议把这些新的组织条例强加于人;皇帝只做了含糊其辞的答复。然而,1805年5月26日卡普拉拉在米兰为拿破仑兼领意大利国王加冕之后才一个月,拿破仑就发布了两道敕令,事先未经罗马教廷同意而擅自改组宗教生活。他确实增加了僧侣的收入,但同时却减少了教区的数目,取缔一些隐修 227
院,并且限制了僧侣的数目。更有甚者是他于1806年1月1日把《民法典》推行到意大利王国。除了伊特鲁利亚王国新君主忠顺于

罗马教会之外，在意大利各地——卢卡、巴马、皮亚琴察和那不勒斯——教会都成为众矢之的。庇护七世曾以为法国出售教会财产等世俗化措施是较小祸害而加以容忍，但看到把《民法典》推行于意大利势必也把世俗化推行到意大利，他就感到忧心忡忡，因为他把意大利视为自己的禁苑，至少从宗教意义上说是如此。

德意志的情况给教皇带来的忧虑也不少。1803 年“帝国大法”的后果变得日益严重，因为各邦君正在使教会产业世俗化，并且未和罗马教廷商量便控制管理起教士来。恺撒一教皇主义[①]甚至也在巴伐利亚赢得胜利。既然各邦君此时已统治信仰不同宗教的居民，他们便抛弃了“民随君教”的原则，并且公然宣告容忍政策，因而就朝着国家世俗化的方向大步前进。起初罗马教廷想与维也纳谈判缔结一项德意志教务专约，但是最后还是打消了这个念头，因为除非法国施加压力，没有办法迫使德意志各邦君接受这一专约。特别是在奥斯特里茨战役之后，创立大帝国既是企图称霸世界的象征，恐怕迟早有一天会向圣门神职挑战，因此，大帝国的创建使庇护七世迟迟不愿默认拿破仑为天主教世界的世俗元首。

然而尽管有着这些灾难折磨，教会还是从拿破仑的保护下获得了巨大利益，如若教皇不同时也是一位世俗君主的话，庇护七世决不愿与皇帝决裂。但教皇确是这样的人，所以拿破仑不会允许教皇损害他的统治。教皇宣称要守中立，但没有用，因为中立并不

---

① 即世俗政府不受罗马天主教控制的理论，从“恺撒的归恺撒，上帝的归上帝”一语而来。——译者

包括反法同盟的成员国那不勒斯王国在内。当英军和俄军于 1805 年在那不勒斯登陆时,他们是可以从那里侵入意大利王国的;庇护七世无力阻止他们假道,这样的事件正是他的亲信左右所欢迎的事件。

因此,法军占领了安科纳,继之又占领了契维塔韦基亚。庇护七世提出了抗议,拿破仑于 1806 年 2 月 13 日的答复是:要庇护七世加入自己的“体系”、驱逐英国人并禁止英国人进入其领土。当罗马教皇拒绝时,皇帝召回了法国驻罗马大使费什。孔萨尔维的政策破产了,于是他便提出辞职。这是最后的决裂,此后拿破仑再也不给庇护七世写信。

4 月间马尔蒙进入达尔马提亚,丹多洛被指派为那里的“行政 228
长官”。然而一支俄军从科孚岛出发,与奥国串通夺取了科托尔港口,在腊古扎[①],法国的莫利托尔将军遭到了门的内哥罗人的攻击。拿破仑利用这一时机迫使维也纳答应给他假道奥属伊斯的利亚的权利。就这样,他一登上奥斯曼帝国的门槛,便立即想要插手其内部事务,1806 年这一年标志着他的东方野心的复活。在艾奥尼纳,普克维尔已经是一个非常活跃的领事;雷因哈尔被派往摩尔达维亚;达维德负有使命到波斯尼亚的帕夏那里去,帕夏正陷于与塞尔维亚人的冲突之中。奥斯特里茨大捷加强了法国对土耳其苏丹的影响,他终于承认了法国皇帝,并派遣了驻法大使;作为回报,拿破仑派塞巴斯蒂亚尼往君士坦丁堡,他是 8 月 9 日到达的。与

① 腊古扎(意大利语)今南斯拉夫杜布罗夫尼克,达尔马提亚港口;不可与意大利西西里岛上同名的腊古扎相混。——译者

此同时，土耳其与受英国支持的俄国之间的关系变得紧张起来。但马尔蒙的第二军团事实上仍然是像驻扎在意大利的军队那样被牵制在达尔马提亚。

1805 年的战争异乎寻常地扩展了拿破仑经略的范围，以至使得法兰西帝国变成只不过是“大帝国”的核心，而“大帝国”本身便开始由一些法律文件组织起来。皇帝把他新创建的各国视为“联合的国家或真正的法兰西帝国”。虽然他任意引据许多历史先例，但他所采用的组织却是独具匠心的。最高一层是些国王和王侯，他们在自己的领地内是世袭的，拥有主权的，如约瑟夫、路易、缪拉，缪拉是 3 月 15 日被封为贝格大公的。其次是附庸的王侯，他们也拥有主权、甚至也是世袭的，不过他们的领地只限于在“采邑”之内，每当所有权改变时，这些领地就要另行赐封，像这样的情况有：皮昂比诺的埃利兹、成为纳沙泰尔亲王的贝尔蒂埃。在他们之下是既不拥有军队又无钱财的王侯：本尼凡托亲王塔列朗、蓬特—科沃(这两块领地一直是罗马教皇和那不勒斯国王争夺的对象)亲王贝尔纳多特。再低一层是单纯的采邑，这些采邑只有实利没有主权：拿破仑在那不勒斯王国保留有六个公国，在威尼西亚创立十二个公国，以分封给一些功勋卓著的法国人。

这还不是全部。这些王侯和国王从理论上讲是独立的，但像所有其他人一样，他们个人都是拿破仑的附庸，虽然他们的国家并非采邑。实际上，他们是法国皇族的一部分，共和十二年宪法规
229 定，皇族要受 1806 年 3 月 31 日颁布的特别法规的约束。这项法规为皇族创造了一个特殊的法律身份；它授权帝国元首监护未成年者和对成年者实行家长的权力，包括批准他们结婚以及监禁他

们的权力。此外,各亲王,甚至是享有主权的亲王,仍然是帝国的大勋爵。这样,庞杂的组织结构很大部分是按照家族公约的概念建立起来的,它既令人回忆起波旁王室的姻亲组织网,又反映出拿破仑对其氏族的眷恋。在他看来,家族关系是最为牢固有力的关系。因此他也把这种政策扩展到各盟国。1月15日,欧仁·德·博阿尔内终于与巴伐利亚公主奥古斯塔结了婚,同时皇帝认领了他,虽然他并不因此享有法兰西皇位的继承权。约瑟芬的侄女斯特凡妮·德·博阿尔内也被认领了,并让她嫁给了巴登大公的继承人。贝尔蒂埃不得不抛弃维斯孔蒂夫人而娶了巴伐利亚的一位公主。第二年热罗姆跟符腾堡王室攀了亲。出于同样的动机,现在再加上切望得到一位直系继承人,这就预示了皇帝势必将离婚再娶。

应时而生的大帝国仍然是罗马帝国概念的首次体现,这种概念已暗含于拿破仑在1804年所采用的皇帝称号之中。他现在毫不犹豫地公然以西罗马帝国的复兴者自居,并且要求拥有他的"杰出的先人"查理大帝所拥有的种种特权。这些历史权利的要求特别有损于教皇国的地位,这是理所当然的。拿破仑1806年2月13日的信提醒庇护,虽然查理大帝曾是由教皇加冕为"罗马人的皇帝",他仍然视教皇为受他庇护的人;他把授予罗马教会的世俗领地只是作为他自己帝国不可分割的一部分。因而拿破仑也是这样。他对庇护七世写道"陛下是罗马的教皇,而我是罗马的皇帝,"这个令人叹为观止的充分体现皇帝威严的简洁公式已经表明,大帝国甚至是在它建成之前,已显出它只不过是一统天下的开始。

四、与普鲁士决裂（1806 年）

这样一种政策本不能指望带来全面的和平。可是客观形势却使这两个仍然干戈相见的强国有和谈余地。在英国，皮特在他的
230 政策又遭到灾难性的失败和反对党猛烈的攻击之后，于 1806 年 1 月 23 日忧愤而死。辉格党再一次要求让欧洲大陆听天由命，他们认为和平是中止法国入侵的唯一手段。福克斯说，“如果我们不能削弱法国的庞大力量，那么，制止它的发展对我们终归有点好处。”换言之，他建议再次实行阿丁顿的试验，尽管当时并没有出现 1801 年危机的征兆。虽然他的朋友们未必都同意他的想法，但是他们都愿意谈判，只要能使他们掌权就行。国王召见了格伦维尔，后者坚持要福克斯入阁：这一次他成功地把福克斯拉入内阁，让他负责外交部。辉格党的领导人——格伦维尔、谢尔本的儿子佩蒂勋爵、格雷勋爵的儿子霍威克勋爵和厄斯金，再加上现在成为西德默斯勋爵的阿丁顿，组成了“人才内阁”。

激怒了英国公众的是辉格党的国内政策：他们停止施行爱尔兰的戒严令，并且正再次考虑解放天主教徒问题。然而没有人反对试探和平。主战派由于普鲁士的态度而遭受挫折，因为普鲁士为了获得汉诺威而甘愿同法国结盟。当英国于 5 月 11 日对普宣战、并封锁德意志北海沿岸时，普鲁士关闭了它的波罗的海各港口，禁止对英贸易，从而引起了商业利益集团的恐慌。早在 2 月底，福克斯因为通知法国一项谋害皇帝性命的阴谋而重新打开了通向巴黎的渠道；塔列朗报以和谈的建议。亚尔默斯勋爵——他

一直被拘留在法国,是一些上层人物的密友,——作为居间调停者出发到伦敦,并于6月17日作为具有全权的中间人返回法国。福克斯拒绝谈判任何协议,除非俄国也参加谈判,他也拒绝以亚眠和约作为解决问题的基础。他坚持以“实际占有”作为谈判基础,但把汉诺威归还英国作为例外。拿破仑原则上并不反对,因为他考虑到可以给普鲁士找到某种补偿;然而他却不让普鲁士知道事态的发展,因为他知道普鲁士一定会反对的。

与此同时,亚历山大也决定参加谈判。普鲁士的背叛使得恰尔 231
托雷斯基的影响增加了。他于1月间劝告沙皇放弃为欧洲仲裁的宏伟计划,而应当把注意力集中在俄国的利益上,即集中于东方。他认为奥斯曼帝国的形势对俄国是大有可为的。1805年3月,塞利姆三世正式建立起他的新的常备军,土耳其近卫军步兵从此感到不安稳。同时,鲁梅利亚的各帕夏由于担心自己的权位难保,便勾结多瑙河两公国的小邦君拿起了武器,这些小邦君,尤其是伊普西兰蒂,都是被俄国利用的。塞尔维亚人公开造反了。1804年3月,一直与奥国谈判的奈纳多维奇被杀死了,他的同胞在卡拉-格奥尔吉领导下举行起义,在沙皇的支持下,他们要求自治。1805年夏季,他们选出了民众议会,议会创设了元老院,并向土耳其苏丹请愿。土耳其人无力征服他们。恰尔托雷斯基意识到,胜利的拿破仑必将阻挠俄国对外扩张的政策,这一看法不久便得到证实。塞利姆拒绝续订他与俄国在1798年签订的条约,他也拒绝缔结一项贸易协定。6月间,他撤销了“特准令状”,根据这项令状,曾准许列强把归化证书授予奥斯曼帝国的臣民。从1806年5月以来,一支俄军在向德涅斯特河集结,英国驻君士坦丁堡大使阿巴思诺特催促英政府派遣一

支舰队。恰尔托雷斯基建议在西方采取守势,并且与拿破仑进行谈判:如果后者不干涉俄国在东方的行动,便可达成一项交易,而着手瓜分土耳其。他同法国领事莱塞普斯举行会谈,并于5月12日通知他,俄国大使奥布利尔已启程经维也纳赴巴黎。此外,拿破仑在意大利和德意志的政策预示着对奥国要发动一场新战争,这一场战争可能会使奥国完全覆灭;奥布利尔后来一直坚持说,他曾接到训令,为了拯救奥国要不惜任何代价缔结和约。

当拿破仑获悉这一使命之后,他改变了态度。他一直在与福克斯谈判,以期孤立俄国;但是换另一种政策引起了他更大的兴趣,因为最难击败的对手是英国。他立刻要求英国把西西里交给约瑟夫,并且补充说,费迪南四世可在其他地方取得补偿。亚尔默斯提出抗议,结果谈判中断了。当奥布利尔于7月6日到达时,他立刻受到诱骗和恫吓,并对他不断施加压力:他被告知,俄国可以

232 保留爱奥尼亚群岛并且享有两海峡的自由通航权;甚至可能把阿尔巴尼亚和达尔马提亚交给费迪南,以便在法、土两国之间建立一个对俄国友好的缓冲国。亚尔默斯得知这一建议后并没有反对,虽然他到此时为止仍然拒绝讨论西西里问题。莱茵邦联的创建终于使奥布利尔做出决断;他确信,如果他不让步,奥国就要完蛋,所以他于7月20日签订了和约。拿破仑在最后一刻以巴利阿里群岛替换了准备给费迪南的巴尔干一些地区。俄国至少是巩固了自己的地位:它虽然失去了科托尔,但仍然保住了爱奥尼亚群岛,使法国放弃了腊古扎,并把土耳其置于俄、法的共同保证之下;此外,拿破仑答应从德意志撤军。亚历山大在提尔西特和约中也不会得到如此巨大的收获!英国人当时大为震惊。福克斯承认那是“一

个使人感到屈辱的协定”，他发现英国再次被抛弃了。亚尔默斯步奥布利尔的后尘提出了一项和约草案，拿破仑于8月6日没有做任何根本变动就答复了他：英国将占有马耳他和好望角，重获汉诺威，同意把巴利阿里群岛交给费迪南，并承认约瑟夫，因而就默认把西西里给约瑟夫。看来拿破仑分别谈判的两面手法似乎即将获得成功了。他在给约瑟夫的信中已经把自己看成是地中海的主人，“这是我的政策的主要的和不变的目标”——至少暂时是这样，因为他心目中还有许多其他计划。

突然间，风向变了。有很多理由使人产生怀疑，亚历山大是否会批准这一和约，因为他刚刚解除了恰尔托雷斯基的职务，此人的政策触怒了强烈仇视拿破仑的亲英派的俄国贵族。7月9日，沙皇任命布德贝格男爵为新外交大臣，他是一个出生于波罗的海沿岸的德意志人，他只关心欧洲大陆事务，并颇为同情普鲁士。英国是可以期待从这一任命中获得好处的。此外，福克斯已经改变了态度，他的同僚比他更为严厉地谴责亚尔默斯的草案。一个新的但却仍与法国十分友好的全权代表洛德代尔被派往巴黎，再次要求以“实际占有”为谈判的基础，然而却可以答应交出西西里，其条件是要能为费迪南找到一个稍为像样的补偿。拿破仑拒绝重开谈判，他指望俄国批准条约，以迫使英国退让。但是现在弗里德里希—威廉三世的态度使沙皇拒绝了批准这一条约，也许他与法国谈判不过是为了诱骗普鲁士。

毫无疑问，皇帝绝不希望与普鲁士决裂；当决裂时，他深感失望和烦恼。历届革命政府和皇帝本人长期寻求与普鲁士联盟，以 233
便使奥国和俄国变得软弱无力，并将英国人拒于德意志以外。因此,拿破仑对普鲁士的态度完全是仁慈的,如果普鲁士肯像西班牙一样纳入他的"体系",也就是变成一个附庸国的话,拿破仑把这一点对普鲁士讲得清清楚楚。国王不顾豪格维茨多次警告,固执地坚持一种不幸的想法,拒不接受肖恩布鲁恩条约的原来条款,只肯接受经他修订的条款;在未缔结全面的和约之前他不想吞并汉诺威,而只是占领它,以免与英国的关系破裂。他的胃口也增大,他声称有权保有安斯巴赫、并获得汉撒各城市。当拿破仑于1806年2月1日收到这些可观的建议时,他刚刚得知皮特之死。他宣称,普鲁士的反建议废除了肖恩布鲁恩条约,2月15日,他迫使豪格维茨签署了另一个条约,这一条约强迫普鲁士立即吞并汉诺威,并对英国人封闭它的一些港口,不仅要交出安斯巴赫和纳沙泰尔,还要交出普鲁士还保有的克累弗公国在莱茵河以东的那一部分,拿破仑把这一部分并入贝格公国,并迫使普鲁士同意法国在威塞尔驻军。弗里德里希—威廉三世投降了;这是一个他永远不能原谅的可怕的惩罚,而普鲁士的主战派则更加不肯原谅。

在奥斯特里茨战役之后,暂时心灰意懒的主战派很快又增长了力量。然而一直到最后,在普鲁士仍有一些拿破仑的崇拜者:比洛,未来的独立战争中的英雄的兄弟,他写了一本关于1805年战役的书,他在书中对待普鲁士颇为严厉;布赫霍尔茨,他在自己的《新利维坦》一书中用霍布斯[①]的哲学来赞颂拿破仑

① 托马斯·霍布斯(1588—1679年),英国机械唯物主义哲学家,他在政治思想方面主要著作之一是《利维坦》(1651年)。"利维坦"一词原指基督教《圣经》中巨型怪兽,霍布斯用来象征国家;他认为国家对个人有支配一切的权力,理想的政体是君主专制。他为英国资产阶级革命后的克伦威尔独裁制造理论根据。——译者

帝国的专制主义；在军队里有马森巴赫，他原籍是符腾堡。另一方面，宫廷是拥护战争的。路易莎王后把拿破仑拿来同温文尔雅的亚历山大作对比，到处散布反对“魔鬼”和“地狱的渣滓”言论。这些情绪赢得了国王的堂兄路易－费迪南、他的妹妹（她嫁给了拉齐维尔亲王）、福斯伯爵夫人以及她的妹妹贝格夫人的共鸣。施莱尔马歇、亚历山大·冯·洪堡、约翰·米勒和默克尔都转变为敌视法国。很多军人，如法尔、沙恩霍斯特和布吕歇尔则急于采取行动。哈登堡支持他们，4 月，施泰因要求国王解除他所宠爱的顾问洛巴德和拜姆的职务；在战争前夕王室的亲王们再次提出这一要求。弗里德里希－威廉生气了；可是他也感到焦虑不安，所以就暗中力图重新赢得沙皇的友谊。他派遣不伦
瑞克公爵去向亚历山大保证，尽管普鲁士与拿破仑结盟，它永远 234
不会对俄国作战；6 月 23 日，当他得知奥布利尔所负的使命时，又用书面重申了这些保证。至于哈登堡，他与俄国大使阿洛佩尤斯进行了秘密谈判，按照上述方针缔结了一项协定，7 月 24 日，沙皇签署了这项协定。

莱茵邦联的创建更加深了普鲁士的不满情绪。的确，皇帝认为绝不反对普鲁士组成北德邦联，普鲁士在 1795 年至 1801 年间一直抱有这一伟大梦想。但是他不准汉撒各城市成为其成员，并且告诉萨克森，它完全有拒绝参加北德邦联的自由。黑森选侯也不敢加入。更糟的是，8 月初亚尔默思在巴黎就向普鲁士大使卢凯西尼泄露了将要从普鲁士手中夺走汉诺威的消息。布吕歇尔报告说，法军正在莱茵河一带集结，从弗兰科尼亚也传来类似的警报。这种谣言最后使弗里德里希－威廉下了决心。他确信汉诺威

处于危险之中,在没有澄清事实真相的情况下就通知了沙皇,并于 8 月 9 日进行了动员。整个 8 月他都很苦恼,不知道奥布利尔签订的条约结果将会如何。实际上弗里德里希一威廉自己的决定已经使得奥布利尔条约失去了作用,而且沙皇也拒绝批准这一条约。得知这种情况后,国王于 9 月 6 日写信给亚历山大,表示“我除了战争外别无出路”。

正像 1805 年那样,拿破仑直到最后一刻还不肯相信正在发生的事情。8 月 17 日,他甚至下令准备把帝国大军撤回法国,因为德意志问题随着弗兰茨的退位已经解决了。直到 8 月 26 日他还称普鲁士动员的消息是“可笑的”,但是到 9 月 3 日,当亚历山大拒绝批准奥布利尔条约时,他才明白了。他从中看出,一个新的反法同盟正在形成。9 月 5 日,他发布了第一批命令;全面的训令直到 19 日才发出。9 月 13 日福克斯死后,他的同僚确信俄国和普鲁士是可靠的,并由于攻陷布宜诺斯艾利斯而受到极大鼓舞;他们又增加了要求。9 月 26 日,他们坚持要求把达尔马提亚给费迪南四世;10 月 5 日,由于拿破仑的拒绝使谈判停下来。他那时已在班贝克,正在去击溃普鲁士的途中。他像上次战役一样临时仓促草率地准备了这次战役。当他到达弗兰科尼亚时,他的命令甚至还没有执行,他解除了维尔曼齐将军的兵站总监职务,而派达律继任。士兵们在没有大衣的情况下就出发了,其中大部分都没有替换的鞋,只带了几天的面包和饼干。然而这次战役像风卷残云一
235 般,所以他们遭受的痛苦较少。10 月 1 日普鲁士已发出最后通牒,要求法军撤到莱茵河西岸;拿破仑于 7 日在班贝克收到了这份最后通牒;到 14 日,普军已全部覆灭。

五、耶拿战役与奥尔施泰特战役。冬季战役(1806—1807 年)

普鲁士却对自己的军队充满信心,而全欧洲也这样相信它。甚至在法国也有不少人认为,只有在摧毁弗里德里希大王的军队之后,拿破仑的声誉才真正确立起来。自从普鲁士军队赢得荣誉时起,它似乎毫无变化。虽然自从尼德兰和德意志不再能提供兵员以来,征募外籍兵已变成几乎是不可能的事,但是普军里至少仍然有八万名外籍士兵。军队的其余部分是由从农民中征召来的“区乡兵员”组成的;贵族和资产阶级免服兵役,而大部分军官则由容克地主充任。这支全然没有民族特征的军队,在旷野进行线形队列的战斗训练,是一支训练有素的军队。此时普军是由若干营步兵组成,但是他们没有作为散兵进行战斗的训练。骑兵仍然是很好的,但是炮兵的装备很差,工兵和医务几乎都不存在。指挥战争的理论几乎也不再有任何进展。团以下没有再划分较小的单位。行军依据军事仓库的所在地而定行程,部队经常为庞大的行李辎重队所拖累。谁也没有看出来,这支军队在与法国革命的战
士相遇时,就显示出它是一支非常落后的军队,也没有人看出,这 236
支军队的最大缺陷是它已不惯于作战。连长在本连队为所欲为,由于和平时期请长假的人多,吃空额捞了金钱,他们把一场战役视为一场灾难。指挥官年已衰老,缺乏果断;所以这些部队虽然既勇敢又训练有素,但由于缺乏得力的领导而失败了。

如果普军不是过于自负,越过易北河、而是留在易北河东岸等

待俄军的话,他们是能够避免一场灾难的。就亚历山大来说,他比1805年更加行动迟缓,因为他还注视着土耳其。8月24日,塞利姆单方面地免除了多瑙河各公国小邦君的职务;但是由于俄国最后通牒的威胁,他又于10月15日让他们官复原职。与此同时,米切尔森的军队受命去占领各公国。结果,不仅拖延了反对拿破仑的战争准备工作,而且还使俄军必须在两条战线上作战。

普军以三路主力大军向图林根集中。这三路主力大军是:不伦瑞克公爵和国王率领的六万人;霍恩洛厄率领一支五万人的部队穿过了德累斯顿以便带动萨克森人;吕歇尔带领的三万汉诺威人取道黑森。瓦尔米[①]的败将不伦瑞克在他的部属中几乎没有什么威望,他既不善于集结部队,也不会掩蔽部队,甚至也不能贯彻作战计划。他打算向美因河进军,以便威胁法军的作战通信线路,而霍恩洛厄则打算穿过弗兰科尼亚森林正面迎击法军。最后,霍恩洛厄向耶拿移动去靠拢不伦瑞克的部队,但他没有能与不伦瑞克会师,而留下了两个军在萨勒河。普军还没有来得及集结他们的部队就遭到了袭击。

拿破仑留下路易和莫蒂埃保卫莱茵河;他的德意志盟国固守后方。9月25日前后,他的主力部队集结在纽伦堡附近,以美因河和弗兰科尼亚森林为掩护。总共六个兵团,再加上骑兵后备队和近卫军共约十三万人。对于拿破仑来说,必须在俄军到达之前击败普军,他担心他们正固守在易北河东岸。当他听说他们正在

① 瓦尔米是法国马恩郡东北部一小村,1792年9月20日,法军大败不伦瑞克率领的普奥联军于此,击退了欧洲反动君主对法国革命的武装干涉。——译者

行军途中时，他推断，他们不是朝着美因兹就是朝着维尔茨堡进发;在这种情况下，他就会与他们在美因河一带交战，迂回包抄他们的左翼将会使他们朝着莱茵河方向撤退。当看到他们仍按兵不动时，他就于 10 月 7 日至 9 日兵分三路纵队穿过弗兰科尼亚森林，以便切断他们向易北河的退路。内伊和苏尔特未经战斗就进 237
入霍夫村;缪拉、贝尔纳多特，达武和近卫军把陶恩齐恩的一师人赶出了施莱茨;左边的拉纳和奥热罗袭击了萨尔费尔德，在这里费迪南亲王被击败身亡。接着，部队向北进发，然后转头向西挺进;与此同时，缪拉扑向莱比锡，他获悉这里的普军正在退却。萨勒河有两个可以涉水渡河的地点:克森和卡赫拉。达武占领了前者;拉纳和奥热罗夺取了后者，然后沿左岸前进，到达了耶拿，并占领了兰德格拉芬山——一个能控制霍恩洛厄扎营处的高地。拿破仑以为普军的主力驻扎在这个平原上，便命令内伊、苏尔特、近卫军以及部分骑兵在兰德格拉芬山集结;其余部队由贝尔纳多特率领从瑙姆堡被调回到德恩堡，受命在必要时向炮声轰鸣的方向进军。

事实上，不伦瑞克和国王率领着七万人正在向克森渡口进军，霍恩洛厄只不过有五万人，而且这五万人甚至还未集结起来。拿破仑于 10 月 14 日投入了五万六千兵力去对付霍恩洛厄。拉纳和苏尔特从兰德格拉芬山长驱直下，击溃了敌人的第一道战线，继而进攻第二道战线，并且迂回包抄了敌人的左翼，而奥热罗因道路崎岖，进击稍慢，最终还是威胁了普军右翼。经过一番激烈抵抗之后，普军大败，溃不成军。率领部队赶来增援的吕歇尔，赶到战场后也只落得同样的下场。在这段时间内，达武带领的二万六千人却担负着迎击在奥尔施泰特附近的普军主力部队的重担;不伦瑞

克受了致命伤,他的部队惊慌逃奔,撞上了从耶拿败退下来的逃兵,这些逃兵和不伦瑞克的败军混在一起,更是溃不成军。至于贝尔纳多特,虽然他确实在德恩堡渡过了萨勒河,但是他一向心怀不轨,便与两个战场都保持着相当的距离。普军死伤二万七千人,被俘一万八千人,几乎丢掉了他们全部野战炮。

缪拉、内伊和苏尔特穿过哈次山区追赶敌人残部,俘获二万人,可是却让几个军团逃掉了。法军主力经莱比锡直下柏林,达武于27日首先进入柏林;他与奥热罗从柏林渡过奥得河,迫使库斯特林要塞投降。对敌人的追击现在变得更加有条不紊了,霍恩洛厄被截断通往什切青的路,于28日在普伦茨劳缴了械。布吕歇尔设法到达了卢卑克,但却于11月6日在那里被俘。当时残留下的普军只有在东普鲁士的莱斯托克的一个分队。远至维斯杜拉河的所有要塞都开门投降,只有西里西亚各城镇和由格奈森诺防卫的

238 科尔贝格除外。民众毫无反抗,文职官员宣誓效忠拿破仑。被征服的地区迅速地被组织起来,并且要交纳一亿六千万法郎的军税(这还没有把强行征用的计算在内),以便获得法国军队完全缺乏的各种军需物资。

拿破仑马上就开始采摘自己的胜利果实了。早在9月27日,维尔茨堡大公就加入了莱茵邦联;12月11日萨克森选侯弗里德里希也加入了邦联,并接受了国王的头衔;萨克森的公爵们于15日加入了邦联,中德意志的其他王侯最后也都随着加入了。黑森一卡塞尔和不伦瑞克公国,以及富耳达一起被并掉了,富耳达的邦君奥伦治公爵曾站在普鲁士一边参战,因此被剥夺。弗里德里希一威廉三世本人似乎是甘愿附庸称臣,以便保住自己的王位。

卢凯西尼与察斯特罗同迪罗克谈判一项和约,和约规定割让整个易北河以西的普鲁士领土,阿尔特马克除外,并对英国人封闭波罗的海各港口。10 月 30 日签署的这一和约于 11 月 6 日由国王批准了。

可是,局势已经发生变化。当拿破仑于 10 月 27 日进入柏林时,他在档案中发现了普俄之间的一项协定的证据,于是他开始散播关于普鲁士王后同沙皇亚历山大之间关系的流言飞语。他很快就明白,俄国将会前来帮助普鲁士,彼得堡的贵族中间爆发了好战的愤怒情绪,东正教将拿破仑逐出教会。11 月 9 日,皇帝决定延缓签署和约,而代之以一项要求以维斯杜拉河与布格河为界的停战协定;国王的军队要驻扎在东普鲁士,在必要时,他们将从那里赶走俄国人。此外,他还宣称,在未能签订一项包括归还法国殖民地以及保证土耳其领土完整的全面和约之前,他将不从普鲁士王国撤兵。11 月 21 日,他的这些意图在提交给元老院的一篇咨文中公开发表了。实际上,普鲁士已被作为抵押品;看来,它所处的被囚禁地位很可能还将持续一段时间。随着军队的前进,它有计划地没收了英国货;随着汉撒各城市被占领,德意志现在停止了对英国的贸易。拿破仑在 11 月 21 日著名的柏林敕令中宣称,不列颠诸岛“处于封锁状态”,那就是说,他以其人之道还治其人之身,即进行虚拟封锁。结果,无论是直接来自英国的船,还是来自它的殖民地的船,都不得驶入帝国的港口。

有人认为“大陆封锁”是“大帝国存在的理由”,情况根本不是
这样;封锁的扩展是帝国对外征服的自然结果。由于拿破仑没有 239
控制海洋,因而著名的柏林敕令本身对业已存在的对英国货物的

禁令并没有增加任何新东西。富有意义的新情况是，由于中立国无形中受到打击，封锁就会失去自拿破仑执政以来就给予它的那种保护主义的根本特点，从此以后，它变成了一种攻击性的武器。胜利又使拿破仑完全转回到 1798 年督政府采用的政策上去。联合欧洲大陆反对英国的意志已经形成了，因此就使“帝国的”和罗马的观念在当代政治中具有了现实意义。“我要用陆地的力量征服海洋，”拿破仑这样写道。这就是为什么柏林敕令标志着一个转折点。

普鲁士的谈判全权代表由于眼光短浅而于 11 月 16 日接受了停战协定，但是国王却拒绝了这一协定，同时他身不由己地和反法同盟连结在一起。拿破仑不等国王做出决定就一直进军到维斯杜拉河。11 月 27 日，部队到达华沙。可是皇帝不得不在柏林停留一个月以便调集援军和充实士兵装备。莫蒂埃被派遣去占领瑞典的波美拉尼亚，并封锁斯特拉尔松。已表示悔改之意并答应取消与美国人联姻的热罗姆率领德意志各邦部队去包围西里西亚各要塞。1806 年度征募的新兵已启程开赴前线。与此同时，向维斯杜拉河的进军已经把波兰问题公开提出来。波兰人在法军进军中就举行了起义，并驱逐了普鲁士的行政官员。参加起义的主要是资产阶级和贵族，但他们的看法不一致：有一个由拉齐维尔公爵领导的亲普鲁士派，其中不止一个贵族从那仿照普鲁士的先例建立的抵押银行中得利；尤其是还存在一个亲俄派。恰尔托雷斯基再次劝说亚历山大抢在拿破仑之前宣布自己为波兰国王，他的这一建议得到了涅姆策维奇和大主教谢斯琴策维奇的支持，后者痛骂了“波拿巴的虚伪良心”。波尼亚托夫斯基本人直到 12 月末还在犹豫不决。波兰的大贵族担心万一失败会遭到报复;他们也同样惧怕法国获胜,因为法国的胜利将会解放他们的农奴。

无论如何,不得不与俄军作战的拿破仑不能拒绝别人给予的援助。早在 9 月 20 日,他就授权札荣切克将军成立一个由普鲁士
军队中逃出的波兰人组成的军团。耶拿战役之后,顿布罗夫斯基 240
将军和韦比茨基将军就受命在起义地区组织三个军团。同样被召去的科斯丘什科则要求给以保证条件。拿破仑无意答应重建波兰国家,因为这将触怒沙皇并会引起奥国干涉。科斯丘什科谴责拿破仑对重建波兰保持缄默是出于自私:“他只想到他自己。他憎恶所有的伟大民族性,更加憎恶独立精神。他是一个暴君。”这是一个透彻的论断,但却也是对这位皇帝的保留态度的一种误解:如果条件可能的话,他并不反对恢复波兰人的国家,以便使波兰成为帝国的一个附庸国。但波兰人能否自治呢?他对此表示怀疑,他的某些元帅也否定了这种可能性。何况此时去做也未免言之过早。因此他没有做出任何许诺,尽管瓦莱夫斯卡伯爵夫人——她与拿破仑一起度过了整个冬天,而且他也在热烈地爱恋着她——一再恳求他。他只在波森为顿布罗夫斯基设立了一个临时行政机构。后来于 1807 年 1 月 14 日在华沙成立了一个临时委员会,该委员会推选马拉霍夫斯基为主席。在塔列朗和马雷的监督下,委员会把行政权委任给五名督政官,它着手组织波兰民族的军队,并为拿破仑的军队供应军需品,还开始效仿法国改革司法制度。

面临帝国大军,本尼格森和他的三万五千名士兵已经退却到那累夫河与弗克腊河之间的一个阵地,以等待布克斯赫弗登的四万名增援部队的到来。12 月底,拿破仑开始进攻本尼格森。23

日，他和达武在恰尔诺沃强渡弗克腊河，并命令拉纳向普乌土斯克进军。其余来自托伦和普洛次克的部队计划迂回攻击敌人的中部及右翼，并包围他们。但当时的天气恶劣，那些坎坷不平的道路影响了行军的速度。贝尔纳多特留在后面，内伊因为追击普军而迷了路。拿破仑力图重整部队秩序，但也无济于事。12 月 26 日，法军在拿破仑不在场的情况下，对普乌土斯克和戈莱明发动了一场秩序紊乱的进攻；俄军坚守阵地后又能够撤离。皇帝认为自己那些缺乏大衣、鞋子和食物的士兵是不可能在森林和沼泽地里去追击俄军的。因此他就在帕萨尔格河到华沙之间安置了冬营。

延伸如此之远的战线是令人惊讶的。位于森林背后的本尼格森现在向北移动了。1 月末，他渡过了帕萨尔格河，企图进攻贝尔纳多特，后者在向托伦撤退。与此同时，莱斯托克进军远至格鲁琼
241 次。可是拿破仑已经集结他的其他的部队，并且向北进发以切断敌人的退路。本尼格森由于捕获一名信使而得悉拿破仑的计划，因此他能够在帕萨尔格河一带坚持相当长的时间，以便逃跑。在穷追之下，为了保住科尼希斯贝克，他于艾劳应战。虽然拿破仑只有六万人，而敌人有八万人，他还是于 1807 年 2 月 8 日对本尼格森展开了进攻。他首先迂回包抄俄军的左翼，然后正面进攻，可是奥热罗的军队在一场暴风雪中迷了路，因而遭受了巨大的损失。敌军主动出击，法军用骑兵不断冲锋，费了很大的力量才击退本尼格森。莱斯托克军队的到来使得法军处境更加糟糕；但是正在追击他的内伊终于在傍晚 7 时赶到战场，他迂回包抄本尼格森的右翼；本尼格森后来下令撤退。二万五千名俄军和一万八千名法军阵亡了。拿破仑停止追击敌军，并率领部队回到帕萨尔格河彼岸。

他在沃斯特鲁达设立了自己的司令部,继之于4月1日又将司令部移至芬肯施泰因城堡。

拿破仑赢得了这场死伤惨重的战斗,但是他的计划再次失败了,还必须进行一次夏季战役。他再次陷于危境;他远离法国,在那里战争正在引起一场工业危机,危机迫使他大量增加政府定货和信贷,以避免失业的蔓延。同时,奥国可能会参战,而英国也有可能试图在大陆展开活动。艾劳战役轰动了整个欧洲,它加深了波兰战役遗留下来的印象。艾劳战役表明,拿破仑的战略和大军的力量很不适应这些平原地区和气候条件。布赖特公司不得不承认在保证运输方面无能为力;乡间只能提供有限的军需品;部队力量减弱了,只有四分之一的士兵能够参加战斗,其余的则要守卫后方。要战胜俄国,无论在外交上还是军事上都需要做出巨大的努力。

六、夏季战役与提尔西特条约(1807年)

最简单的任务是补充新兵。从1806年9月至11月,后备役
和这一年所征募的新兵的一半被派往莱茵河,克勒曼又从这里把 242
他们一队队地派往前方去。另一半的新兵也以同样的方法于10月至12月派遣出去。正当拿破仑启程到前方去时,他提前征召了1807年度的新兵;这批士兵也在冬季走上征途了。最后于1807年4月,1808年度的新兵也被征募,这些新兵刚到兵站就被立即派出,装备不齐,并且完全缺乏军事训练。带领新兵也变得困难起来,首次用新兵组成"临时团队",同一些幸存的干部混合编在一

起。帝国总共征募了十一万名士兵;同时,盟国军队由四万人增到十一万二千人,其中有德意志军队、荷兰军队、波兰军队、由拉·罗曼纳侯爵率领的西班牙军队以及意大利军队。1807 年 7 月 15 日,在德意志境内的帝国大军达四十一万人,为 1806 年 9 月兵员总数的二倍。大约有十万人参加了弗里德兰战役。此外,皇帝还在意大利驻扎着十二万人,监视着奥国和西西里岛,另外还有十一万人(其中有一些国民自卫军步兵)保卫着海防。

组织运输和供应要困难得多。私人公司在供应军需品方面的失败使皇帝把后勤工作都军事化了,至少原则上是如此。炮队扩充了,并组织了辎重队;设立了军粮总局,并委派马雷的兄弟负责。

243 这样 1807 年战争的结果使得国家的职权扩大了。但是不应由此推断说,这一切改变了拿破仑战争的特征。新的组织机构从未满足过需要,大部分车辆仍然是在行军途中偶然获得的。军粮总局局长几乎是不管正在战斗的部队,否则就不成其为“以战养战”了。1807 年战役期间,拿破仑从法国仅调去三万匹军马用以补充在波茨坦和库尔姆的新马站;他认为就地征用一切军需品却更为经济和便利。在德意志设立了作坊,并和当地的船夫和马车夫订立了运输合同。困难多半仍然还是难以克服的。在货物不能运输的情况下,保持连续不断的生产也无济于事。充塞在维斯杜拉河东部——欧洲人烟最稀少的地区——的战士们所能获得的东西仅仅是能使他们免于饿死而已。到 7 月为止,法军才收到了二万六千件大衣,五万二千件短上衣,和同等数量的裤子;在后方仍有大批的鞋子储备着没有穿用。俄军方面由于同样的原因,像往常一样深受苦难。而他们的盟军的条件也并不好些,尽管他们是在本土

作战。东普鲁士全境遭到彻底蹂躏和掠夺。

拿破仑一边备战，一边进行谈判，试图在反法同盟各国中播下不和的种子，并使奥国保持中立。弗里德里希—威廉三世那种坚决的姿态为时不长。12月16日，他把外交大臣的职务交给施泰因，但因为弗里德里希—威廉不肯撤换他的亲信顾问，也不肯组成一个政见一致的政府，施泰因拒绝了，这使得国王对他很生气。仍然负责外交的察斯特罗急于同法国谈判，因为他担心自己的产业会被没收。拿破仑在11月16日的停战协定的谈判失败之后曾宣布，除非签订全面和约，否则就不进行谈判。于是国王就听从了劝告，要求俄国和英国赞成谈判，他们同意了，其条件是，法国必须首先提出和平谈判的基础。在这期间，拿破仑由于处境困难，便又想与普鲁士单独媾和，而他自己曾使普鲁士想媾和的建议遭挫。他在1月底向普鲁士建议谈判，并在艾劳战役后派贝特朗到科尼希斯贝克去肯定谈判的诚意。国王派克莱斯特上校去芬肯施泰因作为回访。拿破仑坚持了自己的条件，同时也同意召开一次会议，4
月，当普鲁士为会议提交了一份正式建议时①，他便接受下来。6 244
月9日，国王通知了英国；到这时，战役已经接近尾声了。拿破仑从这些谈判中得到的好处是，这些谈判招致了亚历山大对普鲁士的不满。4月2日，沙皇到达梅默尔规劝国王以哈登堡接替察斯特罗；4月23日，他诱导国王签署了巴滕施泰因协定，从而加强了他们之间的同盟。直到那时，普军还没有失去希望，因为俄军仍在竭力拯救但泽。可是，这座要塞城市的陷落，以及容克地主对盟军

① 作者大概是指奥国，不是普鲁士。见下文。——英译者

过分放肆的行为的抱怨,使得两国关系忽然冷淡下来。因此,亚历山大心中开始模糊地形成了逐渐把他引向提尔西特和谈的思想。

奥地利的态度只能促进沙皇这种想法。新宰相施塔迪翁伯爵急欲进攻拿破仑;但是他断定,法军仍然是个劲敌,对普鲁士和俄国的野心他也感到不安。所以,奥国进行备战,待机而动。自10月以来,拿破仑就一直在交替使用着引诱和威胁手段,他建议结盟,但没有提出别的,只提出以加里西亚交换西里西亚,并且还坚持要奥国停止武装。施塔迪翁却在故意回避;可是,1月间他却派遣了文森特男爵到华沙与塔列朗谈判,而塔列朗毫不费力地使文森特陷入他的圈套中。施塔迪翁要摆脱其他的谈判代表而且还要不得罪他们则更为困难,他们是:俄国大使拉祖莫夫斯基,跟他一起的还有波佐·迪·博尔戈,一个效忠沙皇的法国亡命者,以及英国代表阿戴尔。召开和谈会议的计划及时地使奥国从窘境中解脱出来。3月18日,施塔迪翁提出一项调停建议,4月7日经过塔列朗同意,这一建议成为正式建议①。当谈判各方都接受了这一调停建议时,拿破仑却突然变得沉默起来,他将塔列朗召到身边,整个5月都没有给文森特答复。就这样,拿破仑在奥国出面调停之前就可以重开战端,而这是亚历山大决不能原谅奥国的。

但更令亚历山大激怒的是英国的态度。福克斯死后,他的同僚仍然在当权,霍威克勋爵继福克斯出掌外交部。他们的政策变得越来越显示出岛国的褊狭性。攻占了布宜诺斯艾利斯之后,公众唯一关心的是西属美洲;一些军队被派到了那里去,对地中海东

① 见前注。——英译者

部沿岸诸国的远征占用了可动用的部队，因此，沙皇要求英国在大陆发动牵制攻击，英国就没有办到。西西里岛本可以作为一个进攻意大利的极好基地，可是福克斯将军是玛丽亚—卡罗莉娜的冤家对头，并且也没有得到增援部队，他宣布他自己不能采取任何行动。英国政府仍然舍不得花钱，它拒绝担保俄国发行的一笔公债。245
英国政府的外交也不够灵活。它到1807年1月28日才同普鲁士签订和约，条件是要普鲁士从汉诺威撤军；甚至在此之后，英国仍故意冷落普鲁士。英国驻科尼希斯贝克和圣彼得堡的大使哈钦森和道格拉斯既不灵活变通又不干练，并且暴露了他们自己是拿破仑的热情崇拜者。最后，内阁于2月因天主教徒问题而岌岌可危；国王终于答应撤销宣誓条例，但仍拒绝授予天主教徒较高的军阶，在海军中尤其如此。3月7日，内阁辞职；托利党又执政了，并以“不要天主教”为口号进行竞选。政府只是在名义上由波特兰公爵领导；政府的重要部门又由皮特的门徒掌握，他们要恢复皮特的对欧洲大陆的政策，并且在政策的实施中显示出同样不屈不挠的决心。埃格蒙特勋爵之子珀西瓦尔，担任财政大臣；巴瑟斯特出任商务大臣；特别是坎宁出任外交大臣，以及卡斯尔雷出任陆军大臣。然而由于人们不很了解这些人，所以他们的上台并没有引起人们注意。坎宁直到5月16日才任命莱维森—高尔为新任驻俄大使。坎宁对普鲁士仍然心存疑虑，怀疑它想收回汉诺威以称霸北德意志；他认为，在汉诺威只不过是用普鲁士的军国主义取代拿破仑的军国主义，英国则一无所获。他所关心的主要是策动瑞典的古斯塔夫四世破坏他与法国在4月18日签订的停战协定。当夏季战役开始时，反法同盟各国对英国的愤懑达到了高峰。

正值亚历山大枉费心机地等待着英国发动牵制攻击的时候，他自己不得不分调一部分兵力去攻打波斯，和继续进行他所不合时宜地发动的对土耳其的战争。于是拿破仑抓住时机同沙皇的敌人搞好关系，因此欧洲的冲突便扩大到了地中海东部沿岸诸国，就像在督政府时期一样。俄国将军米切尔森已占领了摩尔达维亚，并未发一枪一弹就拿下了布加勒斯特；但是他的部分军队却被召回，因而他只好就此止步。虽然拿破仑怂恿了塞利姆三世对俄宣战，但是鲁斯丘克的帕夏、统帅着多瑙河军队的“旗手”穆斯塔法到5月底仍按兵不动。塞尔维亚人的暴动因而便有着重大的意义，特别是他们在12月12日夺取了贝尔格莱德之后情况就更是如此。土耳其人答应了塞尔维亚人的一切要求，可是现在俄国代理
246 人的影响却占了上风。3月，帕夏苏莱曼及其军队撤退时遭到屠杀，塞尔维亚的民众议会投票决定与沙皇结盟。拿破仑竭尽全力帮助土耳其苏丹；他与艾奥尼纳的帕夏阿里－泰布兰言归于好，并诱使他进攻科孚岛和圣摩尔岛；马尔蒙将大炮和炮兵教官派往波斯尼亚的帕夏那里；一名军官去到在鲁斯丘克的帕夏那里，另一名去到在维丁刚刚去世的帕斯万·奥格卢的继任者那里。皇帝甚至还提出把达尔马提亚的军队派遣到多瑙河去。这一消息冒犯了穆斯林的感情，塞利姆本人也拒绝过于依赖法国；3月间派到拿破仑那里的使节没有与他达成结盟的协议。5月末，俄军侵入了小瓦拉吉亚，以便援助塞尔维亚人，后者正取道克拉伊纳向多瑙河进军；但他们不得不急忙撤退，因为“旗手”穆斯塔法终于渡过了多瑙河。可是他并没有走很远。5月25日，土耳其近卫军步兵在君士坦丁堡叛变，他们杀死了大臣，废除了“新军”，废黜了塞利姆，由塞

利姆的堂兄弟穆斯塔法四世继位。“旗手”穆斯塔法撤退了，于是俄军得以同塞尔维亚人于7月17日在纳果廷城下会师。

英国人在东方支援俄军，然而他们这样做有自己的打算。英国海军上将达克沃思要求土耳其苏丹恢复1798年的联盟并对法国宣战，苏丹拒绝了英国的要求，达克沃思的舰队便于2月19日强行通过达达尼尔海峡，并于次日出现在君士坦丁堡。塞利姆的使者们敷衍拖延时间，以便让塞巴斯蒂亚尼组织城防；到26日，苏丹便抛下了假面具，达克沃思不得不于3月3日仓皇退出达达尼尔海峡，受到了一定损失。英国没有坚持下去。其实英国无意为俄国利益出力；英国政府宁愿重新占领埃及。自从法军离开埃及之后，土耳其苏丹一直没有能在埃及恢复统治。马穆鲁克人打败了科斯勒夫帕夏，而在其首领穆罕默德·阿里率领下的阿尔巴尼亚军队则取得了独立。马穆鲁克人的分裂有利于穆罕默德·阿里：奥斯曼的别伊巴尔迪西结好于他；穆罕默德·埃尔一埃尔菲则和英国人勾上，而这两个马穆鲁克首领又都与法国领事德罗韦蒂勾结。最后于1804年穆罕默德·阿里将巴尔迪西驱逐出开罗，并与土耳其人断绝了关系，还迫使土耳其苏丹承认他为这个国家的代理总督，1805年又迫使土耳其苏丹承认他为帕夏。英国在君士坦丁堡的干涉使得埃尔一埃尔菲替代了他，可是穆罕默德·阿里不肯妥协；后来这两个马穆鲁克首领相继去世，这就使得他能够为所欲为了。为这次失败进行报复的达克沃思从西西里调来一支分遣队，在亚历山大港登陆；他们占领了罗塞塔，但很快就被穆罕默
德·阿里所发动的一次袭击所打败。1807年4月22日，穆罕默 247
德·阿里包围了亚历山大港，英军于9月15日签署了撤军协定。

当时,英国人在波斯也遭到挫折。波斯王自1804年来就一直同格鲁吉亚人和俄罗斯人交战,1806年的一次失败使他失去了巴库和达格斯坦。波斯王同时向拿破仑和印度总督求援。法国派出代表去商谈结盟问题,接着,波斯使团到芬肯施泰因拜会了皇帝,5月7日在那里签订了一项条约。法国同意将波斯置于自己的保护之下,并同意向波斯提供武器和教官;而波斯则答应支援法国实行计划中的对印度的远征。5月10日,拿破仑给加尔达内将军发出了训令,派他出使德黑兰。

总之,一切都变得对拿破仑有利起来,然而,只有对俄国取得决定性胜利才能粉碎反法同盟。而本尼格森给拿破仑提供了这样一个机会。但泽和西里西亚(科塞尔除外)都已陷落,法军只要一发起进攻,科尼希斯贝克就会失守,这是意料之中的事。本尼格森试图以突袭来拯救这座城市,6月初,他贸然向帕萨尔格河挺进,以期击溃在帕萨尔格河右岸扎营的内伊。内伊从本尼格森的包围中逃脱出来,与达武在沿河一带会师,与此同时,其余的法国大军于6月9日向俄军的右翼进攻,以便切断俄军与莱斯托克的二万四千名普军的联系。本尼格森然后退守海尔斯贝格,这是阿勒河上的一个设防阵地。缪拉本应当把本尼格森围困在该地,以保证法军通过唯一可行的大路,可是他却于6月10日轻率地展开全面进攻,从而造成了不必要的伤亡,损失约一万人,并使本尼格森得以沿着阿勒河右岸撤退下来。拿破仑此时投入攻击正在向科尼希斯贝克撤退的普军。本尼格森想支援普军,发动袭击牵制法军,6月13日,他在弗里德兰渡过阿勒河。他可能就只想做这件事,因为当他在次日清晨遇到拉纳的军团时,他并无意利用自己的优势

兵力。这样他就给了皇帝充分的时间以便带领三个军团赶到战
场。俄军的左翼在击退了内伊的两次猛攻之后终于被法军炮火突
破。桥梁被焚毁,本尼格森部队被追赶到河里,损失了二万五千
人。其残部在法军的追击下撤到提尔西特。俄国将领受到这一打
击而惊惶失措,认为必须签订停战协定,亚历山大的使节于 6 月
19 日被派去要求签订停战协定。他们受到了友善的接待,并于 6 248
月 21 日签署了协定。除此之外,迪罗克 19 日就向他们提出了签
订和约的建议。

拿破仑需要和平:如果俄国继续抵抗,他就得渡过涅曼河;这就需要再次做大量的准备工作,而战争旷日持久会使奥国有机可乘。就亚历山大而言,他对各同盟国都有不满,也无意孤注一掷了。他的兄弟康斯坦丁是完全倾向媾和的,康斯坦丁的汇报无疑地说服了亚历山大:在遭到入侵的情况下一切都可能发生:军队哗变、贵族谋叛、波兰各省暴动,或许农奴也要造反。亚历山大接着又会见了弗里德里希—威廉,6 月 22 日哈登堡趁机提出了一个令人震惊的建议:已不复存在的普鲁士劝说沙皇改变他的全部政策,向拿破仑建议建立三国联盟,对英国作战,并重绘欧洲地图;俄国和奥国将瓜分土耳其,并与普鲁士一起放弃它们所占有的波兰领土;萨克森国王将入主华沙,而将自己的国土让给普鲁士。由此可见,正是普鲁士在引导沙皇与法国结盟并与英国决裂。对英国十分恼怒的亚历山大欣然接受了这样的建议。此外,哈登堡的计划将会再次把他与拿破仑一起树为欧洲的调停人,就如同在 1801 年那样;因为处在当时的情况下普鲁士几乎是无足轻重的。这恰恰符合于拿破仑的想法;他暂时放弃了征服俄国的念头,并且打算让

俄国代替普鲁士作为自己的盟国。这一建议于 6 月 23 日送到亚历山大手里,它触动了沙皇的虚荣心。他也许认为他能像捉弄许多别人一样诱惑拿破仑,因此提出举行一次私人会晤。这次会晤是于 6 月 25 日在涅曼河中间的一个木筏上举行的。在这里两位皇帝单独进行了长时间的会谈。我们将永远不会知道他们彼此说了些什么:这就是"提尔西特的秘密"。

实现和平与结成联盟并没有什么困难;但是还必须决定普鲁士的命运。拿破仑一分钟也没有考虑过要承认普鲁士为第三方。他以蔑视的态度对待弗里德里希－威廉,并且把他撂在一边。路易莎王后于 7 月 6 日前来拜会拿破仑;他很有礼貌地听她的谈话,但她却空手而归。已经原则上同意了哈登堡计划的亚历山大竭尽全力维护他的盟友,但结果在结成联盟时却没有让普鲁士参加。为此他会被斥责为背信弃义。他无疑地看出了拿破仑是很固执不

249 容商量的,所以就附和了拿破仑的主张。皇帝认为他是根据征服的权利占有普鲁士的,而且可以继续占有它;尽管如此,出于对沙皇的敬意,他愿意同普鲁士签订停战协定,并归还其部分领土。拿破仑想必是还用东方问题的前景来炫惑亚历山大,他们一旦使英国恢复理性,甚至在这以前,就将着手解决东方问题。总之,他使沙皇着迷。

1807 年 7 月 7 日于提尔西特签署的文件包括一项和约、某些秘密条款和一个盟约。7 月 9 日又增加了一项与普鲁士签订的单独条约。俄国经过这场战争毫无损失;相反地,普鲁士丧失了易北河以西的全部领土,如英国同意割让汉诺威给拿破仑,则普鲁士还能重新获得三十万至四十万臣民。东弗里西亚群岛已经并入荷

兰,普鲁士在威斯特伐利亚的领土已划入贝格大公国。其余的领土——明登、希尔德斯海姆、哈耳伯斯塔特、马格德堡——都与不伦瑞克、黑森一卡塞尔、汉诺威的一部分、奥斯纳布吕克和格廷根合并组成了将由热罗姆统治的威斯特伐利亚王国。拿破仑把汉诺威的其余部分与埃尔富特、哈瑙以及富耳达都控制在自己手中。普鲁士也放弃了它所瓜分的波兰各省,除了西普鲁士的一小块地方以外,这块地方是一边把勃兰登堡和波美拉尼亚,另一边把东普鲁士连接在一起的三十公里宽的地峡。被肢解切割剩下四个省份的普鲁士还给了弗里德里希一威廉;但是 7 月 12 日所签署的条约又规定在付清赔款以后,法国才从普鲁士撤军。既然没有让沙皇作为一方参加签署这个条约,因此他就无权过问这个协定的实施,这样拿破仑就暂时控制了整个普鲁士。

法俄联盟前途的关键在于如何处理波兰各省,只有但泽问题已经解决,它现在是普鲁士领土上一个孤立的城市,变成一个自由市,但仍由法国将军拉普继续占领。不幸的是,恰恰是在波兰问题上,提尔西特会谈的秘密至今仍被隐藏得深不可测。毫无疑问,拿破仑很愿意与沙皇共同瓜分普鲁士;事实上,他已经建议俄国应该扩张到涅曼河。拿破仑似乎要把他已征服的波兰各省送给沙皇,条件是让法国另占有西里西亚。这一建议遭到沙皇的拒绝,在原来普占波兰各省中,俄国只并吞了比亚威斯托克省。假如拿破仑不要求西里西亚并答应归还普鲁士在中德意志的领土,亚历山大也许会接受这一建议的。结果普鲁士的波兰各省被组成了一个华
沙大公国。这种解决办法可能是沙皇本人作为一种暂时的妥协方 250
案提出来的;或许又是拿破仑的主意;无论如何,这个有二百万人

口的华沙大公国是被置于萨克森国王的统治之下了。皇帝于 7 月 22 日经过德累斯顿时,给波兰人颁布了一部宪法。像威斯特伐利亚一样,这个新的大公国也加入了莱茵邦联,三万名法国士兵驻扎在那里。这样就重建了一个波兰国家,只不过没有用"波兰"的国名罢了。实际上,它只不过是法国反俄的前沿阵地而已,所以它一开始就在法俄联盟中埋下了解体的种子。

在拿破仑这样把大帝国扩展直到涅曼河时,亚历山大却在放弃保罗一世在地中海所取得的权益。他将科托尔和爱奥尼亚群岛割让给了法国,甚至还从不久前才占领的多瑙河两公国撤了出去,对撤出的条件只是在和约签订之前土耳其人不应重新占领这些公国,拿破仑应在俄土之间充当调解者;如果土耳其苏丹在三个月之内拒绝签订和约的话,法国就将与俄国联合起来剥夺土耳其政府除鲁梅利亚之外的在欧洲的全部领地。至于英国,则由亚历山大出面调停,要求英国归还法国的殖民地,并承认海洋自由。如果调停失败,法国就要采取措施,迫使瑞典、丹麦和葡萄牙加入大陆体系。这样一来,就无异于续订和扩大了 1801 年的协定;沙皇就能够指望征服芬兰和土耳其;而拿破仑则可征服葡萄牙,同时还可组成一个禁止对英贸易的大陆联盟,普鲁士已经参加大陆封锁;被孤立了的奥国也难以拒绝这样做。陷于法俄联盟夹击之中的这两个德意志国家沦落到无能为力的地步,因此,也就不可能缔结任何反法同盟。

因此,对拿破仑来说,提尔西特和约是一个辉煌的成就,纵然只是一个暂时的成就。虽然亚历山大似乎是落入了拿破仑的圈套(而他却认为拿破仑是处在他的支配之下),他的虚荣心和反复无

常的性格肯定是不会让这种局面长期存在下去的。同一个在性格上不能平等待人的人合作，他是不会忠实地同他平分秋色一起统治欧洲的。毫无疑问，亚历山大既狡猾又诡诈，内心深处确实另有打算。即从一种险恶局面中毫无损伤地解脱出来，他推想，法国会比英国更乐意允许他掠夺瑞典和土耳其。同时，他仍完全有自由在他认为合适的时候重新拿起武器。因此有人认为，是他欺骗了 251
拿破仑。

完全不是这样。在提尔西特进行谈判时，拿破仑对梅内瓦尔说过，他决心不把君士坦丁堡交给俄国人："它就是世界的帝国"。在拿破仑心目中，法俄联盟并不是建立在平等基础之上的，而是俄国纳入了他的体系，因而变为他的附庸国。他不可能不会想到，迟早有一天战争将会再起，可是拿破仑是个只顾眼前的人；他知道，他要重建军队、解除奥国的武装并使西欧完全归于他的统治，就需要和平。法俄联盟就使得和平有了保证，至少在目前是如此；或许这个联盟甚至还会使他能征服英国。下一步如何，走着再瞧。如果俄国在英国失败之前发动战争，那么他就将先征服俄国。但是，拿破仑只要有俄国的支持，哪怕是暂时的支持，他就会赢得时间聚集他所需要的力量，以便打败亚历山大。

上卷参考书目（提要）

译者说明：勒费弗尔原著的参考书目附在各编、章、节标题下面，我们集中附在上、下卷书尾。原书所列书目极为丰富，我们只选录一部分重要的原始文献和史学名著，较多选录近年新的研究成果，较少选录杂志论文。较多选录英、法文著作，较少选录其他文字著作。专业读者如需参考原著全部书目，请查看原书。

第一编　革命的遗产

第一章　旧制度与革命的冲突

阅读本章及整个第一编时，请参看本丛书（《民族与文明》）前一卷及其参考书目：G. Lefebvre, La Révolution française (1951, t. XIII de la collection "Peuples et Civilisations"), 6ᵉ éd. revue et mise à jour par A. Soboul, 1968.

有关本书所研究时期的世界通史著作，可选读下列各书：l'Histoire générale du IVe siècle à nos jours, publiée sous la direction d'E. Lavisse et A. Rambaud, t. IX (Paris, 1897); The Cambridge Modern History, t. IX (Cambridge, 1906); R. R. Palmer, A History of the Modern World (New York, 1950); Histoire générale des civilisations, sous la direction de M.

Crouzet, t. V: Le XVIIIe siècle. Révolution intellectuelle, technique et politique (1715—1875), par R. Mousnier et E. Labrousse, avec la collaboration de M. Bouloiseau (Paris, 1953); Destins du Monde, sous la direction de L. Febvre et F. Braudel: Les bourgeois conquérants, par Ch. Morazé (Paris, 1957); F. Markham, Napoleon and the Awakening of Europe (London, 1954).

有关拿破仑统治时期法国史的著作,可选读下列各书:A. Thiers, Histoire du Consulat et de l'Empire (Paris, 1845—1862, 20 vol.); G. Pariset, Le Consulat et l'Empire (Paris, 1921), t. III de l'Histoire de France contemporatine, publiée sous la direction d'E. Lavisse, avec d'importantes bibliographies; L'étude de Taine, formant la 3e partie des Origines de la France contemporaine (Paris, 1891—1894, 2 vol.), est restée inachevée; L'Histoire du Consulat et de l'Empire, par L. Madelin, s'est achevée avec la publication du t. XVI et dernier: Les Cent Jours. Waterloo (Paris, 1954).

一、社会的和政治的冲突

J. Godechot, La Grande Nation. L'expansion révolutionnaire de la France dans le monde, 1789—1799 (Paris, 1956, 2 vol.); 同一作者的 La contre-révolution. Doctrine et action, 1789—1804 (Paris, 1961).

二、思想的冲突

关于政治思想史可选看:P. Janet, Histoire de la science politique dans ses rapports avec la morale (Paris, 1872, 2 vol.; 4e éd., 1913); G. Sabine, A History of Political Theory (London, 1937; 4th ed., 1948); J. Touchard, avec la collaboration de L. Bodin, P. Jeannin, G. Lavau et G. Sirinelli, Histoire des idées politiques, t. II: Du XVIIIe siècle a nos jours (Paris, 1959; coll.《Thémis》); F. Ponteil, La pensée politique depuis Montesquieu (Paris, 1960).

三、民族的觉醒

F. Meinecke, Weltbürgertum und Nationalstaat (Berlin, 1908; 4e éd., 1917);同一作者的 Geschichte des Historismus im XVIIIten und XIXten Jahrhundert (Berlin, 1927, 2 vol.); A. Soboul, De l'Ancien Régime à l'Empire: problème national et réalités sociales, L'Information historique, 1960, nos. 2 et 3.

第二章　战争的后果与和平的条件

全章的参考书是: H. von Sybel, Geschichte der Revolutionszeit (Düsseldorf, 1859—1879, 5 vol.),此书有法文译本: Mlle Dosquet, Histoire de l'Europe pendant la Révolution française (Paris, 1869—1888, 6 vol.),英文译本是: W. C. Perry, History of the French Revolution, 4 vols. (Leipzig, 1867—1869); A. Sorel, L'Europe et la Révolution française (Paris, 1885—1904, 8 vol.); Emile Bourgeois, Manuel historique de politique étrangère, t. II (Paris, 1900); H. Fugier, La Révolution française et l'Empire napoléonien (Paris [1954], t. IV de l'Histoire des relations internationales, publiée sous la direction de P. Renouvin); J. Godechot, La Grande Nation.

一、大陆各国

J. Streisand, Deutschland, 1789—1815 (Berlin, 1959); Histoire de Russie, publiée sous la direction de Ch. Seignobos, P. Milioukov et L. Eisenmann, t. II (Paris, 1933); K. Waliszewski, Catherine II (Paris, 1893); 同一作者的 Le fils de la grande Catherine: Paul Ier (Paris, 1912).

二、英国的战争努力

J. S. Watson, The Reign of George III, 1760—1815 (Oxford, 1960); J.

Deschamps,Entre la guerre et la paix. Les Iles britanniques et la Révolution française,1789—1804 (Bruxelles,1949); J. Holland Rose,Pitt and the Great War (Londres,1911); G. P. Gooch, The Cambridge History of British Foreign Policy, t. I (Cambridge,1912); R. W. Seton-Watson, Britain in Europe, 1789—1914 (Cambridge,1947); A. T. Mahan,The Influence of Sea Power upon the French Revolution and Empire (Londres,1892,2 vol.); W. James, The Naval History of Great Britain (Londres,1824,5 vol.:2e ed., 1886, 6 vol.); J. Tramond,Manuel d'histoire maritime de la France des origines à 1815 (Paris, 1916: dernière éd.,1942).

三、法国及其盟国

关于执政府的历史,请看本丛书前一卷 La Révolution française,第五编和第六编及其参考书目。

关于政治制度可看:J. Godechot,Les institutions de la France sous la Révolution et l'Empire (Paris,1951; de la coll.《Histoire des institutions》).关于经济史和社会史可看:H. Sée:Histoire économique de la France (Paris,2 vol. 1939—1942); Ph. Sagnac,La législation civile de la Révolution française (Paris, 1898); G. Lefebvre, Les paysans du Nord pendant la Révolution française (Lille,1924,2 vol.; 2e éd. Bari,1959).同一著者的 Études sur la Révolution française (Paris,1954; 2e éd. 1963)集中有关农民问题的论文。E. Levasseur,Histoire des classes ouvrières et de l'industrie en France depuis 1789 jusqu'à nos jours (Paris,1862,2 vol.; 2e éd. 1903); L. Chevallier,Classes laborieuses et classes dangereuses (Paris,1958).此书叙述了巴黎工人的情况。T. S. Ashton,La révolution industrielle,1760—1830 (Paris,1955).关于合并到法国的各郡可看 H. Pirenne,Histoire de Belgique,t. V (Bruxelles,1920);关于这一时期历史新的参考书目是:P. Gérin,Bibliographie de l'his-

toire de Belgique,1789—1821 juillet 1831 (Louvain-Paris,1960).关于法国的盟国,可看:L. Legrand, La Révolution française en Hollande (Paris,1894); A. Fugier, Napoléon et l'Italie(Paris,1947); R. Herr, The Eighteenth Century Revolution in Spain (Princeton,1958); A. Fugier, Napoléon et l'Espagne (Paris,1930,2 vol.) t. I, Introduction.

四、封锁与中立国

E. F. Hecksher, The Continental System (Oxford,1922); W. Freeman Galpin, The Grain Supply of England during the Napoleonic Period (New York,1925); J. Holland Rose, British West-India Commerce as A Factor in the Napoléonic Wars, dans The Cambridge Historical Journal, t. III (1929), p. 34—46; H. S. Commager, The Rise of American Republic, t. I (New York, 1931; nov. éd. 1939,1942); S. M. Bemis, A Diplomatic History of the United States (New York, 1936; nouv. éd. 1946,1950).

五、英国资本主义的力量与困难

关于英国经济和社会的发展可看:P. Mantoux, La révolution industrial en Angleterre (Paris,1905; 2e éd. 1959),第二版是原著者参照了 Marjorie Vernon 的英译本(1928 年)增订而改写的,并由 A. Bourde 补充了参考书目。

T. S. Ashton, The Industrial Revolution,1760—1830 (Oxford,1948)有法译本,1955 年,巴黎;T. S. Ashton, An Économic History of England. The XVIIIth Century (London,1955);关于英国所遭受的困难,过去史学家普遍认为只是对法战争的后果,而忽视英国资本主义内在的危机和英国与中立各国的冲突所起的作用,好像这两个因素没有起过对法国有利的作用似的。

第三章　拿破仑·波拿巴登台

一、法国的独裁统治

A. Vandal, L'avènement de Bonaparte, t. I: La genèse du Consulat, Brumaire (Paris, 1903); A. Meynier, Les coups d'Etat du Directoire, t. III: Le 18 brumaire an VIII (Paris, 1928).

二、拿破仑·波拿巴

关于波拿巴的早年看:F. Masson et G. Biagi, Napoléon inconnu (Paris, 1895); A. Chuquet, La jeunesse de Napoléon (Paris, 1897—1899, 3 vol.). 要认识拿破仑,最好就是读他的通信集:Correspondance de l'empereur Napoléon Ier (Paris, 1857—1869, 28 vol.), 1870年续出的第29—32卷是拿破仑在圣赫勒拿岛的著作;这部通信集是拿破仑三世命令编纂的,但还没有全部出齐;以后私家编纂补充的主要有:L. Lecestre, Lettres inédites de Napoléon (Paris, 1897, 2 vol.); L. de Brotonne, Lettres inédites de Napoléon Ier (Paris, 1898)和 Dernières lettres inédites de Napoléon (Paris, 1903); 法国参谋总部历史处出版了由 E. Picard 和 A. Tuetey 主编的 Correspondance inédite de Napoléon Ier conservée aux Archives de la Guerre (Paris, 1912—1913, 4 vol.); A. Chuquet, Ordres et apostilles de Napoléon (Paris, 1911—1912, 4 vol.). 有关拿破仑的回忆录记述了他的一些如闻其声,如见其人的谈话;其中最可信的似乎是下列几种:A. C. Thibaudeau, Mémoires sur le Consulat (Paris, 1827); Chaptal, Mes mémoires sur Napoléon (Paris, 1893); P. L. Roederer, Journal (Paris, 1909); Mémoires du comte de Meneval (Paris, 1894, 3 vol.) et du baron Fain (Paris, 1908) 此二人都曾是拿破仑的秘书; Mollien, Mémoires (Paris, 1837, 4 vol.; réeditions en 1847 et 1898, en 3

vol.); Caulaincourt, Mémoires (Paris,1933,3 vol.). Les mémoires de Madame de Rémusat (Paris,1879—1880,3 vol.)虽然名声很大,但却是恶意的而又不可信靠,新出的缩本 Mémoires de Madame de Rémusat,1802—1808 (Paris,1957) 有 Ch. Kunstler 写的重要的批判性序言。Bourrienne,Bonaparte intime,tiré des《Mémoires》, par B. Melchior (Paris,〔1961〕)仍值得参考。关于拿破仑的传记多得不可胜数,我们只举最著名的一些:August Fournier,Napoléon I. Eìne Biographie (Vienne et Leipzig, 1886—1889,3 vol.; 2e éd. 1904—1906),法译本 E. Jeglé,Napoléon Ier (Paris,1891—1892)没有译完全书,英译本 1912 年在伦敦出版;J. Holland Rose,The Life of Napoleon I (London,1901,2 vol.; 11e éd. en un vol. 1929)〔汉译本:罗斯:《拿破仑一世传》,商务印书馆,1977 年,北京,上、下两卷(据 1913 年第六版译)——译者〕;P. Lanfrey,Histoire de Napoléon Ier (Paris,1867—1875,5 vol.)写到 1810 年,虽很精辟,但乏善意。最近的一些传记有:É. Driault, Napoleon le Grand (Paris,1930,3 vol.); Jacque Bainville, Napoléon (Paris,1931); F. Kircheisen,Napoleon I (Stuttgart,1927—1929,2 vol.),法译本:J. Guidau, Napoléon. Une vie (Paris,1934),英译本:Napoleon (New York,1932); E. Tarlé,Napoléon (Paris,1937),Ch. Steber 译自俄文,有 J. Cournos 的英译本:Bonaparte (London,1937)〔汉译本:塔尔列:《拿破仑传》,商务印书馆,1977 年,北京——译者〕;J. M. Thompson, Napoleon, His Rise and Fall (Oxford, 1952); E. Tersen,Napoléon (Paris,1959). 德国作家 Emil Ludwig,Napoleon (1924)有英、法等国文字译本,但是否能把这部精彩的、有名的心理分析论述归入历史著作之列,我们感到犹豫不决。关于法国的拿破仑史学史,看荷兰学者 P. Geyl, Napoleon voor an legen de France Geschiedschrgving (Utrecht, 1946), 英译本:Napoleon,for and against. London,1949; 关于英国的拿破仑史学史,看德国学者 W. Moilahn, Napoleon in der englischen Geschichtsschreibung von den Zeitgenossen bis sur Gegenwart (Berlin,1937).

第二编　内安法国　外和欧洲

第一章　法国独裁体制的组成

全章参考书首先要着重介绍 F. Kircheisen, Bibliographie napoléonienne (Berlin, 1902; 2e éd. en 2 vol., 1908—1912),全书尚未完成。仍看第一编关于法国史和拿破仑传记的参考书。关于执政府,增看:A. Aulard, Histoire politique de la Révolution française (Paris, 1901; 5e éd. 1921)的第四编。关于共和八年宪法的准备工作,J. Bourdon 的博士论文 La Constitution de l'an VIII (Rodez, 1941)提出了一些新文献和一些新见解。对于宪法的研究,增看 M. Deslandres, Histoire constitutionnelle de la France de 1789 à 1870, t. Ier (Paris, 1932); M. Duverger, Constitutions et documents politiques (Paris, 1957; coll.《Thémis》). 关于波拿巴的合作者的传记选看:F. Papillard, Cambacérès (Paris, 1961); L. Madelin, Fouché (Paris, 1901, 2 vol.),富歇的回忆录也由同一作者整理并加注释在 1945 年出版;G. Lacour-Gayet, Talleyrand (Paris, 1930—1934, 3 vol.)看前两卷:E. Tarlé, Talleyrand (Moscow, 1958)译自俄文原著;J. Pigerire, La vie et l'œuvre de Chaptal (Paris, 1931).

第二章　欧洲和平的实现

全章参考书同第一编第二章。

关于历次战役的通史有:Colonel E. Bourdeau, Campagnes modernes, 1792—1815 (Paris, 1912—1921. 2 vol.)附有地图;général Descoins, Étude synthétique des principales campagnes modernes (Paris, 1901; 7e éd. refondue, avec croquis, par le général Chanoine, 1928). 关于意大利战役,法国参谋

总部历史处出版有 capitaine de Cugnac,La campagne de l'armée de réserve en 1800 (Paris,1900—1901,2 vol.),同一作者加以缩写为 La campagne de Marengo (Paris,1904).关于德意志战役,法国参谋总部历史处出版有总题为 La campagne de 1800 en Allemagne 的三部著作。至于拿破仑本人如何论述这些战役:M. Reinhard, L'historiographie militaire officielle sous Napoléon Ier. Etude d'une origine méconnue de la légende napoléonnienne,发表在《Revue historique》t. CXCVI (1946) p. 165—184.关于武装中立联盟参看:J. B. Scott, Armed Neutralities of 1780 and 1800 (New York,1908).关于亚眠和约,增看 M. Philippson, La paix d'Amiens,发表在《Revue historique》, t. LXXV (1901),p. 236—318 et t. LXXVI (1901),p. 48—78.

第三章　波拿巴就任终身执政

关于共和九年的危机,除了第一编第一章引过的 J. Godechot, La contrerévolution 外,增看 R. Cobb, Note sur la repression contre le personnel sans-culotte de 1795 à 1801,发表在《Annales historiques de la Révolution française》1954,p. 23—49.关于教务专约,看 A. Debidour,Histoire des rapports de l'Église et de l'État en France de 1789 à 1870 (Paris,1898); A. Latreille, L'Église catholique et la Révolution française, t. II: L'ère napoléonnienne et la crise européenne,1800—1815 (Paris,1950).主要的著作是 Bouley de la Meurtre,Documents sur la négociation du Concordat et sur les autres rapports de la France avec le Saint-Siége (Paris,1891—1905,6 vol.)和同一作者的 Histoire de la négociation du Concordat (Paris,1920).关于民法典,选看 Ph. Sagnac, Le Code civil,livre du centenaire (Paris,1904); M. Garaud,Histoire générale du droit privé français (de 1789 à 1804),t. I: La Révolution et l'égalité civile (Paris,1953; avant-propos de G. Lefebvre),t. II: La Révolution et la propriété foncière (Paris,1959).

第三编　提尔西特条约前帝国的对外征服

全编参考书见 159—160 页注。

第一章　法国和英国:战端重启

除第二编第二章已引的 M. Philippson 的文章以外,补充 H. Beeley 的重要文章 A Projet of Alliance with Russia in 1802,发表在《The English Historical Review》,1934, pp. 497 — 401. 关于经济情况,看 F. Crouzet, Les conséquences économiques de la Révolution. Un inédit de Sir Francis d'Ivernois,发表在《Annales historiques de la Révolution française》,1962,p. 183—217 et p. 336—362 (这篇文章首次发表了 Francis d'Ivernois 在 1802 年起草的一份备忘录《论与法兰西共和国缔结商务条约的利弊》);Documents sur l'état de l'industrie et du commerce de Paris et du département de la Seine (1778—1810), publiés avec une étude sur les essais d'industrialisation de Paris sous la Révolution et l'Empire, par E. Gille (Paris,1963). 关于殖民政策看:J. Saintoyant,La colonisation française pendant la période napoléonienne (Paris, 1931); colonel Nemours, Histoire militaire de la guerre d'indépendance de Saint-Dominque (Paris, 1925—1928,2 vol.);同一著者的 Histoire de la captivité et de la mort de Toussaint-Louverture (Paris,1929); E. D. Charlier, Aperçu sur la formation historique de la nation haïtienne (Port-au-Prince, 1954); A. Césaire, Toussaint-Louverture. La Révolution française et le problème colonial (Paris,1960; coll.《Portraits de l'Histoire》, n°26). 关于入侵英国的计划和特拉发加海战,除了第一编第二章已引的 J.

Holland Rose 和 J. Tramond 两书外，增看 A. Thomazi, Trafalgar (Paris, 1932)；同一著者的 Napoléon et ses marins (Paris, 1950)；P. Mackesy, The War in the Mediterranean (London, 1957). 关于封锁，除了第一编第二章第四节所引各书外，增看 A. Stephen, War in Disguise or The Fraud of Neutral Flags (London, 1805; réédité en 1917)和 F. Crouzet, L'économie britannique et le blocus continental, 1806—1813(Paris, 1958, 2 vol.)的第一卷。关于第三次反法同盟的起源，除了第一编第三章第二节和本编全编参考书以外，增看：A. Bryant, Years of Victory, 1802—1812 (London, 1944)；J. Holland Rose, Select Dispatches Relating to the Formation of The Third Coalition Against France (London, 1904). 有关俄国史和亚历山大一世的传记看：grand-duc Mikhailovitch, Les relations de la Russie et de la France d'après les rapports des ambassadeurs d'Alexandre Ier et de Napoléon Ier (Pétersbourg, 1905, 6 vol.)；同一著者的 Le tsar Alexandre Ier (Paris, 1931)，是由 la baronne Wrangel 译成法文的；K. Waliszewski, Le règne d'Alexandre Ier (Paris, 1923—1925, 3 vol.)；N. Brian-Chaninov, Alexandre Ier (Paris, 1934)；L. Czartoryski, Alexandre Ier. et le prince Czartoryski. Correspondance particulière et conversations, avec introduction de Ch. de Mazade (Paris, [1905])；Mémoires et correspondances du prince Czartoryski avec l'empereur Alexandre Ier, publiés de Ch. de Mazade (Paris, 1887). 关于东方政策：B. Mouravieff, L'alliance russo-turque au milieu des guerres napoléoniennes (Neuchâtel, 1954)；V. J. Purgear, Napoleon and the Dardanelles (Berkeley and Los Angeles, 1951)；G. Lebel, La France et les principautés danubiennes (du XVIe siècle à la chute de Napoléon Ier) (Paris, 1955;《Publication de la Faculté des Lettres d'Alger》, t. XXVII).

第二章　拿破仑的军队

全章参考书是：J. Morvan, Le soldat impérial (Paris, 1904—1907, 2

vol.);P. Cantal,Études sur l'armée révolutionnaire (Paris,〔1907〕是一部很有启发性的书。主要的工具书是:G. Six, Dictionnaire biographique des généraux et amiraux français de la Révolution et de l'Empire,1792—1814 (Paris,1934—1935,2 vol.);同一著者的 Les généraux de la Révolution et de l'Empire (Paris,1947). 有关历次战役的著作中,选看:A. Meynier,Levées et pertes d'hommes sous le Consulat et l'Empire,发表在《Revue des études napoléoniennes》t. XXX (1930) p. 26—51;这篇文章经过修改补充,印成单册改名为:Une erreur historique. Les morts de la Grande Armée et des armées ennemies (Paris 〔1934〕,34p.). 有关拿破仑的军事思想选看:lieut.-colonel J. Colin, Napoléon Ier (Paris, 1914); H. Delbrück, Geschichite der Kriegskunst im Rahmen der politischen Geschite,t. IV (Berlin,1920); E. G. Léonard,L'armée et ses problèmes au XVIIIe siècle (Paris, 1958); R. S. Quimby, The Background of Napoleonic Warfare. The Theory of Military Tactics in Eighteenth Century France (New York,1957)是较为简明扼要的。

第三章　大帝国的创立

本章仍看全编参考书和上引拿破仑和塔列朗的各种传记。关于神圣罗马帝国末日的官方文件见 E. Walder,Das Ende des Alten Reiches (Berne, 1948); J. E. Arenberg,Les princes du Saint-Empire à l'époque napoléonienne (Louvain,1951),此书的价值在于有各王侯的名单及其统计数字,尤其是关于各"间接附庸"的统计。关于 1806—1807 年德意志战役,看法国参谋总部出版的:commandant P. Foucart,Campagne de Prusse,1806 (Paris,1890)和同一著者的 Iéna (Paris,1887);普鲁士参谋总部出版的 O. von Lettow-Vorbeck,Der Krieg von 1806—1807 (Berlin,1891—1896,4 vol.). 关于波兰问题,看 M. Handelsman,Napoléon et la Pologne,1806—1807 (Paris,1909); 1964 年《Annales historiques de la Révolution française》出版一期专号 La Pologne, du siècle des Lumières au duché de Varsovie. 关于外交方面看 H. Butterfield, The peace tactics of Napoléon I, 1806—1808 (Cambridge, 1929), 此书是研究提尔西特和约的最新论述，但还要看 A. Vandal, Napoléon Ier et Alexandre Ier (Paris, 1891—1896, 3 vol.)的第一卷。

珍藏本
纪念版

汉译世界学术名著丛书

拿破仑时代

下卷

〔法〕乔治·勒费弗尔 著

中山大学《拿破仑时代》翻译组 译

端木正 校

2017年·北京

目　　录

第四编
提尔西特条约后帝国的对外征服(1807—1812年)

第五编
1812 年的世界

第六编
拿破仑的败亡(1812—1815年)

第四编

提尔西特条约后帝国的对外征服（1807—1812 年）

第一章　大陆体系(1807—1809年)

尽管英国故作镇定,“提尔西特的成就”有几个月还是似将见效。大陆屈服于拿破仑,而经米兰敕令强化后的封锁政策似已将英国的贸易关在大陆的门外。

东方国家的叛离,尤其是拿破仑所激起但又未能平定的西班牙起义,使大陆体系刚刚实行便又成了问题。

一、英国的觉醒

英国在获悉提尔西特会晤的消息后,看出1801年法俄协约业
已恢复,从而估计到这样的危险性:继德意志之后,波罗的海有再
次对英国封闭之虞。多亏坎宁行事果断,英国走在敌人的前面。
古斯塔夫四世看来的确是可靠的,因为他在7月3日刚刚重新对
法作战,而且卡斯卡特已经率领一万军队前往波美拉尼亚。但是 254
丹麦方面还捉摸不定,又有谣传说它在动员舰队。此外,贝尔纳多
特从汉堡出发几日之内就能占领丹麦。坎宁性情急躁,具有斗士
气质,他是分秒必争的。如果说他在7月16日就得悉提尔西特会
晤,那么也只是到21日才开始了解详情,而且很不完全。直到8
月8日一家法国报纸宣布后他才知道和约的签订。不过,海军上

将甘比尔 7 月 18 日就接到命令，带一支庞大的舰队前往哥本哈根，并于 8 月 3 日到达该地。卡斯卡特此时已撤离波美拉尼亚并得到增援，他带来了三万军队。丹麦王太子在基尔得到通知，要他和英国结盟，并把军舰交给英国处置。由于王太子拒绝这一行动，首都哥本哈根被封锁，接着于 9 月 2 日遭到炮轰，7 日就投降。以后坎宁徒劳无功地力图争取丹麦人，并曾试图驱使瑞典人占领这些群岛；他绝望之余表示准备在丹麦留下英国军队。他的同僚则主张撤离。但是丹麦舰队却被带走了。翌年，穆尔在斯堪尼亚登陆，海军上将索马里兹能够自由进入波罗的海护送商船。这是最主要的事。

在颁布柏林敕令的前夕，从事出口商品生产的大工业已经成为英国经济的命脉，因此任何打击这些大工业的危机都必然使英国的经济生活受到严重的影响。这些大工业大都依靠同欧洲和美国进行贸易来推销产品，并且在某些情况下还靠那里供给原料，所以在封锁的威胁下，尤其是如果在封锁的同时美国又停止对英贸易，这些大工业就会遭到损害。还必须指出的是，英国的海军装备和粮食供应都依赖北欧，英国的银行结构和支付平衡也不稳固。但是我们不能忽视英国经济的雄厚实力和灵活性。技术上的进步和资本主义的组织体系都使英国大大地超过法国。1801 年，大不列颠的人口为一千零九十四万三千人，1811 年增至一千二百五十九万七千人，人口的实际变动促进了整个经济的上升，特别是为工业保证了不断扩大的国内市场和大量廉价劳动力。英国的农业从技术上讲在欧
255 洲是首屈一指的，因此虽然土地革命打乱了传统的农村社会，但是它使一个迅速增长的人口只有一小部分食品需要依赖进口。统治

英国的大土地所有者寡头集团对自己的命运信心百倍,表现出几乎不可动摇的必胜信念。中产阶级中实力最强的那部分人,即伦敦和各大港口的银行家和商人,长期以来和贵族有着牢固的联系,他们和贵族一样猛烈地反对威胁着他们的商业利益和殖民利益的法国。至于工业家,社会地位一般都很低微,他们的政治作用还非常微弱。最害怕封锁的是工人,封锁会给他们带来失业和物价昂贵,从而使他们本已贫苦的生活更为恶化。但是正如人们所强调指出的,经过1799 年和 1800 年“结社条例”的进一步强化之后,国家的社会结构“固若金汤”。唯有一场持久的严重危机才有点可能激起中产阶级反对寡头统治并促使无产阶级起来造反。

托利党政府不但没有被柏林敕令所吓倒,反而靠牺牲中立国,加强了英国封锁的商业性质。长期以来,一些重要人士坚决主张引用各项航海条例采取措施来反对中立国航运。1802 年从英国各港口开出的船舶中悬挂中立国国旗的是百分之二十八,而 1807 年则是百分之四十四;英国造船业主和船主们因此忿忿不平。美国的贸易空前兴旺:1807 年,他们输出额达到一亿零八百万美元,其中将近六千万是殖民地的产品,而且有一部分是来自英国的敌国的殖民地。安的列斯群岛的种植园主埋怨糖价下跌。辉格党人并没有热心地听取这些怨言。1807 年 1 月 7 日,他们只限于把“1756 年规则”扩大到在英国船受排斥的敌方港口间的沿海贸易。2 月份起,珀西瓦尔建议强迫同法国进行贸易的中立国船舶必须途经一个英国港口,因为国家的荣誉要求采取一些报复措施。珀西瓦尔一上台马上就付诸实施。在再度禁止与敌国的任何贸易时,人们并不隐讳,特许证颁发制度将不会有丝毫修正,这种制度

允许英国商人为了国内贸易的利益，可以违反此项禁令。人们也
256 不隐讳，这是针对中立国的，目的在于“把全世界的贸易从属于英国海运和航海事业的发展”。根据 1807 年 11 月 11 日、15 日、25 日和 12 月 18 日的“枢密院令”，任何开往敌方或从敌方开来之中立国船舶均须在一指定英国港口卸货，在该港口缴纳关税(税额也趁机显著提高了)，并领取特许证。此外，还禁止向法国运输某些商品，如金鸡纳和棉花等。至少在理论上，还是像以往一样，仍然允许中立国把敌国殖民地的产品直接运往本国，甚至可将产地的谷物和原料输往在拿破仑控制下的各港口。除了这些例外，海上贸易似已将为英国垄断。英国人向中立国货物抽税，为的是要阻挠中立国运输外国殖民地的产品，这些产品的竞争减低了英国殖民者的利润；如果英国人不需要中立国的航运，就可以用拒绝发给特许证的办法来中断它们的航运。这一点正是英国船主和种植园主所期望的。

这些措施与坎宁的战绩同样地使英国人为之振奋。英国人毫无争议地就接受了政府加在他们头上的负担，以便使政府能够采取措施单枪匹马地与各国争斗，因为政府已预见到英国不久将陷于孤立。政府增加了捐税，卡斯尔雷着手加强了辉格党人曾有所忽视的军队。1806 年 4 月 13 日，温德姆曾经撤销了皮特的法案，中止了国民军的抽签选征办法，恢复正常的征兵制而放弃了从国民军中招募正规军的办法，并且表示了对志愿兵有反感。终身兵役制废除了，代之以为期七至十二年的雇佣兵制。卡斯尔雷则恢复了抽签选征国民军的办法鼓励志愿兵，但是他把志愿兵改编为由政府控制的一支地方国民军。特别是他恢复了皮特补充正规部

队的制度:他从国民军里抽调出二万一千人作为正规军。1807 年和 1808 年招募了四万五千名新兵,而当时军队仅仅损失了一万五千人。1809 年初,他在大不列颠已建立起二十万军队,其中三万可作为远征大陆之用。就这样,他通过一些远较高明的手段重新实行了皮特的政策。不过,付出的代价是很高的。1807 年起,直接税的收入从 1804 年的三百万镑和 1806 年的六百万镑上升为一
千万镑,支出从 1804 年的七千六百万镑和 1806 年的一亿零六百 257
万镑增为 1808 年的一亿二千万镑。由于 1807 年和 1808 年的出口显著减少,负担就显得愈加沉重。然而,面包仍是便宜的。英国坚定沉着地目睹大陆与拿破仑结盟,但它深信这不会持续很久。

二、把英国人关在门外的欧洲(1807—1808 年)

1807 年 7 月 27 日,拿破仑回到巴黎。人们称他为“大帝”,就像以前缔结奈梅根的和约[①]之后称路易十四为“大王”一样。8 月 15 日,拿破仑为庆祝凯旋和欢迎“大军”举行了盛大的庆祝活动。在一个短暂的时间里,大家都以为大陆的和平已有了保障,普遍的和平也将在短期内接踵而来。拿破仑自己说过:“提尔西特的成就将决定世界的命运。”因此,这些庆祝活动是真正得到人民支持的,而拿破仑此时又成了一位民族领袖。8 月 18 日,威斯特伐利亚王

---

① 奈梅根在荷兰,1678—1679 年路易十四在该地先后与荷兰、西班牙、神圣罗马帝国及瑞典签订和约,结束从 1672 年开始的战争。奈梅根和约扩大了法国领土,树立了法国在欧洲大陆的霸权。——译者

国正式成立。不久,庆贺了热罗姆和符腾堡的公主卡塔琳娜的婚礼。接着,9 月和 10 月,拿破仑在枫丹白露设朝听政。如同从奥斯特里茨凯旋归来时那样,他又重新投入了行政工作。正是在 1807 年,他清洗了司法人员;在 1808 年设立了大学。

尤其令人注目的是他愈来愈明显地对个人专制和贵族深感兴趣。1807 年 8 月 19 日,他取消了保民院。早在 9 日,他通过授予塔列朗"副大选侯"的称号,而实际上撤销了他的外交大臣的职务。他责备塔列朗贪财纳贿,实际上大概是不能原谅塔列朗曾审慎地表示过异议。1805 年 10 月,塔列朗擅自建议宽待奥地利,他想牺牲土耳其来抚慰在意大利和德意志两地遭到损失的奥地利,这个政策以后经常受到称颂,但是这只不过是个空想的政策而已,因为奥地利即使接受了给予它的东西,也不会忘记它深感遗憾的事情。在华沙,塔列朗表现出鄙视波兰人。弗里德兰战役之后,他向获胜的拿破仑祝贺时说他对这次胜利感到高兴,因为他深信这将是最后的胜利。拿破仑再也不能容忍一个如此富有独立性的部属,便
258 把他撤换了,代之以只是一个好雇员的尚帕尼;然而不幸的是拿破仑仍要不断地向前任大臣咨询事务。同时他还继续组织新贵族阶层:他向军事长官分发了一千一百万年金,恢复了贵族长子世袭财产[①],最后于 1808 年组成了整个的帝国贵族。

与此同时,他对外国的态度更为强硬。1807 年 10 月,他在枫

① 贵族长子世袭财产(majorat)原是旧制度下封建贵族的不动产继承制度,随受封称号而设,随继承封号而继承,不得出让。资产阶级革命深入展开后,国民公会为了削弱和分散封建贵族的财富力量,在 1792 年 11 月 14 日废除此制,1804 年《民法典》也予以禁止。拿破仑于 1806 年 8 月 14 日恢复此制,这是明显的倒退行为。——译者

丹白露同来自伊特鲁利亚、不来梅及葡萄牙的使者之间争执频繁。他说:“如果葡萄牙不按我的意图办事,从现在起两个月里,布拉干萨家族就别再在欧洲统治。”这是多余的威胁,因为实际上他主意已定,但是他愈来愈不能克制自己。梅特涅写道:“拿破仑不仅不再承认任何界线,而且完全撕掉了假面具。”尚帕尼自己承认:“和俄国取得一致后,他就谁都不怕了。”现在世界就像一副钢琴的键盘,拿破仑可以在上面随心所欲地弹奏他的幻想曲。

法俄联盟起初尚符所望。事实上亚历山大并不急于和英国决裂,他让布德贝格接见了威尔逊这位充当中间人的业余外交家。坎宁没有肯定地拒绝调停,他相信沙皇与法国结盟只不过是为了摆脱危局。实际上,亚历山大是想保护留在地中海的、由西尼亚文统率的舰队,并害怕喀琅施塔得遭到突然袭击。哥本哈根被炮轰后中止了这场对话,结果布德贝格让位给鲁缅佐夫,俄国于10月31日对英宣战。普鲁士不得不效仿俄国,于12月1日宣战,另一方面却秘密地向英国道歉,并让它的大使雅各比和坎宁协商,以便通过中间人弗朗索瓦·德·伊韦尔努瓦来维持两国间的联系。至于奥地利,虽然拿破仑对它在最近一次战争中的表现还肯屈尊表示满意,但是这次他不再向奥地利提出结盟了,而且他于10月16日催迫奥地利履约公开宣布反对英国。驻伦敦的施塔伦贝格和驻彼得堡的默费尔特都极力反对,但已无效。维也纳曾为提尔西特这一非常事件惊恐不安,现在揣测是否俄法有瓜分土耳其的计划,奥国是希望参加瓜分的。梅特涅从巴黎公开表示赞同施塔迪翁的意见,并拟出了行动计划,这个计划到后来他出任大臣才予以实施:此时别无他法,只有等待“欧洲能够结束这种基本上不安定的 259

状态的日子到来，因为这种状态违反自然，违反文明。”1808 年 1 月 1 日，施塔伦贝格根据一个紧急命令不得不向坎宁递交一份不受欢迎的照会，于是奥地利就跟着对英宣战，不过暗中还是表示遗憾。10 月 30 日，丹麦已经与法国结盟。瑞典尚在坚持，但是斯特拉尔松和吕根岛已经失陷；1808 年 1 月 16 日，亚历山大对瑞典发出最后通牒，2 月 21 日入侵芬兰，同时丹麦也对瑞典开战。

在拿破仑方面，1807 年 11 月 16 日他已出发前往米兰和威尼斯去安排意大利的事务。他对伊特鲁利亚王后的行为表示不满，伊特鲁利亚王后从 1803 年路易一世死后一直摄政，同她的丈夫一样，她完全听从教会，赋予教会完全自由。她宣布僧侣的财产为不可让与的财产，并把对出版物的检查权委托给主教，另一方面，对英国的走私活动她却眼开眼闭。拿破仑在取得西班牙同意后，便废黜了伊特鲁利亚王后，但给她保留了葡萄牙北部。拿破仑把托斯卡纳并入帝国，并于 1808 年 5 月 24 日建立总督府，作为大公国赐封给他的妹妹埃利兹。同时，拿破仑合并了巴马和皮亚琴察。他试图通过欧仁制服教皇，但没有用，1807 年 11 月，他占领了马尔凯，1808 年 4 月 2 日又把马尔凯并入意大利王国。2 月 2 日，米奥利斯进入罗马。因为土耳其仍是朋友，而朱诺在 1807 年 11 月 30 日又拿下了里斯本，大陆的联合就似乎即将完成。

封锁随着本身的进展而变成一个很有威胁性的现实。直到战争结束，柏林敕令的重要意义没有改变。在德意志，特别是在汉撒同盟的各城市，对英国货物的没收均先于柏林敕令。由于急需金钱，拿破仑征收罚款后就发还这些被没收的英国货物，这些货物还是回到流通领域，以致截获英国货物变成为财政上一种权宜之计。

在法国军队推进到波兰时,走私活动猖獗起来,荷尔斯泰因,主要是通宁港[①],已取代汉堡而成为英国的仓库;大家很快就知道,利用金钱可以得到许多法国人,包括军官、领事,甚至海关人员的通融。布尔里埃纳和布律纳在汉堡做出了最恶劣的榜样。另一方面,法国的实业家看到封锁变成了战争武器,感到惊恐不安,因为 260
打起仗来就对他们关闭了德意志,波兰和俄国,并且当时工业危机又很严重;为了从事进出口贸易便利起见,他们希望继续给予中立国的船舶以一切自由。柏林敕令宣布,如果中立国船舶“直接”来自英国或英国的殖民地就不再予以“接待”。但是它们可以提出证明只在英国停泊了一下,这样,它们就不受被没收的威胁,而可以像以往一样安全地来到法国。在这种情况下,柏林敕令便失去了任何意义。柏林敕令模棱两可的条文证明,拿破仑颁布这个敕令时还在国民生产的需求和战争的需要两者之间犹豫不决。这种迟疑不定的情况持续了一年多。为了使美国人不受损害,他对他们保证大陆封锁对公海无效;还在 1807 年 8 月 26 日,丹麦人就获准不必遵守柏林敕令。7 日,拿破仑曾考虑过是否可以向中立国发放特许证,使其与以往一样在法国各口岸进行贸易,条件是要再输出与其输入等值的物资。这种在 1809 年又采用的办法再次强调封锁政策的重商主义性质。

尽管提尔西特联盟显示出它的影响,事物却向相反方向演变。原来的计划被抛弃了。枫丹白露敕令(1807 年 10 月 13 日)和 11 月

① 通宁港在今德意志联邦共和国北部石勒苏益格－荷尔斯泰因州西海岸。——译者

23 日曾重新规定条款的第一道米兰敕令补充了柏林敕令。米兰敕令宣布殖民地产品和大批商品从性质上讲都是英国货,除非出示原产地的证明,尤为重要的是它明确指出,任何船舶只要曾在英国靠岸就必须连同全部货物一律加以没收。英国的多次枢密院令使中立国更屈从于英国的利益,这就使拿破仑决定采取最后的步骤。根据 1807 年 12 月 17 日的第二道米兰敕令,任何中立国船舶只要屈从于英国人的要求就被认为是“剥夺了国籍”而变为英国的财产,因此,不仅在各港口,而且在公海上该中立国船舶即成为合法的捕获品。这样就又回到 1798 年的形势。由于中立国船舶无法逃过英国人,所从帝国对它们就等于是关闭的。封锁又从商业性质变成战争性质。因为大陆和法国结盟,所以封锁不是没有效果的。军队已经派到德意志,没收英国货物的工作委托给海关人员,并授权他们在必要时可请求出动武装部队。奥地利封闭了亚得里亚海。虽然波

261 罗的海仍属开放,但是除了瑞典之外,只能进行走私活动。英国的出口大大地减少了。海关课税值从 1806 年的三千三百五十万下降到 1808 年的三千零四十万,申报值则从四千零八十万下降到三千五百二十万。这一成功在拿破仑的精神上起了巨大的作用,就从这个时候开始,要使封锁更趋完善的欲望推动他去吞并更多的领土,最后到 1811 年,拿破仑就成了征服思想的化身。

大陆和平有了保障以后,拿破仑又想重新发动海战。在意大利,他命令约瑟夫准备攻打西西里,命令冈托姆离开土伦前往配合作战,不过首先要为爱奥尼亚群岛补充给养,法国人在 1807 年 8 月同时夺取了爱奥尼亚群岛和科托尔。雷尼埃把英国人驱逐出勒佐;至于冈托姆,他只完成了任务的第二部分。命令接二连三地发

给了德克雷。到处都在进行海军建设;到 1808 年 5 月 28 日,拿破仑知道不久便可以率领七十七艘法国船,五十四艘外国船和三十万集结在特塞尔岛至塔兰托沿岸的军队。他说:“我看这简直像是在下棋,不必要求太多的运气,也不必要求我们的海军作战非常灵活,这盘棋就能使我们获得巨大的成功。”但是他来不及对英国在海上或对其本土重新施加威胁,因为大陆联合甚至在完全组成之前就已开始瓦解。

首先是对东方的形势估计错误。从拿破仑和俄国结盟的时候起,拿破仑的政策在东方就每况愈下,因为土耳其和波斯靠拢拿破仑只不过是为了对付俄国而玩的把戏。穆斯塔法四世同意法国的调停后,1807 年 8 月 24 日吉耶米诺安排了斯洛博齐亚的停战协定;10 月 21 日,亚历山大以各种借口拒绝停战,因为实际上他想保留多瑙河各公国,而苏丹则以为拿破仑是同意亚历山大的。然而欧洲暂时还没有恢复战事;相反亚洲却继续在打仗,俄罗斯人在亚洲战胜了埃尔祖鲁姆的帕夏。英国在君士坦丁堡充分利用了这一点来扩大影响,以致拿破仑终于在 1808 年 4 月召回塞巴斯蒂亚尼。不久,土耳其又发生一些革命活动,使它完全疏远了拿破仑,因为“旗手”穆斯塔法计划使苏丹塞利姆复辟;穆斯塔法四世从容不迫地害死了塞利姆,接着于 1808 年 7 月 28 日他自己也被推翻,其弟马赫默德二世因而得以登上王位;11 月,土耳其近卫军步兵 262
再次兵变并杀害了“旗手”穆斯塔法;马赫默德在派人绞死穆斯塔法之后,就成为奥斯曼王朝的最后一个代表:正由于这个缘故,他才得以幸免于难。1809 年 1 月 5 日,马赫默德与英国媾和。

在波斯,事态的进展也是如此。加尔达内在那里设法安排了

停战,而法布维埃上校开始组织一支军队。在这里,亚历山大又拒绝放弃他所征服的领土,而且不久便围困了埃里温。波斯王背离了法国,马尔科姆又在德黑兰出现。此外,沙皇的态度意欲别人让他在东方放手干:这是严重的征兆,因为拿破仑早已决定寸步不让。然而,这还不是最糟糕的事。拿破仑早已有心将伊比利亚半岛并入“大帝国”,而伊比利亚半岛却对“大帝国”进行了意想不到的抵抗,这种抵抗造成的无穷后患使提尔西特的成就完全破产。

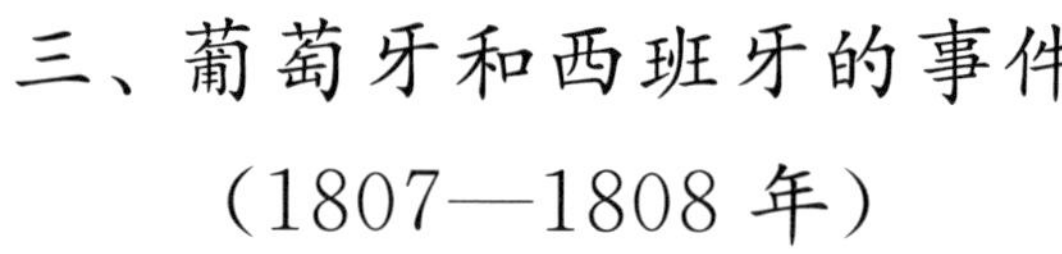

三、葡萄牙和西班牙的事件(1807—1808 年)

自从执政府以来,拿破仑就窥伺着葡萄牙。葡萄牙的贸易几乎全部都是和英国人进行的;英国人在葡萄牙控制了工商业,并投入了大量资本,尤其是在葡萄园方面;这是一个走私基地和英国舰队的据点;这个国家如果和英国断绝关系就不能生存,因为它的收入中三分之一以上来自关税,而且它进口的麦子要从海上运来。总之,正如英帝国主义所认为,这是一个真正的英国殖民地,收益可观且又无须付出任何代价。甚至在提尔西特时,拿破仑就已经决定征服葡萄牙。一回到巴黎,他就在 7 月 29 日下令在波尔多组织一支远征军。达劳若拒绝逮捕英国人和没收其财产;他只答应封闭葡萄牙的各港口并对英宣战,打算就这样装模作样应付。坎宁拒绝参加这出喜剧,接着法国和葡萄牙便决裂了。10 月 12 日,拿破仑命令朱诺带兵出发。

但是必须穿过西班牙才能到达葡萄牙；因此，有关葡萄牙的计划一开始便和拿破仑对西班牙的政策交织在一起。1805 年，戈多伊 263
曾暗示过想要从葡萄牙分割一个公国，而且在 1806 年 5 月 24 日用书面提出了这个要求。每一次，战争都中断了谈判，戈多伊感到很失望，以致对与法国结盟感到厌恶。1806 年 6 月 27 日，布宜诺斯艾利斯的丢失似乎成为丢失西属美洲殖民地的前奏，因此在西班牙引起了极大的震动，导致戈多伊向英国提出媾和，而英国则要求戈多伊加入反法同盟，就像普鲁士人和俄国人也向他建议过那样。戈多伊迟疑不决。虽然他并没有像有人指责过的那样，同普鲁士有了默契；1806 年 10 月 5 日他向西班牙人发表公告，号召武装起来；这个公告具有双重含义，拿破仑佯作相信这是来协助他的，但他当然不会忘却这个公告。在耶拿战役之后，戈多伊急忙和俄国断绝关系，1807 年 2 月 19 日他加入大陆封锁，派遣拉·罗曼纳侯爵到德意志去，拉·罗曼纳侯爵于 8 月初率领八千人的军队到达汉堡，而戈多伊终于热心地接受了对葡萄牙的作战计划。根据 1807 年 10 月 27 日的枫丹白露条约，葡萄牙王国分成三个部分：北部给伊特鲁利亚王后，南部给戈多伊，拿破仑保留着中部包括里斯本，这或者是由于拿破仑想把里斯本这个港口一直占领到恢复和平为止，或者是由于他把里斯本纳入他有关西班牙的计划里。

拿破仑认为西班牙政府腐败无能，同时又没有全部得到他以为西班牙能够提供的一切，所以他长期以来就认为有必要“革新”西班牙，这种看法在他的左右亲信中极为普遍，以缪拉为首，要求此项任务者不乏其人，他们希望在西班牙找到一株比葡萄牙更多油水的“摇钱树”。塔列朗也竭力赞同采取激进的措施。然而，夺

取西班牙并非当务之急,因为西班牙已经归入大陆体系;毋庸置疑,拿破仑新近取得的胜利再次加强了他追求权力的决心,促使他突然地采取行动。然而对他的思想发展过程,我们只能进行揣测而已。拿破仑似乎曾在两种解决方案中摇摆不定。现在我们就通过假设来回顾一下这两种方案。

的确,西班牙王室内部的分裂助了拿破仑一臂之力。从他签订枫丹白露条约之时起,他就已在幕后操纵一个隐约可见第一种解决方案的密谋。阿斯图里亚斯亲王仍是戈多伊的敌人,他怀疑
264 戈多伊想在查理四世死后篡夺王位;他的两个朋友,英范塔多公爵和他以前的师傅埃斯魁基斯神甫计划使他和一位法国郡主结婚,以确保拿破仑的支持。拿破仑的大使,一个博阿尔内家的人,大概看到如果把约瑟芬的一位堂妹捧上西班牙王位就有可能扩大他自己家族的势力。于是他自行与埃斯魁基斯建立联系。尚帕尼得到消息,显然是根据他主子的命令,要求费迪南写信正式求婚,费迪南于 10 月 11 日把信交给尚帕尼。在拿破仑的保护下,费迪南可能变为他的工具,也许不得不割让直至埃布罗河的各省以换取里斯本;不论怎样,1808 年 2 月 29 日,西班牙的使者伊斯基耶多在他制订的计划中谈到了合并的可能性。

然而,朱诺此时正用强行军的方式在艰险的道路上和恶劣的气候中前进;像惯常那样,他们出发时不带粮草,也不带辎重;西班牙本该提供一切,但是给得极少。这样,一路上队伍就不断有掉队的。幸亏葡萄牙对朱诺的军队毫无抵抗,并且有三支西班牙纵队分别沿着杜罗河,在塔霍河以南和阿尔加夫斯省也侵入了葡萄牙。10 月 22 日,葡萄牙摄政王与英国人缔结了一个协议,授权英国人

占领马德拉群岛并解决葡萄牙王室去巴西的交通问题。英国各仓库的大量物资都装上了船;停泊在里斯本由西尼亚文统率的俄国舰队被押送英国,11 月 29 日葡萄牙宫廷的人员便扬帆而去。30 日,朱诺进入里斯本。他强迫葡萄牙交出一亿法郎的赔款,并且将葡萄牙所剩下的八九千人的军队送往法国。朱诺的处境极为危险,这给予拿破仑很好的借口逐步占领西班牙。10 月 12 日,他已下令组织一个新的军团。11 月,杜邦带领这个军团占领旧卡斯蒂利亚,翌年 1 月,交给蒙塞带领的另一个军团随着杜邦到达布尔戈斯;然后,穆东又组织了第三个军团。

此时已有可能采用第二种方案来解决西班牙问题。10 月底,戈多伊已经发现并揭露了费迪南的阴谋,便逮捕了费迪南。戈多伊向拿破仑表示不满,拿破仑大叫大骂起来,并厚颜无耻地否认曾和费迪南有过任何同谋。查理四世和戈多伊害怕了,终于让步。他们释放了费迪南,而费迪南的朋友们在释放后被放逐出国;但是,从此拿破仑似乎已经认为这个内定的继承人可能会被宣布无力统治西班牙。12 月 2 日,拿破仑在威尼斯向约瑟夫提及西班牙的王位问题,尽管他请吕西安将其女夏洛特送到巴黎,也没有任何 265
迹象证明他要把她嫁给费迪南;1 月 12 日,他下令就埃斯戈利亚尔宫的阴谋和费迪南的丑恶行径撰写一些小册子,但事实上他从来没有下令散发这些小册子。这段时间里,拿破仑的队伍仍在继续前进。2 月,法军拿下潘普洛纳和圣塞瓦斯提安。现在,迪埃斯梅指挥着一支东比利牛斯山军团深入到卡塔卢尼亚,夺取了该地区的巴塞罗那和菲盖拉斯。3 月初,贝西埃尔来布尔戈斯担任指挥,而缪拉被任命为法国在西班牙军队统帅,开始向马德里进军,

23日进入马德里。

3月份,拿破仑似乎重新倾向于第一种解决方案。但是,西班牙的一连串事件又一次解决了这个争论。戈多伊惴惴不安,他已把在葡萄牙塔霍河以南作战的军团召回到安达卢西亚;法国人的进军引起人心惶惶,有人认为戈多伊这个宠臣有意随王室前往加的斯,而后坐船去美洲。在1808年3月17日到18日的夜间,阿兰胡埃斯发生了暴动;军队反叛了;戈多伊被捕下狱;19日,国王退位。拿破仑于26日获悉这次暴动,于是立即决定出发前往巴荣纳。27日,他得悉查理四世退位,而在他的心目中,西班牙王位已告虚悬;同日,他把西班牙王位许给路易,这是我们对拿破仑的意图所掌握的第一个肯定的迹象。拿破仑于4月2日离开巴黎,15日到达巴荣纳。

然而,查理四世曾向缪拉诉说人们对他使用了暴力,于是拿破仑便邀请查理四世前往会面。同时拿破仑也下令把费迪南送来,费迪南不敢违抗。5月2日,王族动身前往法国,这激起了马德里反对法国人的暴动。缪拉残酷地镇压了这次起义。而拿破仑对这个不妙的预兆却毫不介意。他说:"西班牙人和其他民族一样,他们将非常乐意接受帝国宪法。"查理四世向他的儿子索回了王位,然后于5月5日交给拿破仑;惊慌失措的阿斯图里亚斯亲王投降了,整个王室被送往瓦朗塞的塔列朗的城堡。路易和热罗姆都拒绝了西班牙的王冠之后,拿破仑武断地把它授予约瑟夫,而那不勒斯王国则转给缪拉,缪拉深感失望。缪拉曾转达过几个自由主义者希望实行一部宪法的心愿。皇帝似乎对此漠不关心,而主要关注于行政改革;然而他还是让步了。从6月15日到7月7日,在

巴荣纳召开由经过挑选并分成三类选举人选出的“政务会”[1],一百五十个成员中只有九十一人应召而至。西班牙接受了一部类似各附庸国的宪法;不过,在西班牙不得不放弃使这个国家世俗化的 266
打算:唯有天主教仍是合法的宗教,而异端裁判所也没有被取缔。此外还要设法对付公共舆论:没有任何迹象表明西班牙已沦为附庸国,西班牙的捐税也没有增加。7 月 20 日,约瑟夫隆重地进入马德里,可是他在那里只逗留了十一天。他的王国早已造反了。

四、西班牙起义(1808 年)

西班牙又出现了那不勒斯反叛的某些因素;然而查理四世的
臣民中忠于王朝的思想较之那不勒斯更为强烈,虽然地方主义的 267
传统依然比法国更甚,他们并不缺乏民族精神。不过在人民中间,民族精神同对外国的仇恨和宗教的狂热似乎还没有分开,这种对外国的仇恨和宗教的狂热曾由于同摩尔人的斗争而根深蒂固,[2]由于地形起伏和落后的经济而得以发展,再由于僧侣使西班牙的知识界不能接触到欧洲的思想而被保持下来。当时,排外思想主要转向异端的英国人,并反对法国人,法国人曾一度长期与它为敌,而后又成为麻烦的盟友,从 1789 年起又被谴责为魔鬼的代理

① 音译“洪达”。——译者

② 摩尔人指信仰伊斯兰教的阿拉伯人和北非的柏伯尔人,他们在 8 至 13 世纪曾统治西班牙大部地区,信仰天主教的西班牙人为了抗拒伊斯兰教的统治,进行了长期的斗争,直到 17 世纪初在用残暴手段迫害摩尔人后,才解决了摩尔人的问题。——译者

人。然而要使这种排外思想推动各阶级民众揭竿而起,就必须出现大量外国人,他们的出现也必须给所有的人都带来显著的灾难;在这方面,法国人的入侵产生了明显的影响。可是起义却主要是在法国人没有入侵的省份如阿斯图里亚斯、加利西亚和安达卢西亚等地开始的。这样就必须向人民说明其他地方发生的事情,并号召他们武装起来:这不是各地当局,而是贵族和僧侣努力的结果,一般地说各地当局是对法军屈从的,或者持保留态度。

贵族具有比平民更高昂狂热的民族情绪。贵族作为一个阶级被排斥于政权之外,他们又鄙视戈多伊,目之为品德不修的暴发户,所以他们高兴地抓住机会重获政权。他们提防法国人可能提出的改革;某些人还梦想建立英国式的君主政体;他们之中没有人愿放弃社会优越地位。如果当时资产阶级实力强大并获得了新思想的话,那么这个运动就会向相反方向发展;然而除了在加的斯以外,资产阶级的力量必然很薄弱,而且文化很低。除了沿海各省和卡塔卢尼亚具有民主的社会经济结构以外,西班牙仍然是一个贵族大地产所有制的国家,这里大贵族只要发出一个信号就可以把受奴役的农民动员起来。此外,西班牙人把他们国家的一切灾难都归咎于戈多伊;正是这一点使费迪南在一个短时期内深得民心。
268 如果拿破仑当时以他为幌子赶走戈多伊的话,那么他只会遇到很少的抵抗;但是当侵略者被说成是那位民愤很大的大臣的同谋者时,人们不费吹灰之力就把城市里的老百姓和农民一道带动起来。值得注意的是起义首先指向西班牙中央政权的代表人物,其中好几个人遭到杀害。

至于僧侣,拿破仑认为他们是主要的角色。他说:“这是一次修道士的叛乱。”人们却否认了这一点,因为有一定数量的主教和神甫如波旁红衣主教,即托莱多大主教等参加了巴荣纳“政务会”,或者至少在形式上服从约瑟夫。可是高级僧侣中有几个例外是说明不了什么的。西班牙有六万个世俗僧侣,十万个正规僧侣。因此,是他们而不是他们的教长,通过和人民接触向人民进行了说教鼓动的。如同旺代和其他地方一样,传教和忏悔室引起了表现为各种各样奇迹的极度的宗教狂热;一想到眼看国家要被世俗化和拿破仑同教皇决裂,僧侣的愤激就很容易解释。然而某些迹象使人设想至少有些教长是领导了这次宣传活动的,并早就考虑到组织抵抗的计划。1808年6月30日,红衣主教德斯品-达思托,即塞维利亚的前大主教从罗马写信给格拉纳达的大主教说:“您很清楚,我们不应该承认一个像所有波拿巴家族和法兰西民族那样的异教的、路德派的共济会会员为国王。”他预见到自己可能会被迫离开那座圣城,接着又写道:“我将设法回到西班牙以便执行我们的计划。”这个计划是什么呢?当我们看到该格拉纳达的大主教、塞维利亚的副主教、桑坦德的主教在起义的“政务会”中扮演了主要角色的时候,当我们证实了有一些通告送给各主教并嘱咐他们广为散布的时候,我们就能够揣测到这个计划是什么。有几份通告被截获了:

> “一旦他们成了西班牙的主人,他们就会引进形形色色的宗教以便废除真正的宗教……他们将强迫你们所有的人当兵,以便实现他们征服欧洲和全世界的计划……武装起来吧!……以上帝的名义,以上帝白璧无瑕的圣母的名义,以圣母的崇高的丈夫,天父圣若瑟的名义前进吧,胜利必定属于你们。”

269 起义并没有立即爆发，从查理四世出国到开始起义历时将近一个月。起义在奥维亚多开始，那里由于圣克鲁斯侯爵的策划，阿斯图里亚斯的等级议会向拿破仑宣战。6 月 6 日，塞维利亚的“政务会”也向拿破仑宣战。这就像一连串的炸药一样地接连爆炸了。起义往往都伴随有谋杀和抢劫；在巴伦西亚，司教会员卡尔沃指挥屠杀了三百三十八个法军。不久便成立了十七个起义的“政务会”，主要分布于西北部，南部和阿拉贡。这些“政务会”毫无经验，内则个人之间争权夺利，力量削弱，外则彼此闹独立性，互不相服；乌合之众没有任何军事价值，而在拥有民兵的各省如阿斯图里亚斯和卡塔卢尼亚，居民远非一致响应号召，尤其是不愿屈从去从事正规战争。有两个理由也使起义令人恐惧。第一，与葡萄牙相反，西班牙掌握着一支重要的军队；这支军队主要集中在加利西亚和安达卢西亚；因此这两个省便占据优势；加利西亚的“政务会”使阿斯图里亚斯的“政务会”，尤其是使莱昂的“政务会”和旧卡斯蒂利亚的“政务会”从属于它自己；塞维利亚的“政务会”则以中央政权自居，称为“西班牙和印度[①]各地最高政务会”并从 6 月 15 日起着手夺取在加的斯的法国舰队。第二，坎宁避免重犯皮特在旺代犯过的错误，5 月 30 日，阿斯图里亚斯的使者到达伦敦，而 6 月 12 日起，坎宁就答应给他们援助。他接待立即蜂拥而至的各地“政务会”的代表确实不是那么热情：这是因为他不放心他们的地方主义，并想引导他们组织起一个统一的权力机构。他知道西班牙人

① “印度”此处指西属美洲各殖民地，因哥伦布最初发现美洲时，误以为是到了印度，故称该地为印度，旧名沿用仍称“印度”。——译者

并不乐意接受一支英国军队;但是他在葡萄牙可以自由行动,而朱诺因西班牙起义之故已与法国隔绝。坎宁就决定利用这一点,于是他派了一支远征军到葡萄牙,没有任何理由可以阻碍这支队伍最后进军马德里。只是到这个时候,英国人通过特拉发加胜利所确保的制海权的意义才完全表现出来。这就是:英国人决定利用他们的制海权使战斗最终转移到大陆上,而只有大陆上的战斗才是决定胜负的。

1808 年 6 月 1 日,法国军队拥有十一万七千人,直至 8 月 15 日才又增加了四万四千人。要征服西班牙,这支军队太少了;而且它远远不如留在德意志的“大军”,因为它是由“临时联队”仓促组 270
成的,也就是说一些新兵和拼凑起来的乌合之众:水手、巴黎的警卫兵,而主要是外国人,包括汉诺威人和其他的德意志人、瑞士人、意大利人、波兰人,这些人第一次成为军队的重要部分。指挥也属第二流的,物质准备和通常一样几乎没有,而西班牙又不能提供法军指望按惯例在当地获取的资源。此外,地理条件又不适合拿破仑的战斗方法。然而这支军队如果适当集中,是不怕列阵战斗的;使这支军队败北的却是皇帝,因为他蔑视起义者,把兵力分散以便同时占领各省。

法国人在西北部夺取了桑坦德、瓦利阿多里德和毕尔巴鄂。由布莱克指挥的三万人的加利西亚军队前往击退法国人;7 月 14 日这支军队在梅迪纳-德尔-里约塞科被贝西埃尔击溃。在阿拉贡,帕拉福斯这个虽然很有名却极平庸的领袖被赶到土德拉以外。而韦迪埃则围困了萨拉戈萨,8 月初他击退了一次突围。但是迪埃斯梅在卡塔卢尼亚不得不从赫罗纳退兵,而后在巴塞罗那受到包围。此时蒙塞已到达巴伦西亚城下,但因无攻城装备只得退向塔霍河。战争立刻具有一种极为残酷的性质;西班牙人拷打或是屠杀他们的俘虏;法国人怒不可遏,又饥肠辘辘,以焚烧村庄作为报复,并且用剑把村民刺死。与后来揭示了这次冒险行动的严重性的历次惨败相比,这些困难还算不了什么。

杜邦被派往托莱多。根据皇帝的命令,他于 5 月 24 日仅仅带了一个师离开托莱多去占领加的斯。到达安达卢西亚之后,6 月 7 日他在阿尔科勒亚强渡瓜达尔基维尔河,并攻下了科尔多瓦,该城被洗劫一空。不久,杜邦知道卡斯塔尼奥斯率有三万正规军摆好阵势准备与他作战,并至少有一万名起义者增援,就于 19 日退至安杜哈尔以等候增援部队;韦代尔师穿过德斯佩尼亚-佩罗斯隘口并驻兵拜兰以监守德斯佩尼亚-佩罗斯,接着,在戈贝尔师接防以后与杜邦会合。安杜哈尔离拜兰七法里路[①],是一个不利的防御阵地;杜邦冒着有受攻击和被包围的危险,但是他只考虑重新发动进攻,可能他是轻敌,并且急于争取大捷以博得元帅的节杖,这根
271 节杖他在弗里德兰战役中本已应该拿到,但却被维克托得到了。

卡斯塔尼奥斯指挥作战的手段机动灵活:他用佯攻拖住了杜邦,使雷丁推向了门吉瓦尔;戈贝尔战死,他的那个师向隘口败退。然而雷丁感到这太冒险因而重新渡河,韦代尔离开杜邦以后于 7 月 17 日重占拜兰。这样,本来没有什么损失,但韦代尔又向隘口退却,而本该紧紧跟随着他的杜邦则将出发时间推迟到 18 日夜间。雷丁和科皮尼带领一万八千人得以重返拜兰,结果 19 日早晨

① 古法里(lieue)的长度在各省各地略有出入,大致合四公里。——译者

杜邦率领九千多士兵试图强行通过,却未能成功,并且负了伤,因而开始谈判。但是韦代尔听到炮声就折回来从背后打击敌人。他的上级由于已经作出保证所以拒绝重新开战,并下令韦代尔停火。22 日,杜邦签订了一个协定,包括韦代尔在内。韦代尔尽管已经撤离,但还是很软弱地前来交出他的部队。没有发生投降之事,因为安达卢西亚的法国军队本应从海上遣送回国。杜邦这一决定的本身并不比朱诺不久以后所采取的决定更应受谴责,而拿破仑也从来没有为此责备过朱诺。但是塞维利亚的“政务会”拒绝承认这个协定,把那些不幸的俘虏软禁在卡夫雷拉岛上,并且故意让他们饿死。皇帝对待他们的长官残酷无情,他像对维尔纳夫那样地对杜邦进行无以复加的凌辱,判处革职并把他囚禁在监狱中直至 1814 年。有时人们又过分地为杜邦推卸责任;他的错误是无可否认的;但是拿破仑的轻举妄动也不能不说是这次败北的根源,如果杜邦不是在 1814 年出于报复而愤激地投向波旁王朝一方,而是庄严地为他的案件申辩的话,那么拿破仑使他所经受的遭遇必定会引起人们对他的同情。

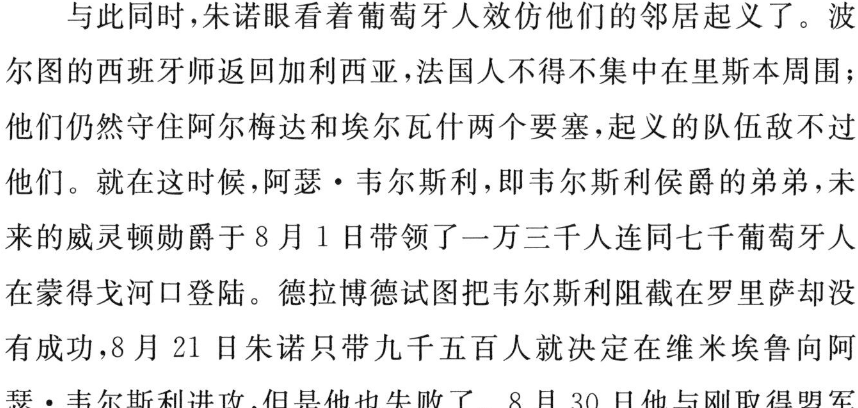

与此同时,朱诺眼看着葡萄牙人效仿他们的邻居起义了。波尔图的西班牙师返回加利西亚,法国人不得不集中在里斯本周围;他们仍然守住阿尔梅达和埃尔瓦什两个要塞,起义的队伍敌不过他们。就在这时候,阿瑟·韦尔斯利,即韦尔斯利侯爵的弟弟,未来的威灵顿勋爵于 8 月 1 日带领了一万三千人连同七千葡萄牙人在蒙得戈河口登陆。德拉博德试图把韦尔斯利阻截在罗里萨却没
有成功,8 月 21 日朱诺只带九千五百人就决定在维米埃鲁向阿 272
瑟·韦尔斯利进攻,但是他也失败了。8 月 30 日他与刚取得盟军

指挥权的休·达尔林普尔爵士签订了辛特拉协定。根据这一协定，在葡萄牙的法国军队——计有二万五千多人——连同有亲法嫌疑的葡萄牙人都撤回法国。从英国的观点来看，这样安排得到辩护，认为是有利的，因为法军不经过战斗就交出了里斯本，这样就能够向马德里进军；不过还是有人提出尖锐的批评，因为朱诺的军团又回来投入了 1808 年的战役。

辛特拉不如拜兰那样引起议论纷纷，因为据说胜利是由一支正规军取得的。相反，杜邦之败北在欧洲轰动一时。人们由此得到证明：法国人并非是不可战胜的，这是对法国所有的敌人的一个鼓舞；而且人们忘记了战胜者也是正规军，而把这次事件当做人民起义的胜利来庆祝。自 6 月 15 日起，谢里登以曾长期赞同法国革命的辉格党人的名义，称颂西班牙的起义正是受法国人自己的正确原则所启示，法国人由于违反了这些原则，转而压迫别人，所以又眼看着这些原则反过来反对他们了。欧洲的贵族并没有受骗：毫无疑问，西班牙起义是民间起义，因此使欧洲的贵族甚至疑虑暗生；事实上，西班牙起义在贵族和僧侣的鼓动和领导下既保卫国家，也保卫了旧制度，并且表明统治阶级能够如何利用爱国的感情为他们的私利服务。迄今为止，各国的贵族此时都还无从使他们的事业取得胜利，因此他们就小心翼翼地不去戳穿这种暧昧状态，而热烈地欢迎这从天而降的援助。

拿破仑感觉到了这一打击，为了弥补损失和恢复他的威望，他决定把“大军”调到西班牙。从此，谁来约制普鲁士和奥地利呢？在提尔西特体系里，这个角色由沙皇扮演。提尔西特体系要经受考验了。

五、法俄联盟的初期和埃尔富特会晤（1808 年）

273

亚历山大回到彼得堡时已经发现贵族群起反对与法国结盟。萨瓦里被任命为驻俄大使后，由于他在当甘公爵事件中所扮演的角色，俄国贵族有所借口，纷纷享以闭门羹。贵族不愿和法国革命发生关系，并害怕对英封锁会使他们的小麦和木料无法出口。科兰古于 12 月接替了萨瓦里，他以奢华的排场缓和了同贵族的关系，但是没有消除他们的疑虑。俄国驻外大使都和贵族一个想法：驻维也纳的拉祖莫夫斯基完全倾向于奥地利；阿洛佩尤斯驻柏林时曾完全倾向于普鲁士，而移驻伦敦时则又完全倾向于英国；派到巴黎的托尔斯泰伯爵被认为是法国死敌之一；他在巴黎组织间谍活动，策划叛卖活动，并与梅特涅勾结合伙。梅特涅的社交活动与情场上的关系（他是波利娜和阿布朗泰斯公爵夫人的情夫），使他成为一个宝贵的情报提供者。然而亚历山大似乎毫不动摇；他对萨瓦里和颜悦色，对科兰古更为和蔼；他的国内政策又变得自由化了。至少说起来好像法国的影响使他回到不久前他曾公开发表过的那些计划上；自 1805 年以来，“密友委员会”已经四散，但是斯彼兰斯基得宠于沙皇，并向他呈上了一个又一个的计划。不过，如果说他热衷于对法联盟的话，那是因为他希望从中得到好处。托尔斯泰在巴黎竭力要求法国从普鲁士撤军，以便拔掉一个反对他的国家的军事基地；在彼得堡，鲁缅佐夫对拿破仑颇怀好感，但是也很想保留多瑙河两公国。关于普鲁士，亚历山大并非不感到悔恨，

他为放弃了亚得里亚海因而削弱了他在东方的地位而感到遗憾。他听任他的代理人各自继续执行他们个人的政策。

在原则上,已经确定法军应于 1808 年 10 月 1 日从普鲁士撤
274 退。7 月 22 日,拿破仑需要金钱,便责成达律尽快结算赔款。首先必须计算各省所付的金额总数,也要计算征发的数字:大家一致同意减少四千四百万,而交付余额一亿五千四百万。事实上,普鲁士人付出的远不止此数:他们断言多交了五千万;拿破仑只注意计算军需处正常的征收,拒绝把国王在波兰所拥有的抵押债权收益约有四百多万盾计算在内。普鲁士将如何偿还这笔债务呢?它的预算已出现赤字;纸币票值下跌了百分之二十,而且由于只能按市场价格兑换,故已听其自然发展;尼布尔在荷兰商谈借款没有成功。最简单的办法似乎是出售王室产业,这些产业是在仍留给弗里德里希-威廉的领地上,据说收入接近三百五十万盾。尽管达律再三反对,拿破仑还是准备接受这份产业;但是这样就等于在普鲁士王国内创建一个法兰西国家,国王决定不下来。当 10 月 1 日到来的时候,拿破仑声明暂时将继续收取普鲁士的赋税,11 月 7 日达律通知普鲁士必须缴付一亿,作为第一年的付款。随后事情就拖延了下来,因为俄国仍留在多瑙河两公国,从那时起拿破仑宁愿把普鲁士留作抵押品。1808 年 1 月,国王的弟弟威廉亲王来到巴黎提出结盟的建议,但以减少赔款和立即撤军为条件;亚历山大和托尔斯泰急忙支持威廉亲王;他们的干预遭到拒绝,因为俄国没有签署 1807 年 7 月 12 日的条约,又不能负担普鲁士的债额。到 1808 年 8 月,事情还是悬而未决。

东方问题更要棘手得多。随着对弗里德兰战役的记忆逐渐淡

薄,亚历山大深信自己已经付出了代价而一无所获;自从他和英国决裂以来,总自以为有权获得补偿。在拒绝了斯洛博齐亚停战协定之后,11月18日他要求保有两公国。以为拿破仑是如此来理解他们之间的联盟的,那是错看了拿破仑,何况拿破仑认为在法律上他的地位是无懈可击的,因为根据提尔西特条约,沙皇应该无条件地撤离两公国:这是“木已成舟”的了。拿破仑并不拒绝在互有所得的基础上把两公国送给沙皇:在这种情况下,他自己就要占领西里西亚。对于亚历山大来说,再次肢解普鲁士是不能考虑的,于是他感到失望。皇帝感觉到了这个危险,为了赢得时间,他才写给 275
亚历山大那封著名的1808年2月2日信件,并暗示他瓜分土耳其帝国和穿过波斯与阿富汗远征印度的前景。亚历山大从中又看到了提尔西特的那种诱人的前景,于是从3月2日到12日,鲁缅佐夫和科兰古讨论了肢解土耳其的问题。俄国将向前推移,直到巴尔干半岛,奥地利将取得塞尔维亚和波斯尼亚,而法国则获得埃及和叙利亚。但是,当谈到君士坦丁堡和两海峡的时候,他们便不能达成协议。如果俄国获得博斯普鲁斯海峡,那么科兰古就要求达达尼尔海峡。对此鲁缅佐夫加以反对,认为这是用一只手收回另一只手所送出的东西。最后他们把谈判记录送交拿破仑;5月31日拿破仑向沙皇建议举行会晤,以便解决一切问题,亚历山大接受建议之后,还必须等候皇帝从巴荣纳回来。

然而,俄国军队进驻芬兰后,在这方面对法国人的态度也不满意。贝尔纳多特、拉·罗曼纳和丹麦人完全能够轻易地在斯堪尼亚登陆制服瑞典,但是他们却按兵不动。瑞典人再次进攻,击退了敌人,重占果特兰和阿兰群岛。加之,阿洛佩尤斯代坎宁转交巴黎

一份关于在沙皇的调停下和按“实际占有”的原则进行谈判的建议。拿破仑并没有回绝。这个试探虽然没有下文,却产生了坎宁无疑想由此得到的效果:亚历山大怀疑其盟友想抛弃他,从此产生猜疑。

到 1808 年 7 月,拿破仑就已经从联盟中获得他预期的全部利益,而他则什么也没有付出,也没有要求条约规定以外的任何东西。拜兰之败却使整个形势改变了。现在拿破仑需要亚历山大在“大军”不在德意志的时候来约制德意志各大国:他变得有求于人了。一夜之间,他给了他一直固执地拒绝给的东西,向沙皇宣告他要撤离普鲁士并决意把两公国放弃给他。亚历山大同意于 9 月 27 日在埃尔富特举行一次会晤;但是他根本不是抱着感激的心情来到埃尔富特,因为“大军”非离开普鲁士不可,否则就不能去西班牙。他很明白,他已经掌握了主动权,可以提出他的条件。拿破仑现在对他所做的让步,原是他索取过的应得的东西,这既不能消释旧怨,也不能成为承担新的义务的理由。此外,撤离普鲁士的问题是以一种完全不是他所愿望的方式解决的。拿破仑保留了从 10
276 月 1 日起征收的租税,并把总额定为一亿四千万;由于他需要流动资金以便远征西班牙,他接受了普鲁士商人们所签发的票据和以王室田产为担保,由各省抵押银行签发的抵押证券,他希望两者均能贴现。虽然他召回了军队,他还是在奥得河上保留了三个要塞,从而强制普鲁士负担新的地役[①],普鲁士必须把其军队总数限制

① 地役(servitude),即国家地役,指一个国家同意把领土一部分或全部,在一定范围内永远为另一个国家的某种目的或利益服务。普鲁士被迫同意在它领土上保留三个法国要塞,这是法国为军事目的而取得的地役。——译者

到四万二千人,并与法国缔结反奥联盟。尚帕尼只是在拿出截获的信件后才使普鲁士在 9 月 8 日签订协定,从这些截获的信件中可以得出以下结论:已成为普鲁士政府首脑的施泰因正在准备侵犯法国。

9 月 27 日,拿破仑首先到达埃尔富特。他带来了宫廷的全部随从人员,召集了他的附庸各邦君侯,因此对亚历山大的接待,场面十分豪华,并令塔尔马在“满座帝王”之前进行演出;但是他的客人对如此光彩夺目的场面可能感到嫉妒甚于愉快,不管怎样,亚历山大并没有为之着迷。如果梅特涅的说法可信,那么塔列朗曾自夸他要亚历山大注意:俄国支持拿破仑反对奥地利并促使他扩张势力,对俄国是无利可图的;相反,俄国应该遏制拿破仑,这样对法国对欧洲都有好处。他说:“法国是文明的,但其君主却不是这样。”当皇帝向他的盟友试探要与其妹安娜女大公联姻时,塔列朗劝告亚历山大支吾搪塞过去。此外,他还怂恿他的朋友科兰古在亚历山大面前充当两个君主的调停人。这样做法只能损害他自己的君主。塔列朗的背叛是不容置疑的,他因此很快就得到了报答;通过科兰古牵线,他的侄子同库尔兰公爵夫人的女儿,狄娜女公爵结了婚。但是,如果他讲了梅特涅后来所转述的那番话,那是他夸大自己的功劳,以便在奥地利人面前抬高自己的地位:因为亚历山大虽然在科兰古催促下向维也纳进行干预,要求施塔迪翁暂时停止奥地利的武装,但是他已经声明只是限于建议而已。拿破仑不仅准备让亚历山大合并多瑙河两公国,而且还愿意在撤离华沙大公国问题上让步,但也未能改变沙皇的态度;沙皇拒绝威胁奥地利,事实上,梅特涅得到塔列朗提供的情报后,深信俄国不可能再

被“轻易拉来”反对奥地利了。

277 这一次还是不应由此得出结论说拿破仑扮演了受骗者的角色。埃尔富特和提尔西特一样是权宜之计:只是为了争取足够的时间以便战胜西班牙人,从而再把“大军”带回到多瑙河上;拿破仑可以合理地相信,10 月 12 日的协定保障了和平,一直维持到来年夏天,他所要求的也不过如此而已。同日,撤回到易北河以西的“大军”被改编了。达武单独留在德意志,带领两个军团组成了新的“莱茵军”。沙皇已经说服拿破仑把普鲁士的债务减为一亿二千万,11 月 1 日普鲁士就以商业票据的形式,每月付四百万,偿还了五千万,余额用国家的证券交付,一面等待抵押银行的证券确定下来。鲁缅佐夫根据新签订的法俄协定前来长驻巴黎,试图和英国恢复讨论。这个计划必然失败,因为坎宁不能同意按“实际占有”的原则把葡萄牙和西班牙给予拿破仑,除非拿破仑已经征服了它们。

六、拿破仑在西班牙
(1808 年 11 月—1809 年 1 月)

约瑟夫不管他弟弟再三命令他坚守布尔戈斯和土德拉,竟擅自退到埃布罗河以北;此外,尽管除了卡塔卢尼亚部队以外他只有六万五千人,他却把这些人分散在从比斯开省一直到阿拉贡各地。很快地他就自以为俨然是查理第五和腓力第二。[①] 他署名“朕,国

① 查理第五(1516—1556 年在位)和他的儿子腓力第二(1556—1598 年在位)是西班牙极盛时的国王,当时西班牙是欧洲最强大的国家,并且是最大的殖民帝国。——译者

王”,并且拒绝把金羊毛勋带授予贝西埃尔。拿破仑又见到他时,说道:“他完全变成国王的模样了。”儒尔当于8月22日充任他的助手后,他开始制订战略方案,因为皇帝写信给他说:“军队简直像是由驿站视察员指挥的一样。”

西班牙人没有利用这些有利的形势。他们直到8月13日才从巴伦西亚赶到马德里,卡斯塔尼奥斯于23日才到达马德里,而且只带了一个师。这是因为各地的“政务会”既很无能而又威信不高,他们考虑的首先是自己的领域,而且互相争吵不休:加利西亚注意到阿斯图里亚斯恢复了自治,而旧卡斯蒂利亚的将军奎斯塔不服它的领导。在塞维利亚,蒂利伯爵建议军队不要出安达卢西亚境外作战,另外一些人建议用武力迫使格拉纳达的“政务会”服 278
从于塞维利亚的“政务会”。觊觎摄政王位者大有人在:费迪南四世的一个儿子在那位已与正统王族和解了的奥尔良公爵陪同下,从西西里来到西班牙,英国人却拒绝让他登陆。根据木尔西亚“政务会”在弗洛里达-布兰卡推动下提出的建议,终于设立了一个中央“政务会”,由各省“政务会”代表共三十五名组成,大部分是贵族和神甫。9月25日,在阿兰胡埃斯召集的中央“政务会”陷入起草繁文缛节的议定书或有关政权结构的冗长的争论中。霍韦兰诺斯周围的大部分人倾向于采用英国制度,而弗洛里达-布兰卡则坚持开明专制。随后成立了一个内阁;但是为了不触犯将军们起见,没有委任总司令。由于将军们服从于只受一个委员会约束的陆军部长,所以他们可以为所欲为。征兵问题没有得到足够的重视;招兵最少的是受中央“政务会”直接管辖的地区,莱昂和旧卡斯蒂利亚;10月份还不到一万二千人。英国人已经运来十二万支枪,一船船

的军需品以及现款五百万;一大部分物资却留在各港口没有使用。在里斯本,达尔林普尔已经恢复由若奥亲王所任命的摄政会议,但是这个摄政会议几乎毫无作为。正规军已召集起来:不过到 11 月底,在三万二千人中只有一万三千人领到枪支,并且在 1809 年以前并无一兵一卒参加战斗;“全民抗战”运动只有一些长矛作武器,只是到处进行骚扰。在葡萄牙,唯一有组织的武力是现在共有二万人的英国军队,由穆尔指挥。不过这支部队直到 10 月份才开始行动,而贝尔德也只是在这个月底才率领另一个有一万三千人的军团在拉科鲁尼阿登陆。

当拿破仑于 11 月 5 日到达维多利亚的时候,他发现面前的西班牙军队分布于从比斯开省到萨拉戈斯之间,有两支主力:加利西亚的军队在布莱克指挥下在埃布罗河发源地防守,中央军在卡斯塔尼奥斯率领下靠近土德拉;这两者之间,加卢索带领一万二千人左右从厄斯特列马都拉来到杜罗河。穆尔的部队分两路纵队前进,纵队之间相隔甚远,而且还只到达西、葡边界;贝尔德几乎没有开始出动。面对拿破仑及其素质上无比优越的军队,各路盟军似乎注定要败北。然而,皇帝仍需小心翼翼地指挥作战,因为他手下
279 只有十二万人,莫蒂埃和朱诺的军队还留在后面。在中部,苏尔特击溃了加卢索,并攻占了布尔戈斯和瓦里阿多里德。拿破仑准备从那里先后攻击敌军两翼。但是甚至在他到达之前,勒费弗尔和维克托就已经过早地进攻布莱克,并把他击退得很远,以致无从再抓住他;由于勒费弗尔和维克托相互妒忌,不能很好配合作战,因此 11 月 10 日和 11 日他们在埃斯皮诺萨就只使布莱克受到一般的挫折。这样,就要施展策略攻打卡斯塔尼奥斯。拉纳顺埃布罗

河而下,于 23 日在土德拉战胜了卡斯塔尼奥斯,至于内伊则沿杜罗河而上,以切断卡斯塔尼奥斯的退路;但这些军事行动没有算计安排好,因为拉纳这么早发动攻击,内伊就不可能及时赶到;卡斯塔尼奥斯久经战阵的军队终于经卡塔拉尤德逃往昆卡。拿破仑向马德里前进,30 日在索莫山脉隘口,和敌人的一个师遭遇,在狙击兵攻击和只有一连的波兰轻骑兵的冲击下便溃不成军。首都于 12 月 4 日被占领,法军扫清了首都周围的敌军:勒费弗尔把加卢索击退到塔霍河彼岸,维克托在乌克列斯也击溃了中央军。拿破仑在马德里郊区的查马丹安顿下来,没有与约瑟夫商量便颁布了一系列改组西班牙的敕令,他废除了异端裁判所,削减了修道院的数量并没收了它们的财产。

然而穆尔正在萨拉曼卡以北把军队集中完毕,并与拉·罗曼纳会师。拉·罗曼纳从丹麦逃出后重返阿斯图里亚斯,并当上了司令官。穆尔将军突然变得非常大胆,对守卫布尔戈斯的苏尔特发动进攻,以便割断法国的交通联系。拿破仑很迟才得到消息,12 月 20 日,他派内伊的军团开向萨拉曼卡和阿斯托尔加,穿过暴风雪的瓜达腊马山脉,以便从侧面进攻穆尔。24 日,穆尔仓促溃退。由于苏尔特追击不力,穆尔终于逃脱。1809 年 1 月 3 日,拿破仑在阿斯托尔加移交了指挥权。7 日,苏尔特在卢戈作战,随后于 15 日和 16 日在拉科鲁尼亚作战,但是攻击不力,未能阻止英军登船撤走。至于拉纳,他已经到萨拉戈萨前面和蒙塞会合。帕拉福斯英勇地保卫了这座城市;法军费时一个月才攻破城防工事,又花了一个月才摧毁逐街逐屋的抵抗。当 1809 年 2 月 20 日战斗结束时,西班牙人死亡十万零八千,其中四万八千人是病死。

280 在这个距离很远、冬季严寒和交通困难等等都对拿破仑不利的国度里,而其居民又只对他的敌人提供情报,拿破仑无法歼灭敌人。如果当时拿破仑能够至少消灭穆尔的军队,那么英国政府就难以得到议会批准另派一支军队,无论如何也需要很长时间来准备另一支军队。的确,穆尔不得不烧毁他的军火库并牺牲许多士兵;他自己也受了致命的重伤;不过主力部队还是逃脱了,并且不久就重新出现在葡萄牙。然而,如果拿破仑当时能在西班牙多逗留一些日子的话,那么他就能迅速抵达里斯本和加的斯。但是 1809 年 1 月 17 日他离开瓦利阿多里德返回巴黎了,因为他那时已确知奥地利将在春天发动进攻。

这样,西班牙依然有待于征服。拿破仑从此就不停地受到这项任务的沉重压力,这项任务不是由于迫切需要,而是由于雄心勃勃而承担的。继引起英国的牵制行动后,又引起奥地利的牵制行动,而后者导致了法俄联盟的破裂。从这时起,拿破仑必须有两支军队;新兵的比例有所增加,这就损害了"混合编制"的办法;拿破仑不敢要求法国征募足够数量的士兵,于是就将越来越多的外籍军团编入军队。这样,两支军队的质量就都降低了。

第二章　1809年的战争 281

1809年的战争是西班牙起义的自然后果。大军撤离德意志唤起了奥地利的希望，并驱使它去冒险。西班牙人的榜样燃起了德意志人的浪漫主义激情，这种激情促进了危机的发展。拿破仑感到事出意外，只得仓促组成一支新军，这支新军好不容易才赢得了胜利。瓦格拉姆战役的胜利似乎恢复了大陆体系，但是，法俄联盟由于未能消弭这次对帝国的新的攻击，注定要瓦解了。

一、德意志的觉醒

自从19世纪初年以来，德意志的思想界越来越沉溺于浪漫的
神秘主义。冷静而沉着的歌德，尽管在1805年席勒死后极度孤 282
立，却仍然自信不移。曾在耶拿和柏林聚首的朋友们风流云散，诺瓦利又与世长辞，思想界活动中心转移到海得尔堡，第二代浪漫主义者主要的首脑聚集在该地神话注释学者克罗策尔的周围。这些人物中有：原籍意大利的一个莱茵地区商人的儿子克莱门斯·勃伦塔诺、普鲁士容克阿希姆·冯·阿尼姆、前者的妹妹和后者的妻子蓓蒂娜·勃伦塔诺，以及法国亡命者的后裔拉·莫特富凯等；戈雷斯在科布伦茨任教后，终于也同他们会聚在一起；他们跟蒂克有

联系、跟在科隆力图恢复中世纪艺术研究的布瓦塞雷兄弟有联系,也跟在卡塞尔的两位图书馆馆员雅各布与威廉·格林兄弟有联系。当时,这一派思潮风行一时,这有利于越来越沉湎于神秘象征主义的谢林;而费希特则与谢林相反,他煞费苦心地捍卫着自己的声誉。至于黑格尔,他到1806年才完成他的《精神现象学》。

神秘主义、复古,以及有时候对切身利益的关切,都迅速地驱使浪漫主义者转向传统的宗教和反革命。施莱尔马歇重新担任牧师的职务;亚当·米勒在1805年,弗里德里希·施勒格尔在1808年,都成了天主教徒。他们都歌颂“过去美好的时代”,描绘了一幅虚幻的景象,说在那个时代,人们在贵族的家长式统治下,过着幸福的生活。他们蔑视费希特的理智主义,费希特自己虽和他们断绝了关系,但仍摆脱不了他们的影响;早在1804年,他在《知识学基础》第三版中,在“自我”意识之上,重新树立一种需要做出自我努力的“绝对性”,而排除无条件的自我独立性;同时,在他的《当代基本特征》中,他将人类历史区分为几个时期,用传教士的说法称之为“无罪期”、“初罪期”、“全罪期”,最后这一时期标志着人的现状陷入了毫无节制的个人主义,必须强制把人从这种个人主义中解救出来,以确保“灵魂的得救”。他无疑还是一个民主主义者和共和主义者;但是,在研究了马基雅弗里以后,他的性情又倾向于赞赏对外进行征服的英雄的国家,而厌弃启蒙运动的功利主义理
283 想;随着他的悲观主义的和权力观点的思想日益严重,他越来越倾向于利用国家来迫使性本恶的人们遵循“理性”,遵循《知识学基础》。

德意志浪漫主义就其本身而言,正如奥古斯特·施勒格尔从

1801年到1804年在柏林进行教学时所解释的那样，是促进文化领域里爱国主义的一个强大动力；他抨击古典艺术是崇尚矫揉造作的成果，而浪漫主义则是日耳曼天才的自然表现，是完全自发性的；他由此得出结论：德意志文明在世界上占据首要地位。但是，聚集于海得尔堡的浪漫主义者，通过具体研究本国过去的文学史而产生了更为迅速的影响。作为诗人，这些浪漫主义者并不重视方式方法，而是以一股好奇的激情去搜集民间传说和民间故事，加以翻译和改写。1803年起，蒂克树立了榜样；1805年和1808年，勃伦塔诺与阿尼姆一起出版了他们的著名选集《儿童魔笛》；他们的榜样带动了戈雷斯，他于1807年同样从《德意志民间故事集》中选辑了一定数量的故事。《爱情歌手》从被遗忘中抢救了出来，《尼伯龙根》被译成现代语，加之，拉·莫特富凯发现了《西格夫里特》，在这个意义上，施泰因能够写道："正是在海得尔堡主要燃起了后来赶走法国人的那种德意志火焰。"

这种民族感情虽然如此深厚，却仍然停留在文化方面而不在政治方面；然而，不止一个迹象表明，它暗中正在演变。法国恢复了专制政体，使得自由主义者们感到绝望和忿怒；波塞尔特在莫罗被判决后不久就自杀了，施拉布伦多夫和赖夏特已经开始从事反对拿破仑的写作，贝多芬在《英雄交响乐》总乐谱中划去了波拿巴的名字；他们谴责法兰西民族背叛了1789年的原则，并且宣称它是一个邪恶而又轻浮的民族。1804年，民族主义情绪的迸发使得赫德尔的世界主义思想黯然失色，他写了一首颂歌献给日耳曼。普鲁士人并不是唯一因奥地利的败北和神圣罗马帝国的消失而感到激动的人民。从1805年起，阿恩特在他的《时代精神》的第一部

分中,表现了他对法国的公开敌意。作为强制性组织的国家,直到当时一直受到德意志思想家的憎恶,现在在他们的眼里开始具有了一定的价值,成了共同集体的保护者和个人的教育者。1802
284 年,阿恩特在另一部书《日耳曼和欧洲》中肯定,占有自然疆界和取得海洋自由通道是一个民族自由发展所必需的。费希特从 1800 年起,在描述能使人人都有自由和平等的一种社会主义社会的时候,认为这种社会只有采取能自给自养的"闭关国家"的形式才是可能的,因而他认为这种国家有权建立相当辽阔和相当多样化的领土来满足自己的需要。1805 年,他也转而指望国家把人从罪孽中解救出来。

然而,这需要 1806 年的灾难和法国的占领来加速这种演变,特别是普及这种演变。这并不是说这种演变是突然的和普遍的运动;耶拿战役以前和耶拿战役以后一样,如果说不是法国,那么就是拿破仑个人仍拥有一些崇拜者,例如在柏林的布赫霍尔茨,便是其中之一;此外,约翰·米勒当了热罗姆的大臣;莱比锡大学把一个星座命名为拿破仑;在埃尔富特会晤时,歌德曾会见拿破仑;黑格尔在耶拿看见过拿破仑,称之为"世界的灵魂",甚至到 1809 年在纽伦堡任教授的时候,他还建议巴伐利亚人采用《民法典》。然而同样可以肯定的是,从 1807 年起有一些德意志民族的知识界首领开始改变调子,采取挑战的态度,有的颂扬日耳曼民族文化的优越性,有的自称忠于当地的王朝;一些迹象表明,在人民群众当中,尤其是在普鲁士,漠不关心的状态已被忿懑和敌意所取代。某些公开发表的政见是很有名的,如施莱尔马歇在哈勒和柏林的讲道,这些讲道结果引起了法国当局的怀疑;1808 年,阿尼姆的《隐士

报》问世；而最著名的则是费希特 1807 年于柏林发表的《对德意志民族的演说》。

普鲁士的不幸，自然引起了一些人的突出的反响，他们的出身和事业都与普鲁士密切相关；同时，一些北德意志人把浪漫主义和民族自豪感移植到德累斯顿和维也纳，浪漫主义和民族自豪感正在变为两位一体，不可分割。亚当·米勒，原籍普鲁士人，改信了天主教，他是根茨的朋友，成功地设法为根茨在奥地利政府机构里谋得一个职位。1806 年春，亚当·米勒在德累斯顿开始举行一些有关保证国家生存及维护的原则的讨论会；1807 年他在那里跟克莱斯特合作出版《太阳神》杂志，其宗旨是“维护德意志科学及艺术”，奥古斯特·施莱格尔作为斯塔埃尔夫人的儿子的家庭教师在科佩久居之后，随同这位夫人周游了德意志，他在维也纳获准开讲 285
文学课程，在讲课中，他表明了比在柏林时更为鲜明尖锐的观点；卡洛琳娜·皮希勒的沙龙则成为一个传播浪漫主义的中心。

这些文人到处跟主战派建立密切关系。由于不得不小心对付外国人和谨防政府的猜疑，他们不能号召听众武装起来，而只能继续突出强调说明日耳曼文化的独特性和优越性。特别是费希特，他重新讲述并发展了施莱格尔的下述论点：每一个民族都通过其特有的一种艺术去展示自己的灵魂；但是，在所有的民族当中，德意志民族得天独厚，使用一种从最初就不断发展起来而本质上没有受到外来语言混杂影响的语言，一种“原始语言”；因此，它存在的实体和表达的方式构成一个很和谐的整体。相反，各种罗曼语只是一种死语言的残余，英语是一种混杂土语；而法兰西人古典文学的体裁与规格，则沿袭自古代；由于拉丁民族和盎格鲁-撒克逊

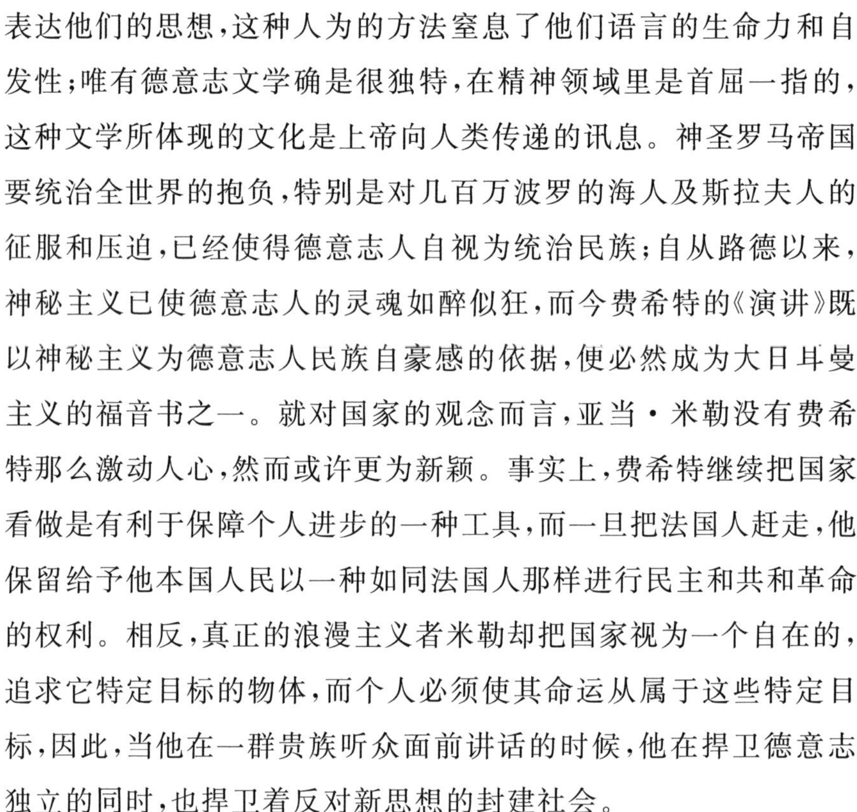

民族没有创立他们自己的表达方式，因此只能通过人为的方法去表达他们的思想，这种人为的方法窒息了他们语言的生命力和自发性；唯有德意志文学确是很独特，在精神领域里是首屈一指的，这种文学所体现的文化是上帝向人类传递的讯息。神圣罗马帝国要统治全世界的抱负，特别是对几百万波罗的海人及斯拉夫人的征服和压迫，已经使得德意志人自视为统治民族；自从路德以来，神秘主义已使德意志人的灵魂如醉似狂，而今费希特的《演讲》既以神秘主义为德意志人民族自豪感的依据，便必然成为大日耳曼主义的福音书之一。就对国家的观念而言，亚当·米勒没有费希特那么激动人心，然而或许更为新颖。事实上，费希特继续把国家看做是有利于保障个人进步的一种工具，而一旦把法国人赶走，他保留给予他本国人民以一种如同法国人那样进行民主和共和革命的权利。相反，真正的浪漫主义者米勒却把国家视为一个自在的，追求它特定目标的物体，而个人必须使其命运从属于这些特定目标，因此，当他在一群贵族听众面前讲话的时候，他在捍卫德意志独立的同时，也捍卫着反对新思想的封建社会。

这些通过口头来表达的学说，最初只能够产生一种相当有限
286 的影响，即使印成书似乎也只有随着时间的推移才能将其传播出去。然而，这些学说可能促进了共济会和秘密结社的活动，因而传播得会比人们起初想象的更为迅速。不管怎样，人们夸大了这些学说的直接影响，没有充分考虑法国征服所产生的经济和社会方面的后果，直接激起了各阶级的仇外情绪，并不是一定需要借助于这些学说的影响。在作家本身中间，担心法语将会重新推翻德语作为一种文学语言，从而削弱德意志的文化遗产，这种恐惧心理在

不断地产生着影响。克莱斯特写道:“有谁会知道,一百年以后,在这个国度里,是否还会有人讲德语呢?”

除东普鲁士外,战争的破坏并不很大;但是,军税和征用似乎过于繁重,而军事占领带来暴行和流弊以及各种负担,如占住民宅、运输、防务劳役等,则更激起人们的愤恨;从战事像 1807 年时那样连绵不断之日起,拿破仑的战争方式就在这里得到了意外的反响。可是,拿破仑的财政政策和政治上的大变动似乎产生了更重大的后果。在他控制的国家里,拿破仑像对敌国一样征收军税,连缪拉和热罗姆统治的国家也不放过;同时,为了使这些国家能够供养军队,拿破仑通过勾销国债、中止年金和津贴的支付,以及毫无补偿地解雇大批政府官员和军官等方式,重新稳定了它们的财政。尽管普鲁士已陷于破产,它也不得不照此办理,由于裁减军队以及丢掉那么多的省份,至少就普鲁士来说前景暗淡。民族的苦难引起了 1806 年 12 月黑森的起义,促成了在波美拉尼亚与普鲁士发生个别袭击法国军队的事件;但是,贵族和资产阶级的变穷、被革职的军官和政府官员的愤怒,以及就业困难的青年大学生的忧虑不安情绪,这些情况具有更为深远的意义。痛苦和激情在民族感情中找到了使这些人感到崇高的理由。然而,正是从这些社会成分中间,才能找到抗法运动的领袖,也正是在他们中间才出现了例如“道德协会”这样的组织。1808 年 4 月这个组织在科尼希
斯贝克建立,到 1809 年计有二十五个分会,七百多成员,其活动并 287
不限于普鲁士王国,因为我们知道,卡尔·米勒使莱比锡的爱国者与这个组织建立了联系。表面上,这个组织也是属于文化性质的组织:它是一个“为了提高公民道德的团体”;其实,它试图监督国

家官吏和公民，揭露和惩罚那些私通外国的人；它尽管得到国王的批准，然而，大臣们却视之为敌对势力，施泰因斥之为“帝国秘密法庭”①的重现。

不难相信，这个组织最后可能成为人民起义反对拿破仑的核心。全民抗战的思想导源于浪漫主义的激发；导源于歌颂原始的日耳曼战士，在赫尔曼②率领下，在荒野的森林中抗击作为专制工具的罗马军团的文学作品中；导源于通过席勒于1805年写的关于威廉·特尔和属于日耳曼族的瑞士人的起义的作品，《威廉·特尔》这一最优秀的作品已经成为民族遗产。这种思想还从法国最近的历史中吸取了养分，它一方面使人回忆起旺代人叛乱的榜样；另一方面又使人回忆起志愿军和救国委员会的榜样。然而，主要是西班牙的起义使这种思想变得非常激昂，从1808年7月开始，报纸、小册子以及演讲都在描述这一起义，争先恐后地加以称赞，并且得到各地政府的默许。由于渊源复杂，这一起义受到各方面的赞同：贵族把西班牙人看做是忠诚的臣民，民主派把他们看做是起来反抗压迫者的自由战士，而政治家则把他们看做是赶来援助正规军的善良公民。

可是，全民抗战不可避免地与法国革命所传播的思想结合在

① “帝国秘密法庭”(Sainte Vehme)是德意志神圣罗马帝国惩治封建主和“土匪骑士”的法庭，到15世纪造成很大恐怖。西班牙的查理第五为皇帝时废除了这个法庭。——译者

② 赫尔曼(德语 Hermann)即阿尔明(Armin，Arminius)，约公元前17年——公元21年，后称阿尔明为舍罗斯克(今汉诺威附近)人赫尔曼。赫尔曼曾率领日耳曼部落反抗罗马异族统治。公元9年条陀堡森林一役，予敌重创，歼灭三个罗马军团。——译者

一起：它唤起人民参加政治生活，它鼓动人民要求把政治权利和公民权利授予他们将为祖国战斗的人作为回报，它是作为新兴力量的象征出现的，如果国家通过取消特权，解放了个人能力，并且借助大革命领袖拿破仑自己的武器来反对他，那么国家就会取得这股力量。正因为如此，所以贵族和旧制度的各国政府终于拒绝公开求助于民众。也因为如此，在德意志民族运动的历史上又一次
出现了奥地利跟普鲁士两种截然不同的情况。从一开始，爱国者 288
按照他们各人的出身，经历和宗教信仰，同时也按照他们的政治倾向，转向奥地利或者转向普鲁士。具有天主教传统的奥地利，窒息了全部文化生活，蒙昧主义剥夺了改革和群众运动的任何希望。相反，普鲁士总是自诩为准许一定的思想自由，它已经公正地吸收一定数目的人参加政府工作，这些人来自德意志各地、接受西方的影响，并决心使社会和政府现代化。然而，浪漫主义激情却是在奥地利找到了施塔迪翁伯爵那样的实践者，而在普鲁士，爱国运动的首领最后竟为国王所摒弃。因此，非常激动人心的 1809 年危机证实了德意志二元状态社会矛盾所产生的令人沮丧的影响。

二、普鲁士

古老的普鲁士是由官僚统治的，它的军队则由贵族率领：要是换在别的这类国家里，遇到 1806 年的灾难，会归罪于官僚和贵族，
很可能会引起一场革命。的确，拿破仑是不会容忍发生这样一场 289
革命的，因为，剥削被征服国家的最简单方式是保留它的旧统治机构。由于没有强大的资产阶级，普鲁士人不可能起来反抗；改革派

就是从高级官僚之中产生的，并得到少数贵族和有教养的资产阶级的协助。其特点是这些贵族既是保守主义者又是自由主义者，他们相当明白事理，察觉到必须进行国家改革，他们也有足够的道义力量来贯彻他们的观点。假如说创立现代的普鲁士是一项长期的工作，一直延续到整个19世纪，那么他们至少是开了一个头。

提尔西特的第二天，弗里德里希-威廉三世又定居科尼希斯贝克。在沙恩霍斯特和格奈森诺的领导下，一个委员会负责清洗整顿军队的指挥机关，他们两个慢慢地又取得格罗尔曼、戈特曾和博于恩的帮助。另一个委员会的任务首先是改组整个东普鲁士，在该委员会主席施勒特尔主持下，舍恩、尼布尔和阿尔滕施泰因参加了这项工作。自从7月10日起，施泰因在拿破仑本人的推荐下被召回来了，大概是因为拿破仑知道了他在被解职后路经柏林回来因地区时，给法国人留下了良好的印象。他于9月30日才抵达科尼希斯贝克，随身带了他在夏天拟就的一项改革方案，就是著名的"纳索备忘录"。这些改革家中有些人，如舍恩、施勒特尔、克劳塞维茨和博于恩等都出生于普鲁士，但是，最有名的人物都来自德意志的其他地区：格罗尔曼是威斯特伐利亚一个地方官吏的儿子；戈特曾是弗兰科尼亚的伯爵；沙恩霍斯特原籍汉诺威；格奈森诺原籍萨克森；施泰因出身于莱茵地区的帝国骑士。他们中间也有一些出身普通家庭的人物，如：沙恩霍斯特的父亲是个副官；格奈森诺是一个军官的儿子，在冒险事业中成长起来。普鲁士没有奥地利那么死板，又被1806年的激荡所解体，因而形成了德意志的一股民族活力。

由于出身和气质不同，这些人物相互之间差别很大，因此对于鼓舞着他们的精神是什么，他们的事业的力量是从哪里来的，意见 290
不完全一致也就不足为奇。一些人只把他们看成是开明专制的普鲁士传统的继承人；可是，由于他们决心通过使人民参加革新事业来创建一个民族国家，他们显然已突破了这种传统的框框。不要忘记，容克们是激烈地反对他们的，国王本人也并不喜欢他们。另外一些人却把他们视为德意志道德和宗教文化的代表，热衷于把改革和民族历史联系起来；但是，如果说哲学的唯心主义和浪漫主义对他们的影响是很明显的话，那么，同样确实的是他们的计划的某些特点更自然地表明了西欧的影响。事实上，没有人会怀疑已经谈到的关于英国的影响；也没有人否认施泰因阅读过孟德斯鸠的著作，并且大概了解重农学派的思想及杜尔果与杜邦·德·内木尔[①]的计划。相反，在法国革命影响的问题上却引起了争论。我们至少可以说，在普鲁士，有些人对法国革命是很熟悉的：科尼希斯贝克的警察总监弗雷在 1808 年拟订整顿市政府的条令时，肯定已经读过法国制宪议会的法律；而曾经递呈一份宪法计划给施泰因的西里西亚贵族雷丁杰，也通晓西哀耶斯的著作。格奈森诺看来最明白可以从法国经验中吸取什么东西。他说过：

> “多少无穷的力量蕴藏在这个民族内部而没有得到发展和利用啊！当一个帝国在虚弱和耻辱之中苟且度日的时候，

① 杜尔果(1721—1781 年)，路易十六时任过财务大臣，推行改革受到特权阶级反对而失败。杜邦·德·内木尔(1739—1817 年)，重农学派经济学家，1789 年当选三级会议代表。——译者

> 一个恺撒或许正在最贫困的农村推犁,而一个伊巴密农达①正在辛勤劳动,依靠双手糊口度日。"

不论他们对英国和法国多么注意,人们还是毫不困难地一致认为:他们从来没有打算效法英国采用议会制度,他们也摒弃了法国大革命的精华,即平等主义精神。在现代普鲁士,资产阶级和农民应该参与国家生活,但是,权力仍将留在国王手里;社会等级应该废除,但是,容克的社会权势仍将保持。这是介于西欧国家和旧制度君主政体之间的一种独特的创造,尽管它与后者的关系比前者更为密切。

291 科尼希斯贝克政府的任务并不是令人羡慕的,一方面要跟达律商讨安排赔款的偿付,另一方面还要忙于恢复劫余的乡村,这样,农业改革就提上日程。重建农庄,重新扶持饲养牲畜,为农民提供种子,甚至在像现在遭灾时为他们提供食物,这副担子落到了封建领主身上。但是,领主自己的日子也不好过。于是,对于他的抵押债务不得不给予宽限或者延期。在领主的心目中,最简便的办法是把遭到蹂躏的农民的份地和他自己的领地重新连成一片,而使这些农民沦为短工。由于法律禁止夺佃,领主要求废除"农民保护法"②,而自己反过来却不付出任何代价:农民仍然是"仆从"。

---

① 伊巴密农达(公元前420—前410年间生,前362年死)是古希腊底比斯城邦民主派领袖之一,英勇善战,为国捐躯,成为希腊史上有名的爱国者。—译者

② "农民保护法"是普鲁士国王在18世纪颁发的一系列敕令,主要是弗里德里希-威廉一世在1719,1738和1739年颁发的敕令,内容是要保护向国王纳税并为国王服役的农民,免遭领主夺佃与体刑。容克反对国王为保证财源和兵源的这些敕令,以致它们实际上已多成为一纸具文。——译者

官员们的看法却不是这样，他们深受亚当·斯密和扬格学说的熏陶，特别是舍恩，表示赞同大规模经营，决不反对废除“农民保护法”；但是，自由经济的首要原则是废除封建制度。尽管王室允许资产者以个人名义购置土地，并且在王室领地上比较彻底地废除农奴制，使承租领地的佃户改为土地所有者，然而，它还从来不敢触动容克土地所有制的垄断权，不敢打击划分等级的制度，也不敢干预领主庄园的内部事务。

现在王室抓住了这个机会，而这就是1807年改革的重要性所在。一方面，王室以取消农民的“仆从身份”作为废除“农民保护法”的交换条件；另一方面，它允许资产者和农民占有土地；王室在取消了对贵族的削贬身份制度时，相应地准许贵族从事那些直到当时只让资产阶级从事的业务，同时也给农民同样的权利。王室已开始以阶层、就是说根据财富和职业划分的阶级来代替等级制度。东普鲁士省议会只好服从，并于1807年8月原则上决定在该省实行改革。阿尔滕施泰因没有征询其他各省议会的意见就立刻建议将改革推广到整个王国。拿破仑正在华沙大公国和威斯特伐利亚王国里按照法国原则改组社会；这种榜样起到了一些影响，因为它即使不是招致普鲁士居民外移，也可能激起不满情绪。

施泰因只是在9月30日才抵达，因此，他并不是改革的创始
人。此外，他的《纳索备忘录》也没有谈到改革；他不赞成资本主 292
义，至于他对农民问题的态度，人们至少可以注意到他并没有解放他自己的农奴。他实际发挥的作用只是支持阿尔滕施泰因，并在无条件废除“农民保护法”问题上做了某些保留，这个问题便推延到以后再解决。1807年10月9日，国王签署了改革敕令。至于

"农民保护法",放弃了采用一个全王国统一的法律的想法,而代之以各省的法令。各省法令在1808年到1810年间先后公布,事实上都表现为一种妥协折中办法:"新的"租佃地,就是说根据各地情形从1752年或1774年以来所租佃的份地,可以收回租佃权;"旧的"租佃地,只能在这样的条件下才可以和领主的领地联结起来:建立农庄的总面积相当于已经消失了的租佃地的总和,但是,比其中任何一块租佃地都大得多。王室领地仍然比私人庄园走在前面;1807年10月29日,弗里德里希-威廉三世在自己的领地上取消了农民的"仆从身份",这只是在西里西亚才有其重要性;1808年7月27日,他把先前在其他各省公布的敕令扩大到东普鲁士,这些敕令宣布凡已缴付补偿费和强制赎买封建租税的佃户,便可以取得土地所有权:可以肯定说,这个省有三万农民因此成为土地所有者。

1807年的敕令和它的补充法令在德意志和英国引起了异口同声的称赞。我们可以很公正地说其中有些赞扬是过甚其辞的。这些改革措施的动机首先是为了财政和经济的目的,改革的主要成果是有利于国家和容克。正如所预期的那样,国库增加了可观的收入;授予农民土地所有权,国王就摆脱了惯例上对农民的种种责任,同时也取消了农民对国王自己土地,主要是他的森林的使用权,他从而获得很大的收益。在私人庄园里,让与农民的利益主要是法律上的;从1810年起,农民的"仆从身份"不得不取消了,尽管没有作出明文规定。可以认为,此后允许农民随意离开耕地,可以自由结婚,使其子孙免于"仆役劳务";但是,其他许多义务没有明确的规定,这是对农民不利的。租税和劳役还是全部保留了下来,所得到的份地也完全是不稳固的。领主保留了司法权，这种权利使他继续担任村子里的行政长官，掌握制订治安条例和处罚，甚至体罚的权力。就真正取得了的进步而言，它对好多的农民是得不 293
偿失的，他们由于土地被收回而变成短工了。在王室领地上，赎买的重担和自然灾难使他们不得不出卖土地，使土地集中得以实现；甚至，谁也不想把抵押贷款的好处给予农民，然而却给予资产阶级。至于贵族的特权，除了垄断土地所有权以外，则全部原封未动。

这次改革促进了土地的再集中和习惯权利的消失，因而促进了农村公社的解体。经济自由同样要求工商业的大改革。在东普鲁士，施泰因进行了一些这样的改革：废除了好几个行会，取消了领主的磨坊专利权，宣告城乡平等，这使得农民可以就地买卖。最后这项改革严重地影响了货物税的收入，这种货物税是集中在城市里征收的，因此，这项改革成为征税制度改革的预兆。事实上，施泰因表示他赞同征收所得税；由于东普鲁士为支付战争赔款而发行了公债，施泰因促使省议会表决要征收所得税，这是第一次要征收这种税；但是，所得税没有推广到全王国，它仍然是一个例外。

施泰因的个人努力主要是在官僚机构的改组方面，他企图吸收全国的代表人物充任官吏，从而削减官僚包办一切的强大权力。专权、急躁，甚至脾气很坏的施泰因，曾强烈要求国王撤换两个宠臣——洛姆巴德和拜姆，要求任命沙恩霍斯特领导于 1809 年并入陆军部的军事内阁，他也曾准备把中央政府重新组成为五个完全专业化的部，并且成立各部大臣会议。事实上，在处置国王的心腹顾问方面却未能成功：普鲁士国王的文官内阁和军事内阁，在这以

后和以前一样，仍在掌握实权。施泰因还计划创建一个全国性的咨询议会；当他不得不在东普鲁士要求批准成立征税机构和发行要付给拿破仑的抵押债券的时候，他修改了省议会的组成，增加了资产阶级代表的人数，接纳了根据缴税的选举资格当选的农民代表，并采取个人投票表决的方法；他的全国议会原定也由各等级的代表组成，至少在财政问题上采取个人投票表决法，其中平民的代表权则授给富人。但是，在其他各省，省议会没有进行改革，全国
294 议会因而也没有成立。

行政改革是 1808 年 12 月 26 日在施泰因下台后颁布的，这一方案仅仅是把省以下各级行政区划中旧领地的“村民会议”的权力，和仍然是合议制的“管理局”结合起来，并且只是取消了后者仍拥有的司法职权。省的首脑人物是“首席长官”，从前这是一个习惯上的官职，现在却要正式任命了。在管理局里，在官员以外增加了县的代表，即贵族。可是，不久就显出来，这二者是不能合作的。施泰因曾经想要保留官僚机构，同时也仿效英国设治安法官，可是没有成功；为了不模仿拿破仑的郡守制，施泰因保存了合议制度，然而他没有看到这是同他要使行政机构具有魄力和首创精神的计划背道而驰的。他在 1808 年 11 月 19 日颁布的法令仅仅是在城市里产生了重要而持久的成果。他没有排除地方的特殊性，但拟定了所有的城市都要遵循的总方针。各城市都应有一个选举产生的市议会和由市议会推选的地方行政官。这样，国家的监督权即使没有被取消，也是受到了限制。主要的新特征是取消行会参加市议会的选举权，而把选举权授予具有一定财产资格的有住所的居民。德意志以前只有行会的选举权；个人选举权甚至在英国的

城市里也是罕见的，而德意志人则并不熟悉这种体制；不管怎么说，毫无疑问，施泰因的主要改革是受到了法国人的启示，他的顾问弗雷无疑地起了一定的作用。

施泰因掌权只有一年多一点，因此他的内阁的特点是愿望多于成果，这并不使人感到意外。同时也得承认，这些成果并不足以振奋人心，而改革派的军事上的成就，则对普鲁士的复兴更具有实质性的意义。沙恩霍斯特和他的助手进行的这些军事改革，在1809 年已有相当进展。指挥部的清除整顿和改组工作已经完成；连队的自治权取消了；步兵采用一种重视法国战术的新的操典。尽管如此，普鲁士军队还不能战胜拿破仑。改革者们知道这一点，295
一直到 1807 年 7 月，他们只是想使法国撤军；1 月，沙恩霍斯特和施泰因合作，使威廉亲王为此目的而向法国提出普鲁士与法国结成联盟，或者参加莱茵邦联；格奈森诺提出的唯一的异议是“一旦进入独眼巨人[①]的巢穴，我们能够希望得到的全部好处是最后一个被吞噬掉”。但是他们一听到西班牙起义的消息，甚至在知道拜兰战役失败之前就变卦了。自 7 月 23 日起，戈岑被派往西里西亚去跟奥地利人秘密接洽。8 月 6 日，决定召集由于财政情况而不能正规入伍的新兵进行一个月的训练，以便在必要时能够把他们动员起来，这就是有名的“速成兵团”，一支备用增援骑兵部队。在这个月中，在一些备忘录中记录下这项计划的细节。这就是号召全体德意志人民武装起来，进行一场殊死的战争；疏散妇幼，全国坚壁清野，用起义的民兵武装袭扰并围困敌人。这项计划的精神

① 希腊神话中的巨人，在上额中部有一只独眼。——译者

显然是革命的:王侯和贵族们如果不站在民族起义队伍的前列就会被剥夺权力和尊荣;国王将向他的人民颁布宪法。

德意志像它在 19 世纪将实现的那样,第一次作为一个同外国人相对立的政治实体出现在这些改革家的思想里。奥地利无疑地将在可能的盟国之列,但是却作为一个不同的国家;正是普鲁士应该号召德意志人民起来,并且应该担负领导的责任;可是他们只是把普鲁士视为一个工具,并且丝毫不把普鲁士王朝所将冒的风险放在心上。没有任何事情能更生动地表明西班牙起义的影响以及起义所引起的浪漫主义激情。为了谨慎小心起见,施泰因同意用结盟的方式来欺骗拿破仑,直到一切都准备好的时候为止。“难道唯独拿破仑才可以用专断取代法律,用谎言取代真理吗?”为了准备起义,施泰因既没有相当广泛的秘密组织可以使用,也不像西班牙人那样有一个由僧侣组成的、顺从的圣职团可以支配;他不得不让过多的人知道内情,同时他对法国间谍也警惕不够;他的两封信件,其中之一是给正在梅克伦堡温泉疗养的威特根施泰因将军的,都落到拿破仑的手里。

在普鲁士,贵族被激怒了。驱逐法国人无疑地是他们所想望
296 的,但是这要在国王的率领下,在联合起来的王侯们的协助下,通过正规军来进行,同时人民大众却仍然应处于传统的从属地位。他们小心翼翼地保护他们受到威胁的特权,憎恨那些一步登天的客卿[①],把他们看做是雅各宾派;在维也纳,人们连声附和,而弗里德里希-威廉对这些攻击并非无动于衷,因为他坚持旧制度,坚持

① 指从德意志其他各地来到普鲁士、主张改革,受到国王重用的人。——译者

他那专制君主的权力，同时更加慎重地考虑到所冒的风险，所以如没有俄国沙皇的支持，他就什么都不愿意干。在 8 月 23 日的会议里，他拒绝了这些密谋家的建议；亚历山大在前往埃尔富特的途中曾劝他等待时机，因此他在 9 月 29 日批准了 8 日在巴黎签署的协定。爱国者们曾全力以赴地阻止他这样做，博于恩也建议召开一次国民大会。他们只是在 10 月才知道这一决定；施泰因在递交他的辞职书以后，又恢复进攻。28 日，他拟定了一个新的起义计划，11 月 6 日交给国王一份进行大规模改革以激发公众舆论的宣言书。在这个时候，像哈登堡和阿尔滕施泰因这样一些人组成了第三派，他们在原则上同意改革，但是他们注意不伤害作为国家唯一支柱的贵族，并且企图和国王一道争得时间和避免冒险。因为施泰因反对国王和王后去访问亲爱的亚历山大，所以王后抛弃了他：11 月 24 日，他被革职，12 月 15 日，拿破仑宣布放逐他于帝国之外。

阿尔滕施泰因和德纳继起执政，改革运动变得缓慢无力；唯独留任的沙恩霍斯特继续进行他的工作。全国规模的工作却被推迟到一个未卜的将来。容克们胜利了。11 月 26 日，约克公爵写道：

> “这些疯人的头头之一垮台了；其他阴险恶毒的人必将作法自毙。最可靠、最明智的方针是冷静地等待政治事件的发生。冒险攻击敌人，挑动敌人，完全是狂妄行为……德意志决不会诉之于西西里的晚祷[①]或一场旷代战争。普鲁士农民如

① 西西里的晚祷发生在 1282 年，当时法国国王路易第九之弟安如的查理为西西里国王，西西里人约定在复活节的星期一晚祷时，以晚祷钟声为号令，一齐动手杀尽法国人，结果赶走了法国统治者。——译者

果没有接到国王命令，如果没有大量军队并肩作战，决不会动手……我们在国内国外的形势都开始好转了。”

这种乐观主义使爱国者陷于狂怒和绝望之中。戈岑在跟奥地利人协商时愤怒地谈到他们所遇到的阻力，并且宣告：民族运动开
297 始时，有些人将会人头落地。格罗尔曼跟随施泰因出走国外，而且也不止是他一人这样做。王朝的声望下降了，普鲁士的声望也随之下降；奥地利一时又为政治意识觉醒了的德意志人所瞩目，克莱斯特提出的口号“奥地利与自由！”表达了他们的希望。

三、奥地利

在奥斯特里茨之后，弗兰茨皇帝更换了他的班子。查理大公重新担任总司令，并在1806年2月10日复任军务院主席；前任大使菲立普·德·施塔迪翁出任宰相，他的哥哥司教会的成员弗里德里希·施塔迪翁是奥地利驻在慕尼黑的代表。查理大公和雷尼埃大公也坚决要改变政府体制，但是毫无结果。弗兰茨继续想要事必躬亲，控制一切。在他的内阁中，巴尔达齐享有和他的前任科洛雷多同样的权势，他为人聪明，勤劳和正直，据说是科西嘉一个雇佣兵的儿子，也有人说他是一个贵族的私生子。出身非直属皇帝附庸的帝国骑士的施塔迪翁，弄权专横，野心勃勃，很想做出一番事业。他虽然颇有教养，为人豁达，但过分囿于他的贵族出身，以致不去触动贵族的种种特权；他效仿开明专制君主，创建工场，开办学校，修筑公路，但丝毫没有变动国家和社会结构。他是一个迷人的和机灵的社交家，一个讲求享受和挥霍无度的人，他过于轻

浮以致不能设想出大规模的改革；事实上，他是个舒瓦瑟尔[①]的拙劣摹仿者，而不能同施泰因相提并论。他甚至没能从匈牙利获得适当的补助金，也未能取得军事上的变革；在1807年的匈牙利议会上，纳吉领导的反对党谴责任何参战的想法，并重复以往提出过的一些牢骚不满意见。奥皇则一如既往，拖延审察这些不满意见，而满足于征召一万二千人入伍的兵额和有限的征税。唯一尚有成效的工作，即查理大公的工作，也因财力不足而受到阻碍；长期赤 298
字使得负债额从1805年的四亿三千八百万盾增至1809年的五亿七千二百万盾，而纸币的发行量亦从三亿三千七百万盾增至五亿一千八百万盾，以致盾的票面价值在奥格斯堡交易所里的损失从百分之二十六增至百分之六十七。1806年，齐希伯爵曾试图通过一个强迫购买公债的办法缩减纸币发行量，但是1807年的军备抵消了这项措施的效果，1808年8月，他让位给奥多纳。当战争突然爆发时，奥多纳还来不及做出任何决定。在投机商人和出口商人之中，而尤其是在主战派之中，热烈主张实行通货膨胀的大有人在，这些人看不出有其他的办法可以提供打一场仗的军费。

施塔迪翁从第一天起就想到这场新的战争，以便借此树立自己的荣誉；然而，1805年的教训是如此沉重，以致好战派长期处于软弱无力的地位。梅特涅从巴黎建议采取观望政策，施塔迪翁不得不采纳这项建议，而在1807年冬季没有参战。接着而来的提尔西特和约又迫使他参加大陆封锁，并与英国决裂。在这段平静的

① 舒瓦瑟尔，法国路易十五的大臣，在七年战争失败后，他主持法国的恢复工作，而施塔迪翁在奥斯特里茨战败后当政，所以著者引以对比。——译者

期间，浪漫主义正盛行于维也纳，有些人在浪漫主义的影响下，唤起人们注意奥地利君主国的历史往事，以此论证奥地利应该作为一个欧洲国家而存在：它曾经是基督教徒抗御异教徒的前哨阵地，并且曾在马扎尔人和斯拉夫人中传播西方文明。他们还以同样的历史往事论证奥地利应在德意志大家庭中占有首要地位。国家档案馆馆长、历史学家赫尔迈尔男爵在这场运动中大露锋芒，成为运动的头头，他与约翰大公关系密切，渴望成为一个实际行动的人物。

西班牙起义也同样把奥地利从其麻木不仁的状态中解救了出来。施塔迪翁把巴荣纳悲剧的故事在公众中大肆传播，同时为费迪南的忠诚臣民大唱赞歌。这种宣传立刻使马扎尔的贵族大为感动。1808年8月28日，匈牙利议会极为热情地欢迎弗兰茨的第三个妻子玛利亚·路易丝·德·爱斯特新皇后，她被加冕为匈牙利王后。议会通过军队增征两万新兵，并取消顶替办法，同时预先授权国王一旦战争爆发时实行为期三年的独裁统治，这使国王能根据他自身的权力，号召“起义”或全民抗战。匈牙利的作家们开始攻击法国。早先曾翻译《马赛曲》的弗尔塞格，在1809年出版了《马扎尔人的忠诚》，而基斯法卢德则发表了《致马扎尔贵族的爱国
299 演说》。西班牙的榜样立即提醒奥地利人：失去的各省，尤其是对巴伐利亚人统治不满的提罗耳省，大有可能成为很有价值的辅助力量。法国大军的撤离和塔列朗在埃尔富特的谈话终于使施塔迪翁做出决定。此外，梅特涅本人也认为现在是时候了：他观察到拿破仑只有一支大军，而且，这支大军刚刚撤离德意志；他根据塔列朗的话，相信皇帝在法国的地位已是摇摇欲坠了。

主战派迅速地重整旗鼓；除了查理大公以外，所有的大公都参加了；帝国所有的大使也都参加了；维也纳再度成为欧洲贵族的大本营；在拉祖莫夫斯基的身旁，波佐·迪·博尔戈又出现了；斯塔埃尔夫人在奥古斯特·施勒格尔陪同下刚刚到达，奥古斯特·施勒格尔同弗里德里希·施勒格尔相会，后者已成为查理大公的秘书。皇帝被他的新皇后和新岳母推向战争，他的岳母对于失去她的摩德纳公国始终不甘心。奥皇终于在 1808 年底做出了让步。查理大公反对参战坚持得比较久些，但也不得不屈服了。另一个活动中心在布拉格成立了，而施泰因正在布拉格避难，在那里并不缺乏跟德意志爱国者联系的渠道。施塔迪翁和赫尔迈尔听从梅特涅的建议，发动了一场仿效法国人做法的宣传运动，由于这样大肆宣传，主战派的运动争取到资产阶级、大学生和各大城市人民的支持。他们成倍地扩大发行报纸杂志和小册子，并利用了戏剧和音乐；格莱希编写了一些剧本，科林创作了一些爱国主义的歌曲；后备军的建立成为举行大型集会的机会；在大学生中间，有一定数量的志愿军，其中就有格里尔巴策，他很快就改变了调子。向人民发出的这些号召，未能使人对施塔迪翁的政策产生幻想：虽然他试图激发民心，但这是在旧制度的奥地利国家的范围之内和专为它的利益而进行的。施塔迪翁能博得容克们赞许，而不能获得施泰因的赞同。1809 年初，赫尔迈尔接见了提罗耳人的一些代表团，其中就有霍弗尔领导的一个代表团，这些代表团想发动农民起义来同赫尔迈尔配合行动；但赫尔迈尔的这些手法未能再使人上当受骗了，他不过是要煽起一个合法的运动。如果说奥地利或许还指望在德意志会爆发一些骚乱，它却断然反对德意志民族主义运动，

而且对此并不讳言。转向了奥地利的德意志爱国者们深感失望：奥地利欢迎他们对胜利的祝愿，也愿意接受他们来效劳，但并不打
300 算听取他们的意见，它指望靠自己的力量战胜拿破仑，然后在德意志和在意大利恢复它昔日的统治。

在查理大公的主持下，奥地利军队取得了无可否认的改进。首先，奥地利军队建立了预备兵役，办法是，在每一个团的征兵区组成每年有义务受三个星期训练的两个营。1806 年 6 月 10 日，后备军正式建立，由退役士兵和志愿兵组成，在每个县编成为营，并由退伍军官和绅贵担任指挥。1809 年初，后备军在奥地利和波希米亚总共有十五万二千人，加里西亚则另作编排。另一方面，奥军又努力推行法国的作战方法。1807 年的操典采纳了用狙击的方法进行战斗；事实上，步兵并未实施此法；但是 1808 年 9 月 1 日，人们决定组建九个提罗耳猎兵师，拥有二万三千狙击手；这些人发挥了很大的作用。奥地利骑兵倾向于分散作战，查理大公把其中一部分编成一些独立的军团。他也把直到那时分散在各步兵营的炮兵集中组成联队，组织了一个工兵团和改善了后方勤务：设立医务队、军马补充队和军邮局；把各联队的辎重减少一半；恢复就地征发的办法以减轻运输的负担。最后在 1808 年 7 月，部队原则上被整编成几个军团，并且组成了一个总司令部。

可是，这些革新要取得成果，必须有足够的时间和金钱；因为改组驻扎部队所费不赀，各军团并未建立起来；原有的储备和护送辎重制度没有彻底抛弃，部队仍然是臃肿的；由于高级军官年纪太大，而干部又多由特权和贿赂而来的，以致充塞无能之辈，因此战术的改进也微不足道。尽管有这一切弊病，1809 年奥地利军队的

面貌比起1805年要好得多，而这警告拿破仑不能掉以轻心。归根到底，他们特别是缺少一个真正的军事统帅。查理大公有许多长处：勤勉、谨慎和冷静。可是，他擅长的是防御而不是进攻，他过分拘泥于传统战略，用尼布尔的话来说，即把战争视为“弈棋”，并且正如克劳塞维茨所说，他的目标不是要歼灭敌人，而是要攻城占地。尤其要指出，查理大公为人优柔寡断。他的这些缺点都可归因于他的性格；虽然他只有三十八岁，但健康状况欠佳；他缺乏热 301
情和主动精神。还是同一个尼布尔注意到，他投入战争时不是心情愉快的。

奥地利人过于相信自己的力量，以致不重视寻求盟国。事实上，他们只能指望英国人；在柏林，施塔迪翁开始的谈判仍无进展。甚至在伦敦，英国人的态度也不明朗。梅特涅在10月间已答应把四十万人投入战场，条件是英国提供五百万镑，外加二百五十万镑用做动员经费；迟到12月24日，英国人才答复他说，这是太过分的要求。然后，英王乔治要求奥地利首先签订和约，这使奥地利势必与拿破仑决裂。坎宁汇到的里雅斯特二万五千镑硬币；但是4月10日，他借口西班牙战争的开销太大，还是食言了。事实是，英国政府处于深刻的分裂状态。是否该在大陆上采取行动，这是不再有争论的；关于这一点，没有一个大臣提出异议；问题是在于究竟应在大陆的何处采取行动。坎宁要在伊比利亚半岛投入所有能使用的力量，而卡斯尔雷则赞同在荷兰采取行动；甚至还有人谈到波美拉尼亚。这后两个牵制行动可能具有极大的重要意义，尤其是第二个，或许会在德意志引起一次范围广泛的起义，并把普鲁士卷进去。卡斯尔雷选择了荷兰，因为荷兰是他的欧洲政策的主要目标；如果这次远

征进行得好,或许会袭取安特卫普。然而,这次出动准备不足,对奥地利人毫无帮助。正如麦克在1805年一样,施塔迪翁实际上并未期待援助。这次,他更可以振振有词了。拿破仑没有准备,因此可以指望出其不意,攻其不备。然而,不容置疑,由施塔迪翁激发起来的浪漫主义激情,最后也使他自己卷进去。

四、1809年战役

这场战争对拿破仑是灾难性的,因为在他未能结束西班牙战争之前,它就过早地突然爆发了。只有亚历山大可以制止它,如果
302 他肯说一句话。然而他却闭口不言。他在埃尔富特的经验使他懂得:为了从拿破仑手里得到一些好处,就要利用他的不利地位,而奥地利的进攻来得正中下怀。战事继续在芬兰进行,还将在土耳其重起,俄国人却可在那里为所欲为。再者,亚历山大又采取了他的1805年波兰计划。尽管恰尔托雷斯基失宠而回到了普瓦维,亲俄派仍然在华沙大公国大肆活动。1809年春,一些华沙和加里西亚的贵族向沙皇表示愿与俄国合作,条件是他承诺恢复波兰王国;6月27日,沙皇答复说,他决不会放弃已属于俄国的省份,但是如果条件许可,他愿意把大公国和加里西亚合并,重新建立一个波兰。显而易见,这得要由他经手办并对他有利,因为过后不久,他就反对拿破仑进行这种合并。感情同样可以起到它的作用:1809年1月,普鲁士国王和王后到了彼得堡,唤起了对往事的种种回忆。据说沙皇在劝告施瓦岑贝格大使要等待时机的时候,曾说了这样的话:“复仇的时刻不久就会到来。”由此可以得出结论:从这

个时候起，俄国同拿破仑的一场新战争在沙皇的脑子里只是时间问题而已。拿破仑从瓦利阿多里德派一个军官去向亚历山大建议：双方的大使把同样的照会交给施塔迪翁，要求圆满答复，否则即断绝外交关系。亚历山大同意发出照会，但不同意断交，并且坚持应由特派外交使节去办理此事，这就把事情无限期地拖延下去了。拿破仑并没有抱任何幻想。尽管他向沙皇倡议，在奥地利解除武装的条件下，共同保障奥地利的安全。他只是妄想在查理大 303
公发动攻势之前争取时间以完成其新军的集结。

回到巴黎后，他不得不承认，国内士气不振。保王党人并不足为患，可是，他们没有解除武装。1806 年 8 月 23 日，瓦纳主教遭到拉埃·圣伊莱尔的绑架，直到 1807 年才把后者逮捕归案；次年，阿歇子爵的同谋勒谢瓦利埃在诺曼底的冒险行动全被平定。保王党在泽西岛的据点不断地派遣特务到法国西部：1808 年，枪决了普里让和另外六个人，1809 年 2 月 20 日，又枪决了子爵的表兄弟阿尔芒·德·夏托布里昂。雅各宾派的危险性更小；警察追踪他们，毫不放松。1807 年底，警察逮捕了从前担任过革命法庭陪审员的狄迪埃；1808 年，有人向巴黎警察厅长杜布瓦告发共和党人的一个阴谋，这是自 1801 年以来第一个共和派阴谋。牵连的人有：过去是救国委员会的工作人员德马约、马莱将军、前国民公会议员弗洛朗-吉奥和李科尔以及前保民院议员雅克蒙；富歇在康巴塞雷斯的协同下，终于说服皇帝最好把这件事掩盖下去，不了了之。

这些未遂行为并没有引起什么风浪。使全国惊恐不安的是拿破仑自己的政策。他的节节胜利一点也不能安定人心，因为战事

总是在周而复始地进行。“这场战争必定是最后一场战争”,当他1807 年开始对俄作战时,他慎重地这样说。后来,他把提尔西特和约看做是和平的保证。然而不到一年,又发生了西班牙的事件;这一次,不可能把责任归咎于查理四世。菲埃韦写报告给皇帝说:“法兰西忧心忡忡。”在皇帝的臣仆中间,忧虑并不稍轻。1808 年战争前夕,丰塔内作为立法院主席,大胆地表示了他们的忧虑:“陛下出征,我不知道大家心里多么惶恐不安,这种担心是由爱戴的心情所引起的,由于抱着希望而有所减轻。”在私下谈论中,德克雷更直率地说:“皇帝疯啦!完完全全疯啦!他将自取灭亡,而我们所有的人都将跟他一起灭亡。”既然他肆无忌惮地盲目投奔死亡,某些人就认为,聪明的办法是叛离他以保全自己的性命,同时用国家利益的理由来粉饰这种卑劣行为,因为国家的事业应该与暴君的事业分开来。另外,如果他万一战死,或者大败的话,那还必须寻找一个继承人;可是,没有得到外国的赞成是什么也不能干的,最

304 可靠的办法还是向列强提出一些保证,这就是塔列朗内心的想法。

在远征西班牙的时候和在奥地利进攻的前夕,正如在马伦哥战役时一样,有人设法找一个拿破仑的继任人,这当然不是毫无意义的事。1808 年 12 月,塔列朗跟富歇言归于好,似乎达成了协议,选中的人是缪拉。到处都在这么谣传。据说欧仁截获了一封给那不勒斯国王的信;富歇的一个秘书说到这件事,所以皇太后向她的儿子提出了警告。肯定的是拿破仑在回到巴黎时认为自己被出卖了。他把塔列朗痛骂一顿,撤掉他侍从长的官职。富歇得以幸免,或许是为了在局势危急中不使警务人员解体,或许是因为在提尔西特以后,他是首先劝拿破仑离婚,甚至是与约瑟芬谈过此事

的人。在如此大发雷霆以后，拿破仑的克制态度似乎是既出人意外又显得很笨拙。拿破仑可能害怕打击他的一个老同谋者会引起其他人的恐慌，会激起新的阴谋。可是，他不是谈得太多，就是谈得不够。莫利昂说，塔列朗的失宠引起了“一种不安，而且是普遍的不安，因为对失宠的原因一无所知，以致人人自危”。然而，由于他的左右亲信充斥了前朝贵族，由于他盼望同一个皇室联姻，拿破仑怎能为了叛国罪而再次枪决一个亲王[①]呢？

在拿破仑出发到前线去以后，他的敌人还保持着警觉。英国人在法国海岸登陆不是不可能的，因为 4 月，英国人击败了停泊在埃克斯岛[②]港外的罗什福尔舰队。在普罗旺斯省，保王党人和共和党人蠢蠢欲动。在那里，巴拉斯跟吉代尔和莫尼埃两位将军，跟过去的一个私掠船主夏拉波和一个商人都建立了关系，这个商人提供活动经费。他们想使目前被软禁在马赛的查理四世和戈多伊潜逃；7 月，夏拉波企图与正在海上巡航的科林伍德联系。拿破仑跟罗马教皇的冲突在天主教徒中间引起了激昂的情绪；整个夏季，法国西部产生了新的动荡不安局面，而在萨尔地区和乌尔德郡[③]也发生了骚乱。甚至军队中也有可疑分子。我们对于“费拉德尔非人”这一密谋所知不详，它可能是由后来在瓦格拉姆战死的乌代上校领导的；但是在葡萄牙，苏尔特的军队里边，一个名叫达尔让顿的军官组织了一个阴谋集团，寻求威灵顿的支持。我们并不夸

① 塔列朗被封为本尼凡托亲王，拿破仑已枪决一个亲王，即指 1804 年镇压当甘公爵。——译者

② 埃克斯岛在法国西部夏朗德河口外，是罗什福尔的外港。——译者

③ 乌尔德郡在今比利时列日附近，以乌尔德河命名，当时并入法国。——译者

大危险性,但是把 1809 年的思想状态跟 1807 年 8 月得胜回朝时相比,就可看出鲜明的对照。整个帝国建立在胜利的基础之上;在
305 西班牙的失败打击了它的威望,这一打击更为沉重的是西班牙的失败引起德意志一场新战争。全国都清楚地意识到,这场新战争是在不利的情况下开始的。摆在拿破仑面前的是武装起来的奥地利、正在反抗的西班牙、英军进驻的葡萄牙和动荡不宁的德意志;在他的背后则是苦闷不安和叛卖;自 1805 年以来,他没有下过这样可怕的巨大的赌注。

但是,拿破仑照常冷静地做备战工作。不论以莱茵部队名义留在德意志的,或者保留在法国可以调动的大军,人数总共有九万。此外,还有盟国军队十万,其中有德意志人、荷兰人和波兰人。1808 年 1 月征集的 1809 年适龄应征入伍青年也是可以动用的。为了从训练营里把他们替换出来,皇帝在 1808 年 9 月征集了 1810 年适龄应征入伍的青年,从 1809 年 1 月 1 日起服役;几乎是在同一个时候,皇帝把分遣部队的兵员从六万增到八万人,追溯到 1806 年起生效:这样就征集了十四万新兵。现有的团都增加了一个第四营;布伦大营和阿尔萨斯大营新建立了几个师,然后被派到莱茵以东的地区去。最后,近卫军急急忙忙地从西班牙调回来了。1809 年 3 月,拿破仑在德意志拥有三十万战士;他可以把十万人驻扎在意大利,其中六万人在威尼西亚;此外,马尔蒙在达尔马提亚仍拥有一万五千人。创建这支新的军队是一个奇迹;可是,对这支新军的价值不能抱任何幻想。其中近乎半数是由外国人组成的,这些外国人在前线令人大失所望。法国军队大部分是新兵,干部配备不齐,而且是临时凑集的。

物资准备不足，像往常一样马虎，这在年轻的军队里特别明显。最高统帅部本身也大有逊色：由于内依和苏尔特留在西班牙，不得不把三支军队交给勒费弗尔、旺达姆和热罗姆指挥，把意大利军队交给欧仁指挥。1809 年的军队比 1805 年的差得多，但是仍拥有参加过 1807 年战役的十多万法国士兵，他们是胜利的保证；然而，这是一支临时凑合的部队，是演变到 1812 年部队的前奏。目前，危险并不在于它的构成；事实上，拿破仑尽管积极活动，也不能很快地把它建立起来并及时地集结：3 月底，贝尔纳多特还是在萨克森，带领着五万波兰兵和萨克森兵；热罗姆在德意志中部，带 306
领着荷兰军队和威斯特伐利亚军队；拥有六万精兵的达武部队，驻扎在多瑙河以北的巴伐利亚；乌迪诺率领着巴伐利亚军队和其他德意志军队驻扎累赫河上；马塞纳更落在后面，近卫军还在从西班牙回来的途中。因此，大部分兵力正分散在一条一百五十公里长的、离敌人不到一天路程的前线上。4 月 10 日，查理大公发动进攻，而拿破仑只是在 17 日才抵达多瑙沃尔特。如果奥地利人集结重兵猛攻的话，后果是不堪设想的。

奥地利一方的兵力比 1805 年布置得较为合理。约翰大公只带了五万人侵入威尼西亚，其中只有一万人在沙斯特勒指挥下驻扎在提罗耳，六千人驻扎在克罗地亚；而费迪南大公则必须带走三万五千人去防卫加里西亚，以防波兰人的袭击。在德意志，查理大公拥有二十万人。他最初想在波希米亚打开一个缺口以粉碎达武的部队，把法国军队切成两半，这一战略或许会是够得上拿破仑的水平的。但是他一想到维也纳毫无防御，就感到不安，他决定沿多瑙河右岸前进，占领巴伐利亚高原。这样，他就失去了宝贵的时

间，并使自己的军队疲劳不堪；尽管如此，如果他迅速地、全力以赴地贯彻执行的话，根据这个新计划也同样能取得一些决定性的成果。然而他却把两个军团留在达武前面，自己越过了因河缓慢地朝伊扎尔河方向前进，由希勒率领的纵队掩护他的左侧，这支纵队人数很多，却配合得很差。因此，达武能够向南方退却，并且本来还可能在靠近英戈尔施塔特的地方和其他军团会合，如果不是贝尔蒂埃不准确地解释皇帝的命令而把他留在累根斯堡的话。

拿破仑于 17 日到达，马上就命令达武同他会合，19 日，达武元帅沿河的右岸进军，从而在敌人面前通过，给敌人以粉碎他的最后一次机会。但是查理大公没有利用这个机会，结果达武在滕根就能抵抗住奥地利军队微弱的压力。在这个时候，拿破仑错把希勒的部队当做主力部队，准备拦截希勒开向因河，而迫使他退到多瑙河。在中路，拿破仑组成密集队形，由拉纳指挥，20 日向阿本斯堡一线攻击奥地利军队左翼各纵队，迫使他们退到兰茨胡特，而马塞纳则向这个城市进军，从后面攻击他们；可是，他到得太晚了，以致 21 日，希勒被赶出兰茨胡特之后，能够退到因河。大公利用了这一段耽搁的时间，把他的队伍跟留在多瑙河以北的部队联合起
307 来，这时累根斯堡的卫戍部队已经投降了；22 日，他终于决定猛烈攻击达武；但是，在他的右翼能够开始行动去阻截达武到达多瑙河之前，他的左翼却在埃克米尔遭到达武的袭击，接着，从兰茨胡特赶来的拿破仑从后面攻击他；他边战边退，轻易地再次渡过多瑙河。他的军队损失了三万人左右，并且被切成两部分；然而他们也不难撤退到维也纳重新集结，人数还超过十万。23 日，法国人再度占领了累根斯堡；然而，希勒却打败了贝西埃尔。大公便没有遭

到麦克同样的命运。

皇帝没有在波希米亚追击查理大公，而向维也纳进军；这并非是他受到占领敌方首都这一政治目的的诱惑，而是必须穿插到奥地利主力部队和意大利及提罗耳部队之间。当达武现在得到了贝尔纳多特的支援，正监视大公动向的时候，马塞纳击退了希勒的部队，而拉纳力图翻山越岭去包围希勒。攻占萨尔斯堡的勒费弗尔迫使耶拉西希退向德拉瓦河，并且监视着提罗耳。在特拉翁河渡口的爱贝斯堡，希勒经过一场浴血战斗之后，渡过多瑙河去和他的司令会合。5月12日，法军进入了维也纳。这次，他们却发现桥已切断，河的左岸有十一万五千敌人。拿破仑率军到河中各岛，这些岛屿在维也纳以下把河分成好几条支流。他下令架设便桥，在20日的夜晚，不顾已很可怕的洪水冒险渡河。21日，三万法军遭到了奥地利全军的进攻；法国人幸运的是，奥军没有集中攻其一点，而是把兵力从阿斯佩恩到埃斯林分布成半圆形，以致不能突破法军。22日，拿破仑率领六万兵力采取攻势，要从中央突破敌人阵线；如果主要的桥梁没有被拆毁，增援部队可以通行无阻的话，他也许会突破成功。但他不得不停止前进，不得不往后撤退，并在即将弹尽援绝的情况下，顶住敌军的反攻；他终于坚持下来，从23到25日，得以从左岸撤退。二万名法军和二万三千名奥军倒毙了；拉纳元帅和许多将军战死了。大公不善于利用这一良机，但是，他的对手却已失败。埃斯林之战产生了比拜兰之战更为深刻的影响：这一次，拿破仑的个人威信受到了打击。

局势又变得很危险。在法军的后面，当沙斯特勒在4月9日 308
经由普斯特尔塔尔进入提罗耳的消息传开时，整个提罗耳全面爆

发了起义。巴伐利亚取消提罗耳地方议会和自治,因而激起民愤。然而,特别是经济情况更是火上加油:捐税大量增加;商业由于大陆封锁以及意大利和奥地利边界的关闭而遭到破产;禁止流通奥地利纸币,取消作为银行及慈善机构的修道院,这对所有的人都是一个沉重的打击;征兵制度好像在火药上点了火,不得不暂时停止实行,以平息骚动。此外,蒙特热拉的开明专制是属于约瑟夫二世式的;天主教僧侣由于优势和特权受到了威胁,已经起来应战了;而僧侣在提罗耳如在旺代和西班牙一样,具有巨大的影响;特别是因为起义的主要领袖安德烈亚斯·霍弗尔的师傅是方济各会修士哈斯平格。赫尔迈尔和约翰大公善于利用时机准备起义。这一起义主要是农民起义,它并不尊重资产阶级,资产阶级也同巴伐利亚派来的官员一样遭到抢劫和虐待。只有五千名士兵驻守这个国度,他们不久就被包围并投降了。可是,沙斯特勒没能把起义者组织起来,他们在战斗之后都回了家,而霍弗尔尽管因勇敢和虔诚赢得了起义者的信任,却是一个能力有限而又优柔寡断的人。勒费弗尔没有费多大的气力就能沿因河前进,于 5 月 19 日进入因斯布鲁克。沙斯特勒撤退了,起义似乎已经结束,于是在提罗耳只留下德鲁伊一个师。然而,埃斯林战役的消息传来以后,起义又爆发了;拿破仑需要他所有部队,因而召回德鲁伊,放弃了提罗耳。农民们不想出境打仗,然而对巴伐利亚却进行了袭击。7 月,意大利效法提罗耳的榜样,在阿迪杰河和罗马涅地区爆发了大规模的起义。

如果约翰大公把分散在奥国南部的全部兵力集结起来,他也许会得到一些宝贵的支持。但是,他却反其道而行之。4 月 10

日，他越过纳梯松那流域和科巴里德，采取了攻势。仍然处于分散状态的欧仁的部队措手不及，一直退到明乔河，放弃了整个威尼西亚。但是，当维也纳受到威胁的时候，约翰大公还没有设法集结奥地利军队便撤退了。他自己赶到泽默林；背后遭到欧仁的追击，后来他又退到拉布河以北；朱莱向莱巴赫撤退，在麦克唐纳的紧追下又从那里逆流而上，经过马里博尔到格拉茨。从提罗耳来的沙斯特勒并没设法同朱莱会合。至于在克罗地亚的奥军，马尔蒙先行 309
后撤以集中兵力，然后经阜姆、莱巴赫和格拉茨把他们击退。结果，法国所有的军团都与大军重新会合，而约翰却相反，他的兵力只剩下二万人左右。6 月 14 日，达武前来威胁普莱斯堡，欧仁在拉布河上打败了大公。然后，两人都向维也纳强行军，以便参加会战；约翰为了同样的目的，渡到多瑙河左岸，然而他晚到了几小时。

埃斯林战役法军战败，可能造成的最可怕的后果是引起普鲁士国王的介入。他的好几个军官已经擅自采取有损于他的行动；克特试图攻取马格德堡，4 月 28 日，席尔带了他的轻骑兵从柏林出击，但被马尔尚将军轻易地制服了。德意志中部也骚动起来了；4 月 22 日，当过上校的德恩贝格带领着几百农民向卡塞尔进军；6 月，另一个领取退休金的军官试图发动马尔堡起义；陶贝尔河流域一带农村举行了起义。至于奥地利军队则开进了萨克森，萨克森国王逃走了；不伦瑞克-厄尔兹公爵带领着那些由黑森选帝侯集结到波希米亚的黑森军队，占领了莱比锡。最后，英国人对汉诺威和荷兰施加影响，7 月 8 日企图进取库克斯港。如果普鲁士人行动起来，热罗姆很可能就难于保卫他的王国。弗里德里希-威廉最初

似乎准备采取行动,经过考虑后,他只限于暂停交付赔款;虽然他派了一个使者去维也纳,后者却在 7 月 21 日才抵达该地。

总之,拿破仑终于能够把他所有的兵马重新集结起来,并且毫不困难地利用了被占领各国,或者从法国调来增援部队和储备物资:二万步兵,一万骑兵,六千近卫军和大量的大炮,以补救部队的素质不高。洛鲍岛[①]已认真仔细地构筑城堡,增加了坚固的桥梁。在危急中,皇帝还是沉着镇定;他甚至继续采取最可能使他在自己的臣民中丧失民心的措施:5 月 17 日,他决定并吞罗马。听到庇护七世将把他革除教门的消息,他就下令逮捕教皇,并把他流放出去;7 月 6 日,即瓦格拉姆战役的那一天,罗马教皇的确被宪兵队带走了,不久以后,1810 年 2 月 17 日的元老院决议案使并吞事宜
310 合法化。在危机最严重的时刻,他发布命令采取这样的行动,正好表现出他的个性。他面不改色地在孤注一掷。这一次,他又迫使命运站到他的一边。

现在,他拥有十八万七千人和四百八十八门大炮,对方仅有十三万六千人,但确实也配备着几乎同样强大的炮队。7 月 4 日夜晚风雨交加,拿破仑在埃斯林下游开始强渡多瑙河,第二天下午便告结束。皇帝打算通过这一着来包抄查理大公,但是,他的部队在平原上扇形前进时,却没有发现大公的队伍;大公注意到法国人的准备工作,认为这次不可能阻止敌人渡河,因而稍微向后撤退了一些,其左翼在鲁斯巴赫河后面,与多瑙河并行,其右翼则与多瑙河垂直,三角形的顶点以阿德尔克拉和瓦格拉姆两村为标志。这一

① 洛鲍岛是多瑙河中的大岛,在维也纳的下游。——译者

阵地左面背靠筑有堡垒的高地，地形是很有利的；但是它过于宽阔，使大公无从保留后备部队。拿破仑失望之余不得不仓促地调动军队，只能在晚上七点钟开始进攻鲁斯巴赫：攻击没有成功，因为萨克森人在阿德尔克拉后退了。6 日黎明，他倾全部兵力再次发起攻势；达武扭转了局势，迫使罗森贝格后撤；然而在阿德尔克拉，卡拉·圣西尔被击溃了，贝尔纳多特的萨克森部队再次瓦解了。这期间，奥地利右翼正猛攻单独进行阻击的布代师，并从他手中夺取了阿斯佩恩和埃斯林，进而威胁法军的后方。皇帝不得不在激战中修改他的部署。马塞纳向多瑙河挺进，采取侧翼攻击，迫使奥地利右翼停止前进；而这一空缺则由配备着百门大炮的炮兵队填补，在这支炮兵队后面，麦克唐纳率领后备军以密集的纵队前进。两点钟，向鲁斯巴赫再次发起全面攻击；敌方左翼最后被彻底击溃，中路被迫后退。大公下令后撤，而法军已筋疲力竭，也就没有追击。大公损失了五万人，对方损失了三万四千人。拿破仑这一天所施展的军事天才赢得了战术家们的赞赏；但从这次战果来看，它不能与奥斯特里茨和耶拿两战役相比。敌军仍然有八万人以上，正在秩序井然地经摩拉维亚撤退；11 日在兹奈姆又开火了，然而大公并不是布吕歇尔：战斗在他看来是绝望的，他要求停战，并于 12 日实现了。

危机远远没有结束。德意志仍然情绪激昂，一个名叫施塔普 311
斯的学生试图谋杀皇帝。然而，秩序很快地恢复了。普鲁士国王坚持谨慎、克制的态度。奥地利军队撤离了萨克森；不伦瑞克-厄尔兹冒险穿越热罗姆统治的王国，企图抵达英国人正在准备接应他的海岸。相反，提罗耳在 7 月份尽管遭到来自萨尔斯堡、福腊耳

贝克和阿迪杰河三方面总共四万人的攻击,还是奋勇抵抗,歼灭了一个萨克森师,再度迫使勒费弗尔撤退;德鲁埃·戴尔隆和欧仁仅仅是在和约签订后才得以平定提罗耳。霍弗尔曾经归顺,后来,又采取了敌对行动;一个同乡出卖了他,1810 年 2 月 20 日他被枪毙了。然而英国人在制造更多的麻烦。7 月 30 日,他们的远征军终于在瓦尔赫伦岛前面出现了,并在 8 月 13 日占领了符利辛根港,这是他们派到大陆上来的最大的一支队伍,共有四万人,由三十五艘船和二十三艘帆舰护送;其统帅查塔姆勋爵是一个完全无能的宫廷宠臣,在登陆后按兵不动,反之,如果他直奔安特卫普,那么大概已经攻进去了;他的军队很快地遭到瘟疫的袭击。9 月 30 日,他又登船回国,战死者一百零六人,病死者四千人。

然而,整个帝国却惶惶不安,对此,富歇要负大部分责任。因克雷特患病,6 月 29 日拿破仑要他代理内政部事务。作为两个政治性的大部的首脑,他进行了不寻常的活动:取缔各修道会,逮捕充当罗马教皇和天主教徒中间人的诺阿耶,镇压西部和莱茵地区的暴乱,并且不和莫利昂商量就在交易所进行买卖以支持政府发行的公债。当他知道英国人登陆的时候,他向同僚们建议动员北方十五个郡的国民自卫军,毫不考虑反对意见;贝尔纳多特由于在瓦格拉姆战役之后曾替萨克森人辩护而与拿破仑发生了争执,他刚回到法国,富歇就接受他的建议,并要他负责保卫安特卫普;然后他命令各郡郡守对国民自卫军总动员,作好准备以防英军侵袭沿海其他地区,尤其是对普罗旺斯的侵袭。在巴黎,国民自卫军重新建立起来了;富歇把各种军衔分授给资产阶级,这是他们乐于接受的,他还检阅了自卫军。这引起了军界人士大为惊恐。人们担

心是否又回到了1793年？克拉尔克大发雷霆，菲埃韦给皇帝写了报告。看来无疑的是富歇如今又有机会发号施令，他踌躇满志，不 312 禁回想起他在国民公会时期充当人民代表的日子。然而也可能他还别有用心；或许他知道普罗旺斯的阴谋，并且通过塔列朗的亲信蒙隆伯爵，跟英国人有勾结，蒙隆伯爵是他派到安特卫普的。在1808年一连串阴谋之后，人们可以想象到拿破仑的猜疑。8月，他赞同富歇最初的一些措施；9月，英国人没有动静，他就开始听信那些批评富歇的意见，取消了巴黎国民自卫军，派贝西埃尔接替贝尔纳多特，并且断然地要求富歇不要把帝国搞得这样乱七八糟。他回来后就在10月27日对富歇狠狠训斥了一顿，然而并没有撤换他，因为富歇赞助即将进行的离婚；8月15日，拿破仑反而把他晋升为奥特朗托公爵。

后方的事情这样烦扰着拿破仑，使得他更担心亚历山大的态度。根据科兰古的请求，沙皇在加里西亚边界已经集结了六万人，然而迟迟没有开战。当然，他首先要忙于自己的事务，这些事务已经有所好转。3月，在挪威边界统领军队的瑞典埃德尔斯帕雷男爵公开反对古斯塔夫四世，29日，国王被迫让位给他的叔父绪德尔曼尼亚的老公爵，后来称号为查理十三。瑞典马上谈判媾和，并在9月17日割让了芬兰。4月，和土耳其人的战争又开始了，被尊为塞尔维亚人世袭君王的卡拉-格奥尔吉，于1808年12月入侵黑塞哥维那；8月，土耳其人从他们的一边进入塞尔维亚，然而，当巴格拉吉昂拿下伊兹密利亚的时候，他们不得不在9月份撤退。由于加里西亚没有奥军，亚历山大尽管有这些急务，还是能够毫不费力地加以占领，并在签订和约时就可以据为己有。但他对拿破

仑的敌意超过了对他自身的利益的考虑,因此这种敌意变得显而易见。费迪南大公因而得以侵入大公国并占领华沙。波尼亚托夫斯基一面听任他前进,一面自己深入奥地利领土,占领了卢布林、扎莫什奇,甚至伦堡。这时亚历山大做出了决定,6 月 3 日,他的军队进入了加里西亚,从波兰人手里夺取这个省份。然而费迪南急忙赶来,重新攻取了散多梅希。哥利津将军拒绝援助波尼亚托夫斯基抢救这个要塞,却跟敌人缔结了一个秘密协议,答应不越过
313 维斯瓦河;大公一枪不发就在他的前面撤退了;更妙的是当波尼亚托夫斯基接近克拉科夫的时候,他请俄国人来,并且把城市交给他们。亚历山大反对华沙大公国的情绪越来越激昂,而鲁缅佐夫自从知道已经摆脱了瑞典人以来就不再有别的想法。7 月 26 日,俄国要求拿破仑保证决不重建波兰。8 月 3 日,亚历山大对科兰古说:“无论以任何代价,我要求安静地不受干扰。”这样的声明,其目的是要离间波兰人和法国人,同时,这个要求意味着否决了大公国领土的任何扩大,至于是否恢复波兰国名在实质上是无关紧要的。沙皇的态度引起拿破仑越来越大的愤慨。拿破仑说道:“这不是我的一个盟国。”过去,他不得不忍气吞声,而今,他还得迂回前进。

奥地利注意到从四面八方袭击着拿破仑的困难。弗兰茨在普莱斯堡附近的多第斯城堡里避难,他的周围,主战派蠢蠢欲动。皇后、施塔迪翁和巴尔达齐都责备查理大公停止了战斗和抛弃了提罗耳及萨克森;他们削减了他的权力,使他只限于指挥他自己的一支军队,这就导致了大公于 7 月 23 日的辞职。主战派希望得到俄国人的支持,所以在 8 月中旬,梅特涅与尚帕尼在阿尔腾堡开始和平谈判之后,他们竭力使谈判拖延下去。这一手法对拿破仑也是

正中下怀：8 月 12 日，他向沙皇建议，把加里西亚分割给沙皇和大公国，后者得五分之四；作为回报，他同意开始关于波兰问题的正式谈判；他提出，在等待答复期间，他要继续据有所占领的全部奥地利领土。最后于 9 月 1 日，车尔尼舍夫来阻止奥地利人采取行动，因为目前俄国不会跟法国决裂。被征服者于是不得不从命，从那时起，他们虽然给予法、俄在加里西亚所要求的一切，而另一方面却寸土必争地保卫着他们西部的省份。这种策略是太明显了：正如拿破仑一样，奥地利人现在明白，亚历山大几乎要求得到他们所能放弃的一切。拿破仑不想使离叛了他的亚历山大得到好处，也不想驱使其走极端，因此决定减少分给俄国的份额。奥地利最后的抗拒被最后通牒所粉碎了，10 月 14 日在肖恩布鲁恩签署了和约。巴伐利亚得到了因河地区和萨尔斯堡。拿破仑拿到了沿海的克罗地亚区，和阜姆、伊斯的利亚和的里雅斯特，以及奥国的克林底亚省和卡尼奥勒省的一部分。华沙大公国的人口增加了一百 314
五十万，包括卢布林和克拉科夫两地；俄国增加了四十万人并拿到了塔尔诺布尔。奥地利失去了三百五十万居民和全部通向海洋的通道；同时支付七千五百万赔款。

和约最显著的特征是，拿破仑没有考虑亚历山大的要求，没有维持从一开始就定下来的瓜分加里西亚的比例。这样，他就提醒俄国所处的附庸地位，侍候主人不周到、没有尽责，因此工资就减少。亚历山大向科兰古表示了他的不满，而皇帝没有惊慌失措，仍然炫示他以放弃重建波兰来满足沙皇的愿望。但是，俄国的这项要求仅仅是烟幕。实际上，亚历山大所希望的作为他帮助皇帝反对奥地利的代价，是拿破仑给他华沙大公国，加里西亚就更不在话

下;他很失望,暗中拒绝加以援助,尽管如此,他并没有放弃其野心。在秋天的日子里,跟法国决裂对他来说似已不可避免,当恰尔托雷斯基回到彼得堡的时候,沙皇开始坦率地对他谈到其 1805 年计划,以及利用波兰人去反对拿破仑的可能性。相反,拿破仑并不正视这一现实:在他看来,大陆体系仍然稳固地建立在提尔西特协议的基础之上。事实是因为他现在决心与约瑟芬离婚,自从埃尔富特会晤以来,他一直想娶亚历山大的妹妹。像平常一样,他只顾眼前的打算;法俄联盟对他有用,他就不愿看到这个结盟已是名存实亡。在选择新皇后问题上发生的意外变化,将使这种结盟变为公然的敌对关系。

五、同奥地利联姻

拿破仑的第二次结婚,必将使还未充分复原的大陆体系改变
315 格局,并加速必然使他毁灭的战争的到来。这件婚事主要是拿破仑政权演变的结果,其次才是受对外政策的影响。早在 1800 年,某些人刚打算授予他世袭的权利,就考虑到他跟约瑟芬离婚的问题,因为她没给他生儿育女。在重建君主政体之后,离婚就越发成为迫切的问题。可是,也许有段时期,拿破仑曾怀疑过自己是否能做父亲;尽管人们认为好几个私生子是他生的,然而这种疑问似乎直到 1807 年 12 月 13 日莱昂伯爵诞生之后才消除。他也可能是为跟约瑟芬离异而感觉痛苦;即使她是不忠实的,她在他心里所燃起的热烈情感,也还是他最美好的回忆之一。自从抛弃了她之后,拿破仑一听说她愁闷不乐就觉得非常难过。后来他说过:“我不愿

意她伤心落泪。”在奥坦斯生下一个儿子的时候，拿破仑曾为这个孩子举行隆重的洗礼仪式，人们还以为他将收之为养子；可是，小孩于 1807 年 5 月 5 日夭折了。此外，直到这个时候，拿破仑仍未发现可以替代约瑟芬的人。从他称帝之后，他就不得不要将一个出身帝王之家的公主扶上皇后的宝座了；随着他的政权变得更加贵族化，更加专制，他认为罗马教皇涂的圣油越来越不够了。他在好些帝王面前夸耀他是自己打下天下的，但也于事无补：他一心渴望成为正统的皇朝。

提尔西特的会晤使得进入一个历史悠久的正统王朝家族的梦想似乎一下子变得可能实现了。年底，离婚的可能性由于富歇的安排而更为明确了。即使拿破仑不公开承认有意于此，在去埃尔富特之前他还是下了决心，因为那时他要对亚历山大试探向其妹求婚。1809 年 11 月 15 日回到巴黎的时候，他想的只是如何实现这个愿望：22 日，科兰古奉命向俄国正式提婚。由于亚历山大坚 316
持要把关于波兰的诺言写进一项条约，这位大使也就被授权签订条约。然而沙皇的思想已到了这个地步，不可能再提有关婚姻的问题。然而拿破仑的求婚还不失为一个天赐良机，因为亚历山大可能在表示拒绝之前使条约获得批准，这个条约有助于俄国此后把波兰人拉过来。令人惊讶的是：科兰古在这次交易中竟然受骗。他从谈判条约着手，1810 年 1 月 4 日签署了这一条约，它规定永远不得重建波兰王国，甚至波兰这个名称也要从正式文件中消失。他一直迟到 12 月 28 日才提及婚事。然而，他知道沙皇有意制造借口拖延，因为塔列朗在埃尔富特已为他出谋献策，借口是：必须同皇太后商量，而她还得听取住在特维尔的女儿叶卡德琳娜的意

见。叶卡德琳娜没表示异议,可是做母亲的虽然没有直接拒绝,却以女儿年幼,只有十六岁和宗教信仰不同等为理由提出异议。事实上她对这件婚事极为反感。亚历山大作为一家之长和专制君主,有权做出最后决定。但是,他却谨慎小心地一直拖延不复。

可是,时间紧迫了,11 月 30 日,拿破仑在一个著名的场面向约瑟芬表示了自己的意愿。12 月 15 日,约瑟芬在全体亲王和帝国大勋爵的会议上宣布同意离婚。16 日,一项元老院决议案认可了离婚,可是,这样的离婚既不符合《民法典》,也不符合皇室条例的精神,即使在文字上没有违反皇室条例。约瑟芬仍然保留皇后的称号,并得到了马尔梅松皇宫和一份产业。在解除宗教婚姻方面,碰到的困难稍为多些;你不能去求助于被囚禁的罗马教皇;而且埃梅里方丈认为,根据过去的先例,这种事情也不必由教皇出面干预。结果,费什决定了程序:由巴黎的神职人员,首先是在教区法庭,然后是在大主教教区法庭负责宣布拿破仑的宗教婚姻无效。前者认为,婚礼是秘密举行的,没有"教区本堂神甫"和证婚人在场,遵照法国天主教教会的教规,这个婚礼即使享有任何的特免(甚至教皇特免),都不能得到承认。后者则提出皇帝所举的理由:1804 年的婚礼,是出于形势所迫,本人不曾明确表示同意,因而是无效的。

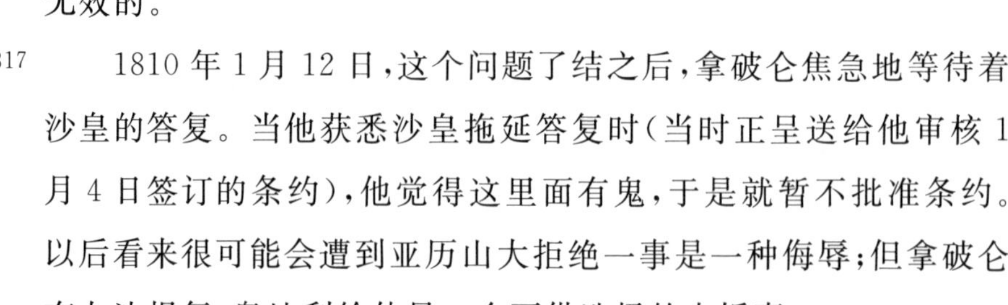

317　1810 年 1 月 12 日,这个问题了结之后,拿破仑焦急地等待着沙皇的答复。当他获悉沙皇拖延答复时(当时正呈送给他审核 1 月 4 日签订的条约),他觉得这里面有鬼,于是就暂不批准条约。以后看来很可能会遭到亚历山大拒绝一事是一种侮辱;但拿破仑有办法报复:奥地利给他另一个可供选择的未婚妻。

自从和平以来，梅特涅一直出任外交大臣。他跟施塔迪翁之间有着某种相似之处：法国的征服使他沦为非直属附庸，一个社交场上活跃的、放荡的和迷恋女性的贵族，并和施塔迪翁一样也有着仇恨法国和法国革命的双重动机。可是，他有更多的外交经验，尤其遇事沉着冷静，因为浪漫主义的热情对他从来是陌生的。这是一个属于18世纪的人物；作为考尼茨的门生和女婿，他热衷于欧洲均势老概念，而要恢复这种均势，那就得打倒拿破仑。他对开明专制也仍然信守不移，并且在尊重贵族的社会优势地位的条件下（其尊重较之约瑟夫二世犹有过之），他在原则上无疑地并不表示反对那些足以强化国家的改革。有人认为，他具有一种来自伯克的和以经验理性主义为特征的独创的政治哲学。梅特涅知道，根茨善于为任何论点找出根据。他既重用根茨，实际上便拥有一个理论武库；但是有人认为梅特涅的政策是出于公心，毫无私念，那是过分地美化了他。

梅特涅乐于行使权力，并决心保持这一权力，因而竭尽全力为哈布斯堡皇室效劳。虽然他看到这个政权的种种缺点和毛病，但他并不愿因坚持要纠正这些缺点和毛病而冒犯皇帝和贵族。除非根茨指望哈布斯堡皇朝所领导的欧洲十字军能使奥地利在意大利和德意志得到好处，否则梅特涅对它不感兴趣；梅特涅毫不迟疑畏缩的现实主义正是他的主要长处。到1809年，他曾认为拿破仑已经完全腐败衰落了；这种错误的估计使得他在此后几年里行事非常谨慎小心。他只想保全奥地利，一直捱到可以不冒风险地参与瓜分赃物的那个时刻。由于法俄联盟岌岌可危，已经出现了一种有利的局面：必须促使它化盟为敌；如果能同战胜者言归于好，奥

地利的安全会更有保证，而这个新的提尔西特甚至能够产生积极
318 效果。因此，拿破仑欲娶新妇正是一个意想不到的机会：如果拿破仑娶了玛丽·路易丝公主，他就会同亚历山大失和，而必将把奥地利看做天然盟友。

梅特涅比任何人都更明白，哈布斯堡皇室的人想必把这种联姻视为玷污皇室。可是，向拿破仑建议提出求婚，并把求婚作为最后通牒向弗兰茨提出的话，就会使弗兰茨明白，应为国家利益而让步。11 月 29 日，梅特涅在同亚历山大·德·拉博德(法国派到维也纳的协理专员)谈话时，似乎第一次做了暗示。奥地利驻巴黎的代办弗洛雷骑士跟塞蒙维尔在一次官方晚宴上交谈时说得相当明确，使得塞蒙维尔急忙跑去向马雷报告。12 月 16 日，拿破仑指令向奥国大使施瓦岑贝格进行试探，亚历山大·德·拉博德在月底回来时会见了这位大使。没有理由认为拿破仑从这时起就已决定优先选择奥地利公主；然而他一定感到很得意。当他知道沙皇拖延答复的时候，对他来说，选择奥地利公主就是一个解决的办法。皇帝左右的人意见不一。反对革命的上流社会赞成与奥地利联姻，妄想维也纳宫廷会要求惩治那些投票赞成判处路易十六死刑的人，法国因此就会大步转向倒退。以富歇为首的参加过革命的人则持相反意见。博阿尔内家族和约瑟芬本人赞同玛丽·路易丝；波拿巴家族，首先是缪拉，赞同俄国女大公。1810 年 1 月 29 日，拿破仑在一次秘密会议上让两派各抒己见，但他本人仍不表态。最后，2 月 5 日，收到科兰古发来的一份急件说，沙皇再次要求宽限答复，他觉得这是一种侮辱，于是抢先采取对策；6 日晚上，欧仁亲王就去向施瓦岑贝格正式提婚，并且附带一个条件——立

即签署婚约：次日，婚约就这样签署妥当。这正是时候：因为 4 日，亚历山大通知科兰古表示拒绝；他看到自己被挫败而大为恼火，但在外交上则处于有利地位，因他可以说拿破仑要两面派。梅特涅的估计很准确；法俄之间的裂痕扩大了。

3 月 22 日，玛丽·路易丝抵达斯特拉斯堡。拿破仑前往迎接，并且迫不及待地无视一切礼仪先占有了她，然后带她到圣克卢。4 月 2 日在卢佛尔宫举行婚礼，接着在月底到北方旅行。1811 年 3 月 20 日，玛丽·路易丝生下一个儿子（从 1810 年 2 月 17 日起，就已做出决定，封此子为罗马王），6 月 9 日，罗马王的洗礼是帝国最后一次盛大庆典。

同奥地利联姻加速了拿破仑远离法国革命的演变。他叫曾充任法国王室子女家庭教师的孟德斯鸠夫人去当玛丽·路易丝的亲身随从；菲埃韦成了查案官；拿破仑由于如此结亲而变成玛丽·安托瓦内特和路易十六的内侄女婿；在他的宫廷里，那些归附的前朝贵族在宫廷里占据优势。相反地，富歇于 6 月 3 日失宠下台，由萨瓦里接替他任警务大臣。这些前朝旧人看准了事情是不会到此为止的，有谣言盛传婚约中有一条秘密条款，规定放逐"弑君者"，并且要隆重地为路易十六恢复名誉，王党分子的小册子已在不断地替路易十六鸣冤叫屈；而购置国有产业者则接到一些恐吓信。政府机构也同样采取一些步骤向着旧制度蜕化：1810 年，国家监狱和随意捕人下狱的活动正式恢复；通过设立出版管理局，重新公开实行检查制度。

另一方面，拿破仑由于建立了新家庭，使其亲族十分不满；他虽不断给他们各种高官厚禄，却不能使他们心满意足。他们的互

319

相攻讦、倾轧和生活放荡扰乱了他的私生活，又损害了新皇朝的威信。玛丽·路易丝正值十八年华，再次焕发起他的青春，给了他欢乐，她显得温柔而娇媚，似乎也分享了这种欢乐。但对他的儿子，拿破仑一直保持严格的态度；他意识到，而且也讲过，只有罗马王也才华超众，才能保住帝国；然而作为一个男人，父亲的身份使他感到非常自豪，并不为儿子发愁。他如此强烈的家族观念，有人把它归因于拉丁民族的传统，而且更可能归因于科西嘉人的风俗习惯，这种观念很自然地使他从此以后更加关注自己的子孙后代。1810 年 1 月 30 日，拿破仑在规定新皇后的产业、将来儿女们的领地，以及他们之间将来如何分配皇室年金时，他没有一个字提到他的弟兄。也有人认为，同奥地利联姻对当时开始明显地出现的大帝国结构的变化产生了深刻的影响。这个大帝国似乎有从分封制，即人们称之为加罗林王朝式的国家，变成君权制的或罗马帝国式的国家的倾向：所有被拿破仑征服的国家都必须保留给罗马王，因而就要并入法国，无论如何，充其量也只能分给罗马王未来的弟弟。意大利王国预先指定给他的弟弟就是这种情况，结果撤销了
320 欧仁·博阿尔内的王储身份而改任法兰克福大公国达尔伯格的继承人。可是，人们还是夸大了婚姻对这一点的影响。长期以来，皇帝因皇亲国戚不听话和无能而大为恼火，他曾威胁过要归并他们的国家。当路易失掉他的王国，当缪拉、甚至约瑟夫和热罗姆估计到也会遭到同样命运的时候，他们可能会埋怨拿破仑把他们作为牺牲品奉献给他的新家族；实际上，这是分封制的帝国本身正在向统一的帝国的方向演变着。

同奥地利联姻的主要后果是：这次联姻为瓦格拉姆的胜利增

添了最辉煌的战果，在拿破仑看来，它使大陆体系转危为安；个人的洋洋得意又一次地激发了他的权力欲。在接近奥地利时，他无意把它当做平等的国家对待，也不打算同他缔结一个梅特涅所希望的新的提尔西特条约。在巴黎，梅特涅曾表示过他对俄国在东方的进展感到不安，并暗示过双方可以协同加以制止；在这一点上，拿破仑承认法、奥利益是一致的，万一亚历山大企图向多瑙河南部推进的话，他答应出面干预，但不想签订什么条约。奥地利依旧仰承他的鼻息。他大概以为哈布斯堡皇室不会再冒犯它的女婿，所以仍把奥地利当做附庸看待。他在表示不与俄国争夺多瑙河两公国以尊重埃尔富特协议之后，在好几个月的时间内还抱着一种幻想：提尔西特条约安然无恙。

英国因此又成了唯一的敌国。梅特涅为避免承担反对英国的危险义务，提出了一个重建海上和平的设想。1810 年 3 月，他起草了一份惊人的备忘录，根茨在备忘录中居然很认真地极力向英国人表明，法国是不可战胜的，他们为切身利益最好是放弃大陆，包括西班牙在内。几乎在同一时间，富歇也在这方面进行活动；他派遣一个其父住在伦敦、名叫法冈的以前的亡命者去找当时在外交部任大臣的韦尔斯利侯爵。路易也认为这种全面的和解是保住其王国的唯一方法；看来，英国似乎想防止法国并吞荷兰，因为荷兰对它来说仍是一个重要的商品销售市场，而且荷兰的银行家，尤其是拉布谢尔，都是忠于它的。1810 年 2 月，拉布谢尔也会见过韦尔斯利。最后，还有乌弗拉尔被富歇所利用，富歇无疑地想起了他们一起搞投机勾当而一直在庇护他。这位金融家仍然不断同拉 321
布谢尔进行交易，念念不忘墨西哥的银币；结果，他制定了一个政

治计划:把查理四世送到墨西哥城;英国把西西里让予拿破仑,而拿破仑则放弃马耳他岛给英国,并帮助英国再去征服美国! 乌弗拉尔从圣佩拉吉监狱中出来后便同拉布谢尔商议,拉布谢尔又让巴林知道这个秘密。韦尔斯利在同巴林和坎宁讨论了这个计划后,拒绝放弃西班牙和那不勒斯。就在这时,路易以为他哥哥知道这件事,所以,在他 4 月 27 日路过安特卫普时就和他谈起此事。乌弗拉尔被逮捕起来,同时也为撤换富歇找到了借口。于是,谈判便破裂了,皇帝也和英国一样不想做出让步。

在这一年期间,他忙于改善大陆封锁的状况;8 月 5 日,颁布了著名的特里亚农敕令,10 月 18 日,又颁布了枫丹白露敕令。为监督执行这两个敕令,他更加紧从事吞并,由此可以确实可靠地说,大陆封锁此刻重新燃起征服精神。1810 年初,荷兰不得不让出西兰和直到莱茵河的南部诸省;7 月 2 日,路易逃往波希米亚;9 日,他的王国被吞并。12 月 13 日的一项元老院决议案追认了这次行动。为了牢靠地封锁北海各港口和荷尔斯泰因的边界,拿破仑于 1811 年 1 月 22 日把位于利佩至特拉弗河一线以北的德意志各邦并入法国:包括汉撒各城市、贝格大公国和威斯特伐利亚王国的一部分、阿伦贝格公国和扎尔姆公国,以及奥耳登堡大公国。为彻底禁止瑞士人将走私品运到意大利,他强占了伐累,并对特辛州实行军事占领。

然而,伊比利亚半岛上始终在战斗。因此在瓦格拉姆战役之后,拿破仑似在准备一次大规模的远征以歼灭英国军队或强迫它撤退回国;在此之后,要征服这个半岛只是时间问题而已。他确实派出了十四万人以上的援军,这支部队本来就不足以予敌人以重大打击，但是他还不能为部队提供必需的辎重物品，而最关紧要的是他未能御驾亲征。拿破仑由于专心处理皇朝家事和迷恋于新婚妻子，而让决定性的一年就这么过去了：到 1810 年底，他不可能再全力以赴地亲征西班牙，因为亚历山大的态度令人不安。追求个 322
人的丰功伟绩和他的婚姻妨碍了他重新集结全部大军，并且在不得不把一部分重要兵力留在后面的情况下，开始对俄国的战争。

同奥地利联姻不是这场重大冲突的主要原因；然而，它加快了这场冲突的到来（尽管拿破仑不愿意承认这一点），因为它引起了俄国人的嫉妒，他们看到奥地利人在拿破仑的宫廷受到优遇，尤其是因为它导致了波兰谈判的失败。皇帝在向施瓦岑贝格正式提婚的同时，否决了科兰古签署的条约。他另起草一个条约，寄出时还附有他的批准书，指明他决不帮助任何人重建波兰王国，并同意在正式文件中取消波兰名称，而俄国和萨克森也要保证不去取得在大公国之外的任何波兰省份，同时必须保守条约的秘密。这并不符合亚历山大的意愿：7 月 13 日，涅谢尔罗杰拒绝对 1 月协议作任何变动。从此拿破仑中断了谈判。此外，他还拒绝批准给俄国的一笔贷款。1810 年夏，他还不认为战争不可避免；可是他也看到，如果亚历山大跟他疏远，就可能会同英国言归于好：在这种情况下，他就不得不诉诸武力。

瑞典的事变同时也激怒了沙皇。1810 年 1 月 6 日，查理十三已经同法国签订了和约，并参加大陆封锁。实际上，他没有足够的力量去严格遵守封锁法令，尤其当索马里兹的舰队控制波罗的海的时候。不久，皇帝大发雷霆，他威胁说要重新占领波美拉尼亚。瑞典答应了他的一切要求，特别是因为国内刚发生一场王位继承

的危机。查理十三已指定为继承人的奥古斯滕堡的查理-奥古斯
特,即丹麦王弗里德里希六世的内兄弟,于 1810 年 5 月 28 日去
世;有人指责说,这是 1809 年革命的敌人毒死的,而在其出殡的那
天,费尔森在一场暴动中被杀。政府希望由查理-奥古斯特的兄弟
接替;可是,拿破仑没有明确表态,一个起源不明的阴谋就乘机利
用了这种暧昧态度。在斯德哥尔摩有一派倾向法国的人,他们倾
323 向于由拿破仑的一位亲属或部将来代替,指望因此赢得拿破仑的
保护以对抗俄国;6 月底,默尔纳少尉代表这一派人来试探贝尔纳
多特,并且得到曾经奉命来巴黎参加拿破仑结婚大典的符雷德伯
爵的支持。贝尔纳多特又将此事告知皇帝,他犹豫不决。显而易
见,选择一个法国元帅,亚历山大是很难接受的,因为假如战争一
旦爆发,瑞典将会给予法国大力支援;其实,贝尔纳多特不是一个
可靠的人,欧仁还更可取些;皇帝相信,想要收复芬兰的瑞典亲法
派必能迫使贝尔纳多特忠于法国。所以皇帝不反对他接受,但由
于不愿得罪沙皇而没有正式宣布同意。在厄勒布鲁召开的瑞典议
会看来对奥古斯滕堡有利,而这时一个叫富尼埃的人出场了,他曾
任法国驻哥德堡领事、一个破产了的商人。尚帕尼同意派他去做
观察员,但事实上他是贝尔纳多特的代理人;他冒充皇帝的正式代
表,建议挑选这位元帅。国王的一位亲信,一个法国亡命者絮尔曼
伯爵带来了国王同意的口信,8 月 21 日,议会跟着也批准了。如
此迅速得到的解决使拿破仑大出意外,他应否同意,仍在犹豫不
决,然而,要使英国蒙受耻辱的念头占了上风。此外,瑞典的亲法
政策看来很坚定,11 月 17 日,瑞典对英宣战。但问题还有不利的
另一面,亚历山大很恼怒。可是,拿破仑还不知道最坏的情况:贝

尔纳多特毫不迟延地极力使沙皇放心，他向路过斯德哥尔摩的车尔尼舍夫表示，他绝不是皇帝的人，也从不打算收复芬兰。这样，亚历山大很快就可以指望这位新国王的背叛会向他保证，瑞典即使不能与俄国合作，至少也保持中立。

虽然拿破仑未曾觉察到这种情况，但俄国的备战工作却在进行着。沙皇首先竭力劝诱恰尔托雷斯基出些主意；而后到 1810 年 4 月，他决定把话说清楚：战争将于九个月内开始，俄国能否得到华沙大公国的援助，并迅速将俄军一直开到奥德河上，从而带动普鲁士人参战？恰尔托雷斯基表示很冷淡，因为拿破仑是如此使他敬畏。虽然这样，亚历山大还是继续进行准备。他任命阿洛佩尤斯和波佐·迪·博尔戈为驻那不勒斯和驻君士坦丁堡的大使，并要他们取道维也纳赴任；他们发现维也纳上流社会在定期举行的
社交聚会中对他们的主上亚历山大抱有好感，对拉祖莫夫斯基和 324
巴格拉吉昂郡主极为倾倒。他们设法当面向梅特涅的父亲（梅特涅去巴黎期间的代理外交大臣）说，奥地利可以夺取塞尔维亚，甚至更多的地方，以解决俄、奥两国在东方的分歧。当梅特涅回到维也纳时，他中止了谈判。在这一年的最后几个月里，俄国军队却悄悄向西移动；既然少了奥地利的帮助，亚历山大似乎就把某种希望寄托在波兰身上；或许恰尔托雷斯基已下定了决心。

这年年底，由于埃尔富特协议遭到双方破坏，法俄联盟正式瓦解。像所有的纯粹农业国一样，俄国吃了封锁的苦头，但得不到任何补偿；亚历山大细心听取贵族们的怨言，并且看出财政由于商业不振而处于困境；既然成了拿破仑的敌人，他就倾向于靠拢英国；虽然战争是决定要打了，但他却挑动敌人先发动进攻以便显示自

已有理。他早已谨慎地不实行特里亚农和枫丹白露两敕令的措施。1810 年 12 月 31 日,他更进了一步:对来自帝国及其盟国经陆路输入的商品提高关税,而对中立国船舶的海上贸易则给予优惠,同时对被拿破仑正式禁止的对英贸易也给予优惠。与此同时,拿破仑向奥耳登堡大公(亚历山大的妹夫)建议以图林根换取奥耳登堡大公国,奥耳登堡大公加以拒绝,他就吞并了这个大公国,尽管在埃尔富特曾保证其领土完整。从这时起,一场新的战争已无可避免。

第三章　英国的成就（1807—1811年） 325

正当拿破仑巩固其大陆霸权之时，英国正顽强地、并几乎是静悄悄地努力使自己最终成为海洋的主人。直至1808年，似乎还未取得决定性的成果：一些舰队仍然驶离法国港口，并不是所有的法国殖民地都已受制于英国。西班牙起义在海上和大陆上都给了英国的政策以决定性的助力：它终于把海洋交给了英国，同时把英国重新引进大陆，以便直接援助反法同盟各国，而只有各盟国才能最终打败征服者。

一、统治海洋及其后果

特拉发加海战之后，英国的舰队又恢复了对敌人港口的封锁；一些巡逻的船舰密切监视着敌港，在外海的舰队时刻准备着追击 326
可能逃跑的船舶。这种单调的、成效不显著的监视也难免要冒海上的风险：从1806年到1815年，尽管没有一条船被敌人拿捕或击沉，英国人却损失了十八艘军舰。护航队也需要许多军舰。因此他们不停地造船；海军预算1803年还没有达到九百万英镑，到了1811年就超过了二千万英镑；到1814年，他们就拥有二百四十艘军舰，外加三百一十七艘快速帆舰和六百一十一艘不是那么重要的小艇。凡是可能加强法国人力量的各国军舰都逐渐地落到英国人手里，其中有荷兰的、丹麦的、那不勒斯的、葡萄牙的船舰。1808 年和 1809 年，西班牙人和土耳其人倒向英国人这边；继西尼亚文的舰队之后，被封锁在喀琅施塔得的俄国船舶也于 1812 年被带到了英国。

拿破仑确实也在不停地造船：从 1800 年到 1814 年建造了八十三艘军舰和六十五艘快速帆舰；1814 这一年他拥有一百零三艘军舰和五十四艘快速帆舰；但是，他只有成为整个大陆霸主后才能恢复均势，并且要付出多年的努力的代价。然而，直到 1809 年他并没有放弃海战，不过他把海战限于袭击敌人的交通线或是进攻他们的殖民地。1805 年莱伊赛格和维约梅，1806 年勒迪克和索莱伊，1808 年阿勒芒和冈托姆，1809 年维约梅、朱里安、特鲁德和博杜安都成功地冲过了封锁线。但他们很快就被追赶上，几乎都遭到了严重损失或彻底溃败。英国人在圣多明各摧毁了莱伊赛格的舰队；维约梅的六艘军舰损失了两艘；1806 年，利努瓦从法兰西岛回来时，在加纳利群岛损失惨重；1809 年，维约梅和朱里安在出发到安的列斯群岛之前，在埃克斯岛的港外停泊处会合了，甘比尔就派出纵火船攻击他们；他们的船舰搁浅了，如果甘比尔支援果敢的科克伦的话，将没有一条船能逃脱。特鲁德的舰队终于到达了诸圣群岛，但是，在那里被击溃了。只有年老力衰的科林伍德——1809 年死于海上——才让阿勒芒和冈托姆过去，把给养送到科孚
327 岛。西班牙的起义结束了这些突破封锁的企图；西班牙的政务会强夺了停泊在加的斯和费罗尔港口的法国船舰；以前，英国人由于

查理四世同法国督政府的联盟而被迫放弃地中海,现在英国人在伊比利亚半岛的一些港口建立了一些宝贵的据点。更重要的后果是在远洋。西班牙殖民地不再给法国人做基地,而向他们的敌人开放了;海战、私掠船和殖民地斗争的情况都因此发生了转变。

从1806年到1815年,法国和他的盟国损失了船舰一百二十四艘,快速帆舰一百五十七艘,小艇二百八十八艘。1806年英国有三万六千法国俘虏,1815年有十二万:其中大部分俘虏是海军。海战结束时,法国人剩下的仅是些私掠船。战争也给英国人带来些损失:损失最多的是在1810年共六百一十九艘;从1803年到1814年损失共达五千二百四十四艘,占进出港口舰艇的百分之二点五。加上海上的损失使他们的商船减少了百分之五。尽管造船业从1803年的一千四百零二艘共十三万五千吨下降为1809年的五百九十六艘共六万一千吨,但这还是比填补损失的要多,1810年他们的商船队从1805年的二万二千艘发展到二万四千艘。这些数字清楚地表明:私掠船如果没有舰队的支援就不可能严重打击有护航舰的敌人运输。海上安全的程度可以用保险费来证实:保险费多少因地而异,差别很大,对在波罗的海航行总是提得很高;但是对于远洋航行则迅速减少,平均从1806年的百分之十二下降到1810年的百分之六,而在法国革命时期曾提高到百分之二十五,在美国独立战争期间曾提高到百分之五十。英国人成为海上霸主,消灭了法国及其盟国的商船队。1801年,法国还配备了一千五百艘远洋船;1810年只剩下三百四十三艘;到1812年就只有一百七十九艘了。捕渔业减少到几乎没有。所以海上优势确保了英国控制海上贸易,并大大扩大了它的贸易,这就使它能顶住大

陆封锁、不断地增加开支,并资助反法同盟各国。

英国的注意力主要正是放在使商业充分利用它的舰队的胜
328 利;与人们所能想象的相反,征服殖民地只是第二位的事。从重商主义的观点看来,主要的是要禁止中立国与敌方殖民地通商,而把这项贸易保留给自己;此外,直到特拉发加海战以前,英国政府必须把全部力量集中在欧洲水域。英国在 1803 年夺取了圣卢西亚岛、多巴哥和荷属圭亚那的一部分之后,就不得不等到 1806 年才能夺取苏里南;1807 年又依次夺取了库腊索岛、丹属安的列斯群岛中的圣托马斯岛和圣克鲁斯岛;1808 年夺取了马里加朗特岛和德西拉德岛。英国人也对通向印度的非洲沿岸的海港感兴趣。1806 年 1 月,波帕姆、贝尔德和贝雷斯福德在开普登陆,迫使荷兰守将然森斯投降;1807 年,英军占领了马德拉群岛,而后又占领了其他葡属殖民地;1808 年,英国夺取了戈雷岛,1809 年又夺取了圣路易。[①] 在美洲,西班牙起义改变了局面。直到那时,英国人意识到必须小心谨慎,因为拉丁美洲海岸可能成为敌人远征的基地。西班牙起义后,局势完全改变了。1809 年,圭亚那和马提尼克岛被英国征服;1810 年,瓜德罗普岛、圣马丁岛、圣尤斯特岛和萨巴岛也被征服了。

在印度洋上,西班牙的转变也使驻扎在法兰西岛的德凯恩失去了西属菲律宾的支援;但是,印度洋上胜负之局主要取决于历任印度总督的政策。

---

① 戈雷岛在今塞内加尔首都达喀尔港口外海上;圣路易港在达喀尔以北。——译者

在韦尔斯利离开印度之后,他的继任人康华里、巴洛和明托采取了一种与他完全不同的态度,与各土邦王公们进行和解以便恢复和平。辛地亚首先进行谈判,英国人把拉吉普他拿交还给了他;霍尔卡随后收回了绝大部分国土;兰吉特·辛格这个旁遮普锡克人的统治者暂时又占有了旁遮普,他最后站到了英国人一边,于1809 年签定了一个协定,这个协定把边界固定在萨特累季河并把斋普尔给了他。这一边平静后,辛格就夺取了木尔坦、白沙瓦和克什米尔,同时与重新占领了俾路支斯坦和信德的阿富汗结成联盟。这些和解安排需要一定时间,并为将来留下许多有待解决的问题。此外,放任不管的印度中部陷入了无政府状态;成群结伙的散兵游勇和强盗,即被称为"平达利斯"的,在那里进行了骇人听闻的劫掠。传教事业的发展也不是一帆风顺的;伦敦布道会于 1804 年在印度开始工作;浸礼会于 1807 年进入缅甸,1812 年又进入锡兰;1813 年,印度有了它的第一个主教;但是过激的宗教狂热对 1807
年发生于维洛尔的印度士兵起义起了一定的作用。放弃沃伦·哈 329
斯丁斯和韦尔斯利的侵略政策至少有利于明托勋爵能在印度以外推行强有力的政策。

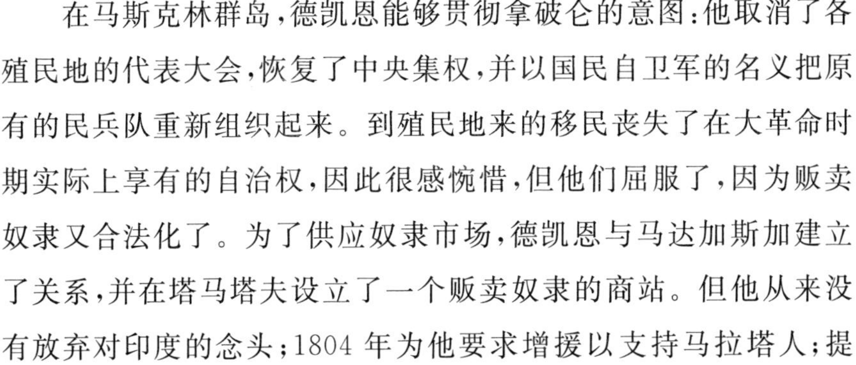

在马斯克林群岛,德凯恩能够贯彻拿破仑的意图:他取消了各殖民地的代表大会,恢复了中央集权,并以国民自卫军的名义把原有的民兵队重新组织起来。到殖民地来的移民丧失了在大革命时期实际上享有的自治权,因此很感惋惜,但他们屈服了,因为贩卖奴隶又合法化了。为了供应奴隶市场,德凯恩与马达加斯加建立了关系,并在塔马塔夫设立了一个贩卖奴隶的商站。但他从来没有放弃对印度的念头;1804 年为他要求增援以支持马拉塔人;提

尔西特和约之后，他建议在海上进行牵制攻击以便支持计划中的法俄联合远征；1808 年 1 月，他的兄弟前来向皇帝请示此事，皇帝答应派出一支舰队和一万五千人。尽管英国人对此并不感到有什么可大惊小怪的，但他们却痛恨这个“海盗巢穴”，因为絮尔古夫[①]使得他们日子不好过。1810 年，明托勋爵决定结束这种状况；7 月份，他夺下了波拿巴岛(原称波旁岛、留尼汪岛)。8 月，迪佩雷和布维在路易港的锚地摧毁了英国四艘快速帆舰的舰队；但是在 11 月底，英国一万六千人在法兰西岛的北部登陆，只有一千八百四十六人的德凯恩被击败，并于 12 月 3 日投降了。翌年，英国人占领了塔马塔夫。塞舌尔群岛从一开始就同英国人签订了中立协定。明托勋爵便转向荷属印度：爪哇和摩鹿加群岛落到了他手里。

法国和荷兰的殖民帝国同西班牙殖民帝国相比是很小的。1804 年西班牙对英宣战以后，温德姆和格伦维尔就支持波帕姆和米兰达的计划。米兰达曾向波拿巴表示愿为他效劳，但被波拿巴于 1801 年驱逐出境，因为波拿巴当时正在与西班牙进行谈判，而且得知米兰达是被英国收买的。米兰达回到了伦敦；他取得了波帕姆的同意，在 1804 年 10 月建议同时进攻加拉加斯、布宜诺斯艾利斯和瓦尔帕来索；格伦维尔甚至想攻取墨西哥，一方面从墨西哥海湾，另一方面从太平洋登陆，准备一支远征军从印度出发，中途夺取马尼拉，最后在阿卡普尔科登陆。当时，皮特正忙于策动第三次反法同盟，他只决定派米兰达到美国去进攻西属佛罗里达；杰佛

① 罗贝尔·絮尔古夫(1773—1827 年)是拿破仑战争期间有名的私掠船主，他给英国海运相当大的打击；拿破仑封他为男爵。——译者

逊不同意,而只准他组织一支小规模的远征军去进攻委内瑞拉,这 330
次远征在1806年2月失败了。在安的列斯群岛巡航的科克伦提供了一支新舰队,它于7月份从格林纳达出发,但也没有成功。1807年,米兰达又回到了英国。

由于波帕姆的倡议,事情变得更加严重了:他自作主张,从开普带走贝雷斯福德的军队,并于1806年6月在布宜诺斯艾利斯南部登陆。这里的西班牙总督被打败,城市失守。一个叫做雅克·德·利尼埃的法国亡命者负责附近地区的防务,他赶到蒙得维的亚,带回一支小部队,迫使贝雷斯福德于8月12日投降。但是,英国政府还企图保存这片征服的土地,而且奥克芒蒂的远征队正在途中;当远征队发现布宜诺斯艾利斯已经在利尼埃手中时,便于1807年2月3日占领了蒙得维的亚,原先要去瓦尔帕来索的克劳弗德也到了那里,随后,怀特洛克也来了,并担任起指挥工作。7月5日,怀特洛克攻进了布宜诺斯艾利斯,但在一次巷战中被包围了,第二天他签订了一项撤退协定。作为西班牙对利尼埃的报答,封他为伯爵和西班牙大公,并成了总督。

西班牙事件又一次为英国人提供了报复的机会。1808年5月,拿破仑想利用利尼埃使约瑟夫得到承认——利尼埃曾经把他当作查理四世的盟友那样写信给他——于是,拿破仑派萨塞内侯爵去见利尼埃,同时派了另一个贵族去加拉加斯。结局却是很不幸的。在蒙得维的亚,萨塞内侯爵找到一个叫做艾利奥的西班牙人,此人嫉妒利尼埃,一听到消息马上就去警告布宜诺斯艾利斯的同胞们;他们在萨塞内到达时迫使利尼埃把他送回蒙得维的亚,艾利奥在那里把他监禁起来。在加拉加斯,一次暴动迫使总督驱逐

法国军舰，法国军舰便被英国人捕获了。人们处处宣布费迪南七世为国王，西属美洲便脱离了拿破仑的控制。可是，西班牙也有丧失美洲殖民地的危险。土生白人知道西班牙软弱无能，他们把被囚的费迪南只看作一个名义上的君主，便打算利用这个机会来确保自治，要是不能争取到独立的话。在布宜诺斯艾利斯，他们愿意支持利尼埃去反对企图颠覆他的西班牙人；但是，在加拉加斯，博利瓦尔和他的朋友们于 1808 年 7 月夺取了政权；翌年，他们又在基多、查尔加斯和拉巴斯夺取了政权。但是夺得过早了。塞维尔的“政务会”派去了新的官员，这些官员一般地说可以毫无困难地行使权力。昂帕朗在加拉加斯恢复了旧制度，西斯内罗斯取代了
331 利尼埃。利马的西班牙部队攻下了基多以及上秘鲁的各城市。成为西班牙盟国的英国人不敢支持起义的土生白人；不过，他们从这些事件中得到了他们所期望的利益。1807 年，波帕姆已经通告英国商人，请他们把所能买到的货物运到布宜诺斯艾利斯，跟着就发生了一次异乎寻常的抢购热潮。而后，土生白人开始自由地与他们国王的保护者做买卖。1809 年 11 月 6 日，布宜诺斯艾利斯总督府正式允许英国人在西属殖民地经营商业；1810 年，那里的海关收入达二百五十多万皮亚斯特，而战前还不到一百万皮亚斯特。巴西也向英国人开放了港口。正当欧洲威胁着要拒绝英国的出口货时，能取得这样的市场，在英国激发了热情。但是，土生白人的新的起义引起了内战，很快就成了英国贸易进展的障碍。

在欧洲，英国的制海权所取得的商业利益也并不稍少。在进一步加紧对帝国封锁的同时，英国占领的各据点仍足以促进走私的发展并突破大陆封锁。在北海，赫尔果兰岛成了英国的一个仓

库;在法国沿岸,很多岛屿起着类似的作用:如圣·马尔库岛、肖塞群岛、莫莱内岛、格莱楠群岛、乌阿岛和瓦伊迪岛、拉西奥塔对面的绿岛、耶尔群岛;英国人把一些系船浮标投在基伯隆和杜瓦尔奈内的海湾里。另一方面,英国的舰队仍然控制着松德海峡和波罗的海。而在地中海及其东部沿岸诸国,英国的进展尤其显著,以致拿破仑为了把他的势力一直推进到波斯而结盟的一系列盟国都倒转过来反对他自己。英国占据着直布罗陀和马耳他,它关闭了西地中海;自 1798 年以来,它就控制了西西里,1806 年,占领了这个岛的东北角;1808 年 3 月 30 日的同盟条约同意给费迪南四世一笔三十万英镑的补助金,后来又增加到四十万英镑,并明确地指定用于军备,这使得伦敦政府可以要求清查账目,不久并取得对那不勒斯军队的监督权。尽管这样,英国政府还总是对那不勒斯宫廷的意图,主要是对王后玛丽亚-卡罗莉娜的意图感到不放心。监护人的权力似乎很大,补助金却很微薄。1810 年,国王要征收新税的建议没有在等级会议中得到表决通过,他就使用自己的权力加以 332
实行,在 1811 年 7 月 19 日逮捕和流放了五个最固执的男爵,从而粉碎了等级会议的抗拒。

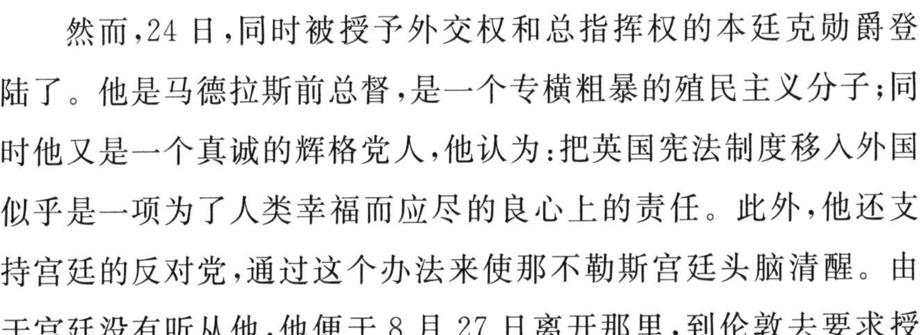

然而,24 日,同时被授予外交权和总指挥权的本廷克勋爵登陆了。他是马德拉斯前总督,是一个专横粗暴的殖民主义分子;同时他又是一个真诚的辉格党人,他认为:把英国宪法制度移入外国似乎是一项为了人类幸福而应尽的良心上的责任。此外,他还支持宫廷的反对党,通过这个办法来使那不勒斯宫廷头脑清醒。由于宫廷没有听从他,他便于 8 月 27 日离开那里,到伦敦去要求授予他全权,并暂停支付补助金。回来后,他把军队都集中在巴勒莫

周围,提出由他指挥西西里军队、召回那些被放逐的人士和辞退大臣等要求。国王为了保全面子,于1812年1月14日把他的权力至少在名义上交给他作为副帅的儿子;以后,本廷克迫使王后离开巴勒莫;3月,王太子不得不把政府交给那些被放逐的人士,本廷克要他们召开议会以批准一部合他心意的宪法。在这个时候,由于西班牙起义而把巴利阿里群岛交出给英国,致使地中海西部几乎变成了英国的一个内湖。“蛮邦人”①尽管没有放弃海盗活动,却也顺应形势,摩洛哥的苏丹也与海上霸主保持友好关系。从马耳他和从西西里出发,英国可以很容易地进入亚得里亚海;1809年,英国战舰占据了除科孚岛之外的爱奥尼亚群岛;随后,它们进攻达尔马提亚群岛并占领了其中好几个岛屿;1811年3月,它们还在利萨岛取得了一次海战的胜利。对亚得里亚海的统治保证了它们在阿尔巴尼亚和埃皮鲁斯的优势:阿里-泰布兰又一次改换门庭,投靠英国。

在东地中海,英国人于1807年同时从马耳他和西西里出发,向君士坦丁堡和埃及采取了行动。但没有成功;然而,土耳其的海岸却已在英国人控制之下,不久,被法俄联盟激怒并感到不安的苏丹便同英国和解,而答应英国对外国军舰重新关闭两海峡。英国外交大臣的堂兄弟斯特拉特福德·坎宁,于1809年在君士坦丁堡开始了他显赫的生涯,以他为首的英国外交官从此就在土耳其人
333 和俄国人之间进行调解。地中海东部沿岸诸国的市场热衷于与英国人做生意,使英国贸易很快就取得了巨大的进展。波斯同样地

① “蛮邦人”,欧洲人污蔑北非各族人民的称呼,包括埃及以西直到摩洛哥沿海居民。——译者

也改变了立场。尽管加尔达内做出努力,战争还是在亚美尼亚重新爆发了。俄国人在纳希契万战役取得胜利后,包围了埃里温。英国人与土耳其人缔结和约后,从印度赶来,进入波斯湾。1808 年 5 月,马尔科姆在邦代-阿巴斯港登陆。波斯王既没有从法国那里得到什么帮助,就决定接见马尔科姆的使者哈福德·琼斯爵士;因此加尔达内于 1809 年 2 月 1 日离开德黑兰。3 月 12 日,英、波签订了一个条约,使这个国家不再对法国人开放;1814 年又签订了一个条约保证波斯的领土完整以防俄国侵犯。1809 年,一个英国使团又从阿富汗的埃米尔得到保证,他不帮助任何反对印度的冒险行动。

埃及、叙利亚和巴格达的帕夏们的独立确实是不断地引起一些顾虑。英国人也就与所有这些人的敌人瓦哈比教派建立了联系。1804 年,瓦哈比教派首领阿卜杜勒·阿齐兹的儿子赛欧德夺取了麦地那,威胁着大马士革和阿勒颇,1808 年和 1811 年两度进攻巴格达的帕夏。巴格达的帕夏在北面受到苏莱曼尼亚的帕夏以及库尔德人的攻击,他看到英国人正在巴士拉登陆,便也成了英国人的朋友。赛欧德还帮助英国人打击马斯喀特的伊玛目,并在阿拉伯地区到处对法国人进行骚扰。至于穆罕默德-阿里,他长期忙于降服在 1808 年重新拿起武器的最后一批马穆鲁克;1811 年 3 月 1 日,他用奸计达到了目的:他邀请他们参加一个宴会,把他们杀害了。而后,他开始征服瓦哈比教派;在 1811 年一次失败的进攻之后,他的儿子图松于 1812 年重新征服了瓦哈比教派占据的圣地[1]。翌年,穆罕默德亲自作战,却没有成功;但是,1814 年图松占

① 指伊斯兰教的圣地麦加和麦地那。——译者

领了塔伊夫；1815年赛欧德死后，穆罕默德能够攻下内志首府拉斯，并签订了和约。这些艰巨的工作使他不能向英国人寻衅。这样，整个东方都摆脱了拿破仑的势力，从直布罗陀到印度，从海上到陆上，英国人都顺利地孤立了拿破仑帝国。

二、威灵顿的战役

因此，拿破仑帝国就像是一个孤岛，它的居民不能从那里出
334 去，而它的敌人却在周围，在整个地球上自由地行动。但是，只要法国军队没有被摧毁，帝国也是一个既不能用饥饿逼降，也不能用猛袭攻破的堡垒。英国舰队只能把一些军队送到适当的地点登陆去援助大陆各盟国。这种威胁尽管是有用的，因为它迫使拿破仑守卫所有的海岸，并引起当地居民的不安，但是还不够。英国的盟国很明白这一点，它们尽管拿英国的钱，却并不因此就感到满意：只要英国的舰队不把英国兵送来，他们就谴责它控制海洋只是为了它自己的利益。英国的大部分大臣和绝大多数公民都反对在大陆上作战，这首先是由于1793年和1799年的经验[①]以及可能登陆英国的威胁所大大加强了的岛民情绪，但也由于人力的不足。虽然说英国人是自愿为保卫祖国而当兵的，但也只能用奖金在穷人中招募军队，尽管如此，也还找不到所需要的足够的兵源。海外的领土在不断地扩展，英国不可能把所有的军队都从本国调出，更不用说正在受着军事管制的爱尔兰。因此，可以动用的士兵很少，

① 即第一次和第二次反法同盟的经验。——译者

人们就更不愿意让一支远征军去冒险，因为他们知道要费好大的劲才能重建一支远征军。

还应当考虑到开支和货币的困难：英国军队经常要偿付从驻 335
在国那里征用的东西的款子，甚至在葡萄牙和西班牙，甚至1814年在法国都是这样。因此必须把硬币送给军队，或是用汇票换取硬币。最后，在议会里，对大陆采取任何行动都给反对党提供了煽动群众的机会；他们公然声称，拿破仑在陆地上是不可战胜的：这是主张和平的一种转弯抹角的论调。由于这些理由，福克斯及其继承人除了给波美拉尼亚的瑞典人派遣援军以外，决不在大陆上进行任何干涉，这种态度在不小的程度上造成他们疏远俄国。坎宁和卡斯尔雷主张一种完全相反的政策；但是提尔西特和约瓦解了反法同盟，坎宁只是在哥本哈根才能显示他的才能。

在这个问题上，西班牙起义也起了主要作用。坎宁毫不犹豫地答应支持各地“政务会”；他并不限于给“政务会”送钱送物资，他还使英国政府同意收复葡萄牙，在此之前英国是一直拒绝给葡萄牙任何军事援助的，并同意派贝尔德去加利西亚。对他很有利的事情是一开始辉格党人就热烈支持西班牙起义。但是在皇帝采取军事行动后，他们却唱另外一种调子了。反对的呼声又起来了，他们批评辛特拉协定并强调葡萄牙是不可能保卫的。这便是穆尔的意见，以致政府不知是否必须召回留在里斯本的克拉多克和一万士兵，或是再派遣从加利西亚仓皇撤回的军队去葡萄牙。这一次是卡斯尔雷作出了决定。他和阿瑟·韦尔斯利商量后就于1809年4月2日派他去葡萄牙，因为韦尔斯利保证只要带三万人就能保住葡萄牙。但奥地利在这个时候参加了战争；卡斯尔雷是皮特

的好学生，他就乘此机会以帮助奥地利为借口，首先把注意力集中在荷兰，要立即派遣一支远征军到那里去，结果英国在 1805 年到 1807 年一直没有采取行动之后，现在却同时干预两处，以致派往葡萄牙的援军只有二万六千人。另一方面，在 1809 年春，如果英国把所有的兵力都派到德意志沿岸去，它也许能够给敌人以决定性的一击。但瓦耳赫伦岛的远征却失败了，从此，英国在大陆的行动一直到最后仍只限于伊比利亚半岛。

336 尽管如此，英国在政策上还是犹豫不决，辩论不休。1809 年，波特兰内阁解体了。坎宁和卡斯尔雷由于出身和性格不同，很难合作共事；坎宁很想成为政府首脑，既想指挥战事，也想领导外交；4 月，他要求他的同僚在他的对手与他之间进行选择。他们想等到战争结束时才做出决定；但在远征瓦耳赫伦岛失败后，危机爆发了。坎宁提出了辞职，卡斯尔雷于 9 月 21 日在决斗中使他受了伤。随后，波特兰去世了。留在财政部的帕西瓦尔重组内阁，任命前印度总督理查德·韦尔斯利为外交大臣，韦尔斯利竭力加强他兄弟的军队。但这个政府仍然处于很虚弱的地位。奥地利的失败以及拿破仑的婚姻在舆论中引起了疑虑；格伦维尔、格雷和庞森比要求放弃西班牙，对韦尔斯利将军进行了批评并对他的成就提出异议。政府不得不对西兰远征[①]进行调查。同时，王室也因查明约克公爵的情妇卖官鬻爵这件丑闻受牵连而名誉扫地。更糟糕的是国王又发疯了。而威尔士亲王因为公开控告不伦瑞克的卡罗莉娜不贞而同她发生争吵，所以大失人望，尽管如此，仍被任命为摄

① 西兰远征即远征瓦耳赫伦岛，该岛属西兰省，省会即设于该岛上。——译者

政王[①],条件与 1788 年相同,摄政到 1812 年 2 月 1 日为止。由于他一向与辉格党人关系密切,人们以为现在他掌握了全部政权,必将召他们组阁。最后,于 1811 年,发生了一次震撼全国的可怕的经济危机,金融混乱、风潮迭起。帕西瓦尔政府对此时已晋封为威灵顿勋爵的韦尔斯利表示保留态度,这并非是意料之外的。政府明白地告诉他:如果他打了大败仗就必须撤退。1810 年当马塞纳发起攻势时,政府警告威灵顿:他撤退得过早总比撤退得过迟更容易得到人们的谅解。政府派遣增援部队十分吝啬,并在财政方面使这位将军陷于非常令人烦恼的困境。

马塞纳的退却使政府对将军恢复了信心:增援大大地加强了,使他能够发动 1812 年那次胜利的战役。然而,在三年的期间里威灵顿只能依靠自己,一面进行战争,一面要鼓舞起政府的斗志。这
说明了何以直到 1812 年他的战略总是非常审慎的,而他对改组葡 337
萄牙军队又何以是那么认真。他最杰出的优点之一就是不管怎样困难都能坚持下去,并把战争纳入他非常了解的英国总政策的范畴。他指出:就西班牙军事行动本身来说,它就具有重大意义,并使英国的制海权产生实效。有了他,还有坎宁和卡斯尔雷,英国才能揪住那个巨人搏斗。

在 1809 年,阿瑟·韦尔斯利同拿破仑一样是四十岁。在他哥哥的领导之下,从 1798 年到 1803 年,他曾长时期在印度服役;而后才开始在欧洲的事业。他很有节制,身体非常强健,他像拿破仑

① 王太子在其父乔治三世不能理事时于 1810 年为摄政王,1820 年乔治三世死,继位称乔治四世。——译者

一样,可以长时间工作而很少睡眠。他的头脑清晰而精确,实事求是并富有组织能力;他的意志顽强而冷静,但又不排除决断果敢。他年轻时具有独立的性格,当了将领就极其独断专行,他不容许他的部下有任何主动性,其实他的部下也就是些庸碌之辈。在他脸上表现最为强烈的是贵族式的傲慢,这种傲慢由于在印度“土人”中间的长期生活而更突出了。他目中无人,以傲慢态度对待军官;他无比地蔑视平民以及他统率的那些来自平民的士兵,称他们为“地上的唾沫”,“一群流氓”,“一群混吃喝而来的只能用鞭子管教的人”。至少可以说,种族优越感把他跟自己的社会阶层和国家密切结合在一起,在他看来,这个社会阶层就是国家的合法主人;他一心只想为他的社会阶层和国家效劳;他是个铁石心肠的人,缺乏想象力,也没有情感,因此他是没有浪漫色彩的个人主义,而这种浪漫色彩的个人主义毁了拿破仑,但也使拿破仑的天才增添了永恒的魅力。

作为军人来说,韦尔斯利的思想和性格完全适宜统率一支兵员不多的职业军队,去打一些进展缓慢而单调的战役,有时穿插着防御战,其主要目标是要消耗敌人。从技术观点来看,他基本上是个步兵司令;他很少使用骑兵,极少去追击敌人;他的炮兵部队不论是步行的或是骑马的都很出色,但为数不多;他没有进行围攻的装备,没有工兵,也没有工程师;他的步兵不得不应付一切,而在攻击堡垒时遭到重大损失。比起皇帝的所有对手来,他具有一个很突出的长处,即事先已经就对付法国人所应采取的战术问题进行
338 过深思熟虑;他保持着线式队形以采用灵活机动的战术;他把他的队伍隐蔽在树篱、废墟、有锯形防壁的房子后面或者是斜坡的后

面,以对付法国的射击手;此外,他也不忽视使用分散的、独立作战的火力:每个营都分出一个连走在前面;从1809年起,他使用了一个“来福枪”团和为此而建立起来的一些由外国人组成的军团。但是他也考虑到,已被胜利冲昏了头脑的敌人倾向于缩短射击战,而使他们的营以纵队形式越来越迅速地向前推进,在迈达一战中,他们甚至还没有射击就冲锋了。因此,韦尔斯利把他的士兵掩蔽起来,他料想到法军在不能正确估计火力效果时,或者对射手的推进迟缓感到不耐烦时,他们更会急于用刺刀冲锋;在这种情况下,稀疏散开的队形能使一支军队大体上保持完整而又能沉着应战,充分发挥其火力。英国步兵是职业士兵,都认真地受过齐射的训练;他们的枪所发射的子弹比法国人的要重。此外,韦尔斯利采用了两排而不是三排的线形:八百人的一个营一次能齐射八百颗子弹;法国人一个营由单个的连队列成纵队,每行四十人,前后共十八行,或是由成对的连队列成纵队,每行八十人,前后共九行,所以前两行只能以八十或一百六十发子弹回击;这种队形如果要展开的话,在两军接近时,兵员就会遭到很大损失,队伍通常就会溃散。无论如何,进攻就会停止。这种战术一旦证明有效,这位英国将军就会像在阿拉皮莱斯战役[①]中那样,一有机会就毫不迟疑地以同样的队形采取攻势,以线式队形齐步前进,并有秩序地停下来进行射击。他的战术在防御性的战斗中更显得出色,这确实也与他历次战役的一般条件相适应;这种战术必须以职业军队为前提,像弗

① 阿拉皮莱斯在西班牙的萨拉曼卡省,1812年7月22日威灵顿在此地战败法将马尔蒙。见下文121页。——译者

里德里希二世的军队那样机械地以铁的纪律和体罚进行训练。拿破仑的部将一点也没有从韦尔斯利给他们的打击中吸取教训,拿破仑没有亲自来看过这种战术,因此,只有等到在滑铁卢战场上才能认识其作用。

如果韦尔斯利不能控制葡萄牙的话,即使拿出他全部的才能,
339 大概也不可能在半岛上站住脚。他在那里取得了一个基地,英国舰队可以从那里自由取得给养,还在那里重新组织起一支民族军队,为他提供大量兵员。葡萄牙摄政府从来不能同英国平起平坐;1810 年,它吸收查理·斯图尔特参加政府工作,此人就成了政府决策人。然而,韦尔斯利不断地抱怨葡萄牙贵族重用亲戚、玩忽职守,和坚持保留他们的免税特权。他要求由他支配英国给的补助金,先是一百五十万后来是二百万英镑,用来供养军队。伦敦为慎重对待葡萄牙人起见,总是不同意这样做。由于这个国家只靠从美国运来的粮食生活,出售的酒又不到战前的一半,所以摄政府只有用贬值的纸币来支付为士兵征用的食物,才能摆脱困境;士兵营养很差,大量地病倒或开小差。1809 年 2 月,摄政府要求英国人给他们派一个总司令:英国人指定了贝雷斯福德,他是一个平庸的将军,但却是一个很好的组织者,他把一定数目的英国军官和教官安插到葡萄牙军队里。除两个人外,所有的将官都是英国人。1809 年 9 月,葡军已有四万二千人;1810 年,差不多达到预计的人数五万六千人;但是要把他们装备起来却很费劲,总是不能使所有的骑兵都有马骑。他们还利用民兵来守卫要塞,进行侦察以及打游击战。1810 年,甚至又采用了普遍征兵或号召全民抗战。

西班牙人却没有使英国人这样满意。他们不愿听任别人支

配，到 1812 年，他们一直拒绝使他们的军队听从英国人指挥。此外，中央“政务会”又缺乏权力；它在 1808 年 12 月逃亡到塞维利亚以后，又于 1810 年 1 月不得不躲到加的斯，把权力交给一个摄政会议；9 月，西班牙议会复会并设立一个执行委员会，到 1812 年议会又设立一个新的摄政府代替执行委员会。所有这些政府都优柔寡断，都有滥用私人和贪污的嫌疑；卡斯蒂利亚的旧议会和塞维利亚的旧“政务会”不服加的斯政府权力，而有些人诸如蒙蒂霍伯爵、英范塔多公爵、帕拉福克斯的兄弟等都阴谋推翻政府。各省的“政务会”也不稳定，大部分从这个城市迁到那个城市，碰上高兴就服从加的斯政府的命令。“政务会”与军事将领之间的谅解协作关系总是岌岌可危，游击队员也总是擅自行动。另一方面，虽说人民都憎恨侵略者，但不能因此得出结论说：所有的人都准备参加战斗，无论如何，他们反对 1811 年中央“政务会”规定的征兵制度；尽管 340
预计有一支八十万人的军队，但正规军的数目从来没有达到十万人；此外，这些军队的统率和给养都有困难，尽管从美洲运来了白银，第一年几乎就达到三百万。除征兵以外，还号召全民抗战，这一制度在北方许多省份已成为了习惯，1809 年 4 月 17 日中央“政务会”又加以全面号召，其结果也不见佳；例如，在阿斯图里亚斯，1809 年能对农民进行动员，但到 1810 年他们还是待在家里；此外，也没法为他们找到军官和武器，只能利用他们来做辅助勤务。

最适合西班牙的是游击战争，因为在游击战争中士兵可以自己做主。1808 年 12 月 28 日，中央“政务会”使游击战争合法化，游击队于是到处活动，其中有些很出名，像卡斯蒂利亚的一个农民

恩佩西纳多的游击队和纳瓦拉两个米纳的游击队。这些游击队骚扰法国人,袭击法国的粮秣征购员、辎重队和边远孤立的哨所,通过逐日给敌人造成的零星损失,使他们疲惫不堪,力量削弱,或使他们不得不派重要的部队去守卫交通线;在北方,皇帝不得不增加宪兵队的骑兵连。可是,人们夸大了这些游击队的实效;每次当法国人以充足的兵力能占领一个省时,游击队却远不能加以阻止,也不能对他们的安全造成严重的危害。在博内指挥期间,阿斯图里亚斯的情况就是这样,尽管这个地区具有进行游击战争的理想条件。此外,游击队十分复杂,常常无法明显地与拦路抢劫的盗匪区别开来;当它们由虔诚地忠于宗教事业的农民组成时,他们的苛求和掠夺也同样使富人感到十分恐惧,因此法国人有时反而得到同情支持。博内能够组织一支反游击军,苏尔特在安达卢西亚成功地建立了护送连队,这是由亲法分子组成的真正的国民自卫军。游击队在旷野上的抵抗最终被摧毁时,他们很快就会不见了。而正规军没有英国人的帮助也是无法坚持下去的。可是中央"政务会"对英国人同样表示非常不信任,拒绝让他们到加的斯去;尽管
341 亨利·韦尔斯利(未来的考利勋爵)再三努力,中央"政务会"甚至在塔拉韦腊之战后仍不承认威灵顿是总司令,西班牙的将领也很勉强地同他合作。南美洲的动乱以及西班牙殖民地向英国贸易开放使这种争执不和的局面更为严重。

如果拿破仑在瓦格拉姆战役之后回到西班牙,法国的胜利是不成问题的,如果他把达武那样的将领授以全权留在西班牙,法国的胜利或许也不成问题。约瑟夫身边虽然有儒尔当,但也不足以指挥这场战争。约瑟夫甚至也无从行使民政管理权力。乌尔基

霍、阿桑萨、卡瓦鲁斯、司教会成员略伦特以及其他人都投效约瑟夫，人数相当多，可以组成一个宫廷、一个内阁、一个参政院。但是缺少钱，国王只好靠城市税收，强迫推销的公债和以出卖教会仅有的一点产业作担保的纸币等等办法勉强维持，而教会的财产能否卖出还很成问题，因为拿破仑把从反叛者那里没收的财产都归为己有。在各省，将军们仅能依靠自己的军队，甚至连军饷也领不到，他们便把任何可动用的物资都抓到手。他们养成了只考虑自己的区域的习惯，当拿破仑把指挥权交给某个元帅时，其他元帅就有意或无意地破坏一切计划。内伊甚至公然拒绝服从马塞纳。由于皇帝下达作战计划时把命令直接送给各军将领，这就使无政府状态更为严重。更不用说他有时不了解情况或者因距离遥远，结果所发出的指示或是不可能贯彻的或是已经过时了的。如果说威灵顿有理由抱怨西班牙将军们的话，那么，他的敌手的行动也是同样混乱的，所以威灵顿能够打败他们或者个别阻击他们。

至于战争的自然条件和经济条件——起伏不平的地形、气候恶劣、没有大路、缺少粮食——，人们常常说，而且说得有道理，这些条件使法国人受到很大的挫折；但是必须补充说，他们的敌人为此也吃了不少苦头。疾病使许多英国兵送了命，运输给他们招致很大困难。人们特别感到军队给养极为重要，这对所有军队都没什么区别。西班牙人和葡萄牙人还习惯于匮乏的生活；相反地，英国人却远远不能适应；至于骑兵队，一部分人由于缺乏草料而不止一次地没有马骑。双方的正规军也都是如此，他们都或多或少地养成了游击队那样的生活习惯，以致整个半岛好像是回到了一大

342 帮一大帮散兵游勇横行的时代①。西班牙的友军和敌军都对居民进行抢劫。而劫掠又诱致士兵开小差；由于英国队伍中有许多外国人，又由于拿破仑派了许多附庸国和盟国的团队来到西班牙，所以逃兵从这国兵营跑到另一国兵营，或互相来往、不分敌我；他们组成一些为自己的利益而作战的股匪。法国军队习惯于就地解决生活困难，可是在这块土地上他们经常挨饿，只能通过突然出击或全凭武力才能夺得一点东西，结果军队风纪荡然；他们的将领也经常给他们作出敲诈勒索的榜样，像塞巴斯蒂亚尼、克勒曼、苏尔特、在巴塞罗那的迪埃斯梅，以及听候审讯而于 1812 年自杀的戈迪诺就是这样。英国人以骇人听闻的纵酒狂欢和照例劫掠攻占的城市来减轻他们的痛苦。从战略观点来看，给养不足和运输困难有助于说明为什么威灵顿很注意不要太远离基地，并在每次战役后又要撤回基地。这也证明威灵顿在法国人的攻势面前具有信心是有理由的：他打算采用焦土政策来阻止他们的进攻，他坚信即使法国人在进军时建立了仓库，他们也必定缺乏骡马和车辆。如果拿破仑亲自来准备西班牙战役，如同他准备俄罗斯战役那样谨慎小心，其结果将迥然不同。由于他没有下这个决心，归根结蒂优势是在威灵顿这一边：由于威灵顿以现金付款，农民——他们对英国是友好的——给他提供了他们力所能及的一切；再由于英国有舰队，他能从国外得到增援，并设立了仓库，而法国人却不能从本国得到什

① "大帮散兵游勇"指 14 世纪下半叶，英法百年战争主要作战阶段之间为患很大的散兵游勇。这些散兵游勇在停战间歇时期，在法国各地横行无忌，劫掠骚扰。这些人主要是来自西班牙的阿拉贡和纳瓦拉，还有来自莱茵区等地的外国雇佣兵。在法国围剿他们以后，又跑到西班牙骚扰。——译者

么东西。1812年威灵顿发动一次冬季战役,打得法国人措手不及,因为他们不可能在收割之前开始作战。

这些一般的条件使西班牙战争具有一种完全不同于以往拿破仑战役的特点。相当大部分的西班牙和葡萄牙的兵力是分散的,这导致一连串出其不意的战斗;每支所谓的军队都是各自为战,只是顽强地单调地忽而前进,忽而后退,因此都不能进行决战。当拿破仑离开半岛时,他没有料想到会发生这种情况,他以为:1809年1月,在里斯本只留有克拉多克统率的一万英国兵,而这些人看来也是势必要撤退回英国的,在他们撤离以后,西班牙人就不能支持很久。韦尔斯利的到达打乱了皇帝的部署。拿破仑留在西班牙的十九万三千人之中有三分之一多一点是在西班牙的西部作战。内伊驻守加利西亚;苏尔特则带领二万三千人离开了这个省,向里斯本进军,以便在那里与维克托会合,后者率领二万二千人沿塔霍河而下。拉皮斯从萨拉曼卡出发,负责进行联络工作。苏尔特好不容易才赶到波尔图,并于1809年3月29日占领了这个城市。他梦想成为葡萄牙国王,便不再前进,只是忙于策动支持他的请愿;其实,军队很不喜欢这项"尼古拉斯国王"的计划——尼古拉斯是苏尔特的教名——而不满情绪这样高涨,以致酝酿成一个阴谋,达尔让顿与英国人接上了关系。在这个期间,维克托把奎斯塔逐到瓜的亚纳河以南;3月28日在梅德林把他打败了,但没有摧毁他,随后维克托要求拉皮斯来增援;但是他们让人炸断了唯一可以用来渡过塔霍河进入葡萄牙的阿尔坎塔拉桥。因而,韦尔斯利能于4月22日安然登陆,在科英布拉集中了二万五千人,分头进攻两支法国军队。

他首先攻击苏尔特,苏尔特防守不严,于 5 月 12 日失去波尔图;由于贝雷斯福德已在上游渡过了杜罗河,苏尔特只有通过山区才能逃走,这样他就要牺牲他的炮兵部队。内伊和苏尔特不是互相配合作战至少保住加利西亚,以后仍然各自采取行动,最后便从加利西亚撤走,内伊向莱昂撤退,而苏尔特向萨莫拉撤退。韦尔斯利回头来进攻维克托;由于他在进行准备时以及在同奎斯塔配合行动时遇到了许多困难,所以他直到 6 月 27 日才重新开战。维克托向马德里退却以便与塞巴斯蒂亚尼的部队集合。他们也指望莫蒂埃的援助;但是拿破仑把莫蒂埃与内伊都置于苏尔特的指挥之下,命令他们通过格雷多斯山脉切断威灵顿的退路。维克托和塞巴斯蒂亚尼虽然在名义上受约瑟夫的指挥,却采取了攻势,并于 7 月 28 日进攻数量多一点而稳扎在塔拉韦腊的联军。他们的进攻被击退了。受到苏尔特威胁的韦尔斯利重新渡过塔霍河,向巴达霍斯撤退;然而,他的胜利得到大肆宣扬,他被晋封为威灵顿勋爵。尽管法国有五个军团集结在那里,尽管通往里斯本的大路是畅通无阻的,但谁也不敢利用这个机会采取大胆的行动,相反,他们却彼此分开了。塞巴斯蒂亚尼急忙赶来把从曼查省来的贝内加斯的军队驱逐到阿尔蒙内希德去。

威灵顿对贝内加斯和奎斯塔都不满意,同时"政务会"拒绝推
344 举他为总司令,威灵顿从此就撒手不管;由于奥地利打败了,威灵顿预料到拿破仑将会大力对付他,他为慎重起见决定收兵到葡萄牙建立一个巩固的基地。"政务会"并不关心这件事,还命令来一次总攻击。阿里萨加率领安达卢西亚的军队向塔霍河前进,11 月 29 日在奥卡尼亚被苏尔特击败。德尔·帕尔克暂时攻入萨拉曼

卡;但是克勒曼突然赶来,于11月28日在托尔梅斯河上的阿尔瓦击溃了由阿尔武格尔克率领的厄斯特列马都拉的军队。于是约瑟夫和苏尔特建议征服安达卢西亚,拿破仑被可能在那里取得物资的前景所诱惑,便听从了。法军没有遇到什么抵抗,于1810年2月1日占领了塞维利亚,5日又占领了马拉加。可是他们犯了没有直接进军加的斯的错误,因为那里是中央"政务会"的避难所;2月3日,阿尔武格尔克及时赶到加的斯,闭门坚守,他们围攻这个城市就没有成功。三个军团便被牵制在安达卢西亚。

更令人恼火的是,像威灵顿预料到的那样,拿破仑正在准备对葡萄牙一次新的远征。1811年,拿破仑在半岛上有三十六万多人。交给马塞纳的军队照理应该是十三万人。由于他要博内负责重新占领阿斯图里亚斯并坚守纳瓦拉、比斯开和旧卡斯蒂利亚,实际上,他只留有六万人,兵员完全不足。他既没有修建军火库又没有设立辎重运输兵站,等待收割结束才攻占罗德里戈城和阿尔梅达,直到9月份才开始出发。他发现这个地区差不多是空的了,因为当地已经发动了"全民抗战",要居民撤退和销毁不能带走的生活必需品。威灵顿只是在科英布拉附近的峡谷中才与马塞纳交战;他在布萨库高地掘壕筑防,于9月27日击退了马塞纳;但当马塞纳设法扭转战局时,他便撤退了。马塞纳在追击中,不久就碰到托里什-韦德拉什防线,一道后面又是一道,共三道防线;第一道长达四十公里,包括配备着二百四十七门大炮的一百二十六个防御工事;威灵顿指挥有三万三千英国军队,三万葡萄牙军队和六千西班牙军队,这还没算上游击队,由于他从海上补充给养,所以也不存在因饥饿而削弱兵力的问题。马塞纳没有围攻的装备而且只剩 345

下三万五千人;尽管他要求增援,德鲁埃只给他派来一万人。饥饿达到骇人听闻的地步。1811 年 3 月 5 日,马塞纳下令一直撤退到达萨拉曼卡。威灵顿紧跟追击,很快就包围了阿尔梅达。为了摆脱困境,5 月 5 日马塞纳在科阿河上的弗温特斯-德奥尼奥罗进攻威灵顿,但被击退了。正在这个时候,拿破仑已开始准备进攻俄国;这次失败至少暂时是无可挽救的。只有苏尔特一个人接到了支援马塞纳的命令;他不敢违抗,但只是在 3 月 11 日才去夺取巴达霍斯。威灵顿估计自己的处境已很稳固,可以分兵派出贝雷斯福德去对付苏尔特,贝雷斯福德迫使苏尔特撤退,并包围了巴达霍斯,于 5 月 16 日在阿尔布拉击退了苏尔特的进攻。威灵顿摆脱了马塞纳之后,赶来与贝雷斯福德会合;但是已在萨拉曼卡负责指挥的马尔蒙同样也去与苏尔特会合。在有利的条件下,向英葡联军发动一场大战的最后一次机会摆在眼前。但两个元帅似乎都没想到这样做:他们分手后又各自回去了。威灵顿向罗德里戈城进军;由于马尔蒙逼近了,他才不再前进,而撤回了葡萄牙。

这种情况并没持续很久。威灵顿得到增援后,心里明白:与皇帝所想的相反,他的兵力已超过了只有三万四千人的马尔蒙;此外,他打算打一场出其不意的冬季战役。这一次他很果敢,并取得了完全胜利。1812 年 1 月 7 日,他开始出动,19 日突然攻占了罗德里戈城,并立即向巴达霍斯进军,4 月 6 日又占领了这个城市。苏尔特行动迟缓,马尔蒙不敢发动一场重要的牵制战。此外,威灵顿命令各处加强攻势,使敌人得不到增援。加利西亚军包围了阿斯托尔加;波帕姆出现在比斯开沿岸,挡住了卡法雷利;而本廷克派梅特兰到巴伦西亚沿岸去对付絮歇。由于拿破仑已召回了二万五千人去俄国，因而约瑟夫想要苏尔特撤到安达卢西亚便不可能实现。6 月 14 日，威灵顿重新发起攻势，马尔蒙只得退到杜罗河以北。马尔蒙把博内从阿斯图里亚斯召回来，巧妙地重新渡河包抄了英军，迫使英军退向萨拉曼卡；他渡过了托尔梅斯河，于 7 月 22 日进攻阿拉皮莱斯阵地，但是很不幸，他在激战中遭到袭击而被击溃了。法军损失了一万四千人，克洛泽尔好不容易才把残部一直带到布尔戈斯。威灵顿向马德里进军，约瑟夫撤出马德里以便与絮歇会合；最后，苏尔特离开了安达卢西亚，于 10 月份与他们一起把首都夺了回来。威灵顿已去占领布尔戈斯，这时便向托尔梅斯河退却，苏尔特并未立即攻击他，威灵顿便撤回到葡萄牙，他 346
俘虏了二万人，缴获和摧毁了三千门大炮，并攻取了安达卢西亚。

在西班牙东部，战斗以单独作战的方式继续进行着。在卡塔卢尼亚省，罗萨斯于 1808 年沦陷，赫罗纳于 1809 年沦陷；菲盖腊斯于 1811 年失而复得；英国人无法平定这个省。在阿拉贡，絮歇首先抗击威胁着萨拉戈萨的布莱克；他得到增援后，于 1810 年攻占了莱里达和梅基嫩萨；1811 年又占领了托尔托萨和塔拉戈纳。被提升为元帅后，他在萨贡托的要塞下和在巴伦西亚城前相继打败了布莱克，1812 年 1 月 9 日他进入巴伦西亚。他的一部分部队被撤回去了，因此他不再继续向前推进，梅特兰才能在阿利坎特驻扎下来。

所以，威灵顿不仅实践了他的诺言，而且大大超过了这一点。他不仅援救了葡萄牙，而且还在半岛上牵制了相当大的一支法国军队。但是应当注意的是：直到那时英国在大陆上的牵制行动还没有发生任何决定性的影响，既没有使奥地利免于被战败，也没有阻止法国入侵俄罗斯。如果俄国被征服,威灵顿就不再有任何可能保持他的立足点,甚至在葡萄牙也站不住脚。直到 1813 年,原驻西班牙的法军调到德意志去确保拿破仑的胜利,威灵顿才给予反法同盟一次决定性的援助,但是,首先必需由严冬来摧毁"大军"。

第四章　大陆封锁 347

虽然英国当时控制着海洋，但它也不能从法国军队手中夺取欧洲大陆，尽管它出兵西班牙牵制了法国。从拿破仑方面来讲，虽然他竭力要把整个欧洲联合在他的指挥之下，但他至少在很长的时间内，仍然不能到英国本土上打击敌人。这就是在提尔西特和约之后，经济战起着头等作用的原因所在。英国的封锁差不多具有一种纯粹重商主义的特性：英国不是想使敌国挨饿并阻碍敌国军需制造业——大陆的经济状况会使这种企图无法实现，相反，它竭力要通过中立国向敌国出卖大陆所需要的一切商品。海上封锁的目的是要使英国自己致富，而不是想毁灭法国的军事力量；何况这后一目的也不是英国力所能及的。

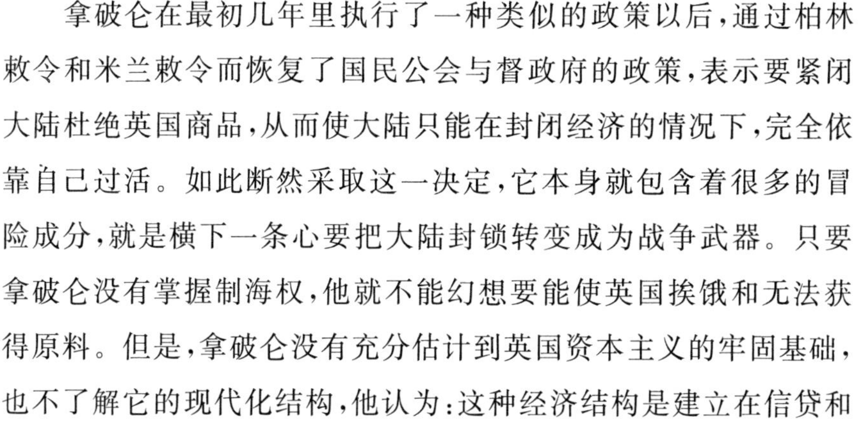

拿破仑在最初几年里执行了一种类似的政策以后，通过柏林敕令和米兰敕令而恢复了国民公会与督政府的政策，表示要紧闭大陆杜绝英国商品，从而使大陆只能在封闭经济的情况下，完全依靠自己过活。如此断然采取这一决定，它本身就包含着很多的冒
险成分，就是横下一条心要把大陆封锁转变成为战争武器。只要 348
拿破仑没有掌握制海权，他就不能幻想要能使英国挨饿和无法获得原料。但是，拿破仑没有充分估计到英国资本主义的牢固基础，也不了解它的现代化结构，他认为：这种经济结构是建立在信贷和

出口之上的，因而是非常脆弱、一打就垮的；他并且设想，这种结构一旦动摇就会引起破产、失业，或许还会激起革命，而无论在任何情况下，都将导致英国的投降。这个威胁是否确有实效？经济学家们对此都是否定的，一般来讲，人们都和经济学家抱有同感，但是这还有待分晓。再说，拿破仑是否已经雷厉风行地加以贯彻？他是否能够完全摆脱商业和财政方面的考虑？这些考虑必然会削弱这个威胁的意义。这是附带的问题，但也应加以探讨。

一、大陆封锁最初几年的英国贸易

直到柏林敕令和米兰敕令公布，英国在经济战中保持着进攻的优势。在禁绝了敌国的航运并能随心所欲地摆布着中立国以
349 后，英国就能干扰法国的出口，夺走法国的市场，而在适当的时候却能继续向法国输出，甚至从法国购入商品。拿破仑对欧洲的征服以及大陆封锁完全改变了英国这种有利的地位。法国想阻止英国向欧洲这个最好的顾客供应商品；英国不得不退居守势：必须向敌国强行推销商品。

为了摆脱困境，英国并没有修改它的政策，什么也没改变。相反地，它更加强调了经济实用主义；1808 年 4 月，英国政府经议会授权可以随意地颁发特许证，不惜违反政府在 1807 年刚刚颁布的法令中所提出的方针。这样，英政府就允许进出口违禁品，允许船舶航行到严格地被封锁的港口，允许空船从敌人的一个港口开到另一港口，甚至容忍悬挂法国国旗的船舶进入英国港口。虽然在 1809 年 4 月 26 日因为法奥战争，突然取消了对法帝国的特许证，但对德意志和波罗的海的特许证依然照发，而事实上，立刻又开始对荷兰和意大利颁发特许证。很快地，9 月 28 日，由于农作物收成使人感到不安，政府竟然允许空船开到从荷兰到巴荣纳所有的港口，这是没有先例的；这种容忍政策到 11 月取消了，在 1810 年 5 月又恢复了，到 10 月又取消了，接着又重新恢复了，完全是根据粮食供应的情况的考虑而定的。1811 年，与敌国的贸易再次被禁止了；但在 1812 年又重新开放，甚至对已经对英宣战的美国也一律开放。从 1807 年到 1812 年，总共颁发了四万四千三百四十六个特许证，而在 1809 年和 1810 年两年内就颁发了将近二万六千个。中立国从中也拿到了一部分，就是在大陆上似乎也在买卖这种特许证。的确，正是通过这条途径来开展所有的海上贸易的，甚至是在政府并不要颁发时，人们也照样要求它发给特许证，因为军舰对敌人和朋友几乎不加以任何区别。其实到最后，颁发特许证已变得没什么真正的规章可循了，而只是根据具体情况决定而已；这样颁发特许证必然产生任意专断、收受贿赂、办事拖拉和造成过失；这套措施长期地把航海条例束之高阁，并使 1807 年的各项法令沦为具文，所以有人反对这种做法。然而它却大有助于英国的自卫，因为在大多数情况下，特许证允许的进口是以再出口作为条件的；这样，特许证就提供了施加外交压力的手段，同时因为每 350
个特许证要缴纳十三至十四英镑，所以这也是一项很可观的收入。

在欧洲，英国的封锁能否收效，首先要看大陆体系是否牢固。提尔西特和约之后，在 1807 年和 1808 年，它暂时是很牢固的，因而显著减少了来自英国的进口。但好景不长；西班牙和葡萄牙都

摆脱了拿破仑的控制;1809 年,土耳其与英国人缔结了和约,向英国人开放了地中海东岸各地;奥地利又重新让英国人进入;战争使法国军队远离德意志海岸各地,在那里几乎又恢复了自由通商:这在荷尔斯泰因称为"第二个通宁时期"。[①] 另一方面,在拿破仑的附庸国或盟国里,人们也可以取得各国政府一种或多或少是公开的默许。直至 1810 年,荷兰仍是英国的一个重要的市场。路易曾颁布了柏林敕令,但并不认真执行;从 1806 年开始,他同样也开始颁发特许证,对英国的出口继续不断,必然也有来有往:1807 年从荷兰运到英国二十三万七千多夸特的粮食。此外,商船上都习惯地备有两种文件,一种是给英国人看的,另一种是给法国人看的;利物浦有一个商行发出通告可以代办后一种文件。最后,英国人充分利用走私活动;他们为了鼓励这些"走私船",便采用了法国人的包装和贴商标的办法,还采用了种种狡猾手段,比如把一些装满货物的网袋沉没在预先商量好的地方,让渔民在夜晚打捞起来;他们特别在尽可能靠近法帝国的海岸上建筑了一些仓库。1808 年,在北海选中了赫尔果兰岛,在那里进行了很大的工程;有二百商人,其中有汉堡的银行家柏里什兄弟之一,从汉堡移住该岛;因此人们把那个地方叫做"小伦敦"。在 1808 年,从 8 月到 11 月,有一百二十艘商船在那里靠岸,据估计每年进港的商品达到八百万镑。货物从该岛到达荷尔斯泰因,再经由阿尔顿纳进入汉堡,或者在夜晚将货物卸在驳船上;然后可以很容易地运到法兰克福、莱比锡、

① 指通宁在 1807 年前曾为走私活动的中心,现又再度走私猖獗。参看上文第 333 页。——译者

巴塞尔和斯特拉斯堡去。在波罗的海，哥德堡成为主要的中心。在 1808 年，这个港口就已经出口一百三十万镑的咖啡以及将近三百万镑的食糖；到 1809 年，又分别增加到四百五十万镑和七百五十万镑；第二年，又增加了一倍。通过波美拉尼亚和普鲁士，这些货物有一部分上运到莱比锡；也有人把一部分发往波兰和俄国。351
至于地中海方面，1808 年以后的直布罗陀、撒丁岛、西西里岛、马耳他岛、巴利阿里群岛，1809 年以后的爱奥尼亚群岛和达尔马提亚群岛，都成了切合需要的据点；毫无疑问，其中马耳他岛成为主要的仓库。经过的里雅斯特和维也纳可以到奥地利，再从那里到莱比锡。当英国人在土耳其取得了立足点以后，又开辟了从萨洛尼卡和君士坦丁堡到贝尔格莱德和匈牙利的一条新路，从这两条商路中获利的都是维也纳。

根据英国的统计，向北欧的出口，其中包括法国，可能直到 1808 年才受到明显的打击；但在 1809 年就有所恢复，在 1810 年便又出现了很接近 1805 年的出口额。如果把 1805 年的出口额作为 100，则 1808 年，英国本国货物出口的指数为 20.9，再出口为 51.6，主要是殖民地食品的再出口；在 1809 年，这些指数分别提高到 55.2 和 140；在 1810 年，又提高到 74.6 和 97.3。向同一地区出口的总量，与 1805 年相比较，其指数在 1808 年是 32.6，在 1809 年是 87.5，在 1810 年是 83.2，1809 年指数上升是由于奥地利战争，1810 年指数下降是由于大陆体系重新巩固以及特里亚农敕令和枫丹白露敕令最初所产生的影响。在 1810 年，英国向北欧和法国的出口并没有受到严重的打击；但是，1808 年令人震骇的突然下降，证明了大陆封锁就其本身而言是有实效的：一切要看它的执

行情况是否完善,时间是否持久,也就是说,要看法国军队的实力如何。

然而,即使拿破仑的大陆封锁扩展到整个欧洲并得到严格执行,它也不能完全禁绝英国的出口,因为大陆只能够消耗殖民地食品的四分之三;至于直接来自英国的商品,则减至三分之一:在 1805 年是百分之三十七,在 1808 年是百分之二十五,在 1810 年是百分之三十四。因此,除非拿破仑也能够征服东方,并迫使海外各国,至少是美国,采用同样政策(无论是否和他协调一致),他才能有把握达到目的。事实上,如果英国经受到真正的困难,那是由于美国人与瑞典人、挪威人、希腊人、“蛮邦人”相反,反抗了英国
352 1807 年的各项法令。当然,美国也不喜欢拿破仑的一系列敕令;但美国人对英国却另外有一些不满:“强迫征募”问题以及船员国籍问题都悬而未决。1807 年 5 月 27 日,英国人拿捕了美国的一艘商船并抓走了船上好几个水手;在伦敦,人们谴责这一举动,但实质上并没有让步,跟着两国关系就破裂了。12 月 22 日,杰佛逊宣布禁运:对已采取措施反对中立国的各交战国封闭美国港口,禁止本国船舶出港。只有英国人受到这项禁运令的损害。诚然,禁运并未严格执行,尽管在 1808 年通过了《执行法案》;不过在那一年,从美国进口的谷物只有 1807 年的二十分之一,在利物浦,人们只收到二万三千袋棉花而不是 1807 年的十四万三千袋;面包涨价了,制造业也发生了危机;工资的下降在曼彻斯特引起了一次总罢工,并由此引起了一连串的骚动。另一方面,大陆上从殖民地进口的货物之所以明显地减少,是由于美国船舶不来欧洲;据荷兰财政大臣高格尔说,在 1807 年,荷兰从美洲进口将近三千万镑的咖啡

以及将近四千一百万镑的食糖；在 1808 年，只得到一百万镑的咖啡以及四百万镑的食糖；而这些食品主要还是来自英国的殖民地。最后，往常卖给美国的英国货物占英国出口总额的三分之一，现在减少了一半以上。

由于开辟了一些新市场，英国却能够对付这种变得严重的情况。葡萄牙和西班牙裨益不大；英国输往这两国的货物大大地增加了，但主要是供养威灵顿的军队。相反地，进入地中海东部沿岸诸国的市场却使它得到重要的弥补。总的说来，向伊比利亚半岛以及地中海一些国家的出口，从 1805 年的四百万镑增加到 1811 年的一千六百多万镑。但事关重大的是巴西和西班牙的殖民地市场的开放。我们还没有掌握它们的贸易的准确数字，但可通过英国在美洲（不包括美国在内）销售量的突然增加而得到说明：这个销售量是从 1805 年的八百万镑增为 1806 年和 1807 年的一千一百万镑的，而到 1808 年和 1809 年则增加到将近二千万镑。因此，从英国人看来，危机的持久的结果之一，就是欧洲市场的重要性减少了，而使他们把目光转向海外市场。除了地中海东部沿岸诸国，
当时亚洲和非洲在这个演变中并没起到任何作用：英国对亚非两 353
洲的出口，在我们所说的这个时期里反而减少了。拿破仑在西班牙进行军事冒险的重要性在这里可以看得更清楚。

海外贸易的增加使英国得到帮助，这样，英国就可以期待美国人的回心转意，果然美国人很快就回心转意了。不出口它的粮食、木材、烟草和棉花，美国就无法活下去；在这一点上，新英格兰与南部是一致的；此外，北部的船主也表示了抗议。这种骚动有很快引起内战的危险；至少，禁运给联邦党人提供了一个绝好的竞选纲

领,他们指责杰佛逊讨好法国人。1808年,麦迪逊还是被选上了[①],但讲好他要取消"禁运法"。1809年3月4日,通过了禁止与交战国进行一切贸易的"禁交往法"来代替它。但这个法案并不适用于西班牙、葡萄牙、丹麦和瑞典,此外,美国商船一旦开出港口,就设法开到它们所要去的地方,尤其是到荷兰和英国。例如吉拉尔供给葡萄牙粮食,他的船就从葡萄牙运酒到英国去,再从英国满载而归。另外,英国驻美大使答应很快取消枢密院令;英国政府却加以否认,但是在这期间,麦迪逊已经取消了"禁交往法",于是大量的商品便涌进欧洲。在1809年,英国向美国的出口上升到将近七百五十万镑,美国人的船队又重新开始供英国人使用。在1809年这一年内,从英国各港口开出的船舶中,挂外国旗的从百分之四十五上升到百分之七十。

因此,英国取得了地中海东部沿岸诸国和拉丁美洲的市场,其结果是拿破仑的计划完全失败;只是我们很快就可以看到在这些新的市场上,价格的波动很大,也就是利润的多寡不定,并且付款要靠运气。事实上,以1805年为100,只有1808年的出口指数下降到91;由于大陆体系的动荡不安以及与美国的和解,1809年的出口又明显地繁荣起来,这一年的指数是125,1810年的指数甚至还超过126。海关的这些估计数字从棉织工业方面的分量也可得到证明:从1801年到1805年,英国平均每年进口五千六百五十万镑的棉花包;从1807年到1812年,英国又购买七千九百七十万镑

① 1808年的美国总统竞选是在联邦党和当时的共和党之间展开的。共和党领袖杰佛逊已任两届(1801—1809年)总统,不能参加竞选,由他的国务卿麦迪逊参加竞选。——译者

的棉花包，增加了百分之四十点七。棉织品的销售从1805年的八
百六十万英镑增加到1808年的一千二百五十万英镑和1809年的 354
一千四百四十万英镑。煤炭和铁的生产同样也增加了；技术也继续在改进；人口从1801年的一千零九十四万三千人增加到1811年的一千二百五十九万七千人。所有这一切都证明了英国的经济结构在大陆封锁的最初几年里胜利地经受住了考验。这要归功于英国使用举世无敌的机器，以及对殖民地物产的垄断。英国御用的政论家也嘲笑拿破仑，尤其是伊韦尔努瓦在1809年7月出版的《大陆封锁的效果》一书中写道：

> 你们的封锁顶不了什么事！
> 你们的巧安排真是了不起，
> 你们一心要把人家饿死，
> 人家却吃得胀破了肚皮。

然而，欢呼胜利未免过早。法国打败奥地利之后，大陆体系又巩固下来；没有什么能阻止拿破仑结束西班牙的战争；在亚历山大的支持下，或在把他打败之后，难道拿破仑还不能够把英国人从地中海东部诸国赶走吗？此外，大陆封锁还能够与美洲的市场关闭配合起来。正在这个时候，拉丁美洲对于付款感到失望，而且陷于内战，因而使销路缩减；英美冲突行将再启。甚至在繁荣的年代里，某些进口也引起了严重的忧虑。索马雷诚然能控制波罗的海，但随着波罗的海各港口的封闭，要像以前那样从那里得到木材、粮食、大麻、亚麻这些不宜走私的商品就变得困难了。对于纺织工业，英国可求助于爱尔兰。至于木材，那是另一回事了。在1808

年,共消费了六万车木材,每车以一吨重来算,差不多相当于一立方米又十分之一。尽管英国的树林都砍光了,同时自 1804 年以来从加拿大运来很多木材,但在那一年,还是要从国外购买二万六千车木材。但泽的佐利公司总是能设法运出木材,但是以后就很少了,在 1811 年只运出三千三百一十九条桅杆和二千五百车木材,而加拿大运出二万三千条桅杆、二万四千车橡木和十四万五千车枞木。以前,从瑞典,尤其是从美国运出的更多,但在 1810 年,美国就什么也不提供了。英国人到处寻找资源;可是,没有一个地方
355 的木材贸易组织得像波罗的海的那样好,同时租船费往往过高。尽管英国人与阜姆的阿达米克签订了购买木材的合同,后来从 1809 年起又与阿里-泰布兰订了约,但仍很难满足马耳他岛船坞的需要。英国必须再一次破坏航海条例,才能在哈利法克斯和印度建造船舶,甚至是建造战舰。结果是商船队受到损害:1804 年增加的商船是九万五千吨,而 1810 年只有五万四千吨。1810 年是很艰难的一年,因为只有四万七千车木材用于造船上,其中一万车来自国外。

粮食问题更值得我们认真加以探讨。英国的粮食产量由于价格提高而增产了很多:在这个时期,英国人开垦荒地大约七十五万英亩,主要是开垦村社公有土地。爱尔兰同样地提供了一个可观的数目。在与拿破仑的决死战斗中,英国的王牌是:资本主义发展最先进,保证了它的工业具有一个不可战胜的优势,但还没有发展到促使放弃本国粮食生产的程度。然而,根据扬格的估计,1810 年英国消费的粮食中,进口的仍占六分之一。尽管英国小麦价格没有涨到 1801 年的水平,还是比大陆上的贵:在 1805 年,一夸特

小麦涨到一百先令，在 1807 年是六十六先令，在 1808 年到 1809 年间是九十四先令，在 1810 年竟达一百一十七先令。由于这两个理由，英国人对可能威胁到粮食的输入的危险总是很敏感的。进口小麦的四分之三来自波罗的海，其余的来自美国和加拿大。但是波罗的海的各港口都在拿破仑手中；尽管可以走私，但在 1808 年只能从大陆得到六万五千夸特小麦，而在 1807 年曾得到五十一万四千夸特。另一方面，1808 年从美国运来的小麦只占整个进口额的百分之六，而上一年是百分之十四。收成并不错，因此并没有造成什么严重的破坏性后果；但是，可能会突然遭到歉收。此外，英国还要供养葡萄牙和西班牙：美国赶快来援助葡、西两国，这样就间接地帮了英国的忙；然而，美国是否会向英国开战呢？最后应考虑到安的列斯群岛：1808 年，宗主国要向各岛供应粮食。万一波罗的海与美国同时不供应英国粮食的话，那么每年大概至少缺粮两个月，万一碰到收成不好，缺粮就更严重了。有人认为，英国一面定量配给粮食，一面提高粮食的加工成率，并采取其他措施，本来是可以向这些国家供应粮食的。然而，心理上的影响还是很大的。

由此可见，在 1809 年，拿破仑的大陆封锁的成败尚有待分晓；
但是英国人由于过分自鸣得意而往往低估了封锁成功的可能性。356
单靠大陆封锁诚然是不能降服英国的；然而，封锁如果是在整个欧洲严格执行，是可以把英国削弱到总有一天英国自己也认为经受不了这样的危机的，这一危机是不以拿破仑的意志为转移的，但却是拿破仑胜利的保证。对于拿破仑来讲，首要的是扩大他对大陆的统治，同时要保持严格的封锁。但相反地，拿破仑却放松了大陆

封锁。

二、大陆封锁的演进

如果严格地执行的话，推行极端重商主义政策的大陆封锁会使得欧洲不得不依靠自己过活。由于欧洲绝大多数居民还是从事农业生产，所以不用担心衣食问题；由于同样的原因，除了棉花以外，还可以找到油料和纺织品原料；欧洲大陆的燃料和矿产也能自给自足。另一方面，没有殖民地的消费品对欧洲却是一个沉重的打击。人们不得不寻找一些代用品；用菊莴苣代替咖啡；用蜂蜜和葡萄汁代替食糖，在1811年前后，法国就用这些东西生产了二千吨糖；更重要的结果是，至少在那以后，人们重视到用甜菜制糖，这

357 种糖是马格拉夫在1757年提炼出来的，19世纪初，另一个德意志人阿查尔德在西里西亚大量投入工业生产。由于缺乏靛青和红颜料，人们就采用菘蓝和茜草。也有人试种能提炼苏打的植物，例如在罗马教皇各属邦；化学工业很快就推广了尼古拉·勒布朗从海盐里提取的产品。人们尽力把棉花移植到那不勒斯和马拉加的近郊，这取得了相当的成果，因为这提供了法国棉花消耗量的六分之一，法国也通过伊利里亚从地中海东部沿岸诸国进口棉花。然而就棉花来说，困难仍然是难以克服的：没有走私货，纺织厂就不得不关门，尤其是在萨克森和瑞士。拿破仑对棉织工业的态度最明显地表明了他要迫使欧洲大陆能自给自足的愿望。拿破仑对棉织工业从不感兴趣，因为原料依靠外国，道格拉斯在法国建立了毛纺机械厂，拿破仑很早就加以保护；他答应贷款给那些愿意改装机器

采用别的原料进行生产的纺织工业主；他准备发给发明纺麻机的人一百万法郎奖金；1811 年，在皇宫里禁止用棉织品。

即使欧洲得到原料供应，它也不会解决一切困难，因为它的制造能力远远不能满足它的需要。人们可以期望一旦大陆封锁彻底实现而成为保护贸易制，制造能力将取得必要的进展。但这就需要时间，因为机器和熟练工人直到那时都是来自英国；此外，欧洲任何地方的资本都不充裕，而局势也无从鼓起投资的信心。再说，工业中心为数不多、海洋被封闭，要自给自足就必须全面调整分配与运输。因此，大陆封锁打乱了人们的习惯，干扰了所有的常规，侵犯了数不尽方面的利益。船主、商人、海港的工业家都知道他们注定了要蒙受损失。最糟糕的是，消费者，也即所有的人都感到要为封锁而付出代价。他们不喜欢菊莴苣和葡萄汁；毛织品和麻布比棉织品要贵得多；一般说来，企业主和拿破仑本人都想供应市场而不计成本。自给自足的目标从很多方面伤害了生产者与消费者建立在个人自由和劳动自由基础上的独立性，拿破仑自己就曾经 358
到处宣扬过这种自由是新社会的原则之一。反对大陆封锁的阴谋于是就自然而然地形成了，只有军事和警察的专制统治才能使大陆封锁受到尊重。

被拿破仑阻止出口农产品的盟国，由于没有工业，不能从封锁中得到好处，或者像汉撒各城市，由于海上贸易被禁而受到致命打击，这些盟国都或多或少地公然规避它们应负的义务，其程度要看它们还保留着多少独立性。它们只要不执行针对中立国的措施就够了。因此，随着拿破仑的军事统治的波动，大陆封锁政策也时紧时松；开始时它是大帝国的象征，后来它就成为扩张大帝国领土的

理由。它也影响了大帝国的组织,因为它的附庸国并不比它的盟国听话。

荷兰的例子是最能说明问题的。路易在他哥哥的威胁下,于1807 年 9 月 4 日封闭了他的港口。但是,从 1808 年开始,拉罗什富科大使就指出走私的重要性,尤其是在最近归并的东弗里西亚和通往安特卫普的瓦耳赫仑岛,他建议法国合并至少到马斯河的那些地方。国王在一项命令中准许了出口黄油和乳酪。9 月 16 日,拿破仑决定对荷兰人封锁边界。于是,路易便在 10 月 23 日禁止出口,禁止所有商船进港。从法国人看来,这样极端的措施表明了大陆封锁是荒谬的;况且,这些措施刚一执行就被一些例外推翻了。1809 年 6 月,路易重新准许美国船舶进港,条件是这些船上的货物在恢复和平以前应交给国家仓库保存,其实从仓库再把货物运出是很容易的。7 月 18 日,拿破仑设立了从莱茵河到特拉弗河的海关警戒线予以回击,这样,国王又再次退却了。荷兰一再试图采取一些措施,最后导致拿破仑在 1810 年合并了这个王国。

缪拉早就采取了同样的策略。像萨克森国王或法兰克福大公这样的君主,与海洋没有接触,更有理由对于走私漠不关心。自从德意志西部重现和平以来,法兰克福作为一个靠法国边境的仓库贮藏所在,便又兴旺起来,1810 年,据普鲁士的代表说,他在那里从来没有见过这么多的来自殖民地的消费品。莱比锡仍是英国供
359 应中欧和东欧的一个大市场。1810 年,在圣米歇尔[①]博览会上,人们运来了六千五百五十万盾的殖民地消费品;瑞士总是在那里买

① 圣米歇尔当指法国东北部埃纳郡的圣米歇尔。——译者

到它所需要的纺织品：在 1807 年至 1808 年达十九万利弗，在 1808 年至 1809 年，达四十三万利弗，在 1809 年至 1810 年，达九十五万利弗；通过瑞士的领土，英国的出口货到达意大利。这样，大陆封锁就成为强烈要求建立单一制帝国以取代联邦制帝国的原因之一。

甚至在拿破仑独自统治的地方，要禁绝走私也不是一个小问题。由于巨额的利润和普遍的纵容，这一时期走私活动的猖獗是历史上任何时期所从来没有过的。在 1810 年，皇帝亲自点出走私的人马而列出了它的严密组织：计有承包商、保险商、货主、走私帮的头子、搬运夫。就对法国的走私而言，巴塞尔和斯特拉斯堡成了最活跃的走私中心，在这两地走私都可以大发横财。要监视这么长的海岸线，尤其是陆地上的边境，单靠海关人员是不够的，必须实行军事占领；当拿破仑需要调用他的军队时，如 1809 年的情况，到处都打开了缺口；1811 年，由于不能保证监视，他把达尔马提亚和克罗地亚排除在帝国的海关管辖之外。他甚至不能绝对信赖自己的官员。法国驻汉堡领事布尔里埃纳和驻科尼希贝克领事克莱朗博都曾受贿；马塞纳曾在意大利出卖特许证。根据当时期特拉斯堡的传闻，海关职员也会被人收买，其中包括他们的督导官。对于这些弊病，最好的灵丹妙药就是缩短检查的距离；而从中得出的结论总是：应把整个欧洲并入帝国。这并不是拿破仑所不喜欢的。

除非大陆封锁引起一些使他认为将给自己带来危险的后果，什么也不能使拿破仑改变他的政策。德克雷公爵很快就抱怨说，海军得不到来自波罗的海的不可或缺的器材供应。棉纺织业主在由于排斥英国纺织品和扩充自己的企业而感到非常高兴之后，开

始面临困境了,因为缺少原料:如果这样,大陆封锁就不利于他们的事业。不论皇帝对他们的抱怨多么不耐烦,他不得不重视这些问题,因为他最害怕的就是失业。另一方面,帝国的出口减少了。尽管发生了战争,直到 1806 年,出口总是不断地增加的:据估计当
360 时出口总值是四亿五千六百万法郎;1807 年,下降到三亿七千六百万;在 1808 年和 1809 年,还不到三亿三千三百万。有一些工业,尤其是丝绸业,在西部是麻织业,都衰落了,以致又间接地引起失业的严重威胁。海边的盐工、种葡萄的人、英吉利海峡和北海沿岸诸省的农民,同样地怨声载道。黄油、乳酪、水果、蔬菜,以及影响更为重大的商品如葡萄酒和白酒等都难于出售。当小麦充斥市场时,情况就变得更为严重了。在执政府时代小麦一度很贵,这在不少的程度上使得小业主和大农场主都对拿破仑很有好感。在共和十年和十一年,每公石小麦的平均价格超过二十四法郎。从 1804 年开始,由于连年的丰收,价格降到二十法郎以下;1809 年,下跌到十五法郎,在巴黎盆地和布列塔尼,实际上下跌到十一或十二法郎,在旺代郡,还不到十法郎。拿破仑感到很伤脑筋。虽然他不愿面包贵,但也不愿小麦滞销而激起种植者的不满情绪,并使税收发生困难。遇到这一类情况,他从前就曾暂时准许出口,像在旧制度下所做的那样。1808 年 11 月 23 日,勒阿弗尔的一个商人曾经请求允许恢复出口;对此,英国是求之不得要想收购的。

此外,出口问题带有更普遍的意义,因为它关系到贸易的平衡。拿破仑可能比科尔贝尔更容易把贸易平衡和收支平衡区别开来。因为,尽管拿破仑时代的法国也还没有海运和旅游事业的收入,法国资本家当时至少在被征服的国度里进行了某些投机活动,

而战争还给法国取得了大量的硬币。然而，拿破仑的观念还是过
于传统主义的，所以他仍坚持要不惜代价地保证出口的优势。直
到1808年，他并没有成功，尽管贸易逆差已从1803年的八千三百
万法郎下降到1807年的一千七百万。在大陆封锁的其他好处中，
拿破仑看重它具有扭转这种局势的功用。1809年的进口从1806
年的四亿七千七百万下降到二亿八千九百万；从1808年开始，出
现了贸易顺差，在1809年的余额是四千三百万。对皇帝来说，这
是主要的；但是，如果出口不是减少而是保持原来的水平，结果岂
不是更令人满意。他认为既然战争封锁的目的是针对英国的货
币，封锁就不会与他的重商主义理论相矛盾：必须继续向英国人推 361
销而停止向它购买，从而吸收他们的硬币。1808年，拿破仑得知
路易颁发了一些向英国出口的特许证，他宽恕了他，条件是，什么
也不买英国的：“要他们付现款，决不容许以商品交换，绝对不能，
明白了吗？”

然而，拿破仑决不放松对中立国的严厉控制；当他知道杰佛逊的禁运令时，他在1808年4月17日的巴荣纳敕令中宣布，美国此项措施意味着完全取消美国的航运，因此一切自称来自美国的船舶都应视作为假冒，并应宣告为合法的捕获品；他没收了这些船舶，1810年3月23日，朗布依埃敕令规定把这些船舶连同船上货物一起卖掉。中立国的船舶被排斥后，法国的出口商缺少船舶：他们的出口货必然减少了。可能最初这个矛盾并没引起他的重视，他的目光首先注视着法国，他一点也没有注意到，比如，波罗的海的农业国的出口问题怎么解决；即令整个欧洲都被征服了，法国还是帝国的主要部分，而硬币正是应汇集到法国来；大陆封锁使法国

得到了大陆的市场,因此,只要控制住这个市场,法国就能保持、甚至增加它的销售额。但是,法国资源是否足以在大陆市场上取代英国商品呢?靠陆地运输和内河运输的货物供应能否增加到使海上运输成为多余的程度呢?事实给予了否定的回答。而且,如何处理小麦的问题还无从解决。

实际上皇帝的大部分亲信并不赞同他赋予大陆封锁的那种性质,他们都希望恢复1806年以前的制度。夏普塔尔的意见是众所周知的;先后出任内政大臣的克雷特和蒙塔利韦都同棉织业主和港口商人有联系,愿意满足他们的要求。这些人并不打算要求取消柏林敕令和米兰敕令;但是他们暗示,仿效英国人颁发出口特许证是有利的,让中立国也可以得到特许证,而无需还给它们贸易自由也是合宜的。为满足海军和陆军的需要,政府要求在回程时运来某些商品,其他的出港船货只能以硬币付款,这样就可保证获得

362 一个可观的现金顺差。难道科克贝尔·德·蒙布雷在1802年不曾建议在补偿的基础上进行交易吗?难道拿破仑在1807年不曾一度考虑颁发以等量的再出口作为条件的进口特许证吗?与他的《回忆录》所叙述的相反,莫利昂反对这种计划,他指出,即使拒绝准许出口商以实物偿付,他们——或许用欺骗的方式——也会满载而归,而且英国人还会迫使他们这样做;他由此得出结论,英国人的交易可能会收支相符。科克贝尔·德·蒙布雷同样也警告说,如果把小麦运给英国人,那就失去了使他们挨饿的机会。这些后果与一个进攻性的封锁概念是不吻合的。

他们是正确的,但是,大臣戈丹和海关总裁科兰·德·絮西所提出的另一论据使拿破仑让步了。他们说,减少进口,也就会减少

海关的收入，这项收入已经从 1808 年的六千万法郎降到了 1809 年的一千一百五十万。在对奥地利开战的前夕，恢复税收原来的水平是很重要的；另一方面，粮食的出口将使得农民能交纳土地税。事实上，正是在 1809 年 3 月，拿破仑指令拟定一个有关特许证的方案。克雷特的秘密通告在 4 月 14 日透露，这是有关一个特殊的和暂时的权宜措施，是不公开宣布的。这些后来被称为“旧式”的特许证，允许出口葡萄酒、白酒、水果、蔬菜、粮食和食盐，条件是再进口木材、大麻、铁和金鸡纳酒，或者是以硬币付款，外加关税，和为每个特许证缴税三十至四十个金路易。克雷特发了四十张特许证；但是，代理他的职务的富歇，却宽大得多，到了 10 月 5 日，他已发了二百张。然而，戈丹和蒙塔利韦坚决主张也要考虑到工业需要。这样，第二种类型的特许证便在 1809 年 12 月 4 日出现了，后来还在 1810 年 2 月 14 日的法令中加以具体化：每艘船上的出口货的四分之三应是农产品，农产品中又加添了油料和纺织原料；其余四分之一则出口工业产品。

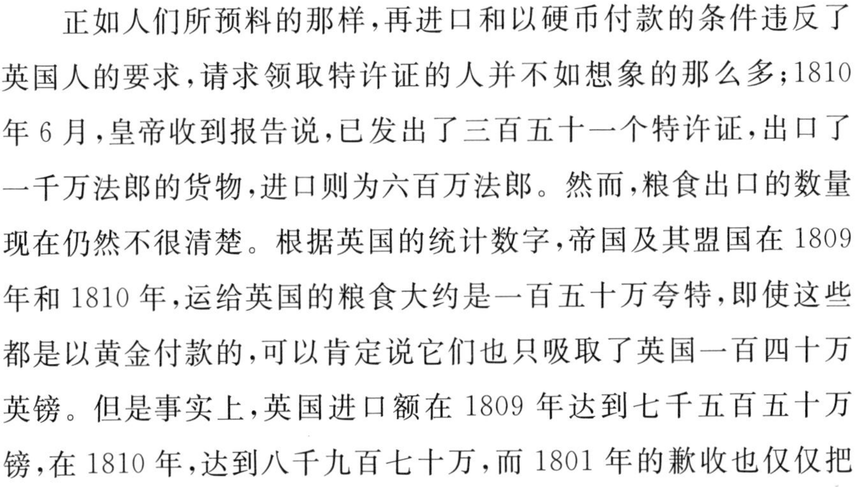

正如人们所预料的那样，再进口和以硬币付款的条件违反了英国人的要求，请求领取特许证的人并不如想象的那么多；1810 年 6 月，皇帝收到报告说，已发出了三百五十一个特许证，出口了一千万法郎的货物，进口则为六百万法郎。然而，粮食出口的数量 363
现在仍然不很清楚。根据英国的统计数字，帝国及其盟国在 1809 年和 1810 年，运给英国的粮食大约是一百五十万夸特，即使这些都是以黄金付款的，可以肯定说它们也只吸取了英国一百四十万英镑。但是事实上，英国进口额在 1809 年达到七千五百五十万镑，在 1810 年，达到八千九百七十万，而 1801 年的歉收也仅仅把

进口额提高到七千三百七十万镑。看来,法国出口粮食可能不限于使用帝国的特许证;从 1809 年 9 月底开始,英国发放了允许到大陆运输粮食的特许证,甚至允许空船去运,拿破仑可能装作没看见,让敌国的商船自由装运,直到 1810 年夏末他才停止出口,因为这年的收成不好。小麦的销售问题是解决了;相反,葡萄种植者、工业家和国库没有理由感到满意。在 1810 年上半年,皇帝认识到这个初步尝试是不够的;他在北部巡视期间,制造业主纷纷向他诉苦请愿。1811 年 1 月 12 日,拿破仑不管禁律,准许缴税百分之四十就可以出卖捕获的货物(只有某些棉织品不在此例):这就是所谓"特准产地"的产品。换句话说,拿破仑准许了某些进口。在出口方面,他在敦刻尔克正式地与英国的走私贩建立了联系;1811 年,这个基地移到了格拉夫利纳[①]。6 月 6 日,他设立了商业和制造业公会,在 6 月底,他着手同该公会一起准备对封锁进行一次总的调整。

此外,一个新的动机促使他走这一步。1810 年 5 月 1 日,美国国会通过"马科恩法案"[②],宣布如果交战国在 1811 年 3 月 3 日以前不取消它们针对中立国的措施的话,就授权总统禁止从交战国进口。要是英国坚持那些措施,拿破仑就可以优待照顾美国,促使它与英国决裂;根据米兰敕令,凡是维护自己中立权利的中立国

---

① 格拉夫利纳就在敦刻尔克西边,属诺尔郡敦刻尔克县。——译者

② 这是美国的第二号马科恩法案,目的在广泛开展对外贸易,其中规定,如果法国对美国撤销限制中立国贸易的各项敕令,美国总统就有权停止对英贸易;如果英国对美国撤销其历次有关的"枢密院令",则总统有权停止对法贸易。拿破仑善于利用此法案提供的机会,而英国迟迟不决,这成为导致 1812—1814 年英美战争的原因之一。——译者

可不受敕令规定的限制；通过外交手段，法国可以抢先推动这一事件的进展，这是一个重大事件，因为它会加强封锁的效能。

1810年7月3日，通过圣克卢敕令，颁发特许证成了正式的制度；后来，特许证发给意大利和汉撒各城市，同时为了照顾波兰人，也发给了但泽。7月25日，另一个敕令把法兰西帝国的海上 364
贸易置于政府控制之下：从8月1日开始，如果没有皇帝本人签署的特许证，就禁止进出帝国的港口；这些所谓"正规化"的特许证是只发给法国人的。因此，拿破仑仿照国民公会，颁布了那种真正的航海条例。既然法国船舶不能出海航行，所以这个文件只是一纸空文。同时美国人被当做一个例外加以优待，这个例外是商业公会于6月25日在一次重要会议上研究过的：7月5日，法国发布法令准许美国人进口，条件是要再出口等量货品。因为麦迪逊禁止他的国民申请特许证——在他看来，特许证意味着损害海洋自由和美国主权——所以法国要把特许证发给美国船主时，就改称为"许可证"，从而规避了麦迪逊的禁令。其实，法国没有他们是不行的；但是，在外交上却大肆宣传这一让步，8月5日，尚帕尼通知说，如果英国那一方面取消各项"枢密院令"的话，皇帝就将在11月取消柏林敕令和米兰敕令。蒙塔利韦建议立刻就给所有的盟国或中立国的商船发放"许可证"；皇帝予以拒绝，甚至扣押了一些丹麦船。由此可见，应该承认，皇帝很巧妙地把急需中立国船舶这一事实变成使美国与英国不睦的外交手段。

7月25日的敕令规定，所有的进口必须以出口等量的指定商品作为平衡，这些商品因港口而异，但总是要有三分之一或者一半是丝织品。如果对一般的货物和英国工业品的进口禁令维持不

变,那么进口的只能是来自美国或大陆的食品和原料:实际上,法国又准许殖民地食品进口,虽然明知是来自敌国的。因此,这就是采取了科克贝尔·德·蒙布雷在 1802 年所设想的方法:国家管制海上贸易,出口最低限度应与进口保持均衡。为了要重新活跃出口,尤其是为了向工业提供原料和向消费者提供食糖和咖啡,拿破仑放弃了出口要用硬币付款的要求。这一巧妙的想法也和救国委员会的指导思想相同;然而,在共和二年,迫不得已而不惜任何代
365 价来进口的法国,同意在必要时以硬币付款;而在拿破仑时代,法国的地位却改变了,它只要求外国人以硬币付款。但同样显而易见的是,皇帝由于同意购买货物,这些购买部分地对敌国有利,从而放松了大陆封锁。

国库与此也有关系。因为每张特许证值一千法郎;海关税则也重新调整,8 月 1 日,公布了特里亚农敕令,把殖民地商品的税率提高到了惊人的程度。美国棉花,在 1804 年是每一公担纳税一法郎,自 1806 年开始,纳六十法郎,调整后要付八百法郎;靛青的关税从十五法郎提高到九百法郎,咖啡的关税从一百五十法郎提高到四百法郎。一边要向工厂主供应原料,一边又这样加重他们的负担,这显得好像是矛盾的;但是,拿破仑不但想通过打击进口棉花来促进民族的纺织工业,而且他还设想英国人不得不考虑到关税而降低他们的价格,使得他们不能再有利可图,而正规的进口将使得购买者不再依靠走私商人。这是太乐观了。英国人控制着市场,能够坚持他们的价格,而过高课税也不会减少走私漏税。因此,取缔走私的措施很快地也就加强了。根据 10 月 18 日颁布的枫丹白露敕令,走私犯要判十年苦役,更不用说要打烙印,而且要

提交新的司法机关“海关法庭”审理，这些法庭是以特别法庭的程序来行使职权的；1812 年，汉堡的法庭在十五天内就判决了一百二十七个案件，其中有些人由于情节严重而被判处死刑。走私的殖民地物品予以没收和出卖，工业品则予以销毁。为了清理市场和开辟财源，还要搜查不顾封锁而已输入的商品。因此，特里亚农敕令便要大举出动警察。在整个帝国，普遍进行了搜查；因为附庸国并不那么愿意贯彻敕令，拿破仑便杀一儆百：在 10 月 17 日至 18 日的深夜，法兰克福被一营兵包围，第二天便被占领了；二百三十四个商人——其中包括贝特曼和罗思柴尔德——眼看着他们未能藏起来的东西都被没收了。莱茵邦联各王侯、普鲁士和瑞士都受到要被入侵的威胁并看到他们的德意志边境已被封锁，于是他们才决定服从拿破仑的命令。

1810 年几个敕令并没有全部收到预期的效果，反而不断地产
生了严重的弊病。新特许证并不比旧特许证更受到欢迎；根据蒙 366
塔利韦的报告，皇帝到 1811 年 11 月 25 日共签署了一千一百五十三张特许证，但只发出了四百九十四张。这些特许证包括四千五百万法郎的出口以及将近二千七百万法郎的进口。至于美国人，他们只领了一百张左右的“许可证”，他们运来了不到三百万法郎的货物，从法国购买了三百五十万法郎的东西。在拿破仑看来，这个顺差证明了这项新办法是行之有效的。实际上，是否获利还是一个问题；考虑到法国商人的利益，官方对出口估计提高了一半，而对进口的估计减少了四分之一；此外，英国人拒绝购买，在伊利里亚，因为要求再出口，英国人便不肯出售食盐，所以皇帝就不得不破例准许他们不必再出口；结果，出口常常是虚构的，其目的无

非是要给进口寻找借口。人们设法欺骗海关,将不值钱的商品装上船,然后抛入海中。不管怎样,虽然工业方面得到了一定的改善,但这还不足以使商人消除敌意。萨瓦里为我们记下了拉菲特很严厉的话;日内瓦商会通过其秘书西斯蒙第之笔对封锁公开进行了批评,使政府各部门都大吃一惊。既然拿破仑不愿像英国人那样随机应变地颁发特许证——这是与柏林敕令和米兰敕令不相容的——那么他最好是一张也不发。

另一方面,清理市场的工作还远远没有完成。通过向法国的驻外官员行贿或者由于地方官员的共谋,人们得以隐藏很多非法商品,或者把这些商品申报为来源合法。对于殖民地物品,皇帝采取了各种权宜之计:他允许以实物交付关税,允许荷兰将没收的货物运入帝国按半价折算,同意丹麦放宽期限把荷尔斯泰因的存货进口到汉堡,后来又接受普鲁士所没收的货物作为支付一部分战争赔款;让所有这些商品都在市场流通,结果就一发不可收拾。而且,这一套方法引起了激烈的动荡。销毁没收的工业品,使这些商品的拥有者陷于破产;为了重新获得这些殖民地物品,就得缴纳巨
367 款——在法兰克福达九百多万——其中很多是不能预先付款的;每个国家都坚持按本国利益来执行特里亚农敕令,这使得商品流通阻滞,直到大家同意只征收一次关税为止;即令是这样,还是发生了由于普鲁士接受以其贬值的纸币付款,因而它的纳税证书终于被其他国家拒绝的情况。这个打击引起了 1811 年的经济大危机,因此,过高的关税制加重了原想用特许证来防止的弊害。

精神上的影响也不好。特许证和特里亚农敕令引起了思想混乱,使得人们以为皇帝承认了错误而将放弃大陆封锁;8 月,在给

予美国保证以后，蒙塔利韦一时也有这样的错觉。枫丹白露敕令以及大张旗鼓地加以实施使人们大为失望；他们自认为所受的打击比英国人所受到的还要严厉，他们认为，把他们所迫切需要的东西在广场上焚毁或者扔到河里去是令人愤慨的；十分必要时，政府可以设法说服法国人相信，这样做是出于民族利益的需要，但这并不能说服其他国家人民。在彼得堡的美国使节曾称之为"一种汪达尔人[①]的政策"，这是普遍的呼声。另一方面，只给法国人发放特许证，拿破仑就证明了那些把大陆封锁看作仅仅是有利于统治国法国的意见是正确的，而破格优待美国人，则又引起了附庸国及盟国的愤慨。自1809年底开始，缪拉也勾结了富歇、乌弗拉尔以及拉布谢尔颁发特许证，俄国看到粮食从帝国运出，便要法国做出解释。俄国没有执行特里亚农敕令，奥地利也是如此。最后，亚历山大又采取自由行动：既然法国与敌国做买卖，又允许美国船舶进港，于是他在1810年12月31日便又对中立国开放了俄国的港口。这样，新措施既危害了大陆封锁，同时也动摇了大陆体系。法国与俄国决裂还有其他的原因；但是，如果按照大陆联合的精神，给附庸国及盟国像给法国一样地发放特许证，使它们能在帝国各港口作买卖的话，那就可以避免给俄国提供借口，而这也无损于照顾美国人的利益。在这种情况下，1810年的航海条例是毫无用处的，它是拿破仑顽固地奉行重商主义政策的既不合时宜而又危险的一种表现。 368

① 汪达尔人是古代日耳曼民族的一支，原住今波兰境内。公元5世纪西迁经今法国和西班牙而到北非，建立汪达尔王国。据说他们所到之地，破坏艺术文物，故欧洲人往往称野蛮破坏文物，故意毁坏他人财产者为汪达尔人。——译者

撇开这个错误不谈,当代人的谴责也不能抹杀拿破仑政策的精明的一面。他一刻也不打算放弃大陆封锁,在改进大陆封锁时,工业的困难在他的心目中仍处于次要的地位。他立意要解决的主要是财政问题。要发动对奥地利的战争,他必须有钱:允许农民出卖自己的粮食,他就能够取得税收,这一点英国人也注意到了。1810年,他预见到,要准备对俄国战争,就需要更多的钱:在这一年年底,据估计,特里亚农敕令和枫丹白露敕令给他提供了一亿五千万法郎,而且还不包括没收商品的销售。他始终都按照眼前的需要来制定政策,得到他所想得到的东西。同时,他把争取美国的外交手段与这项财政措施巧妙地结合了起来,在这方面,他也取得了成功。麦迪逊认真对待拿破仑的诺言,在1810年11月2日,恢复了与帝国的自由贸易,而仍禁止英国的进口。

至于柏林敕令和米兰敕令,它们还是不可动摇的,毫无疑问,如果拿破仑认为发放特许证可能会损害这两个敕令的效能的话,那么他就会毫不犹豫地取消这种制度:因为正如在1809年那样,特许证只不过是一个临时的措施。在拿破仑的心目中,如果美国不是注定要对英国宣战,他也不会继续给美国发放"许可证"。他在1811年3月24日斩钉截铁地向巴黎商人宣告:

> "我把中立国的船舶看做是领土的延长。任何国家如果听任其船舶被侵犯,就不能被视为中立国的。美国贸易的命运很快就会决定了。如果美国遵从这些敕令的话,我就厚待它。否则,就不准美国商船进入我的帝国港口。大陆必将屏绝来自英国的进口。一定要从头到脚武装起来执行我的各项敕令。"

果然，1811 年，英国又回到 1808 年的苦日子了。瑞典刚刚加入大陆封锁，在波罗的海，英国的船队再也找不到一个可以自由靠岸的港口。1810 年 9 月，英国船队受到沉重打击。当六百艘商船在海峡里被大风所阻试图在海峡南岸靠岸时，有一百四十艘被拿捕了，据估计，这些船上的货物值一百五十万英镑；瑞典也就参与 369
没收了另外一百艘商船的货物，价值五十万英镑。荷兰和北海的德意志海岸现在都被并入了帝国，向俄罗斯进军的大军涌入德意志，加强了监视。英国的出口从未受到过这样沉重的打击。1810 年，英国向北欧的出口，包括法国在内，已提高到七百七十万英镑，再出口也达到九百一十六万英镑。1811 年，这些数字却分别下跌到一百五十万英镑和一百九十六万英镑，即仅等于 1805 年的价值的百分之十四点五和百分之三十二点二。同一年，英国只向美国销售了一百八十七万英镑货物，而不像 1810 年那样是一千一百三十万英镑；与此同时，在西属美洲所开始的骚乱使英国对新大陆（美国除外）的输出总值下降到一千三百万英镑以下，而 1810 年却是一千七百五十万多。1811 年，英国的出口总共下降到三千九百五十万英镑，即相当于 1805 年的百分之八十二，相当于 1810 年的百分之六十五。

或许有人辩解说，这是由于英国在 1811 年遭受到一次严重的工业危机；但是，工业危机的后果是价格惊人下降和库存大量增加；如果英国的销售额有所减少，那是因为人们拒绝买英国商品，而并不是英国缺乏商品的缘故。因此，大陆封锁是进行得很顺利的；从前有些拿破仑不能控制的因素是不利于他的，现在却变得对他有利了，而且正如对 1811 年危机的研究所表明的，还存在着其

他有利的因素。因此,拿破仑那么自信是容易理解的:“我知道有人公然谴责我的措施,”他在 1811 年 3 月 24 日还这样说:“然而,最近从英国来的人,看到中断大陆贸易后所开始产生的后果,不得不说,可能皇帝是对的……,或许他会完成他的计划。”

可是,他并没有利用他所有的这些有利因素。当他看到英国继续在大陆推销货物、带回现金或以补助金的名义将这些钱交给反法同盟各国时,他很生气:但是,这只能怪他自己。因为,他尊重国际间银行的结构,这个结构既支持了英国的贸易,也保证了在支付中和商业纸币的流通中还起着重大作用的硬币的周转,而商业
370 纸币至少在西欧对于贸易往来是必不可少的。正如荷兰的大臣瓦尔肯纳尔于 1808 年 1 月 25 日上奏国王路易所写的:

> “大陆上流通的英国制造的产品中,对英国人最有利可图或最重要的是银行的纸币。……靠了它的魔力,支持着遍布世界各地的巨大的英国贸易网……。这就是所有欧洲大陆市场上直接向英国提款的,或者间接地向英国人的账户提款的汇票与证书制度的强大作用。”

此外,黑森的选侯和荷兰的资本家要向英国人推销公债,甚至罗思柴尔德要获得法国票据来汇款给威灵顿,银行都起着中间人的作用。银行的中心是阿姆斯特丹、汉堡和法兰克福。荷兰的赫普—拉布谢尔银行同汉堡的帕里什银行彼此都有交往,也同伦敦的巴林银行和巴黎的金融家保持着联系;大陆上的罗思柴尔德家族与居住在伦敦的他们的兄弟内森保持着联系,在 1811 年,他们中的三个人,詹姆士、查理和萨洛门到巴黎来做生意,詹姆士就留

下来创办了他们家族在法国的支行。当时大陆上的大银行都在皇帝的控制之下。然而，尽管硬币的出口在帝国还是被禁止的，但在其他地方并不是这样，荷兰甚至在被合并后也还没有中断硬币的出口。至于商业贴现，各地从未中断过，尽管《政府通报》在1807年停止公布伦敦的汇兑牌价。谁都认识到这是个最棘手的问题。瓦尔肯纳尔说，商业证券是唯一的不被禁止的商品："要打击的正是这个东西"；因此，他建议把所有的与任何英国人的利益或信用或账户有关的任何汇票的发行、承兑、背书、贴现、运送或支付都视为重大叛国罪。毫无疑问，路易设法使这个意见不给他的哥哥知道；但是，这个政策上的漏洞还是被莫利昂和拿破仑注意到了，拿破仑在1811年对"英国商业的贴现者"大发雷霆。然而，他并没打击他们。这一疏忽只能用他的重商主义观点来解释。尽管他要阻止英国人销售，他却不放弃向英国人出口，并向英国人赚取硬币。

荷兰继续从国外投资取得巨额收入，拿破仑不打算放弃这样做；打击国际银行界，就是打击自己。曾导致他制定柏林敕令和米兰敕 371
令的那种好战的狂热，是不容许有类似的宽容的：因此，尽管他自己也许不承认，他还是抑制了这种狂热。

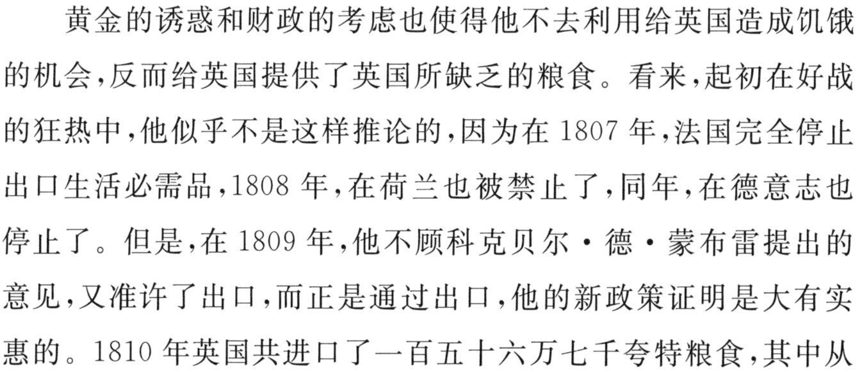

黄金的诱惑和财政的考虑也使得他不去利用给英国造成饥饿的机会，反而给英国提供了英国所缺乏的粮食。看来，起初在好战的狂热中，他似乎不是这样推论的，因为在1807年，法国完全停止出口生活必需品，1808年，在荷兰也被禁止了，同年，在德意志也停止了。但是，在1809年，他不顾科克贝尔·德·蒙布雷提出的意见，又准许了出口，而正是通过出口，他的新政策证明是大有实惠的。1810年英国共进口了一百五十六万七千夸特粮食，其中从

帝国及其盟国进口的就达一百三十万六千夸特;正像拿破仑所希望的,英镑的汇兑率下降了,英国的黄金外流了;但是,英国却积存起储备粮;其证据是,尽管1810年歉收,它在1811年也只不过进口了三十三万六千一百三十夸特小麦,而且其中三分之一却来自普鲁士,同时,在1810年每夸特的平均售价是一百零三先令(大约相当于四十四法郎一公石),现在却下降到九十二先令(即三十三点五法郎一公石)。毫无疑问,没有大陆的援助,英国会缺少几星期的粮食,即使英国能设法渡过难关,价格也一定会惊人地暴涨。正在这个时候,英国遭受到一次空前的经济危机:拿破仑却预先断送了可能是达到其目的的唯一机会。

三、1811年的危机

在这场危机中,特里亚农敕令和枫丹白露敕令起了重要的作
372 用;然而,不管有没有这些敕令,危机总是会爆发的,而且,还应指出的是,拿破仑可以得到一些不以他的意志为转移的情况的帮助,这又是一例。从本质上讲,资本主义生产包含有周期性的混乱;战争和封锁创造了一些加速周期性混乱的不利条件。欧洲大陆也不免遭受其害;当然,正由于英国经济是先进的,所以它受到的损失要严重得不可估量。

从1807年以来,价格已人为地上涨了;比如在英国,波罗的海的供应品、丝绸和棉花的价格从1808年起就不止翻了一番;加拿大的租船费涨了两倍,里加的涨了三倍还要多;1810年,人们计算过,一艘一百吨的船,从加来到伦敦的来回航程,要花费五万镑;从波尔多到伦敦的来回航程要花费八万镑。其结果是，海上贸易冻结了越来越多的大量资本。同时，危险不断增加，这不仅仅是由于拿捕和没收，而且也由于价格的过分的和突然的改变。因此，在巴黎，来自巴西伯南布哥的棉花在1806年是每磅值七法郎，在1807年，每磅值十五法郎，在1808年，每磅值二十四法郎；在1810年，每磅保持在十二至十四法郎之间。在汉堡，1808年年初，一袋棉花的标价是七十五盾，在年中是二百六十盾，在年底，是一百七十五盾；在伦敦，价格摆动稍微小一点，但仍给投机活动开辟了广阔的前景。在汉堡，帕里什的父亲在1800年已经慨叹定期的投机活动的风尚吸引了商人：这种风尚最后占了优势。在英国，人们对一切商品进行投机买卖，并为这一目的而组成了一些公司。

在大陆上，人们主要是对殖民地产品感兴趣；在法国，人们在大城市里可以找到这种机会；然而，到达法国各大城市的商品较为稀少，人们在阿姆斯特丹或在汉撒各城市则更活跃得多；巴黎的银行在那些地方进行了大量投资，他们或者是为了自己，或者是为了 373
他们的顾客；在1810年，人们引证卡沃咖啡馆[①]老板在安特卫普大量投资于殖民地消费品。正是交易所看涨的投机商在进行操纵，他们总是玩弄手段，特别是捏造假消息；1807年4月，为了要使棉花涨价，人们在巴黎散布说，英国封锁了里斯本。在荷兰，大银行为了控制市场，便购买仓库的存货。在英国，政府不断地借款，其注意力也是放在有价证券上。在这一方面，优势则是掌握在

① 卡沃咖啡馆是1729年创办的，发起人都是当代作家，成为文人名士聚会之地。以后两度改组。1805年重建，称为“现代卡沃”。——译者

证券看跌的投机商手里；交易所的经纪人更是不断地把英国统一公债贬值，因为银行家不肯——除了一个例外——提供贷款给远期交易；这些银行家贷款给别人时收百分之五的最高的合法利率，而他们自己借款时，条件却要好得多。英格兰银行通过戈德史密斯银行来迎击这些投机商人。在巴黎，有价证券的投机活动远远没有达到这样严重的程度，然而也没有被忽视，政治的不稳定引起了证券的剧烈波动。当塔列朗主持外交时，他利用职权取得情报来进行投机买卖，大发横财。莫利昂大臣竭力提高公债价格；但是卖空的投机商总是不断地证明拿破仑抨击是有理由的。投机的风气侵入了商业和工业。英国市场出现过两次大景气：一次是在1807年和1808年，当时波帕姆宣布英国攻占了布宜诺斯艾利斯，同时人们也得知西班牙的属地已宣布费迪南七世为君主，从此就把英国当作它们的盟国；另一次是在1810年，当时法国最后的殖民地都被英国攻占了，美国人又在欧洲出现。为了满足订货，工厂增加了，家庭手工业者由于租借或者赊购织机而改进了工具。在法国、萨克森、瑞士，由于禁止英国的棉织品，也引起了类似的后果；人们同样进行了大量的投资，其结果是雇用人员的薪给工资大大地加重了企业的负担，使这些企业随时会受到危机的打击。

尽管以上的一些情况说明了为什么生产的投资高度活跃，但如果没有通货膨胀和信贷膨胀，这种活跃也不会发展到这样的程度。在这一点上，英国的情形与法国的大不一样。使钞票与黄金
374 割断关系之后，英国政府努力保持健全的财政制度，以此避免滥发纸币，总之，这种努力是成功了，这无疑的是由于增加了税收，因为，从1804年至1811年，税收几乎总是弥补了开支的一半以上；

而且还由于资本充足，由于政府按期还本和干预交易所的活动而努力维持统一公债的信誉，所以政府总是能够设法获得长期或短期的借款。尽管这样，政府还迫使英格兰银行手头保持巨额的财政部证券，从1808年开始是四千多万英镑，结果纸币发行量得以增加。人们不知道增加的实际数字，但是，从1805年的一千七百万已增加到1811年的二千三百五十万。那一年，一个调查委员会证明，最近发行了二百万英镑钞票。另外，现在地方银行已增加到八百家，可能已发行了四百万至五百万的纸币。最后，银行经营的方法大有改进：四十六家银行参加了银行间的票据交换结算，资金的流通得以加快。物价也在继续高涨：与1790年相比，1809年的指数是176。它是逐步增加的，由于工资的提高总是落后于物价的上涨，而货币的大量供应减低了利息，所以，毫无疑问，通货膨胀可能有助于鼓舞创办企业的精神。然而，当代一部分评论家确信，私人银行——如果不是英格兰银行——提供了过多的信贷，我们对这一点是可以相信的。最后，为了招徕顾客，商人自己也同意延长付款期限——十二至十五个月，在拉丁美洲以及地中海东部沿岸诸国，还不要充分的抵押品。

在大陆上，大多数的国家也发行了纸币；由于大陆各国经济还是落后的，所以生产并没有受到刺激。相反地，拿破仑断然地取消了纸币；但他还是千方百计地设法增加金币的储备，战争使他获得了大量赔款，其中大部分被运回帝国；因此，在那里资金流通也同样地增加了。然而，可以肯定的是，在帝国里信贷膨胀了，尤其是通过一些不健全的手续，像在执政府时期那样。银行还是不多，外省银行尤其很少，商人、工业家以及投机商都通过抵押他们的不动

产或者通过金融汇票，而继续获得信贷；尽管法兰西银行进行了改
375 革，但还不能肯定它不继续接受通融汇票，因为有人证明马丹的儿子，一个日内瓦人，他是法兰西银行查账员之一，却在1811年由于经营投机事业以及被认为是牵涉到一宗走私案件而破产了。

因此，没有1810年的各项敕令，危机也必然会爆发的。事实上，至少在英国，危机是发生在这些敕令之前。在英国尽管经济比以往更活跃，但是由于货币虚弱，所以从1809年起，经济就开始显得委靡不振。自1806年以来，金银的价格并没有提高，但英格兰银行的现金储备，从1808年的六百多万镑，一下子降到四百万镑，在上一年，一英镑在巴黎还值二十三法郎，在汉堡还值三十五先令，这一年突然下降到二十法郎和二十八先令。从1809年8月开始，李嘉图就发出了警报，并开始了一场在货币学说史上一直很著名的争论：他把危机归罪于通货膨胀，并把责任推给英格兰银行；赫斯金森出来为英格兰银行辩护；1810年2月，英国众议院任命了一个调查委员会，该委员会在1811年发表的报告支持李嘉图；这个争论直到今天还没有结束。贵金属的溢价必然要引起一定程度的贮藏；但是，资本并没移往国外，因为政府能轻易地借款，此外，资本又能逃到哪里去呢？所以，兑换率的下降以及黄金从市面消失的原因在于国家对外的支付，而不在于通货膨胀。对外支付由于伊比利亚半岛的战争，由于给予葡萄牙人、西班牙人和奥地利补助金，最后，还由于购买粮食——在1809年就增加了大约六百万镑，而大大地增加了；简而言之，从1805年至1807年，英国在大陆上平均每年支付了约三百万镑左右；在1808年，总数超过了六百五十万镑，在1809年，超过了九百万镑，在1810年，超过了一千

四百万镑。还应该指出，英国在世界其他地方也要付款来维持其驻军、船舶和机构，以及支付外国人在英国投资的利息：这后一项，仅荷兰就从伦敦拿走了三千二百万盾。最后，贸易收支的逆差在1809年是一千五百五十万英镑，在1810年是八百九十万英镑，在1811年达到一千一百一十万英镑。

即使收支平衡，毫无疑问，内阁还是不得不把硬币送到大陆上去，而且数量很大：其中一部分是由英格兰银行提供的。最重要的原因是财政部的玩忽职守或者无能。据内森·罗思柴尔德说，有 376
一天，在知道东印度公司力图售出大量银币后，他赶快买了下来又马上转卖给未能找到银币的财政部主计长；接着他又负责将此款送给威灵顿，为此，他把款先送到法国，在那里买了到西西里、马耳他、甚至到西班牙支取的汇票。然而，英国政府的收支总不能正常地得到平衡，因为战争、封锁、开辟遥远的新市场给贸易造成的种种条件，使得外国的付款既迟缓而又不正规，而政府若拖延偿付国内债务势必造成损失；鉴于同样原因，票据换兑常常不可能实现：例如，政府不能够用在德意志支取的票据来供应威灵顿的需要。因此，垫款和运送贵金属是不可避免的。受到影响的不仅仅是汇兑率，因为不可能为这些汇划提供确切可靠的保证；在1812年4月底，威灵顿发现自己缺少五百万比塞塔。拿破仑对英国出口的打击，也给英国制造了一些军事上的困难。

如果李嘉图的主张占优势的话，皇帝的成功就可能更大，因为李嘉图的结论是恢复金本位。如果是那样，英格兰银行就再也不能垫付硬币，英国政府就难于维持驻扎在半岛上的威灵顿的军队。此外，还可能产生通货紧缩的危机，从而限制生产活动，并使资本

市场紧缩;财政部也会难于筹款。在这种情况下,怎样能为战争筹款呢?很奇怪的是,英格兰银行的反对者们竟丝毫没有觉察到这些后果。在学理的论证下面,无疑的隐藏着私人利益:因为金本位的恢复就阻止英格兰银行去维持统一公债,卖空的投机商就会得胜。同样可能的是,支持李嘉图的人并不缺乏卓识远见,他们明确地认识到,他的论点会导致与法国媾和。政府却痛斥这一危险的步骤。首相帕西瓦尔写道:“我不得不把所建议的措施视同议会正式的宣言,它要表明我们不论在哪一种和平条件下都必须屈服,而不愿继续作战。”因此,恢复金本位的建议在1811年5月10日便被议会否决了。贬值持续下去;1811年,储备金降到三百万;黄金
377 的溢价现在达到四分之一;法郎价值超过英镑的百分之三十九,汉堡先令超过百分之四十四。在国内,靠收租息过日子的人闹起来了,金勋爵向其佃户要求相当于钞票价值损失的额外加息。结果,议会只得决定钞票应成为具有票面价值的合法货币:于是英国在无准备金的条件下,实行强迫规定纸币牌价的制度,这种情况总是给靠固定收入的人带来一定的损失。

在1810年上半年期间,货币危机有如封锁一样,并没有引起工商业者的不安。相反地,英镑的跌价有利于出口。但是,在耗尽他们的贷款或者把他们的流动资金完全变为固定资本后,国外付款的不足终于使他们陷入了困境。人们主要是归罪于拉丁美洲。1810年8月初,曼彻斯特的五家商行负债二百万而破产了,从此掀起了破产的旋风。受到这些破产打击的各银行中止了信贷,从而引起了更多的破产,或者迫使制造商放慢生产速度,继而停止生产。物价暴跌:1811年的指数是158而1810年则是176;殖民地

物品跌价一半;咖啡跌价将近三分之二。拿破仑再也不能选择一个更好的时机来加强大陆封锁了;他的种种严厉措施,波罗的海的扣押英船以及由此而引起的英国出口的惊人的减少,都使危机加重并持续更久。1811 年这一年的突出特征是工业一蹶不振,主要标志是生产速度放慢、制造品价格下跌和普遍失业。英国全部工业生产的指数是六十四,而在 1810 年是七十四点八。在生产出口品的大工业中,产量下降无疑地是更为显著:1811 年的产量只有 1809 至 1810 年的百分之二十五左右。当时有些工业家在指望各项枢密院令即将撤销,美国市场即可重新开放,因而为了美国市场而继续生产,如果不是这样的话,产量就会更大幅度下降,造成的失业现象就会更加严重。在 1812 年,直到 6 月 23 日撤销枢密院令之前,萧条现象继续存在。撤销后各出口工业立即调出全部库存,准备尽快运往美国:无可置疑这有助于恢复生产,然而好景不长。美国宣战的消息传来后,又使工业萎缩不振,直到英国得知俄国遭到拿破仑攻入的不幸消息后才又得恢复[①]。就 1812 年全年而论,英国全部工业生产的指数只恢复到比 1811 年稍为高一点: 378
1811 年是六十四,1812 年只是六十五点三。如果说,由于大陆封锁和麦迪逊的政策加在一起就使英国工业陷于瘫痪,这无疑是过甚其词,但英国工业受到了严重打击,这是可以肯定的。

社会的反响是激烈的。1811 年 5 月,纺织厂每星期只开工三天;在波尔顿,每周的工资降到五先令,三分之二的织布机停了下

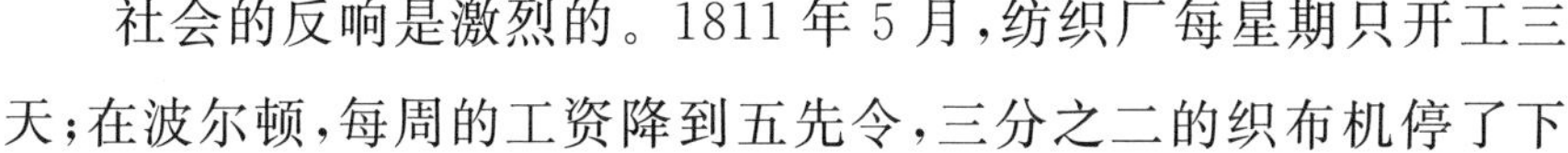

① 美国国会在 6 月 19 日已通过对英宣战,英国迟到 6 月 23 日宣布撤销枢密院令,拿破仑在 6 月 24 日越过涅曼河,因当时尚无电讯,消息要过几天才到达,以致有此一段曲折。——译者

来。既然长期以来工人把他们的苦难归咎于采用机器，所以机器就成了他们攻击的对象；3 月，诺丁汉地区开始发生骚乱，到 11 月就变得极其严重了；1812 年，骚乱蔓延到约克郡，德尔比郡以及累斯特郡等地。兰开夏和柴郡也爆发了起义。在这些地区，市场上的骚乱与破坏机器混杂在一起，因为面包价格仍然昂贵。自从 17 世纪以来，英国还没有发生过像 1812 年这样持续最久，蔓延最广的极其严重的骚乱；某些地区曾经有几个星期实际上落在造反者的手里。英国政府不得不出动正规军队一万二千人来镇压这些骚乱。1812 年的事件无情地暴露出英国经济和社会结构的缺陷(即使不说是罪恶的话)，暴露出英国地方政府陈腐过时的管理制度的无能。

拿破仑出卖粮食所造成的错误明显地呈现在这一点上；谁也不能说，如果再加上饥荒，使这次危机更为严重的话，将会发生什么情况。尽管危机严重，它还没有使英国惊惶失措；贵族和资产阶级虽然感到不安，却都能保持沉着镇定。财政也顶住了这场风暴，尽管支出增加，从 1810 年的一亿二千八百万镑增加到 1812 年的一亿四千七百万镑，而收入却稍有减少，其中海关收入因价格降低在 1811 年和 1812 年减少了二百万。政府在 1809 年曾举债二千二百五十万镑；1810 年，减少了一百万；但是在 1811 年，又借到二千三百五十万，在 1812 年达到约三千五百万；由于这样举债仍感不敷，政府在 1810 年另外又获得短期借款三千七百万镑，在 1811 年获得四千一百万镑，在 1812 年获得四千五百万镑。要耗尽英国的储备金，还需要有一个更长时间的动乱。

虽然英国的种种困难增加了皇帝的自信心，但是他也不能免

受他在1810年所采取的措施的副作用的影响。这一年的5月，布 379
列塔尼所发生的一些宣告破产事件已引起了巴黎一定程度的不安；然而引起大陆上危机的却是特里亚农敕令。危机是从汉撒各城市和荷兰开始的：人们在这些地方比在其他地方更肆无忌惮地在殖民地物品方面进行投机活动，以致在实施这一敕令时蒙受损失最大。在9月份，卢卑克的罗达银行由于亏本二百五十万马克而破产了；不久，阿姆斯特丹的德斯梅特银行停止了付款。由于巴黎各银行同这两家银行都有密切联系，商人的惊慌在11月份的商业公会里充分表现出来，12日，富尔德银行、西蒙斯银行——老板是朗热小姐的丈夫——和其他三十七个公司相继倒闭。结果，到处人心惶惶，塔列朗甚至建议一切都延期偿付；1811年1月，那个自旧制度末期以来都未曾停止过投机活动的比德尔曼，和其他六十个商人也一起垮台了。倒闭之风逐渐波及全国各地，各制造行业都发生严重的失业现象。由于拿破仑的粮仓已经全部出清，小麦每公石的平均价格在1810年重新超过二十法郎，收成不好又使麦价上涨，一直持续到1811年。在法国并没有像在英国那样发生骚乱；但是，我们知道拿破仑对类似情况下的这种骚乱是多么的恐惧。

不论在伦敦还是在巴黎，人们都不喜欢政府的干涉；英国内阁和议会日益倾向于采取自由放任的政策；尽管拿破仑倾向执行相反的政策，但他对工业家，尤其是对银行家和商人并没有好感，他严厉地斥责他们进行疯狂的投机活动而自陷困境。然而，英国和法国都不得不为失业问题采取补救的办法。英国议会像在1793年那样，拨款二百万镑来提供贷款，但须以商品为担保。在法国，

皇帝首先尽力向法兰西银行购买一定数目的股票，并责成它在外省开设分行以便获得更多的商业贴现；他也打算创立一个以商品为担保进行放款的银行。最终，他只能像 1807 年那样对个别地方或个别人提供援助。亚眠商会获得了一笔政府贷款来创立一项紧急救助基金；像图尔东—拉韦尔银行或者鲁昂的杜瓦扬银行这些大银行，以及像巴黎的里夏尔与勒努瓦和阿尔萨斯的格罗—达维
380 利埃这样一些重要的制造商也获得了政府的贷款；据莫利昂大臣估计政府发放的贷款共有一千二百万或者一千三百万法郎。另外，国家购买的货物增加了。在里昂，拿破仑买了价值二百万的丝织品和六百万的其他商品交给领有特许证的出口商；他不是自己出面，而是通过奥坦热银行在各地发放二百万贷款进行订货，在鲁昂发放的款子最多。

1811 年的危机对这两个交战国都是严重的考验，其最奇怪的结果是使它们彼此更加迁就，使它们协调各自的特许证制度以便更容易交易。在英国，商人们的意见能够引起注意；他们对商务部施加强大的压力。但是，似乎他们从大陆得到了一些许诺或鼓励，大概是在富歇、乌弗拉尔同拉布谢尔的谈判中，从荷兰得到的，同时也从比利时得到了许诺和赞助，因为根特的商人兼郡政务官范阿肯把从英国寄给他的信件转给了蒙塔利韦，这些信提出一些试探性建议。1810 年 8 月，英国商务部准备接收拿破仑同意通过特许证而出口的商品，条件是拿破仑要接受英国产品及殖民地物品作为交换；11 月，商务部取消了它的诺言。由于危机的不断加深，商人又对商务部进行非难；例如，1811 年 4 月 14 日，格拉斯哥商会要求与敌国签订协定。11 月 15 日，英国报刊报道，今后在互惠

的条件下将准许对法国贸易；其实，14 日的一个通告已准许法国酒进口；1812 年 2 月，莫利昂宣称，英国将为此提供仓库："这样一件大事将被视为这个时代的奇迹之一。"

英国商务部并没做到这一步；但是它给法国商船提供了一些方便，取消了对金鸡纳酒及大包棉花的禁运，允许敌国的臣民在英国定居以便通过特许证来组织贸易，并表示它的意见，愿使保险商能够对运到法国去的船货报价。这似乎使拿破仑惊奇不已。蒙塔利韦却抓住了这个机会，在 11 月 25 日，建议使特许证符合英国的条件：以酒和丝织品来换取食糖。他似乎取得了胜利，因为，在 12 月为此颁发了大量的特许证；在 31 日，还决定接受咖啡、染料、皮革和药品，1812 年 1 月 13 日，皇帝在大臣会议上谈到要进口四十

五万公担食糖的事。直到 2 月份，他还在签署特许证；从 3 月至 7 381
月，特许证发得很少了；但是，莫利昂的报告在从俄国撤退中被丢失了，所以很难准确地知道经过的情况；无论如何，从 7 月至 10 月，拿破仑颁发了二百九十九张特许证，主要是为了把棉花运到鲁昂。在 1812 年，拿破仑可能总共签署了七百九十九张特许证。英国人越来越显得态度和好，从 1812 年 3 月 25 日起，英国人颁发了符合法国所采用的制度的那种特许证。

这项默契有利于国际金融界，只有国际金融界才能够非正式地出面调整英法两国的特许证制度。正是在这种情况下，罗思柴尔德家族的人在巴黎开业了，像我们在上面说过的那样，他们得以给英国财政部帮了大忙。根据蒙塔利韦在 1813 年 1 月 6 日的一个报告，帝国大约出口了五千八百万法郎的货物，进口了二千二百万。在英国，大家知道这个差额是对法国有利的，但还是命令要不

惜一切代价地进行销售。不过我们没有理由夸大这项贸易的重要性。如果英国的出口在 1812 年又增加起来的话,那主要应归功于俄国和瑞典的市场的重新开放,以及在大军撤离了德意志之后恢复了走私活动。帝国所受的影响要少得多,似乎相当迅速地复原了。1812 年的最后三个月中,在根特,转动的锭子差不多达到 1810 年的数目,织布机比 1810 年还多一点。在意大利王国,丝绸及丝织品的出口又超过 1809 年,贸易总额差不多等于 1810 年的;里昂及鲁昂也开始生产了。在冬春两季中,已出现了歉收情况。但在拿破仑看来,这只是暂时麻烦。无论如何,大陆经济经受住了封锁不可避免地所引起的烦扰。拿破仑比以往任何时候都更不想放弃封锁。1812 年发放的特许证与以前的完全一样:这个权宜之计对英国人而不是对法国有害,因为贸易的差额对英国人是不利的;在出口粮食方面做出让步之后,拿破仑并没有充分利用这一危机;但是,如果从俄国凯旋,他就有可能更好地、更有效地实施他的各项敕令,因为他统治的范围还会扩大。

对于他的敌人来讲,情况并不利。在危机使市场得到改善并降低了价格之后,英国工商业又恢复了;破产的数目在减少,但和
382 1810 年的一样多;英国的出口又回升到五千多万镑,超过了 1811 年的价值的百分之二十八。但与 1810 年的相比,还少百分之十七;尽管进口总的来说是恢复了,但食糖及咖啡的进口又减少了,这证明了殖民地物品市场存货还是过多;同样,成包的棉花降到六万三千镑,而 1811 年和 1810 年却分别为九万一千镑和十三万二千镑,从这个衰弱的迹象就可以断定,出口主要是利用了清理破产者以最低的价格出售的库存货。英格兰银行的黄金继续地外流,

汇兑率也没有明显的好转。小麦的价格老是上涨,到1812年8月,达到了一百五十四先令。工人的骚乱比以前更激烈地又爆发了。另一方面,皇帝要是在俄国打了胜仗的话,毫无疑问地会封闭地中海东部沿岸诸国的市场,美国的市场又已经失掉了。麦迪逊援用拿破仑的诺言,曾于1811年2月2日要求英国取消"枢密院令"。在舆论的压力下,伦敦的内阁于1812年4月21日同意了这个要求,只要证明皇帝已经废除了他的各项敕令。于是马雷作出了一个相应的决定,并把这一决定的日期倒填成1811年4月28日,惊讶不止的英国人便决定于6月23日实行。然而这太晚了。6月19日,麦迪逊借口"强迫征募"问题总是悬而不决,已对英宣战。

封锁总是可以用来达到好几种目的。在18世纪,英国人主要是用封锁来发财致富;在今天,封锁的目的主要是摧毁敌方的军事力量。拿破仑的封锁是处在这两者之间的过渡阶段。它预示了封锁的发展前途,因为它力图粉碎英国的抵抗。但是它也保留着许多过去的东西。因为它企图通过重商主义的曲折道路来达到目的,即想要榨取敌人的黄金,而不是想饿死敌人。这样减轻了封锁的作用,使它不能立即见效,何况英国舰队控制了海洋,要使封锁取得决定性的效果,就需要或多或少不以皇帝意志为转移的那些情况的配合。然而,封锁也不是完全无用的,归根结底,它的成功要靠大军,而没有人能预见到大军的覆灭指日可待。拯救英国的不是自由经济的"自然规律",而是俄国的冬天。

383 第五章 俄罗斯战役的准备过程（1811—1812 年）

亚历山大知道，从提尔西特会晤以来，尤其是从 1809 年的战役以来，他的态度总有一天必然将引起同拿破仑的冲突，因为他切望同拿破仑争夺大陆霸权，至少想争夺东方霸权。皇帝则经过一定时间才相信竟然有人敢藐视他。1810 年 12 月 31 日沙皇颁布诏令以后，皇帝决心了结这种情况；沙皇应该被降到附庸的地位；如果沙皇抗拒，就把他赶到亚洲去，他在欧洲的最富庶各省应并入大帝国。

有人曾责备拿破仑从事这项冒险危害了法国真正的民族利益；可是，至少从 1803 年以来，民族利益问题已经不在他心上；他心目中只有大陆的和世界的霸权问题。大陆体系可以容许有一些“同盟国”，但并不赋予它们真实的独立地位，更不容忍它们“造反”。在罗马被征服以后，皇帝的帝国之梦势必转向君士坦丁堡，而要想夺取君士坦丁堡，首先就要消灭沙皇的实力；大陆封锁为这个新方案提供了具体的理由：亚历山大既然破坏了封锁，这个新方案就势在必行，而亚历山大的失败将使法国能从英国手中夺回地中海东部沿岸各国的市场。拿破仑毫不掩饰，这是他所筹划过的

最危险的战役：怎么可能忘却查理十二[①]曾经冒过这个危险，并且在俄罗斯遭到失败？据说，在他下定决心以前，他曾有三天彻夜不 384
眠。既然他自己的意志本身就是目的，那么他就不能后退；正如他在离开巴黎时直截了当地说过，他要“干开了，就一干到底”。

一、1811年的警报

在若干月的长时间里，拿破仑专心致力于解决把五十万军队调到俄国边境的困难，这就需要拥有大规模的运输工具、大量的给养和相应数量的经费。1811年适龄应征入伍的新兵已经征召完毕，并且已经到新兵训练站；从1月底开始，拿破仑着手加强德意志各邦的军队，陆续扩充这些部队，使一个兵团扩成两个兵团，组成了一些新的兵团，运送去了武器和装备，修建了一些辎重仓库。尽管他采取了种种保密措施，他一点也不能瞒过车尔尼舍夫和涅谢尔罗杰的间谍。亚历山大如果抢先发动进攻，他就能突然袭击正在集中的法军，把战争推进到德意志去，而掩护俄国的安全。但是，亚历山大敢不敢这样做？

在1811年年初，亚历山大曾有此意。他的财政陷于窘境，赤字高达一亿卢布，纸币贬值了六分之五；但是，沙皇统治下的俄国从来没有由于类似的困难而迟疑不决过。二十四万俄军编成两个方面军，他们对抗的只有五万六千华沙大公国的军队和四万六千

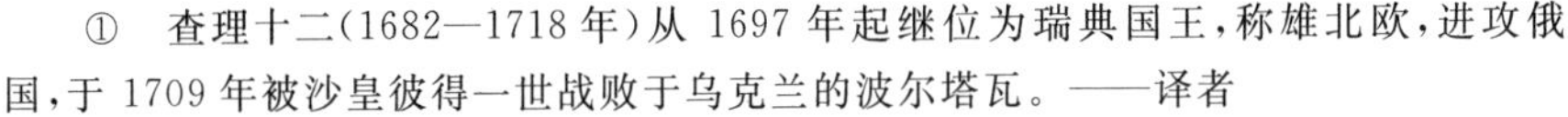

① 查理十二(1682—1718年)从1697年起继位为瑞典国王，称雄北欧，进攻俄国，于1709年被沙皇彼得一世战败于乌克兰的波尔塔瓦。——译者

法国军队，这些法国部队距俄国边境相当遥远而且分散；在 3 月间，俄国多瑙河方面军的九个师有五个师被调过来；处处可以看到部队逐日开向华沙大公国的边境。但是，如果说波尼亚托夫斯基为拿破仑提供了赶紧调兵遣将的时间的话，亚历山大却并未感到对自己的打算确有把握。因此，在 1 月 8 日他又对恰尔托雷斯基(他由于需要金钱而对亚历山大感恩戴德)提出要求：恰尔托雷斯基应把波兰人拉到俄国一边，俄国军队就可以不打一枪地进驻奥得河畔，这样就可以决定普鲁士人投入反法战争。这位亲王于是又一次指出：如果要想赢得他的同胞们的拥护，沙皇至少应该正式承诺重建波兰王国，明确规定王国的边界，并且接受 1791 年的宪法。亚历山大只答应把俄占波兰各省，如果可能的话，再加上加里西亚，给波兰王国；至于王国的内部制度，亚历山大只允许自治，而不提宪法。

在这期间，亚历山大瞒着鲁缅佐夫(因为他反对战争并且总是倾向同拿破仑和解)，而展开秘密外交，对瑞典、普鲁士特别是对奥
385 地利进行了试探；2 月 13 日，他向梅特涅建议把多瑙河两公国给奥地利。这些试探都没有取得成果。恰尔托雷斯基不得不承认波兰人不愿背叛法国皇帝；梅特涅拒绝了沙皇许诺的礼物。弗里德里希－威廉三世买到一份由艾斯曼纳尔伪造的尚帕尼的备忘录，其中的结论是要消灭普鲁士的存在，这位国王惶恐不安，以致在 5 月间哈登堡向法国提议结成联盟。变成了瑞典摄政王的贝尔纳多特正在寻求补助金，他指望从他的祖国获得一笔钱；他向拿破仑新派来的大使阿尔基埃提出，他准备派出五万人组成的一支部队参加对俄作战，条件是把挪威让给瑞典。此外，来自许多不同国度的

法国皇帝的敌人也开始向沙皇左右会集，如果说，其中主张先发制人采取进攻者大有人在的话，尤其是阿姆费尔特，但是反对发动进攻者也不乏其人。普鲁士人法尔建议，在德维纳河[①]与第聂伯河之间深挖战壕，以便从侧翼攻击向莫斯科挺进的法国大军。当时还没有决定实行有秩序的撤退；但是已经决定放弃采取攻势，军队都就地据守。

科兰古什么也没有察觉出来。相反地，波兰人感到惊恐不安：波尼亚托夫斯基派了一个副官去见拿破仑，继之在去参加罗马王的洗礼途中，他向德累斯顿政府发出了警报。达武起初还不相信，后来在事实面前就相信了。在整个 4 月份里，皇帝经常保持警惕状态；从 15 日到 17 日，在罗马王诞生之后的庆祝活动中，他采取了很多项军事措施：已经动员的波兰军在一得到战争警报信号时，应立即撤出大公国，而在奥得河上同达武与萨克森军会集起来。尚帕尼可能是要对这次意外事件负责而被撤职，由马雷接替他；拿破仑下令同普鲁士、瑞典、土耳其进行谈判；他本人亲自同施瓦岑贝格谈判结成联盟的问题。5 月间，消息又变成都是令人安心的。鲁缅佐夫确曾获准重开谈判，以便为奥耳登堡公爵取得补偿，希望能将华沙大公国的部分土地割让给他；他本人和他的主上都不曾明白说出，但是皇帝一听就明白，于是斩钉截铁地予以拒绝。然而，彼此仍在继续争论，又一次建议把埃尔富特给这位公爵，而给俄国的是上一年提议的关于波兰的条约；沙皇的回答是一些不满的怨言，而没有具体摆出自己的要求。6 月 5 日科兰古回到巴黎，

① 德维纳河即今拉脱维亚的道格瓦河。——译者

386 立即受到拿破仑的接见;科兰古愿意保证亚历山大的忠诚,要求对亚历山大提出一些合理的建议。接替科兰古大使职务的洛里斯顿也使拿破仑确信亚历山大仍然是爱好和平的。然而,科兰古也指出,亚历山大一旦受到攻击而决定把俄军向后撤退,把法国大军吸引到无边无际的大平原上,在那里严冬就会消灭大军。皇帝回答说:“打一场漂亮的胜仗就会使你的朋友亚历山大清醒过来。”这两个敌手在争取时间这一点上似乎取得了一致看法,一个是要完成准备工作,另一个是要争取同盟国,这些国家到现在为止仍采取回避态度;这两个人都同样坚决要迫使对手投降。拿破仑并不排除对手有不战而降的可能,但是他迫不及待;8 月 15 日,他对库里亚金大发雷霆,过了不久,他就确定到 1812 年 6 月发动战争。

亚历山大的消息比较灵通。涅谢尔罗杰和车尔尼舍夫长时期以来已经收买了法国陆军部的一些雇员。塔列朗向此二人的君主沙皇要钱,对此二人频频出谋献策;正是塔列朗提示了把多瑙河两公国送给奥地利;塔列朗一再坚持认为俄国必须同土耳其媾和,并且应同贝尔纳多特取得协议。科兰古本人也不拒绝塔列朗的意见,而涅谢尔罗杰写道,塔列朗的所作所为“足以证实他不负路易斯(即指亚历山大)对他的信任”。塔列朗还向俄国人建议采取守势,而避免先把战争推进到德意志,以便能以被压迫、奴役的欧洲的捍卫者的姿态出现。亚历山大的奸诈狡猾使他扮演这样的角色非常合适,而在外交竞技中,拿破仑或许由于冲昏头脑,或许由于漫不经心,以致让亚历山大连赢数局,占了上风。

二、外交活动与大军的推进

普鲁士起初给俄国一些希望。拿破仑对普鲁士国王的善意置之不理,7月16日国王决心谋求沙皇的援助;他派遣了沙恩霍斯 387
特到沙皇那里去,10月17日签订了军事协定;在这段时间里,普鲁士尽其所能地动员军队。主战派又活跃起来。格奈森诺当时担任代理总参谋长,编写了一份备忘录再次鼓吹举行一次全民起义。在布拉格,施泰因和前任柏林警察总长格吕纳同"道德协会"的一些分会取得联系,而"道德协会"原是普鲁士国王已经宣布解散了的;在柏林,他们也利用昂普蒂达以及明斯特伯爵和哈登堡男爵(普鲁士大臣哈登堡的亲族)的其他代理人充当中间人,这位男爵是英国选派作为汉诺威的代表而驻在维也纳的。

可是,普鲁士国王又一次使施泰因和格吕纳陷于失望。沙恩霍斯特带回来的军事协定规定,如果法军侵入普鲁士王国,普鲁士军队就撤退,或撤到维斯杜拉河上同俄军会合在一起,或者据守在各堡垒里面;如果柏林只简单提出请求,亚历山大甚至不愿就下令俄国将军率军深入东普鲁士。弗里德里希-威廉认为这样冒的风险过大;他又派遣沙恩霍斯特到维也纳进行试探,这不过是聊以自慰而已;正如可以预料到的,12月26日,梅特涅毫不迟疑地予以谢绝。从这时起,除了向拿破仑屈服而外,别无他法。而在拿破仑这一方面,他的驻柏林大使、原籍皮埃蒙特的圣马桑使他消息很不灵通;但不管怎样,最低限度他在普鲁士的警探要他警惕,9月4日,拿破仑下令哈登堡解除武装。这位大臣当时正在等待沙皇的

答复,于是满口承诺,而并不履行诺言;10 月间,他不得不接受法国的一次检查。最后,12 月 29 日,他只好服从,并宣称准备同法国结成联盟。这时皇帝并不急于结盟;到 2 月 23 日,普鲁士大使克吕斯马克终于被突然召去签订条约,他立即遵命办理。他签得正是时候,因为一切都已准备就绪要去占领他的国家,3 月 2 日,居丹越过了边界,这时普鲁士国王还不知道联盟条约已经签订。他在 3 月 5 日批准了这个条约:普鲁士应听任法国大军驻扎该国,为大军提供各种给养,所有费用在战争赔款中扣除(赔款还远未付清),并派遣一支两万人的军队到俄国去。从此法国第九军团司令维克托成为柏林的唯一主宰,普鲁士国王的部队应从柏林撤出。这对施泰因的朋友们是一个非常沉重的打击,看来王朝的威信扫地以尽。沙恩霍斯特获准引退;格奈森诺出使伦敦;博于恩、克劳
388 塞维茨以及许多人士亡命俄国;5 月间,施泰因离开布拉格,应亚历山大的邀请去了俄国。

虽然梅特涅曾不吝进言,多次劝告沙皇避免对法战争,梅特涅对战争的结局总是提心吊胆的,因为战争的结局不论谁胜谁败,势必把他置于战胜者的摆布之下;当时,奥地利毫不犹豫地也倒向法国这一边。12 月 17 日,施瓦岑贝格被召去缔约,双方立即达成协议:拿破仑用伊利里亚各省去换加里西亚,他并保证土耳其的领土完整;奥地利答应提供一支三万人的军队;1812 年 3 月 14 日,双方签订了条约。然而,在维也纳主战派又在恢复活动,梅特涅的朋友和秘书根茨自从 1809 年 9 月主和以后已经被英国打发走了,他草拟了几份反对大陆封锁的备忘录,以此力图再得到英国的财政援助,这些备忘录中,有一份是送给沙皇本人的。但是梅特涅是不

愿让人牵着鼻子走的。他甚至利用这种情势彻底搞垮普鲁士民族主义派,他把这些人看成是革命的先头部队。虽然哈登堡慎重对待他的政敌,当5月底他在德累斯顿会见梅特涅时,他答应助梅特涅一臂之力;8月,格吕纳在布拉格被逮捕。

因此,亚历山大对德意志人的态度无从感到庆幸。既然从前他自己也曾迫于形势而屈从法国,他也就不能责怪德意志人。亚历山大知道,只要局势一有转机他们就会抛弃拿破仑。何况梅特涅(在亚历山大眼里此人最值得怀疑)由于相信俄国保不住多瑙河两公国,正迫不及待地想取得双重保险,因为齐查戈夫对多瑙河方面军谈过想同土耳其人结成联盟,并发动斯拉夫人和匈牙利人从背后攻击奥地利。圣朱利安伯爵通知沙皇,奥地利对他作战只是形式上的,在任何情况下决不增派援军;6月2日,奥、俄签订了秘密协定。在与法国皇朝联盟为烟幕的背后,梅特涅在玩弄两面手法,这种手法保证了奥地利的安全,同时在等待更有利的时机到来。

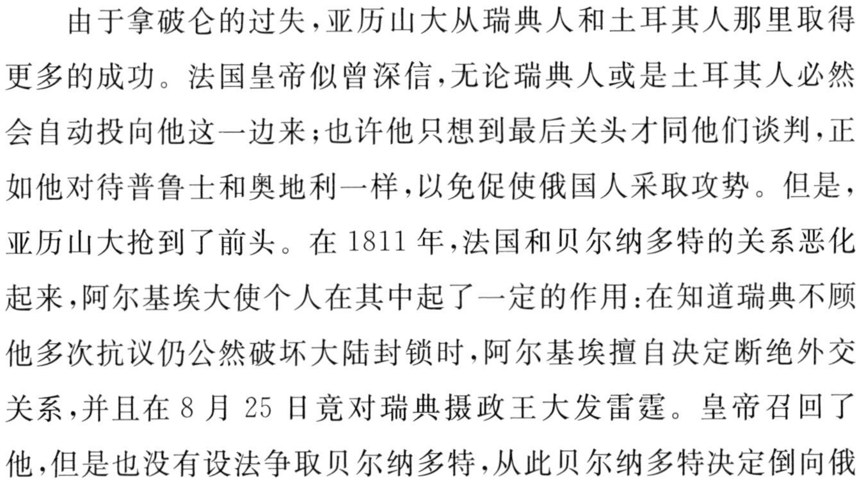

由于拿破仑的过失,亚历山大从瑞典人和土耳其人那里取得更多的成功。法国皇帝似曾深信,无论瑞典人或是土耳其人必然会自动投向他这一边来;也许他只想到最后关头才同他们谈判,正如他对待普鲁士和奥地利一样,以免促使俄国人采取攻势。但是,亚历山大抢到了前头。在1811年,法国和贝尔纳多特的关系恶化起来,阿尔基埃大使个人在其中起了一定的作用:在知道瑞典不顾 389
他多次抗议仍公然破坏大陆封锁时,阿尔基埃擅自决定断绝外交关系,并且在8月25日竟对瑞典摄政王大发雷霆。皇帝召回了他,但是也没有设法争取贝尔纳多特,从此贝尔纳多特决定倒向俄

国一边。1812 年 1 月,达武接到命令去占领属于瑞典的波美拉尼亚以杜绝英国的贸易,这是致命的打击。2 月 18 日,勒温海尔姆伯爵向彼得堡建议结成同盟。贝尔纳多特愿意派兵到拿破仑的后方,在德意志登陆,条件是俄国部队必须先帮助他征服挪威。亚历山大接受了建议,交换条件是首先向丹麦国王弗里德里希六世征求同意,并让他得到补偿,例如给他奥耳登堡。亚历山大派遣苏什捷连到斯德哥尔摩,双方在两国首都讨论有关的细节问题,每一位全权使节都力争取得先达成协议的荣誉。他们几乎同时签订了协议,一个在 4 月 5 日,一个在 4 月 9 日。

至于土耳其苏丹,亚历山大从 1811 年起就跟他进行谈判。在 1809 年巴格拉吉昂取得胜利以后,俄土战争打打停停地拖延着。土耳其人从塞尔维亚撤退,塞尔维亚曾一度转向法国,在卡拉一格奥尔吉发动政变清除了奥地利势力和他的政敌奥勃雷诺维奇以后,又回到了同俄国结盟的政策。卡明斯基在 1810 年的一次胜仗中攻下了多瑙河上的那些要塞,而向苏姆拉推进;在高加索,俄军攻下了伊美雷提亚和明格雷利亚;苏呼米一加来和阿哈耳卡拉基都被俄军征服。[①] 最后,在 1811 年,库图佐夫取得了决定性的胜利。他把已经在鲁斯丘克附近渡过多瑙河的土耳其军队分割成两部分,包围了三万六千敌人,除非以让俄国并吞直到塞列特河的比萨拉比亚这一条件作为谈判基础来缔结和约,否则他不肯签订停战协定。10 月 25 日,在朱尔朱开始谈判,但未能达成协议,因为

① 伊美雷提亚在今苏联格鲁吉亚西部沿黑海地区;明格雷利亚在格鲁吉亚西南部;苏呼米一加来即今格鲁吉亚西北部的苏呼米;阿哈耳卡拉基即今格鲁吉亚南部的阿哈耳齐赫。——译者

土耳其人最大限度只能让俄国并吞比萨拉比亚直到普鲁特河为止,并且拒绝授予塞尔维亚自治权。1812 年 1 月 12 日,两国在布加勒斯特重开和谈。斯特拉福德·坎宁尽了最大努力促使苏丹马赫穆德议和,但也无效。最后,当法国入侵已迫在眉睫时,亚历山大才下令让步,5 月 28 日和约签字。库图佐夫的后任齐查戈夫得以挥师北上,而俄国在亚洲的军队则转而对波斯作战。

自从 1811 年夏季以来,拿破仑的各路军队云集德意志,到
1812 年年初,随时皆可集中并进驻涅曼河上。但泽已变为一个储 390
备丰富的基地,拉普统率二万五千人据守其地。波尼亚托夫斯基以六万人屏障维斯杜拉河;达武指挥十万人部署于奥得河上,其前卫且已渡过奥得河;乌迪诺率军穿越威斯特伐利亚,而于 3 月 28 日进入柏林;内伊率领布伦大营部队抵达美因兹;德意志各邦军队纷纷开往易北河;驻守于法国本土东部的近卫军整装待发。意大利驻军越过阿尔卑斯山前来,困难独多;2 月初拿破仑颁布最后军令,23 日欧仁开始上路,全军齐出发。为了阻挠俄国的间谍活动,萨瓦里故意给车尔尼舍夫制造麻烦,成功地激使他于 2 月 26 日离任,警察在他的寓所发现一张便条,它提供足够证据枪决了陆军部里的一个叛国犯,此举在公共舆论面前大损俄国的声誉。

在 5 月底以前,法国军队还不能密集到涅曼河上。可是亚历山大现在已经知道贝尔纳多特很可靠,在 4 月 8 日终于决定开列他的要求:拿破仑应首先撤出普鲁士和瑞典的波美拉尼亚,把军队撤退到易北河以西;然后再谈判缔结贸易条约,并解决已经答应过的给奥耳登堡公爵补偿的问题;但是,不论在任何情况下,中立国的贸易自由应予尊重。拿破仑一再拖延同库里亚金的谈判,一直

拖到5月7日;在这期间他试图先摆脱西班牙事件,4月18日,他向坎宁建议签订以“实际占有”为基础的和约,唯一例外是葡萄牙应归还其王朝;西西里仍为费迪南所有,而西班牙仍归约瑟夫;英、法两国应同时从这三国撤军。英国拒绝让约瑟夫仍留在马德里。当库里亚金要求最后给一个答复时,皇帝一句话也没说,在5月9日离开了圣克卢,翌日,马雷跟踪而去,也未做答复。纳博纳已经出发去同亚历山大谈判:他在维尔纽斯找到了沙皇,但没有谈判就被沙皇辞退。5月25日,皇帝到达德累斯顿;他在那里接见了奥地利皇帝、普鲁士国王和许多附庸国君主。28日他出发去涅曼河。

大冒险开始了。从这场冒险中,拿破仑或是将变成整个欧洲的统治者,或是彻底垮台。他又一次在孤注一掷了。

第五编

1812年的世界

第一章　帝国的法兰西

1812 年,法兰西帝国面积约七十五万平方公里,人口约四千四百万,全国划分为一百三十个郡。拿破仑在共和国为他遗留在自然疆界内的一百零二个郡之外已经逐渐增添了领土,这些增添的领土形成两只向东北和东南方向延伸的触角;东北边是荷兰组成九个郡,还有北海沿岸德意志各邦组成另外四个郡:帝国的版图从这里通过以卢卑克为首府的特拉弗河口郡直达波罗的海;东南边是伐累、皮埃蒙特、利古里亚、巴马、托斯卡纳和教皇属邦西部,共十五个郡。这些新近合并的地区大多数远没有完全同化,还更多地具有附庸国的面貌;此外,荷兰有一名总督,托斯卡纳也有一名;德意志各邦组成第二十二军区,仍然受一个特别委员会的统治;至于伊利里亚,尽管已并入帝国,但一直是单独管理,而且其领土的划分根本不列入一百三十个郡之内。总之,除了较早合并的皮埃蒙特和利古里亚以外,拿破仑的治理“体制”只能在自然疆界的范围内正常推行。

这个体制从来没有一成不变过。从 1804 年至 1811 年,拿破
仑不断地修订各项制度。从他在不感到受革命传统约束的附庸国 392
里所进行的试验中可以得出这样的结论:“逐步完善”的阶段并未结束;尤其是法国的社会还未形成拿破仑所期望的形态。尽管拿

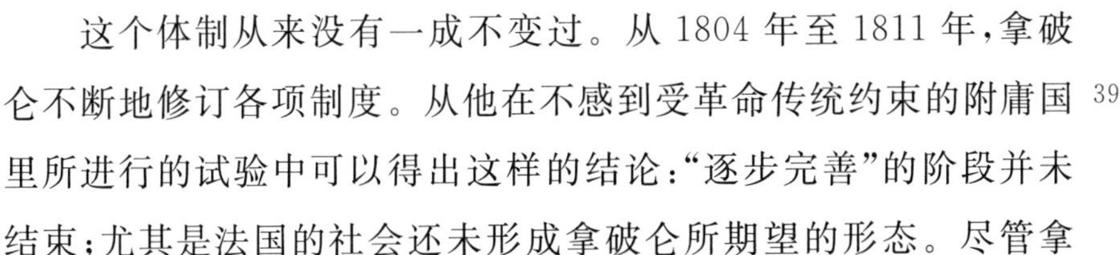

破仑的工作还没有完成，然而到了 1812 年法国的社会已进展到相当程度，使人足以看出它的精神。

一、专制政府

胜利已经逐渐改变了皇帝其人及其习惯。提尔西特和约之后就很难辨认出那个颧骨突起，面色阴沉，完全像戴了罗马面具一样的雾月政变人物；现在面色温和；安详使其面貌舒展。活动并未减轻，但是变得井然有序。最迟八点钟他就到办公室工作，仅为午餐才稍有中断，通常是单独进午膳，每周散步或狩猎一二次；六点钟与其家人共进晚餐；谈话片刻之后又回到处理他的公务中去，九、十点钟就寝。星期日是举行隆重典礼的日子：弥撒和阅兵之后接见廷臣，根据宫廷的繁文缛节，严格按官阶排列并穿戴华丽服装的廷臣在各厅殿内肃然伫立等候着皇帝；晚上是盛大的家庭宴会，宴后皇帝和皇后举办音乐会或戏剧演出，并接见谈话。

393 到了 1810 年，年岁变老的征象在他身上开始略微有所显露：面容丰润，肤色微灰，身体微弱并发胖；某些迹象不禁令人猜想到帝国过分广大的面积使他操劳过度，他写道："我难道没有颁发过这个命令吗？"这并算不了什么；直到最后，他仍是惊人的精力充沛，神智明敏。更明显的是无限的权力对他的精神面貌的影响；自信不知不觉地变成了自满自负，头脑昏昏然："我的意大利臣民对我有足够的了解，该不会忘记我小手指头知道的东西比他们所有脑袋加在一起知道的还要多。"悲观的思想使他变得粗暴："我一直注意到老实人无用。"他崇拜强力和成功到了玩世不恭的地步："要主宰世界只有一个诀窍，那就是要强大，因为力量强大就无所谓错误，也没有幻想可言；这是赤裸裸的真理。”“争取成功吧；我只以行动的结果来判断人。”因此自然而然地使他感到日益孤立，他日益清醒地意识到他的事业持久性问题。他对夏普塔尔说：“里里外外我都是用我所引起的恐惧来统治的；”稍后又对莫利昂说：“他们为了享有安全才投靠我；如果一切又成了问题，那么他们明天就会离开我。”他的末日将会引起人们什么样的感情呢？他说：“人们将会说：谢天谢地！”

他的意志愈是无人敢于违抗，他就愈加变得固执己见和猜忌、易怒；他同弗里德里希二世一样，不断地加强政府的个人独断特性。从他颁发给那不勒斯王国和威斯特伐利亚王国的宪法看来，他的意图是最终取消选举原则。其实无论是选民或是议会都不会对他有所掣肘。体现普选权的乡区议会选举只是到 1813 年才举行，而且只是在几个郡举行。选举人团是在选举前通过私人关系遴选产生的，而且选举人参加选举者寥寥无几。1810 年科多尔郡未能补足郡议会候选人名单，该郡的塞纳河上的夏提荣县县长亲自任命县议会；在立法职务方面，所有提名都是有利于官吏和军人的，只有一个人例外，而这个人就是贝利埃的岳父。官吏和军人在各级议会中逐渐占了优势。保民院于 1807 年被取消了，立法院的会期变得越来越短。拿破仑立法或者是采取元老院议决案的方 394
式，如征兵和领土的合并，或者是通过敕令的方式，像恢复烟草专卖那样。在各项法典尚未完成时，参政院保持有一定的活动；此后，参政院就剩下审理行政诉讼的职务，而只讨论执行方法的行政会议则保留了它们的重要性。

各部大臣的作用愈来愈遭削弱，他们的职权也在不断分散；

“大军”设有兵站总监,“特别财务署”另设总管;征兵和粮食都另立机构领导。这个政权的高级行政大员相继见斥,首先是夏普塔尔,然后是塔列朗,最后是富歇;皇帝宁愿起用那些可以当雇员对待的克雷特、尚帕尼、比戈·德·普雷亚梅纽、萨瓦里、马雷等二流人物。在旧制度下曾任官吏转而归附拿破仑的人,在帝国政府中占有愈来愈多的职位。拿破仑相信他们是先已效忠新法统的,并认为他们较为驯服:“只有这些人才懂得伺候。”其中许多人缺乏才干或经验;因此他所看中的人很快就青云直上;比如莫莱,1806 年任查案官,1807 年擢升为郡守,1809 年升任参政官和公共工程局局长,1813 年晋升大臣;由此还担任了许多兼职。正是为了组成一批出身显赫,家道富有(故此官俸极为微薄),但是由他自己培养的后备官员,拿破仑才于 1806 年恢复了参政院的查案官——他一共任命了七十二名——并在外省和巴黎都增加了各级议会及行政部门的协理专员;1811 年,其中有三百五十人担任一般的职务。至于参政院,不能说拿破仑已将其构成的性质做根本的改变;1813 年,他还任命前国民公会议员赞吉阿科米(诚然他并没有投票赞成判处路易十六死刑)以及科芬纳尔[①]的兄弟担任查案官。拿破仑只清除了十二名参政官,只宣布革职两名,其原因和参政院的工作无关。但是事态演变的趋向还是明显可辨的,所以,我们可以看出如果帝国持续下去,将会演变到什么地步。此外,许多雾月党人随

① 科芬纳尔-迪巴伊是罗伯斯庇尔派的雅各宾党人,1794 年为巴黎公社(革命市府)的领导人之一,热月政变之夜,曾率一队炮兵营救罗伯斯庇尔派的国民自卫军司令安里奥,但未能挫败热月反动。拿破仑在参政院仍重用大革命时期的活跃人物,可见参政院的构成未变。——译者

遇而安：他们接受了荣誉勋章并跻身于新贵族之列；其中某些人甚至建立了贵族长子世袭财产。

郡守人选更换的趋势表现得更为明显。科多尔郡的郡守最先是一位前制宪议会议员，接着是一名保民院成员，以后是莫莱，最 395
后于1812年这个职位移交给科塞－布里萨克公爵。[①] 此外，大革命的幸存者像让邦·圣安德烈那样对过去的革命事业矢志不移的诚属凤毛麟角。在马赛，蒂博多出于明哲保身和利禄熏心，并在他妻子的影响下，变成了反动措施的主谋。[②] 这些郡守跟着主子亦步亦趋。起初，郡各级议会还否决某项支出，检查账目，提出各项建议；但是由于否决的经费被官方强行通过，提供作证的文件遭到拒绝，提出的建议无人理睬，各级议会也就意气消沉了。通过填补空额对议员陆续进行清洗；1809年，在罗纳河口郡，郡议会出缺七名，一下子就补进了六个贵族或官员；在加来海峡郡，阿图瓦贵族纷纷进入了郡议会。[③] 郡政务厅人员和县长的更换也是如此。从北滨海郡看来，革命人士在西部能够坚持保住职位，因为西部的舒安分子依然十分猖獗。至于公社一级的市政府，困难始终是难于找到能力相当的人充任公职；市议会的成员经常不能满额，或是不足法定人数，难以召集会议；至少应该有一个市长，结果郡守不得不起用大地主，即使他们是敌视现政权的。关于小职员、秘书、乡

① 科塞-布里萨克是法国旧制度时期的世家豪门，16至17世纪出过三个元帅。拿破仑重用旧王朝归附人员的趋势，举出这个姓就是有代表性的。——译者

② 让邦·圣安德烈和蒂博多都是前国民公会议员，后在执政府和帝国出任郡守，但前者不改初衷，后者晚节不终。——译者

③ 阿图瓦为法国旧省区之一，路易十四时并入法国，以阿腊斯为首府，1790年废省改郡后大部划入加来海峡郡。——译者

警等情况就更糟糕，所有的行政机关大抵如是。人民当时还不能提供受过相当教育，并能廉洁奉公、称职的小资产阶级出身的官吏。某些郡守试图通过派出巡回秘书或视察员来实现直接管理，如下来因郡、加来海峡郡、默尔特郡都曾试行；但是他们不得不要各个已经负债累累的公社来偿付这些人员的薪俸。因此我们不能无视当时地方行政机构中种种不够完备之处；地方行政机构只能随着时间的推移逐步改善。但尽管如此，它们为拿破仑提供了他所要的一切：金钱、人员、维持秩序。

要知道中央集权实现到什么程度，这却是一个问题。自共和十一年起，郡守为没有留给他们较多的主动权而发牢骚，他们指出，由于必须和中央各部通信联络，他们有时接到相互矛盾的命令；他们的部下也抱怨，由于事事要向巴黎请示汇报，以致许多问题不能及时解决。然而，某些郡守相当大胆放手行使他们的职权，包括发出即刻逮捕的“密札”；1805 年，德·布里在杜郡擅自发行一次强制公债。皇帝指责他们扮演了暴君的角色，这个指责真是好笑，而各部大臣有时也对这些郡守表示不满。内政大臣蒙塔利韦于 1812 年写道：“一般地说来，各郡守愿意怎么说就向我怎么
396 说，愿意说多少就说多少。但是我看得更清楚的是：我们对下面正在发生的事情一无所知。”当拿破仑真正想了解情况，或是“重新发动机器”的时候，他就像救国委员会那样派出一些特派专员；1812 年就是这样。此外，中央权力在各郡还受到当地的或不是出生当地的重要军政人物的潜势力，尤其是主教的势力的抵制，主教虽然不公开对抗中央权力，然而却干预地方官员的遴选和行政管理的细节。总的说来，可以说中央集权比 1789 年以前推行得更严厉，

但是由于交通缓慢，郡守还能保有独立性，所以中央集权的程度根据距离远近、情况不同和郡守个人性格而有所不同；随着执政府时期各郡守的相继去职和国家的安定，中央集权取得了进展。

司法部门的改组一直坚持不懈地继续进行。人们很快就对共和八年比较仓促挑选出的人员啧有烦言。拿破仑采取了一些措施以改进招聘人员的办法：共和十二年，他创办了法律学校，1808 年增设了具有咨询权的见习法官。从 1807 年起他就认为清洗司法人员的时机已到，一项元老院决议案把这项工作交给一个委员会办理；在一百九十四名被揭发的法官中，该委员会建议撤换一百七十四名；事实上，1808 年 3 月 24 日的敕令撤了六十八人的职，批准了九十四人辞职。与此同时，法典的编纂工作正在完成。民事诉讼法是在 1806 年完成的；商法于 1807 年，刑事诉讼法于 1808 年，刑法于 1810 年完成；农法也已编纂，但是没有颁布。在这些法典中，1789 年的精神没有完全消失。参政院保持了大革命的社会成果，丝毫未予削弱；参政院尽力把行政机关和司法机关分开，确保法官的独立性，坚决维持判决陪审团制度。但是同时资产阶级也可以信赖参政院保护他们的财产权和势力，只要它们不损害参政院视为公益的国家权力；参政院所有成员，不论是革命人士还是旧政府的人员都出于政治上的机会主义或是阶级利益，毫不犹豫地愿意牺牲他们的原则。波塔利斯说：需要就是法律；贝利埃证实道：没有任何一条理论不向需要让步。这些特点已经表现在《民法典》上；以后的几个法典更为显出这一反应。

最初的两部法典很近似科尔贝尔的各项法令。特别是《商法 397
典》不很适应经济发展的情况，譬如有关保险和公司这两方面就不

很适应：虽然《商法典》仍然把股份有限责任公司的批准范围只限于承认合名公司与合资公司，但是《商法典》至少已认可合股者的责任以所投入股份为限，而在此法典颁布以前的判例对这点是不明确的，某些判决强制合股者以其本人全部财产承担公司的责任。然而最引人注目的是关于期票的讨论。由于认识到经济的发展取决于信贷的发展，也就是取决于银行的安全，有些人主张一个私人在拒绝清偿本票的情况下应视同商人，因而得受拘留处分，责令清偿。莫莱却成为反对派的热烈的代言人，他认为：这样做是仿效英国，是为了对少数自私的商人和银行家有利而牺牲了人身自由，因而是背离了普通法；法国无疑应该经营商业，但是首先应该基本上还是农业国。这些反对派明确地指出：如果受贸易和金融方式的支配，公民们就会把积蓄作为终身年金存入这些机构，把总是不稳定的动产财富放在首位：这就不会再有大家族和阶级，从而势必慢慢地破坏君主制度的基础。这是一些能够诱惑拿破仑的理由，尤其是在这个时候。然而拿破仑的睿智豁达占了上风，他主张折中的办法：决定私人如果进行商业交易而签署了期票，那么他就可被视为商人处理。

有划时代意义的法典主要是最后两部。这两部法典于1810年开始实施，就在这个时刻，4月28日的法律又一次改组了司法机关，赋予它以后保持很久的形式，唯一的例外是这个法律所赋予区首府以外各市长的违警管辖权，不久就被剥夺了。这一法律规定了任命法官的方式和条件，以及有关他们的纪律；政府利用这个机会又进行了一次清洗：巴黎上诉法院的三十一名法官被清洗了八名。这些变动似乎并非是由政治原因引起的；但是司法部门人事构成的变动也和其他部门一样，朝同一趋向演变；在贝藏松，旧高等法院的两个院长和五个法官又进入了法院。不管怎样，革命人士在司法部门更好地保持了他们的权力，因为司法人员是终身任职的，只有几次清洗是例外的情况。

398 镇压机构还在加强。检察院得到确定的组织形式；预审完全是秘密进行的；保安法官没有了，起诉事务集中在检察长、总辩护官和预审法官的手里；郡守又取得了任命判决陪审团的权力；起诉陪审团取消后，它的职能转移给上诉法院中的一个法庭。特别法庭以“普通特别法院”名义保留了下来；但是只有军人充当法官了；此外，在陪审团暂停时或镇压某些重大罪犯时，还设有“非常特别法院”；在1810年这一年出现了“海关特别法庭”。按照宪法规定，元老院还能以有损国家安全为理由而撤销陪审团的判决；1813年，元老院把刑事罪法院已经释放的，被控告走私的安特卫普市长移送到一个特别法院。至于刑法，虽然不恢复拷打酷刑，但恢复了烙面、枷刑、对弑父母罪犯的砍手刑，以及剥夺全部公民权。

尽管加强了刑事制裁，帝国和执政府一样并不单独依靠它，而是更依靠行政镇压措施，也就是说依靠警察。先是在大臣富歇，以后到1810年在大臣萨瓦里的领导下，由负责各“警务区”的参政官执行；自1808年起，还在都灵、佛罗伦萨、罗马和阿姆斯特丹等地派驻总督导官。中央集权化没有向前推进得很远。各郡守因为并不只是听命于富歇，所以能保留自己的职权。各参政官和督导官都直接与皇帝通信联系，巴黎警察厅长杜布瓦（1811年由帕斯基埃继任）也都如此。宪兵队有自己的长官，和警察相互竞争；1808年下卢瓦尔郡的郡守指出：他们自命“是武装的法官，负责监视所

有的文官”。在皇帝的心目中，理想的制度是对任何一个有相当影响的人物都有一份包括最近情况的案卷。富歇已经编制了一份舒安分子的名单；拿破仑想制订一份全帝国的“个人表现和德行的统计资料”。他了解很多情况，但并非能洞察一切；郡守们本来最可以向他提供有关私人生活的情况，可是他们一般都很谨慎。告密者和拉瓦莱特的书信检查局依然是收集情报的主要手段。

399 警察局更为可怕，因为他们可以任意拘留，私设公堂；除了监狱之外，警察局还利用疯人院。诗人德索盖斯因为在 1804 年曾擅自发表了一首著名的讽刺短诗（“是的，伟大的拿破仑——一条伟大的变色龙”），圣路易的一名住院实习医生富尔因为在 1804 年 12 月 5 日颁发鹰徽时曾高呼：“不自由，毋宁死！”两人都被当做疯子而监禁起来。全国人人自危，而军需供应商拉萨尔不但已被皇帝取缔买卖，而且还不经审判就被捕下狱。即使一旦被释放，事情也并未了结：很多人被指定住所并受到监视。最后，1810 年 3 月 3 日的一个敕令恢复了“国家监狱”，并规定监禁必须根据大法官，即司法大臣和警务大臣的提议，由枢密委员会下令执行；但实际上是很少去征求他们的意见。在拿破仑的眼里，行政拘留不仅是用来扼杀反抗力量，而且当陪审团受到恫吓或缺少法律上的证据时，还要用来惩罚违反普通法的罪行。难怪人们说到“政治犯”，无不谈虎色变，对于警察无法无天、滥用职权，也是看得清楚无误的。下卢瓦尔郡郡守指责宪兵进行欺诈、勒索甚至谋杀的行为，他宣称：人们对宪兵怕到这样的程度，以致“很难提出证据来反对他们”。郡守们自己对有势力人物的要求也只得让步，1808 年，旧军官德斯皮努瓦·德·圣吕克准将只根据市长，即他自己的债务人的口

头命令就在索姆郡被捕。因此，1810 年的敕令指令对各监狱每年进行一次检查。但并不是所有的监狱都受到检查，而皇帝也只审阅一部分案卷；1811 年，在被提出审核的八百一十个犯人中，皇帝释放了一百四十五人；1812 年，在三百一十四人中释放了二十九人；1814 年估计有二千五百名囚犯。至于元老院负责维护个人自由的委员会，它并不主动要求调阅囚犯的名单，而只是在接到请愿书后才进行干预；1804 年，委员会在一百一十六名请愿者中使四十四人获得了释放；富歇的消极抵抗很快就使委员会感到沮丧。总之，从 1800 年到 1814 年法国生活在嫌疑犯法律[①]的制度下；但是拿破仑注意在执行时不要扩大化，他明白恐怖如果只打击一小部分人就不会引起反对，而且也不会因此而影响其效果。

能说会写的人特别引起注意。法兰西科学总院曾如此信赖拿 400
破仑，也未能得到宽待；自 1803 年起取消了政治和伦理学部；1805 年拉朗德重印了马雷夏尔[②]的《无神论者字典》之后，皇帝谴责他“老迈昏庸”，并且禁止他出版任何作品；夏托勃里昂就任法兰西科学总院院士的演说词（其实已禁止他宣读）激怒了拿破仑，拿破仑威胁要取缔语言和文学学部（即革命前的法兰西科学院），斥之为“一个讨厌的俱乐部”。每个沙龙里都有警察局的密探，院士艾斯曼纳尔也是其中之一。至于律师，拿破仑憎恨他们：“这是一伙肇

① 嫌疑犯法律是 1793 年 9 月 17 日国民公会通过的法律，是雅各宾专政的重要恐怖措施之一。——译者

② 西尔万·马雷夏尔（1750—1803 年）在 1789 年革命前已是有名的无神论者、诗人、政论家，大革命期间先后加入过“社会小组”、艾贝尔派，反对过罗伯斯庇尔；1795 年加入巴贝夫领导的平等派运动，《无神论者字典》是他主要著作之一。——译者

事分子，是罪恶与叛逆的祸首……我想把那用来反对政府的律师舌头割下来。”1804 年，他强制律师向法庭申请注册；直到 1810 年 12 月 14 日他才又准许他们选出律师公会会长和一个纪律管理委员会；即使那样，他们还是只能向检察长提出候选人，法庭也还是有权惩处他们。

拿破仑同样地讨厌“印刷品，因为它诉诸舆论而不诉诸当局”。他写信给欧仁说：“必须印刷得很少，越少越好。”从 1805 年开始，各报必须向警察局呈报账目，并缴出三分之一的收益，以支付负责监视它们的政府代表的薪俸；1807 年夏托勃里昂的一篇文章使得《信使报》遭到取缔；1810 年 8 月决定每郡只许有一种报纸，因此一百多种报纸停刊了；10 月，萨瓦里迫使巴黎的报刊减少到四种，其中还包括《政府通报》；1811 年 2 月，这四报之一的原《论辩报》从贝尔坦兄弟的手中夺了过来，因为他们有私通英国的嫌疑，该报改组为合股经营，警察当局取得了三分之一股份，改名为《帝国报》；9 月，《巴黎日报》和《法兰西报》遭到了同样的命运。为了控制书籍的出版，1805 年再次强制印刷商领取可撤销的个人执照并宣誓效忠；警察当局可以随意决定没收他们的印刷品；富歇在他原有的新闻局外，又增设了一个咨询局，进入该局的有勒蒙泰、拉克雷泰尔和艾斯曼纳尔。

正式的书报检查可能比警察专断的行为较为可取；1810 年 2
401 月 5 日，皇帝终于决定建立正式的书报检查制度；他成立了出版管理署，首先委派波塔利斯的儿子主持，然后是前郡守波默勒尔，并设立了一些“帝国检查官”，其中包括一个神学家；在外省则郡守仍有检查书报的权力。与此同时，巴黎的一百五十七间印刷所关闭了九十七间;最后,书商也得领取执照并宣誓效忠。正如可似预料到的那样,书报检查当局利用职权来掩护自己的武断行为,并恣意滥用职权:它不仅表现在维护"高卢主义教会"、反英和多疑时达到荒谬的程度,而且竭力假装正派,深恶痛绝它所不喜欢的文体,例如历史小说之类。1811 年 12 月,拿破仑为此大为生气:书报检查应只限于取缔诽谤文字,"在其他方面应准许自由议论"。这个训斥产生了效果:1811 年将近百分之十二的手稿被禁止出版;1812 年这个比例下降到百分之四以下。在这一点上,拿破仑又比他的属下人员显得更为开明些,事实上这对他来说是轻而易举的,在一定程度上他保持了开明专制的最优良的传统。但是,政府依然反对阅览室、租书店,尤其是反对卖书的小摊贩:因为它认识到历书和通俗彩画的重要性,并且也不放过识字课本。元老院也设有一个维护出版自由的委员会,但这个委员会毫不起作用。至于戏剧界是各派常易发生冲突的场所,也不能幸免。1805 年拿破仑要求富歇"从公众道德上"对莫扎特的《唐璜》发表意见,而布里福写的《唐桑切》由于西班牙战争而不得不把剧名改为《亚述的尼纳斯》。

总而言之,帝国政府发展并改善了执政府工作,同时也加强了执政府的专断性。公众的任何自由权利不复存在,但信仰自由除外,因为宗教的不容忍势必使国家失去优秀的公职人员,从而会有损于国家;而且还不应该攻击众所共奉的宗教,不应该公开主张无神论或参加分裂的"小教会"。帝国政府的专制并不使刚刚经历过旧制度和革命风暴的法国人感到十分惊讶;再者他们知道其他国家处境几乎相同。帝国政府所独具的特色就在于机构简单,能迅速调整机器:这种特色要归功于大革命,因为大革命扫清了旧制度

的各种混乱的机构和种种特权，才有可能建立新的机构。

402 二、财政与国民经济

金钱是战争的命脉，何况路易十六的先例已经证明，国家财政的一次危机可能对政权是个致命的打击。开明专制君主的模范弗里德里希二世对财政就一直非常小心；他比较喜欢间接税，因为间
403 接税较易征收，能提供更正规的收入，也更受统治阶级的欢迎。拿破仑也是这样干的。从 1804 年到 1812 年他减少了土地税和动产税，这样做对他有利之处是把立法院的同意权沦为纯粹形式。此外他准备合理地分派土地税，最后于 1807 年着手编制地籍册，这就满足了 1789 年陈情书中的主要要求之一；拿破仑为此项工作花费了五千五百万法郎，但能完成此项工作者不超过五至六千个公社。

一开始，戈丹就曾向拿破仑建议恢复消费税；但是这种税收是如此不得民心，以致拿破仑在 1804 年从前不敢冒险恢复它。共和十二年风月五日（1804 年 2 月 25 日），设立了“综合消费税局”，由南特的弗朗塞任局长。首先开征饮料税，税率不高，但必须要有库存清单；在国家的许可下，大革命前承包捐税的“酒窖耗子”恢复了他们的职能；征税方法有所改变，税率于 1806 年和 1808 年有所增加。1806 年又增征盐税以弥补取消了的中途转运税。在增加了烟草税之后，1810 年终于恢复了烟草专卖。这一年，“综合消费税”的收入似乎明显地超过直接税的收入，关税还不计算在内。人民的不满情绪十分强烈，激起了不止一次的骚动。另一方面，有产者可以察觉到直接税的减轻只是表面现象，因为国家的一部分支

出转移到了地方预算的项目上，譬如一部分的宗教经费、土地清查、运河、乞丐收容所等费用；1810 年郡守的一半薪俸也转由地方负担。把百分之一附加税加起来，北滨海郡在共和九年缴纳了二百四十八万九千法郎，在 1813 年付出了三百四十二万三千法郎。为了使各公社的市政府能生存下去，还必须增加入市税。另一方面，大量部队来往调动需要安排住宿，不止一个郡守——例如莫莱——恢复了修路徭役。尽管拿破仑表现得十分节省，总的说来他还是增加了法国人的负担。负担增加的原因很少是由于民政支出；各郡公用事业领到的经费是这样少，以致公路、学校和救济事 404
业均进展很少；北滨海郡由于缺少经费不得不削减开支，因而把大量纸张都花费在一再抄写缩减各项计划方面。从 1807 年开始，大约有三千五百万法郎用于公共工程；但是受益地区很少。法国人负担增加主要是由于皇室经费、宗教经费、国债，而最主要是由于战争，因为尽管敌国分担了颇大一部分战费，战争始终要耗费至少百分之五十至六十的收入。

虽然说国库由于 1806 年的改革而避免了以前历届政府的危险，然而国库从来都不是宽裕的，因为无力举债：这就是法国的财政与英国的财政的主要区别，这个区别比 1789 年以前更明显。唯有还债金库得以发行几百万公债券。虽然还债金库有很可靠的收入，虽然拿破仑为荣誉军团，为了购置元老院议员庄园，以及为了他所赏赐的那些不得出让的世袭恩赏等而购买了这种公债的一大部分——以致 1809 年在五千八百万公债中只有三千三百万留在私人手里，而公债市场也一直在受限制，——但是这项公债的行市依然很低，销售势头疲软。因此，只好采取各种临时办法：增发证

券;铸造了一些货币;1807 年和 1810 年为军费先是提供了八千四百万,后来却提供了四千五百万。最受欢迎的办法依然是把供应商预付的款项作为专款使用,而让他们等待一个时期才能获得收益,这是旧制度的老方法了,它引起高利贷投机活动和贪污行为,或引起以清查为借口而推迟核算账目。政府不时地通过分发还债金库库券或公债证券来清偿一部分尾欠,这是一种改头换面的强制公债:1813 年就这样分发了一百万法郎债券来偿清从 1801 年到 1808 年的结欠。到拿破仑的统治末年,永久公债已达六千三百万,主要由于教会的津贴而产生的流动债务已达五千七百万。尽管如此,供应商还是势力很大,因为政府没有他们的预付款就不行。

如果考虑到当时种种情况的话,那么拿破仑的财政也算是尽可能好的了;但是显然从来没有平衡过。在公众舆论中,对财政最为不满的是不知道(并且以后也永远不会知道)实际情况,因为无限制地延期支付就否定了预算;此外 1807 年恢复的审计院没有权力审
405 查开支的合法性。如果皇帝竟告贷无门,那肯定是因为在多次宣告破产以后,投资者怀有戒心,还因为拿破仑的政策不能使任何人相信这个政权能持续下去;但是也因为他的财政管理总是秘而不宣的。与其要受资产阶级的控制,拿破仑宁愿不要他们的帮助。

再者,他面前还有更好的办法。正如弗里德里希二世曾为自己保留了西里西亚的收入并重新设立了“班长国王”[①]的战争军费

① “班长国王”(Roi-Sergent)是弗里德里希二世的父亲弗里德里希—威廉一世(1688—1740 年,1713 年即位为普鲁士国王)的绰号,因为他虽身为国王,却亲自抓军队工作,事无大小,都要过问,像一个班长带一班兵一样。他节省其他一切开支,充实军费,扩充军队,成为普鲁士军国主义传统的奠基人。——译者

金库那样，拿破仑有他独自支配的财源：皇室经费，皇室地产，私有产业。他要保证自己有一笔可以自由支配的至少是一亿法郎资金，他说一个君主有这样一笔钱就能对付一切意外。另外，由于不想单独用帝国的财力为战争筹款致使民穷财尽激起民怨，他必须在被征服的国家有一个财务部门，这个部门要由他一人做主。1805 年 10 月 28 日，他创设了“军队财库”以征收奥地利和普鲁士的战争赔款；据他的出纳官拉布伊雷利说，从 1805 年至 1810 年，战争赔款总共收入七亿四千三百万，其中三亿一千一百万是用来满足部队需要的。1810 年 1 月 30 日，皇帝设立了“特别财务署”，其总管是德费尔蒙；他接收“军队财库”向他上缴的余款，以及保管皇帝在附庸国为自己保留的领地和收入，当时估计共值二十亿，每年收入三四千万。拿破仑利用这笔钱购买公债息票或法兰西银行和其他大企业的股票，以控制货币流通；1811 年也用来发放工业贷款，而主要是用来犒赏部属或作为他们的年金。所以战争为他提供了丰富的财源；据说他在俄罗斯战役前夕曾经说过：“这也会有利于我国财政。难道不是通过战争我才恢复了财政的吗？古罗马不正是这样获得了世界财富的吗？”

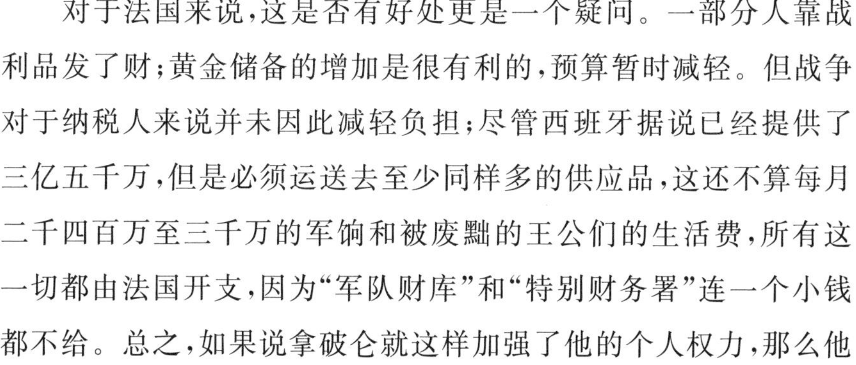

对于法国来说，这是否有好处更是一个疑问。一部分人靠战利品发了财；黄金储备的增加是很有利的，预算暂时减轻。但战争对于纳税人来说并未因此减轻负担；尽管西班牙据说已经提供了三亿五千万，但是必须运送去至少同样多的供应品，这还不算每月二千四百万至三千万的军饷和被废黜的王公们的生活费，所有这一切都由法国开支，因为“军队财库”和“特别财务署”连一个小钱都不给。总之，如果说拿破仑就这样加强了他的个人权力，那么他 406

的现金储备从来没有达到他自己所预期的数字，因为他为形势所迫不得不花费掉一大部分自己的产业的收入。

不管他从战争中获得了多大的利益，主要问题还是要提高国内纳税的能力。为了达到这一点，开明专制君主都遵循重商主义的原理鼓励生产。拿破仑也是如此。一个独断专行的政府必然实行管制经济，各个方面继续要求恢复行会和商标。上层资产阶级一般地说仍坚持劳动自由，拿破仑比人们所说的更为尊重这种自由。在里昂，他只限于要家庭手工业者领取记账手册。共和十二年恢复了织锦业和天鹅绒业的商标；1807 年恢复了运往地中海东岸各国的呢绒的商标；1810 年恢复了卢维埃的呢绒的商标；1811 年恢复了肥皂的商标；1812 年整个呢绒制造业的商标都恢复了；但商标仍然不是强制性的。对战争武器、火药、货币铸造和烟草实行专卖，这是出于治安或财政上的考虑。关于为了公用事业而征收土地，关于有害健康的企业以及关于矿业等的法律也是出于同样考虑：至于矿业，1810 年的法律已收归国有；但是还让私人开采，只有萨尔地区的矿产除外。为了同样的考虑，对面包业和屠宰业实行管制，这是回复到旧制度的一个最明显的例子：执政府时期在巴黎恢复的面包商行会组织扩展到外省好几个城市；1811 年巴黎肉商同业公会储蓄银行重新变为“普瓦西银行”，负责替本市提供预付给牧人的必需金额。根据酒商的请求，对酒商在首都的人数加以限制，酒商开业要得到警察当局的批准；酒的推销商和试味员的职业转为官方职务，由政府任命。

对于农业，则几乎放任自流。森林重新受到保护。但是没有采取任何措施取消森林的集体使用权，也没有利用地籍清查来强

制或促进土地的重新调整：这是几乎所有的农民都必然要反对的方法。实行大陆封锁不过使皇帝要求种植某些作物，特别是要求用三万二千公顷，后来是十万公顷的土地来种植甜菜。出于对公 407
共秩序的关心，使他正如在旧制度统治下那样，不得不在一定限度内在农民与消费者之间对小麦价格进行仲裁，或者是批准出口以提高小麦价格，或者是在 1812 年强制规定一个最高价格。

但是法律主要是用来对付工人的。这并不是什么新鲜事儿，因为 1791 年的法律已经重新规定禁止罢工和组织帮工联合会[①]。共和十一年的法律和刑法典只不过是确认了这些禁令；但是也恢复了工人手册和“雇主和工人”的条款。某些行政官员就走得更远了：在巴黎，警察厅长于 1806 年为建筑业规定了工作时数，在荣纳郡，郡守把木排工人重新编组起来，对他们强行规定了运费标准。但是参政院否决了关于学徒年限和工场章程的草案；大臣拒绝干预以批准曼恩—卢瓦尔郡青石矿的规章，以及巴黎地区造纸业和根特的鲍文斯纺织厂的规章。1806 年 3 月 18 日为解决雇主和工人间之纠纷创设了劳资纠纷调解委员会，但是工人却没有代表参加，这个委员会的成立仅仅是由于普通的法官根据法律是无权过问的。作为不受政府控制的独立力量，新生的资本主义除了在某些方面还有所保留以外，可以独断独行：他们保持了对付工人的各种管制规定，并防止有碍资本主义的行会复活。

① 指 1791 年 6 月 14 日制宪议会通过的“勒·沙白里埃法”，直到 1864 年才废止。马克思在《资本论》中指出：“这个法律用国家警察手段把资本和劳动之间的斗争限制在对资本有利的范围内，它经历了几次革命和几次改朝换代。”（《马克思恩格斯选集》，人民出版社 1972，第二卷，第 246—247 页）——译者

因此，在重商主义两项原则中，保护政策提到了首要地位。战争和大陆封锁关闭了国内市场，并使附庸国或盟国完全受法国人控制，因而比任何特定的措施都更为有力得多。农业丝毫没有从战争和封锁中获得利益，因为拿破仑坚持要控制小麦价格；相反地，农业更难出售其葡萄酒和烧酒。拿破仑和科尔贝尔一样，主要是奖励工业。他使用了各种办法，如举行博览会，政府订货，嘉奖有发明创造的人，有时也拨给厂房或贷款等等，但是他决不给予特权，而对金钱抓得很紧，只在危机期间才允予借贷，这与其说是为了工业家的利益还不如说是为了避免失业；他认为，对工业家最大的帮助就在于增加法兰西银行贴现来降低利息。他关心产量有过于关心成本；可是由于机器使英国获得了好处，所以他为技术发展
408 做了很多工作，他帮助道格拉斯在巴黎建造了一所毛纺机械厂，设置奖金征求几项发明，如1807年的一台小型蒸汽机，1810年的一台麻纺机。除了夏龙工艺学校以外，他增设了翁热工艺学校，开设了一些矿业学校，恢复了戈伯兰工场的印染学校，在工艺学校增设了实用学科，并且像救国委员会那样通过官方的宣传来推广新方法和新工具的使用。运河和公路对统一国内市场并把它和附庸国连接起来能起很大的作用：拿破仑就下令修建布尔戈尼厄运河、从罗讷河到莱茵河之间的运河、从伊尔河到兰斯河之间的运河、从南特到布勒斯特之间的运河，完成了中央运河和圣康坦运河，修复了大部分国内公路，并开辟了对同意大利和地中海东岸各地贸易极为重要的阿尔卑斯山一些公路。如果拿破仑有更多的时间和金钱的话，那么他做的事情就会更多一些。

然而在他的各项工作的计划中，经济比之军事上的考虑和对

个人威望问题的关心只占次要的地位；由于军事上的考虑，才要求首先修筑阿尔卑斯山公路、通往莱茵河的和西部的公路，延长瑟堡港的堤坝，修筑安特卫普的工程；对个人威望问题的关心表现在美化巴黎市容方面，他在巴黎扩展了沿岸街道，修起了一些桥梁，维修了巴黎圣母院，清理圣母院周围环境，扩建了沙特莱广场和卡鲁塞尔广场，开辟了利沃里大街、和平大街和斯蒂维耶雷大街①，修建了交易所。竖立起旺多姆圆柱，着手建造凯旋门并计划盖一间“光荣祠”，为了首都的粮食和必需品供应方面，他修建了“粮食市场”和“大市场”、“备荒粮仓”、屠宰场、乌尔克河的运河。最后我们要指出：如果说拿破仑是个伟大的建设者，那么他的目的一部分是为了雇用劳动力。所有像恺撒之流的统治者，其政策的主要特点之一总是为人民提供工作机会和廉价面包。

农业沿着督政府时期同样方向继续发展，但是速度极为缓慢。工业的发展要明显得多。奢侈品的生产，尤其是丝织品，已经恢复；封锁促进了冶金业、铁器制造业、刀剪业、机器制造业，以及工具、钢铁板、白铁和黄铜、缝针和别针等的制造；封锁也对化学品和纺织品的制造有利；棉纺业和纺织品印染业仍是最活跃和最富于革新精神的；将近 1812 年的时候，棉纺厂有一百万纱锭在运转，并生产了一千万公斤纱线。帝国末期，一个新的、大有前途的工业正
在蓬勃发展：1811 年里尔和奥比的工厂第一次从甜菜提炼出糖 409
块，阿拉尔和德莱塞尔分别在夏约和巴黎创办了炼糖厂，拿破仑在

① 这三条大街的命名都是为了宣扬拿破仑的武功，斯蒂维耶雷镇战役是 1796 年 8 月发生的，利沃里村战役是 1797 年 1 月发生的，都是波拿巴战败奥军的有名战役，因此迫使奥国停战，实现和平。——译者

他自己的郎布依埃领地内开设了四所技术学校和一个糖厂；1813年计划在三百三十四个工厂生产三百五十万公斤糖，而实际产量似乎是这个数字的三分之一。

实行大陆封锁的结果，既很有利，也大有害处：沿海各港口完全衰落。1807年马赛还拥有三百三十艘远洋轮船；1811年只剩下九艘；它的工业产值从1789年的五千万法郎下降到一千二百万；同期内人口从十二万减少到九万；波尔多在1789年据估计也有十二万人，此时只有七万；因此这两座城市便成了保王党的堡垒。相反地，期特拉斯堡和里昂则利用了这两座同它们竞争的城市所遭遇的不幸，而确保对德意志和意大利贸易的垄断，所以对拿破仑的覆灭深感痛惜。尽管合并了一些地区，法国对外贸易依然低于1789年所达到的总值，这是不足为怪的，因为法国丧失了它的殖民地。不言而喻，实现和平并与英国缔结一项贸易协定会比封锁更有利于国民生产。拿破仑奉行的政策尽管是这样，帝国的确也还是得以生存下来了，甚至享有一定程度的繁荣。

总而言之，皇帝在对事方面远远没有在对人方面那么专制；关于经济方面，人们夸大了他的国家管制主义。他在这方面虽然没有进行很多革新，却成功地把各种很不相同的动机和利益协调起来。最后，他在他统治下的各国里保持着充分活跃的经济，使各国都能支持战争；我们必须牢记，对于他来说，这是最主要的一点。

三、思想控制

拿破仑体制并不限于以禁止任何批评，和满足各利益集团的要求来安抚各种思想。虽然拿破仑通常是假装蔑视各种思想的，410 但是他有时也承认思想的影响："世界上只有两种强大的力量，即刀枪和思想；从长远来看，刀枪总是被思想战胜的。"故此必须把思想和刀枪的控制结合起来，使臣民心甘情愿地，并尽可能心悦诚服地俯首听命。以往开明专制君主之所以要控制教会，就是为了使教会在向人民说教时教导他们唯命是从；这也是波拿巴从与罗马教皇签订的教务专约中获得的好处之一。他使天主教僧侣的要求得到满足，打算诱以利益来控制他们，好为他培养一些驯服的臣民。由于他害怕那些并非他属下官员的神甫，所以他到处安插自己的神甫，尤其是在国立学校里：这是出于小心谨慎和防止发生更坏的事。在他的周围，罗马教会的朋友和敌人一直在暗中互相斗争着；教会的朋友，即波塔利斯、丰塔内等最终战胜了富歇；红衣主 411
教费什既有许多东西需要教会的宽恕[①]，因此非常积极帮教会说话；皇帝不止一次断然顶撞他，认为他的担心害怕是"想入非非"，劝他"洗个冷水浴"；但是如符合他的目的他还是常向费什让步的。

首先要保证低级教士的衣食住行和维持教堂做礼拜的费用，因为对各公社市府施加的压力，促使它们慷慨解囊成效不大。一个神甫写道："农民对宗教有好感，对神甫也有好感，只要不使他花钱。"拿破仑很快就决定自己负担一部分费用。自 1803 年起，他同

① 拿破仑的舅父费什在法国革命前在科西嘉岛的阿雅克修当副主教，革命后不久还俗，与波拿巴一家患难与共。到 1796 年拿破仑独当一面出征意大利时，费什随军办军需，发了不小的财。雾月政变后，拿破仑取得政权要同教会打交道，费什又回到教会，不到三年就从主教、大主教升到红衣主教。但他的这段经历使他得不到教会的敬重，因此他竭力两面讨好。——译者

意给司教会成员付报酬;后来在1804年将近全民投票和加冕的时候,他同意给二万四千名低级神职人员每年每人五百法郎;1807年领他津贴的低级神职人员增加到三万名。1804年,他已经把葬仪的垄断权交给教区财务委员会,并保证在每个主教管区内资助一所大的修道院。1807年,他拨了六十万法郎作为修道院学生的奖学金。他把其余的教会开支强加在地方的预算上:诸如不是由国家支付的低级神职人员的薪金(1804年12月26日),教区神甫的膳宿费和礼拜的费用(1805年2月2日)。为了管理做礼拜方面的补助金,1807年组织了教区"对外"委员会;1809年教区资金由教区财务委员会理事会集中管理,其成员现在第一次由郡守任命,以后出缺则由原有成员推荐加以补充,这个教区财务委员会理事会还必须选出一个执事会。此外,郡守继续要公社议决给予补充俸给并由公社负责副神甫的生活费。最后,1810年2月14日的法律明确地规定了公社应负担的费用:副神甫的俸给,建筑物的维修费,万一教区财务委员会的收入无法支付,也得由公社负担;但补充俸给还是可给可不给。教会预算这样的分担继续存在了将近一个世纪。[①] 1811年,罗讷河口郡各公社总共要付出十万法郎;而国家除了支付三千一百万各种年金以外,还要开支一千六百多万。

教会也非常重视使人民尊敬它,以及为了帮助它招募神职人员和扩大宣传所给予的恩惠。修道院的修士得免服兵役;教会的显要人物在共和十二年关于名次排列的敕令中获得了很好的地
412 位;几乎到处都恢复了敬神游行的仪式;一些"内地传教团"得到了

① 到1905年12月"政教分离法"通过为止。——译者

补助，红衣主教费什还创设了组织这些传教团的机构；一些郡守下令在星期日举行礼拜时关闭酒馆；波塔利斯赞同这种做法，甚至取得参政院同意，惩罚那些在敬神游行队伍经过时站立或不脱帽的人。自1803年起，国立中学和市立中学都派进了驻校神甫，并规定在校师生必须参加宗教仪式。波塔利斯要求各主教报告有关人事情况；1805年，凡尔赛主教提出了任命小学教师的要求，波塔利斯表示赞同；1807年，颁发了法令批准各主教掌管各学校的宗教教育，1809年，丰塔内发出通告要求他们派本堂神甫监督教师，答应由各主教推荐的人去取代那些评价不好的教师。另外，主教团组织了一套宗教教育，因为要准备建立大修道院，主教团获准建立一些初级修道院，这些初级修道院实际上都变成了地方中学。教士也进入了救济事业委员会和慈善事业局；修女重新主持医院。最后，天主教会的统一得到保障以反对"小教会"，其教规至少有一点是被认可了的，即通过行政措施禁止神甫结婚。如果说国家的世俗化没有受到更多的阻挠，那就该归功于拿破仑：在遵行星期日的仪式方面，在对敬神游行行列表示敬意方面，在任命小学教师方面，他都拒绝采纳波塔利斯的做法，并且谴责丰塔内把监督小学教师的工作交给了主教。

在约制正规僧侣扩充人数方面，也同样应归功于拿破仑。他原则上反对男修道会："不要修士"；"修士的苦修行败坏一切道德，破坏一切活力，摧毁一切政府。"但是在执政府时期，他曾经准许恢复了几个男修道会，特别是"忠信神甫会"或称帕卡那利修士会，警察局很有理由把它看做耶稣会的继承者。富歇最终占了上风：共和十二年获月3日（1804年6月22日）的法令规定，正规修道会

必须得到政府批准才能建立。味增爵修士会、圣灵神甫会和“外方传教会”的神甫尽管在原则上合并在一起，却继续保存了下来，因为他们能在国外扩大法国的影响；基督教义兄弟会和圣絮尔皮斯修道会获得了同样的优待；有几家“练心会”得到宽容，因为他们负责阿尔卑斯山的山间旅舍。其他的僧团均被取消，包括“忠信神甫
413 会”在内，因为他们的会长帕卡纳里是一个外国人。[①] 然而该会神甫自称已重获自主，不再依附耶稣会，因此却能不再受政府干涉，费什甚至把拉让蒂埃的修道院交给他们管理；他们只是到 1807 年 12 月 15 日才确实地被禁止了。拿破仑对修女比较优待，因为他认为把医院委托给她们能节省费用；他批准了她们所建立的大量女修道会，还容许其他一些女修道会存在。他很想将她们组织起来，以便更好地监督她们，可能他很想把她们统一起来。至少，他在 1807 年组织了“慈惠修女和仁爱会[②]教务总会”，由指定为修女保护人的皇太后主持，他在 1808 年颁布了一道敕令，给修女制订了一定的法律地位。事实上，这些医院修女经常也兼办学校，原以忏悔祈祷为宗旨的两个新建立的修道会，一个是女会长波斯泰尔的“慈悲修女会”，一个是女会长巴拉的“圣心圣母会”，也同样在兼办学校。专以教学为业的女修道会为数也不少。据 1808 年的调查，共有二千多个学校和一万六千多名修女。至于不属于隐修院的修道会和慈善会，波塔利斯决定，共和十二年的法令不涉及它

① 帕卡纳里是意大利神甫，1797 年创“忠信神甫会”，搜罗已被解散的耶稣会士，所以帕卡纳里派实际上是改头换面的耶稣会士，1814 年后纷纷回到耶稣会。——译者

② “仁爱会”是 17 世纪由味增爵（1576—1600 年）创办的女修会，以办理慈善事业为标榜。——译者

们。譬如苦修会在整个南方都重新出现了；圣母会在巴黎有了发展，并在外省设立了分会：波尔多和里昂便是如此，安培[①]在那里成了一名热忱的新皈依者。

总的说来，主教们是感恩戴德的。1806 年，他们甚至甘心接受由贝尼埃和波塔利斯的秘书达斯特罗方丈编写的《教义问答》，拿破仑曾亲自参与此书的编写工作：书中关于基督教徒的义务有很长的一章，载明对皇帝应服从、纳税和服兵役。有些人，像贝尼埃积极效忠到这种地步，竟要成为警察的助手，因为富歇曾写信给他们说："你们的职责和我的职责之间有很多联系。"另外一些人则相反，像在鲁昂的康巴塞雷斯的兄弟和圣布里厄的卡法雷利那样，对他们的过分的要求，显得令人难以忍受。大多数主教利用了他们谨小慎微的态度，来扩大了他们的影响。各郡守知道自己最后难以抗衡，所以他们看成是大势所趋，只得如此：在马赛，蒂博多向尚皮翁·德·西塞征询关于官员人选的意见。主教的权力由于得到官方的"高卢主义"的保护，不再事事听命罗马教皇而加强起来，又由于教务专约规定低级教士（只有所谓本堂神甫例外）应无保留地服从主教，而更为加强。然而思想上的统一远未实现，而且宪政 414
派教士仍然受到歧视。在贝藏松，大主教勒科兹经常和他那些受到过去顽抗派教士挑唆的神甫和修士们争吵；起初有些本堂神甫也不甘心世俗化，事故不断发生；最后，绝大部分的教士还是忠于波旁王朝，而这一点往后也能看得很清楚。至于他们对人民的影

① 安培（1775—1836 年）物理学家，为了纪念他的贡献，电流强度的单位就命名为安培。像这样的科学家，在宗教信仰上却表现如此，可见当时修道会的影响。——译者

响是不能以教会在物质上的改进来衡量的；在很多地区，人们对宗教依然表示冷淡，而在城市里，总是有一批观众为《哀狄普》或《伪君子》鼓掌喝彩。[①] 何况有理由相信拿破仑并不一定要法国重新深信基督教；他做出了这些安排是为了掌握臣民中最听神甫的话的那些人：他所需要的无非如此而已。

与教皇的冲突使这项政策没有完全成功。冲突的起源不是宗教的原因，尽管庇护七世在“组织条款”问题上，尤其是对在意大利王国里的僧侣所实行的政策问题上，指责皇帝，但如果教皇不同时也是一个世俗的君主，那么双方就可能永远不会破裂。但是破裂使拿破仑再次产生像罗马皇帝那样统治全部神职人员，并把罗马主教沦为附庸的奢望；这样，1810 年 2 月 17 日元老院决议案把四项条款的声明立为帝国法律，拿破仑在参政院中也宣称，他将“恢复历代皇帝一直拥有的批准对教皇的任命的权利”，并要求“教皇登位前须在法国人的皇帝面前宣誓服从四项条款”。“教皇们不得再提出蓄意反叛的荒谬要求；这些要求过去曾经为人民带来不幸，为教会带来耻辱。实际上他们什么也不肯放弃，而且今天还把他们自己看成是世界的主宰。”

庇护七世被囚禁在萨沃纳；罗马教廷的红衣主教们已被带往巴黎，由于二十七名红衣主教中有十三名拒绝参加皇帝的婚礼，皇帝把这些“卑劣的”红衣主教流放了。这样就不可能圆满执行教务专约。自 1808 年起，教皇为新任主教授职的祝圣通谕已不完全符

① 《哀狄普》是 1718 年出版的伏尔泰的第一部悲剧，这部戏攻击了教会人士，并批判了专制政体。《伪君子》（汉译或作《达尔杜弗》）是 1664 年出版的莫里哀最富有讽刺性的喜剧，揭露了天主教徒和当时“上流社会”的假冒伪善。——译者

合教务专约规定的程式，甚至参政院也拒不认可。随后变得完全无法填补主教的空缺；皇帝命令被任命的主教径自去管理他们的教区；红衣主教莫里接受了巴黎教区，多斯蒙接受了佛罗伦萨教区。这只是一个临时的权宜办法。1809 年，一个教会的委员会发 415
表了意见：如果教皇由于一些世俗的理由推迟任命一名主教，那么大主教就可以任命一名主教；但是这个委员会拒绝作出任何决定，而建议召开一次全国主教会议。1811 年，第二个教会委员会同样得出必须召开全国主教会议的结论。随着世俗政权对僧侣的压力愈来愈沉重，埃梅里方丈的"高卢主义"倾向日趋缓和，他一个人大胆地，而且当着拿破仑本人的面，捍卫罗马教廷的权力。但是他在定于 1811 年 6 月 17 日召开的全国主教会议开幕前去世了。胆战心惊的主教们直到那时一直噤若寒蝉，怕得不放打破缄默；如同在路易十四时代和制宪议会时代一样，他们感到被夹在国家元首和天主教首领争执之间的法兰西教会有成为争执的主题的危险。拿破仑不得不一个个地施加影响，争取主教们赞同他的计划；然而他们还是有所保留，一定要得到罗马教皇的认可。如果教皇在六个月的期限内没有授职，那么就由大主教或资格最老的主教授职，结果就又回到了 1790 年《教士法》的办法。庇护七世接受了此议，只要授职是"明确地以罗马教皇的名义"进行即可，这样他就能随意禁止授职。1812 年 2 月 23 日，拿破仑宣称罗马教皇的教谕不能采纳，并且认为教务专约已然失效。

与教皇的破裂使教士们对拿破仑政权的感情恶化了。一部分神甫逐渐又公开表示反抗。一些主教被迫辞职或遭到流放；一些神甫被取消了年金或俸给；反叛的修道院学生失去了奖学金，并被

迫入伍当兵；政府宣布解散男修道会；对忠信神甫会最终也应用了1807 年命令；味增爵修士会、圣灵神甫会以及“外方传教会”也都被取缔了，而“外方传教会”会长阿农则被逮捕；1810 年轮到了圣絮尔皮斯修道会被取缔。自 1809 年起，圣母修道会早已受打击，因为其成员在法国散布教皇革除拿破仑出教的通谕，并且保持与庇护七世秘密通讯。接着轮到了大量的慈善会。最后，1811 年综合教育团的改革导致了关闭大部分教会学校或初级修道院。教务专约曾使保王党和反革命失去僧侣的支持；拿破仑和教皇的决裂
416 又使它们得到了这种支持；在被合并的各国，他也重新激起了敌视法国的情绪。然而他所争取到的几年已见成效。大多数教士都迟疑不决，怕再次要尖锐对抗和失去既得利益；只要宗教仪式没有中止，只要本堂神甫没被赶走，人民是不会怎么骚动的。拿破仑同教皇的冲突重新燃起了保王党的希望，并有利于他们的阴谋；但是就冲突本身而言，还不足以动摇拿破仑的统治。

新教徒并没有给政府制造任何困难；但是犹太人则迥然不同。如果问题纯属宗教性质，那就容易解决了，因为是犹太教法师自己要求颁发“组织条款”的。困难在于要知道他们是否会认为摩西法律能同民法和法兰西公民的义务相容；人们以为法国南部的和意大利的“塞法尔第人”[①]久已适应当地风俗，而东部的“阿斯肯纳齐姆人”[②]则被视作是固守旧教规的，1805 年博纳尔曾认为犹太人是

① 塞法尔第人（Sefardi）即中世纪西班牙和葡萄牙的犹太人，因希伯来语称西班牙为 Sefarad 而得名，以后用来称他们的后裔，即使已远离西班牙者仍用此称。——译者

② “阿斯肯纳齐姆人”（Askenazim），中世纪指来自日耳曼的犹太人，因一个犹太先知的后裔的名字而得名，现专指在法国东部的犹太人。——译者

同化不了的。最后，有些犹太人在阿尔萨斯和洛林放高利贷，引起了极大的民愤，因为高利贷常常剥夺了农民的产业；皇帝早已反对高利贷，他不顾参政院的反对，于 1806 年 5 月 30 日同意犹太人的债务人延期偿付债款。问题因此呈现了三重性。1806 年 7 月 20 日，在巴黎召开了一次犹太人代表大会，出席大会的九十五名代表均由郡守指定，他们与皇帝的特派员们达成了协议；然后大会决定戏剧性地重新组织“最高评议会”，其中包括二十六名俗界人士和四十五名犹太法师；“最高评议会”向欧洲的犹太人发表了一个声明，并于 1807 年 2 月 9 日同意废除一夫多妻制，承认民事婚姻，同意服兵役，不得顶替，以及看来是必要的一些经济措施。皇帝的决定直到 1808 年 3 月 18 日才宣布。礼拜在犹太教堂内进行，每郡至多只有一个犹太法师的大教堂，巴黎有一个犹太法师总会；宗教费用向信徒摊派来维持。另外一道有效期为十年的敕令废除了矿工、妇女和军人的债务，强制犹太债权人证明他借出的钱是给足十成的，除非债务人是商人，敕令还授权法庭可以减少或取消拖欠的利息，也可以规定延期偿还，这个敕令规定不适用于吉伦特郡，但实际上也只在阿尔萨斯和洛林得以贯彻。对犹太人课一种特别税，并对其典当业制定了一些规章；犹太人被禁止移入阿尔萨斯， 417
而在其他地方则要求移入的犹太人必须在乡村购买一项产业。最后，1808 年 7 月 20 日的法令强制犹太人选择一个姓氏。我们可以看出，拿破仑大概认为必须制止高利贷，高利贷会激起骚乱并迫使农民外迁；但是他的措施是否有助于犹太人的同化，这一点值得怀疑，而且他任凭其自由选择姓氏，这就推迟了这种同化。尽管如此，他的同时代的人并不认为他的政策于犹太人不利；他这种政策

曾在欧洲轰动一时，并且同其他国家政策相比，曾使他获得各地犹太人团体的同情，但是也遭到他们的敌人的诅咒。

皇帝也插手到共济会，这是在督政府时期，尤其是执政府时期就已恢复的组织；1805 年他派约瑟夫为共济会总会的会长，而当已于 1804 年成立的苏格兰典仪派完全退出之后，克勒曼和康巴塞雷斯便掌握了领导权。皇帝的保护有助于共济会的统一和等级制的发展，并促进了共济会支会的增加；共济会总会在罗蒂埃・德・蒙塔劳的效率卓著的管理下，1804 年支配、管理着三百个分会，1814 年发展到一千个。共济会会员在高级文武官员中为数众多，而且这个团体对帝国是十分忠诚的。但是它仍然忠实于 18 世纪的思想，以致某些郡守最后认为共济会的一些支会影响不好。在勒芒郡，卡佩尔写道，“总是平等，总是‘博爱’，总是哲学，总是些共和思想”。拿破仑却从来不曾为此而生气。

培养青年的问题使拿破仑更为操心；尽管他愿在这方面给宗教一席之地，但是他并不打算把青年完全交给教会，因为他的目的主要是培养臣民，而不是信徒，要培养通达时务的人才，而不是神学家。这便是过去所有开明专制君主的意图。这个政权的精神当然要求国家垄断教育；但是这样做就需要大量金钱，所以支配着拿破仑的学校政策的是财政问题。首先，他创设了国立中学，设置了国家奖学金，共和十一年创办了一所军校，共和十二年创办了法律学校和医学院，为的是要补充军官、公务员、法学家和医务人员。而且还要各公社市政府来负担已批准成立的“中等学校”的费用，还要让大量私立学校和初级修道院的宗教教育继续存在。然而国
418 立中学并没有很快开办，因为财力不足；在计划开办的四十五所中

学中，到1808年还只开设了三十七所。这三十七所学校也没有办得像拿破仑所期望的那样成功，因为他原以为，由于学生缴纳学费，这些学校是不用他花钱的。共和十一年的条例规定学校建立军纪，这使资产阶级感到不悦；僧侣们则认为，那些学校只是亵渎神明的渊薮，因为教职员中有一些还俗的神甫和不加入任何教会的人；最后，私立学校又降价收费。于是只有两种办法可以采取：为了节省费用而关闭国立中学，或者取缔私立学校。领导教育工作的富尔克鲁瓦和哲学派可能比较喜欢第二个办法，而波塔利斯则以家长的自由选择权为名和为了教会的利益而加以反对。皇帝最终决定了一种折中的解决办法，因为他没有国家垄断教育所必需的金钱和人员。1806年5月10日法律宣布，将组织一个称为“综合教育团”的团体，唯有此团才有权进行教学；然而私立学校在其监督之下可以继续存在，条件是定期向它缴纳一笔税款，以减轻国家预算负担并限制竞争。7月14日批准，但由于战争而延期成立的“综合教育团”，直到1808年9月17日才公布。在此期间，由于费什和丰塔内的努力，教会得以稳固其地位；这个敕令，尤其是其执行方式被视做哲学派的一个失败。打算当“综合教育团”首长的富尔克鲁瓦被排挤了，而丰塔内得到了这个职位。

这个首长的官衔是“教育总长”，虽然没有大臣的级别，但是可以直接与皇帝联系；辅佐他的有一名总教务长，一名财务官，一个由三十个委员组成的委员会和一些督学长。帝国被划分为若干“学校管理区”，由“学校管理区区长”管理，他有一些督学和学术委员会协助工作。教育分成三个等级：初等教育、中等教育和高等教育。国家第一次管辖小学：迄今为止一直任命小学教师的市议会

不得不只限于提出它的候选人，而教育总长颁发教师证书。国立中学依然照旧，但是其他中等学校称为公立中学。最后决定创办理学院和文学院，其教师还是兼教国立中学，此外还增设了神学院。法国公学和大革命时期创办的各高等院校继续存在，并没有
419 并入“综合教育团”。全体工作人员由皇帝或教育总长任命；国立中学和大学院系的教师接受了规定学位、职衔、服饰、待遇——包括退休金的扣除——和纪律惩戒等的章程；在国立中学里，只有教师获准结婚。

私立学校只有在得到“综合教育团”的批准（批准是可撤回的），并拥有获得其学位，服从其督学和纪律管辖的教学人员的情况下才能开办。这样，公办教育便没有掌握有效的垄断，因为竞争的学校继续存在，甚至大量增加。此外，“综合教育团”的治理权也徒有虚名：要等到 1815 年起才要求教师具有学位，而且任教十年的私立学校教师可以免除学位的要求；也没有足够的督学来有效地进行监督。最后，修道院无条件地豁免了这些隶属关系。另一方面，天主教会在国立学校中拥有一部分影响：天主教教义明确地成为教学基础之一；丰塔内对天主教会忠诚到写信给他的朋友吉亚尔说：“就把你亲爱的儿子留在朱伊吧，”朱伊即那所著名的祈祷学校；一名主教曾被任命为“综合教育团”的总教务长；在综合教育团的委员会里有埃梅里方丈，还有博纳尔和昂布鲁瓦兹·朗迪，后两人都是狂热的天主教徒。儒贝尔和新教徒居维叶在公立学校的改组中都起过很大作用，他们都是很赞同宗教教育的督学；圣母会的成员，弗雷西努斯方丈当上了巴黎学校管理区的督学；有些神甫领导着国立中学和公立中学，或是在这些中学任教师。尽管如此，

皇帝确实已经确定地组织起公共教育，所以教会对所谓“综合教育团”的垄断丝毫不予以原谅：因为教会曾打算恢复自己的垄断。

此外，当时世俗的或教会的私立寄宿学校的怨言更是个现实问题。关于组织“综合教育团”的敕令事实上迫使寄宿学校的校长出钱购买办学执照，并要为每个学生甚至连走读生在内，上缴膳宿费总额的二十分之一。由于监督不容易，这笔应付的款子未能全部征收到，再者修道院是免除这项税款的。所以 1810 年萨瓦里受命进行一次调查，尤其是因为拿破仑和教皇闹翻后，对修道院更有所怀疑。1811 年 11 月 15 日，一道新的敕令加强了垄断。在设有 420
一所国立中学或公立中学的所有城市里，新的条文规定，私立学校的学生去国立中学或公立中学上课，每个郡只批准办一所初级修道院或教会小学。效果很明显：国立中学和公立中学的学生由 1810 年的三万八千名增至 1813 年的四万四千名；自 1811 年起，私立学校减少了五千名学生。敕令并没有彻底执行，丰塔内及其同事的巧妙应付是颇有关系的；1814 年，这个“教育总长”与路易十八谈话时自夸曾“抵制了某些不好的东西”。

皇帝达到了其预定的直接目的：中等教育和高等院校为他培养了能干的行政人员。中央学校的课程大大地删繁就简，加强了拉丁文和希腊文教学，哲学课只读逻辑学，历史、现代外语和实验科学则不受重视。但是本国文学和数学保留了大革命时期所取得的重要地位；在高等教育方面，则保持了法国科学在大革命中所形成的新的特点，学者们继续使教学和研究相结合。然而，拿破仑梦想要完全控制对青年的教育，他却远远没有实现这一目标。对于人民，他并不怎么关心，他让公社市政府负责初等教育，自己却什

么也不管；除了几个地区，如阿尔萨斯以外，小学并没有什么发展；至多是使它们恢复到旧制度末期的那种状态。他更不想教育妇女。但是他很重视培养资产阶级的后代，在这方面，他也没有成功；很大一部分人并不在他的学校中受教育，他并没有在综合教育团向年轻的一代提出一个他所特有的，能使年青一代和他的命运休戚相关的理想。

对他在思想文化和艺术方面的活动，我们也可以做出同样的评价。他想成为文艺的庇护者，因为普遍认为一个君主只有创立了他的“时代”才真正是伟大的。1804 年，他创设了“十年奖”，预定在 1810 年第一次颁发。他主张通过书报检查、科学院、“罗马法兰西科学院”来领导文艺创作。他以奇特的方式来统治戏剧界，并把雷米扎安插为总监督。1807 年，他限制了剧院的数目：巴黎有
421 四个大剧院和四个中等剧院；另外五个城市获准组织两个剧团，有十四个城市只获准组织一个；帝国其余的地方，包括二十五个县，却只有一个或两个巡回演出剧团；在巴黎，每个剧院只准演出一种类型的戏剧，所有的剧院都必须向“巴黎歌剧院”定期缴纳捐税；1812 年，他在莫斯科时签发了一道敕令组织法兰西大剧院。他特别乐于保护艺术，主要是建筑艺术，因为他购买和兴建了许多建筑物。[①] 要是说他在艺术作品上留下了他个人的标志，那就言过其实了，因为“帝国风”并不是从他而来，但是他聚集并重用了许多大艺术家。在文学上则相反，他完全失败了：他只拉拢到一些平庸的作家，而大作家他都没有抓到手。他似乎并不像救国委员会那样

① 参看上文，第 408 页（原著页码——译者）。

曾经设想过使用作家和艺术家来培养公众的革命精神；他顶多只想到在学校里讲授他历次战役的历史，通过利用《大军通报》，利用《政府通报》的文章来编造他的“传说”，以及命令画家达维德绘几幅时事画。当然，他缺乏后来的一些独裁政府为组织宣传所拥有的可靠的财政资源和技术能力。而且尽管他妄图建立一个朝代和一个世界帝国，他却没有提出任何特殊使命来教育法国人；那些忠心耿耿、毫无私心地追随他到底的人是捍卫他所代表的法国民族和大革命的；其他人则不可能认真看待葡月将军[①]的皇朝合法性，即使他是被教皇涂过圣油的。他能够麻痹和压制思想，他却未能征服它；思想的两极依然是旧传统和大革命。

四、社会演进和舆论

拿破仑并非不知道控制思想的工作依然尚未完成；所以他继
续像执政府时期那样恢复社会等级制。他必须通过人们的切身利 422
益或虚荣心来争取所有那些掌有权力的人，并巩固他们的权力，以使之隶属于他自己。他继续联合“新贵名流”，这些人是佃农、雇农、工人、佣仆和供应商等广大人民的主人，他把“新贵名流”拉进各级议会和行政机关，拉进各部机关和国立学校。他增加了官员的数量，这不仅是因为他扩大了国家的职能，而且也是因为他从中
发现了组成一个社会集团的益处，这个社会集团的成员，由于他给 423

① 拿破仑·波拿巴因在共和四年葡月13日（1795年10月5日）在巴黎无情镇压王党暴乱，而被王党分子称为“葡月将军”。——译者

了他们高官厚禄，所以将会致力于维护他的政权，更不用说他们的亲属和社会关系在这方面所起的作用。战争增加了军官的数目，也为他提供了一大批忠心耿耿的臣仆。

他使他们彼此进行集团之间和个人之间的竞争，从而在分化他们的同时，使他们尽忠职守，并倾向他这位金钱和荣誉的颁发者。因此他十分重视各种勋章，认为他们对此是很贪婪的。1805年，他已经完全改变了荣誉军团勋章的形式，此后勋章的徽号是最重要的；他在意大利王国创立"铁冕勋章"，很多法国人曾荣获此项勋章；1809年创立"三条金羊毛勋章"，1811年创立"联合勋章"[①]。他还不断地以岁入和土地的方式颁发赏金、养老金和赏赠。军队获得其中绝大部分。因为他曾经许过诺言，所以他并不拒绝向平民颁发勋章，甚至向塔尔马颁发了荣誉勋章；然而十分之九的勋章到了军人手里。法国人在旧制度下久已惯于领赏受奖，所以对拿破仑这项政策安之若素，因为这项勋章不包含有任何特权，人人可得，而又不世袭，所以在他们看来，这似乎并不违反论功行赏的公民平等思想。正如大革命所许可的那样，人们仍有可能在社会上平步青云；战争和晋级有利于步步高升；公职的扩增和奖学金在人民中分离出一个小资产阶级。

由于拿破仑梦寐以求要建立一个正统皇朝，并渴望把旧贵族完全争取过来归附新朝，却又不愿承认其原有爵位，所以他又进了一步，另立一个贵族阶层，即一个由他赐封的，但是世袭的，并且拥

① "联合勋章"发给有功于法国向欧洲扩张的人，用拿破仑自己的话说，它象征着"波罗的海、亚得里亚海和大西洋间的联合"。——译者

有足以维持其地位的财产的公职贵族阶层。帝国宫廷的组成，附庸国和大领地的创设乃是前奏；1806 年 8 月 14 日，元老院的一项决议案批准拿破仑把世袭大领地推广到整个帝国，这种领地由长子继承，并恢复“补充继承人（或受赠人）的指定”[①]。1808 年 3 月 1 日，最终组成了帝国的贵族阶层。这个贵族阶层当然是属于那些帝国大勋爵，他们都封为亲王，属于各部大臣、元老院议员、大主教、终身的参政官、立法院议长等，他们都封为伯爵；其他官员，像 424
各“大城市”的市长皆封为男爵，荣誉军团的成员则皆称骑士。皇帝也能够以赐封状授予贵族头衔。贵族头衔是可世袭的，条件是要为后嗣建立长子世袭财产，而拿破仑经常赐赠以建立此项产业。与此同时，宫廷的廷臣越来越多，与奥地利联姻后，帝国宫廷又变成旧制度时期的宫廷体制。1812 年，宫廷里有十六名御马官和八十五名侍从官；1811 年，恢复按地位高低而定的先后次序，这种位次是由所坐的圈椅、凳子，以及马车的马数、朝服、行礼、觐见时列队先后等不同待遇标明的。宫廷里任用前朝旧人的现象更加明显；德·塞居尔先生任典礼官，掌管皇后服饰的贵妇人和内廷侍从绝大多数来自旧贵族。大革命似乎只是一场噩梦。拿破仑不久以

① “补充继承人（或受赠人）的指定”（substitution）是封建继承法的一种制度。按照此制，甲将财产以遗嘱遗赠给乙，或在生前赠与给乙，但订定在乙死亡时，该项财产须转归丙所有（丙即甲所指定的补充继承人）。乙生前对该项财产有所有权，可以使用收益，但有予以保存的义务，所以虽然他可以暂时把它出让或抵押给他人，但这种出让和抵押是可以解除的，因为在他死亡时，丙依法确定取得对它的所有权。《民法典》之所以废除此制，主要是由于：（1）它妨害财产的自由流动；（2）它在通常的继承制度之外，造成一种特殊的继承制度；（3）对该项财产有权利主张的债权人可能受到损害；（4）乙生前在经营此项财产上易发生滥用权利的情况。——译者

后对莫莱说:"这些所谓 1789 年原则的学说将永远成为任何时代的不满分子、野心家和空论家手中的一种威胁性武器",他还同莫莱谈到那些憎恨新皇后的"织毛线的娘儿们"[①]。对他的权威有任何反抗就使他暴跳如雷,以致他对这些"无套裤汉"的妇女和反对国民公会的保王派资产阶级不再加以区别:"只要我活着,这些渣滓便再也浮不起来,因为他们在葡月 13 日已经认识到我是怎样一个人,他们知道,只要我抓住他们的错误,我随时准备消灭他们。"他的群臣随声附和;曾任肖梅特[②]的副手的雷阿尔于 1812 年大声疾呼:"这些老百姓从未被狠狠地制服过!"

如果拿破仑有时间的话,可能他会走得更远一些。某些迹象令人猜测他想根据社会分类来划分臣民:因此各附庸国的宪法允许同业团体的选举法,议席是在地主、商人和自由职业者之间分配;很明显,他们是具有选举权的财产资格的。正是在这方面恢复行会对他才具有吸引力:如果行会在国家控制下重新组织起来,设有救济机构和技术学校,加上禁止罢工和组织帮工会的条例,就有可能提供一个使工人服从工商业"新贵名流"的家长式的绝对权力的组织。拿破仑也倾向于准许永佃权以便恢复地主对农民的监护权利。

① "织毛线的娘儿们"指在法国大革命期间,平民妇女积极参与政治活动时,纷纷旁听国民公会的会议和革命法庭的审判;在断头台处决国王、王后和其他反革命分子时,妇女群众也围观欢呼;她们出席这些场合总是手中编织毛线。有反革命情绪的人因此轻蔑地叫她们"织毛线的娘儿们"。现在以大革命起家的拿破仑也使用这种反革命语言,足见他娶奥国公主后,思想感情进一步蜕化。——译者

② 肖梅特(1763—1794 年),巴黎革命市府领导人之一,1794 年 4 月 13 日被处死。——译者

在他的全部计划中，改建社会的计划是最不可靠的；这是因为 425
这些计划同社会的演进背道而驰。他所实现的很少一部分计划也被社会的演进所推翻，而在民族生活中没有产生丝毫影响。首先，夏普塔尔错误地以为大革命已被遗忘。即使在宫廷里，新旧贵族的融合也只是表面现象；而帝国的门面使这种融合往往也只能做到貌合神离。尽管波默勒尔自己是旧贵族，每次新任命一个内廷侍从官时，他就嘟囔地说："这些贵族头上又多了一个便壶。"在颁发联合勋章的典礼之后，杜尔塞·德·蓬泰库朗问道："您看见了西哀耶斯吗？"因为西哀耶斯伯爵跟其他受勋者一模一样，身穿勋章闪烁的礼袍出现在这次典礼上。"您看见了西哀耶斯吗？《什么是第三等级？》"①

其实拿破仑本人处在旧贵族中间也并不自在，因为他们能够做出那么多的今昔对比，而他又是一直鄙视他们的："我为他们打开了前厅，他们就急忙冲进来了。"1805 年，巴塞尔主教邦君为自己的钱财利益上书拿破仑，拿破仑在他来信上写的批语也证实了这一点："啊！卑怯的贵族们，如果你们的祖先看见你们，他们会说些什么啊！他们曾为自己的德行感到如此自豪！"②地方上却完全是另一回事。旧的特权阶级始终在念念不忘他们失去的东西，而帝国的贵族像资产阶级一样，仍然是坚决不归还一丝一毫。归附

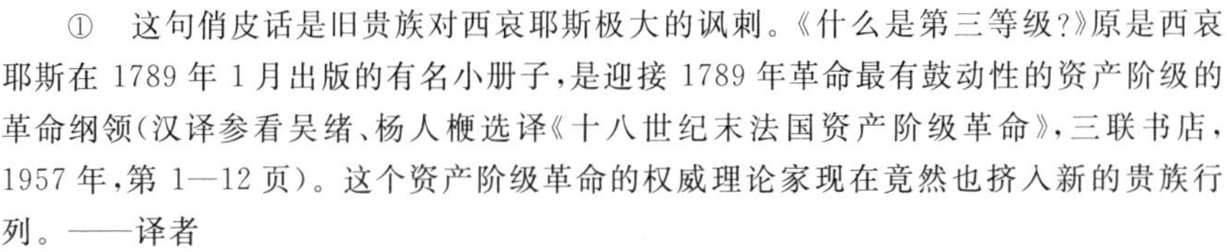

① 这句俏皮话是旧贵族对西哀耶斯极大的讽刺。《什么是第三等级？》原是西哀耶斯在 1789 年 1 月出版的有名小册子，是迎接 1789 年革命最有鼓动性的资产阶级的革命纲领（汉译参看吴绪、杨人楩选译《十八世纪末法国资产阶级革命》，三联书店，1957 年，第 1—12 页）。这个资产阶级革命的权威理论家现在竟然也挤入新的贵族行列。——译者

② 基尔歇森所出版的《拿破仑一世的书信集》第二卷，第 336 页。

新朝的前朝旧人在耐心等待。而顽固派则梦想旧制度复辟，某些人甚至竭力把他们组织起来，准备一旦时机成熟采取实际行动复辟正统王朝。为了这个目的，费迪南·德·贝蒂埃在马蒂厄·德·蒙莫朗西的协助下——这两人都是以后复辟王朝时代享有盛名的圣母会的成员——组织了“忠诚骑士”的秘密团体，使人们在波尔多似乎想起了督政府时代曾异常活跃的“慈善学社”。所有其他的贵族一面等待时机，一面尽可能地重振家业，恢复名位；亡命者回国后廉价购回或强迫人们归还他们的土地(有一半是在北滨海郡)；他们依然和大部分僧侣秘密勾结，他们在所有的政府机关
426 和法庭里又有了朋友。他们对“波拿巴”并不表示感恩戴德，而是在盼望着他的垮台。除非他还把国有产业收回来发还给他们！至于那些过去购买了亡命者土地的人则忧心忡忡。1807 年，地产管理局为了一点点利益而重新审核积欠的尾数；还调查了国有产业的岁入，并要求债务人提出其封建地位的凭据。某些地方的法庭，如第戎法庭，主张当债权人能够证明封建收入与所让与的土地相符时，就恢复封建赋税；科多尔郡的郡议会表示了相同的意见。社会革命所造成的鸿沟是无法加以填平的；新旧贵族仍然长期相互敌视，拿破仑白费了口舌，白花了气力，而在 19 世纪的过程中，民主政治将利用他们的不和又一次获得胜利。[①]

另一方面，如果说拿破仑是最强大的开明专制君主的话，那是因为他登基的时候法国贵族制度已经被摧毁了：要真正恢复贵族

---

① 著者所指的是 19 世纪 70 年代，第三共和国初期处于风雨飘摇之中。而君主派复辟不成，因为君主派分裂为正统王朝派、奥尔良王朝派和波拿巴皇朝派。他们的分裂，使共和制度才得以维持下去。——译者

制度必然产生矛盾。法国贵族以占有大量地产为基础，得到一群受其保护的永久佃户的支持，就有可能重新取得一种独立的强大势力。拿破仑除了他自己以外，他的继承人会像过去路易十五和路易十六那样，就会遇到这股势力起来反抗中央政权。而拿破仑所创立并受他摆布的贵族阶层仅仅是一个侍臣和官吏结合起来的小集团，对他毫无帮助，并且一旦他倒台就会云消烟散。最后，还有一个矛盾：一方面自视为以平等名义所进行的一场革命的代表，另一方面又想重建一个符合平等原则的贵族阶层。在当时，个人当上贵族在很多人看来似乎是可以接受的；这不过是一个荣誉称号，和别的勋章是一样的东西，而且平民在已有了一些国王以后，对再有他们的公爵和伯爵并不感到不高兴：这是侮辱旧贵族的一种新方式。但是恢复长子继承权，那就过分了；由于皇帝通过继承权固定了一部分财产，因而他和资本主义经济的主要原则之一发生了冲突。

拿破仑对社会起的作用只是在巩固和扩大资产阶级优势的范围内才确有实效，因为在这种情况下，他的活动符合国家的演进。他通过为“新贵名流”规定在政府工作中担任主要角色，不知不觉地为他们在政治上做好了上台的准备。而且他还以下列方式大大扩大了他们的影响，提高了他们的威望和增加了他们的财富：他改 427
组了各部机构，并且在实质上同意他们挪用保证金券来贪污；在财政部系统恢复了财务官和出纳员，他们通过在基金管理上提取一定百分比的佣金而有利可图；增设了各种各样的公职，等等。法兰西银行和若干大公司的创办、公债息票的恢复都开始发展了动产财富；资产阶级无须停止利用其传统的生财之道，如购置地产和供

应军需等，工业的发达和几个企业巨头的事业兴隆标志着资本主义的飞跃发展；最后，帝国的立法把工人置于从属地位。然而，资产阶级愈强大，对拿破仑政权就愈是离心离德。

的确，拿破仑政府远远不能在一切问题上都满足了资产阶级的利益：他们对财政管理上的黑暗，威胁着供应商的武断专横，冒险的战争和过分的封锁，怎么会表示赞许呢？但是也许这并不是主要的；如果说资产阶级帮助了雾月 18 日政变的话，那是为了在波拿巴的掩护下由他们自己掌握政权：然而拿破仑大权独揽，并剥夺了资产阶级的一切自由。于是他们启发人们思慕君主立宪制，而英国的代议制便又时髦起来。鲁瓦耶-科拉尔甚至谴责旧贵族归附新皇朝，尽管他最终也接受了巴黎大学的教授职位；在立法院里，莱内等待机会摆出反对党的姿态；基佐也被聘为巴黎大学的教授，他拒绝在第一堂课里硬塞进对暴君的歌功颂德。在沙龙里，尤其是在雷卡米埃夫人的家里，传播着流言飞语；剧院里为影射时事的情节鼓掌喝彩；人们争阅书报检查机关疏忽轻信而没有取缔的书籍或文章，传阅一些手抄的抨击性小册子，而且冒着危险在私信中倾诉真心话。轰动一时的那些风波主要是和文学史有关的。1807 年，夏托勃里昂刚从东方旅行归国，就因为在《信使》杂志上发表了一篇文章而接到命令必须离开巴黎；1811 年他被选入法兰西科学院，但未能宣读他的致词。斯塔埃尔夫人的遭遇更坏；她出版了描写“沉默的法兰西”的小说《苔尔芬》[①]以后，于 1803 年回

① 《苔尔芬》是 1802 年出版的书信体小说，是斯塔埃尔夫人的名著之一。她在书中提出了资产阶级新女性的形象，这部小说显然是在卢梭思想影响下写成的。——译者

国,她又被要求再度出国。1806年,只容许她住在离巴黎十二法里以外的地方;在科佩,一群崇拜者经常围绕在她身边:其中有尽管当时已经结婚的邦雅曼·贡斯当、西斯蒙第、邦施泰滕、巴朗特夫妇、奥古斯特·施勒格尔;人才之盛不弱于拿破仑的朝廷;自 428
1808年起,人们到她那儿去就有失宠于拿破仑之虞,或者冒比这更大的危险。1810年,她的《论德意志》一书的出版使她彻底垮台:莱芒郡郡守巴朗特被撤职,雷卡米埃夫人被放逐;斯塔埃尔夫人本人于1812年5月23日逃往彼得堡……

这些事件只不过与所谓“上流社会”或“社交界”,即为数极少的一些人有关,所以现在只有轶史逸闻的价值。更为重要的是,根据很少为人所知的数以百计的迹象可以说明,所有的人都生活在观望之中:既然每次战役都使帝国的生存成为疑问,那么谁能认为帝国确是巩固了呢?里昂商会在一份大胆的备忘录中表达了每个人的思想:“法国无法经受无止境的战争状态所要求的最大努力;这些努力所引起的极度紧张使社会各个方面都已筋疲力尽。”证券交易所的投机商由于行市一直下跌而不断表达了普遍的悲观情绪。正因为看不清前途,所以不断地引起不满和期待的心情。

这两种感情不论是哪一种在平民各阶级中都没有引起共鸣;拿破仑的专制没有使他们发生什么变化;只有捐税、征兵和贫困也许使他们烦恼。直到1812年年底,兵役并没有引起如传说那样的反抗;只要面包不太贵,失业不很严重,由于封锁而产生的物品短缺和物价昂贵对穷人的影响不大;综合消费税遭到反对,不过它们远不如1789年以前那么苛暴。只要拿破仑打胜仗,他的要求似乎都不超越人民所能忍受的范围,因为人民日常的面包一直得到保

障：从 1803 年到 1811 年，由于连年丰收和皇帝为提供工作机会而采取的措施，尽可能地保证了人民每天有面包吃。

农村居民的处境趋于固定。在整个帝国期间，国有产业仍在不断出售，不过除了国家保留下来的森林以外，国有产业所剩无几；国有产业主要是被资产阶级买去，而购买了国有产业的农民已经发财致富。共和十二年已经批准，只要按照合法手续，就可以把公有土地分掉；但情况经常都不是这样，所以很多已经分掉的被宣告无效；此外，尽管 1793 年 6 月 10 日的法令[①]没有取消，那也已经
429 停止执行了。然而农民的地产似乎在继续扩大，因为地价显著下降，促进了私人购买；同时，农民的地产还通过继承的方式继续迅速地分散。一块块的耕地似乎也变得更小和更多；1814 年的调查证明，在芒托瓦地区和下塞纳郡，一些大农庄已经肢解。在阿尔萨斯、伊尔-维兰郡、杜郡和塔尔纳郡，小土地经营有所发展。尽管发生这些轻微变化，但是还很容易看出农村社会结构的原来面貌；大部分自耕农所有的土地仍然太少；地租在增加，佃农的负担在逐渐增多；由于人口迅速增长，农村打零工的无产阶级人数几乎没有减少；农村仍然仅仅依靠集体使用权利，如公共牧场和通道使用权、拾遗穗权、公地使用权等，而继续维持生活。因此森林的封闭使他们经常深受影响。他们像在旧制度时期一样，仍然要从工业部门、暂时外迁和行乞来寻找生活来源以补不足；在阿尔萨斯、洛林、莱茵地区，农民借口贫困，相当大量地移居俄国，尤其是在 1808 年和

① 即雅各宾派当权后通过的“分配公有土地法令”（汉译参看《十八世纪末法国资产阶级革命》，同前引，第 100—109 页）。——译者

1809 年：结果不得不采取严格措施以制止他们外迁。

至于工人的状况，变化更小。拿破仑只是到 1813 年才为工人，而且还仅仅是为矿工采取了预防工伤事故的措施，禁止十岁以下童工下矿井，并批准在乌尔德郡煤矿创办自由参加的福利救济会。他公开发表了自己曾多次提出过的关于消灭乞丐的主张，但是他并不比他的历届前任取得更大的成功，尽管在 1808 年他曾经认真地着手建立一些乞丐收容所。除了几个城市以外，公共救济事业并无进展；由督政府所创设的救济机构现在还在工作，但是经费不足。只有私人发起的组织有所改善；拉罗什富科-利昂库尔[①]和他的朋友们于共和九年曾在巴黎又创办了“慈善会”，它开设了第一批施药所，其他的慈善会随之在外省纷纷建立。这些慈善会资助了一些储蓄所和互助会，1815 年储蓄所和互助会约达一百多个；“幼儿教育会”也活跃起来。主要之点是，在农村和在城市里一样，工资保持了原状或有所增加；在巴黎，将近 1811 年的时候，工 430
资由二法郎五十生丁增至四法郎二十生丁；因为物价也上涨，所以生活并没有改善很多；但是面包不贵，人民能够维持生活。人口的迅速增长便足以为证。而早婚比以前任何时候更促进人口的增长，因为人们想借此逃避征兵：1812 年有二十二万起结婚，1813 年有三十八万七千起；结果 1814 年比 1813 年多出生了十二万二千个婴儿。出生率从 1801 年到 1811 年超过了千分之三十二，法国从来没有这样生机勃勃。政府为减少死亡率做了一些努力，主要

① 拉罗什富科-利昂库尔公爵（1747—1827 年）出身旧制度的大家族，1789 年当选三级议会代表，在政治上属于以拉法叶特为首的自由派贵族，在大革命初期起过一定作用，后以慈善家身份参加社会活动。——译者

是推广接种牛痘；莱载-马内西亚在下莱茵郡组织了一个免费医疗站。从 1801 年至 1810 年，尽管战事连绵，在法国原有领土内[①]还是增加了一百七十万人；有很多人为此而感叹，因为这只能增加贫困和乞丐。

1811 年的工业危机中断了接连几年的好年头；但是 1812 年就迅速地复苏了；这真是幸运得很，因为 1811 年曾歉收，而且出口使“库存的麦子”销售一空，所以 1811 年冬法国大闹饥荒，与共和十年时一样严重。1812 年春达到最高峰，一百公升麦子的平均价格从 1809 年的十五法郎上升到三十三法郎，而面包在某些地区从每磅两个苏涨至十二个苏。人们又看到了惯常的动乱：乞丐增多并结成匪群，抢劫和焚烧农庄，拦截粮车，扰乱市场，3 月初在冈城发生的事就是个例子。强大的国家镇压机关进行了无情的镇压：近卫军的一个分队占领了冈城，军事法庭命令处决了六个人。与此同时，还努力进口粮食。早在 1811 年 8 月 28 日，拿破仑就组织了一个粮食委员会，粮食供应局局长买进了大批粮食。像往常一样，这主要是为巴黎着想的：国家在巴黎出售了四十五万袋小麦，补贴了一千四百五十万法郎，以维持每磅面包为四苏半的价格。然而，皇帝在出发去俄国的前夕已感存货过多，就毫无顾忌地效仿国民公会；5 月 4 日的法律迫使商人把粮食拿到市场出售，规定对粮食出售加以管理，并强制粮商申报其库存；5 月 8 日，重新规定了“最高限价”：小麦的官价在巴黎地区定为三十三法郎，郡守们接到命令要定出每郡的小麦价格。后果却和 1793 年 5 月 4 日的法

① 即不计入 1792 年对外战争后合并的地区。——译者

律颁布以后一样，因为还没有做到征用粮食：市场上空无所有，而 431
黑市贸易却形成了。收获季节一开始，政府就放弃了最高限价。尽管有这些考验，帝国在人民眼里似乎并没有失去声望；派去巡视的特派员之一拉斯卡斯送上的报告，丝毫没有留下拿破仑不如以前那么受到尊敬的印象；无论如何，农民和工人甚至从来没有想到可能由一个波旁王室的人来取代他。

在 1804 年以前合并的比利时、莱茵地区、日内瓦、皮埃蒙特和利古里亚等国中，革命的变革已经全盘实施，拿破仑的体制得以正常运行。各国人民领会到这个体制的优点，特别是由于像托纳里山郡的让邦和莱茵-摩泽尔郡的莱载-马内西亚等郡守勤敏执行和坚定不移的贯彻。另一方面，经济活动蓬勃展开。正是在这个时候，由于开放了法国市场，由于来自巴黎的资本和订货，比利时的大工业产生了；从亚琛到科隆的莱茵平原和萨尔地区的情况也是如此。比利时和皮埃蒙特的农业似乎并没有得到改进；但是在莱茵地区开垦了很多荒地。虽然比利时（安特卫普除外）没有兴建大的公共工程，但皮埃蒙特却利用了阿尔卑斯山的大公路了；莱茵地区开辟了一条沿着莱茵河的公路、摩泽尔公路和一条从巴黎通过威塞尔到达汉堡的公路；一些运河把萨尔和洛林连结了起来。形势不能使各方面的利益都得到满足：热那亚、安特卫普和莱茵地区各港口就注定要萧条起来；帕拉蒂纳并没有在帝国找到它在莱茵河东面失去的农业市场。像在法国一样，这些地方的负担看起来还是沉重的，租税摊派得较好，但是正好补上甚至超过了所废除的捐税；封锁使消费者深感不便，征兵更使人反感。然而人口还是到处增加；虽然生活福利没有增加很多，但是居民也确实没有感到贫

困难忍。

在所有这些地区，从这个政府得到最大好处，因而最拥护这个政府的是资产阶级。国有产业的出售、工业、公共职务等产生了暴发户和小资产阶级，如果旧制度复辟，他们就有丧失一切的危险。但是拿破仑与教皇签订的教务专约也已安抚了天主教徒，甚至贵
432 族在看到拿破仑排斥了雅各宾派和“爱国党”的时候，也有一部分人归附了新政府；皮埃蒙特人圣马桑出任大使，默罗德-韦斯泰洛公爵和于尔塞尔公爵当上布鲁塞尔市长。当地的新贵名流主要是责备皇帝对他们不够信任：郡守、主教、各机关的主要首长均是法国人；有几个合并国的人获得了在帝国内其他地方的类似职位，但是为数很少；在他们的本国，他们担任郡议员、法官、市长、教授，不用说还有更为低级的职务。可能谈不上同意他们在本国垄断公职，但鉴于各国新近才被合并，皇帝把大部分职位都给了他们。新的郡和旧的郡之间的主要区别是，在新的郡里，人民从大革命时期的法令中得到的好处少得多。废除封建赋税并没有在比利时和意大利北部引起震动，那里当法国统治建立起来的时候，封建赋税似乎已经所剩不多；在莱茵地区情况则不同；但由于长期要求地租债务人证明其封建地位，政府所采取的措施就很不得民心。取消什一税在各地影响很大；然而农民只有当他是土地所有者时才能充分得到这项利益；可是在比利时，国有产业的转让迟到督政府后期才开始；在莱茵地区和皮埃蒙特，宗教团体只是到 1802 年和 1803 年才被取缔，其地产自 1804 年起才出售。到了这个时期，1793 年的各项法律只不过是一种回忆而已。像法国一样，出售的方式是排斥穷人而有利于资产阶级；然而郡守们指出：争取乡下人的最可

靠办法是，在拍卖之前把耕地分割成小块，有一个郡守于共和十一年说："农民渴望获得土地"，让邦自夸曾这样做了，并因此产生了一万个自耕农；经营国有产业的商人也把他们买进的土地分成小块，以便出售。然而不可否认的是，出售国有产业的方式使被合并各国的农民比法国农民更为失望。

同样，在合并的各国里，尤其是比利时和莱茵地区，也能看出拿破仑与教皇的决裂所产生的影响比在法国更大，因为那里从未成立过民族国家，教皇至上论的思想根深蒂固：在美因兹，科尔马主教为阿尔萨斯和德意志造就一代效忠罗马的教士。此外，皮埃 433
蒙特对旧王朝的眷念，热那亚港口繁荣的破产，日内瓦地方贵族的心怀不满，他们为失掉了权利而感到创巨痛深，这一切也阻挠了法国的影响在这些国家中进一步扩大。但是在被合并的各国里，尽管有人采取保留态度，却没有任何人曾敢对拿破仑的统治动一个指头。

434

第二章 大陆体系

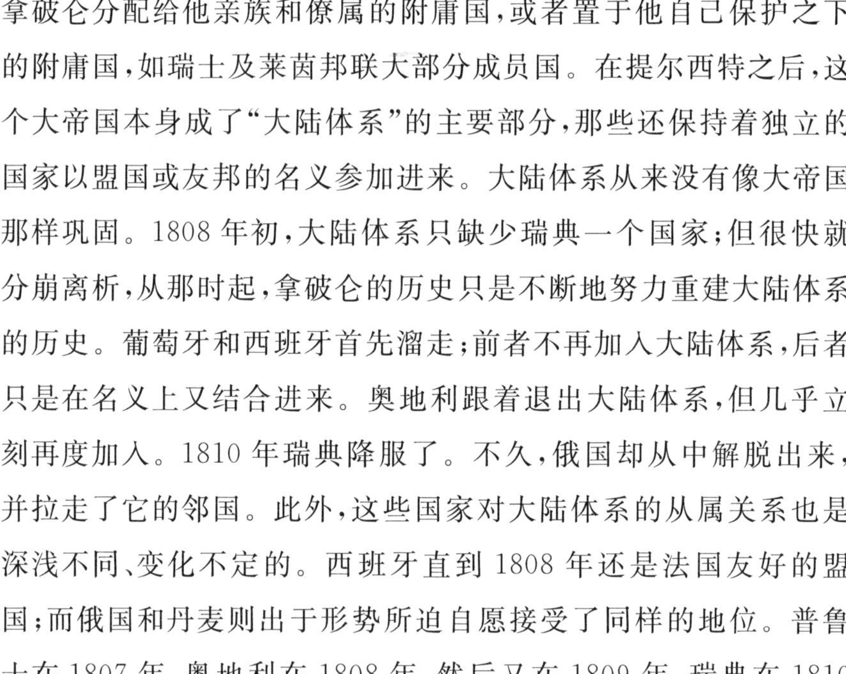

不论法兰西帝国变得多么强大，它也只是“大帝国”的核心而已。“大帝国”在1806年出现之后就得到很多附庸国加以扩充，如拿破仑分配给他亲族和僚属的附庸国，或者置于他自己保护之下的附庸国，如瑞士及莱茵邦联大部分成员国。在提尔西特之后，这个大帝国本身成了“大陆体系”的主要部分，那些还保持着独立的国家以盟国或友邦的名义参加进来。大陆体系从来没有像大帝国那样巩固。1808年初，大陆体系只缺少瑞典一个国家；但很快就

548 分崩离析，从那时起，拿破仑的历史只是不断地努力重建大陆体系的历史。葡萄牙和西班牙首先溜走；前者不再加入大陆体系，后者只是在名义上又结合进来。奥地利跟着退出大陆体系，但几乎立刻再度加入。1810年瑞典降服了。不久，俄国却从中解脱出来，并拉走了它的邻国。此外，这些国家对大陆体系的从属关系也是深浅不同、变化不定的。西班牙直到1808年还是法国友好的盟国；而俄国和丹麦则出于形势所迫自愿接受了同样的地位。普鲁士在1807年，奥地利在1808年，然后又在1809年，瑞典在1810年，都没有取得与法国平等的地位就被迫加入了大陆体系，前两个国家在1812年被法国威势所迫才转变为盟国。最后是土耳其，它在1807年和1808年加入大陆体系，但从来只是一个友邦而已。

这个不断在形成的欧洲联合是以对英国进行斗争为直接的公开目标。在这一意义上，海战和登陆计划的失败是它建立的逻辑前提；但从历史上说，欧洲联合的思想仅仅是在1805年战争之后 435
才以大帝国和封锁的形式体现出来，仅仅是在提尔西特才扩大成为“大陆体系”。这样，形势有助于大陆体系的产生，同时对它的实现施加了沉重的压力，并迫使它以法国为首领和典范。不管怎样，产生于拿破仑政策的这些形势，增加了这一政策从签订吕内维尔和约前夕起就一直表现出来的动力，其第一个征兆可以追溯到1796年建立西沙尔平共和国；亚眠和约的破裂本是能够避免的，即使不能避免，也可能采取另一种对英国斗争的办法。拿破仑采用帝国称号，不断地模仿查理大帝和罗马帝国，选择罗马作为第二首都，又拒绝让沙皇亚历山大占据君士坦丁堡而建立“世界帝国”，这一切都揭示了他的刚强性格及其心理上的权力感所赋予他事业的深刻一致性，这一致性自发地倾向于重建西方世界[①]的政治统一，和复兴西方世界的文化。拿破仑为了使大陆上的行政和社会结构面貌焕然一新所做出的一贯努力，显然足以证明：他不一定需要在大陆推行《民法典》来对英国斗争。在事态不断的变化中，隐藏着一个逐渐变为自觉的计划——重建罗马帝国。

一、大陆体系的政治机构

然而，提到罗马帝国，我们决不要有所误解；建立“大帝国”并

① 此处“西方世界”即指西欧而言。——译者

436 不是以历史的回忆或抽象的概念为基础的。地理上，“大帝国”包括了符合法国可能要征服的三个地区。意大利地区，包括延伸到伊利里亚的部分以及爱奥尼亚群岛，应放在首位，因为它的历史由来已久，领土逐渐集中，各项制度完备。这一地区分为四大部分：法属意大利、意大利王国、伊利里亚诸省和那不勒斯王国；前三个部分掌握在拿破仑手里、第四部分交给了他的亲信党羽。为了对抗英国，意大利半岛为登陆西西里岛和威胁马耳他岛，进而远征东方提供了一个基地；然而，其重要性此时较次于意大利北部和伊利里亚，这些地方能从背后进攻奥地利，直入匈牙利平原；这条路线也可引向萨洛尼卡和君士坦丁堡；在这一边，同地中海东部沿岸诸国的经济关系业经恢复。莱茵邦联是更为重要的地区，因为该地区保护了法国最易受攻击的边界，控制着奥地利和普鲁士，成为攻入俄国本土作战的练兵场；占据了德意志就能杜绝中欧对英国的贸易，而为法国的贸易打开大陆的主要市场。第三个地区是伊比利亚半岛，控制了这个半岛就有可能为恢复地中海和大西洋的斗争提供美好的前景，如果这能导致西班牙和葡萄牙的殖民地投降的话，其意义将更为重大；事实上，这个地区却只不过成了沉重的负担。

形势对于大帝国的组织的影响也是非常明显的。无论是为了从被征服的国家取得强大的辅助军队，或是为了加速社会和行政的统一，把这些国家组成广大的领土单位对拿破仑来说都是重要的。统一工作在意大利取得充分的进展；如果考虑到德意志原是小邦林立，则德意志的集中也有极大进展，但是只要普鲁士和奥地利继续
437 存在，只要俄国没有屈服，那就必须慎重对待那些忠实于法国的德

意志各邦君主:拿破仑促进德意志统一的事业因此未能完成。

另一方面,必须对习惯于自治或者有民族传统的居民进行安抚。从前,卡佩王朝[①]的历代国王为法国的统一做准备时,没有立即把刚获得的省份并入王室领地;而是把这些省份建立为他们亲族的封邑;吉伦特党关于围绕法国建立起一系列保护国的思想,向拿破仑提供了类似的折中办法;此外,拿破仑非常关心他的家族,又很想报赏他的某些僚属,增加附庸国对他来说是合宜的;所以在拿破仑思想上,大帝国最初是以联邦的形式出现的。在意大利王国,他是国君,同时,他让它在欧仁副王统治下保持独立的地位;后来,合并于法兰西帝国的国家以任命总督的方法在表面上享有自治权:如博尔盖泽任皮埃蒙特和利古里亚的总督,埃利兹任托斯卡纳的总督,马尔蒙在伊利里亚,勒布伦在荷兰。在帝国之外,某些地区如汉诺威、拜罗伊特、富耳达和哈瑙等好多年处在帝国行政大臣统治之下;埃尔富特也从未摆脱这种地位。皇帝以世袭头衔授予他的弟兄及妹夫等的国家似乎享有更多的实权,如约瑟夫先是在那不勒斯,后来在西班牙,路易在荷兰,缪拉先在贝格大公国,接着在那不勒斯,热罗姆在威斯特伐利亚等,虽然他们作为法国皇族的成员和帝国大勋爵,依然处于拿破仑的监护之下。如果罗马教皇同意的话,他也可以在这些附庸君主之中独自成为一个特殊类型的国家。同这些人在一起的,但等级较低的有皮昂比诺的埃利兹,卢卡的巴乔基和纳沙泰尔的贝尔蒂埃,他们都是世袭的君主,然而只能在再次授权

① 卡佩王朝是从公元 987 年到 1328 年统治法国的王朝,最初只领有巴黎和奥尔良两城及附近地区,以后逐渐消灭封建割据,扩大王室领地,加强中央权力,为法国领土统一奠定基础。——译者

的条件下才能移交其封邑。再低一级的是本尼凡托亲王塔列朗和蓬特-科沃亲王贝尔纳多特，他们只得到纯粹行政的权力。最后，在一些国君的领地内，拿破仑通过分配有用的采邑，如在意大利的几个公国和各种领土的赠予，来直接施加影响。

拿破仑在对付加入了联邦的各国君主时，遇到了如同卡佩王朝历代国王在对付封邑领主时，或是中世纪德意志皇帝对付各公国王朝时所遇到的同样的困难和危险。首先他对他们的才能存有
438 幻想，以为他们像他自己那样积极活动，发挥行政能力；在实际工作中，他却发现他们很平庸。如果拿破仑不是像在威斯特伐利亚那样亲自分担一部分工作，或者像在那不勒斯那样调派一些有经验的行政官员去为他们效劳的话，那他会更加感到失望。至少，他有权希望他们仍然是他的忠实的助手。他叮嘱路易说："要永远做个法国人。"他对缪拉说："要记住，只是为了我的大陆体系，我才派你去当国王。"贝尔蒂埃以同样明确的词句把这个意思传达给那不勒斯国王："你当国王，要像你当兵时所做过的一样。"拿破仑还对卡罗利娜写道："我首先希望你们做符合法国利益的事，因为我是为了法国的利益才征服一些王国的。"他的下属对此是没有什么好争论的，有些人也能领会他的意旨：欧仁始终忠心耿耿；埃利兹也是如此，她不是没有野心，且也不乏才干，拿破仑即使不喜欢她，却在她身上看到了他自己的一些特征；热罗姆同样尽力而为，但是说实在的，他能尽的力并不多。其他一些人却正相反，很难驾驭。当然他们的任务并不是轻而易举的：他们必须变更制度，建立军队，实行封锁并且筹款，而同时拿破仑还硬要他们的预算负担赏赐和战争特税的开支，并且在他们的领地中，他给自己保留了一部分；

拿破仑对他们要求过苛，令人难以忍受。迪罗克对欧仁说："如果你要换掉房间里的天花板而去请求陛下发布命令，或表示意见，你必须等待，如果米兰着了火，你去请示他要否灭火，那就得让米兰烧得一干二净，也要等候他的命令。"但是切不要胆敢不去请旨；拿破仑给他的继子写道："即使月亮快要掉到米兰，你也不要以任何借口做你权力以外的任何事情。"

然而，祸根则更深。正如在同样情况下几乎总会发生的那样，拿破仑的下属总是自以为是封邑的主人和独立王朝的开国之君。缪拉大声疾呼："当国王不是为了听人指挥的"，这些人为了赢得其臣民的支持来反对法国，就本能地力求在思想感情上变成所在国的国民。约瑟夫说："如果有人要我只为法国的利益而统治西班牙的话，那就不要指望我会这样做。"他们流露出暴发户那种可笑和幼稚的虚荣心，宠臣环侍，穷奢极侈，增加许多宫廷总管和御厩官，439
滥施勋奖。加之他们都像他们的母亲那样对拿破仑的前途感到吉凶难卜，他们把拿破仑的飞黄腾达归之于偶然的机会；由于不想在他一旦失败时受到拖累，他们力图使自己赢得民心。这一点在卡罗利娜的信中得到了证明，她无意中坦率地写信给她的丈夫说：

> "整个欧洲在法国的压迫下都被制服了。你的目的是什么？就是要维持我们现有的地位和保存我们的王国，所以你要做他〔拿破仑〕所希望的事，当他提出什么要求时，不要使他生气，因为他是最强有力的人物，你丝毫也不能反对他；假如你最终被迫离开王国的话，那只能是在你保不住它的时候，在你的子女面前，你就可以问心无愧了。"

这也是塔列朗的思想情况；也就是这种思想终于导致缪拉走向叛变。最后，家族中的混乱和钩心斗角也使拿破仑心烦意乱。他的妹妹都有情夫，而尤其是波利娜的帷薄不修，更是秽闻远扬。路易和奥尔坦斯夫妇关系失和，丈夫是不可救药的，他犯的权迷心窍的自大狂比他几个弟兄还要严重，而且是个迫害狂；妻子脾气好，颇有教养，可是遭到猜疑。他们在第二个孩子出生以后就分居了，直到 1807 年才又短时相聚；未来的拿破仑三世在 1808 年生于巴黎，但路易从不相信自己是这个幼子的父亲，甚至也不相信自己是头一个孩子的父亲；奥坦斯于 1811 年偷偷地又生了个孩子，即弗拉奥伯爵的儿子，未来的莫尔尼公爵[①]。拿破仑支持他的继女而不支持他的弟弟；1809 年他把贝格公国赐给他们的儿子查理时，他自己担负起监护孩子的责任，随后即转交给奥坦斯。缪拉和卡罗利娜之间的关系也很紧张。把那不勒斯赐给他们的条约触怒了缪拉；因为，实际上这是送给卡罗利娜的礼物：她如比丈夫后死，就应自己戴上王冠，而不是让他们的长子继位；她后来不问政事，过着半隐居的生活。至于吕西安，他终于在 1810 年 8 月 7 日乘船去美国，但遭被捕而带往英国。拿破仑的母亲支持其他子女来反对拿破仑；拿破仑一直等到她拒绝承认热罗姆的第一次婚姻，才给她一个正式的尊号："皇太后殿下"，但是她并不满足，还想要一笔赠产和某种"政治地位"，拿破仑没有答应。

所以，从 1806 年到 1810 年，可以看到皇帝对各附庸越来越生

---

① 莫尔尼（1811—1865 年）在 1851 年路易-拿破仑·波拿巴发动政变时，出力不小，后任立法院院长，成为他同母异父哥哥的大帮凶之一。——译者

气，并威胁要并掉他们的国家。这样就加速了联邦制帝国的演变，440
帝国之所以采用拿破仑各项制度，其目的原是要把它统一起来。拿破仑与奥地利联婚，想要增加罗马王的遗产的意图，以及为罗马王未来的弟妹创立家业的前景，这一切更使波拿巴家人亲族的地位越来越不稳固，不过他们早就知道这种地位已遭到损害。合并荷兰和与奥地利联姻几乎是同时发生的。从1809年起，合并的事似已迫在眉睫；1810年初，路易却把它推迟了，因为他同意割让了西兰和直到莱茵河的荷兰南方各省；1810年7月2日，他逃出荷兰，随后到达了奥地利。4月，缪拉在巴黎也自知王位难保；卡罗利娜却因为接受了陪伴玛丽·路易丝的职务而能够设法取得了暂时和解。拿破仑禁止缪拉任命大使；缪拉身边经常有形迹可疑的意大利人如加洛·马盖拉等，后者被缪拉任命为警务大臣，他同许多反法秘密组织有来往，因而可能是最先设想在他的主子缪拉统治下统一意大利那批人之一。卡罗利娜被迫再度分居退隐，并受到离婚的威胁。缪拉在关税方面采取反对法国的措施，他把好几个法国派来的高级官员撤职了，最后，留下来的法国人都要向他宣誓效忠。于是，事情已闹到了决裂的地步：1811年7月2日，拿破仑禁止其臣民向缪拉宣誓；他行将吞并那不勒斯王国的风声就传开了。俄国的威胁使拿破仑与缪拉的紧张关系缓和下来；缪拉到巴黎参加罗马王的洗礼，并随同大军出发去俄国。然而，没有一个人相信事情到此为止。与此同时，热罗姆看到他在汉诺威的一部分领土被割去后，担心要把它转交给波兰。至于约瑟夫，他抱怨只是个徒有虚名的国王。最后，自从缪拉被调到那不勒斯以后，贝格大公国就已由拿破仑亲自治理了。

与各附庸国相反，那些处于被保护地位的联邦，通过永久性联盟同“大帝国”相联系，并照样存在。拿破仑没有理由去触动他自己制订的“调停条例”。瑞士现在被围在拿破仑所征服的领土之中，不再具有直接的战略意义，因而不必加以占领来迫使它服从；直到 1809 年使用了巴塞尔桥和占领了特辛州的时候才破坏过瑞士的中立。相反，改组莱茵邦联是势在必行的。它的领土依然过
441 于支离破碎。连它的成员国的法律地位也不一致：贝格公爵和威斯特伐利亚国王是附庸国的君主，而且只要欧仁还没有取代达尔贝格，拿破仑的傀儡法兰克福公爵就既不是法兰西帝国的皇族成员，也不是帝国大勋爵。维尔次堡大公国的存在得到 1809 年同奥地利签订的条约的保证，而奥地利暗中自以为对于它曾占有的费迪南的旧领地托斯卡纳和萨尔斯堡具有第二继承人的权利。虽然莱茵邦联中最重要的一些君主是通过拿破仑签订的条约而获得新的称号，其他的君主是通过继承权取得正统王位的。然而，最突出的是整个邦联还没有宪法，也没有一个能促进行政、教会、社会，甚至军事统一的中央权力机构。

此外，大陆体系得到随着政治形势波动而临时组成的联盟的不断扩充，通过将来的努力可能把这些联盟变为持久的结合。普鲁士和奥地利已不可能反抗，前者由 1812 年的条约事实上已沦为附庸国。只有沙皇亚历山大，虽然是战败了，但自以为是得到法国平等对待的，因而以真正“同盟者”的姿态出现，每次拿破仑要求他的支持时，他坚持只考虑本国利益，要求法国为此付出相应的代价。这种连续不断的敲诈势必有导致俄罗斯战役的危险；只要亚历山大还不甘心俯首听命，大陆体系的政治结构就仍未完成。这

个最后的障碍一旦消除，大陆体系就可能被吸收进大帝国里来，而同盟国就都变成了附庸国，并且随着时间的推移，大帝国本身或许也会并入法兰西帝国。

直到 1811 年，法兰西帝国的霸主地位在法律上只体现在各附庸国君主的地位上。缪拉的抵抗促使拿破仑确定了为各附庸君主服务的那些法国人的地位：在禁止其臣民向他的妹夫缪拉宣誓效忠的同时，他下令规定他们当然也是那不勒斯王国的公民。这一决定尤其值得注意的是：它力图打破在旧制度下一些大家族可以不入特定国籍的关系，这些人越过国境到处拥有领地，他们是几个君主的封臣，喜欢为谁服务就为谁服务，并且在各国之上组成一个
多国性的小团体。共和十三年花月 21 日（1805 年 5 月 11 日）的 442
法律没收了神圣罗马帝国各诸侯在法国的领地，同时，只是在转让其所有权条件下才归还其他德意志领主的领地，除非他们选择法国国籍。在各附庸国，譬如在威斯特伐利亚，禁止新的君主的臣民仍然为外国服务，舒伦堡为了保留其土地不得不放弃他在普鲁士国王统治下的职位，莱茵邦联其他成员国被要求召回其在奥地利任职的属臣。因此，为那不勒斯王国提出的原则对法国人来说是一种特权，因为他们不失去原国籍而又可以成为被派去服务的大帝国内那些国家的公民。如果这一制度继续存在下去，这对他们来说可能是类似罗马人公民权的一种公民权的开始，他们还可以更容易地享受这种权利，因为大帝国不仅是一个政治统一体：拿破仑打算给它以法兰西帝国同样的制度和社会结构。

二、拿破仑的改革

在拿破仑思想上，他所建立的政治制度首先应该确保他的统治高于一切；他的政权，他的附庸国和盟国的政权都应该受到绝对服从，这点对他非常重要：因此，各种中间团体、各种特权和封建制度等都不容存在，使所有的人都成为直属国家的臣民；继承法也便于减少巨富的财产，使贵族从属于君主，使神甫变成君主的官吏。另一方面，大帝国的所有成员国都应承担的首要义务是：提供财力和人力。旧制度由于行政管理混乱和行动迟缓，不能很快地动员国家的人力物力；因此必须通通废除，代之以拿破仑的官僚机构。在这一点上，拿破仑甚至采取征服的手段，因为他想证实这些方法的优越性，这是像查理四世这样的盟友都未能赏识的。

这些当前的迫切问题并没有妨碍拿破仑看到，通过行政和社
443 会的革新，就使他能够安抚资产阶级和农民。他给热罗姆写道：

> “德意志各地人民所迫切希望的，首先就是那些非贵族出身而具有才能的人享有得到你的青睐和录用的平等权利；其次就是要废除各式各样的农奴制，废除在君主与最下层的平民之间的中间环节……，把我的想法老实对你说，我扩展和巩固这个君主制更多的是依靠这些人的努力，而不是依靠打几次大胜仗的战果。”

公民平等、宗教自由、废除什一税和封建赋税、出售教会产业、取消行会、增加公务员、建立“贤明而公正”的行政管理、规定由“新贵名流”通过租税和制定法律的一部宪法，这一切肯定会交织成一个与维护法国统治休戚相关的利益的网；剩下的任务就由同法兰西帝国那样组织起的思想控制来完成。这项社会政策的要点体现在《民法典》里，所以拿破仑到处大力推广它。从1807年起，他硬要汉撒各城市、但泽和德意志各保护国采用，当然也迫使荷兰和威斯特伐利亚采用；1808年他想在葡萄牙实施；1809年他想在西班牙实施。

现实主义不足以说明拿破仑推广《民法典》的那种小心翼翼和高度热情的理由，因为这是他全力以赴的事业。他从18世纪继承的思想倾向使他对封建制度、宗教的不容忍思想和旧行政制度杂乱无章的经验主义真诚地抱有反感。他继续进行开明专制君主的工作；尽管过去的开明专制君主遗留下的传统大大地促进了他的工作，但他在大胆和行动迅速方面却使他们全都相形见绌。另一方面，他的独断专行精神使他认为他的工作具有完善的特点：他对路易说：“如果你要改动《拿破仑法典》，它就不成其为《拿破仑法典》了。”缪拉要删去其中有关离婚的一节，拿破仑对他说：“我宁愿那不勒斯复归西西里旧国王，也不让这样阉割《拿破仑法典》。”他的体制同样具有永久和普遍意义；这是一种将巩固大陆上政治统一并与之协调的欧洲文明的结构。拿破仑认为人民可能提出抗议这一想法是荒谬的：首先，凡适合法国人的也必适合所有的人，他给欧仁写道：“因为一个民族与另一个民族之间的差别很少。”无论 444
如何，如果还存在有地方主义的话，那就必须消灭之；拿破仑在1810年5月20日谴责路易的行为时，指出他若忠心耿耿可能就会将德意志西北部和汉堡并入他的荷兰王国，他还说：“这可能形

成一个消除德意志精神的各民族的核心,这就是我的政策的第一个目标。”结果,任何反对意见都被看成是对他的专制政权的叛变:他向热罗姆指出:“我认为你用威斯特伐利亚的民意来反对我是荒谬的,如果你听从民意,那你将一事无成。如果人民不要自己的幸福,那么他们是无政府主义者,是犯罪的,一个君主的首要职责是对他们施加惩罚。”广为推行法国的制度是拿破仑权力意志的表现形式之一。

但是,这一最高目标从未使拿破仑忽视迫切需要考虑各种情况。他对同化和统一的狂热受到了批评,然而,这里是拿破仑于1807年9月9日在一封信的旁边所写的话:

> “让荷兰采用法国的行政制度,这对法国有什么好处?……荷兰征税制度的统一,以及与治理该国有关,并为舆论所关心的成百上千的其他事物,究竟与法国的利益……有什么共同点呢?”

事实上,拿破仑容许附庸国和盟国不止一次地改动,甚至删除他的各项法典,但话得说回来,在他完全控制的一些国家里,尤其是在意大利王国,他的体制达到了比在法兰西帝国更为完善的程度。另一方面,连年不断的战争、审慎地对付盟国君主的必要性、国境线的不断变化、让意大利和德意志继续处于支离破碎的状况等,都不利于深入推行他的体制,因而其深入的程度是很不平衡的;譬如,贝格大公国虽然在缪拉离开后由拿破仑亲自统治,但却改造得不如热罗姆的王国那么彻底。如果考虑到拿破仑统治为期很短的话,那么他确是做了大量工作;然而这项工作依然是零碎不全的。

这还不是最坏的：从社会的观点看，见机行事是与他的“体制”冲突的。由于需要金钱并想充实自己的“特别财务署”，所以被废黜的君主、亡命者和僧侣的产业帮了拿破仑的大忙；其中什一税和 445
封建租税占了很大一部分；要不要放弃这些呢？其次，他需要一个政府和行政人员的班子来收税征兵，为此，他不仅要依靠资产阶级，而且也要起用贵族，因为，除法国以外，资产阶级能提供的人数太少；①而且，不用贵族又怎能充实各附庸国君王的宫廷呢？因此之故，土地改革就不可能像法国大革命时期的土地改革曾把农民争取过来的那样，采取为争取农民而必须采取的那种激烈方式。此外，拿破仑到处都排斥热情赞同土地改革的“雅各宾党人”，他在法国结好旧贵族，力求同王室联姻；在法兰西帝国里，大革命的成就是一个他可以不承担责任的事实，但在大帝国里，他必须承担这个责任，而他的“体系”内部就存在这一矛盾。结果，农民是被牺牲了：地租，有时连什一税也宣布只是可以赎买的。这对法国的影响和拿破仑的改革都是一个绊脚石。

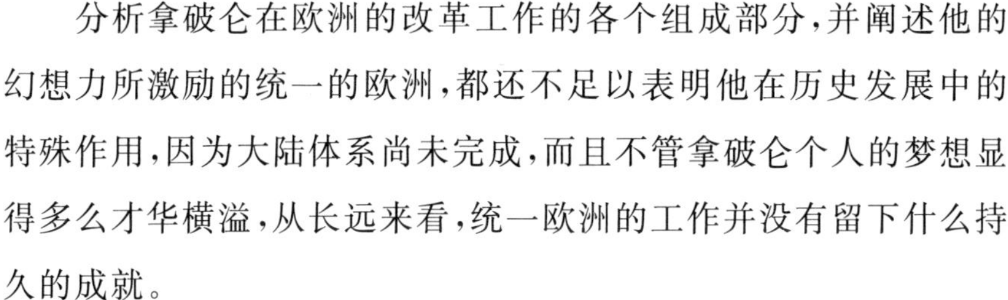

分析拿破仑在欧洲的改革工作的各个组成部分，并阐述他的幻想力所激励的统一的欧洲，都还不足以表明他在历史发展中的特殊作用，因为大陆体系尚未完成，而且不管拿破仑个人的梦想显得多么才华横溢，从长远来看，统一欧洲的工作并没有留下什么持久的成就。

① 只有经过资产阶级革命的荷兰是例外，荷兰能提供不少资产阶级出身的官员。——译者

相反地，当他把从法国大革命中保留下来的成果移植到他所征服的地方时，他的历史作用是具有创造性的。正如 1789 年人民起义铲除了法国的旧制度一样，他率领法国大革命为他准备了的大军去消灭欧洲的旧制度；并代之以执政府时期在资产阶级协助下他所制订的组织机构。既然他至少有某些原则——法律面前人人平等和国家世俗化——是与共济会的某些纲领相吻合的，那么，他的部下相当多的一部分人员到处都同当地拥护法国制度的人聚集在共济会的支会里，也就不足为怪了。于是，拿破仑的很多敌对分子深恶痛绝地斥责他的帝国是共济会帝国。

拿破仑依然作为法国大革命的战士，这与他要重建一个合法皇朝和一个行会等级社会的意图是背道而驰的。但是，他所受的思想教育，他的经历，他的向外征服政策的需要等等都使他摆脱不
446 了为世界上贵族灭亡和资产阶级兴起作准备的这一演进的制约。不管怎样，拿破仑的天才加速了演进的过程。他的事业的不可磨灭的特点之一，就是凡是他的军队得胜所到之处，他的进军都标志着一个 8 月 4 日之夜①。

三、地中海各国：意大利、伊利里亚诸省、卡塔卢尼亚

最深刻地打上拿破仑体制烙印的是意大利；这没有什么可奇

① 指 1789 年 8 月 4 日之夜，法国制宪议会从这夜起通过废除封建制度的一些重要决定。——译者

怪的，因为法国革命的干预和波拿巴本人已经为建立这个体制扫清了道路。皮埃蒙特、利古里亚和巴马通过合并完全与法国同化 447
了；至于意大利王国，拿破仑于1806年把威尼西亚和瓜斯塔拉，1808年把马尔凯，1810年又把特伦特区并进王国里去，从而为他建立了一个试验场地，在这里他不必像在法国那样，要考虑到波旁王朝统治的传统和对大革命的纪念。他对1805年宪法条例一点都不重视：尽管宪法规定立法院负责讨论法案，甚至可以否决某些法案，但他给欧仁写道："我将不再召集立法院"；于是，他就以法令立法。他井井有条地加强中央集权；从1806年起，司法仿照法国的榜样进行了改组；直到那时交由地方政府办的公共工程和教育改由国家管理；卫生检查工作也是如此，救济事业后来在1807年也由国家管理。

拿破仑既扩大了权力，便又增加官吏：1805年第一次任命了警察总局局长；1806年增设了土木工程局；负责堤坝和运河的地方行政官听命于郡政务厅；还建立了管理公共卫生的中央委员会和郡委员会，由总督导官和郡的"公理会"管理救济事业，由内政部设专局管理教育；创办了一些国立中学，在米兰创办了一所法国不曾有过的女子中学，还创办了一所土木工程学校、一所兽医学校、一所音乐学院、三所美术学院，而剧院则由一个总监督领导。卡法雷利弟兄之一在1806年取代皮诺统率意大利王国的军队；军队在不断地改进和增加人员。财政大臣普利纳不得不提供日益增加的经费，他用1806年制定的以后作为人身税继续征收的战争特别税，增加间接税和开征注册税来摆脱困难；普利纳是个出众的、有创见的并且很勤勉踏实的行政官员，但他的热情却引起民怨沸腾：

1814 年,一次暴乱断送了他的性命。意大利王国受到一条不可越过的关卡线的系统的包围,由于开辟了几条阿尔卑斯山公路而受
448 到法国经济的严密控制,然而,它从其他一些公共工程中获得了好处。

1805 年的宪法条例规定,从 1806 年 1 月 1 日起采用《民法典》;但首先必须把它翻译和印刷出版;尽管加紧工作,还是不得不延期到 4 月 1 日才采用民事诉讼法;跟着自然而然地设立了典当铺和建立了户籍制度①。事实上,这只是完成了共和国时期的废除特权和封建制度的事业。不管怎样,《民法典》轰动一时,因为它使户籍世俗化、采用了离婚制度并打破了继承权的习惯法。此外,僧侣对随着教务专约而来的改革也是不喜欢的:教区减少了,修道院的人数受到严格限制,1805 年 6 月 8 日,除了几所集中了那些愿意要继续过寺院生活者以外,隐修院都被取消了;1807 年,慈善会也被解散了。然而,世俗僧侣取得了比在法兰西帝国内更为有利的地位:主教区、教务监理会和修道院均由国家给予土地或年金;本堂神甫的产业没有收归国有。此外,根据教务专约的规定,神甫要听命于拿破仑;总的来说,他们显得是顺从的;1807 年强迫他们使用《帝国教理问答》,而教会的讲坛则用来进行有关服从征税和征兵的说教。争取土地贵族却要困难得多,可是,拿破仑坚持这是必要的;有些贵族屈服于欧仁的豪华宫廷的诱惑,有些穷贵族接受了挂名职务和赐赠;大部分贵族都拒不出任公职;他们的儿子不进国立中学或参军。唯独资产阶级,包括出身于资产阶级的官

① 即由政府办理出生、结婚和死亡登记。——译者

员，对这个政权表示一定程度的拥护；由米兰共济会总会发起并赋予统一的组织形式的“意大利皇家共济会”，在把所有的拿破仑拥护者聚集在高级官员领导之下这一点上起了重要作用。拿破仑如同在法国一样大有成效地利用勋章：意大利王国也颁发了该国的铁冕勋章。但是，拿破仑特别重视仪仗队，要不要在法兰西帝国加以组织他是犹豫不决的，然而在意大利仪仗队却成了最富有特点的制度之一。

拿破仑需要军官并坚持从本地贵族和资产阶级中挑选，这在一定程度上像是作为人质，更主要的是因为他把军队当做学校，用 449
来培养意大利人迄今所完全陌生的公民精神和对王朝的感情。加冕典礼提供了召集一些仪仗队的机会；继之在 1805 年 6 月 20 日，一项法令规定成立四个骑兵连为宫廷服务；这些骑兵要在自愿的基础上，从家长被列入选举团名单或纳税最多的这种家庭中招募；由于在没有提供仪仗队名额的各郡里，暂时取消了顶替办法，所谓“自愿”实际上徒有其名；父母必须交付一千二百里拉的膳宿费，那个年轻人就能在两年后被任命为少尉。对于小资产阶级，拿破仑则建立了十二个轻步兵连，每人只要付二百里拉就可以成为军士。征募仪仗队很困难：尽管 1810 年规定了要征募五百五十一人，但到 1811 年还只征得三百六十七人；这些仪仗队在俄罗斯才第一次投入战斗。轻步兵比较容易招募。即使拿破仑的意图没完全实现，那也不能说他失败了。征兵不断地影响人民，尽管他们在帝国统治下已经感到很不满：废除封建制度和出售国有产业似乎都没有改变农民的处境，至少在平原地区是如此，那里仍然是由贫苦的佃农和短工耕种着大地产；对于小自耕农，意大利共和国确实无偿

地取消了什一税和封建租税，但是国家租税的重担抵消了农民得到的好处。把波伦亚平原上十五个公社分别于 1789 年，1804 年和 1835 年制订的地籍清册做一比较便可看出，贵族的田产已从百分之八十下降到百分之六十七，再下降到百分之五十一。与此同时，资产阶级的田产却从百分之十七增至百分之三十，再增至百分之四十八。然而大地产的土地面积却一直保持原状：1835 年大地产的土地面积占百分之七十二点零一，而 1789 年时为七十二点七七。

在意大利的另一端，拿破仑在那不勒斯王国留下的印痕也是非常深刻的。约瑟夫一登基，那里的改革就开始了，改革是在一批经他挑选的法国人和意大利人，如萨利切蒂、米奥、迪马、罗德雷的儿子和李齐亚第律师等的主持下实行的。他们首先改组各部，成立两个新的部，即内政部和国务秘书部；接着设立参政院和审计
450 院。省的区分继续存在，省下设若干县，而教区则合并到市的行政机关中去，这是模仿法国共和三年宪法中市政府的组织。省有省长，县有县令，官衔虽然不同，可以看出就是法国的郡守和县长，正如法国的郡政务厅换了个名称叫省政府。省和县都设有议会，而公社基层单位则交给一个“十人团”管理。但是，不再成立选民团：国王根据县令的建议任命“十人长”。再从“十人长”提名的候选人中选择各级议会成员。按照法国的模式改组了法院和警察局，并急忙建立了一支宪兵队。财政大臣的任务特别艰巨：他以土地税和工业税取代旧制度下无数的租税；特权取消了；国家收回了曾一度交由包税人承包的间接税；用借据或列入“国债大册”上的债券来清理债务，由于借据转手要受损失，国家很快按市价把借据收买回来：1808 年国债从一亿降到五千九百万金币。大部分收入来自

国家的财产，包括耶稣会教士的、空缺的主教的和许多被取缔了的隐修院的产业。这样的概述仅仅提供了新政权在全国进行的统一、精简和清洗等艰巨工作的一个粗浅的概念。取消挂名职务，禁止贿赂，分立司法和行政，设立公开的会计制度，组织一个遵守纪律和尊重法律的官员队伍，这一切措施在这里比在皮埃蒙特和伦巴第更属创举。

这里的封建制度的压迫比在意大利北部更严重，它是从1806年8月2日开始明令废除的。男爵们保留其头衔及其本人的财产；但他们失去了司法权，关于他们的土地和个人身份方面都要服从普通法。封建赋税和地租的问题是根据法国制宪议会的原则解决的：对个人的权利，体现这些权利的租税以及领主的独占权[1]都毫无条件地被彻底废除了；对物的权利被宣布为可赎买的；包括库奥科在内的一个封建事务委员会负责执行这个法律。此外，通过

1807年的法令开始进行土地改革：在这个地区村社公用和季节性 451
放牧的丛林和荒地占了大片土地；法令规定在村社之间按人口进行分配。而且还决定在居民中间分配可耕的公地，优先分给那些已占有其中一部分土地的人，只要他们已开垦和圈围了这部分土地，条件是交少量的地租。国家对迄今按年出租的阿普利亚平原[2]改为自己派官收税；对宗教机构的产业也是由国家直接派人

[1] 领主的独占权（banalité）是封建制度下领主独占磨坊、烘炉……等物的特权，农民不得私有这些东西，必须使用领主的东西，而领主则勒索使用费来剥削农民。——译者

[2] 阿普利亚平原在今意大利东南阿普利亚区，沿亚得里亚海的狭长平原。——译者

收税。

当约瑟夫把他的王国移交给缪拉的时候，拿破仑企图束缚缪拉的手脚，他命令约瑟夫于1808年6月20日在巴荣纳颁布了一个仿效意大利王国的宪法条例，但是缩减了有关选举的部分，并给予僧侣和贵族一种特殊的代表权，这一点表明了拿破仑政治思想的演变。议会由一百个成员组成，分为五排席位，头两排是僧侣和贵族，他们由国王选任；也是由国王指定的选民团推选业主的代表；国王从官吏选举会或团体推荐的候选人中指定商人代表和自由职业者的代表。政府里的职位只有那不勒斯人才能担任。两天以后又宣告翌年采用《民法典》。

尽管约瑟夫做了很多工作，但是仍没有完成，而且大部分徒有其名；尤其是他刚刚开始组织军队。因此在缪拉的统治下就显得进展很大。他的财政大臣，莫斯堡伯爵阿加尔继续进行安托万-马利·罗德雷的工作；他完成了土地税的改革，采用了营业税，设立了间接税管理局以及水道和森林管理局，开办了一王家银行，通过采取以列入“国债大册”的债券，或者转让国有产业，以及把利息从五分改为三分等措施来完成清理债务工作。缪拉在规定的日期实施了《民法典》，但进行了重大的改动；随着又实施了民事诉讼法、商法和刑法，以及有关抵押、户籍、公证人和律师制度的法律。1809年缪拉还批准了封建事务委员会的决议，并在一定程度上注意到经济生活：他取消了行会和内地关卡，建立了土木工程局和有力地推进了公共工程；如果他有自主全权的话，他的王国还会抵制
452 法国的进口；至于封锁，他执行得很差。然而他的主要力量是放在军队上，他是那不勒斯军队的真正缔造者。

在那不勒斯王国里，法国大革命并没有为改革打下基础，[①]所有的改革都是在不到七年之内进行的；然而工作是做得巩固的：以后费迪南国王回国后也无法恢复封建制度，也没有废除《民法典》。1799年曾热烈欢迎法国人的资产阶级和一些自由派贵族，表现出他们的这种感情没有变化而是加强了。他们如同在意大利北部一样，集合在共济会的支会里；缪拉讲究豪华排场，因而具有一定的魅力，他对法国采取独立自主的姿态，这也很得人心。但是，尽管他恢复了贵族长子世袭财产，却得不到多数贵族的好感，更得不到僧侣的好感，因为他不能缔结新的教务专约和重新组织教会的等级制。至于人民，他们太穷而无力赎买封建义务；公有产业转到了农场、贵族和富有的资产者手中；拍卖和分配公有土地需要时间，当缪拉垮台的时候，这项工作还进展不大。牧民和山区居民很少关心这些改革；而芒艾思将军只是靠无情的镇压才使他们有所畏惧；此外，英国人在不断威胁着海岸。因此那不勒斯王国不像意大利王国那样是由文官按照普通法律治理的；事实上它经常处于戒严状态，按军事管制治理。

拿破仑的影响较迟才深入意大利中部。埃利兹在她的公国里，在卢卡、马萨和卡腊腊等地取消了封建制度，采用了意大利教务专约，关闭了隐修院并没收其财产，开办了学校并着手举办公共工程。她负责统治并入法兰西帝国的托斯卡纳，在那里采用了法国各项制度；治理托斯卡纳的是一个“政务会”，其中有热朗多和巴

① 这点是同意大利北部（比利时、莱茵地区也一样）比较而言的，法国大革命期间，那不勒斯在波旁王室的费迪南统治下，不像意大利北部在拿破仑未上台前，法国军队和革命影响已经为改革打下基础。——译者

尔博伯爵，后者原籍皮埃蒙特，后来成为大名鼎鼎的人物①。两个主要的行动是取消隐修院和清理公国的债务。尽管发生不可避免的摩擦，新制度在这个国家里并没引起反抗，因为该国曾经有过开明专制政体的一些最先进的代表人物②。

在合并的那部分教皇属邦领土上则迥然不同，这里的旧制度无可否认地是最落后的，但是被一个“非常国务院”把它完全改造
453 了；6 月 9 日任命的这个国务院从 1809 年一直存在到 1810 年年底，其中除了米奥利斯外又有热朗多和巴尔博。全部领土分为两个郡，一个郡守是罗德雷伯爵的儿子，在罗马的另一个郡守是拜罗伊特的前任帝国总督图尔农伯爵。诺尔文担任了警察局长。封建制度和异端裁判所都被取消了；1810 年解散了教务监理会，关闭了隐修院。早在 1809 年就颁布了《民法典》；但是，加以实行所必需的机构从未产生，特别是户籍机构；然而《民法典》却因宣布宗教自由而轰动一时：犹太人走出了犹太区，帝国的工作人员像其他地方那样聚集在共济会支会中。行政官员特别注意财政；他们采用了法国的征税制度，但综合消费税则除外，保留了磨粉税来代替消费税；他们统一了公债利息为二分，同时按二十倍的利息、用世俗化的财产支付的办法来偿还本金；债权人的损失，至少在理论上是四分之三或超过四分之三。郡守都十分积极开展工作。图尔农改

---

① 巴尔博伯爵（1789—1853 年）到 19 世纪 30 年代后，成为意大利统一运动中温和派的有名领袖之一，著有《意大利的希望》一书。——译者

② 18 世纪中叶以后，意大利各小邦曾出现过“开明专制”统治。以佛罗伦萨为首都的托斯卡纳大公国是改革较多的国家，大公李奥波德一世曾部分废除农奴制。——译者

组了医院和监狱，关心文化，协助阿尔萨斯人毕歇创办一个棉纺织工场。拿破仑为他的第二首都也设想了一些宏伟的计划：修复了一些建筑物，街道打扫干净并有了照明；对码头、桥梁、街道和皇宫等建设进行了研究；一个古代文物委员会着手发掘工作，卡诺瓦担任了一个博物馆馆长的职务；最后，还着手改造庞廷沼泽地[①]，把四分之一的面积改为耕地。但是，新制度从没有在别处遇到这样的敌对情绪。罗马居民习惯于行政松散、行乞和抢劫；而纪律、按期征税、公共会计和秩序，尤其是征兵在他们看来是难以容忍的，政府也来不及把工作进行到底。在各城市里，主要是在罗马，资产阶级靠僧侣和朝圣者生活，然而撤走教皇及其宫廷、取缔五百一十九所隐修院，其中包括五千八百五十二名修士修女，这对于资产阶级是一个无可补救的灾难；此外，数以千计的无能和无用的官员被裁撤了。敌对情绪的主要表现形式是拒绝宣誓效忠；教士带头，许多官员以及几乎所有的法律界人士都跟着仿效；拿破仑用免职、取消养老金、监禁和流放的办法来回击。表现得最顺从的却是贵 454
族。

尽管有这些保留，拿破仑体制的贯彻实施在意大利进展极快，只需要几年的时间就能完成行政和司法的统一。在伊利里亚诸省，条件却十分不利，它们在地理上是一些被分割为许多孤立小块的贫困山区单位，居民的语言、信仰和文化水平都不相同，并受旧制度官吏、贵族和僧侣的奴役，除了几个高度意大利化的沿海城市

---

① 庞廷沼泽地位于罗马城外东南方近海处，面积达一千五百平方公里，古代原为肥沃土地，因灌溉系统失修，竟成沼泽。拿破仑此项工程规模不小，到 20 世纪仍在不断排水造田。——译者

外，居民中还没有真正的资产阶级。从 1806 年到 1809 年，拿破仑只拥有威尼斯的旧领土，即达尔马提亚，和伊斯的利亚的一部分以及一群岛屿；1808 年他把腊古扎共和国合并进去，不过给它一定的自治权。马尔蒙保持军事权力，而行政权则在丹多洛手中，他的称号是“行政长官”。丹多洛原是个药剂师，是犹太人的后裔，很有钱，在威尼斯国里早已拥护新思想。他正直而勤劳、但独断专行，容易冲动，没有同占领军的首长搞好关系。在伊利里亚建立选举制度是绝不可能的，结果是出现了开明专制统治，还受到军人的干涉。丹多洛设立一个总咨议会协助他，其成员经他自己遴选；事实上，他在萨拉的办公室里决定一切。他把领土分为四个郡，每个郡又分为县和乡镇，他派代表、副代表和“乡长”驻在这些地方。他组织法院，雇用农民早已为威尼斯和奥地利行政官提供的潘都尔兵[①]充当警察。原有捐税照旧征收，而注意力主要是放在国库和国家土地的管理上。

主要的改革是针对僧侣的：为了能减少主教的人数，有了空额就不再补充；一部分隐修院和所有的慈善会被取缔了；除了现有的主教的收入外，教会所有的财产都被没收，其中一部分收入用来增加本堂神甫和修道院修士的补助费。1807 年，丹多洛也公布了一项关于国民教育的条例，在萨拉创办了一所国立中学和几所市立中学。马尔蒙也进行了道路工程建设。由于征兵引起了许多骚
455 乱，它不得不暂停征兵，而只进行局部招募，多少带有自愿性质。

---

① 原系 1741 年奥地利弗朗茨·冯·德·特伦克男爵从其克罗地亚佃农中组成的地方武装，用以弹压靠近土耳其边境的盗匪。潘都尔兵后来在地方上充任骑警。——译者

至于《民法典》，在伊利里亚只采用其中有关家庭和继承问题的章节，使妇女可以接受遗产并废除“补充继承人的指定”及“信托遗赠”[①]。马尔蒙对在沿海地区，譬如在萨洛纳附近的波格利扎地区控制着佃户的领主的权利似乎没有触动，但废除了教会什一税。在达尔马提亚内地，土地问题以独特的方式提出来：1756 年，葛里马尼法曾把达尔马提亚土地归威尼斯国家所有，国家把土地分给当地居民摩拉格斯人，给每人分配三分之二公顷，妇女除外，他们有权耕种和传给男子继承人，但不得转让；受益人必须服兵役并向政府交纳什一税。丹多洛废除了这项法律，把土地所有权授予佃户，同时把国家什一税作为土地税保留下来；1807 年，他看到投机商劝诱农民出卖地产，便规定转让必须通过正式手续，使得转让实际上成为不可能。不管怎样，这是在拿破仑统治下各国里所能看到的最实在的土地改革之一。

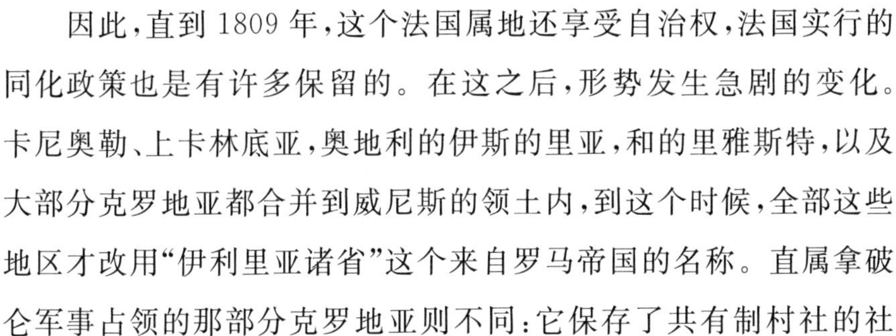

因此，直到 1809 年，这个法国属地还享受自治权，法国实行的同化政策也是有许多保留的。在这之后，形势发生急剧的变化。卡尼奥勒、上卡林底亚，奥地利的伊斯的里亚，和的里雅斯特，以及大部分克罗地亚都合并到威尼斯的领土内，到这个时候，全部这些地区才改用“伊利里亚诸省”这个来自罗马帝国的名称。直属拿破仑军事占领的那部分克罗地亚则不同：它保存了共有制村社的社

① “信托遗赠(信托赠与)”(fidéicommis)，原是封建继承法制度；按照此制：甲将财产公开地或秘密地以遗嘱赠给乙(或在生前赠给乙)，乙对这项财产有保管的义务，有使用收益的权利，但无所有权，从而无权出让或出抵，且必须在甲指定的时间将它移归给丙(真正的受遗赠人或受赠人)所有。1804 年《民法典》并未废止这种制度。——译者

会组织和受军事当局控制的国有化经济；不纳入帝国关税体系之内；并继续按照传统办法提供一个分遣队的兵员。伊利里亚的其他部分在 1809 年 12 月 25 日接受一种由十个州长组成的临时机构，以莱巴赫为首都，不久以后，丹多洛就离职了。直到 1811 年 4 月 15 日，这种政治制度才最后确定下来。政权由一个总督掌握：第一任总督是马尔蒙，然后是贝特朗，1813 年是朱诺，接着就是富歇。先由总督推荐，再由拿破仑任命的一些高级官员组成辅政会议，其中主要的是财政总管和司法主任委员。一共组成六个省，每个省由省长及其委派的代表管理。从这时候起，拿破仑毫不懈怠地为统一行政和法制而努力。从 1812 年 1 月 1 日起，开始实施整
456 个《民法典》和法国所有的法律；建立了法庭、登记处、典当和公证人制度，但是没有实行户籍制度，尽管民事结婚已成为通例。从 1810 年到 1813 年，开征了法国的租税，只有门窗税例外。债务用国有产业继续清理；1812 年，清理年金的工作完成了。1810 年 11 月 27 日，也实行了征兵。同年建立的土木工程队使用徭役来大力修建从卡尔洛瓦茨到阜姆的公路，和从莱巴赫到腊古扎的“拿破仑公路”。

教会什一税普遍地取消了，1811 年 4 月 15 日废除了封建制度。领主所有的个人权利随着贵族的采邑及其特殊地位的消失而被取消；劳役和地租可以赎买，后者减少五分之一以补偿债务人应负担的土地税。这项法令具有深刻的影响，农民终于对法国统治感兴趣了；但这促使他们要求完全解放，他们首先抗租拒税；1812 年，贝特朗强迫农民服从，并派出了催税官员到农民中去。使农民感到不满的还有剥夺了他们利用森林的习惯权利。贵族们也被激

怒了,他们继续迁到奥地利去。习惯于约瑟夫二世制度[①]的下层教士保持中立;但是,从前在这个地方发号施令的方济各会教士进行了愤怒的煽动。不幸的是,法国人不可能使出口和过境贸易重新活跃起来,这是该地必不可少的财源,而的里雅斯特也是完全以此为生的,结果资产阶级在经受了废除奥地利纸币和以减轻债款来清理债务的打击之后,又遭受很大损失。因此,法国统治只博得少数人的好感,如果垮台也不会令人感到惋惜。而且,根本没有人相信它会持续很久,事实上,在 1812 年的法奥盟约中,法国答应把伊利里亚诸省割让给奥地利以换取它的加里西亚。

在西班牙,战争状态不可能认真实行巴荣纳宪法,也不可能有效地进行拿破仑在 1808 年逗留期间所颁布的各项改革。卡塔卢尼亚是唯一的例外。1811 年 12 月,当时由麦克唐纳领导的军政
府让位给民政府,然而还是要服从德凯恩将军的命令。根据法令 457 575
该省分为四个郡。由于拿破仑决定要合并它,所以有计划地进行与法国同化的工作。这个时期只有一年多一点,因为 1813 年 6 月,絮歇不得不再撤退过埃布罗河,使这个地方又处于军事占领状态。而且改革工作只涉及法国人实际占领的部分。他们只找到为数很少的"亲法分子"来帮助他们,甚至这些人对新措施也不很热情。因而这些新措施也有所缓和:教会产业没有出售,《民法典》中删去了其中离婚和禁止"信托遗赠"的部分。

---

① 约瑟夫二世(1741—1790 年),奥地利皇帝兼神圣罗马帝国皇帝(1765—1790 年),是 18 世纪开明专制君主之一,他加强国家权力而削弱天主教会势力,限制僧侣和僧团数目,迫使天主教会服从世俗政权。——译者

四、荷兰与德意志

荷兰与意大利有别，因为荷兰具有强烈的民族传统。长期以来，大资产阶级在荷兰掌握着政权，以致各种特权以及领主权利都
458 已大为削弱。巴达维亚共和国已经实现了统一。拿破仑以1801年，1805年和1806年的宪法改组了中央政府，路易又实行了一些补充的改革。直到1810年为止，皇帝所做的没有超过这些，正如他在瑞士一样，并不企图摧毁行政自治以达到彻底同化。然而在荷兰仍然保存着旧制度的一些痕迹。虽然在1798年原则上已取消了行会制度，但据说阿姆斯特丹市政府在1806年12月仍在议论一项取消同业行会的方案。1796年本已宣布犹太人享有公民权，然而只是到1809年才取消专对犹太人征课的特别税。虽然封建制度已不存在，一些封建义务以至什一税仍然被保持下来。统一租税制度的措施遭到暗中抗拒，特别是抗拒拿破仑想以部分破产来减轻国债的方案。在荷兰被合并到帝国以后，一切都改变了。荷兰诚然还有一个单独的政府，由拿破仑派勒布伦去主持，就关税而言也仍不包括在帝国之内；但同化政策也执行得同在伊利里亚一样严峻。从1810年起，《民法典》和全部法国法律都在荷兰一体施行；7月9日，国债利息削减了三分之一。1811年7月15日下令至迟从1813年起在荷兰征收法国各项租税。土地改革一如既往遭到最顽强的抗拒而未能实现；政府最后还是同意保留什一税，借口是什一税既已世俗化应被视为一种地租，而路易在位时的参政院尚未解散，它宣称反对赎买对于物的权利。

*　　　　*　　　　*

不像历届革命政府曾经占领或局部改组的意大利、荷兰和瑞士那样，莱茵河彼岸的德意志只是在1805年战争以后才开始进行
改革。即使德意志已经完全在拿破仑控制之下，改革的阻力仍然 459
比其他地方要大得多，因为这个国度幅员广大，情况悬殊。事实上，奥地利和普鲁士尚保存着的一部分领土，从实行改革来看，是拿破仑不能控制的地方；他还必须同他的盟国搞好关系，因此他只能听任这些盟国的统治者从他的体制里采用适合他们需要的部分；甚至在他统治着的区域里，客观形势也并不总是允许他完成他的改革措施。

一部分被征服领土直到1810年才确定归属：拜罗伊特划给巴伐利亚，哈瑙和富耳达划给法兰克福公国，汉诺威的一部分划给威斯特伐利亚王国，其余都合并入帝国，帝国还保有埃尔富特。除了在1808年废除农奴制以外，临时当局在这些地方并没有变动归属未定前的原有的秩序。

贝格大公国是拿破仑在莱茵河彼岸建立的第一个德意志国家。它是1806年由包括杜伊斯堡在内的克累弗公国部分领土，和包括杜塞尔多夫、爱北斐特和巴门在内的贝格公国所形成的，接着又从纳索夺取一些领土，或将一些降格的间接附庸的领地合并而扩大。到1808年又并入普鲁士在威斯特伐利亚的一些辖地，马尔克伯国和伊泽洛恩、明斯特、多特蒙德、埃森、特克伦堡伯国与林根伯国而再扩大，总共拥有九十万居民。成了一国之主的缪拉不再召集地方议会而自拥独断的大权。他取消了合议制的行政机构，把全国划分为若干县，每县任命一个专员管理，在各城市则建立市

政府；除了涉及关税事务以外，缪拉并不想把构成他的国家的彼此互异的国土统一起来，而让它们仍然有各自的预算和会计制度；尽管如此他在全国各地都征收了土地税和人身税，并实行了当时普鲁士国王还不敢实行的征兵制。1808 年 7 月 15 日，当缪拉调任那不勒斯国王时，贝格大公国奉还给拿破仑，虽然拿破仑在 1809 年又封路易的一个三岁的儿子为贝格大公，他仍然通过他所任命的特派专员伯尼奥（从 1810 年起由罗德雷继任）而统治大公国。1808 年，全国行政机构统一起来，租税按法国税制逐渐地进行改革；1811 年又实现了各级法庭的改革；艾农・德・维尔福斯整顿了包括有矿山、森林和年入六十万法郎封建租税的大公领地；最后，在 1812 年皇帝颁布一部宪法，其中包括有参政院和由新贵名流选出的议会，新贵名流由政府指定，但政府直到 1813 年才公布名单。

460 由此可见，同化政策推行缓慢，而且是不彻底的。对教会的旧制度变革不大；世俗化只触动了教务管理会；在贝格大公国也没有教务专约，到 1810 年才在预算上列入拨给僧侣的少量款项。在杜塞尔道夫创办了一所大学，但只是停留在一纸空文上；只有该城的国立中学确已招生上课。司法改革和社会改革同样地迟延不前。1808 年 12 月 12 日，拿破仑废除了该国的农奴制度以及对人的封建租税和劳役，并宣告了对于物的权利可以赎买；1809 年 1 月 11 日，他废除了采邑与封建习惯法；各种特权一概废除，并准许贵族与平民通婚；最后，1811 年 1 月 1 日宣布采用《民法典》。农民抗议保持地租并拒绝向领主缴纳地租。多特蒙德的一个书商马伦克罗特鼓动农民抗租，而法院竟惩办农民；1811 年农民派了两个代

表去见皇帝，但他们回国后被关进了监狱。拿破仑知道后下令调查此事；但伯尼奥指出，这个事件关系到国家领地收入，于是 1811 年 9 月 13 日的法令肯定了各项成例：就严格意义来说，封建赋税仍然应无偿废除，包括军役税、独占权、买回权[①]、司法权等等；对于物的权利仍然应予赎买。农民坚持抗拒；德意志其他地方的农民都没有如此高度觉醒的，这显然是由于该地毗邻已被并入帝国的莱茵地区的缘故；皇帝对当地的贵族关照备至，而他们却认为受到严重打击，因而对皇帝毫无感激之心；没有其他地方更能显示出，皇帝这种照顾贵族的政策是和推进法国影响如此背道而驰的。

整个说来，拿破仑对贝格大公国的政策，同他对伊利里亚或波兰那样粗暴地推行法国制度的做法，形成了鲜明的对比，虽然后两个国度对接受改革更不具备条件。这究竟是由于他疏忽大意考虑不周，或是由于他对大公国的前途尚无把握，是很难断言的。贝格大公国的居民已被置于巴黎的最高法院管辖区域之内，这似乎预示着行将合并；他们已多次要求并入帝国，以便替他们的产品打开新的市场；但是他们在亚琛和明兴-格拉德巴赫的竞争者提出强烈抗议，因而使他们的合并要求未能如愿以偿；无论如何，看来如果拿破仑有意并吞贝格大公国，他原可加紧进行同化工作的。

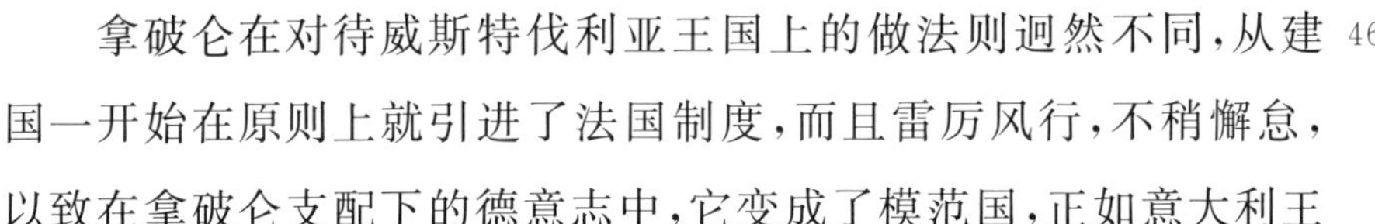

拿破仑在对待威斯特伐利亚王国上的做法则迥然不同，从建 461
国一开始在原则上就引进了法国制度，而且雷厉风行，不稍懈怠，以致在拿破仑支配下的德意志中，它变成了模范国，正如意大利王

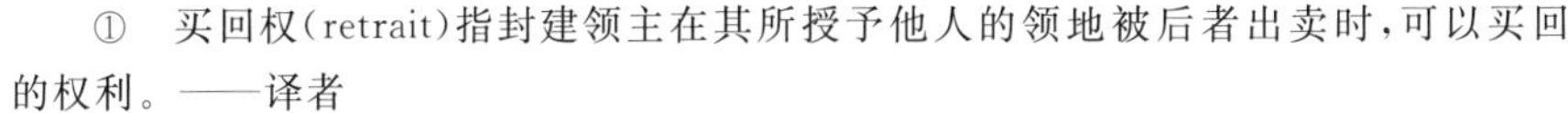

① 买回权（retrait）指封建领主在其所授予他人的领地被后者出卖时，可以买回的权利。——译者

国在亚平宁半岛所起的作用一样。然而威斯特伐利亚王国是由一些彼此差异极大的地区组成的，如不伦瑞克公国、黑森-卡塞尔选侯邦、普鲁士的领土哈耳伯斯塔特与明登、从汉诺威分出来的奥斯纳布吕克与格廷根，还不必谈其他一些世俗化了的教会领地或降格附庸之类的小邦；总共加在一起有二百万居民。1810 年 1 月 14 日，汉诺威剩下的领土也并入了该王国，但到同年 12 月 13 日，它又失去了汉诺威的北部。甚至在热罗姆还没有到达即位时，1807 年 11 月 15 日就已颁布了一部宪法。这部宪法提交给被召到巴黎来的该国名流绅贵代表团；代表团成员都是由贵族推派产生的，他们提出了一些要求，这些要求中现在看起来有些是很有代表性的，它们证实了在这个本质上是德意志的国度，正如在德意志其他地方一样，社会问题乃是首要的考虑。这些人对废除农奴制度提出了一些保留，坚持必需补偿，至少要能抵偿对物的权利，他们还要求延缓施行《民法典》并保持贵族的“补充继承人的指定”与长子世袭财产。拿破仑当然是坚持己见的。他不折不扣地规定要贯彻现代国家的各项原则：政权和行政组织的统一、中央集权、司法和执行机关的分立、执行机关的分工、公民平等、宗教自由，最后还要成立立宪政府。这个政府包括四个部、一个国务秘书厅和一个参政院，还有由国王任命的各郡政府，它们有权提名地方政府和治安法官的人选，并负责选举一个有一百名议员组成的立法议会，其中七十人从土地所有者中选出，十五人从商人和工厂主中选出，十五人从自由职业中选出。法国的行政组织和司法机构，以及征兵制度都是一整套地搬过来，《民法典》也是如此照搬，其后果当然是也要废除一切特权、农奴制和行会。

威斯特伐利亚的政府由一个法国人的摄政会议负责，其中有伯尼奥、西梅翁和若利韦；拉格朗热将军出掌陆军部，约翰·德·米勒出任国务秘书大臣。热罗姆下车伊始就推翻了原有的人员任命，以便安插他带来的一些冒险之徒；这个年轻人素来沉湎于花天酒地，他举债一千万，从而使财政困境更为恶化。可是新制度的推 462
行却坚定不移地逐步铺开。法国的租税如土地税、人身税、营业税、间接税、印花税等都开始征收，虽然事先也曾交立法议会通过；国债都统一并确定下来；公证制度和抵押机构都组织起来。王国的多数居民是新教徒，热罗姆此时取代原有各邦邦君成为大部分僧侣的首领；他也没同罗马教廷签订教务专约，便擅自遴选天主教的神甫；取得公民权的犹太人获准设立一个宗教监会；户籍制度开始执行，但仍交由僧侣办理；1810年，全部遭到取缔的教务监理会和隐修院等天主教会的绝大部分产业，都予以没收并公开拍卖。只有土地改革尚未实行。宪法只规定取缔农奴制度和对人的权利，而何谓对人的权利仍须以几个法律加以明确规定。至于对物的权利的赎买，1809年颁布的税率已加以解决；在这些地区里，农民所受压榨最甚的是劳役，政府对劳役加以明确规定下来，并禁止予以增加、改变和出卖。然而农民往往拒绝履行劳役，也很少同意赎买。因此政府必须三令五申来确定义务，在等待农民能下定决心表示同意期间，法庭似乎不顾《民法典》的规定，力图保持份地的完整，以便保证租税的缴纳和劳役的分派。另一方面，政府却要求郡守加快分割村社公地和取消公共牧场，以便加速消灭理论上已废除了的耕地强迫轮休。

贵族由于丧失了等级的特权而受到沉重的打击；然而在一定

程度上贵族也感到差堪自慰，因为他们获得了高官显职，极少法国人来到这个王国，王国政府可以就地不受限制地起用德意志人。有些曾在普鲁士做官的人就为新国王热罗姆效劳，如哈登堡亲王的表弟比洛、马尔恕斯、舒伦堡和多姆等；一个不伦瑞克人沃尔夫拉特男爵出任内政大臣；施特龙贝克对引进《民法典》贡献很大；由选举产生的各机构和军队中充满了贵族。至于资产阶级，至少可以看出许多文化人接受或保持了职位，如莱斯特、马滕斯、雅各布·格林，更不必谈约翰·米勒了。

463 1810年12月宣布的合并把第三块德意志领土置于拿破仑统治之下，其中包括汉诺威的北部、汉撒各城市和贝格公国四分之一土地，以及分布在这些领土之中的一些小王侯的辖地等；1811年1月22日，奥耳登堡也并入其中。这一块领土分为三个郡，由一个总务委员会管理；正如同一时期在伊利里亚一样，拿破仑在这里也毫不迟延地推行法国制度，1811年12月9日宣告施行《民法典》；采邑及其继承权、农奴制度、对人的权利、领主的各项尊荣特权、桥梁道路通行税、独占权、渔猎权等等一扫而光，不予补偿，而在威斯特伐利亚王国，尤其是在贝格大公国里，这些改革则是经过多次反复才完成的。然而，合并时间过短，以致未能深刻改变这里的社会关系，当地居民也不像其他各地居民那样领略到改革的好处；因为合并的目的是想要彻底执行大陆封锁，这必然要实行极其严峻的军事统治以取缔走私活动。

在莱茵邦联其他各邦中，拿破仑并不能为所欲为。各邦的王侯对他们新获得的主权小心防护，唯恐或失，他们接受与法国结成永久同盟并成为拿破仑的被保护国，只是由于畏惧拿破仑把奥地

利割让的领土据为己有，从而在德意志南部建立起有如蒙特热拉
说过的一个“法国郡守府”；作为交换条件，拿破仑把他们的主权写
进邦联条例上，并延缓召开议会直到实现普遍和平的时候。他说
过：“建立制度的时机还没有成熟”，在此期间，他展开了劝说活动：
1807 年在米兰，1808 年在埃尔富特，他都提出了关于采用《民法
典》的或多或少明确的倡议，并责成他的外交官们去加以推荐。如
果不是由于开明专制传统，和形势促使王侯们采用一部分他的新
制度的话，拿破仑或许根本得不到王侯们丝毫的让步。蒙特热拉
在巴伐利亚，赖岑施泰因在巴登都与拿破仑抱着同样的理想，另一
方面，这些邦国中最大的几个由于突然增添了来源各异的领
地——如奥地利辖地、教会领地、降格附庸的土地、旧日的自由城
市等等——而出现了各种不同政体，各种特权和各种素来势难两
立的宗教信仰拼凑在一起的混乱不堪的局面；当务之急是要把这
些都融为一体，而要做到这一点只有采用法国模式，此外似乎别无
更好办法。最后，这些邦国还要设法找到建立一支强大军队所必 464
需的金钱和兵员，有了强大的军队才能满足拿破仑的要求，而一旦
拿破仑被打败，也才能对他战斗，并且可以自卫以防胜利者主张收
回拿破仑已划给了它们的那些领土。因此之故，这些新建国家，以
及那些获得领土最多的国家，一般说来都实施了最深刻的变革；这
些国家也因此都无意采用立宪政体，尽管在理论上法国仍保持着
立宪政体，因为这些国家的统治者都不愿受到宪法的限制；最后，
解放农奴也被置于次要地位，甚至完全置之不理，因为开明专制从
未破坏君主与贵族的联盟，而约瑟夫二世曾因主张破坏这个联盟
而付出过沉重的代价。在这个意义上讲，尽管南部德意志各国都

曾效法法国，它们还是更近似普鲁士，因为普鲁士为了富国强兵进行改革之时，仍然在讨好贵族。

人们原来揣测，至少在美因河畔完全凭空拼凑起来的两个公国，即法兰克福和维尔茨堡两个大公国，拿破仑的势力应该是无保留地支配一切。实际上，他在法兰克福大公国的势力确是巨大的，但在维尔茨堡大公国却绝非如此，虽然以前的托斯卡纳公爵变成维尔茨堡大公后很拥护拿破仑，并且在拿破仑的宫廷里甚为得意。拿破仑自知必须同他的德意志盟友搞好关系，对于这一点最好的证明无过于他对维尔茨堡大公的态度。费迪南确知他在1809年同奥地利签订的条约使他受到保护，而且在拿破仑第二次结婚后，他既是出自哈布斯堡皇室，而更见重于拿破仑。相反地，法兰克福大公达尔贝格的一切都得自拿破仑。在1803年他还是美因兹大主教的助理时，他是各教会选侯中唯一曾得到领土补偿的人，他得到了累根斯堡、阿沙芬堡侯国和韦茨勒城；到1806年，他被提升为全德意志首席主教，又获得几处降格附庸的领地，特别是得到了法兰克福城。在那些以前的自由城市里，他只委派专员，并就当地居民所拟订的候选人名单遴选元老院议员，而并没有取消它们的自治权。到1810年，他被迫把累根斯堡割给巴伐利亚，因此而得到的补偿是富耳达与哈瑙两城，就在这个时机他被晋升为大公，而以欧仁为储君。他的治下计有居民三十万人，1810年8月16日的特赐令状给这些居民建立统一的行政和司法机构，同样的租税和统一的度量衡；令状还宣布了宗教自由，废止特权和农奴制，取消
465 行会而实现劳动自由。达尔贝格是一个18世纪的高级教士，热诚相信启蒙思想，是一个奉行约瑟夫二世政策的人，他确信这些措施

都是符合理性的，对于这一点没有任何理由可以怀疑他。但他又是一个虔诚的天主教徒和一个忠于本民族的德意志人，他亲眼目睹世俗化运动和结束神圣罗马帝国，不无忧伤；但是这个老于世故，善于逢迎的人决无意做出牺牲，而他的利益和癖好都使他要讨好拿破仑。他在1810年采用了《民法典》，1812年采用了《刑法典》。虽然他赞赏法国制度，但却并不是满腔热情地爱戴它，他始终慎重对待他的臣民，特别是对与他同一出身的贵族。

因此法兰克福大公国在一些细节的具体事务上，还是比威斯特伐利亚王国落后得多；而达尔贝格统治的时间确实也比热罗姆更短。大公国的中央权力机关有一个内阁由阿尔比尼和博伊斯特参加，一个参政院和等级议会，议员由大公任命终身任职的选民提名，并按职业分院议事，正如在意大利和威斯特伐利亚一样。大公国全国划分为四个郡，各郡所设机构与名称都同法国一致。公社也是如此，以致法兰克福城失去了它的元老院和一切表明它独立地位的机构；但是在郡和公社之间则保留下“乡区”或称“司法区”的原有机构，它继续同时行使行政和司法的权力。另一方面，虽然仿效法国开征了一些新税，如注册税、印花税、专利税、间接税等，并且也废除了免税特权，这些都使租税制度得到一定程度的统一，但是仍然容许并入大公国的各地区保留其原有的传统租税、预算、会计制度和国库，而大公国的财政部只收盈余款项而已。

1813年，大公国进行司法改革：全国设一个最高法院，两个上诉法院，每郡设一个民事法庭和一个轻罪法庭；但是初审仍保留了领主的司法权，而教区法官也仍保留他们的裁判权，这一特征可以用达尔贝格本人的主教身份来说明。尽管宣布采用了《民法典》，

宗教自由仍未得到承认，因为宗教婚礼仍然是有强制性的；在这方面所做到的只是对异教的容忍而已。1807 年准许犹太人购置地产与从事某些经营，同时却仍限制他们只能聚居在某特定区域，仍征收犹太人特种税，他们也不能享有公民权。法兰克福城的犹太
466 人为数众多而且富有，他们在 1811 年赎买了特种税，在 1812 年取得了公民权；富耳达和阿沙芬堡两地的犹太人也在 1813 年争取到免除特种税。犹太银行家，特别是罗思柴尔德家族，在财政上对大公的支援肯定是有助于犹太人的解放：阿姆歇尔、罗思柴尔德和另一犹太银行家奥本海默被任命为法兰克福城选民团的成员，同时博尔内成为警察总署的秘书。

社会改革则更加不彻底。根据建立莱茵邦联的条例，各降格附庸邦保留它们的各项特权；贵族不仅保全他们的司法权和有关尊荣权利，而且采邑和个人的权利都原封不动。在哈瑙和富耳达两个小邦里，拿破仑在 1808 年已经无偿地废除了农奴制；其他各地虽根据宪法的令状宣布了废除农奴制，然而到处都只是一纸空文，因为按规定农民必须全部赎买根据农奴制产生的一切租税，而能决定这样赎买的村社寥寥无几。至于对物的权利和什一税，在公爵领地和被没收的教会产业上是可以赎买的；而在领主庄园里，则没有采取任何措施。参政院和官僚们对此正式表示反对；结果是又一次曲解《民法典》，而只要农民的份地还承担着封建义务，份地仍然是不得分割的。

从法兰克福大公国到维尔茨堡大公国，我们就可以看出同样鲜明的对比。从 1803 年到 1805 年，维尔茨堡主教邦曾隶属于巴伐利亚选侯国，巴伐利亚把僧侣的产业世俗化了，实行了宗教容

忍，但其统治方式仍然没有现代化。维尔茨堡大公设立了一个内阁和一个以佐伊费特为首的参政院。除此以外他几乎没有改变巴伐利亚在那里推行的统治制度；行政和司法仍合在一起，掌握在各级僧侣手里；旧的法律仍然有效，《民法典》未被采用。费迪南并不敌视开明专制；而他对改革徘徊不前或许是由于他在饱经忧患之余，想过安静的日子，也由于他要慎重对待维也纳宫廷日益开倒车的倾向。

相反地，革新精神深刻地改变了南部德意志各大邦。在蒙特热拉推动之下，巴伐利亚早在选侯国升格为王国以前，甚至在 1803 年合并领土以前，就已经着手改革。自 1799 年以来，巴伐利
亚调整了各部的权限以便统一职责，并创设了参政院。1802 年，467
司法已从行政分立出来。1805 年改组了官僚机构：禁止卖官鬻爵、职位世袭和贪污贿赂；开始制订官吏任用的考试办法，规定升迁制度和行政纪律。国家的职权在不断扩大；1800 年国家负责火灾保险；城市的司法权被逐渐缩小或取消；1804 年实行了征兵制；1805 年内政部增设国民教育局。在巴伐利亚这样一个教皇威权至上论的堡垒中，蒙特热拉的约瑟夫二世式的政策雷厉风行，引起举国沸腾：1801 年，新教徒获准进入天主教的家庭；马克西米利安一世再婚时娶了一个信奉新教的巴登公主；1803 年，领土合并导致了准许信仰自由和各派基督教徒举行礼拜的自由，同时准许他们充当公职，并在不同教派之间通婚；1804 年，学校在原则上都对各教派信徒一视同仁。天主教会日益严密地从属于世俗政权之下，1802 年，政府取缔了一切托钵僧团，继之在 1803 年又封闭了一切隐修院，并没收了它们的产业。蒙特热拉热心于传播启蒙思

想：1802 年，他宣告了小学义务教育制；翌年，他又取消了书籍出版的检查制度。如果他能自行做主的话，行会原来也可全部废止；除了在慕尼黑城以外，他只能做到削减行会的垄断权并取消行东的世袭权。

因此，拿破仑无须再去说服蒙特热拉改变思想；但是，拿破仑授予新升格的国王以国家主权，并将大片领土置于他统治之下，特别是百端待举的提罗耳，再加上他个人的影响和威望，从而加速了巴伐利亚的改革。1808 年巴伐利亚宪法，显然受到威斯特伐利亚王国宪法的启发，提纲挈领地载明了改革的各项原则。在这之前巴伐利亚本是一个王公的家产，现在从法律上过渡到一个具有公法规范的国家的地位：领土成为不可分割的，王位继承世系不变，王室领地同君主本人的产业划分开来并且是不能让予的，一旦王室年俸确定以后，宫廷的费用从此变成私事，不得再增加国家的债务。中央政权明确地集中在五个各有专责的大臣手里，废止了过去的合议制。事实上蒙特热拉包办一切，因为他一人身兼三个部的大臣，规定的大臣会议实际上未起作用。然而终于改组了枢密
468 顾问机构来负责起草法律和处理行政诉讼。旧的省区撤废而代之以新划的“县”，各“县”由专员领导，辅之以一个办公厅主任和若干顾问；财政从行政部门分立，每县由一个财政督导员负责。各大城市由国王任命一个市警察局长，并由选举产生一个市议会；其他市镇则自选市府负责人；无论大小城市乡镇都在中央行政部门监督领导之下。经过创设一些上诉法院和一个最高法院，并规定法官终身任职，从而使司法组织趋于完备。

巴伐利亚国家也承担起社会救济和公共卫生的事业，并在

1807年下令强制种痘，为全德意志做出了榜样。第一批师范学校创办起来，在1808年尼特哈默尔又组织起包括普通中学和专科中学的中等教育；改组了的巴伐利亚科学院增设了艺术研究部；保存下来的各大学都现代化起来。1809年的宗教敕令使天主教会进一步沦于从属地位，以致罗马教皇拒绝同巴伐利亚缔结一项教务专约。巴伐利亚在经济统一方面也取得了一些进展：内地关卡一律废除，国家接管驿运事业，下令统一度量衡。而当时主要问题是开辟财源，因为政府支出浩繁。按照法国的办法，直接税的征收推广到全部领土；根据完备的全国土地丈量而整顿土地税；全国统计局着手展开工作，绘制全国地图的工作也在开始；新开征一些间接税，并实行严格保护主义的关税税则。军队一直在扩充，1812年取消了豁免兵役的旧制；1809年已建立国民自卫军，1812年又组织了宪兵队。

由于规定了公民平等，废除等级以及取消种种特权，宪法强化了国家权力；从1807年起，免税特权已经废止；随着等级的废除，代表各等级的会议也不复存在，其实在1807年已经取消了这些会议投票通过租税的权力。宪法诚然保障了个人自由、信仰自由和出版自由；它也建立了立宪制政府和一个全国国民代议机关。而实际上，立法机构并未召集过开会，统治仍然是警察式的和绝对专
制主义的，它可以任意逮捕、检查书信、严格审查报刊、禁止一切结 469
社集会。但至少宗教自由已经肯定实施，1808年对新教徒的最后一些歧视限制完全取消；1809年的敕令准许新教徒建立正式组织，并可以改变宗教信仰，还免除新教徒迄今为止仍被迫缴纳给天主教本堂神甫的捐献；1813年授予犹太人私人举行礼拜的自由，

但是还没有授予他们公民权。

巴伐利亚这种专横的和中央集权的统治推广到新合并的提罗耳便激起了叛乱。从拿破仑的观点看来，这种统治还远不够完备。因为基层的司法机关仍然没有同行政机关分立，行会尚未废除；虽然在 1813 年才采用了法国的《刑法典》，但始终未采用《民法典》，构成巴伐利亚王国的各区域仍保持各自的习惯法。看来蒙特热拉可能害怕法国皇帝的渗透干预，所以从 1806 年以来，他压低了改革热忱的调门；或许也由于他也放弃了克服贵族的抵抗的念头；对贵族来说，实行《拿破仑法典》是给他们致命的最后一击。降格附庸王侯按照达成了的协议，保留了他们的财政、司法和尊荣的特权，也保留了他们的司法机构。贵族也得以维持部分的特殊地位：像在法国一样，由于国王的特恩颁赐了一些贵族长子世袭财产用以代替已取消了的“信托遗赠”；此外，在 1809 年再度把妇女排除在贵族产业继承权之外；全国贵族编制成姓氏谱册，并规定应尽的义务，如有违反则从谱册中除名，因而册上有名者的威望反有增加；领主的司法权受到控制，但未取消。至于农民，则国家并没有为他们做什么事。1808 年宣布无偿废除农奴制以及与之有关的一切人身负担；前一年已下令原则上要把劳役明确固定下来，但是可以赎买；并且只要农民同领主签订一项契约，封建租税也可赎买，不过领主可以拒绝签订此项契约。由此可见，从社会的观点来看，巴伐利亚仍然落后于其他拿破仑体系的国家；虽然在国家与贵族二者之间的关系上，力量对比已变得有利于国家，但是它们二者之间毕竟存在着联盟的关系。只有在没收的教会领地上，农民通过付出补偿金，他的土地所有权才得到解放，而且仍然必须缴纳一

项赎买税。农村的旧制度则较明显地受到触动，因为在 1803 年已取消了乡村公社和强迫轮种制，并下令瓜分村社公有土地，准许瓜分家族田庄；但是这些法律上的措施不是可以立竿见影的。470

符腾堡的演变则显然不同，并且更有其特色。符腾堡公爵弗里德里希在 1803 年升格为选侯以后，直到 1805 年继续同他的邦议会争执不休，因此他未能展开任何改革，而只能局限于改组他的内阁，入阁名流中就有温青格罗德伯爵。弗里德里希慎重地不把他新取得的领土并入他的旧领地，在新领土上进行专制统治但实行宗教容忍。邦议会呼吁合并统一，向巴黎提出控诉，并且勾结了王储。弗里德里希的对策是发动一次政变，解散邦议会；但当他下令选出一个新的邦议会后，新的邦议会拒绝通过征税并向维也纳提出呼吁，而维也纳支持了邦议会。1805 年 10 月 2 日，拿破仑路经斯图加特时，建议弗里德里希结束这个议会："替我把这些恶棍赶走。"由于邦议会拒绝提供应交给法国支配的金钱和士兵，因而遭到拿破仑的痛恨。12 月 30 日，升格为拥有完全主权的国王弗里德里希一世取消了邦议会。从这时开始，他得以放手改革他的国家；从 1806 年到 1814 年，改革活动从未松懈过，总共发布了二千三百四十二个诏书和命令，而巴伐利亚在此以前虽然已经完成大部分改革工作，但从此以后改革的势头却逐渐减弱。

正如他的邻邦巴伐利亚一样，弗里德里希一世的施政服从于强化他个人权力的需要。但是，他的性格专横独断，长期以来遭到抗拒更使他愤怒，因此他是真心热衷于独裁统治的；他的大臣都只不过是他的办事员，虽然他设立了参政院，但并不同它商量。他不像蒙特热拉那样深受启蒙思想的熏陶，所以毫不考虑思想自由，也

不关心社会进步。因此，他从拿破仑体制中更专门吸取对他个人有利的东西。

符腾堡划分为若干县，由县长治理；国王直接任命和监督地方政府的官员。高级司法机构按照法国系统加以组织，与行政机关分立。宪兵队也建立起来；警察增加得非常之多。财政机构经过改组，采取国家专卖盐和烟草的办法，土地税大大增加。国家接管驿运事业，承担起领导学校的工作，并把教会置于国家管理之下。
471 弗里德里希避而不颁布宪法，也不保障他的臣民的丝毫权利。刑事法庭甚至也不公布判决书，法庭只条陈意见而由国王决断。迁徙一概禁止，任何旅行皆须得到批准，一切集会都在禁止之列。全国实行严格的出版检查制度；蒂宾根大学丧失了自治地位，由国王派一个监督来领导该大学；申请入该大学注册需要批准，批准入学后，学生被指定在某一学院上课，不能自由选择。密探受到纵容，肆无忌惮；全国居民被有计划有步骤地剥夺了反抗的可能。从这个时期以后，高压政策比法兰西帝国更甚的符腾堡因此具有梅特涅式的统治特色。

唯一幸存的改革是一定程度的宗教容忍；1806年10月15日的敕令规定对各派基督教徒一体待遇；犹太人获准购置地产，并可以经营一种业务。至于社会的组织，弗里德里希也避免宣布任何原则；虽然他实现了法律的统一，他并不采用《民法典》。严密受制于国王并须负担租税的贵族，丧失了部分的司法权；贵族被禁止实行“信托遗赠”，同时又增加了许多新赐封的贵族；贵族与资产阶级之间获准通婚；从此任何人都可以购置地产。天主教僧侣的产业被世俗化。但是封建制度未消失：什一税、封建义务和劳役照样征

课；国王只满足于取消人身的奴役。行会也没有受到触动。国家的统一、中央集权化和专制统治在符腾堡比在巴伐利亚取得更为突出的进展，而社会的旧制度在符腾堡也保存得更多一些。

在巴登，改革开始得更晚些。在 1803 年的领土合并以后，天主教会的产业都已世俗化；除了屈指可数的几个例外，隐修院都已关闭。原有国土与新并土地综合编成三个省，但中央政府和地方当局仍然保持合议制的形式。政府实行这些改革并未遭到任何抵抗；它轻而易举地剥夺了降格附庸各城市的几乎全部权力，并在 1806 年废除了布赖斯高的等级会议。巴登大公卡尔·弗里德里希名不虚传是一位开明君主，但他已到垂老之年，而左右近臣又严重对立，水火不相容，因为他续娶的霍赫贝格女伯爵久想一旦前房绝嗣，确保她的孩子继位。拿破仑终于表示不能容忍，特别是他对
大公的孙子同斯特凡妮·德·博阿尔内失和非常不满。1807 年，472
达尔贝格的侄子埃姆里希-约瑟夫·达尔贝格公爵实行了一些新制：任命五个大臣代替合议制，设立参政院和着手改革财政。

巴登的一些激进的改革乃是赖岑施泰因的成就，这位大臣原籍巴伐利亚，和蒙特热拉一样倾心于启蒙运动的传统，主张同法国亲近友好。他把全国划分为若干县，把合并来的一些小邦编入各县，并将地方政府置于中央政府监督领导之下。然而他没有把改革进行到底，或许由于改革时间太短，因为他在 1810 年就被撤职；以致各县之下仍保留着行政和司法没有分立的“司法区”，巴登实行了征兵制，特别是从 1811 年元旦起采用了《民法典》，尽管也对该法典做了些变动。宗教容忍已在巴登实现，并在 1808 年适用到犹太人。巴登不像符腾堡那样采取严厉的高压政策；但是巴登也

没有颁布宪法。作为关键问题的公民平等还只在理论上存在。首先，降格附庸邦也同在德意志其他地方一样，保全了它们的种种特权：司法权、尊荣权和封建赋税、武装卫队、特殊的家族地位等等。其次，它们的官员依然只在高级法庭里出庭受审，而不受初级法庭的管辖。贵族也享受这种特权，他们同样也可豁免缴纳人身税和服兵役的义务；他们还保持“信托遗赠”和贵族长子世袭财产；此外，贵族的土地还豁免三分之一的土地税。最后，没有触动贵族的采邑和封建赋税，而什一税，封建义务和劳役都照旧不变。农奴制度既已在 18 世纪末不复存在，平民各阶级的处境并没有改善许多。

在莱茵邦联其他成员中，有一个仿效法国最为全面的，这就是统治着二万九千臣民的安哈尔特-科特恩的邦君。他给这些臣民一个郡守、一个郡政务厅、一个郡议会、一个上诉法院和一些区法院，也没忘记组织一个参政院；他采用了《拿破仑法典》，废除了领主的种种特权和司法权，也没有忘记实行征兵制。其他一些小邦的邦君虽然不如他那样热忱，也都愿意进行改革，从中取利。其中最重要的是黑森-达姆施塔特大公路易一世，他迫不及待地废除了邦议会，取消了纳税特权，只有降格附庸照例地不在此限；他在
473 1808 年也采用了《民法典》，虽然也做了些改动；他规定了劳役的明确条件，并宣布有补偿地废除农奴制度。纳索公爵同样地废除了豁免纳税的特权、农奴制度和许多严格属于封建的赋税。1810 年，扎尔姆的邦君也对全体臣民征收土地税。在安哈尔特其他邦君那里，在图林根、在梅克伦堡，改革只限于对财政系统和征兵制度的某些细节变动；各邦议会和社会的旧制度都原封未动。萨克

森同样应列入这一类。桑夫特本来很想积极主动进行改革，但是他性格不强，不足以克服顽固敌视任何革新的内政大臣霍普夫加滕的反对，而在这一点上，邦议会完全同霍普夫加滕意见一致；贵族仍然豁免纳税义务，而宗教容忍也只限于对天主教徒，把加尔文教派屏除在外。在萨克森特别重视改组军队，并增添了宪兵队。萨克森国王弗里德里希的情况近似符腾堡大公，也是拿破仑的一个忠实盟友；这位国王思想迟钝，庸庸碌碌，对改革没有兴趣；但是如果拿破仑对他施加压力，他原可能做出让步，而拿破仑对他施加的压力并不比对巴伐利亚人或符腾堡人更大一些，唯恐引起他的不满。然而在拿破仑送给他的华沙大公国里，拿破仑就认为不必同样照顾他，于是，就不考虑他这个名义上的元首，而放手进行组织华沙大公国的工作，正如拿破仑在意大利王国和在威斯特伐利亚王国一样。

五、华沙大公国

1807 年 7 月 22 日，拿破仑在德累斯顿时已经给华沙大公国制定一个宪法规章。中央政府、行政和司法机构都是以法国为蓝本。国君任命六个部的大臣和一个国务秘书大臣，稍后再加上分 474
别负责国民教育、水道和森林、粮食供应、军政和国家奖券等的一些督导官。参政院起初只不过是大臣聚议之所，但到 1808 年加入了一些参政官，继之又增加一些审议官。华沙大公国这个参政院比之法国的参政院享有更重大的权力，因为除了管辖行政诉讼而外，它还兼理最高法院的职能。此外，它的政治作用与日俱增：它的成员当然取得议会中“使节院”[①]的议席，到 1809 年开始参与治理国家。尽管有这些新制度，在华沙的行政权在事实上仍然是合议制的，而且缺乏有效率的领导，因为大公常驻德累斯顿，并没有行使他具有的合法权力委派一个总督。大臣会议诚然有一个主席，即斯坦尼斯拉斯·波托茨基，但此人并无一个政府首脑的权势。

大公国行政区划分为郡、县和公社；各级地方政府均已取消合议制，行政机构由郡守负责，由一名秘书长和一个郡政务厅协助郡守；县由县长领导，公社由市长和助理人员领导；大公指派郡守和县长，而由郡守遴选各市镇政府人员。在每一级都设有一个参议会，先由郡、县的“贵族大会”[②]或由公社的大会提出候选人，然后再由大公从中指派议员。各县有一治安法官，从县的“贵族大会”推荐的名单中遴选任命，各郡有一郡法庭，由若干终身任职的法官组成；每两郡合设一刑事法庭，全国设一个上诉法院。全国也派有若干警务专员或治安长官。大公国立即就采用法国的征税制，并且组织了一个审计院。教育受到突出的重视，各地设教育委员会主持其事。天主教会置于国家权力之下，宪法授权大公任命主教。
475 至于军队则交由波尼亚托夫斯基将军统率；1808 年实行了征兵制。至此波兰第一次有了中央集仅的行政机构和整套的职业公务人员；这些公务人员就为波兰提供了某些因素，这些因素在西欧曾

① “使节院”是波兰议会的下议院，代表小贵族；上院“元老院”则代表大贵族。——译者

② 波兰的“贵族大会”(diétine)是始自 15 世纪的各省议会，国王颁布新法律或征集骑士出征皆须得到它的同意。——译者

有助于资产阶级的形成。

正如在拿破仑体制的其他国家一样，波兰政府也是专制政府。大公国宪法保障有个人自由，但也同法国一样，警察专横，权力无边。至于出版自由，宪法上一字未提。不过宪法还是规定有一个议会，但议会没有立法的创议权，而且每两年最多只举行十五天会议；此外，它的议长或主席是由大公任命的；无论如何，在 1809 年和 1811 年这个议会是依法正规地召集开会的。议会由两院组成，元老院由大公任命终身任职的主教和贵族组成，职权只限于审议法律是否符合宪法规定；另一院称为“使节院”或众议院，议员的产生一方面由各县“贵族大会”选举一名有住所的拥有地产的贵族或其子任代表，另一方面由各公社选民大会选出代表若干人，参加选民大会的有平民地主、本堂神甫和副神甫、拥有资财一万盾的巨商大贾、曾得勋章的文武官员。就其组成而论，这个议会与意大利王国和威斯特伐利亚王国的议会有所不同，而近似那不勒斯王国的议会，尽管它的贵族色彩更为浓厚。在议员的产生中财产资格和职业仍然起了作用，但是议会两院的划分是以保持等级制度为基础的。议员投票诚然是一人一票，不再是以等级为单位；但是即使不计入公社选民大会可能也选出的贵族代表，贵族在全部议员中也已占五分之三，可是另一方面，选举制度却比那不勒斯和威斯特伐利亚更为开明，因为在这两国，选民团的成员都是国王指派的，他们也只能选举国王指定的候选人，而在波兰则选民享有宪法所规定的权利，并举行名副其实的选举。

由此可见，拿破仑很能因地制宜。在伦巴第和威斯特伐利亚，资产阶级具有一定程度的巩固的地位仅力，拿破仑就不给贵族特

殊的代表权。在意大利南部，贵族的势力比北部贵族要强大得多，他就采取不同措施；但是，又由于在波旁王朝统治时，那不勒斯王国的贵族已经在政治上被剥夺了一切权力地位，所以拿破仑只给他们一个由国王任命的上院。在波兰，比起资产阶级微不足道的
476 力量来，贵族的权势看来非常强大，以致拿破仑只好让贵族占支配地位；况且不久以前贵族还统治着波兰，拿破仑只得同意让他们在遵守法律规定的范围内，享有真正的政治自由，这种政治自由同时也使平民间接地得到好处。因此，拿破仑想把贵族拉到自己一边来的努力，在波兰表现得比在其他地方更为突出；波兰贵族保持了它的特殊身份，而国家大权也就操在他们手里。

这种情况对于农民是有害无利的。宪法在维持贵族的政治特权地位时，也宣告了公民平等和废除了农奴制；1810 年 8 月 15 日采用了《民法典》。这样，农民就不再被固定在土地上，并且得到诉讼的权利。但是土地仍然属于贵族所有，而且 1807 年 12 月 12 日的命令规定，除非农民能够提出契约根据，否则份地是靠不住的，领主可以随时收回。这项规定使土地耕作者的处境更为恶化，因为农民世代拥有的或终身拥有的土地，通常只以习惯法为依据，并没有书面的佃约。一切封建赋税、地租田税、劳役和什一税全部照旧；甚至额外任意加重的劳役也未受触动。政府也委派了公证人，并且公布了佃约的标准格式，用以提倡明确规定佃期、租额和劳役条件；但是缔结书面佃约者寥寥无几。领主既有了撤佃权这个武器，便用来胁迫农民维持现有的沉重负担，甚至借此更加重农民的负担；可以肯定，不少只耕种极小块田地的农民，利用他们新获得的自由权，干脆弃地出走。但是波兰当时没有工业可以吸收这些

自由劳动力,其后果只能是导致经济和社会的动乱。至于僧侣的产业则原封不动,在以前普鲁士统治的地区已经世俗化了的产业,则划归大公国所有。当时代表法国驻在华沙的大使比尼翁在1812 年写道:“农民的处境根本没有一点改变。”

尽管如此,波兰贵族仍然惶惶不安,因为他们深恐拿破仑并非到此为止。各大家族尤其愤愤不平,因为宪法把全部贵族地主不分大小置于同等地位,并允许平民进入议会,在他们看来,这是对他们长期以来一直拥有的权势的不能容忍的打击。然而他们现在仍然盘踞国家的高官显职,或者安置了他们的代理人。特别是恰尔托雷斯基家,虽然他们本人都没有出面,在内阁里却有他们的耳目,如斯坦尼斯拉斯·波托茨基的妻子卢波米尔斯卡娅就是亚当·恰尔托雷斯基的表妹,财政大臣马托茨维奇被公认为是亚

当·恰尔托雷斯基的人,而非常敌视法国的元老院秘书涅姆策维 477

奇也继续对亚当·恰尔托雷斯基忠心耿耿。罗马天主教会对拿破仑的敌意也不可忽视,因为教会对农民很有影响。宪法规定思想自由和信仰自由大大地触怒了教会,尽管宪法承认它是国教,并且除了离婚改由民政当局办理外,户籍工作仍然交给教会负责。虽然世俗僧侣并没有表示任何反对,但属于各僧团的僧侣却迥然不同,特别是在拿破仑同罗马教皇决裂之后;结果不得不把德意志人占多数的贝农教派驱逐出境,因为他们受罗马教廷驻维也纳圣使的操纵。共济会发展了一些支会,在 1810 年共济总会统计在波兰有十二个支会,这构成了天主教会不满的一个新的理由。犹太人的问题,同时也就是一个社会问题,给天主教僧侣提供了反对法国的一个绝好的武器。宪法并没有把犹太人排除在外,因此犹太教

徒得与基督教徒享有完全同等的权利。但这引起了舆论大哗，以致在 1809 年宣布，除了缴付特种税者经大公个别特准以外，所有犹太人的政治权利一概暂停十年；1808 年禁止了犹太人未经批准而购置地产；1812 年又禁止了他们租种国有土地和经营酒业；甚至为了限制他们人口增长，仍然要先经批准才许结婚。应该承认，看来犹太人并不急于想被同化；1812 年，据说是根据他们的请求，允许他们在付出一笔代役金后，可以不服兵役。

六、欧洲文明

因此，可以看出，在大帝国里，拿破仑体制已经发生重要的分化：国家制度的改革到处都取得了进展，而社会的改革则每况愈下，或者半途而废。拿破仑对贵族日益彰明较著的偏袒，令人对他所致力的解放事业的前途感到成败难卜；尽管如此，他异常重视《民法典》，我们可以相信：一旦他重建欧洲大陆的和平，他就会采
478 取必要措施在各地全盘加以推行。因此可以说，他有意识地在政治统一的基础上，再致力于行政统一和社会统一，这种统一应该成为一种崭新的欧洲文明的结构。在拿破仑身后，在 19 世纪的进程中，这种新欧洲文明不顾反革命势力的反动而发展起来了，虽然，发展得既缓慢又多波折，并且走了样，而这些缺点就拿破仑来说本来是可以避免的。新欧洲文明的各项原则很大一部分与 1789 年的原则一脉相承，因此这种新欧洲文明是带着法国的标记的。

在法兰西帝国以外，拿破仑没有采取措施为欧洲文明加进一个思想文化，而法语本来可以成为沟通这种思想文化的工具。在意大利王国、那不勒斯王国和威斯特伐利亚王国，政府人员的绝大多数是就地录用的；在行政和教学中仍然使用意语和德语。但是在法兰西帝国以内则迥然不同，例如在荷兰，1811 年 10 月 22 日的法令责成各私立学校的校长在三个月内创造条件讲授法语。随着并入法兰西帝国领土的增加，法语应用的范围也不断扩大。就从这个时候开始，各附庸国的宫廷和拿破仑委派的高级行政官员的办公室里已通用法语，因此凡是想爬上高级官位的人必然要精通法语，而学校教育也必须把这一点考虑在内。我们不会怀疑到拿破仑曾想根除其他各种语言，因为甚至在法国本土，他也不曾想根除掉各地方言。但是与其他各种语言同时通用的法语应该成为统一了的欧洲大陆的语言。通过这个交流工具，古典文化的地位一定会得到巩固，更何况在拿破仑心目中，除了古典文化以外，别无文化可言。毫无疑问，他想要把巴黎变成欧洲帝国的思想文化、文学艺术和社会活动的首都，正如它正成为政治上的首都一样。他把从所征服的各国夺来的艺术杰作全都运到巴黎来，为的是要把巴黎变成世界博物馆。这种世界文明的概念乃是 18 世纪理想的流风余韵，并可上溯古罗马的传统和天主教的影响；而浪漫主义思想，则推崇自发地多样化的而且也是无从消灭的各民族文化，与之针锋相对，这种思想归根结底是否定人类的统一性的。

七、大陆经济 479

在与英国的斗争中，欧洲联合把大陆封锁既视为斗争的象征，也当做斗争的武器；但是，大陆封锁对欧洲经济起了反作用，因为这迫使欧洲经济不得不自力更生。所以，大陆封锁既能产生一些利益，从而巩固欧洲经济，但这些利益因英国胜利也将遭受损害，它也能破坏欧洲经济，如果大陆市场不能组织起来使每一成员国都能继续生存的话。

在一定程度上严厉地实行封锁的国家里，封锁产生的影响与在法国的相类似。沿海城市及其工厂都受到破坏：在地中海，首先是热那亚，其次是威尼斯，继之是里窝那，最后是的里雅斯特。这最后一个港口的吞吐量，从 1807 年的五千艘船共二十万八千吨下
480 降到 1812 年的二千六百艘船共六万吨。在北方，最先衰落的是汉撒各城市的港口，接着是波罗的海的港口，最后是荷兰的港口。

靠走私供给商品的德意志各大市集的贸易变得不稳定了。因此封锁遭到了船主以及商业界和银行界最有势力人物的反对。工业的情况却不同；虽然棉织工业在原料来源方面碰到了一些困难，其他一些部门也苦于不再能够出口，但是，整个说来，本地的生产却以摆脱英国的竞争为幸，而且查禁英货起了鞭策的作用。比如在法国，纺织业和织布业取得了最显著的进展，尽管这种进展由于严重的走私而有所减慢；在萨克森，虽然总的来说结果不如 1805 年那么好，但是在 1810 年却比 1805 年超过了四分之一，特别是印花布有了很大的发展，在这个时期增加了一半多；瑞士、巴登南部，甚至意大利北部，也同样地从这些形势中得好处。毛织业也兴旺起来了，例如在瑞士和丹麦。在德意志、西里西亚和威斯特伐利亚的矿产扩大了销路；图林根的铁器业和武器、巴登的草帽和刷子业，还有化学产品也都是这样。甜菜制糖法也在这些地方发展了——尤其是在法兰克福公国和马格德堡——并且在荷兰和俄国

也推广成功。当英国的范例到处激发企业精神的时候，封锁比旧制度下的重商主义理论和局部实践更能使人们领会到：保护关税制能多大地促进早期的企业精神。在1815年以后，这一教训并没消失。在这个意义上，大陆体系的所有成员都对坚持统一战线来对付英国工业表示关切。然而，却不是所有的成员都从中得到同样的好处的；因为越是到了东欧和南欧，农业就越来越占明显的优势，所以，封锁主要是有利于法国，其次才是德意志、瑞士和意大利北部。但消费者并不像工业家那样如意，而这些国家本身看到它们的海关收入由于禁止英国进口而减少，它们也像拿破仑那样表示忧虑，这都是不言而喻的。

因此，不顾任何困难只抓生产是不够的；问题是还要使贸易流通适应新的条件，要重新分配市场，这样才能供应消费者和给制造 481
商——如汉诺威以及西里西亚的织布商——寻找新顾客，他们直至那时原是向海外各地出口的。这是一个极端困难的任务。英国市场支配着海洋，它像一个生物一样，在生产活动的推动下自然地成长着，而欧洲市场，由于大陆各个地区自然而然地转向自己的海岸，因此它只是在理论上由封锁统一起来，实际上却像受到离心力的作用一样走向四分五裂。这方面的证据是，横贯欧洲的贸易路线仍然持续存在，这条路线自从战争以来就不能穿越法国，但又穿过中欧组织起来；法兰克福的市集，尤其是莱比锡的市集一直是生意相当兴隆的，直到1809年，的里雅斯特还把地中海东部沿岸诸国的产品转运到巴伐利亚和萨克森。从这个时候起，横贯欧洲的运输线进一步向东延伸：沿着商队的路线，从波罗的海到莱比锡和从萨洛尼卡到维也纳。

另一方面，新的特点是，基本上有利大陆贸易的路线从西到东发展。在很大的程度上，可以说，封锁的成功和大陆体系的巩固取决于从西到东的路线战胜从北到南的路线，后者通过走私证明海上贸易仍然是非常活跃的。这些贸易路线交叉的两个主要中心是斯特拉斯堡和里昂。斯特拉斯堡成了法国货物运到德意志、奥地利和俄国去的集散地，货物先运到莱比锡再分别转运；在返运中，斯特拉斯堡通过莱茵河得到从法兰克福来的货物以及从维也纳来的货物，直到 1810 年，维也纳还把棉花从地中海东部沿岸诸国运到斯特拉斯堡。但是，里昂在贸易方面的变化更是一件新奇的事，因为拿破仑完全控制着意大利，他开辟了阿尔卑斯山路。其目的首先是政治和军事的。为了能通到米兰，他最先开凿辛普朗通道：这一通道于 1805 年完工。但在这个期间，皮埃蒙特已被合并了；修建瑟尼山的道路就得到优先考虑，并在 1806 年就已完工。同时，也正忙于修建热内弗尔山的道路，这条路纯粹是战略性的。随着法国的统治达到意大利中部，通往沿海的道路逐渐引起了注意：在 1810 年，拿破仑决定加以修建并经过斯培西亚和佛罗伦萨把它延伸到安科纳和的里雅斯特；他没有来得及完成这个工程。辛普
482 朗通道是难于到达的，因为海关人员不容易管理，直到 1810 年，它主要是由士兵和旅行者使用。瑟尼山路相反地立刻具有很大的经济价值，使里昂成了这条路线的起讫点；差不多全部对意大利贸易都经过这条山路：在 1810 年，将近有三千辆客车，一万四千辆运货车以及三万七千只驮骡经过。由于皮埃蒙特和意大利王国已差不多成了向法国购买工业品和提供农产品及纺织原料的殖民地，所以里昂的工业从中得到了好处：瑟尼山路成了丝绸之路。伊利里

亚的重要性也在不断增长，因为在1810年，皇帝使之成为来自地中海东部沿岸诸国的棉花商队的中心。在斯特拉斯堡杜绝了来自维也纳的货物之后，里昂又成了输入棉花的大门。由于棉花的运输，瑟尼山路已不够用，同时，由于伐累已被合并，所以辛普朗在贸易上也具有很大的重要性。

有待分晓的是，这些物资供应线的供应是否足以弥补越来越困难的沿海贸易。毫无疑问，答案是否定的。法国的航行系统还是很不完备的，在其他地区则运河很少；而河流又几乎不能利用，甚至在莱茵河上，1803年的“帝国大法”所规定的入市税虽已减少，但并没有取消通行税所强加给航行的限制。控制各段河道的特权同样也没有取消，在这些地方，人们不得不根据有利于搬运行会的规定装货。当时，马车运输事业非常兴旺，例如在索恩河上的夏龙那里把货物运至法国内地，再如在里昂，那里的博纳福公司成了当时大企业之一。但是，对于沉重的物资，马车运输不能够达到海运的数量；即使人们制造相当多的车辆，也没有这么多的马匹，同时道路也支持不了；而且，除了法国、德意志南部的某些地区和意大利北部的某些地区以外，道路都还没有铺碎石。

既然当时在帝国之外已经有了好多个工业生产中心，那么最好的办法就是在每一个中心制定发展的范围，把大陆市场划分为几个关税区。建立大的经济统一体甚至会使人们更愿意接受领土的集中：贝格大公国不断地要求并入帝国以便在帝国内寻找主顾；如果关税壁垒能够撤除的话，荷兰便会更倾向于合并。拿破仑原可以做主实现意大利贸易统一；伯尼奥和巴赫尔也多次建议建立 483
德意志关税同盟。但是各种各样的考虑反对或者至少拖延这个解

决办法。首先要慎重对待附庸国和盟国，它们唯恐失掉自己的主权，不会同意放弃它们的海关自主权。其次，拿破仑的制度改革和军事需求要它们付出很大一笔钱，所以很难减少这些国家的财源，这些国家甚至提高了关税率。此外，疆域的调整总在不断进行，因此，经营企业和交流产品的条件不是有所改善而是每况愈下。很多由于自然条件或历史关系而结合在一起的地区都被分割开来了：例如，意大利王国与达尔马提亚和伊斯的利亚、与诺瓦腊和皮埃蒙特、与热那亚和里窝那都被分割开来；再如瑞士与意大利、日内瓦和黑林山；提罗耳与意大利和奥地利也分开了；伊利里亚与匈牙利和维也纳发生了同样的情况，尽管免税过境已得到阜姆的批准，同时在1812年又得到了的里雅斯特的批准。贝格大公国被紧夹在法兰西帝国和毗邻的德意志各邦之间，遭遇尤为可悲：它的销售额从1807年的五千五百万法郎降到1810年的三千九百万。一些商务条约能起到暂时缓和的作用；但是，拿破仑并不鼓励这样做，因为他要把这些贸易的利益保留给法国。

的确，拿破仑的欧洲政策的症结所在就是：他并非就欧洲市场本身来考虑问题，而只是从它与法兰西帝国的关系来考虑。“法国高于一切”，他于1810年给欧仁的信中是这样写的。在设想和建立了大陆体系之后，他在法国本土内就没有偏离执政府时期的重商主义一步。他的国境一直对他的盟国及附庸国严格封闭着，像对英国人那样，譬如对贝格大公国的居民和瑞士人就是这样；为了使法国的生产者没有竞争对手，他甚至拒绝合并贝格大公国，同时从关税着眼，他把荷兰和德意志北部各邦屏于帝国之外，虽然他在政治上已把这些国家和法国结为一体。另一方面，他又力图迫使各国实行有利于他本国的臣民的特惠关税，就意大利王国和那不勒斯王国而言，他达到了这样的目的。他的这种态度可以从法国的形势得到说明；法国是大陆上最工业化的国家，因而受封锁和战争之害最深；它已失去了殖民地市场和英国市场，接着，在1808年，又失去了所剩下的最好的主顾西班牙：正是从这个时候开始，拿破仑竭尽全力为法国保住意大利。法国是大陆体系的中心，他必须不惜任何代价地使法国避免经济崩溃。然而，政治上的考虑 484
再次使他没有把这项政策推向极端。他没有采取任何措施去阻止萨克森人和瑞士人夺取德意志市场；在莱比锡的市集上，法国仅仅出售一些质量最高的商品。相反地，他为自己保留下他能完全控制的意大利。这样，他就在三个主要的工业地区之间分割了欧洲市场。此外，在坚持要保留这块禁脔的里昂人的推动下，他逐步地在意大利王国周围设立了不可逾越的海关壁垒，只有靠法国的这一边除外，他强迫意大利王国接受1808年的商务条约，在1810年，他自称唯独他有权在意大利王国进口呢绒和棉织品，他在那里对出口到奥地利和瑞士的生丝抽税，以便里昂能对此进行垄断；他还强迫意大利王国让那不勒斯和地中海东部沿岸诸国的棉花免税过境，并尊重法国与伊利里亚之间货运往来的权利。在1810年，意大利王国向法国购买了价值四千三百万的货物，在1812年，达到八千二百万；它运往法国的粮食、亚麻、苧麻以及丝绸，在1810年是七千三百万，在1812年是九千二百万。它的遭遇并不像人们所说的那么坏，因为它的贸易一直是出超的。法国没有损害意大利王国的工业：它只是在那里取代了以前英国的地位；由于法国只能供给意大利王国一些价格高昂的商品，所以当地产品继续供应

人民。拿破仑甚至不完全反对王国采取一切办法增加工业设备：尽管他不愿意给王国派遣熟练工人，但他还是允许给它二十万法郎购买纺织机器。但是，王国的工业家念念不忘的只有这一点：封锁原应对他们有利可图，然而法国把封锁的全部利益都据为己有。而那些吃到封锁苦头的人则更振振有词，到处都在附和这种看法。

尽管工业支持封锁，尤其是在它进行革新的时候，但是，这种赞同不是没有很大的保留的：在大陆内部的商品流通碰到了过多的障碍，人们认为这是皇帝为了只对法国有利而保持和加强的。至于农业，问题是不能解决的；这个问题特别关系到普鲁士、波兰以及俄国靠近波罗的海的一些省份，这些地区找不到任何人来购买它们从前出口英国的剩余粮食；只有挪威这个经常需要进口的国家能够提供一个市场，但是陆路不能达到挪威。这些国家的林

485 业产品本来在西欧是更受欢迎的：但没有船舶，这些产品就运不出去。就是拿破仑本人也难于出售他的葡萄酒和白酒；在丰收的年份，他的粮食也是过剩的。农民所出售的至多只供应当地的消费，所以不应夸大这一不利条件：它仅仅波及贵族大地主和大农场主等一小部分人；但是，这是一些有势力的人，而封锁毕竟总是趋向于削弱农产品的价格、削弱农村的购买力，从而损害了工业，而封锁在别的地方则有利于工业。由此造成的大陆市场的缺陷、经济的虚弱以及财政的亏空，最后使得皇帝不得不对封锁制度进行改组，并通过颁发特许证的方式暂时放松一下。不论他的动机是多么迫切，这种放松还是引起了破坏大陆体系的离心倾向。拿破仑对大陆各国封闭了法国港口，同时却向美国人开放，这证明指责法

国有利己主义是很有理由的。各盟国及附庸国声称有权摹仿拿破仑这种做法，而俄国就带了头。

通过建立一个统一的、相对独立的市场来加强欧洲联盟，这显然是一项长期的工作，它要求长年累月的强制措施。第一个要排除的障碍来自领土的分裂破碎以及由此产生的"内地"关卡。这是要"大军"来解决的任务。在公共舆论面前，英国的有利地位在于能证明：任何形式的大陆体系都是建立在军事专制之上的。

八、大陆体系与民族

大陆体系能否存在下去取决于俄罗斯战役的结果。拿破仑一如既往又将他的注意力集中在下一次的胜利上：其余的事都将迎刃而解，再视形势发展而定。因此他对于欧洲联合的前途，并没有 486
确定的计划。可以断言的是，自从 1810 年以来，他加深了帝国的 609
古罗马特色；他的继承者今后都将在即位十年之内，在他定为第二首都的"不朽城"里举行加冕典礼；拿破仑想把玛丽·路易丝亲自带到罗马去，并在那里为她加冕；为了这件大事，一些准备工作已在进行。罗马教皇将来既可住在巴黎，也可住在罗马；迟早有一天，庇护七世总会有一个甘愿接受新的"巴比伦之囚"[①]的教皇成

① "巴比伦之囚"原为古代犹太人被迫迁出耶路撒冷达七十年的传说。13 至 14 世纪罗马教皇与法国国王展开长期的教权与王权之争，到 14 世纪初，教皇卜尼法斯四世已敌不过法国国王腓力四世，但未屈服。1303 年卜尼法斯四世死，在腓力四世的压力下，红衣主教团选出克力门五世（原为法国人）继任教皇，并将教廷迁至法国南部的阿维尼翁约七十年，直到 1377 年才迁回罗马。史称"阿维尼翁之囚"，有时也因七十年放逐而比附为教皇的"巴比伦之囚"。——译者

为他的继承人。以后会发生什么呢？我们可以任意想象：在沙皇亚历山大的军队崩溃之后，波兰将会复国；在俄国土地上成立一些新的公国来保护这个重建起来的国家；废黜贝尔纳多特而代之以一个可靠的人；德意志将进行改组；伊比利亚半岛将会降服；君士坦丁堡将会被征服，成为帝国的第三首都；大陆的和平大概会得到保障，拿破仑所设想的那种欧洲文明会逐步推广。

有人曾试图使这种推断与作为世纪的特征的民族主义协调一致，好像皇帝曾打算要把大陆体系改变成一个由许多独立自主民族自愿组合的团体。他为大陆所梦寐以求的世界文明同这样的理想绝不是背道而驰的；但是，靠征服而建立起来的统一，对于法国大革命初期所设想的、作为其事业最高成就的各民族自由联盟完全是一个否定。然而，拿破仑的这种幻想是可以理解的，如果人们注意到拿破仑总是抓紧利用正在起作用的各种力量来实现他的目的，而每当他认为时机适当的时候，他也从不忽视民族的思想感情。在法国，拿破仑的权力就应归功于这种民族意识；尽管他为了他个人的帝国迷梦而牺牲了国家的利益，但法国人却一直把他视为民族的领袖，因为他们的命运与他的命运已是休戚相关，不再可分。而且他在继承大革命的事业时，通过中央集权、兵役、在外敌面前保持敌忾同仇的长期战争以及激发集体自豪感的节节胜利，加强了法国人的团结。在法兰西帝国以外，他显得更加谨慎得多；虽然波兰人不能谴责他背信弃义，因为他从来没有对他们许诺过
487 什么，但是他利用了他们的爱国精神；他把意大利的国名第一次写在政治地理上、使伊利里亚的名称复活以及给予斯洛文尼亚语和克罗地亚语以官方语言的地位显然不是没有用意的。

还值得肯定的是，拿破仑通过他的政治体系和政策在很大程度上促进了各民族的发展。尽管他没有完成意大利和德意志的领土统一，他大大地简化了这两个国家的地图；他把一部分南部斯拉夫各族人集结在一起，这是自 14 世纪以来从没出现过的事。[①] 他进行的改革不是无足轻重的：废除各省自主、特权和封建制度，代之以行政集权、公民平等和国内市场的统一，他创造了发展政治民族主义必不可少的条件，在这个意义上，他算得上是好几个现代民族的缔造者之一。但是，这些是与他的意志无关的后果；一个政治家的行动总是带有他所没预见到的一些反应，皇帝没有逃脱这一共同的命运。人们可以说，他要把意大利给他的第二个儿子，而建立领土广大的单位则是为了便于将来治理扩及整个大陆的帝国：然而，显而易见的是，把大陆联合在一起，又把它一部分一部分地分割给皇族成员，这与民族独立毫无共同之处。

实际上，拿破仑并没有与民族思想感情打成一片，无论这种民族感情是以君主政体的形式，或者是以革命的形式出现的，因此，他不喜欢它，并且不信任它。在法国，他认识到，爱国主义使人民关注民族的永久利益，使人民面对着他们的领袖时关注自己的尊严，不论这个领袖是多么深得人心，或是使人民不能容忍的唯我独尊的专制。他知道，爱国主义总有一天会与他自己的个人专权作对的，所以他千方百计要用“荣誉”——即对他本人以及对他的皇朝的个人效忠——来代替爱国主义。在国外，这种倾向更起着支

① 指 14 世纪 70 年代后土耳其人入侵巴尔干半岛以后，南斯拉夫各族人民即丧失政治独立。——译者

配作用，对拿破仑来说则更是事关重大。从他的观点看来，他的论点是正确的：民族的思想感情与帝国的概念水火不相容，较之与专制主义彼此不相容尤有过之，帝国概念碰到的最可怕的敌手就是民族思想感情。

第三章　各种独立力量 488

与拿破仑的天才同时并存的还有其他各种力量——社会的、文化的、经济的力量，都在继续起作用，这种作用对拿破仑的事业或者是背道而驰，或者是各行其是。拿破仑创造了一种统治方式和一个社会，在其中个人的力量得到革命的解放，但同时其中也混杂有开明专制的传统，有追摹旧制度而恢复的社会等级制度，还有新建立的法统。然而各国旧王朝和旧贵族不甘心被推翻，资产阶级要求自由，各族人民则反抗他建立世界帝国的企图。另一方面，精神文化生活也保持其自主地位。最后，资本主义继续在进展，并在许多方面日益与拿破仑的事业相抵触。如果拿破仑的大军不曾突然溃败，这些力量很可能俯首听命，或稍收敛；但历史学者今天所能确切记载的只是：在 1812 年以后，这些力量在大陆体系的废墟上取得了胜利并且支配了整个 19 世纪。

一、旧制度的大陆各国

在法兰西帝国以外，拿破仑体制在欧洲各地无不遭到贵族的顽抗，贵族从其中看出平等主义革命的精神。拿破仑触怒了这些 489
贵族，因为他取消领主权力，并把贵人们贬低到臣属平民的地位。

拿破仑在附庸各国虽然慎重对待贵族以致不顾农民的利益，但无济于事，因为贵族认为这只不过推迟打击他们而已。拿破仑重建了世袭贵族制度，但也无济于事，因为暴发户新贵族能同旧贵族平起平坐，这正是旧贵族所最不能容忍的。福斯伯爵夫人在1807年写道："这伙人把咱们践踏到入地三尺了"；在威灵顿和别的高贵勋爵的眼里，法国皇帝从来只不过是"波尼"[①]，而罗马王则是贵贱混合的"小杂种"。各国帝王也同样高傲自居；在他们内心深处，他们绝不会承认这样一个人创建的皇朝法统，此人竟敢没规没矩随意废黜了他们那么多的王室世系。加之各国帝王也很提防贵族，他们受到拿破仑的威胁时，更要抓紧贵族为他们效劳。他们也害怕任何贬低贵族的做法都会鼓励犯上作乱的精神。然而国家权力在法国如此强大，使他们不禁心驰神往，并为他们提供了某些可以借鉴的东西。各国帝王的态度取决于他们各人的智慧，而尤其是取决于他们的左右亲信。但是不管他们采用什么革新，这种革新必须与保全贵族的目标相符。这就是普鲁士改革同拿破仑体制大相径庭的特征，而普鲁士改革在大陆各国中是唯一尚有成效的改革。这样就可以看出，法国大革命所开掘的鸿沟依然如故，并且不管拿破仑做了些什么，在欧洲人的心目中，他始终是法国大革命的战士。

在普鲁士，改革工作在施泰因被撤职以后继续进行，而尤其致力于军事改革。沙恩霍斯特扩充兵员已经远远超过提尔西特条约规定的限额，主要地是扩增骑兵；另一方面，他利用在1808年受过

① "波尼"(Bony)是对波拿巴(Bonaparte)的贬称。——译者

短期训练的退役士兵(即“速成兵团”)建立了后备力量,并利用士兵按惯例每年休假一个季度还乡的机会来训练本教区的青年。在1811年,沙恩霍斯特以修缮要塞为借口召集工兵,而实际上是进行军事演习。技术的改进也明效大验:全国军队整编为六个军团;并力图使步兵学会散兵作战,在这点上确实也只取得相对的成效;随军行李已被减轻,而帐篷也已淘汰;炮兵改组了,并更新了装备;补给制度也采用了征发的办法。尽管有这一切改进,沙恩霍斯特仍未能建立起真正的全民军队;免役规定诚然已大加限制,而为了使得资产阶级满意,军队中废除了体罚。但是,普鲁士国王既不下令实行义务兵役制,也不肯同意组织民兵。虽然见习军官已规定必须通过考试,军士也可晋升到尉官,但是贵族的垄断,除了国王 490
明令规定的某些例外,却仍然在事实上得到确认,因为一有军官职位空缺,贵族出身的高级军官有权提名他们的继任人选。虽然创办了三所培养下级军官的学校,但并没有取消那些专为贵族子弟设立的士官学校;此外还为军官设立了同事间的荣誉法庭,这样就使军官仍然成为一个十分紧闭的贵族阶层。但沙恩霍斯特至少能争取到在参谋总部和陆军大学组成一个高级指挥部,这个指挥部虽然业务技术尚非十分杰出,但具有团结一致的精神,准备发动进攻的意志,并把一切行动服从于公共事业。至于威廉·德·洪堡,在1808年12月从驻罗马大使任上召回后,担任教育和宗教的领导工作,在职不过一年半。他的主要政绩即为创办柏林大学,自丧失哈勒大学后,德意志人即有此意,至此始得实现。洪堡延揽许多名流教授,如费希特与施莱尔马歇、沃尔夫、萨维尼、尼布尔、博克等,因此使柏林大学声誉日隆,从而对普鲁士在政治上大有裨益。

行政和社会的改革则只有在再度起用哈登堡(1810 年 6 月 4 日)以后,才重新着手进行。他被任命为宰相,因此终于使中央政府有了首脑。这个私生活不检点的机会主义者不能博得全体爱国者的信任;虽然他对那些头脑发热的人和秘密团体都并不推心置腹,但是他的目标和他们的目标是一致的,他并曾在西里西亚同施泰因秘密会晤过。他对拿破仑的榜样要比施泰因敏感得很多,而对贵族不像施泰因那样尊重。早在 1807 年他就说过,普鲁士也同样需要一次革命,但是所需要的是自上而下的革命;他很愿意以威斯特伐利亚王国为榜样。因此他比施泰因所激起的反感要大得多,以致时至今日他的声誉还远不如施泰因那么高。哈登堡进行改革首先要考虑的是财政问题。虽然根据特里亚农敕令所规定的关税税则和据此而来的缉私使他获得一千二百万盾,他仍需另辟新财源。他甚至不敢在东普鲁士设立所得税局,他只能做到在 10 月 27 日宣布增加印花税,以及肉类消费税,并把磨粉税推广到乡村地区;但是他乘机取缔了领主对磨坊、啤酒作坊和酿酒作坊的独占权。他也准备完成土地改革,特别是由于西里西亚仍继续发生
491 动乱;1807 年他曾不得不吁请法军协助控制农民,但到 1811 年农民又起来造反。哈登堡很想废除封建义务和劳役,交换条件应是免除领主对农民救济和保护的义务;农民的公地使用权和农民庇护所都应在取消之列;从此调整集中耕地,废除强迫轮种耕地和瓜分村社公地都不再有任何阻碍。为了实行土地调整,准备用领主负担的捐税来抵偿农民负担的捐税,如果有差额则由农民让出其份地的一部分,或交纳地租,以补不足之数。这个制度在 19 世纪里不仅盛行于普鲁士,而且盛行于整个东欧;显而易见的是:这个

制度或多或少地把农民沦于仍然替领主耕作的雇工，继续使农民处于依附的地位。不过在原则上，除去国家以外农民别无其他主人；哈登堡甚至考虑过从容克手里收回警察权，如果还不能剥夺他们的司法权的话。1812 年，哈登堡从法国照搬来宪兵制度，并在各县派有国王任命的警察局长。

哈登堡预见到这些措施势必引起贵族的猛烈反对，他便寻求公共舆论的支持。而且他同爱国者的想法一样，认为必须让全国各界参与政府。作为第一步他先只召集一个由他选定的缙绅会议，从 1811 年 2 月到 9 月举行会议。以马维茨为首的容克地主提出强烈的抗议：他们反对一个人民的代议机构，而主张恢复各省的等级会议，因为其中除了为数无多的资产阶级代表以外，有权出席的几乎全部是容克。普鲁士国王不得不屈从哈登堡的原议，他下令逮捕了马维茨和芬肯施泰因。这是一场明摆着的社会冲突。有如马维茨所说，国王诚然可以册封新贵族，但是他不能创造高贵的灵魂。而约克在威廉亲王面前大声疾呼：“如果殿下剥夺了我们的权利，那么殿下的权利又有什么依据呢？”莫龙根县的贵族在 1814 年提出抗议反对“法国立法有毒害的影响”。尽管贵族如此反对，在 1812 年还是召集了一个由选举产生的议院，每省派出来自城市和乡村的两名贵族和两名议员，由地主通过两级选举制产生。这个议院要求制定一部宪法；但是正如在前一次的缙绅会议上一样，贵族在议院中拥有多数，他们的责难迫使哈登堡进行妥协。1811 年 9 月 14 日的“调整敕令”，把原来对土地只有使用权的“占用户” 492
变为土地所有者，并且取消他们的封建义务和劳役，条件是他们要放弃部分份地给领主，如果份地是世袭的放弃三分之一，如果份地

仅是终身或有期限的，则须放弃一半。领主对农民的保护权，农民对公地使用权和“农民庇护所”等当然仍在废除之列，不必付出补偿给农民。这个法律并没有改变世袭佃户（即能付清地租的世袭永租佃户）的义务，并没有减轻农民的沉重负担。即使如此，容克仍然不愿接受它；从 1812 年起容克就已开始讨论对这个法律要作限制性的修改；到 1815 年，这个法律暂时中止施行，而到 1816 年对绝大多数农民而言这个法律已告废除。

限制领主警察权的努力也同样未见成效。1811 年 9 月 7 日，哈登堡已取消把磨粉税推广到乡村地区，并归还贵族的独占权，于是只得转而加重直接税——人头税、资本税、所得税，最后还有营业权税。这种营业权税是仿效法国而来，至少可以取消行会的垄断权。至于容克的种种特权则完全没有触动；他们完全保持原有的继承权和“信托遗赠”，司法权和保护权，狩猎权和豁免租税权。这样一来，普鲁士便大大落后于西部德意志；普鲁士国家的统一和中央集权所取得的进展不大；贵族的特权照旧存在，农民的解放徒有虚名。从许多方面来看，华沙大公国本土还要比普鲁士更为现代化。

俄国的改变比普鲁士还要少得多。在提尔西特和约以后，亚历山大又恢复了实行改革的兴趣；这次战争使他认识到政府机器必须加以改进。同法国结成同盟从一开始就重新唤起他青年时代的回忆，并重新引起他侈谈自由主义的癖好。虽然同“密友委员会”比较起来，斯彼兰斯基的计划更为明确，行动也更为坚决，但是他的努力并没有留下什么可观的成果。这个东正教祭司的儿子，在历史上留下了在修道院里给他取的别名，乃是一个杰出的传道

士和教授。库里亚金家族把他提拔到政府中任职，接着他成了内务大臣柯楚别伊的左右手；1806 年他同沙皇建立了直接联系，并曾随侍沙皇到埃尔富特。从埃尔富特返国后，亚历山大要他起草一部宪法草案，并在 1809 年在原则上接受了他的草案。根据这个草案，俄罗斯帝国划分为若干大管区，下设若干县，县下设乡；各乡由土地所有人选出一个杜马；乡杜马提名乡政局的成员和一个出 493
席县杜马的代表；以此类推，直到推选出一个有权通过法律和预算的帝国杜马；由一个对帝国杜马负责的内阁行使行政权；每个地方行政区域都有一个由选举产生的法庭，法庭由元老院负责监督。沙皇还任命一个咨询性质的帝国参政院。

可以看出，这个草案部分地受到英国的影响，因为斯彼兰斯基娶了一个英国牧师的女儿，他从早年起就非常赞赏英国政治制度。他的草案原曾设想建立一个两院制的议会，其中一院代表土地贵族；但是他很快认识到，俄罗斯贵族既没有英国贵族的才能，也不具有英国贵族的独立性。然而，他所拟议的地区划分、行政组织和法官选举，以及设立参政院和各部等等看来却透露出法国的影响。相形之下更可看出，他拟议的社会改革甚至不值得称为草案：它根本没有考虑解放农奴的问题，虽然现在商人也取得购置地产权，获得选举权的土地所有人几乎全部还是贵族。亚历山大决定斯彼兰斯基的方案只能逐渐地分阶段实施：1810 年他设立了参政院，1811 年设立各部；斯彼兰斯基被任命为国务大臣，他规定公职候选人必须有大学文凭并须通过一项考试。这样便使官僚机构得以建成；此项成果，与其看做是英国式的，不如说是拿破仑式的，其实还是符合俄国发展需要的，因此它成为斯彼兰斯基方案中唯一能

垂诸后世的成果。即使斯彼兰斯基并没有丝毫触动贵族的种种特权，贵族对他还是疑惧丛生；人们知道他在准备一个法典和一项关于犹太人的法律。他既不得不整顿帝国财政的烂摊子，于是便加重税收并考虑开征所得税，虽特权阶级也不能豁免，因此招致对他更多的不满。正如在普鲁士一样，俄国贵族也把这些革新斥之为法国的影响；因此当对法战争迫在眉睫时，他被指控有叛国罪行，因为他同巴黎保持着通信关系，其实他这样做是奉沙皇之命而且是为了沙皇进行“秘密”联系的。但是为了抵抗拿破仑，亚历山大需要贵族的拥护，1812年3月29日，他流放了他的这位朋友。

至于约瑟夫二世的君主国，它的政策的彻底改变博得反动贵
494 族的喝彩，因为弗兰茨一世既固执己见又见识浅薄，不管什么样的改革一概拒绝。拿破仑体制见之于奥地利者只有对自由思想的压制与警察恣意专横；但是这些并非是从外国抄袭来的，因为比较地来说，拿破仑尚非蒙昧主义的顽冥不化之徒，他还具有自由主义君王的形象。奥地利政府全力以赴要解决的是财政问题。为了付给法国的战争赔款，奥国不得不把皇室的银器拿去抵押，并发行强制公债；即使如此到1811年还有一千七百万尚未付清；女婿拿破仑允许延期偿付，而在罗马王诞生之际，又慨允延到1813年7月4日之前偿付，后来由于形势变化，当然他一文也未到手。为了应付国内的支出，奥国政府印发纸币。奥多纳心力交瘁而死，继任的瓦利斯伯爵于1811年2月20日宣布破产：规定纸币以五分之一的价值兑换新币，而新币的价值又很快地一落千丈。匈牙利的议会反对极为猛烈，以致奥皇不得不解散议会，并公然违反宪法实行独裁统治。

反对法国的斗争因而从来没有失去其社会性质。在拿破仑的所谓盟国中，旧制度下的贵族保持住他们的优势地位，但是他们看出，如果大陆体系大功告成，这种地位必然难保；因此，贵族把拿破仑的失败当做自己的胜利来欢庆。贵族把神圣同盟变为反对资产阶级和农民的一种保险公司；从今以后，奥地利显然要成为领导这个公司的国家。

二、盎格鲁-撒克逊人与自由主义

面对着屈服于专制主义的大陆欧洲，盎格鲁-撒克逊人保持了他们的传统。在英国，托利党人不再反对议会制度；除了在爱尔兰以外，他们不再继续停止施行“人身保护法”，并很有节制地实施 495
1799 年的各项法案。托利党人是皮特的门徒，他们在许多方面已仿效 18 世纪的辉格党人。他们站在英国国教的立场上，然而他们也慎重对待非国教信徒；他们为暴发富户和杰出军人晋封贵族大开方便之门，滥发勋奖，慎重地把大资产阶级纳入旧有贵族之列。他们的社会政策同拿破仑的社会政策如出一辙，其要旨在于既保持等级制度，而又不树立法律上的特权地位。但是他们并非不反对拿破仑的统治制度，因为他们仍然珍视他们的宪政和自由主义的习惯，同时也因为他们固然容纳一些新进的贵族，但他们力求使政权把持在世家大族的手里。

大陆各国的贵族，无论是封建贵族还是军功贵族，对自己的特权都是唯恐或失，在他们看来，英国贵族未免接纳过宽，过分地使财富凌驾于出身之上。像施泰因和斯彼兰斯基那样具有卓识远

见,愿以英国贵族为模范的大陆贵族,实属凤毛麟角。大陆各国豪门大族对于英国贵族善于牢牢掌握政权,心羡不已;然而他们却与专制帝王和拿破仑本人看法并无二致,都认为英国乃是政党政府软弱无力的例证。托利党深陷于个人争权夺利之中;这种争夺既使卡斯尔雷和坎宁倒台于先,又使帕西瓦尔和韦尔斯利失和于后。1812 年 2 月,当威尔士亲王出任摄政并拥有全部王权时,果然不出所料任命辉格党人入阁。威尔士亲王虽为摄政,但其本人道德威望不高,他的妻子卡罗琳和女儿夏洛特则颇得人心。格雷和格伦维尔坚持要组成一党内阁;韦尔斯利退出,5 月间帕西瓦尔遇刺身亡,政局混乱达于极点。那时拿破仑正向涅曼河进军;英国举国上下深感国难当头,大敌当前内争暂息。卡斯尔雷出掌外交部,范西塔特随同出任财政大臣,还有巴瑟斯特,他们在利物浦勋爵领导之下组成一个行将摧毁大陆体系的政府。9 月间议会解散,新选出的众议院坚决支持他们;但是他们仍须努力才能树立威望。

另一方面,大陆上有人怀疑,议会制政府是否能有效地维持旧
496 制度。某些征兆表明,托利党的优势地位迟早难保。因为当托利党人继续加强"谷物法"时,工业资产阶级和商业资产阶级正明显地转向自由贸易;在这一点上,年轻的皮尔已经表现出令人不安的独立立场。在议会内,坚决反对"谷物法"的惠特布雷德或是伯德特尚不足为患,因为辉格党的领导上层中如罗素、霍兰、格雷等家族和派系都不支持他们。在议会外,由于团结在布鲁厄姆和西德尼·史密斯周围的、在苏格兰的一个不断扩大的小组的活动,辉格党的实力有所恢复。1802 年由杰弗里创办的《爱丁堡评论》和 1807 年西德尼·史密斯出版的《彼得·普利姆莱信札》风靡一时,

以致在1809年坎宁和索赛决定创办《季度评论》与之抗衡。此时托利党改变政策而主张战争，辉格党则反其道而行之支持和平倡议，而这是一个深得民心的政纲。这些辉格党人至少是还没有以民主派自居。但是政治的激进主义正在开始形成一个政党。改变了政治信仰的科贝特发动了一场很激烈的笔战反对政府；卡特赖特少校大声疾呼要求普选权；普莱斯恢复了他的宣传运动；詹姆斯·穆勒争取到边沁从而对他们帮助极大。边沁此时已决心投身政治运动，在1812年写成了他的《议会改革原理问答》。但是在欧洲那些意图保持或指望恢复其特权的人，总的说来，仍然认为最可靠的保证还是绝对专制主义。

由此可见，英国的影响主要是对资产阶级，以及一些存留下来的自由主义派贵族起作用。托利主义本身对他们并没有什么特殊的吸引力。托利党的主要代表人物，有如以前的辉格党人一样，不过是一个腐朽的寡头，并且因丑闻迭出而声名狼藉。他们诚然也稍微修改了刑法，实行了某些行政改革，并在1807年取缔了奴隶贩卖，其动机不过是为了提高糖价，并敷衍虔敬派[1]教徒和人道主义者，但是他们越来越奉行沃波尔[2]的信条：quieta non movere（“一动不如一静”）。天主教徒的解放问题仍然悬而未决；1810年，已就任爱尔兰委员会主席的奥康纳有力地推动了宣传工作。

① 虔敬派（piétistes）是路德教派的一支，主张精读《圣经》，身体力行。——译者

② 沃波尔（1676—1745），辉格党领袖，在1715—1717年和1721—1742年两度组阁，对英国内阁制政府的形成起了关键性的作用；当时首相一职虽尚未取得法律的地位，但沃波尔实际上成为第一个英国首相，他对当时党派斗争，采取息事宁人的态度。——译者

由于格拉顿也投入改革运动，1812 年众议院决定通过实行改革；但是改革未能实现，因为奥康纳和天主教僧侣拒绝关于遴选主教所规定的必要的保证条件。然而辉格党人比较合乎现代潮流的看法只起了弥补的作用，其实这一点也是无关轻重的：因为在拿破仑
497 铁腕专制统治下的鲁瓦耶-科拉尔、邦雅曼·贡斯当，甚至在夏托勃里昂的心目中，英国是立宪政府和自由的国家，这个国家既能杜绝民主政治又能保持对合法君主的尊敬，因此对他们格外具有吸引力。正如一个世纪以前一样[①]，英国又时兴了。在帝国的末期，法国人热衷于议会制政府，其实并不确切理解它究竟具有什么内容，有如后来在 1815 年以后所展示的。但是他们远远没有停留于此，亲英情绪此时对拿破仑的统治已经起了干扰作用，到复辟时期更是狂热。

托利党人丝毫无意于鼓励其他国家采用他们本国的政治制度。也许像卡斯尔雷这样的人在内心深处并不十分乐意向一个议会说明自己的行动，但是无论如何，托利党人一致同意认为，其他各国人民都没有能力自己治理自己。在辉格党人之中，至少还有几个人反对伯克的见解，认为英国政治习俗具有普遍的意义。这些人在输出英国政制时，甚至相信必须按照他们的意愿先加以改革，使英国政制也具有条理性和一致性，而这是旧制度下英国所完全忽视的，看来他们是受到法国历次宪法的启发。本廷克勋爵在实际控制西西里时就是这样干的：1812 年 7 月，他引为自豪地提出一个逻辑结构谨严的宪法，并且规定根据财产资格选举一个议

① 指 18 世纪初启蒙运动初起时，孟德斯鸠等都赞颂英国政治制度。——译者

院，这一规定适用于全国。这个西西里议会废除了封建制度。但是当本廷克被调到西班牙去时，一个反对党在西西里公开表示要求更为激进的改革，而在饥馑引起一些骚动时，国王费迪南四世乘机恢复他的权力。本廷克从西班牙回到西西里时，便要求王后离去，宣布解散议会而举行新的选举，并且不顾选举结果而自居于独裁者的地位。在 1814 年本廷克被召回国后，他的后任阿考特便借口此次实验效果不佳而放弃了本廷克的尝试，从而使费迪南四世得以反攻倒算。

就美国的民主政治而论，它的政治生活风平浪静，原可提供成为一个范例。党派之争似已结束。在杰佛逊第一任总统期间，联邦党已销声匿迹；而共和党也已逐渐采纳其对手的主张。杰佛逊诚然裁减了陆海军，并偿清了半数的国债；然而他也为美国取得了路易斯安那，并且为实施 1807 年的禁运法案而加强了中央政府的 498
权力。1809 年继杰佛逊担任总统的麦迪逊终于向英国宣战，这场战争迫使他更进一步加强中央政府的权力。但是在当时的情势下，对于欧洲而言美国不是一个切实可行的范例；美国的影响，在与英国的和法国革命的影响汇合在一起时，彰明较著地表现在拉丁美洲。

如果说在大陆上，尤其是在法国，自由主义大有前途的话，其原因是在资产阶级的增长和 1789 年理想的进展上。拿破仑所尊重的自由只限于宗教自由和经济自由，这是不容置疑的，然而他也保存了人民主权和选举原则，各被征服国家都同法国一样得到了一部宪法。这样一来，就存在一种政治生活的格式，甚至拿破仑的专制主义由于反应力，也吸引了人们的注意。在英国，辉格党人非

常善于体会并且乐于赞赏拿破仑各项改革的解放性质；在欧洲各地，这些改革都被人认为是法国大革命启发下的成果，因此其必然产生的后果是：凡是拿破仑从大革命纲领中摒弃掉的东西，总会逐渐重现出来。甚至在俄罗斯，斯彼兰斯基的谨小慎微的改革也为俄国军官准备下条件，一旦对法战争胜利把他们带到西欧的时候，他们就受到了法国思想的感染。从 1812 年起，法国思想对西班牙的影响日益显著地表现出来，虽然西班牙是奋起反抗法国统治的。霍韦兰诺斯在 1809 年向中央“政务会”争取到的议会，在 1810 年 9 月 24 日召开，这是在原则上由省“政务会”选举产生的；但是被法军侵占的各地区的议员是由逃到加的斯的各该地区人士推选产生的；而西班牙所属美洲各地的代表二十六人，则由摄政会议指派产生。当时加的斯拥有全国最强大的资产阶级，这些人所受新思想的浸染也最深；因此在议会里就有一个现成的自由派多数，但是他们并不可靠地反映出多数西班牙人的意见，因为多数西班牙人对拿破仑作战不仅是反对专制主义和外国占领，而且也是在反对法国大革命。虽然如此，1812 年的宪法仍然只不过是法国 1791 年宪法的一个翻版。1812 年宪法诚然仍保持天主教作为国教，并禁止信仰其他宗教，但是僧侣和“奴才派”①却仍然拒绝接受宪法；自由派在 1813 年决定取缔异端裁判所，削减隐修院的数目并没收被解散寺院的收入。

一旦拿破仑帝国垮台，自由主义就会立即重新展开反对旧制

① “奴才派”(serviles)是 1810—1813 年西班牙议会中效忠君主制度的保守派，由于他们对君主的卑躬屈膝而得名。——译者

度的斗争：路易十八复辟时就不敢拒绝给法国资产阶级一个议会， 499
而西班牙则将在 1820 年首举义旗反抗神圣同盟。

三、文化生活

在拿破仑掌权的时期里，文化生活的进展出奇地缓慢下来。
在欧洲大陆上，各专制政府都致力于使人们保持缄默；英国人更多 500
地关心具体细节的改革，而少关心思想；在美国，文化活动完全没有展开。此外，在这些年代里，进行讨论也是无济于事的，因为每一个人采取一定的立场，各执己见，只等战争解决，做出仲裁。最重要的是，战争吸引着青年人的精力，而日益增长的政治上的民族主义转移了许多人的思路。但是，就继续在进展中的文化生活而论，拿破仑的实验并没有使它焕然一新，论战仍然是在传统思想同 18 世纪思想之间展开的。

思想上普遍的麻木消沉状态不利于 18 世纪思想，能够任意表示意见的官方报刊、政府当局和教会无不或多或少公开地替反革命做宣传。虽然拿破仑自己捍卫了一部分 1789 年的遗产，但他是按照他特有方式捍卫的，而他并无意求助于“空论家”。卡巴尼斯在 1808 年逝世，但是德斯蒂·德·特拉西、然格内和福里埃尔还在继续他们的工作，他们的理性论的实证主义仍然拥有许多忠实信徒，其中就有斯汤达尔[①]。然而，由于同宗教复兴相协调的唯灵

① 斯汤达尔（1783—1842 年）是法国批判现实主义作家，著有长篇小说《红与黑》（1830 年）、《巴马修道院》（1839 年）等。——译者

论抬头，而鲁瓦耶-科拉尔正在巴黎大学加以讲授，理性论的实证主义便日渐黯然失色。曼恩·德·比朗力图重新赋予人的思想以直觉认识自身存在的能力和创造形而上学的本领，儒贝尔思想的发展也有同样倾向，而像比埃尔·拉罗米居厄尔这样一个观念论者也有些屈从于当时流行的思想。在英国，哲学上激进主义的开山祖师边沁的经验主义比法国观念论者更为显著，他正日益关心政治和经济的改革。在德意志，占统治地位的哲学乃是先验论的唯心主义，虽然它在国外还没有许多皈依者；这种哲学思想正日益受到神秘主义的浸染，尤其是在谢林的思想里。

*　　　　*　　　　*

然而，科学却继续大有进展。在数学方面，拉普拉斯、蒙日、勒让德尔、普瓦松、普安索和阿拉戈等使法国遥遥领先；在德意志，高斯才初露锋芒。法国的物理学家和化学家也同样人才辈出、成就辉煌，如马吕斯、比奥、盖-吕萨克、迪隆、夏普塔尔、贝托莱和泰纳尔等。但是英国在这方面也不相上下，拥有沃拉斯顿、道尔顿和戴维等人；瑞典有柏采留斯，因而也不稍逊色；朗福德虽定居于法国而原为盎格鲁-撒克逊人。在有关化合的许多基本定律订出以后，
501 化学作为一种科学终于确立起来，它不断地分解出许多新的元素，它所带动的年青的化学工业飞跃发展。在自然科学方面，法国的贡献也超群绝伦；在大名鼎鼎的拉马克以后，继起的居维叶和若弗鲁瓦·圣-伊莱尔又名噪一时。动物学、比较解剖学和古生物学不再是单纯叙述性的；拉马克和若弗鲁瓦·圣-伊莱尔提出了物种变异的初步概念，而居维叶则为物种不变的原理辩护，在他们之间展开了 19 世纪最有名的大论战之一。阿维奠定了结晶学的基础，

而康多尔在继续他对植物学的研究。比夏阐明了组织细胞的结构，布鲁赛、拉埃内克、科维扎尔和迪皮特伦等人的工作大有助于医学的发展。能与法国自然科学家分庭抗礼者只有亚历山大·德·洪堡一人而已，他以考察西属美洲而闻名于世。在历史学和语言学领域里，德意志名列前茅，而在政治经济学方面，则英国居于首位。

在 18 世纪，科学知识曾不断被用来猛烈攻击种种传统思想；科学知识进一步发展却反击了理性论的实证主义。拿破仑无意中促进了科学知识的发达，他在中等教育中给科学以重要的地位，并保持国民公会所开设的各高等学校，在这些学术机关里学者能亲自传播他们的各种发明。况且拉普拉斯、拉马克、居维叶、安培等科学家也应列入当代最优秀作家之中。这些名学者之中确实也有一些人把自己的研究附会于传统的成见，居维叶就是这样一个人。他曾游学斯图加特，因而习惯于按属类和按种别思考问题，有如经院学派一样，在他看来，科学无非是要论证上帝在自然界所已创造的秩序；他以能阻拦敌对学派的实证主义的传播而自鸣得意。但是不管经过多少迂回曲折，学者的客观研究不仅推动了思想的转变，也推动了经济的转变，从而推动了社会结构和风俗习惯的转变，因此，这些研究无不间接地有助于摧毁与之密不可分的传统势力。

*　　　　　　*　　　　　　*

反革命的领袖们为了自己的目的继续利用唯理论的经验主义。1802 年，博纳尔出版了他的《原始立法》，德·梅斯特在 1810 502
年出版了《政制原理论》。1808 年，夏尔·德·哈勒尔出版了《通用政治概述》作为他的巨著《政治科学的复兴》的前奏，而这部巨著的第一卷到 1816 年才出版。直到那时他的学说自命是纯粹实证的：他同博纳尔一样，把他的学说建立在家长最高权力的基础上，他论证这种权力是有事实基础的。然而，博纳尔和德·梅斯特是在为权威的等级性辩护，并认为现代王权确属合法，而哈勒尔却在唱反调，他要捍卫贵族的政治要求而否认国家的权力，在他看来国家元首只不过同其他土地所有主一样也是一个地主而已，但这个地主非法僭有领主的权利，因此理智要求退回到封建制度。

博纳尔，而尤其是约瑟夫·德·梅斯特，仍然要诉诸神意天命，稍后一些时候哈勒尔自己终于也援引神意天命，并皈依了天主教。同样地，反革命势力的大多数人要寻找哲学武器时也倾向于传统的宗教，而世俗政权对于这个倾向也予以鼓励。世俗政权曾不断地猛烈打击天主教会的俗世物质利益；世俗化运动推广到整个法兰西帝国和一些附庸国家，甚至也推广到巴伐利亚。但是对于教会的精神影响，这些考验未必是无益的。罗马教皇庇护七世继其前任之后也遭拘禁，因此引起人们的同情，这种同情是教皇在法国大革命前夕所从来没有得到过的。低级僧侣受到国家政权的严密控制，实际上就是受国家任命的主教的控制，因而本能地求助于教皇至上论。天主教会历经磨难反而得到清洗并加强了纪律性，神职人员出身平民者较之往日为数大增，因此教会正在聚集力量，只等拿破仑一旦垮台，便发出大举反扑的信号。然而，护教的神学理论水平不高，而且不能免于受到时代精神的浸染。当时各国政府无不奉行约瑟夫二世式的主张，即视《教理问答》不过是道德说教的教科书，而视神甫只是政府的一个雇员。敌视知识的浪

漫主义的影响，把一些与托马斯主义[①]毫不相干的并且对教义具有危险性的因素引进了天主教思想。即使博纳尔和德·梅斯特也不能完全摆脱这种倾向的影响；夏托勃里昂的审美的和情感的天主教主义形成了一个教派，而拉芒内企图用常识和世人的普遍同意来论证基督教教义的真理时，便不自觉地为以后的一次大分裂打下了基础。虽然如此，仍然有一些相当重要的人物通过这些不同的途径皈依了天主教。若干德意志浪漫主义者改信天主教曾经 503
轰动一时；在罗马，有一群德意志艺术家对文艺复兴前艺术家的作品发生兴趣，倾向于追摹当时的表现方式，被称为“拿撒勒派”[②]；他们的领袖人物奥韦尔贝克在1813年信了天主教。在德意志和英格兰，新教也在重新扩大影响。施莱尔马歇此时已成为堪称模范的牧师；费希特，尤其是谢林，日益迁就传统的基督教义。循道教派虽然在1812年发生了一次新的分裂，仍然颇为流行；同一年浸礼会派却建立起统一的组织，也同样流行一时；非英国国教信徒自称拥有两百万人之多。

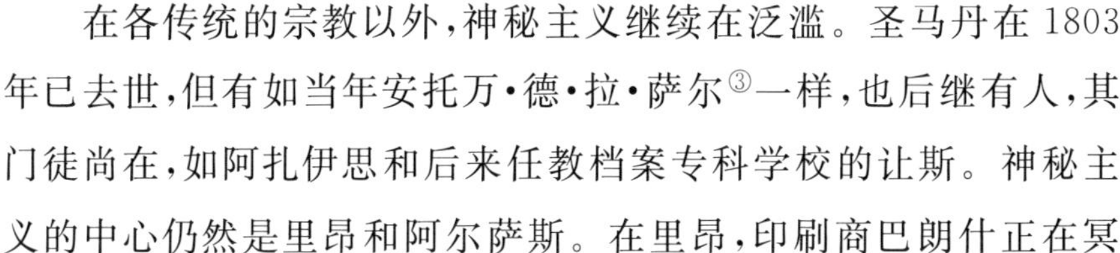

在各传统的宗教以外，神秘主义继续在泛滥。圣马丹在1803年已去世，但有如当年安托万·德·拉·萨尔[③]一样，也后继有人，其门徒尚在，如阿扎伊思和后来任教档案专科学校的让斯。神秘主义的中心仍然是里昂和阿尔萨斯。在里昂，印刷商巴朗什正在冥

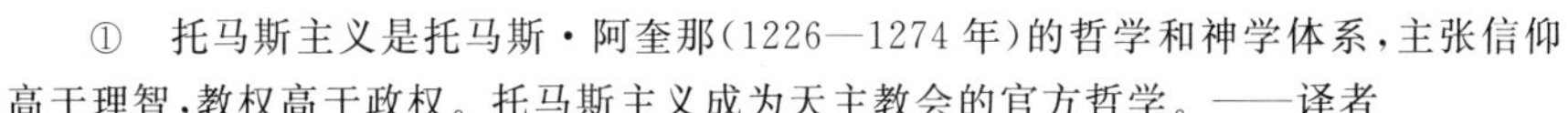

① 托马斯主义是托马斯·阿奎那(1226—1274年)的哲学和神学体系，主张信仰高于理智，教权高于政权。托马斯主义成为天主教会的官方哲学。——译者

② 拿撒勒在巴勒斯坦北部，传说是耶稣的故乡，因此犹太人称早期基督教徒为拿撒勒人。此处指在文艺复兴最有名的大师出现之前的，力图重振中世纪的宗教艺术的艺术家。——译者

③ 安托万·德·拉·萨尔(生于约1388年，死于1462年以后)著有传记体小说《圣德莱的小约翰》(约1456年)，他死后，短篇散文小说继起流行一时。——译者

思苦想要通过神秘的直觉而连续性地解释教条；在阿尔萨斯，奥贝兰牧师（直到他 1806 年逝世为止）、蒂尔克海姆男爵、萨尔斯曼和莱载-马内西亚郡守等都或多或少陷入了迷妄论。有些冥想趋向于多神的信仰调和论，或者以观察数字的魔力而延续犹太人的秘教[①]；在 1805 年以后，法布尔・道利维就是这样从观念论转到神智学，而在 1813 年出版了《毕达哥拉斯[②]的金玉诗篇》。在德意志，自 1803 年以来在卡尔斯鲁厄任教授的容-施蒂林始终是神秘主义的权威，而与巴德尔名望相埒；有如法国的贝加斯，容-施蒂林也沉溺于千年至福说[③]，拿破仑则正好被他们视为“基督之敌”。德意志这股思潮和法国的思潮在阿尔萨斯合流起来，克吕德内夫人就是在阿尔萨斯初入此道，得识奥秘的。她在结识容-施蒂林之后，在阿尔萨斯会见了奥贝兰，又在圣马丽亚-欧米纳会见了方丹牧师；不久以后，她又出现在日内瓦，1813 年她被日内瓦驱逐出境。她把她的一些冥想告知了德・斯塔埃尔夫人；这时斯塔埃尔夫人已在请奥古斯特・施勒格尔为她朗读圣马丹的著作，并已接待过文学家扎哈里亚斯・维尔纳，此人已成迷途难返的神秘主义者，后来终于改信了天主教并当了神甫。德・斯塔埃尔夫人在不甘落后的冲动之下，也钻研起《以耶稣基督为师》[④]和居荣夫人的著

① 犹太人的秘教(Kabbale)指公元前 2 世纪出现的希伯来人的神学。——译者

② 毕达哥拉斯(约公元前 580—前 500 年)古希腊奴隶主贵族的思想家，把数说得非常神秘的唯心主义论者。——译者

③ “千年至福说”(millénarisme)是基督教的一种迷信，即信耶稣基督将会复活，并将统治人间整整一千年。——译者

④ 此书出现在 15 世纪，用简明有力的拉丁文写成，在布道书中别具一格，流传甚广，而出自何人手笔，迄无定论。——译者

作。在俄国一如既往，各种神秘主义的流派流传甚广；当时在贵族社会中最为时髦者是所谓“心灵基督徒”派；已被哥利津和柯谢列夫讲道入迷的亚历山大在1812年开始攻读《圣经》，深思索求经义真谛，因而自认行将成为克吕德内夫人所预言的救世的白衣天使。

*　　　　*　　　　*

在文学和艺术领域里，浪漫主义运动成为革新和鼓动的巨大 504
源泉。由于德意志为浪漫主义创立了哲学并几乎完整地接受了它，德意志认为浪漫主义是自己天才的产物；其实浪漫主义运动是激荡整个西欧的思潮，它得力于卢梭的学说非常之大已毋庸置疑。德意志的浪漫主义者对他们的形而上学总是含糊其辞。海得尔堡集团主要是偏向于探索过去，他们之中有几个人把艺术用来为旧制度和日耳曼主义辩护；不久又出现了第三代的浪漫主义者，他们只想以民族情绪的代言人自居。从浪漫主义首倡者的有说教意义的活动中，他们所保留的主要是对美学规律的轻视和对创造性狂想的辩护。在所有国度里，浪漫主义学派的重要主题之一是激情的宿命论，歌德在1809年出版的《亲和力》小说中或许还没有公然背弃这种宿命论，但是他终于谴责了德意志浪漫派在文学创作中的自以为是和放肆，并同他们分道扬镳。如果不把克莱斯特算在他们里面，那么他们都没有能创作出伟大的作品；克莱斯特由于内心动摇不定和不能适应环境，终于在1811年自杀了，这种心理状态成为浪漫主义永恒的主题。诺瓦利的理想的象征主义，即认为概念与可见世界是和谐地共处于事物的内部，毫不符合克莱斯特的实际情况；因为他的本性和他所处的多难的时代使他在世界上只能看出不可调和的冲突与无所不在的对抗。因此他的戏剧的灵

感源泉完全是悲剧性的。在《施勒芬斯泰因一家》中是个人对其家人的斗争，在《罗伯特·居斯卡尔》中是英雄向敌对势力的斗争，在《庞代锡来》中是种族和两性的斗争；在《赫尔芒的战斗》中是民族间的斗争；在《汉堡王子》中是良心与法律的冲突。

但是德意志浪漫主义者在推动语言学、历史学和法理学等方面的研究上所取得的成就，比较他们在文学方面的成就更能垂诸永久。格林兄弟继其海得尔堡朋友们之后，搜集了《民间故事集》，并从事研究本国的语言史；克罗策尔发表了对希腊神话进行象征意义解释的许多著作。对于作为古典主义对立面的文学作品所产生的兴趣，不仅对莎士比亚一个人有利，而且对西班牙传奇抒情诗，对卡穆恩什[①]，对东方和印度都有利。威廉·德·洪堡也致力

505 于语言学的研究。自从 18 世纪末以来，语言学评论最杰出的代表作是沃尔夫在 1795 年出版的《荷马研究导论》一书；沃尔夫的弟子奥古斯特·博克又增添了历史的研究，而尼布尔在 1811 年开始出版他的《罗马史》。最后，浪漫主义精神也渗透到法学思想中，萨维尼和艾希霍恩把法律视为"民族精神"自发的创造，以反对《拿破仑法典》，他们认为它是学者人为地造作出来的，尤其指出它是与德意志人民生活毫无联系的一种从外国输入的东西。这样就把法学研究同这个社会的总的历史联系起来，从而使法学研究面貌一新。

在英国，浪漫主义正在开始影响一些卓越的诗人。"湖畔诗人"华兹华斯，而尤其是科尔里奇久已归顺英国国教，并已变成用

① 卡穆恩什(1525—1580 年)是葡萄牙的诗人，曾歌咏瓦斯科·达·伽马寻找新航路到印度的航行。——译者

说教者的腔调说话；索塞则已改信保守主义，领受一份年金并在1813年被封为“桂冠诗人”[①]。但是一些青年贵族在气质上对影响日益增长的清教徒的清规戒律感到格格不入，这些人的地位和财富使他们能保持在物质生活上不必仰求于人，他们的才华使他们成为一种无政府主义的个人主义的倡导者。拜伦的作品虽然在形式上仍然是古典主义的，但是他已成为反对现存社会秩序的浪漫派的典型。他是一个高傲的贵族，不能忍受任何规章律法的约束，反抗门阀等级的同恶相济，但并不是一个梦想解救被压迫阶级的革命者，虽然他最后是牺牲在希腊起义者的行列中。他是一个独树一帜的人物，单枪匹马对抗全世界，他认为除了受自己支配以外不接受别人发号施令，他把法外之徒当成榜样，甚至要学魔鬼造上帝的反。感情冲动和放荡不羁的拜伦在气质上也是一个浪漫主义者，他带着苦乐交错的心情让自己听从激情所注定的命运，他感到自己是命中注定要遭受不幸和死亡的。他为了逃避社会、祖国和自己，便在大自然中沉思冥想，或到远方异邦孤独流浪。这样他就发现东方对他有吸引力，在1812年开始发表《恰尔德·哈洛尔德游记》，在1813年出版了《邪教徒》，在1814年出版了《海盗船》，这些作品在此后的许多年里，有力地促使描写异邦情调和地方色彩的作品蔚成风气。

在雪莱身上也可以看出放荡不羁和病态感伤，他被牛津大学开除后，就以多神论的理智主义和对自由恋爱的歌颂来向虔诚主

① 桂冠是古代希腊人用月桂树枝叶编制的帽子，用来奖给竞技的优胜者或卓越的诗人。近代各国宫廷用以奖给御用诗人，英国王室公开册封“桂冠诗人”的称号是官方授予的很高的荣誉。——译者

义挑战。他最早的几篇文章是在1810年发表的，在1813年出版
506 了《马布皇后》。德·昆西同科尔里奇一样是吸鸦片的瘾君子，也同样猛烈攻击英国的礼法习俗。英国不欢迎这些大胆豪放的人；但是，与此同时华尔德·司各脱却把浪漫主义移植到英国来，这种浪漫主义的精神类似海得尔堡学派，同样是具有中世纪气息、保守的和民族主义的。司各脱起初是写诗，然后是写历史小说，这些历史小说风靡一时，誉满全球，[①]特别是在1814年出版《威佛利》一书以后。他的小说中赞扬道德高尚的叛逆者和打抱不平的骑士，穿插着民间传奇常见的情节，如身世不明、隐名改姓、幽灵幻影和阴谋诡计等等，以致在这种形式下，浪漫主义既能取悦一般群众，而又不致触犯权贵人士。

在法国，文学仍然在受到法兰西科学总院的奖掖，并仰承文艺批评大师若弗鲁瓦的赞赏，因此它始终谨守传统章法。当时优秀作家屈指可数，其中最有才华的是诗人德利尔。邦雅曼·贡斯当的杰作《阿道尔夫》与古典主义一脉相承；但是官方的文艺理论丝毫不把小说列入高雅文学。尽管拿破仑很欣赏奥西安，他仍然信守这种美学的理论；在他看来，法国的影响正日趋衰落，到他在位的晚期，浪漫主义在德意志和在英国的得势使他很感疑虑不安。然而，人们也不再会有所误解：法国大革命已经断送了古典艺术的前途，因为一则古典艺术本是为贵族创作的，而革命使贵族四散逃亡；再则革命削弱了古典艺术的教学和研究，而没有这种教学和研

① 司各脱关于拿破仑的著作，是极其敌视拿破仑的，虽然写得生动，行销一时，但没有历史价值。——译者

究，资产阶级就不再能欣赏古典艺术；三则革命使资产阶级中加入了一个没有教养的暴发户阶层，他们在毕克塞雷古的传奇剧中，在亚历山大·杜瓦尔的舞台剧中，在皮戈尔特-勒布伦的小说中得到更多的乐趣。在这类大众化的文学里表现出一种纯朴的浪漫主义的某些特征：无拘无束的想象力、各种文学体裁的掺杂结合、现实主义的初步尝试。官方的文艺批评硬说传奇剧为一种降格了的悲剧；但是勒梅尔西埃的剧作《宾多》（1801 年上演）和《克里斯托弗·哥伦布》（1809 年上演）已突破传统古典悲剧的章法，这些剧作尽管存在很多弱点，仍然预示了巨大变革即将到来。此外，人们仍然很爱读 18 世纪的早期浪漫主义的作品；行吟诗人诗歌仍然受到普遍欣赏，所谓克洛蒂尔德·德·絮维尔的诗歌大受欢迎，而奥西安的诗的流行更有过之，取该诗中主人公奥斯卡和马尔万娜之名为名字是时髦的事；勒絮尔的歌剧《吟游诗人》，以及画家热拉尔和吉罗代，都受到麦克孚生所伪造的诗集[①]的启发。

可是，最能造成浪漫主义滋长的气候的还是当代的重大事件。507
革命的大动荡、拿破仑的崛起、连年不断的战争，这一切有力地激起人们的想象力和个人野心；但是并不是每个人都能找到适合自己的地位，而当时的种种机会并不都是对各种不同性格的人适宜的，擅长写作的失意者便以笔墨文字自述感怀。从 1802 年起，勒奈[②]在他的《基督教的真髓》中，就流露出不合时宜者的苦恼，而他的哀怨夹杂着愤怒和骄傲。史南古的《奥勃曼》同勒奈患有同病，

---

① 即指《奥西安诗选》，参看本书上卷，第 14 页。——译者

② 即夏托勃里昂，他的全名是弗朗梭瓦-勒奈·德·夏托勃里昂，他所塑造的典型人物即以“勒奈”为名。——译者

然其绝望之情更为悲痛，而在米尔瓦耶和谢纳多莱的笔下，这种绝望之情有所减弱，演变成拉马丁式的忧郁[①]。另一方面，虽然已经正式宣告了自由与平等，但是当时的风俗习惯和《民法典》都远远没有贯彻这些原则，特别是有关妇女的地位更是如此，夏托勃里昂在创造了成为情感同义务冲突的牺牲者阿达拉这一形象以后，斯塔埃尔夫人又创造了苔尔芬和柯丽娜，她们的结局也同样悲惨，因为这位女作家论证说，社会偏见拒绝给妇女幸福的权利。归国的亡命者满脑子对外国的回忆，皇帝的士兵与官员回国后的叙述等等都有助于扩大当时法国人的眼界，促成对异邦情调的爱好。波拿巴远征埃及当时已激起对东方的好奇，1811 年夏托勃里昂出版的《巴黎至耶路撒冷纪行》，重新唤起这种好奇心；他的散文史诗《殉教者》也同样能使读者引起乡愁。最后，对外国文学的接触日见增加。忠实于其客观实证主义的观念论者如福里埃尔、热朗多都批评法国人成见太深，他们承认每个民族的著作皆有其固有的优点，并有其应得的魅力。在帝国时期，这种折衷主义对于南欧各民族特别有益。斯塔埃尔夫人的《柯丽娜》已经引起法国人对意大利的重视；从 1811 年起，然格内开始出版他的《意大利文学史》，而西斯蒙第正在日内瓦讲授南欧文学。斯塔埃尔夫人成为德意志的代言人，由于浪漫主义是在德意志成为自觉的运动的，她所起的作用具有头等重大意义。

① 拉马丁(1790—1869 年)，诗人与政治活动家，诗集有《沉思集》(1820 年出版)、《新沉思集》(1823 年)等。他是复辟王朝时出现的主要浪漫主义诗人，用当时流行的悼歌体裁表达感伤的沉思。到七月王朝时，拉马丁投身政治活动，1848 年革命后起了反动作用。——译者

斯塔埃尔夫人的父亲是有日耳曼血统的，她嫁给一个瑞典人，
她本人是新教徒，她很像日内瓦人一样对加尔文派的英国和路德
派的德意志深感同情，就她的气质而论，热情充沛甚于批判精神，
因此她醉心于北欧文学也是很自然的事。早在 1801 年她发表的
《从文学与社会制度的关系论文学》一文中，她对古典主义的普遍 508
价值提出怀疑，她确认美有相对性，并根据气候条件的不同而把北
方各国同南方各国做出鲜明对照，前者在文学上的代表作是奥西
安，后者是荷马。她不断地赞扬北方各民族是严肃认真，热爱自
由，道德高尚，信守宗教而又不迷信。然而在这个时期她仍然认为
古典文学是优越的，因为她一直受古典文学教育，而她此时还不了
解德意志，也不通德语。但到 1803 年她被拿破仑放逐后，她渡过
了莱茵河，当她归来时带来奥古斯特·施勒格尔，他同她在一起直
到 1810 年，并把德意志的浪漫主义介绍给她。她周围的人也同样
受到影响，因为邦雅曼·贡斯当在 1809 年写了《沃伦斯泰因》，而
内克尔·德·索絮尔夫人在 1811 年翻译了奥古斯特·施勒格尔
的《戏剧文学教程》。发展到后来使斯塔埃尔夫人写了《论德意志》
一书，在此书中她对法国文学更少好评，而称颂莎士比亚和德意志
作家。她摒弃了古典文学的章法和批判精神，以激昂的笔调赞颂
“热情”的美德，这纯粹是施勒格尔的思想。1810 年这部名著在巴
黎一出版就立即被没收禁止，直到拿破仑失败后才得以发行。然
而在帝国最后几年里，在文艺批评中古典主义与浪漫主义已公然
对立，阵线分明。这场争论也波及意大利，在意大利也普遍爱读北
方各国的文学作品，或者是直接阅读原著，或者更多的是通过法文
译本，这些作品的影响明显地表现在 1807 年佛斯科罗所写的《墓

碑》诗集中。

造型艺术也在开始受到浪漫主义的影响，虽然在这个领域里旧传统善于坚守阵地。拿破仑对于建筑特别感兴趣，保持威望的意愿与他个人的喜好加在一起，使他发出这个庄严的具有古典主义色彩的敕令：“凡是大的，总是美的。”然而他在命令某些艺术家采用或向他们推荐以他的战功为主题的当代史画面时，却在无意之中指引他们走上一条趋向浪漫主义的新路；但是拿破仑对富丽而沉重的“帝国风”艺术风格的形成并无关系，这种风格可以追溯到18世纪所受伊特鲁利亚艺术和埃及艺术的影响。拿破仑所任用的博物馆馆长德农是一个相当折中主义的艺术家和业余爱好者。极力提倡那种模仿古人的古典艺术的乃是卡特勒梅尔·德·

509 坎西。他认为一个理想的和柏拉图式的原型才是美的，他认为必须消除个人的特点和严格遵守图案样纸的构思，才能接近实现理想的原型，所以他把雕刻看做主要艺术。在卢佛尔宫工作的佩西埃和方丹，设计旺多姆圆柱的贡杜安，负责凯旋门的夏尔格兰等人仍然忠实于传统艺术，卡特勒梅尔的学说也与达维德喜爱的风格完全相符。当时伟大雕刻家是些外国人，如丹麦人托尔瓦德森，而尤其是被拿破仑特别赏识的意大利人卡诺瓦。

然而艺术远不如卡特勒梅尔所企望的那样表现为一式一样。由于发掘庞培古城而在18世纪盛行一时的亚历山大主义①是同达维德绘画的遒劲而紧凑的线条背道而驰的，并给吉罗代和普律

① 亚历山大主义指马其顿王亚历山大（公元前356—前323年）死后的希腊文明、文学和艺术。——译者

东作品里渗入一种色情的和忧郁的沉闷情调。在卡诺瓦的作品里，一种柔媚优雅的风韵和对景物的偏爱也破坏了风格的纯洁性。在装潢艺术中，亚历山大主义仍占统治地位，而与帝国模式同时并存。另一方面，现实主义也出现在画像中，热拉尔，特别是达维德，在这方面是无与伦比的。最后，吉罗代从奥西安和夏托勃里昂诗中所取的主题，以及人们从当代史实吸取的题材，如达维德的《拿破仑的加冕典礼》，格罗的战场实况，热里科的士兵画像，所有这些都使画意的变化多端，构图的突出动势，和色调的强烈多彩结合在一起，因而都是纯粹浪漫主义的作品。西班牙画家戈雅、英国画家如劳伦斯、罗姆尼和雷伯恩等人的绘画更是不拘一格；同时英国也产生了以康斯特布尔和特纳为首的风景画派，这一派即将把最新颖和最动人的成分带入新的绘画里。

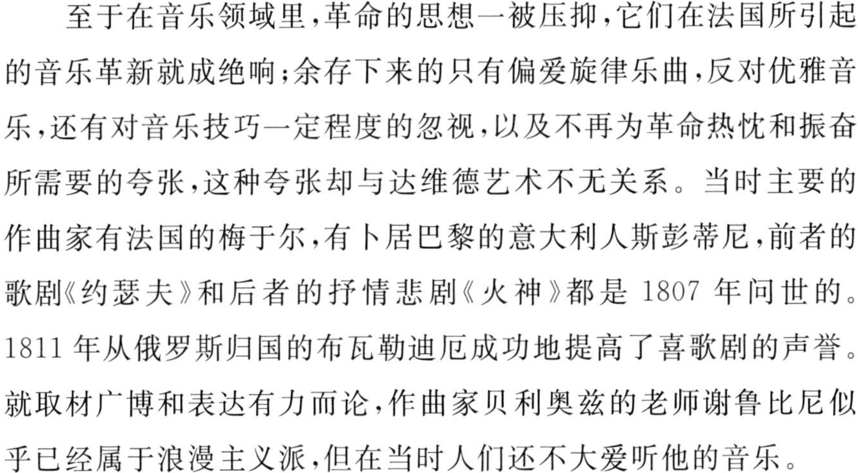

至于在音乐领域里，革命的思想一被压抑，它们在法国所引起的音乐革新就成绝响；余存下来的只有偏爱旋律乐曲，反对优雅音乐，还有对音乐技巧一定程度的忽视，以及不再为革命热忱和振奋所需要的夸张，这种夸张却与达维德艺术不无关系。当时主要的作曲家有法国的梅于尔，有卜居巴黎的意大利人斯彭蒂尼，前者的歌剧《约瑟夫》和后者的抒情悲剧《火神》都是 1807 年问世的。1811 年从俄罗斯归国的布瓦勒迪厄成功地提高了喜歌剧的声誉。就取材广博和表达有力而论，作曲家贝利奥兹的老师谢鲁比尼似乎已经属于浪漫主义派，但在当时人们还不大爱听他的音乐。

以上这些大家的名望较之鼎鼎大名的贝多芬无不黯然失色。510
他长期卜居维也纳，一方面没有停止为钢琴谱曲，另一方面从 19 世纪初以来，已经写出他的伟大的器乐曲、四重奏、前奏曲和前八个交响乐。他的作品不止一次地以其大胆的技巧和表现的新颖有力，而使当代人大为震惊；同时又因内部充满予人启发的生命力而征服了听众。他喜怒无常，性情暴躁，热情而敏感，但因耳聋而与世阻隔，因多次失望的爱情而饱受折磨，他好猜疑而易冲动，又因出身平民，家道贫困，以致在贵族圈子里注定要在情感上遭受许多痛苦的伤害，而他为了谋生又不得不出入贵族社会；从许多方面看，贝多芬属于浪漫主义派，并且正如诗歌之于诺瓦利那样，音乐为贝多芬创造了一个梦幻世界，可以用来对抗现实世界。但他绝不是一个软弱无能的人；他的乐曲中有许多表达出一个健全人的欢乐、善良、兴奋和诙谐，有充沛的毅力和饱满的意志；另外一些乐曲则表达出对英雄伟迹和向宇宙间敌对力量战斗的向往。他从来没有沉沦到心灰意冷，因为他是 18 世纪的产儿，燃炽着焦虑不安而又顽强的乐观主义思想，是一个自发的共和党人，深刻地意识到全人类的休戚相关，对人类的前途深信不疑。从许多特征看，他近似卢梭，而在德意志人之中，他的思想使他更多地接近古典主义者，特别是接近席勒，而较少地接近浪漫主义者。在他的内心深处，他是像克莱斯特一样的悲剧人物：他的最悲壮的作品表达出英雄人物同叛逆天性的决斗，但是根据产生这些作品的时代来看，却也表达出法国大革命对旧世界，自由对专制，觉醒的各民族对拿破仑大帝国的狂风暴雨般的冲突。

四、欧洲和美洲民族的觉醒

各族人民逐渐发展文化生活的后果是：18 世纪主要地是在德

意志，在作家和大学教师中发展了民族文化主义。古典文明被视 511
为是法国人的创造，它把各族人民沦为从属的地位。用改革制度与军事统治来加强法国思想影响的拿破仑体制更加深了这种反感。基督教教义本来是一种普天一致的文明，各民族在不否认普天一致的文明这一原则的同时，在文学、艺术和风俗习惯等领域本能地要保持自己的独立性，并力求探索出表现本民族感情和行动的固有方式的特征，这就是雅恩在1810年称之为“民族性”的东西。探索这些固有方式的途径或是上溯本民族的历史去找，因为各民族认为自己过去没有受过外来影响，或是从平民各阶级的生活去找，因为他们的无知使他们没有受到世界主义的影响。赫德尔和伯克在为这种民族主义辩护时，把每个民族看成是一个有生命的存在，不可能彼此同化，德意志浪漫主义者把这种哲学发挥到极点时就赋予每个民族一种“民族精神”，其最重要的表现是民族语言。到了拿破仑时期，意大利的库奥科和俄国的克拉姆津都有这种看法。

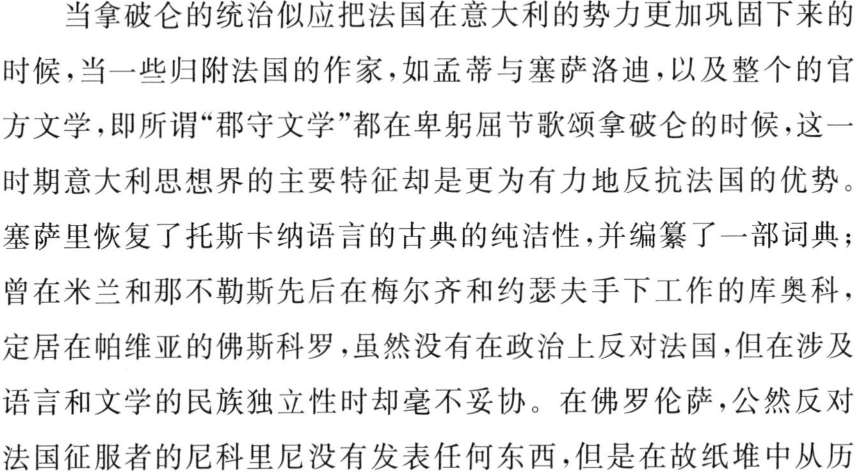

当拿破仑的统治似应把法国在意大利的势力更加巩固下来的时候，当一些归附法国的作家，如孟蒂与塞萨洛迪，以及整个的官方文学，即所谓“郡守文学”都在卑躬屈节歌颂拿破仑的时候，这一时期意大利思想界的主要特征却是更为有力地反抗法国的优势。塞萨里恢复了托斯卡纳语言的古典的纯洁性，并编纂了一部词典；曾在米兰和那不勒斯先后在梅尔齐和约瑟夫手下工作的库奥科，定居在帕维亚的佛斯科罗，虽然没有在政治上反对法国，但在涉及语言和文学的民族独立性时却毫不妥协。在佛罗伦萨，公然反对法国征服者的尼科里尼没有发表任何东西，但是在故纸堆中从历

史上寻找祖国的名著。卡诺瓦的艺术成就和意大利的音乐也激起
512 民族自豪感。拿破仑似乎也曾认真考虑到这种情绪。1809 年，他下令在已并入法国的那部分意大利法庭上恢复使用当地语言，这无疑只是为了改善司法行政而做出的必要的让步，而当 1812 年恢复克鲁斯卡学会[1]时，意大利学术界就认为完全有根据欢呼胜利。比利时对法国文化没有丝毫抗拒；在莱茵地区，法国文化虽然没有激起一致反对，但也没有取得进展。在荷兰，文学界却在深自反省，而拒绝任何对外国的模仿。

在法兰西帝国以外，挪威在 1813 年创办了自己的大学。在东欧，俄国此时出现了文学杂志：1802 年克拉姆津创办的《欧洲信使》和从 1808 年起由格林卡编辑的《俄罗斯信使》。克拉姆津致力于形成一种新的文学语言和消除古典的文学体裁，如颂歌和悲剧。在提尔西特条约以后，格林卡和罗斯托普钦起来大力反对在宫廷与贵族中盛行的外国生活方式；格林卡特别颂扬俄国固有的传统，反对西方的新事物；过去曾经热衷于启蒙运动的克拉姆津，此时却醉心于民族传统，并开始撰写一部莫斯科大公国史。在哈布斯堡皇朝统治下的各民族中，匈牙利不断要求把马札尔语也定为官方语言；捷克人也觉醒起来，从 1792 年起在布拉格大学开设了捷克语讲座；杜布罗夫斯基制定了捷克语语法；历史学家沙法利克和帕拉茨基正在准备写作。在被征服的伊利里亚，马尔蒙允许在正式文件中和在小学里通用斯洛文尼亚语和克罗地亚语；在他的庇护

① 克鲁斯卡学会是意大利历史悠久的学术团体，1582 年创办于佛罗伦萨，在 1612 年出版过一部大词典。——译者

下，修道院长沃德尼克用斯洛文尼亚语编写小学课本。最后，巴尔干半岛上的基督教徒也动了起来：希腊人是最先进的，政治团体倍增；在塞尔维亚人之中，民族传统一向由僧侣保持着，因此与东正教密不可分；而在特兰西瓦尼亚，罗马尼亚人的语言和历史则复兴起来了，1813 年在雅西创办了一所摩尔多瓦语学校。

在那些久已形成民族国家的国度里，或在那些对自己丧失了的独立记忆犹新的国度里，如英格兰与荷兰、瑞士，波兰与匈牙利，西班牙与葡萄牙，文化的民族主义当然同政治的民族主义融为一体；而在别的国度里，则是前者促进了后者的形成。捷克人、伊利里亚的各斯拉夫族人、罗马尼亚人，甚至希腊人当时都似乎还不曾想到要像塞尔维亚人那样，要为争取民族解放而斗争。但是，在意
大利，早在法国革命时期已经开始的，从文化爱国主义转向政治爱 513
国主义的演变取得了一些进展，而在德意志，这种演变刚刚实现。法国大革命鼓吹民族主权原则，从而助长了这种演变，这个原则很自然地就被用来反对拿破仑对其他民族的统治。实际上，法国人在这些国度里建立国家机构，组成一个公务人员阶层，特别是组织了军队，从而也同样地助长了民族情绪的滋长，培养了后来反抗神圣同盟的最坚决勇敢的战士，至少在意大利就是如此；在这个国度的南部，法国人也引进了发源自弗朗歇-孔泰的革命组织“烧炭人兄弟会”（“烧炭党”），这个组织从缪拉统治那不勒斯时起似乎已经在一定程度上主张统一全意大利。

然而，对这些因素的影响不应过分夸大；法国征服这一事实要比这些因素重要得多。无论各地的爱国主义能唤起多大程度的理想主义，除非出于极其现实主义的动机，爱国主义是不会采取政治

形式的，甚至在文化民族主义特别发展的上层阶级中也是如此。无论如何，在人民群众中对于外来的和新出现的事物的排斥，始终是爱国主义最主要的成分，从外国派来的士兵和官吏的出现总会在人民群众中立即引起反应。拿破仑体制有它的功绩，但是拿它给予的利益与所加的负担权衡一下，总的结算还是负担、弊害多于德政。首先，这位皇帝把战争费用的重担压在被征服各国身上，这些国家遭受部队的勒索和劫掠、征发物资，还不用谈战争特税，例如威斯特伐利亚被抽的税就达两千六百万。在这些以外，拿破仑原则规定各被征服地都必须经费自给，甚至贫困的伊利里亚也不例外；最多只有在那些还没有平定下来的国家，例如那不勒斯和西班牙，拿破仑才支付占领军的薪给，而这是万不得已的，是他心有不甘的。在 1807 年，约瑟夫在那不勒斯付出了四千四百万给军队，而法国只偿还了六百万。威斯特伐利亚付出一千万给构成该国军队半数的一万二千五百法国人。在 1809 年，意大利王国的全部支出是一亿二千七百万，其中付给法国的是三千万，供本国军队用的是四千二百万。此外，新的行政当局费用浩繁。简而言之，各地租税无不大大地猛增：贝格大公国在 1808 年缴纳六百万，到 1813 年增到一千三百万；威尼西亚在这五年中增加了两倍。此外，还得提供兵力：1810 年意大利王国的军队是四万九千人，到
514 1812 年增到九万一千人；贝格大公国在 1806 年维持五千军队，到 1811 年增到九千四百人。最后，大陆封锁引起不满的人比使之满意的人要多。除了饱受战争破坏的西班牙以外，德意志，特别是普鲁士，在 1812 年最有理由感到愤愤不平。德意志之所以在 1813 年成为反法起义的策源地，并不是由于纯粹精神力量的热忱，而是

由于它是通往俄罗斯的大道，自从1811年夏季以来，全部法国大军云集德意志；普鲁士则与波兰一样，成为法国远征俄国的基地，不得不倾其所有以供养大军。早在1811年12月5日，虽然热罗姆的辖地还位于后方，他即已发出警报：

> “此间群情激昂达于顶点……人们提出要仿效西班牙，而一旦战争爆发，莱茵河与奥得河之间各地皆将揭竿而起。局势动乱的主要原因不仅是不甘外国压迫，更强烈的原因是一切阶级莫不面临破产，苛捐杂税、战争捐献、供养驻军、士兵过境，骚扰无穷。人民已被剥夺到一无所有，因而再也不会丧失什么，人民陷入走投无路之境乃是最可怕的……人民对上层政治动向漠不关心；他们感觉到的只是逼在头上的眼前的灾害。”

这位威斯特伐利亚国王本来还可以补充说：贵族和资产阶级也同样蒙受其害，并且由来已久，而这才是更为严重的问题。在各附庸国里，国债暂停偿还或只部分折还，退休金与年金停止支付，前朝文武官员都被辞退。在仍然独立的各国里，特别是普鲁士，都被迫照此办理。凡此种种灾难人们无不归罪于征服者。

另一方面，在彼此情况差异极大的各地区一下子建立起来的拿破仑体制，重新搬出那种声称保证造福人民而不必倾听人民意见的开明专制统治，这种统治现在所治理的地区更广，推行的决心也更大。在一些不如法国富有，而又习惯于松散的政府统治的国度里，或有时还习惯于半野蛮统治的地方，如伊利里亚，这种开明专制就显得过于复杂，要求过高和徒重形式。把《民法典》推广到这些国度里，彻底改变原有的家庭和财产关系的习惯，造成的恶果更大。《民法典》是公然世俗化的法律，对各种宗教信仰一视同仁，实行民事的户籍制度，允许离婚，解放犹太人，保障共济会，这一切
515 都引起僧侣的反对。在信新教的各国里，人们并不都赞成授予天主教徒以平等地位，例如在荷兰，据法国官员的报告说，就有人想方设法不让天主教徒就业。在伊利里亚、波兰和俄罗斯，东正教的神甫把拿破仑看成是“基督之敌”。由于拿破仑推行教会产业世俗化，取消什一税并与罗马教皇决裂，天主教徒特别激烈地反对他。由于他废除封建关系和宣告公民平等，贵族的愤怒尤为可怕。伯尔尼和日内瓦的绅贵们，荷兰和汉撒各城市的富绅们对宣告公民平等这一点，也始终不肯原谅。资产阶级和人民也不乏抱怨的理由：手工业者对取消行会制度惶惶不安；公务人员对法国人盘踞高官要职忿忿不平；革命法国的忠实拥护者“爱国派”则被视为雅各宾党人而一贯受排斥；农民抱怨土地改革太袒护了领主。对拿破仑统治保有好感的只有一定数量的获得了高官显职，购买了大量国有产业，以及得到大陆封锁好处的大资产阶级。拿破仑在许多国度里创立现代民族国家的行政与社会的结构，在所有这样的国度里，共同的利益驱使人们渴望获得独立并转而反对法国。波兰的例子是非常能说明问题的，因为波兰受拿破仑之惠特多，而如果拿破仑战胜俄国，它势必会获益更大。可是波兰的僧侣暗中仍然敌视拿破仑，贵族犹疑不定，深恐实现少数民主派所已要求的新的改革；而且贵族还不能原谅拿破仑没有把普鲁士偿还的抵押借款全部给波兰，在总数四千三百万外加四百万延期偿还的利息中，拿破仑减为二千万，分三年付款。没有得到完全解放的农民只为他

们的负担操心，他们同普鲁士农民一样，被过境的法国大军骚扰不堪，他们把一切重负归罪于法国人。波兰并不像拿破仑所期望的那样满腔热情而毫无保留地拥护他。

拿破仑时代的战争，通过一些意料之外的曲折反应，还有利于其他一些民族的进展。芬兰从瑞典分立出来，它从沙皇亚历山大那里得到一部由斯彼兰斯基起草的宪法，宪法授予它自治权。英国舰队把挪威从丹麦隔绝出来，使挪威陷于饥馑，但在事实上变成独立国家，虽然它本无反对丹麦国王弗里德里希四世的意图。在美洲，西班牙的殖民地行将形成一些新国家，而巴西也不再受制于 516
葡萄牙。1812 年在美国历史上是一个可纪念的日期；美国独立以后，英国一直使这块以前的殖民地在经济上处于附庸地位，甚至还在那里保持一个强大的亲英派，1812 年美国对英国发动了第二次独立战争。对英决裂似乎是由一些新起的人物如克莱、卡尔洪、韦伯斯特等建议麦迪逊总统做出决定的，这些新人想要夺取加拿大，并想要靠设立关税壁垒来发展工业，从而保证美国的独立自主。战争是艰巨的，美国既没有军队，也没有金钱；联邦政府不得不大事举债并召集民兵，这样做是不顾北部各州的抗议而进行的，在对英和约缔结的前夕，北部各州甚至威胁要拒不听命联邦政府。入侵加拿大没有成功；在 1813 年和 1814 年，美国必须击退英国人在伊利湖上和向善普伦湖发动的进攻；巴尔的摩受到攻击，华盛顿市也被烧毁，甚至到 1815 年，杰克逊将军还要击退英国人对新奥尔良的一次进击。在海上，美国的巡逻船和私掠船拿捕了二千五百艘敌船，但是并不能打破英国对美国各港口的封锁。对英战争使美国死亡三万人，用去二亿美元，结果在领土上毫无所得，而商业

损失却十分惨重。但是战争使美国工业得以征服国内市场；战争结束以后，1816 年的关税税则又为工业保住了国内市场。经过这次艰巨的战争，美国民族情绪大大加强起来了。

各民族的反抗给拿破仑造成了许多困难：提罗耳的起义惊扰了他，西班牙的起义削弱了他。但是只要他的军队保持完整，这些都不是致命的威胁：在没有得悉他从俄罗斯败退以前，普鲁士居民是不敢动弹的，而且即使在拿破仑大败退的过程中，别的民族也没有效法普鲁士人。同时还应该注意到：虽然法国统治所激起的不满无可争辩地促成民族个性的发展，但是纯洁而无私的民族主义感情只不过激励了一些少数民族，而且同人民的苦难与各阶级利益所受的损害比较之下，只居于次要地位。提罗耳的例子突出地证实了这一点：提罗耳起义的矛头是指向巴伐利亚的，而巴伐利亚并没有一丝一毫侵犯提罗耳的“日耳曼性”。人民的愤慨主要是战

517 争引起的，特别是对俄战争的准备工作；如果拿破仑打了胜仗，重建了欧洲大陆的和平，这种愤慨是可以平息下去的。虽然如此，从民族的觉醒中可以预见到，一旦皇帝去位，他所建立的大陆体系势将随之解体。

至于社会的不满，它们部分地是彼此矛盾的，以致在经济和社会结构已经现代化的那些国度里，全民族的联合行动障碍重重。这种情况可以解释何以君主与贵族的联盟对民族运动的态度极不明朗，并且在他们取得胜利以后转而反对民族运动。在 1812 年春季，亚历山大已经摆出各被压迫民族的保护者的架势，而从 1813 年到 1815 年，沙皇本人和他的盟友一再发出空洞的诺言。但是，除去他们不愿因此打乱他们协调分配领土的计划以外，他们还认

为，不言而喻，他们的权力决不能稍有削减，他们发动起来反对法国的农民和资产阶级应像从前一样忍受贵族骑在他们头上。顽固地维护旧制度的奥地利，在国内受到许许多多被奴役民族的威胁，因此拼命要把意大利和德意志重新置于自己的支配之下，而决不容许反法斗争具有革命的性质。反法战争这种极其暧昧的双重性质，已经预示了19世纪上半叶的历史将是压迫者反对受了欺骗的人民的残酷斗争的历史。

五、资本主义的进展与欧洲向全世界的扩张

在整个拿破仑时期里，货币始终是充裕的。本书已多次指出，这是英国经济的主要特征之一。从1809年起，英国通货膨胀不断

加剧；英格兰银行收进为数日增的财政部证券，该行的商业往来贴 518
现的数字在1814年达到1795年的五倍之多，当时发行了二千八百五十万镑的钞票。也在发行钞票的私人银行在伦敦没有增加很多，但在外地据统计在1809年有将近八百家之多。由于英格兰银行发行了一镑和两镑的钞票，硬币逐渐从市面上消失，物价不断上涨：以1790年为基数，1814年的物价指数则为198。英格兰银行的库存在1815年减少到只有二百万，汇兑率下跌了百分之十五到二十，然而这对出口并无妨碍。在法国，通货膨胀较为缓和。法国的财富积聚一直在继续进行，仍然经常有人抱怨硬币短缺；但毫无疑问，纸币数以倍增。法兰西银行的钞票发行量从1806年的六千三百万增到1812年的一亿一千一百万。纸币的流通速度也在加

快，从 1809 年到 1812 年，贴现数字是四至五亿，在 1810 年达到七亿四千七百万；如果不是拿破仑加以控制的话，这个数字还会更大，并且活动范围还会大大扩充到外省；外省有许多地方银行开业；对于外省银行的活动，现在还不了解，看来业务范围不致很大。当时使用纸币的还只限于少数商人，更为重要的是金属货币的增加，这部分地是由于新铸货币的增加和贸易顺差的增加，而主要地还是由于战争赔款和从新增领土来的“特别财务”收入。据估计从 1799 年到 1814 年有价值七亿五千五百万法郎的金银流入法国。在法兰西帝国内，虽然制成品的价格在上涨，农产品的价格有时还下跌；但是总的看来，物价都比 1789 年显著上涨。许多大陆国家都采用了发行纸币制度，因为硬币不是被藏了起来，就是流到了法、英两国，而这两国却由于货币充裕而特别有利于经济发展。

另一方面，拿破仑把法国革命的许多改革推广到欧洲相当广大的地区，从而促进了资本主义的发达。这些改革如劳动自由、废除农奴制和封建义务、土地买卖自由、取消内地关卡和桥梁道路通行税、统一度量衡等等都是符合亚当·斯密的学说的，他的学说在法国由加尼埃，特别是由让·巴蒂斯特·萨伊广为传播，萨伊在他 1803 年出版的《政治经济学论说》一书中阐明和补充了亚当·斯密的学说。

战争始终是刺激经济发展的因素。在英国，战争迫使商业寻
519 找新的市场；在大陆上，战争有效地保护了工业发展；大陆封锁只不过加重了连年不断战事的后果，因此之故，要准确论断大陆封锁本身对生产情况的影响是不可能的。尽管如此，战争对生产的破坏显然超过了有利影响：政治局势变幻不定，以及因此给贸易关系

带来的干扰，到处都压抑了办企业的劲头；而且大陆上工业的进展尤其有赖于英国机械技术的推广，所以，如果英国人能继续供应大陆各项设备，工业的进展本来可以更为迅速。

在经济领域内，科学研究所激起的发明创造精神，并没有由于战争而减弱到像其他事业那样的程度；但是若与18世纪的发明成果相比较，则这一时期的成果不大。1792年霍恩布洛设想过的蒸汽压缩后的膨胀力，到1804年被伍尔夫继续运用，他利用两次中继的压力，发明了复式蒸汽机。在美国费城，机械工人和建筑师伊万斯对锅炉做出一些显著的改进。1798年，莫多克在伯明翰的博尔顿的工场里装置煤气照明以后，1807年在伦敦的蓓尔美尔街安装了最早的煤气路灯；菲立普·勒邦在法国也同时完成了这项实验工作，但他死于1804年，以致未能付诸实用。在帝国末期，菲力普·德·吉拉尔也成功地实现了机械纺麻。另一方面，运输问题日益迫切要求注意解决；1811年，麦克·亚当向英国众议院提出碎石铺路基的方法，这个方法此后就以他的名字命名，虽然在法国已经运用了这种方法。英国的煤炭业正在日益增多地运用钢轨运输，钢轨的断面不断在改进中。最后，人们在设法研制一种可以行驶在一条“铁路”上的蒸汽机动车；到1804年，特里维蒂克制造出第一部火车头，赫德利在1803年也制造了一部；斯蒂芬森在1814年开始了他的研究工作。在水上，运输革命也已开始进行，但只是在美国；1807年，富尔顿成功地在哈得孙河开办了汽船航运；然而当时还没有人敢于到海洋中去用汽船冒险。

人们倾向于认为，战争使得当时的制造商为了保持他们的销路，宁愿依赖军事胜利和走私，而不指靠技术改进和薄利多销，这

520 有助于说明发明创造何以进展缓慢。虽然机器使用在英国是在推广之中，但推广得相当慢，甚至在棉纺织业中综合的“骡机”也还没有到处都取代“珍妮机”，在 1812 年所使用的织布机也还不超过二千台。至于羊毛业，工具的改革刚刚开始，而且只限于纺毛；使用机器较多的是花边制作。冶金业是较为先进的部门：木柴炉已近绝迹，为了熔炼生铁普遍采用了搅炼炉和碾压机。除了棉纺织业和采矿业外，水力和蒸汽力的利用还很罕见。虽然工业集中确是大势所趋，但进展还不显著。1812 年只有十四家棉织工厂，1806 年在曼彻斯特才开设了第一家利用蒸汽力的工厂；在花边业，最早利用蒸汽力的是在 1810 年。金属加工业的生产始终是非常分散的；其他工业就更加如此，只有酿酒业是例外。在伦敦，手工业无可争辩地仍占优势。从整个来说，资本主义企业保持着显著的商业性质，商人找些在家庭内劳动的计件加工工人，给他们提供原料和往往是租用来的工作机。

在法兰西帝国以内，尽管对新的生产发明很注意，按照传统方法增加生产的考虑仍然占优势；当时已经采用的新方法则有：“骡机”、“雅卡尔”[①]、牟罗兹地方 1805 年采用了奥伯坎普夫的花布印染机、道格拉斯的和科克里尔的纺毛机。第一座反射熔炉是 1810 年在勒·克勒佐出现的。这些零散发生的进展主要是在阿尔萨斯与北方，在里昂与在圣太田，在诺曼底，在萨尔国有煤矿里。而最显著的进展则是在比利时和在亚琛地区。就是在这个时期，比利

① “雅卡尔”是以发明人约瑟夫-马利·雅卡尔（1752—1834 年）命名的一种织布机。——译者

时的矿山开始装配起新机器；在列日，在拿破仑的帮助下佩里埃创办了一间铸炮厂，而在 1810 年多尼开设了一所工厂运用自己发明的处理锌的方法，这就是“老山厂”的起源；由于棉纺织业发达，根特重新出现繁荣景象；在维尔维埃，由于引进了英国机器而开始了呢绒业中的工业革命，这座工业城市变成了一个重要的工业中心，1810 年有八十六家工厂和二万五千工人。与比利时情况相反的是意大利，意大利的情况很少改善，好几个地区与法国西部类似，521
都丧失了传统的市场，日益更多地转而经营农业。就整个帝国说来，工业设备的革新是相当有限的；在棉纺业中，纺车仍未绝迹，而“珍妮机”的使用大约到 1806 年才盛极一时；冶金业仍然墨守陈规使用木柴熔铸；蒸汽机为数无多，比利时的矿业只是到 1807 年起才开始采用，而在纺织业则到帝国末期才采用，例如阿尔萨斯是始自 1812 年。企业的集中只有在棉纺业和毛纺业中才以工场的形式出现。相反地，商业性质的集中进展惊人；这一时期的主要特征之一是商业巨头为数倍增：除了原有的鲍温斯，除了里夏尔与勒努瓦两家棉业巨头和奥伯坎普夫外，此时又增添了泰尔诺，他专营毛纺业并且首创开司米制的女用披肩，还有牟罗兹的多尔菲-米埃格、蒙贝利亚尔的雅皮兄弟、奥丹库尔的珀若和列日的科克里尔。这些人并不想划分职能，他们同时既是商人又是制造家，并且一方面开办工厂，另一方面继续大量利用分散的家庭计件劳动。同英国相比较，法国资本主义经济和法国银行组织一样薄弱。

在帝国以外，在萨克森和瑞士也具有同样特征，在大陆上还只有这两国在棉织业和印花布业中开始出现了设备革新与企业集中。在美国，棉织业也同样蓬勃发展起来，1803 年只有四家工厂，

到 1815 年就增到五百家；但是美国的织布业仍很落后，第一家用机器的工厂是到 1813 年才由罗厄尔开办的。美国经济的主要特点是棉花种植的发达，从 1801 年到 1811 年棉产量翻了一番，还有对外贸易与航运事业也很发达；这时仍然是阿斯特家族和吉拉尔家族盛极一时的时期。

农业比起工业来更加保持传统的方式，只有英国例外，英国在这方面突出地比大陆更加先进。大陆上几乎只有荷兰和法国北部在农业上采用了现代的耕作方法；在波罗的海各国与普鲁士，领主们宁愿加重剥夺农民和增重劳役，而不愿革新耕作方法。

在大陆上，资本主义集中进展极其缓慢，所引起的社会后果就
522 当时而论是非常严重的。农业的雇工和手工业的帮工像往常那样糊口度日，他们所关注的更多的是工作机会和食品价格，而不是工资多少和劳动条件；他们同雇主之间的冲突当时还只是偶尔发生的、地方性的，而且无论如何总是仅限于职业范围的冲突；他们除了重建传统的帮工联合会和一些互助团体以外，无意建立其他组织；有如在 18 世纪一样，他们的历史主要地表现为周期性的严重失业和歉收引起的物价昂贵。

但是在英国则迥然不同。英国的工人阶级数量不断增加，而且逐渐集中到英格兰北部和西北部的“黑乡”[①]；圈地运动所引起的农村人口大量外流、雇用女工和童工、采用机器导致的流行病似的失业、经济危机，这一切使工资永远追不上物价的水平。这些广大群众被迫离乡背井从农村涌入城市，拥挤在不卫生的破屋中，营

① 这些地区因煤矿业和钢铁业集中，所以通称为“黑乡”。——译者

养不良，既无学校教育又无文化娱乐，他们的生活每况愈下，朝不保夕。他们不顾 1799 年的条例，继续结成一些“组合”；由于这些“组合”总是坚持援引以前的各种条例的权利，议会在 1813 年废止了关于限制工资的条例，在 1814 年又废止了关于学徒的条例。这样一来就同法国一样，在以往的立法中只保留下打击工人的规定。1802 年，根据皮尔之父的提议，议会通过了保护童工的第一个“工厂法”，但是它沦为一纸空文。工人既被剥夺了一切合法申诉的可能，于是不时诉诸暴力，通常是指向机器；这些“卢德派”的骚乱最有名的是 1811 年和 1812 年那两次，这都是大规模经济危机的结果。可是却有人从中追查阴谋活动和法国思想的影响；指挥镇压工人的梅特兰将军硬说存在有一种企图“颠覆本国政府与毁坏一切财产的非常坏的思想”。根据来自哈利法克斯的工人约翰·

贝恩斯的多次演说，我们就可看出，当时仍然有些人士保持着对法 657
国大革命时期英国民主派鼓动的记忆；贝恩斯以六十六岁高龄而被判处流放，因为他祝贺最近的多次暴乱，视之为革命的前奏，他说：

> “长期以来，这些吸血鬼靠吸我们的血过日子……他们挑起了战争；从而发战争财，养肥他们自己；他们把我们派到全
> 世界各地去打仗，为的是要在法国扑灭自由，在全欧洲保持专 523
> 制统治……我等待黎明破晓等了好久了；不论我是多么老，但愿我还能看到民主的光辉胜利！”

但是，英国工人群众如果都已受到一种革命热忱的激励的话，他们本来至少可以要求普选权；但是从他们的行动中我们只能看

到饱受苦难者的一时激动，而还没有政治的自觉。如有人论证过的，很可能是由于某些影响而约制了工人的行动，如非国教徒的影响；汉纳·莫尔大量增设的“主日学”[①]的影响，以及互学互教的学校的影响，这是由一个年轻贵格会[②]会友兰开斯特从1798年起提倡，和一个团体从1810年起加以赞助的。但是工人群众之所以还没有大规模的运动，其主要原因乃是工人还不够高度集中，并且从1795年以来，凡工资不足者可以按照面包价格得到适当比例的救济金。对于有产者而言，“济贫税”成为一种保险费。

社会演变的情景引起某些人士产生新的思想。虽然英国的经济学家认为从正义的观点来看，这种情景是无可指摘的，这种情景却促使他们产生深刻的悲观主义，马尔萨斯就已经提供了例子。银行家李嘉图从1810年开始著书立说，指出价值的基础是劳动；但他也论证：在英国由于人口增加而必须开垦越来越贫瘠的土地，从而保证了较好土地的所有者获得级差地租；此外他还肯定了工资铁律。人为了摆脱饥馑而做的努力越来越艰苦；劳动所分得产品的比重日益增大，而资本家的利润则总是趋于减少，其最后结局必须是停止垦荒；在这以后，马尔萨斯的法则必将无情地起作用。在大陆上，西斯蒙第从一种李嘉图思想中完全没有的道德观点出发，在准备写作他的《政治经济学原理》；这部在1819年出版的书

① “主日学”即“星期日学校”，因基督教认为耶稣复活在星期日，故称星期日为“主的日子”，简称“主日”。英国基督教会在1780年首倡，逐渐流行于英、美等国。传到我国即称“主日学”。这种学校起初还以教童工和工人子弟读书识字为标榜，后来以灌输宗教思想为主。——译者

② “贵格会”也译为“公谊会”。“贵格”(Quaker)意译为“颤抖者”，为英国人福克斯(1624—1691年)创立，是清教徒的一派。——译者

尖锐地批判新的劳动组织关系中，由于机器的竞争，工资劳动者在变成经常贬值的一种商品。傅立叶早在共和十二年已经在谴责大革命后个人主义所造成的社会混乱。与傅立叶相反的是圣西门，他保持住18世纪对现代工业生产的积极性的热忱，但是他想要加 524
强对现代工业的组织，以期使它更为积极一些。

这几个人绝不是要提倡民主，而傅立叶和圣西门对法国大革命后果的猛烈攻击，则与同时代的反动思想合拍。例如圣西门要求由"才能之士"，即学者和技术专家，来领导社会，以便使"统治者阶级在知识上永远比被统治者优越"。这样圣西门是想要建一个握有绝对权力的贵族等级。但是他也意识到，要使这个贵族等级保持才智的垄断地位，必须经常通过精选而不断更新，因此他主张取消世袭制。西斯蒙第与傅立叶，也同圣西门一样，都在攻击经济自由与竞争。他们全都不大考虑政治问题，一心只想为了一切人的利益而创造更多的财富。社会主义正在不顾当时硝烟弥漫而从资本主义本身中诞生出来，并在准备为民主运动注入新的生命。此时罗伯特·欧文已在思考他的共产主义实验方案。

在欧洲以外，通过英国对美洲贸易的进展，资本主义表现了它的征服精神；但是战争继续阻碍了白种人的扩张。在远东，东印度公司的代理人继续努力开设商行；早在1802年他们便要求葡萄牙人允许在澳门派遣英国驻军，到1808年一支英国舰队出现在澳门，但也未能取得任何成功；在广州，不断发生一些事件激起中、英两国人的冲突。安南王嘉隆也不得不在1804年击退一次对交趾支那的进犯，1808年又击退一次对河内的进犯。在日本，一艘英国船在1808年出现在长崎，想要拿捕荷兰的船舶；稍后一些，在爪

哇立足了的莱佛士试图迫使在日本出岛的巴达维亚商站接受他的控制。在中国，嘉庆正越来越受到一些秘密会党的威胁，在 1813 年山东爆发了一次大规模起义。日本原来也不能对外国做出任何认真的抵抗，1808 年佩鲁船长的出现引起日本统治者惊惶失措。欧洲的内讧拯救了远东达四分之一世纪有余。

至于殖民情况，它在大英帝国内进展极为有限。为数不多的移民皆愿前往美国，而愿往开普者在 1808 年以前几乎没有，去加
525 拿大的也寥寥可数；在将近 1815 年时，在澳大利亚只有包括四百流放罪犯在内的六百至七百移民，他们在耕种二万英亩的土地。加拿大出现了有利的情况；在本时期的末年，下加拿大约有二十五万居民，其中二万至三万是英国人，而上加拿大约有七万居民；美国人的走私活动对哈利法克斯港非常有利，英国海军部的需要又促进了木材的出口，从而为一项兴旺的工业奠定了基础。在爪哇，斯坦福德·莱佛士着手革新殖民方式，把本地人的首领变成官员，把土地租给居民，并准许自由种植和自由买卖；但是莱佛士缺乏足够的时间和金钱贯彻他的改革。

白人的扩张特别是在美国继续非常顺利昌隆，不尽是由于外来移民的增加，更多的是由于出生率过高，这些过多的人口构成一股不断推进的人流，从大西洋沿岸涌向西北部地区。1802 年，俄亥俄成为一个州；印第安纳和伊利诺伊也在 1815 年以后不久成为州而加入联邦。在美国南部，相反地是黑人的数量随着棉花种植业的发展而不断增加，据估计当时已超过一百五十万人；1812 年路易斯安那被批准成为一州加入联邦，佛罗里达则引起美国虎视眈眈；麦迪逊占据佛罗里达西部直到当时还是有争议的领土彭萨

科拉，而杰克逊率领田纳西州的民兵展开对克里克人[①]的战争。

盎格鲁-撒克逊人扩张的唯一竞争对手是俄国人。俄国人已深入外高加索，并且在打败了波斯人以后，迫使波斯在1813年签订古利斯坦条约，承认俄国占有达格斯坦和巴库，以及只有俄国有权在里海拥有一队战舰。俄国人想同中国建立关系没有成功，1805年亚历山大派遣的使团被阻于蒙古。1799年创办的白令公司已在经营阿拉斯加，并派遣由雷扎诺夫和克鲁任斯特恩率领的探险船队取道合恩角。雷扎诺夫在1804年到达长崎，未获准许上岸，而在1806年从阿拉斯加驶出直到旧金山。俄国人从鄂霍次克海试图夺取库页岛，侵袭千岛群岛和北海道岛，使日本人大为震惊。稍后俄国人又图谋在加利福尼亚开辟一块殖民地用来供应阿拉斯加的给养，1811年在旧金山以北修建了一座堡垒。他们在这里遇到了开始常住哥伦比亚[②]和俄勒冈的加拿大公司的人员。

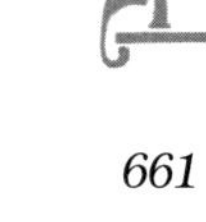

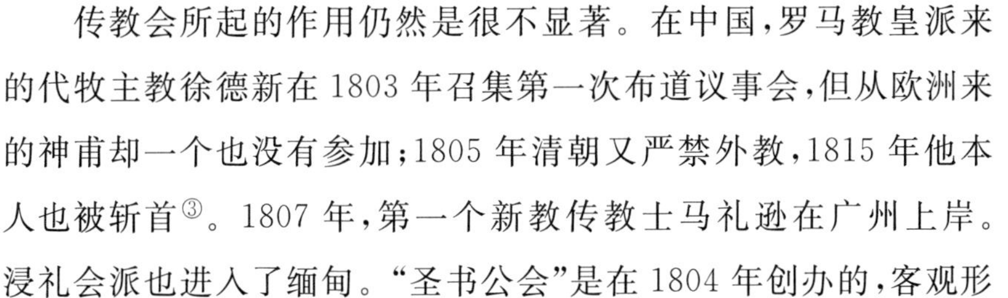

传教会所起的作用仍然是很不显著。在中国，罗马教皇派来
的代牧主教徐德新在1803年召集第一次布道议事会，但从欧洲来 526
的神甫却一个也没有参加；1805年清朝又严禁外教，1815年他本人也被斩首[③]。1807年，第一个新教传教士马礼逊在广州上岸。浸礼会派也进入了缅甸。“圣书公会”是在1804年创办的，客观形

① 克里克族是印第安人的一个部落，当时还住在佐治亚州和亚拉巴马州；从这时起被白人种族主义者赶往西部，逐渐被赶过密西西比河。——译者

② 指现在加拿大西部海岸的不列颠哥伦比亚省，不是南美洲的哥伦比亚。——译者

③ 徐德新(L.-G. F. Dufresne)，巴黎“外方传教会”教士，1777年潜入四川传教，初用汉名李多林，1785年被捕，解往北京，释放后驱逐出境。1789年再度潜入四川，改名徐德新。1815年5月在四川新津被捕，同年9月在成都斩首。——译者

势当时却还不允许它做出较多的工作。

在欧洲人的心目中，殖民地仍然起着重商主义给它规定的作用，但殖民的旧制度已岌岌可危。法国曾一度废除奴隶制度，这是法国一项重要的成就，而当它企图恢复奴隶制度时就失去了圣多明各；1807 年英国取缔了奴隶贩卖，这就会断绝奴隶的来源。另一方面，美国做出了榜样，白人移民和土生白人决心不再容忍“垄断贸易”，要与欧洲一刀两断以摆脱它。西班牙正处于丧失美洲属地的过程中。西属美洲各地在承认费迪南七世为合法国王以后，毫不迟延地声称它们只是从属于他个人，而在他被囚于法国期间，它们完全有权自主。1810 年，当法军攻陷安达卢西亚而中央“政务会”困守在加的斯的消息传来时，西属各殖民地进一步采取了措施：4 月 19 日，加拉加斯推翻了西班牙“政务会”派来的总督，5 月 20 日，布宜诺斯艾利斯也推翻了总督；新格拉纳达[①]于 7 月，基多于 8 月，智利和墨西哥于 9 月相继爆发起义。各殖民地向英国建议缔结一项商务条约，博利瓦尔并亲赴伦敦；阿瑟·韦尔斯利从中干预其事；但是西班牙议会拒绝废除“垄断贸易”，并宣告其美洲臣民是犯上叛乱。博利瓦尔就返回委内瑞拉，米兰达继之而归。他们召开国会，1811 年 7 月 7 日，国会宣告委内瑞拉独立，并通过一部宪法；新格拉纳达也效法宣布独立。在阿根廷，起义的领袖已经彼此不和，其中马利亚诺·莫雷诺已被逐；制宪议会迟到 1813 年才召开。虽然保存了天主教作为国教的种种特权，但是新独立的

① 西属美洲四大总督辖区之一，大致包括现在的巴拿马、哥伦比亚、厄瓜多尔和委内瑞拉。——译者

各国无不宣告保障人权，到处都废除了奴隶制度，对印第安人的劳役制和领地监护制。

在新独立的各国内很快地就发生了内讧：土生白人排斥了西班牙移民；温和派对号召黑人和混血人起来参加斗争大为惊惶；领袖之间相争不已；城市之间互相猜忌提防，为保持独立自治而不断反过来倒过去；山地居民仍受僧侣播弄而支持西班牙殖民者；在委内瑞拉，利亚内罗斯人[①]替任何出钱者作战。因此西班牙人仍然坚守着一些据点。在墨西哥，1811 年西班牙人枪杀了伊达尔戈神 527
甫，1813 年他的同志莫拉莱斯神甫继起领导独立斗争，在 1815 年也同样牺牲了。西班牙人仍控制着利马，以利马为据点向基多反扑，并成功地把它从格拉纳达人手里夺回来；经过多方策划后，西班牙人又从阿根廷人手里夺回上秘鲁；巴拉圭则摆脱了西班牙人的控制；但西班牙派驻蒙得维的亚总督艾利奥负隅顽抗为时稍久，并求援于葡萄牙人，只是到 1814 年才由阿尔维亚尔最后解放了该城。在智利，罗萨斯、卡雷拉和沃伊金斯互相争夺领导权，1813 年，纠集兵力退守南部的西班牙军大举反扑，重新占领了整个智利。在委内瑞拉和新格拉纳达的斗争反复曲折，给人留下深刻的印象。在这两地宣告独立后，西班牙军仍盘踞在马拉开波地区与奥里诺科河河谷；1812 年，他们相当轻易地战胜了米兰达，7 月 25 日；米兰达投降，他被送回加的斯，1816 年死于加的斯。博利瓦尔得以脱身而到卡塔赫纳。1813 年，格拉纳达人授权他攻入委内瑞拉，8 月 6 日他收复加拉加斯。他的敌人又一次向东撤退，1814 年

① 委内瑞拉本地的草原牧民。——译者

又从那里出击并打败了他；他不得不回到新格拉纳达。在此时刻，已复辟的费迪南七世派出援军；1815 年春季，西班牙舰队到达，而博利瓦尔登舟驶往牙买加岛。只有阿根廷仍保住独立自由，但内争削弱了它，而 1814 年当选为总督政的阿尔维亚尔，曾要求英国保护，在 1815 年 4 月被推翻。因此，西属美洲的前途尚待分晓；不管怎样，可以肯定的是宗主国永远不可能再原封不动地重建殖民统治的旧制度。

*　　　　*　　　　*

资本主义生产的目标就是利润，它构成一种与拿破仑的政治和军事理想毫无瓜葛的力量。在它最完善的形式下，资本主义生产诚然是反对民族壁垒的，因为民族壁垒妨碍自然资源的开发并阻止全球各地之间合理的分工；在这个意义上，一个世界的帝国本来更能适合资本主义生产。但是资本主义不过刚刚开始，而它那些深受重商主义精神浸染的代表人物，却一心只想保住本国使之成为一己所有的禁脔。此外，这些代表人物也同他们的同胞一样，按照人的本性都是热爱国家独立的；拿破仑对法国的偏爱本来迟早会把这些代表人物变成反对帝国的民族主义者，直到民族主义
528 思想使他们彼此互相敌对为止。然而，对拿破仑而言，这还不是最坏的事。严重的是工业资本主义是在英国诞生，成长和强大起来的：只有工业资本主义能提供英国作战所需要的财富；而在这个意义上，英国对拿破仑的胜利就是资本主义的胜利。

第六编

拿破仑的败亡
（1812—1815 年）

第一章　大陆体系的瓦解
（1812—1814年）

大陆体系的创立和维持都得力于法国大军的多次胜利。因此每次战争都使大陆体系受到一次考验。俄罗斯战役原可望使此功业臻于完善；但其结局却为一场大败。大军既已溃亡，皇帝仓促重建新军，虽然新军不复具有大军威力的主要因素，如混合编制，但如果它如以往历次战争那样，仍然只对一个或两个大陆强国作战，则新军仍然可以再次取胜。而这一次大陆各强国吸取二十年来的经验教训，急忙联合起来投入反拿破仑的战争。大陆体系于是土崩瓦解，拿破仑从舞台上消失了，而法国要为他的所作所为付出代价。

一、俄罗斯战役

在对俄战争中，拿破仑统率了七十万人以上的军队，其中六十
一万一千人在战争过程中相继越过了边界。这些部队反映出大帝 530
国的面貌，其中有三十万法国人，包括新并入法国的居民；十八万德意志人，包括施瓦岑贝格统率的三万奥地利人和约克统率的两万普鲁士人；九千瑞士人、九万波兰人和立陶宛人、三万二千意大

利人、伊利里亚人、西班牙人和葡萄牙人。这些部队的战斗力和可靠性相差极大。大军从来没有成为如此人数众多的乌合之众,法国本土的法国人几乎不到三分之一。

在维斯杜拉河的前线上,四十五万人和一千一百四十六座大炮的密集的突击部队,分成九个兵团,外加近卫军、四个骑兵团和各盟国部队。这支按照习惯的办法结合的部队,实际上由于队伍庞大、战线漫长和联系困难,是很难掌握指挥的。事实上拿破仑把这些军团编为几个方面军:他本人在涅曼河上指挥二十二万七千人,欧仁率领八万人在他后面一点,热罗姆指挥右翼军七万六千人;再向右边是施瓦岑贝格;在最左翼则是麦克唐纳和约克。但是,这样就必须有优秀的方面军统帅,而热罗姆尤其不能列入优秀
531 将领之内!皇帝在选派他时,是受皇朝偏见的支配的。指挥调动的细致准确已经不复存在。

正如以往习以为常的一样,拿破仑意欲使这次战争打个速决战。直到 6 月 20 日,他希望战争在波兰境内打开。当他指挥他的主力部队向科夫诺进军时,他拒绝命令右翼军向华沙进军,热罗姆的庸才本身就成了诱敌的圈套。如果敌军大量涌入华沙大公国,他就可以迂回到敌军右侧而击溃敌军;这样就可以结束战争。但是俄国人按兵不动。因此必须进入敌国去攻击敌军。士兵只携带了四天的面包,跟着来的辎重车也只带来二十天的面粉,因为估计是在三周以内,决定性的打击必将迫使亚历山大投降。

可以肯定,在沙皇左右近臣中的主和派也不乏其人,例如康斯坦丁大公和鲁缅佐夫。6 月 28 日,沙皇派遣巴拉索夫去向拿破仑议和,条件是要拿破仑同意撤出俄国的领土。敌视法国的人,如阿

姆费尔特、施泰因等,一直是在提心吊胆,唯恐沙皇不能坚持下去,他们也不是毫无根据的;不管怎样,最后还是沙皇的自尊自大感占了上风。然而,俄军质量俱差,似乎无法补救。在涅曼河后边,巴克莱·德·托利指挥十二万人;在布格河上,巴格拉齐昂部署了不到四万人;再往南面,托尔马索夫带领的军队稍微多些;在第二线,维特根施泰因向前推进以保卫德维纳河和里加。在内地,还有三十万至四十万名新兵、哥萨克和民兵可供调遣;齐查戈夫正率多瑙河方面军兼程前来;但这些都需要时间。时间是可以利用撤退去赢得的,那些认为空间和严冬是俄国最宝贵的两大盟军的人,如罗斯托普钦等,在他们看来撤退是有益无害的。相反地,大多数人想到外敌入侵就感到愤慨,或者担心内地被侵会使他们皇上作战的意志受挫。最后大家都同意采纳德意志亡命者法尔的计划。拿破仑进攻时,巴格拉齐昂一面后退,一面抵抗,而巴克莱则后退扑向敌军的侧翼。亚历山大比之法国皇帝更加无意于把战争带进俄国的心脏地区。但是这却是势难避免的,因为他的将军们感到自己力量薄弱,并且非常害怕自己的对手;他们既获得可以任意撤退的权限,便大举后撤以避免惨败,这样在无意之中就迫使他们的敌人在追击中消耗实力,精疲力竭。

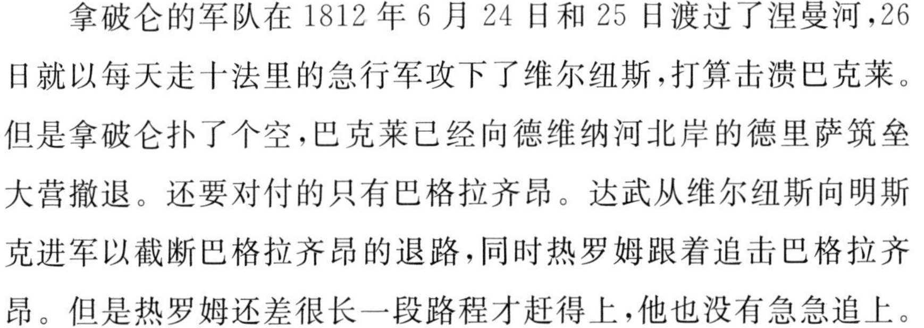

拿破仑的军队在 1812 年 6 月 24 日和 25 日渡过了涅曼河,26
日就以每天走十法里的急行军攻下了维尔纽斯,打算击溃巴克莱。532
但是拿破仑扑了个空,巴克莱已经向德维纳河北岸的德里萨筑垒大营撤退。还要对付的只有巴格拉齐昂。达武从维尔纽斯向明斯克进军以截断巴格拉齐昂的退路,同时热罗姆跟着追击巴格拉齐昂。但是热罗姆还差很长一段路程才赶得上,他也没有急急追上。

没有被追迫交锋的巴格拉齐昂转向南方而巧妙地避开了达武，渡过了第聂伯河，然后再掉师北上。热罗姆被撤职而回到了威斯特伐利亚。达武在莫吉廖夫打击了巴格拉齐昂，但是没有能拦住他。维尔纽斯的作战计划失败了。

7 月 3 日，拿破仑再发兵攻取维帖布斯克，意欲插进俄国两支军队之间；当他在 24 日到达该地时，为时已晚：巴克莱先从德里萨撤退，再退到维帖布斯克，又退到斯摩棱斯克，在这里终于和巴格拉齐昂会师。

俄国两支军队如此会合后，巴克莱承担向维帖布斯克方向发动攻势。拿破仑就立刻采取第三个作战计划：他避开了巴克莱而挥师南下，渡过了第聂伯河，而在 8 月 16 日出现在斯摩棱斯克城下，但是未能攻克该城。因为巴克莱发觉拿破仑的动向后，立即回师，在 12 日及时地赶回保卫该城。17 日一场血战后，法军只攻占了郊区。俄军又一次后撤，19 日退到瓦卢迪诺，后卫部队掩护退却。法军是否跟踪直到莫斯科呢？

从一开始，这次战争的新特征就显示出来。拿破仑式的战略破绽百出：敌人不顾一切地后退，没有任何自然障碍足以阻止其后撤；法军也无从突然进击，因为在荒漠的平原上，骑兵还没有得到消息弄清敌人动向就已筋疲力尽；法国军队所擅长的强行军，由于距离过长而失去其惯有的效能。这次强行军较之往常尤其令人疲惫不堪。从 6 月 26 日起，在向维尔纽斯行进时，掉队的和开小差的数以倍增，其比例之大骇人听闻。辎重给养跟不上，几乎立刻就需要就地设法取给，但是这里什么也不能提供。没有燕麦吃的战马成批地饿死。气候也在其中起作用：6 月底有暴风骤雨，深夜转寒,接着又是酷暑逼人。在斯摩棱斯克,作战部队减少到十六万人。那么,到莫斯科还能剩下多少人呢?尤其是外国部队显然在瓦解。符腾堡师原有一万六千人,到 9 月 4 日只剩下一千四百五十六人。两翼和后方部队的情况也不稍佳。麦克唐纳未能攻下里加,而波洛次克的胜利者古维翁-圣西尔眼看在他面前的维特根施泰因的队伍在不断壮大。雷尼埃和施瓦岑贝格足以使托尔马索夫 533
望而生畏,但是齐查戈夫的增援即将到来。拿破仑原指望波兰人全民奋起大举攻入乌克兰。6 月 28 日,老恰尔托雷斯基领导建立了一个联盟会议,以此取代议会,并立即重建起波兰王国。法国皇帝对待这个消息十分冷淡,保持沉默,因为此时激怒普鲁士和奥地利是不妥当的,更不必在没有打垮亚历山大以前,便使他感到绝望。拿破仑甚至也不把立陶宛合并入华沙大公国,而正如对待库尔兰一样,他把立陶宛交付给一些法国官员管理。波兰人感到失望和不安,加之疲惫不堪,很少被马兰内大主教德·普拉特大使鼓动起来;因此波兰人准备等到胜利在望时再大声疾呼。

在这些情况下,是不是停止前进,整顿好征服的地区,补足军队的给养,让军队就地驻扎过冬,要比较好些?拿破仑在维帖布斯克已经考虑过这个问题。然而还有一个方法可以彻头彻尾改变战争的面貌和胜利的前景:这就是对农民宣布允许废除农奴制度。拿破仑是懂得这一点的;但是,大革命的传统现在使他感到非常厌恶,以致他认为这种手段是不足取的下策。从这时起他断定,帝国所要求的战争努力决不能迁延时日,否则将有损它的威望;在德意志,其后果尤其不堪设想。除此而外,他还深信,打进莫斯科必将使亚历山大屈膝投降。因此,他重整旗鼓,继续前进。

9月5日,他行进到莫斯科河畔时,突然与俄军遭遇。库图佐夫已经接替了巴克莱,库图佐夫不愿不经抵抗就放弃莫斯科。他的右翼有河水为屏障,敌人无法接近,左翼背靠森林,不能立即包抄。拿破仑攻其中军,9月7日,经过长时间的浴血奋战,夺取了俄军几座多面堡。法军损失三万人,俄军五万。[①] 在战斗最紧要关头,拿破仑拒绝出动近卫军;库图佐夫得以不溃而退,渡过莫斯科城南的纳拉河,而拿破仑在14日进入莫斯科。从15日到18日,莫斯科被多处大火烧毁,这些火,至少有一部分,是罗斯托普钦下令放的。

亚历山大从德里萨退出后回到圣彼得堡。他同英国缔结了和约,并把俄国舰队交给了英国。8月底,亚历山大和贝尔纳多特在
534 阿博的会晤肯定了俄国和瑞典的联盟;可是,虽然贝尔纳多特现在已经接受了英国的补助金,他在没有取得挪威以前,而且只要拿破仑还在打胜仗的时候,他并不认真准备派兵到德意志去冒风险。因此,沙皇只好靠自己单独作战。他的妹妹叶卡德琳娜、各国亡命客(现在阿恩特、德·伊韦尔努瓦和斯塔埃尔夫人都加入了这一伙)纷纷要求作战到底。亚历山大如果投降,他无疑地害怕俄国贵族什么都干得出来,这些贵族已经苦恼和愤怒到发狂的程度。但是,看起来似乎是,亚历山大特别受到一种英雄姿态的诱惑。他的来自各国的左右随从把他看成是最后的一线希望,预先恭维他是欧洲的救主;他私下里也毫不怀疑,胜利将使他成为欧洲的主宰。

① 这场激烈战斗是在博罗迪诺村展开的,是拿破仑战史中一场重要战斗。——译者

这正是他长期以来梦寐以求的,他要充当这个角色完全符合他的虚荣心,符合他空谈自由的爱好,符合他内心深处本能地要求称霸的野心。他越来越沉湎于神秘主义,轻易地就自以为上帝指派了他去战胜"基督之敌"。这样他就自命为此次十字军的首领,此次十字军是从前伯克所祈求和鼓吹的,因此亚历山大对拿破仑的一切讲和倡议都充耳不闻。

皇帝无法继续向前推进了。在莫斯科城内,他的军队是安全的;然而,军队只能支配占领地区,并且军队的交通线不能确保安全。官方的传统说法无疑地夸张了这次战争的民族性质,但是,面对着抢夺粮食的入侵者,农奴也和其他人一样四散逃亡,而在走投无路时,便用游击战反击入侵者。飘忽无定的哥萨克人骚扰一切外国部队。如果拿破仑自陷于严冬的封锁之中,则对他的命运没有信心的欧洲和法国本土,可能乘此摆脱他的统治。直到十月中旬,拿破仑仍抱有希望,因为库图佐夫用谈判停战协定来愚弄缪拉;然后,到18日那一天,库图佐夫突然在温克瓦攻击缪拉。第二天,顿然警觉起来的拿破仑下令从莫斯科撤退。

从塔鲁丁诺到斯摩棱斯克,库图佐夫可以抢先几天到达。为了恫吓他,拿破仑挥师南下,24日在马洛雅罗斯拉韦次攻击库图佐夫;然后,他避开库图佐夫而奔上通往斯摩棱斯克的路上,达武掩护这次退却,好不容易顶住了米洛拉多维奇的部队。当拿破仑出发的时候,天气还很好,但是气候陡变,大雪从天而降。法军来时,这个地区焚毁已尽,既乏衣食可掠,又无房舍可蔽。战马冻饿死,车辆、大炮都被抛弃,拖在后面的掉队士兵越来越多,每天至少有十分之一或死于霜冻,或被哥萨克俘杀。从11月9日至13日,

法军退入斯摩棱斯克，而从14日至18日，又从该地分队分批出
535 发。俄军已经抢在前头，截断了通向克拉斯诺耶的路。15日，拿破仑没有遇到很大抵抗就通过了；但16日欧仁通过，17日达武通过，则都经过一番战斗；18日，内伊被阻击，在渡过结冰的第聂伯河时，奇迹般地脱了险。拿破仑重整队伍，到达别列津纳河时，收集残部只剩约三万之数。在别列津纳，一个严重的危险局面出现在法军面前：齐查戈夫在和托尔马索夫会师后，已经调师北上，施瓦岑贝格并未追击，以致齐查戈夫得以攻入明斯克，继之又夺取了波里索夫。在北边，维特根施泰因已经渡过了德维纳河，逼退乌迪诺和维克托。乌迪诺急驰前往收复波里索夫，但发现别列津纳河上的大桥已被破坏。在25日到26日的夜晚，埃布莱属下的架桥兵赶修了两座桥。拿破仑在27日渡过了河，而第二天在两岸都展开了激战。在右岸，齐查戈夫能够顶得住；在左岸，由于库图佐夫不很得力，维克托得以逃脱，但抛下了掉队的士兵。到这时别列津纳河尚未结冰，天气还不算太冷，但从此以后，严寒日益加剧，足以摧毁法国大军残余士兵。12月9日，一万人左右到达维尔纽斯，再经科夫诺退往科尼希斯贝克。四万散兵逐渐归队。麦克唐纳主动退到提尔西特，雷尼埃和施瓦岑贝格则退到布格河上，总共还有五万五千人。拿破仑总共损失四十万人，另有十万人被俘。

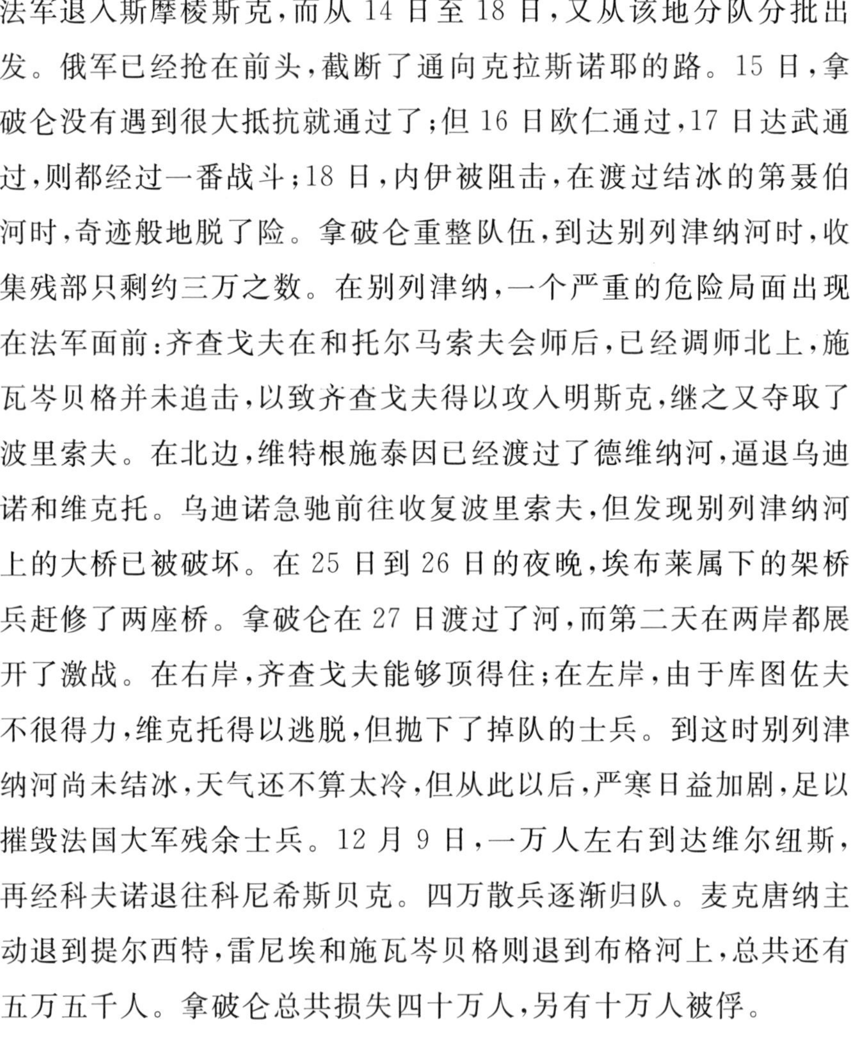

大帝国的盾牌大军已不复存在，要重建大军，不是短时期内能完成的。自从1793年起，法国军队所采用的混合编制已不再可能实行；一支新的骑兵也不能仓促组成。然而，无从补救的大灾难丝毫不能动摇拿破仑，他已经专心致志要重建一支军队。12月5日，在到达维尔纽斯以前，他得到消息，知道10月23日马莱在巴

黎夺取政府失败,29 日他和同谋犯都被枪决。但是,必须在从俄国败退这个可怕的消息传播出去以前,及时地重新巩固自己的政权。拿破仑把统帅权交给缪拉,和科兰古坐上雪橇,溜回法国。这时他充满了幻想:要求普鲁士和奥地利增派部队,并且估计缪拉能够守住维斯杜拉河,顶住俄军,然后等到明年春天,他亲自率领新编劲旅再出现到维斯杜拉河上。

二、普鲁士的倒戈和1813 年第一次战役 536

如果普鲁士人和奥地利人仍然忠顺,缪拉或许可以坚持得住。筋疲力竭的库图佐夫没有越过边界。他认为俄国不必继续进行战争,而和他抱有同感的大有人在。决定再发动攻势的是亚历山大本人;他撤换了鲁缅佐夫,在 12 月 23 日带着涅谢尔罗杰出现在维尔纽斯。怂恿亚历山大这样做的是施泰因,他从 11 月 17 日起力劝沙皇,应拯救德意志。他们号召德意志人民奋起反叛,要求德意志各邦王侯反正,否则将被废黜。亚历山大还指望其他各国叛离法国。意大利人保卢奇和一些德意志亡命客已经同约克暗中接洽。约克请示普鲁士国王,可能他并未得到任何指示;但是俄军已把他和麦克唐纳隔开,他本来不难杀出一条路,而他不愿再打下去,12 月 30 日他同俄军在陶拉格签订了中立条约。俄军侵入普鲁士,比洛拒绝同缪拉共同作战,麦克唐纳历尽艰辛撤退到维斯杜拉河上。弗里德里希-威廉免去约克的职务,但是约克佯作不知而跟着俄国人走。俄国人有充分根据可以信赖波兰贵族。12 月,恰

537 尔托雷斯基曾请求沙皇重建波兰，而由他的一位兄弟担任波兰国王。华沙政府的几个成员愿把大公国献给俄国，条件是与立陶宛联合起来，并颁布一个宪法。涅谢尔罗杰和施泰因都表示反对，前者认为不符合俄国的利益，后者则借口这将妨碍反法同盟的组成。1813 年 1 月 13 日，亚历山大只保证他对波兰人的善意；波兰人对此感到满意而没有抵抗俄军。至于施瓦岑贝格，他进行谈判并且不战而退。华沙在 2 月 9 日被俄军占领。

法国人向波森撤退，缪拉回到那不勒斯，而由欧仁接替他。1 月 30 日，施瓦岑贝格同俄国单独签订了停战协定，因而向克拉科夫方向撤退，这样牵动了波尼亚托夫斯基并使雷尼埃失去掩护，以至雷尼埃师团一部分被击溃。2 月 12 日，欧仁离开了波森，到 2 月底，又过早地放弃了奥得河防线；不过，从此时起，普鲁士的倒戈确实是已酝酿成熟了。

弗里德里希-威廉还需要经过一段时间才能相信，法国大军的溃亡解放了他，而且如果拿破仑愿意把华沙大公国给他，他或许就会心满意足。他对奥地利心怀疑惧，相信奥地利对法国是忠顺的；他怀疑俄国想要并吞整个波兰，甚至想并吞东普鲁士。他的左右亲信意见分歧：克内泽贝克劝他立刻同亚历山大结成同盟，哈登堡看法相同，不过较为慎重；安希龙倾向于同梅特涅协调行事，共同对法、俄两国提出调停，在不让俄军进入德意志的情况下，使德意志得到解放。在 12 月底，普鲁士国王倾向拖延到明年春天再作决定，到那时如果拿破仑再度攻入俄国，便在他的后方倒戈。在维也纳，克内泽贝克得悉普鲁士不必对奥地利心怀疑惧；维也纳方面甚至直言不讳地劝告他同沙皇取得谅解；但他主张同沙皇结成同盟的建议,遭到国王的拒绝。

对普鲁士的决策起了决定性作用的是爱国者的革命行动。约克的倒戈首先发难。国王起初胆战心惊,这才决定派遣使臣去见沙皇,沙皇答应“恢复”普鲁士,他对这位使臣软硬兼施,又是恳求,又是威胁。另一方面,弗里德里希-威廉自知必将激怒拿破仑,便听从劝告,决定离开柏林,1 月 22 日,他移跸布莱斯劳。在此期间,约克已回师普鲁士;施泰因以沙皇的特派专员身份到达科尼希斯贝克,并在当地召开等级议会。被吓坏了的政府官员终于拒不 538
服从,施泰因不得不让位给约克;而实际上彼此并无分歧。等级议会通过决议建立后备军,决议俟国王批准后生效,授命约克负责组织工作,与正规征兵制并行不悖,在志愿兵不足的情况下,所有十八岁至四十五岁男子均有义务参加一支部队,但可雇人顶替。等级议会注意保留选派军官的权力,以免使这个人民武装引起贵族的不安。国王很不喜欢这项非法的倡议,但是如果反对,又可能因此保不住自己的王位,何况在布莱斯劳以沙恩霍斯特为首的主战派因此已加强起来。弗里德里希-威廉接着在 2 月 3 日也号召凡能自费装备的臣民组织志愿兵团,以辅助正规部队。为了推动臣民参加,他在 9 日宣布,在战争期间取消从十七岁到二十四岁的免役优待。10 日,他发表第一篇《告人民书》。同时,他派遣克内泽贝克去见沙皇。两国谈判迟迟未能达成协议,因为普鲁士要求恢复 1806 年的边界,至少应恢复东部国界,而亚历山大只答应给普鲁士等量的领土。施泰因打开了这个僵局:他挺身而出和俄国大使安斯切特去到布莱斯劳,国王做了让步。2 月 28 日,俄普同盟条约在卡利什签字;3 月 15 日,亚历山大和弗里德里希-威廉会

晤;16 日,普对法发出宣战书。17 日,普王宣布在全国建立由十七岁到四十岁男子组成的后备军,不得顶替;由两个贵族和一个平民代表组成的各地区委员会负责指派军官。4 月 21 日,又征召四十岁以上男子组成民军,但实际上没有出动过民军。为了战胜法国,普鲁士从法国搬来了“全国皆兵”,正如长期以来沙恩霍斯特和格奈森诺所主张的,而只拥有五百万人口的普鲁士在贯彻这项办法时非常严格,这种严格程度是法国救国委员会也未曾认为是必要的。

俄普同盟,对于俄国而言,具有关键性的重大作用。俄国人在第一线只投入了不过七万人的兵力。即使在 8 月份以前普鲁士后备军还不能投入战斗,即使在 5 月份报名参加志愿军的只不过七八千人,但是由于征召了 1808 年遣散的三万至四万受过短期训练的士兵和军官(速成兵团),也由于新兵入伍,普鲁士正规军能够立
539 即派出三万五千人上前线,与俄军合作围攻法军各据点。从 3 月 4 日起,欧仁已撤离柏林,退到易北河西岸。敌军随即渡过了易北河。2 月 24 日,汉堡起来叛离法国,3 月 18 日,俄军进入汉堡;同一天,达武撤离德累斯顿,整个萨克森被敌军蹂躏,法国人被逼退到萨勒河以西。

在道义上,普鲁士民族运动也同样起了巨大影响,因为战争因此具有了解放性质。这是亚历山大梦寐以求的;在德意志史学中,这次战争至今仍称之为 Befreiungskrieg(解放战争)。在大学的青年学生、资产阶级和贵族中,这种狂热特别突出。在柏林,费希特中断了他的讲课,而同施特芬斯与施莱尔马歇一道,热情地宣讲国王的呼吁书。各省民族运动的高涨发展很不平衡。在西里西亚和

西普鲁士,波兰籍士兵拒绝服从而纷纷开小差;在东普鲁士,广泛地采用顶替办法。尤其是在乡村,很多农民拿起武器,但并非出于爱国热情,而是出于习惯上对容克和对政府官员的唯命是从,这些农民几乎还没有从农奴制度下得到解放。另一方面,贵族操纵军队,只允许资产阶级充当下级军官,这样,使法国大革命军队产生威力的最积极的鼓舞力量之一,在普鲁士是没有的。尽管如此,发动的结果还是大为可观:从3月到4月,有一万五千志愿兵参加自由兵团,后备军还未计入;参加后备军的人数最后达到十二万至十三万之间;到8月份,后备军上了火线,占全部作战部队半数以上;普鲁士军队的面貌为之一新。不言而喻,职业军人不太欣赏后备军,正如法国大革命全民从军初期一样,因为后备军训练不足而又易临阵惊慌。

普鲁士的奋起感动了所有的德意志人。爱国者的宣传从1812年年底开始,日趋积极。保卢奇雇用了默克尔从事宣传;阿恩特写了一个又一个的小册子,其中著名的是《德意志士兵的教理问答》,其主旨为呼吁全体德意志人起来对“恶神”战斗,必要时可以不顾其王侯的反对。施泰因希望进一步行动起来,他劝告亚历山大和弗里德里希-威廉最好能颁发谕旨,组织起民族战争,这样可以使守成持重之士与漠不关心之人都下定决心。果然在3月19日,两位君王发出告德意志人的公告,并且在宣布解散莱茵邦联时,责令各王侯反正归顺,否则将被视为不配受尊敬而遭废黜,两位君主建立一个委员会负责治理占领地区,并主管在占领地区
组织后备军,而任命施泰因为委员会主席。这种鼓动立即得到汉 540
堡和萨克森的响应;而且不止于此,拿破仑新的征兵激起民变,例

如在哈瑙和在贝格公国,从而有助于反法宣传。梅克伦堡倒戈了,王侯中大多数都愿这样做,但他们仍然害怕法国皇帝;施泰因的威胁重重和起义的呼吁使他们感到不快,从而也不利于普鲁士扩张势力;这些王侯便向奥地利方面寻求支持。

在民族热潮中涌现出新一代的诗人,他们轻视梦想和空论,而专心致力于歌颂士兵的英雄主义:例如战死疆场的特奥多尔·克尔纳留下了杰出的诗集《诗与剑》;又如鲁克尔特在1814年出版了《战斗的诗篇》;还有申肯道夫、乌兰德等人的作品。虽然如此,如果说德意志爱国主义已可看出略具雏形,但还远未完全成熟。德意志人由于法国人使得他们日子非常难过,因而只是在赶走法国人这一点上,他们是同心协力的;但是,就大多数德意志人而言,他们所看到的没有超过这一点,还没有对政治上的民族性形成一个清楚的概念。爱国者的领袖人物并不总是能把政治上的民族性同文化上的民族性严格地分辨清楚,例如,格奈森诺并不反对看到英国在对它有利的情况下,在莱茵河与易北河之间建立一个大邦。就是像施泰因这样主张统一的人,由于历史情况造成的形势,也提不出一个明确的蓝图。究竟由普鲁士,还是由奥地利来领导统一,他们认为是无足轻重的;施泰因甚至认为即使普鲁士不复存在也是无伤大体的。这种无所谓的态度无助于排除统一的困难,只足以表示对解决统一问题无能为力。尤有甚者,这些人认为,如果没有欧洲的帮助,德意志人不能做到自己解放自己;因而他们同意让欧洲来组织这个新的德意志国家,由欧洲来保证它,也就是说,把它置于欧洲的监护之下。此外,资产阶级的爱国主义混杂着一些或多或少的进步的自由思想,而贵族的爱国主义则联想到要维持

或恢复政治的或社会的旧制度。至于王侯们,他们既不关心一种必将削弱他们主权的统一,也不关心一个必将限制他们威权的宪法。民族团结是在暧昧不清的状态中实现的,每个人在等待如何把胜利变成对自己有利。在必要的期间内,他们使人民怀着希望,以激励人民去作战;但是奥地利的干预势将确保只对王侯和贵族 541
有利。

这个干预是梅特涅深思熟虑和坚定不移地准备好的。法国大军的灾难已经解放了奥地利,奥法联盟实际上已经解体,因为这个联盟未能按照它的原意保全大帝国,而大帝国正是靠掠夺奥地利而扩充起来的。12 月底受命前往巴黎的布勃纳将军通知法国,他的皇上不再增派部队;继之,施瓦岑贝格撤离了前线。拿破仑惊呼:“这是走向倒戈的第一步”。他对皇朝联盟曾寄予多少希望,现在他感到受到多么残酷的欺骗!但是他还是镇定下来,面临困难强作欢颜:他首先必须解决俄罗斯人和普鲁士人,然后再同奥地利人算账。梅特涅对此也深知不疑。有人或问:拿破仑是否可以付出一定代价,而能重新巩固法奥联盟。这是不可能的,因为奥地利如果帮助拿破仑粉碎了俄国和普鲁士,奥地利此后势将完全听从拿破仑的摆布。梅特涅只能在至少同普鲁士取得协议的情况下,同时约制亚历山大和拿破仑,以求恢复均势和持久和平。因此他派布勃纳去提出由他出面斡旋,并推动法国做出让步。如此解决办法对他是最为惬意的,因为作为政治家,他不愿普鲁士壮大,而他比弗里德里希-威廉更加不信任沙皇,他不仅怀疑沙皇对波兰有野心,还怀疑沙皇对土耳其有野心。德意志的沸腾的情绪使梅特涅深感不安,因为这种情绪无论对旧制度还是对奥地利,都同样构

成威胁。但是若要恢复德意志各邦的力量,必须要法国同意退回到吕内维尔条约规定的疆界之内,而梅特涅深知拿破仑是决不肯善罢甘休的;因此他只得等待有利时机参加反法同盟,以达到推翻拿破仑的目的。梅特涅出身贵族并且本人也因法国大革命受到损失,所以他和整个奥地利贵族一样,对推翻拿破仑感到很高兴。他派到沙皇那里的大使勒布策尔特恩自夸说他同俄国人与普鲁士人“从来是一致行动,共同粉碎法国革命,以争取正义事业的胜利”。

果然,皇帝对布勃纳只愿慷慨地让出伊利里亚,他还同意让葡萄牙国王复位,至于已经“符合宪法地”并入帝国的那些国度,他一
542 个也不肯放弃,甚至华沙大公国也不放弃。他在立法院公开重复这些主张。事实上,他承认让奥地利充为了谈判的中间人;但是自此以后梅特涅拿定了主意,跟拿破仑谈判争论只不过为了争取时间,为了能在非常安全的情况下进行动员。施展这个手法并非一帆风顺,因为奥地利贵族急躁难耐,根茨本人也不以如此拖泥带水为然。赫尔迈尔重施故技,想把提罗耳煽动起来,以致梅特涅在 3 月间不得不把他抓起来。4 月间,施瓦岑贝格被派到巴黎。这一次,梅特涅亮出了他的条件:要求放弃伊利里亚、华沙大公国和整个德意志。拿破仑最后答应由奥地利、普鲁士和奥耳登堡公爵瓜分华沙大公国;但是,作为补偿,萨克森应合并位于易北河同奥得河之间的普鲁士各省。奥地利表明自己不再是法国的盟国,也不再是中间人,奥地利现在进展到武装调停,它确定不移的意向是:任何一方如果拒绝接受它认为是合理的方案,它即进行干涉,对之作战。奥地利的态度已经足以动摇许多仍然忠顺于法国的德意志各王侯。从 2 月起,萨克森国王已自德累斯顿出走,最后避难到奥

地利。施泰因的一再威胁使他晕头转向、惊慌失措。3 月 26 日，梅特涅提出愿意保证萨克森国王的领土完整，并为他取得一部分领土以补偿他失去华沙大公国。4 月 26 日协定签字：如果调停失败，萨克森军队将与奥地利军队一致行动。在此期间，梅特涅也在同巴伐利亚谈判，巴伐利亚对拿破仑的帮助只是非常有保留的。缪拉在回到那不勒斯后，也曾立即遣使维也纳，表示如果让他保住他的王国，他愿与奥地利合作。维也纳方面对他很表欢迎；但是本廷克刚刚占领蓬扎岛，又梦想发动一场在英国监护下的意大利民族运动，他保留费迪南四世的权利，并要求加埃塔向他投降，又扬言将以二万五千人大举登陆。只因发生了此事，缪拉背叛拿破仑一事未能立即实现，他一怒之下又加入了法国大军。

拿破仑毅然拒绝不战而降，这又有什么可以令人大惊小怪的？还没有人打败了他，而且正可以像 1807 年一样，在奥地利还来不及发言以前，一次迅雷不及掩耳的战役足以打得俄军和普鲁士军溃不成军，退出战争。在法国人面前，他会成为什么样的人物呢？如果他同意重新成为一位民族领袖，法国人很乐意原谅他；但是，如果他承认失败，他必将不复成为法国人的主宰，因此他宁死不降。有人批评他过于自私自利，其实他不把民族利益放在心上为 543
时已久，他只知从自己出发考虑问题。何况即使他接受了梅特涅的条件，他也得不到任何保证，不让敌人利用赢得的时间，然后得寸进尺地提高要求，而这恰巧是即将出现的情况。沙皇直到 3 月 11 日才非常勉强地接受调停，只不过是为了敷衍奥地利人，奥地利人向他保证，调停必将失败，奥地利人当然就将同他合作。4 月初在伦敦，韦森贝格见到卡斯尔雷，后者直率地拒绝调停，并引证

了拿破仑的讲话。梅特涅完全承认,如果只有英国的利益悬而未决,大陆的和平仍可实现。卡斯尔雷从俄罗斯战役开始以来意识到自己无能为力,因而谨慎小心,但是现在局势已在明朗化,他可以不把梅特涅放在心上而采取行动。3 月 3 日,他答应贝尔纳多特取得挪威和瓜德罗普岛,条件是瑞典出兵三万人援助沙皇。丹麦已经同俄国签订了中立协定,因此争取丹麦大有希望。

卡利什条约已经使英国决定援助联盟各国。英国已经派遣卡斯卡特勋爵和威尔逊为驻沙皇亚历山大总部的代表;4 月间,卡斯尔雷又把他的兄弟斯图尔特勋爵和杰克逊一道派到普鲁士国王那里。他答应提供补助金,条件是要扩大汉诺威的版图,而尤其是要普鲁士和俄国承诺,决不背着英国同拿破仑单独议和。至于将要让法国保存的疆界,卡斯尔雷没有把话说死,一切要看军事行动进展如何而定;但是显而易见的是,即使拿破仑同意梅特涅所提的条件,自从卡斯尔雷提议的条约签字以后,这些条件也必将重复讨论。因此必须在战场赢得一次新的胜利。对此所能表示异议的只是:这一新胜利或许只能是不大的胜利,虽然是足够导致和平的胜利,如果双方事先都有思想准备做出合理让步的话。而在拿破仑的心目中,这一胜利应该刚好能够使他不做出任何让步。

奥地利还没有做好战争准备。自从 1809 年以来,它的军队减少到十五万人,但是由于经费不足,到 1813 年初,能立即投入战斗的军队不超过六万人。2 月 9 日决定再动员四万人入伍,但是一切都感缺乏。4 月 16 日,政府决定在 1811 年已发行的纸币以外,
544 再发行一种新纸币。直到 5 月初才得以在波希米亚组成一支新的军队。拿破仑因此有足够时间去击败俄国人和普鲁士人,而这是

他最后的机会。

他以其一贯充沛的精力准备利用这个机会。1812年9月22日，当他还在莫斯科的时候，他已下令征召1813年适龄新兵入伍，从而把应征新兵的队伍从八万人增加到十三万七千人。他从西班牙召回一些部队，又把巴黎卫戍部队派到德意志去。1月11日，他把1812年春天编制成军的第一次服役的十万国民自卫军改编加入现役军队；同时他征召1814年新兵入伍，应征新兵达到十五万人，还有从1809年到1812年应征入伍的十万士兵。4月3日，他再多征召1814年入伍的九万人，和第一次服役的国民自卫军八万人。此外，仪仗队又重新建立起来，他打算从中抽调出一万骑兵。驻德意志各军都经整顿，从中抽调干部去训练图林根和莱茵河区域的新兵。拿破仑补充大炮、枪支、装备和车辆并没有遇到很多困难，但是补充马匹并非易事，以致他只能带几千骑兵上战场。财政问题使他大伤脑筋。戈丹编制的1813年预算是十亿多支出，而收入是九亿零六百万。皇帝捐出了他价值八千万的私人财宝；他把村社公产换成地租券，以出售地租券的收入做保证，发行了一亿三千一百万债券。他颁发了成百上千的特许证，并批准出口商自由进行转口输入，但需纳税百分之六，从而加强了封锁的财政性质。但是信用已经动摇，经济活动陷于瘫痪。金币都被收藏起来，它的价格也在高涨；殖民地产品的价格则在下降，因为人们认为解除封锁指日可待。5月20日至23日，交易所发生一次恐慌的风潮。6月间，国库的任务变得非常困难。

拿破仑认为，建立摄政制度，并由玛丽·路易丝担任摄政，既可巩固他的皇朝，也可讨好奥地利。他想同他在1812年夏天带到

枫丹白露的教皇取得协议,借此试图同天主教徒言归于好。他亲自去同教皇商谈,在 1 月 25 日使教皇同意签订新的教务专约的初步条款,2 月 13 日他把这些条款作为国家法律予以公布。教职的任命应依照 1811 年全国主教会议的方案授权批准。但有几个红
545 衣主教提出异议,教皇在 3 月 24 日撤回他的意见。冲突重新展开,信守条约派为数激增对抗反对条约派。立法院在 2 日举行会议,一如往常噤若寒蝉。然而,全国的情绪已很明显,无可置疑。皇帝还从来不曾要求全国做出如此重大牺牲:1814 年的适龄新兵已提前入伍,全部开赴战场;即使已经雇人顶替者这次也仍须应召入伍;已婚的男人也在招募从军之列。如果说法国人仍然忠实于拿破仑的话,他们追随他已全无热情,仿佛拿破仑的战争已经不再是他们的战争。

拿破仑在 4 月 15 日离开巴黎,去到当时向萨勒河推进的美因河方面军,而欧仁则率其部分军队溯易北河而上。28 日晚部队已经集中完毕,29 日和 30 日,法军在默斯堡和魏森费耳斯渡过了萨勒河。法军在数量上占压倒的优势:十五万人对四万三千普军和五万八千俄军。但是,由于缺乏骑兵,法军既不能进行侦察,也无力追击;尤其是将领之中有几个是平庸之辈:贝特朗和劳里斯顿从未指挥过大军团。至于同盟军方面,最高统帅维特根施泰因的权力是有名无实的;27 日同盟军仍然又分散兵力,各行其是,当维特根施泰因下令在莱比锡以南集中,准备在萨勒河入易北河河口处攻击法军时,他自己率军开往维滕堡,而布吕歇尔则开往穆尔德河前沿,米洛拉多维奇和托尔马索夫则停留在后面。29 日,沙皇听托尔的建议,采取了另一个方案:在山脚下等待拿破仑,而如果拿

破仑向莱比锡进军，则从侧面攻击法军。

拿破仑这次的战斗方案是他自认为平生最完美的战斗方案之一。实际上，他直趋莱比锡从两翼包抄敌军，机智地布置各军团按梯队推进，如遇敌军攻击，可以相互支援；一旦拿下莱比锡，全军集中转而南下，把敌军逼向波希米亚，聚而歼之。5月2日，他指挥攻打莱比锡，但同时内伊军团放松警惕，在卢岑前面遇袭，遭到布吕歇尔狠狠的攻击。马尔蒙对内伊的支援很不得力。皇帝急驰赴援，稳定了战局以等待贝特朗进攻同盟军左翼，而尤其在等欧仁截断敌军向东去的退路。但是贝特朗和欧仁都未能及时赶到，而且都只率其部分军队前来。维特根施泰因因此得以脱身而向易北河撤退，所损失的兵员比较法军的损失要少得多，他损失约一万二千人，而法军则损失了两万到两万二千人。拿破仑一举歼敌的方案 546
落了空。但至少萨克森国王乘此再度易帜，他献出了托尔高并把军队交给拿破仑。

当俄国人退向斯普里河时，普鲁士人在内伊追击之下向北逃退，最后决定同俄军会师，只留下比洛一军掩护柏林。拿破仑已得到维克托和塞巴斯蒂亚尼两军的增援，就展开了战斗，5月20日渡过了斯普里河攻下包岑，以吸引住敌军而给内伊足够时间从北驰来，从侧面和背面夹击敌军。21日发动了总攻击，但是内伊又一次来得太迟，指挥失误而缩小了他的包抄行动。同盟军又一次得以逃脱，他们退到西里西亚，沿着群山一直退过魏斯特里茨河，放弃了布莱斯劳。同盟军的物资装备很差，而拿破仑虽然损失不小，但仍保有数量上的优势。普鲁士的后备军需要过相当时间才能投入战斗，而奥地利军队则需要更多的时间。同盟军唯恐如果

他们撤退得离开奥地利边界太远,梅特涅就不能坚守中立,因此他们冒很大危险停留在巨人峰与奥得河之间。因此,对拿破仑而言,这是一个最后的机会。但是他放弃了这个机会而提议签订停战协定。

拿破仑不知道敌人是如此虚弱,而奥地利又是如此准备不足。萨克森人已经向他揭露了梅特涅的意图,布勃纳在 5 月 11 日到来,向拿破仑确切明言他的上司提出的条件,并提议在布拉格举行会谈;拿破仑同意开会,没有提出任何条件。但是拿破仑感到不安,因为与此同时他曾试探同亚历山大谈判,而毫无成果。因此,他怀疑同盟军异乎寻常的撤退可能是他们同梅特涅配合搞的圈套。现在他估量自己就目前而言还不能同时抵抗三大强国。他的军队的状况并不是很好。军队的给养跟不上;由于新兵占的比重过大,有些团队显然很容易溃散,这些新兵经不住连续急行军。军队中患病者达三万人之多,号称有四万七千人的第三军团在 4 月 25 日只剩下了两万四千人。武器的补充日见稀少。停战可以获得增援,尤其是骑兵的增援;事实上,停战后军队人数增加了一倍。当然,停战对敌人也是有利的;但是拿破仑相信,即使人数相等,他也能打败敌人。此外,无疑地他对制止奥地利参战,和通过谈判把俄国拉过来,都尚未感到绝望。简言之,他在 5 月 25 日派科兰古去同盟军谈判。科兰古对他们谈话的提法使他们感到惊讶:“你们
547 知道吗? 停战是完全对我们有利的。……如果你们有把握奥地利将和你们一致行动,你们就根本不必想和我们讲和。”同盟军只愿意停战一个月,而只是听取梅特涅的意见以后,才同意停战到 7 月 20 日,这个期限是梅特涅所需要的。6 月 4 日,停战协定在普列斯

维茨签字。

三、秋季战役

从外交上看,停战协定的后果对拿破仑不利。英国的全权代表们不久以前才到达赖亨巴赫会见同盟各国的君主;6月14日,他们同普鲁士国王签订了条约,15日,同沙皇签订了条约。这些条约是按照卡斯尔雷规定的条件签订的:恢复和扩大汉诺威、重建普鲁士、不得单独媾和;交换条件是英国提供二百万英镑的补助金,其中三分之一给普鲁士,其余都给俄国,并且由同盟各国发行五百万英镑的公债,由英国承担半数的担保。此后,普鲁士人和俄国人不得在没有英国参与下对法国谈判,而英国对法国所要提出的条件尚有待阐明。卡斯尔雷的思想深处是要把法国的一切敌人 548
联结成为一个牢不可破的集团,这个想法只是到1814年才最终实现。现在他取得了初步的成功,但还有待于争取奥地利。

在这段时间里,梅特涅已经把奥国皇帝带到吉茨钦,6月3日,涅谢尔罗杰在该地会见了奥国君臣。弗兰茨仍然反对参加对法作战;不过他应允先就和约条件取得协议,并签订一项同盟条约,一旦他的调停失败立即生效。梅特涅亲自到赖亨巴赫。普鲁士人和俄国人承诺同意奥地利照会拿破仑的各项条件:瓜分华沙大公国、放弃伊利里亚和汉撒各郡、重建普鲁士;他们只增添了一个条件:立即从普鲁士各要塞撤退。在梅特涅方面,他答应支持解散莱茵邦联,并认可如果英国一旦参与讨论,还可以提出其他要求。6月27日,大陆三强在赖亨巴赫签订了同盟条约;但此约只

有在拿破仑拒绝奥地利的调停以后才能生效。在拿破仑拒绝的情况下，普、俄两国的最高要求就将也变成奥国的要求：奥国将重新恢复它 1805 年的疆界，并要求法国放弃全部德意志、西班牙、意大利和荷兰。

梅特涅的立场依然如故：一方面，他对沙皇所抱的疑虑不安并未稍减；另一方面，他越来越不相信可能同拿破仑达成协议。26 日，梅特涅应拿破仑之召前往德累斯顿。两人会见时发生激烈的争论。拿破仑提出把伊利里亚给奥地利，以换取奥地利维持中立，梅特涅直截了当地回答说：奥地利是在强制执行调停，如果调停被拒绝，奥地利将参加同盟军。30 日，当梅特涅即将离开德累斯顿时，拿破仑改变了态度：他接受奥地利的调停和举行和会，停战协定延期到 8 月 10 日。拿破仑只想争取时间，直到 7 月 22 日才给科兰古发出训令，指示科兰古要求恢复战前状态，并拒绝授予科兰古全权，而他本人又不在场，却到美因兹去看望玛丽·路易丝，直到 8 月 5 日才回来。当 7 月 28 日科兰古终于在布拉格出现的时候，同盟各国的全权代表拒绝举行任何全体会议，而让科兰古去见梅特涅。他对梅特涅还是同在普列斯维茨时唱的同一调子："只要告诉我，你们是否有那么多的军队足以使我们终于清醒过
549 来？……我同你一样也是欧洲人，一点也不差……无论是通过和平或通过战争，把我们引回法国去吧。"这些激励的话是多余的，梅特涅已经拿定了主意：他要求法国无条件地接受一些初步条款。8 月 5 日，拿破仑只好让步而要求关于初步条款的正式照会。9 日，在早晨三点钟的时候，他接到了初步条款；但是他的答复直到 13 日才送到：他放弃除但泽以外的华沙大公国，并接受恢复普鲁士

(条件是普鲁士让给萨克森五十万居民作为补偿);他也放弃伊利里亚,但是的里雅斯特和伊斯的利亚两地不包括在内。如果拿破仑毫无保留地做出让步,那么,一切势将重新从头做起,因为在 7 月 5 日,卡斯尔雷为威灵顿在维多利亚大胜所激励表示赞成俄国人和普鲁士人的最高要求,把西西里保留给费迪南,并把他已经答应给贝尔纳多特的利益规定下来。但是,从 8 月 10 日午夜起,梅特涅已经宣告和会结束。12 日,他对法宣战。9 月 9 日,大陆三强的同盟在特普利茨肯定下来;10 月 9 日英国给奥地利五十万英镑而和奥地利联结在一起。

从军事上看,停战协定对所有交战国都很有利。普鲁士后备军的一部分现在开赴前线,这次普鲁士总共可以出动十六万人,俄国总共达十八万四千人,奥地利也有十二万七千人。自从丹麦再度宣告站到法国一边以后,贝尔纳多特对拿破仑已经毫无指望,他带来了二万三千瑞典军队。此外,沃尔莫顿统率了九千英德联军,梅克伦堡提供了六千士兵。面对着同盟军这五十一万二千人,拿破仑可以出动四十四万二千人,还未计入易北河上各要塞驻军二万六千人;但是,在第二线上,同盟各国所能动员的后备兵源远远超过法国。无论如何,拿破仑现在拥有的骑兵已经达到四万人。

7 月 12 日,同盟军在特拉申贝克制订了作战计划,亚历山大邀请贝尔纳多特来到特拉申贝克。问题首先是要攻入拿破仑的后方萨克森,由贝尔纳多特和布吕歇尔从北面,施瓦岑贝格从南面进军。布吕歇尔宁愿单独行动,最后取得协议编成三个方面军,每个方面军都有普、俄两国军队参加,以此鼓舞贝尔纳多特和施瓦岑贝格,同时也是为了监视他们。波希米亚方面军由十二万七千奥军,

外加八万二千俄军和四万五千普军组成,他们从 8 月 11 日就越过了边界。西里西亚方面军由布吕歇尔任统帅,包括六万六千俄军
550 和三万八千普军。北路军由贝尔纳多特任统帅,由七万三千普军,二万九千俄军和二万三千瑞典军组成。波希米亚方面军应从易北河左岸向德累斯顿推进;贝尔纳多特则守卫柏林,向维滕堡进军;布吕歇尔根据法军动向而赴援波希米亚方面军或北路军。此外,根据贝尔纳多特的坚决主张而做出决定:必须有计划地回避法国皇帝,而只同他的将校交锋。这种战略丝毫没有拿破仑式战略的意味,其所以采用是由于奥、普两国人都想自保疆土,但也由于这位伟大统帅的威名引起他们的恐怖。同盟军不追寻决定性的交战,而是重新拾起 18 世纪的传统做法,即用威胁交通线和一点一滴地消耗敌人使之筋疲力尽等手段,迫使敌人败退。最令人惊讶的是,这种办法居然取得成效。尽管许多军事学家赞赏拿破仑在此次战役几个不同阶段过程中表现的天才和毅力,我们应该承认,他对整体的作战概念不似过去惯有的那样完美无缺;或许是因他遭遇的困难是无法克服的。

法国皇帝此时所处的局势同 1796 年 8 月的局势极为相像,当时他的事业刚刚开始,这种形势曾使他赢得最出色的胜利之一。因此,人们原可期望他用几乎全部兵力猛攻敌方的北路军,从马格德堡出发的吉拉尔将军可以从侧面进攻,达武以及丹麦军可以从汉堡出发攻击它,那么,可以肯定北路军将被击溃而柏林必被占领。布吕歇尔同施瓦岑贝格则可能会师,但这对全局的影响不大。可是他们必将拿下德累斯顿,而拿破仑要照顾萨克森国王,这是他不能容忍的。此外,他把达武留在汉堡,法军已再度进入汉堡,这

又占用了他四万人。他以前从来没有过这样分兵驻守一些要塞,从而使他自己减少了活动回旋的余地,这是他打败仗的初步的原因。事实上,此次战役中两处敌军之间的距离,较之1796年要多出两三倍之远,而拿破仑此次所指挥的队伍远比1796年为多,但战斗力则较差。拿破仑本来可以从俄罗斯战役开始阶段所发生的情况总结出:一次大规模的攻势必将使他的部队筋疲力竭,劳而无功。最后,无可置疑的是,他对敌方北路军的重要性估计不足:他相信乌迪诺拥有七万大军足以对付北路军,甚至可以攻占柏林。至于他本人,他摆下的阵势是既可以逸待劳,又可随时出击敌军中最大胆冒进的方面军。由于他不知道敌军在波希米亚的集结,他 551
对施瓦岑贝格毫无戒备,并假设施瓦岑贝格若要赴援布吕歇尔,必取道出卢萨斯山口,因此他派两个军团监视此路,同时以另外四个军团据守博伯尔河方面;他本人则指挥近卫军和骑兵以为后备部队,驻守包岑地区。但乌迪诺军相距过远,以致既不能互为声援,又不能召之即至。这样一来,拿破仑违背了自己的常规,大大地破坏了统一行动的原则。此外,敌方波希米亚方面大军的组成,并从易北河以西出击法军,使拿破仑的兵力布局全盘失效。

有如既往,猛将布吕歇尔总是首先发动攻势;拿破仑立即驰击,令他惊讶的是敌军仓促后撤。8月23日,在他还未能迫使布吕歇尔交锋之前,他忽然得悉施瓦岑贝格已经在德累斯顿郊区击退了古维翁-圣西尔。他毫不迟延地甩开布吕歇尔,火速赴援德累斯顿;即使在这种情况下,为了使布吕歇尔不敢进犯,他还留下七万五千人给麦克唐纳,这样就过度地削弱了他的机动主攻部队。起初他设想经皮尔纳推进,以便从背面进攻施瓦岑贝格,这样必然

是有决定意义的。但是,德累斯顿行将不守!因此,在皮尔纳一线,他只派遣旺达姆一军。8 月 26 日清晨三点钟,屏障德累斯顿城的各方形堡实际上刚刚被敌军攻占,年轻的近卫军及时赶到制止了敌人。27 日,波希米亚方面军的两翼都被包抄,中军也几乎被突破,死伤一万人,被俘一万五千人,溃不成军,分成几队败退。倾盆大雨使法军不能扩大战果,乘胜追击很不得力,加之拿破仑突患感冒,随即折回德累斯顿。旺达姆率军猛向特普利茨推进,以求切断敌方退路,在库尔姆忽然发现已被围,终于带七千人,四十八门大炮投降。这次非常的失败挫伤了法军最近获得胜仗的士气。

然而祸不单行。为自己后方提心吊胆的贝尔纳多特,完全不想冒险作战,唯恐打了败仗动摇他在瑞典的威望,因此他不发动进攻;此外他或许并不认真想对本国同胞作战,他指望一旦拿破仑垮台,他们将会同意他回国即位称君。然而,8 月 23 日乌迪诺已经
552 在格罗斯贝朗向比洛发动了进攻,贝尔纳多特不得不支援他的部将。萨克森士兵纷纷开小差,被阻击的乌迪诺退过了易北河。在麦克唐纳军那一方面,8 月 26 日他在卡茨巴克河上展开了攻势,但是他发觉自己的左翼和中路都遭到布吕歇尔的攻击,他被布吕歇尔击退,撤到博伯尔河上。他属下的一个师被切断而遭歼灭,他总共丧失了两万人和一百门大炮。拿破仑派遣内伊去打贝尔纳多特,他本人飞驰前往攻打布吕歇尔,不料布吕歇尔望风而退。施瓦岑贝格乘此再度威胁德累斯顿,而拿破仑回兵救城,又一次见奥地利军避而不战,自行引去。在此期间,内伊已渡过易北河,9 月 6 日在登内维茨展开战斗,损失一万五千人。贝尔纳多特向南推进极为缓慢而且绕着走,然而他的骑兵也深入到威斯特伐利亚,30

日占领了卡塞尔。

形势变得严重起来。法国军队减员的速度令人震惊。主要的原因不是历次战斗中的伤亡,而是这些连续不停的和不断加速的来回调动的行军,同时也是饥饿造成的,因为士兵每天只得到半磅面包,再也得不到肉类。病员达到九万人之多,第三军团在 8 月 15 日还有三万八千人,到 10 月 1 日减到一万七千人。敌军在数量上的优势却逐渐显得可怕。拿破仑尽最后一次努力,也未能追上布吕歇尔,于是他放弃了卢萨斯,撤退过易北河。但是,同盟军重新执行最初的作战计划,由贝尔纳多特从北面,施瓦岑贝格从南面,分头向莱比锡进击。10 月 4 日,贝尔纳多特越过易北河,击退了内伊;从 9 月 26 日起,施瓦岑贝格扑向克姆尼兹,缪拉受命前往阻击。在同盟军审慎地向前推进时,拿破仑在两天里行军八十公里,猛扑向布吕歇尔,布吕歇尔也是刚刚在瓦腾堡渡过易北河的。但是,拿破仑又一次扑了个空:布吕歇尔已经向西逃走,正同贝尔纳多特一样,逃到萨勒河对岸而得到掩护。法国皇帝一度想亲自渡过易北河右岸,彻底改动作战基地;但当他弄清布吕歇尔的动向时,他决定转向莱比锡进军,因为缪拉在莱比锡有腹背受敌的危险。即使到了这个时候,拿破仑既不下决心撤出德累斯顿,仍留古维翁据守该城,又不下决心召达武前来。这样,他在莱比锡周围只集结了十六万人,而围攻他的同盟军则有三十二万人。

然而这些同盟军的分布彼此相距很远。布吕歇尔向北移动,
但贝尔纳多特到 18 日才赶到。施瓦岑贝格本人骑马行进在埃尔 553
斯特河与普莱泽河之间,处在极其暴露的地位:如果法军在 14 日
能够集中起来,第二天就可以歼灭施瓦岑贝格。但是法军未能如

此迅速集中,16 日早晨仍在等待麦克唐纳,而布吕歇尔以其一贯的猛冲猛打迫使马尔蒙北撤的时候,内伊还不能下决心派出拿破仑所要求的几师人。清晨战斗在莱比锡城南的瓦绍高地打响。施瓦岑贝格首先发动进攻,他受到猛烈反击,意识到形势危险,便调上后备部队;而拿破仑此时仍在等待增援部队到来才下令发动决定性的进攻,但增援部队不见到来。麦克唐纳终于出现,然而为时过晚;他未能包抄敌军,这一天战斗结束时双方对峙不下,不分胜负。拿破仑仍然可以杀出一条退路,这是他避免灾祸的一个最后机会。但是他宁可顶住同盟军的总攻;10 月 18 日,他的部队被击退进莱比锡城内;贝尔纳多特军从东北方涌入,而萨克森军阵前倒戈加速了法军的失败。法军在撤退时只有通过兰德瑙桥,19 日,敌军再度进攻,法军炸毁了这座桥,从而牺牲了后卫部队。法军总共损失六万人,其中二万三千人被俘;同盟军伤亡六万人。

巴伐利亚在 9 月 17 日与同盟军签订停战协定后,10 月 8 日签订雷德条约加入到同盟军方面;23 日,符腾堡也同样倒向同盟军。但是当拿破仑经埃尔富特和富耳达撤退时,符雷德亲王分兵攻占维尔茨堡,以致贻误军机,直到 10 月 30 日,始在哈瑙拦截拿破仑。符雷德在哈瑙打得不好,被拿破仑冲了过去。法国大军的残部从 11 月 2 日到 4 日,在美因兹渡过莱茵河。大军中流行斑疹伤寒;还有十二万人被围困在德意志各要塞中,不能起作用。

在此期间,奥地利人已经占领了伊利里亚,并且由于巴伐利亚倒戈,正从德拉瓦河和提罗耳向前推进;受到奥军威胁的欧仁已经沿阿迪杰河撤退。11 月 15 日,欧仁在卡尔迪埃罗打了一场胜仗,但是并不能扭转战局。敌军占领了罗马涅和马尔凯。缪拉在埃尔富特和拿破仑分手,回到那不勒斯后即与梅特涅恢复谈判。

至于西班牙,也不复为法国所有。在 1813 年春季,起义在比斯开省和纳瓦拉省取得进展,使克洛泽尔的部队不能脱身。约瑟夫麾下只有七万五千人,而又分散在从马德里到萨拉曼卡之间。5
月 15 日,威灵顿指挥七万人发动进攻,以其右翼在萨拉曼卡省击 554
退法军,同时以其左翼渡过杜罗河,援助加利西亚省的西班牙人而迂回包抄了法军。约瑟夫撤出马德里,集中兵力于卡里昂河之后,继之又撤退直到埃布罗河。威灵顿这次进军指挥得当,以致不经战斗便扫清了比斯开湾沿岸的法军,并得力于巡逻沿海的英国舰队的配合,确保了更加靠近法国的一个作战基地。6 月 21 日,威灵顿指挥八万人攻击列阵于维多利亚城前、萨多河后的五万五千法军,打得法军全线溃败。战败的法军撤退过比达索亚河,富瓦和克洛泽尔成功地到这里来同他们会师。絮歇孤军奋战,还能抵挡住西班牙人;在维多利亚战役之后,他被迫撤退到埃布罗河下游。萨拉戈萨陷入敌手,从西西里来的本廷克攻击托尔托萨和塔拉戈纳。絮歇被迫穿过卡塔卢尼亚省撤退,一直退到菲盖拉斯。

大帝国就此完结了,而法国又像 1793 年一样,面临着外敌入侵。

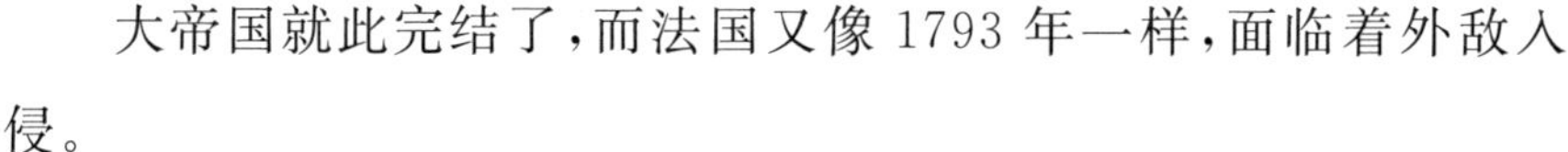

四、法兰西战役与拿破仑退位

从瑞士到北海,法国边界上只有不到六万兵力的单薄防线,而
到达莱茵河上的同盟军有十四万人,他们可以几乎不经战斗而长 555
驱直入巴黎;相反地,如果他们在冬季屯兵不进,拿破仑就将重建

一支军队,从而彻底改变力量的对比。这正是亚历山大和布吕歇尔的意见;另外一些人则对 1792 年的往事心有余悸,深恐激起法国全民抵抗,因此认为除非兵力十分雄厚,否则不要打进法国。他们主张陈兵边境,火速调集增援部队并等待贝尔纳多特前来,到了春季再行进军。此时贝尔纳多特并未如英国人所吁求的西进荷兰,却挥师北上进占荷尔斯泰因,1814 年 1 月 14 日,他在该地迫使丹麦将挪威割让给他。加之同盟军经费严重不足,同盟各国君主无不感到缺乏金钱,因为直到此时为止,英国人运送了充足的武器和军服,但是现款则一文不给;只要英国对德意志的贸易一天没有恢复,英国人就担心付出现款会削弱英镑的地位。在赖亨巴赫所同意发行的公债似已不可能;还在夏季的时候,德·伊韦尔努瓦曾研究发行一种同盟各国通用的纸币,但没有实现,因为一方面他反对施泰因建议的强制流通,另一方面,英国人拒绝全部担保。英国人如果担保,这种新纸币就等于银行票据,它势必流回英国,从而损害了英国人的货币。到 9 月 20 日,英国终于同意交付给同盟各国一些债券,利息为百分之六;德意志各银行很勉强地才肯贴现这些债券。对于何时进军法国,施瓦岑贝格在 11 月 7 日至 8 日举行的同盟军作战会议上,提出通过一项折中的期限:不规定发动进攻的日期,但决定必须尽快开始进攻。这样势必要发动冬季战役。对拿破仑而言,这是致命的打击。

然而,在发动攻势之前,梅特涅要求再一次举行和谈。10 月 17 日,拿破仑在莱比锡已经和刚被他俘虏的默费尔特将军会谈,并有意地释放他回去。拿破仑当时表示:如果能使英国归还法国各殖民地并恢复海洋自由,他愿意放弃华沙大公国、德意志、荷兰、

西班牙,也许甚至可以放弃意大利;显而易见,他仍然希望分化瓦解同盟各国,而特别是要把奥地利再拉过来。在埃尔富特,梅特涅亲自同法国驻魏玛公使圣埃尼昂晤谈;11月9日,俄国人和普鲁 556
士人很勉强地同意了派遣圣埃尼昂回国,转达以自然疆界为基础的和平条件。此外,俄、普两国人也表示愿向英国要求做出一些让步和保证,因为他们也不是心甘情愿容忍英国在海上称霸的。

梅特涅的和平倡议究竟有多大程度是出自真诚的,对这个问题总是众说纷纭,即使梅特涅本人或许也难道其详。他同他的盟国的关系相处不好,而他知道这些国家不能没有他的合作,因此他公然执行他个人的政策,其主要目标即恢复哈布斯堡皇朝的威势。在德意志,他结好南部各邦的王侯,从而阻拦了革命派爱国者的得势,10月21日,他把施泰因担任主席的治理占领地区委员会置于同盟军总部创立的外交委员会之下。他施展伎俩使自己成为意大利的主人;在秋季战役的过程中,他不间歇地同卡罗利娜·波拿巴谈判,到12月10日他使盟国同意派遣奈珀克到缪拉那里去。显而易见的是他要把欧仁赶出意大利,而实际上,梅特涅的意图还要与那不勒斯协同剥夺罗马教皇。同样地,他想渗进瑞士,在瑞士扶植反革命力量,并树立奥地利的势力,这样就可以让他从北边去接近意大利,同时可以威胁里昂,从而把意大利同法国隔开。最后,梅特涅比往常更加想要遏制俄国对波兰和土耳其的野心。他同亚历山大的决斗开始了。沙皇已经同普鲁士达成交易,把萨克森给普鲁士,萨克森国王已经成为同盟军的俘虏,而沙皇则保有华沙大公国;沙皇捍卫意大利各邦君主,并在拉阿尔普的怂恿下,以瑞士人的保护者自居。沙皇为了报私怨而决心要拿破仑退位,他梦想

以贝尔纳多特接替拿破仑,因为此人已经在他的庇荫之下。梅特涅不难洞烛其奸,与之针锋相对,踌躇满志地考虑到要保全法国皇帝,或者至少也要保全他的皇朝,由玛丽·路易丝摄政必然把法国同奥地利联系在一起。至于拿破仑是否肯以自然疆界为满足,梅特涅并不相信他能就范;但是这个建议是及时而可取的:它至少可以在法国人面前揭露拿破仑。

拿破仑在 11 月 15 日接见了圣埃尼昂;第二天他委派科兰古去谈判;但是,对于同盟国所规定的条件,他保持缄默。这个消息
557 一传开,舆情大哗,群起反对拿破仑,并反对马雷,因为马雷迎合其主上本能的冲动,直到最后仍主张作战到底。或许为了要平息舆论,或许更是为了要争取时间,皇帝似乎要改弦更张了:他撤换了马雷,而任命科兰古接任外交大臣,12 月 2 日,新任大臣接受了从法兰克福提出的和议初步条款。

但是为时已经过晚。11 月 16 日,勒布伦已经撤出了阿姆斯特丹;17 日,海牙暴发了起义,由奥根多尔建立的三头统治的首要任务是向伦敦求援,并召回奥伦治亲王,亲王立即奔返荷兰。12 月 4 日,同盟各国考虑到拿破仑的缄默,就散发了一个公告,其中把拿破仑同法国区别对待,它们又一次向法国提出和平建议,这次不再提到自然疆界,这个疆界已经在荷兰被突破。不出梅特涅所料,许多法国人认为他们的皇上不能辞其咎。即使和平建议没有让法国民族付出任何代价,但它确认皇帝个人被打败,拿破仑也不愿接受这项和平建议。然而也必须承认:即使拿破仑接受了这项建议,又有谁能担保实现它?梅特涅这次和平建议较之以往历次建议更不可靠。大陆上各盟国既已同英国有约在先,不得撇开英

国单独媾和,而现在英国已经公然表示反对。8 月间英国派遣到梅特涅处的年轻的阿伯丁,相当随和地听从梅特涅的决策;但是从 9 月 18 日起,卡斯尔雷援引皮特的意图,曾要求给荷兰在靠近法国一边有一个适当的屏障,因此当奥伦治亲王提出要占有比利时的时候,卡斯尔雷表示赞同。因为英国想保有好几处荷兰殖民地,在赞助恢复低地国家的统一时,英国想要达到一箭双雕的目的。卡斯尔雷还想把莱茵河左岸一部分土地给荷兰,11 月 5 日,他拒绝法国保留这部分领土。然而,我们可以想象的是:此时在奥地利主持下进行谈判,法兰西民族能够保住共和国时期对外征服的某一部分领土。

同盟国的进攻一度因涉及瑞士的冲突而推迟。由于亚历山大的坚请,弗兰茨在 12 月 11 日撤回了他已经下达的侵入瑞士的命令。然而梅特涅试图劝说瑞士各州自动吁请盟军入境,也未能成功;但是他的代理人之一,前任萨克森大臣桑夫特促使瑞士将军瓦特维尔发布一些措辞含混的公告,并在伯尔尼挑动起一次贵族的反革命。梅特涅在施瓦岑贝格的赞同下,就以此为借口重申前议, 558
12 月 16 日,施瓦岑贝格受命率军进入瑞士。21 日,他的部队从沙夫豪森到克尔之间越过了莱茵河并开进了巴塞尔。布勃纳率军直趋日内瓦以进攻里昂,而同时施瓦岑贝格向贝藏松、第戎和郎格勒等地推进。29 日,瑞士宣布废除“调停条例”。1 月初,布吕歇尔也从科布伦茨到曼海姆之间渡过了莱茵河,深入洛林,并经巴勒杜克包抄阿尔贡纳。在侵入者进攻的面前,法国的元帅们向马恩河撤退。到 1 月底,施瓦岑贝格正向特鲁瓦推进,而布吕歇尔打到圣迪济埃。在这期间,科兰古已经启程,6 日在吕内维尔曾致函梅特

涅,对一个月以来毫无信息深表惊讶。他得到的答复是:大家在等候卡斯尔雷。1月18日,卡斯尔雷到达巴塞尔;这是一桩关系重大的事件。

在1813年,英国在大陆上所起的作用仍然还是很有限的,它只有在西班牙派有相当数量的军队,并且也没有运送过硬币。直到秋季为止,英国国内仍然困难重重。但是法国从德意志和荷兰撤退,以及1813年的大丰收,使英国处境发生令人震惊的改变。封锁正在解除,中欧重新对殖民地产品和英国制成品开放,这些货物就大量涌入中欧。物价坚挺,指数跃升,1811年为158,1813年升为185,1814年升为198。商业中激发起投机的热狂,工商业的复苏消灭了失业并稳定了工资。1814年英国的出口总额达到七千多万镑,大大超过1802年的六千零二十万镑,而1802年是历史上空前的繁荣的一年,与此同时,恢复谷物进口和丰收使面包价格下降到1808年的价格,从而使平民各阶级平静下来。英国安定下来以后,从此便可考虑在财政上做出新的努力。范西塔特使议会通过增加税收,并在1813年举债一亿零五百万镑;这年的支出是这个时期最多的一年,达到一亿七千七百万镑;补助金从三百万镑跃进到八百多万镑,在国外的支付提高到二千六百万镑以上;而国债也达到八亿三千四百万镑。唯一的困难在于兑换率仍然很低:1813年,西班牙的皮亚斯特升值百分之三十八;为了供应威灵顿,英格兰银行不得不从它的库存中抽出一百四十万镑的黄金。又一次地由罗思柴尔德家族出面救助:内森在荷兰,詹姆士在巴黎,还
559 有他们在法兰克福的弟兄们无不尽量地支出法国货币;得力于他们提供了法国货币,威灵顿在进入法国时能付现款采购;在1814

年,英国所承诺付给同盟各国的补助金也是由这个家族充当中间人付款;因此在 1817 年奥地利皇帝封法兰克福的罗思柴尔德为贵族。从此以后,英国虽然武装部队不多,却能把它的意志强加于人,发言振振有词。

在卡斯尔雷看来,此时是大好时机。虽然大陆各盟国也曾答应若无英国参加不与法国议和,然而它们在布拉格和法兰克福竟把英国撇在一边而进行谈判,而且看来是不把英国的殖民地和海上的要求放在眼里。梅特涅同缪拉谈判,不大考虑国王费迪南。英国外交官中的多数不太能干,他们在远离本国时,不能随着朝夕万变的战场形势的变化而调整给他们的训令。英国政府认为卡斯尔雷必须亲自到现场去。他亲自起草了他 12 月 26 日的训令:英国主张对法和约必须由盟国共同一致签订,交换条件是英国在 1814 年提供五百万镑的补助金;英国认为对海洋自由没有讨论的余地,至于英国在战争期间所占领的殖民地的归还问题,应视各盟国如何解决荷兰问题而定;西班牙和葡萄牙应该复辟,而那不勒斯的费迪南应该得到补偿。关于大陆上其余问题,训令上一字不提,以致卡斯尔雷可以有便宜行事的全权:这样他就能在大陆各盟国之间以调停者的姿态出现,从而贯彻英国外交部的,实际上也即是皮特的传统政策。卡斯尔雷所赖以博得荣誉的事业终于开始。一旦到达巴塞尔,他立即设立一个阻拦法国的屏障:提出荷兰应在欧洲的保证下占有比利时,而普鲁士则分得马斯河与摩泽尔河之间的土地,这样一来就使得普鲁士在将来不可能同法国达成任何妥协交易。然而,在这个时候卡斯尔雷还应允,如果军事进展形势有此必要的话,法国的边界可以推进到特里尔。

1月24日，卡斯尔雷在奥地利人的陪伴下来到朗格勒与俄国人会晤。他立即在亚历山大同梅特涅之间以居间调停自任。大家一致认为拿破仑的失败已成定局。沙皇拒绝再同拿破仑谈判，并主张废黜拿破仑而代之以贝尔纳多特；梅特涅则愿在塞纳河上的夏提荣举行他曾答应科兰古召开的会议，同意同拿破仑谈判，并且无论如何不同意要贝尔纳多特，而宁愿要一个摄政统治。对于此时是否仍宜同拿破仑谈判的问题，英国政府内部有不同意见；虽然
560 卡斯尔雷对此没有明确表态，他是知道英国摄政王和公共舆论越来越更加敌视这个"科西嘉人"的；他反对贝尔纳多特，作为交换条件，他说服梅特涅放弃摄政统治的方案，他深信这样一来波旁王室的复辟成为势所必然。这样他就迫使沙皇同意召开会议，这次会议推迟到2月5日才召开，为的是等待决定性的战斗见个分晓。最后，卡斯尔雷要求同盟各国就和约条件取得一致看法，1月29日，他使大家同意把法国拉回到1792年的边界之内。解决这点以后，外交家们出发到夏提荣。在此时刻，法兰西战役适才开始。

这一次，拿破仑既没有时间也没有资源再能仓促建成一支新军队。士兵根本不感缺乏。从1813年10月9日起，他要求从1808年到1814年适龄入伍者之中征集十二万人，8月24日他已经从这些年的适龄入伍者征集了三万人补充驻西班牙的军队。这次征兵似乎没有感到困难；但是他还要征集1815年适龄入伍者，即要征十六万人，而这次大举征兵是在他从德意志返国时才着手进行的，需要更多的时间才能完成。11月15日，他再从1803年到1814年适龄入伍者中征集十五万人；如果东部边界被突破则最后再增加十五万人，20日，他把其中四万人补充到1808年到1814

年适龄入伍者的部队里;12 月 17 日,他把各要塞的国民自卫军编入现役,1814 年 1 月 8 日,把巴黎的国民自卫军编入现役。接着他又决定建立志愿兵联队,大量吸收巴黎失业者参军;他甚至谈论到要发动全民总动员。到 1 月底,十二万五千人左右已经集合在新兵训练站里,但是未经任何训练,加之其中多数人既无军服,甚至也无武器,因为仓库和军械库已经一干二净。有如 1793 年,又实行征发武器、马匹、饲料和谷物,但并未很严格执行。尤其感到缺乏的是钱。在 11 月和在 1 月,拿破仑曾下令大量增税,但是什么时候才能征收到手呢?间接税的收入正在变得几乎微不足道。国库再也拿不出钱来。在莱比锡战役以后,政府债券从七十四法郎跌到五十二法郎;硬币都被收藏起来,纸币则倒流回法兰西银行。薪给和养老金超过两千法郎以上者被削减四分之一;政府开始用还本金库的债券支付供应商,这种债券不过是一种期票,正如大革命时期的指券一样。一旦退回到法国原有疆界以内,帝国最后也和督政府一样不得人心;这是很自然的事:既不再能迫使外国人出钱打仗,帝国只能向法国人索取作战的财源。 561

法国人对此大有反感,头一次表示了抗拒。帝国的贵族和拿破仑恩宠提拔的大量显贵现在都认为他的失败不可避免,从而都想巴结他的后任,不管这个后任是何许人,以便分沾政治权力,而这种权力是拿破仑拒绝分给他们的。当 12 月 19 日立法院开会时,竟敢要求皇帝把同盟军提出的条件通知该院,皇帝做出了让步。莱内以委员会的名义宣称:法国只是为了捍卫国家独立和领土完整才继续打下去;同时,他请求皇上保证臣民的公民自由和政治自由。12 月 29 日,立法院通过了这个委员会的要求,以此之

故,皇帝立即下令该院延会。在雾月时拿破仑同资产阶级缔结的公约至此终告撕毁。

至于人民,他们认为在两支庞大军队一支接着一支折损殆尽以后,皇帝竟想再建立第三支,这是难以容忍的。在几个月的期间里,拿破仑日益变得不得人心。全国渴望和平,但很快地深信:不给国家和平的正是皇帝。同盟军的公告,再经王党分子传播解说,收到了离间皇帝和人民的效果。以为象征旧制度的波旁王朝要比拿破仑好一些,法国人民并未做如是想;但是法国人已经感到厌倦和气馁,他们开始消极抵抗皇帝——这是皇帝留给他们的唯一权利。自1812年以来,拒服兵役者为数日增,到这时已不可胜数;人们拒纳租税,不服从征发命令。居民眼看外敌入侵,无所作为,至少在同盟军能够约束其士兵时确是如此;而在南方,英国人所受到的对待相当不坏,因为英国人购买时有钱付现。

在正常的时候,帝国行政当局不难惩办不法分子。但迅雷闪电般的外敌入侵使行政当局不容有足够的时间采取行动,而更坏的是这次入侵还使行政当局陷于瘫痪。那些归附拿破仑政权的旧官吏意识到自己现在令出难行,无能为力,并且预见到皇帝行将垮台,便为一己的前程设想,而同王党分子暗中来往,或者甚至里通外敌。拿破仑仿效往日救国委员会的办法,派出特派专员到各郡去,试图以此"重新发动机器";但是和当年议会特使的成就相比,这些特派专员的微不足道的行动尤其表明公共精神的败落。王党
562 分子促成了政权的全部解体;有如在共和国时期一样,祖国的不幸给他们带来希望,他们无所不用其极地帮助"我们的好朋友敌人"。他们通过讲话和散发传单散播绝望情绪,并鼓动不服从政府法令。

西部再度动乱起来。在弗兰德，弗吕沙尔把逃避兵役者武装起来配合协助敌军入侵；同盟军到处都可找到向导、侦探和卖国贼。到12 月 3 日，塞伊伯爵到了弗赖堡，他以弗朗歇-孔泰省王党的名义，把他的故乡献给奥地利。3 月 12 日，波尔多市长以其城市投降英国人，英人携昂古莱姆公爵随军入城。拿破仑也时时谈到，他又重新成为法国大革命的战士，并重新燃起民族热情，但这不过是徒托空言。试问怎样能够将 1793 年的回忆同他从事建立起的贵族君主政体二者协调起来？他一手造成的贵族紧迫地提醒他关心保卫社会秩序，并警告他要提防“卑贱的民众”。仅有香宾出现过一次全民抗敌，当时在战斗最激烈时，外国士兵干出了骇人听闻的暴行。但是这种全民抗敌既没有充分时间发展起来，又没有一个人挺身而出加以组织领导。

1 月 25 日，拿破仑离开巴黎时，把妻子和儿子托付给辅政约瑟夫照料，从此他再也没有见到他们。此时拿破仑所掌握的兵力不过六万人左右，而这些人甚至也还没有集中起来。他急驰迎击普鲁士军，估计在圣迪济埃可以两军相遇，因为布吕歇尔已经到达奥布河上，正在行军想和施瓦岑贝格会师。皇帝紧追布吕歇尔，29 日在布里埃纳打败了他，然未能阻止普、奥两军会师。2 月 1 日，拿破仑在拉·罗特埃尔被比他多三倍人数的敌军战败后，后撤到特鲁瓦，继之再撤到塞纳河上的诺让。战斗取胜似已无望；如果他想保全皇位，只有不讲条件接受谈判，别无他途可循。在 2 月 4 日至 5 日的夜间，他授权科兰古全权便宜行事。7 日，科兰古在夏提荣接到同盟军的条件，规定法国回到 1792 年的疆界；科兰古表示抗议，指出这违反从法兰克福提出的和谈初步条件，然而他并不抱

有任何幻想。科兰古一向是主张和平的人,目前又是这样不寻常地拥有议和全权,因此这是他千载一时的可以决定国家命运的机会。但是他不敢当机立断,并非由于怕被斥为卖国贼,而是由于为人平庸;他仍请示他的皇上决定。在2月7日至8日的夜间,经过几小时痛苦地反复思考,拿破仑终于决定让步。但是,一到早晨他又变了卦,因为他刚察觉出同盟军在军事上犯了错误;整个战局有转机,希望又来了。

同盟军为了满足布吕歇尔,也为了便利行军和供应,事实上再
563 度分兵进军。布吕歇尔听任施瓦岑贝格沿塞纳河而下,他自己却在2月2日率所属各师取道塞赞纳和小莫兰河河谷,以一列纵队成梯形推进。他打算切断麦克唐纳的退路,此时麦克唐纳在约克进逼下沿马恩河后撤,他已成功地到达乌尔克河。就在这个时候,拿破仑急驰前往猛扑敌军。2月10日,在尚波贝尔,拿破仑击溃了奥尔苏费耶夫统率的俄军,把敌军切成两段。他立即移师蒙米赖,11日在该地完全击溃萨肯兵团,其残部投奔在蒂埃里堡前的约克。12日,约克军又被法军攻击突破,仓促后退渡过马恩河;同时拿破仑迂回进军指向布吕歇尔,此时布吕歇尔正在沃尚进逼马尔蒙。布吕歇尔14日遭到袭击后撤退,在撤退过程中又被打散,总共损失约一万人。拿破仑这几天的胜利是辉煌的;但是这次胜利并没有摧毁敌军,敌军几师人正向夏龙集结。另一方面,施瓦岑贝格的部队越过了塞纳河,把维克托和乌迪诺赶到耶雷河,麦克唐纳率部队到这里同他们会合,再退到荣纳河和洛恩河而抵达蒙塔尔纪和枫丹白露。

拿破仑在从沃尚向蒙特罗行进时,本来可以实现他的作战计

划中的得意杰作之一，但是他的兵力不足。他向耶雷河前进，把敌军推向塞纳河外，而在 18 日经过苦战克复蒙特罗。施瓦岑贝格有足够时间重新集结他的部下并退向特鲁瓦；虽然布吕歇尔已经退回到奥布河上，施瓦岑贝格仍取道肖蒙和朗格勒继续后撤。

这些败仗打乱了同盟各国的步调。2 月 17 日，奥地利人出面提出签订停战协定，24 日，又重申此议。拿破仑在 22 日给他的岳父的信中，和在派弗拉奥前往吕西尼谈判时发出的训令中，都宣称他只有在法兰克福提出的议和条款的基础上才进行谈判，他不能使法国比他上台时变得更小。此外，卡斯尔雷已抗议奥地利人不应单独提出停战谈判。虽然施瓦岑贝格已派出五万人增援布勒纳，布勒纳敌不过奥热罗，但是贝尔纳多特正在率部前来，同盟军终将取得胜利已毋庸置疑。比洛和温青格罗德两军已进入香宾，同时朗热隆和圣普里厄斯特从德意志带来两个兵团的生力军。2 月 24 日，布吕歇尔又向前推进，这次的目标是大莫兰河谷。卡斯尔雷不但不感到绝望，相反地还在催促盟国讨论最后的决策。2 月 15 日，同盟军已经商定：如果拿破仑在巴黎陷落以前不肯议和， 564
则盟国可能不得不考虑首都终将表示的“愿望”，从而拒绝再以拿破仑为谈判对手。26 日在肖蒙，盟军决定最后一次把条件交给科兰古，并规定了 3 月 10 日为最后期限。3 月 9 日，在这个命运攸关的期限行将到期的时刻，卡斯尔雷办到了使同盟四强签订为期二十年共同对付法国的公约。为了保证它们自己负责建立起的新欧洲秩序受到尊重，四国约定在必要时各自提供十五万兵员。至此卡斯尔雷终于使欧洲反革命二十年来一直梦寐以求的同盟变成现实，而只有到这个时候，卡斯尔雷才肯付出他答应在 1814 年提

供的五百万镑。3 月 10 日,未能劝说拿破仑让步的科兰古请求同盟军宽延答复的最后期限到 3 月 15 日,他提出一份反建议,其中要求法国仍保持欧仁统治意大利,萨克森仍归其国王,在重新改组欧洲的国际会议上法国将有其发言表决权。夏提荣的谈判到 19 日终于完全破裂。此时从巴黎来的维特罗尔男爵已经受到盟军的接见;盟军并批准他去探看阿图瓦伯爵,他到南锡会见了后者。在此期间,在法国被占领地区,王党分子的阴谋活动得到盟军或多或少公开的鼓励。3 月 22 日,英国政府最后决定不再以拿破仑为谈判对手。

这场戏此时已近尾声。2 月 28 日,拿破仑再度冲出追击布吕歇尔,布吕歇尔正在进逼马尔蒙和莫蒂埃,直到 3 月 1 日他被阻于乌尔克河。布吕歇尔发觉有腹背受敌的威胁,便移师北上,想同正在攻打苏瓦松的比洛和温青格罗德会合。如果不是苏瓦松这个要塞在 3 日突然投降盟军,布吕歇尔势将全军覆灭,现在反而得以渡过埃纳河在拉昂城周围集结整顿他的全部军队,同时法军则不得不在贝里-奥-坝找寻一个渡口。拿破仑在克拉纳击退布吕歇尔的一次进攻以后,分兵两股向现已集结有十万敌人的拉昂进军。9 日,拿破仑在拉昂城南被打退;驻扎在城东的马尔蒙夜间遭到袭击而溃败。10 日,拿破仑也受到进攻,退向苏瓦松,从苏瓦松他掉师直趋兰斯击溃了圣普里厄斯特的军团。虽然打了这场胜仗,拿破仑的作战方案仍然是失败了;因为这时施瓦岑贝格的面前只有麦克唐纳和乌迪诺两军,他乘此时机慢慢地收复了一切失地。从 17
565 日到 19 日,拿破仑放弃正面攻击布吕歇尔,而从兰斯急行军到梅里,这次想从侧翼攻击布吕歇尔;布吕歇尔又一次拔腿就跑,而且跑得更快。19日,他到达塞纳河与奥布河中间地带。

在这关键时刻,拿破仑并不放弃战斗,而是放弃阻止同盟军进攻巴黎。他决定进军洛林,以便集合洛林各地驻军,并在切断敌军交通线后,再回师巴黎城下进攻包围巴黎的敌军。但是施瓦岑贝格突然决心行动起来,20日和21日,当拿破仑渡过了奥布河来到阿尔西时攻打了他;加之布吕歇尔也取道夏龙前来。拿破仑经过一番苦战才摆脱他们,然后撤入圣迪济埃。施瓦岑贝格和布吕歇尔再度会师后,终于决定沿大小莫兰河谷齐头并进攻取巴黎。莫蒂埃和马尔蒙的部队都在25日在费尔-香班努瓦斯被打垮,一直撤退到巴黎城郊,而在29日皇后玛丽·路易丝已弃城出走。30日,莫蒂埃和马尔蒙两军残部又受到攻击,慢慢地被逼退,到了晚上他们投降了。惊惶不定的拿破仑急奔回来,31日到达枫丹白露,他还不承认被打败,而仍部署准备再战。但是,他已经被出卖和被抛弃了。

3月31日,同盟国发出宣言,劝导巴黎人选择适合法国的政府,并举出波尔多为榜样,波尔多曾经欢迎昂古莱姆公爵。巴黎的王党分子欢呼敌军入城,并戴起白色帽徽。其实这种人只是一小撮。31日晚,同盟各国君主在塔列朗家里确定决不再同拿破仑进行谈判,并要求元老院建立一个临时政府。塔列朗当然成为这个临时政府的头子。巴黎市委员会和政府各院立即呼吁召回波旁王室。4月2日,元老院决议废黜皇帝;3日,立法院同意并以两院联名宣布废黜皇帝。元老院议员接着仓促拼凑出一部宪法,其中他们最关切的是规定元老院继续存在,并维持他们自己的薪给待遇原封不动;然后,到6日他们召唤路易十八归国即位。在这期间,

元帅们在枫丹白露拒绝再追随他们的皇上作战,并劝谏皇帝让位给太子。4月4日,拿破仑让步并派遣科兰古、内伊和麦克唐纳三人去见沙皇;他们在途中遇到从埃松纳撤退下来的马尔蒙,便邀马尔蒙同去巴黎。亚历山大迟迟不答。但是在施瓦岑贝格的劝诱下,马尔蒙答应背叛拿破仑;虽然他没有立即采取行动,却在4日
566 至5日的夜间下令他的部队调向敌方,从而暴露了枫丹白露。这时起沙皇要求拿破仑直截了当地退位;6日,拿破仑最后屈从表示同意退位。

在意大利和法国南部,战争仍然在继续进行。1月间,缪拉扯下了假面具,已进占罗马,继之占领托斯卡纳,并侵入罗马涅。然而他又犹豫起来,因为他被英国本廷克的行为所激怒:本廷克同他签订了停战协定,但本廷克只是迫于卡斯尔雷之命才同意签订的,因而佯作疏忽,仍派兵登陆里窝那,意图进攻热那亚。欧仁还能在明乔河上拦击奥将贝勒加德,并且还指望为他自己保住意大利王国,所以同缪拉进行谈判,但他们未能达成协议,4月13日,缪拉向塔罗河发动攻势;米兰爆发了起义。16日,欧仁签订了一个协定,规定允许他撤出意大利。在比利牛斯山方面,苏尔特想解救潘普洛纳和圣塞瓦斯提安两地都未成功以后,步步后撤,1813年10月,比达索亚河一线失守,11月,尼维尔又失守,12月尼夫河一线又不守。他于是撤退到波城的急流险滩后面,这样就让威灵顿长驱直入波尔多。2月底,苏尔特虽在奥尔泰兹一战失利,但整个3月份他仍转战塔布城周围,然后撤退到图卢兹,4月10日,他最后在图卢兹被打败。

4月11日签订的枫丹白露条约决定了拿破仑的命运。他本

人获得厄尔巴岛和一笔年金,玛丽·路易丝和他的儿子得到巴马,他的家属都得到年俸。20日,他和他的部队告别;他曾毫不怜惜地带领他们作战,然而却只有他们对他忠心耿耿直到最后。

567 第二章　复辟与“百日”

各国君主取得胜利便集会于维也纳，按照他们的心意重新组织欧洲。在法国，路易十八确认了1789年的原则和拿破仑的各项制度；但是为时不久那些感到失望的贵族便纷纷提出异议，从而动摇了他的政府。这正是拿破仑所指望的。他不甘心于受命运的摆布，又担心他的处境会变得更坏，因此他决心最后一次碰碰运气。他的卷土重来给法国带来新的灾难，并导致他自己终身囚禁于圣赫勒拿岛。

一、维也纳公会与反革命的胜利

同盟军既成了法国的主宰，便着手把他们的条件强加给波旁王室。4月20日，刚被元老院指定为辅政的阿图瓦伯爵签订了停战协定，交出仍被法军据守着的一切要塞，连同全部装备和仓库。5月30日，和约在巴黎签字。除了蒙贝利亚尔和牟罗兹而外，塔列朗还为法国力争保全了尚贝里与安纳西，以及他本人拥有一些私人利益的部分萨尔地区。同盟军没有勒索任何战争赔款，甚至
568 也没有要求归还拿破仑从被征服国度掠夺来的艺术品。既然同盟军已决定把法国退回到“1792年的边界”，而这边界并不把殖民地

列入其中，英国便自行夺到多巴哥岛和圣卢西亚岛、法兰西岛、罗德里格岛和塞舌尔群岛；西班牙重占圣多明各岛其原占部分。在即将召开的维也纳公会上，同盟国对法国所夺取的领土无论如何处置，法国事先承诺一概接受。

这次会议是欧洲史上还不曾举行过的重大会议，引起各方面都寄予很大希望。但首先是那些旧日的“正统的”当局寄予很大希望。在被剥夺王权的君主中，几个最重要的已经重登宝座。从1813年12月11日起，拿破仑本人已经根据瓦朗塞条约释放了费迪南七世，又在1814年1月把罗马教皇送回本国；黑森选侯、撒丁国王、摩德纳公爵和托斯卡纳公爵都已重返其首都；英国国王重新领有已被升格为王国的汉诺威。但是那些拿破仑的同盟者，是否要把拿破仑所给他们的都一并交出来？问题特别多的是德意志；帝国骑士和教会王侯纷纷保卫他们的权利。德意志人民奋起作战是为了争取独立，而不是为了恢复旧制度，况且还曾得到享有自由的许诺，因此人民同样感到惶惑不安。德意志爱国者主张统一，但是他们并不能确切知道应该怎样统一；而从这年年初起，戈雷斯在他主办的《莱茵报道》上发动了一个强大的运动，反对王侯们的自我中心。意大利人欣喜的是赶走了法国人，忧惧的是奥地利人卷土重来。另一方面，法国所解放了的资产阶级和农民都不愿再度沦入从属地位。1815年5月22日，在发动反对拿破仑新战役的前夕，普鲁士国王亲自允诺颁布宪法。但是，一方面有像巴德尔这样的崇古派，他们对君主们施加压力，主张新的政治秩序应当建立在宗教原则的基础之上；另一方面有像圣西门和奥古斯特·蒂埃里这样的维新派，他们要求最后应组织起“欧洲社会”。所有的人

一致瞩望于这次会议的是建立和平,如果不能有永久和平,至少要有一个长期的和平。

卡斯尔雷、梅特涅和普鲁士人都未能高瞻远瞩。至于沙皇,虽然他乐于倾听容-施蒂林和克吕德内夫人的预言(这些预言是通过皇后的一个嫔妇传给他的),却照常玩弄神秘主义伎俩以实现他的野心。他不久以后就对塔列朗说:"欧洲的传统礼仪就是欧洲的法律。"在"四强"的心目中,这次会议的任务应只限于批准它们
569 做出的决定;而其中的英国仍以调停者自居,邀请同盟各国到伦敦去解决分歧,做出决定。亚历山大在伦敦摆出了高高在上目空一切的姿态,他奉承恭维辉格党人从而激怒了托利党人,并冒犯了英国摄政王。在伦敦的会谈没有达成协议就散了,9月间在维也纳也没有获得较多的成果。维也纳公会因而迟迟未能举行,虽然塔列朗在西班牙的支持下,能够使各国同意确定11月1日为公会开幕的日期,从而为他个人赢得一个为外交界赞赏的胜利;但是这次公会从来没有名副其实地开过大会,一切都在委员会里进行,重大的问题都由"四强"决定。主要的分歧一直是涉及华沙大公国和萨克森,俄国想占有大公国并要把萨克森转交给普鲁士。梅特涅一直在反对;而英国政府则对此漠不关心。英国政府所关心的只是坚持避免讨论一切有关海洋自由的问题,并保留处理殖民地问题的权利:它把马耳他岛和赫尔果兰岛据为己有,又从荷兰人手里夺到开普、新加坡、圭亚那的一部分。英国政府也使会议通过谴责贩卖奴隶,但是由于西班牙和葡萄牙不肯合作,没有能够立即加以取缔,关于欧洲大陆上的事务,英国政府授权卡斯尔雷相机行事。

然而卡斯尔雷认为他的国家不能对大陆事务袖手旁观：在所有的英国政治家中，他是前所未有的最具有欧洲头脑的一位政治家。他认为当务之急是要包围法国，因此他主张扩大荷兰，把普鲁士安置在莱茵河上，并让奥地利留在意大利；但是他同时也认为绝不能允许沙皇夺到大陆的霸权。他认为主要是使普、奥两国亲近和解以加强德意志，这样才能既反对法国又反对俄国。起初卡斯尔雷似已成功在望，梅特涅同意把萨克森给普鲁士人，如果他们不再追随亚历山大的话。但是弗里德里希-威廉深受这位朋友的责备，便不承认他的大臣们同梅特涅谈判的结果。形势显得如此严重，以致在 1815 年 1 月 3 日卡斯尔雷愿意负责同梅特涅和塔列朗签订一个同盟条约。塔列朗自夸立了大功，他写道：“反法同盟已告解体”，而确有许多人相信了他这句话。诚然，塔列朗表现出非常机智灵活；可是，他所卖弄的领土公正处理和“正统主义”等原则所发生的实际效果，并不如传闻之甚。没有任何人想给他任何东西，并且，如果他在捍卫正统主义，人人都知道他这是为了讨好路易十八，因为路易十八想把他的王室中人重新扶上那不勒斯和巴马的宝座。塔列朗曾同卡斯尔雷和梅特涅通谋，促使他们抛弃缪拉，这倒是实有其事。此外，同盟各国丝毫无意使同盟破裂。卡斯 570
尔雷准备做出一些让步，并且很快地就说服亚历山大取得协议：普鲁士人只能得到三分之一的萨克森，把托伦和波森还给了普鲁士人；至于从荷兰方面，普鲁士人也只获得欧庞和马尔梅迪。普鲁士人接受了莱茵区作为补偿，除此以外也提不出更好的地方。这样一来，卡斯尔雷也跟在拿破仑的后边促进了德意志的统一。塔列朗反对把萨克森国王移至莱茵河上，卡斯尔雷同意了塔列朗这

个看法,从而有效地为莱茵河的普鲁士化铺平了道路。处理完德意志问题以后,卡斯尔雷便离开了维也纳。拿破仑的卷土重来并没有打断维也纳公会各委员会的工作,6 月 9 日签署了最后议定书。

这个最后议定书曾被视为一项杰作。然而,对东方的问题仍然留有列强角逐的余地,因此,势必还将导向战争。在 1813 年 7 月至 10 月间,土耳其人乘有利时机重新占据了塞尔维亚,继之在 1814 年 11 月塞尔维亚又爆发了一次起义,结果把土耳其人围困在一些要塞里。于是沙皇声称,根据布加勒斯特条约,塞尔维亚人应享有自治权;此外,土耳其苏丹一直对沙皇在高加索的征服地持异议。完全可以预见,迟早有一天亚历山大会要求占有君士坦丁堡,作为他自以为对欧洲所做贡献的报酬。因此之故,梅特涅曾建议马赫穆德请求欧洲各大国保证其领土。但是俄国人表示反对,而英国人置未来于不顾,也拒绝参与保证。

此外,旧制度的外交官对他们自己的成就感到得意,这也是很自然的事,因为他们根据他们最珍爱的均势原则,彼此分割了领土和“臣民”。正是由于这个原因,维也纳公会的工作是与欧洲新潮流背道而驰的,因为它根本不考虑法国革命战争所唤醒的民族意识。卡斯尔雷对辉格党人的抗议充耳不闻,在这一点上正和梅特涅同样盲目。把伦巴第人和威尼斯人送给了奥地利,不顾比利时人的反对硬使他们臣服于荷兰人,波兰又一次被肢解,甚至德意志人也被凑集在一个陷于瘫痪,而又被普、奥两国拉锯争夺的邦联之内,这些被牺牲的民族显然不会忍耐很久必将重申他们的权利。

政治的、行政的和社会的反动也随之而至。1814 年 5 月，费迪南七世尚未进入马德里之前，就已废除了 1812 年的宪法；西西里的费迪南也继起效尤。罗马教皇和意大利各王公，从中部到北部德意志各邦的君主纷纷动手摧毁拿破仑的政绩；普鲁士国王则 571
中止了容克地主所深恶痛绝的土地改革。梅特涅自认确有把握使南部德意志也重新回到健全的教义之上。就这一方面而言，卡斯尔雷和托利党人也同梅特涅深抱同感：自由是英国贵族才能独享的特权，而大陆上的愚民未可做此非分之想。然而他们不需很多时间即将察觉出，随着拿破仑军队传播开的法国大革命精神并没有随着他的失败而消亡。甚至就在此时，欧洲贵族满腔怒火地看到大革命的精神在欧洲仍有其一席之地。好几个篡权夺位者仍然安居宝座之上，欧洲贵族把这视为一个标志。缪拉诚然已成众矢之的，因为他顽固地坚持要占据马尔凯而与梅特涅有隙，1815 年 1 月，梅特涅暗地抛弃缪拉给卡斯尔雷和塔列朗处理。但是贝尔纳多特仍然君临瑞典，并且在 1814 年 8 月得到英国协助，迫使挪威人选举的国王、丹麦的克里斯蒂安把挪威王位让给他。“波拿巴”本人仍在统治着厄尔巴岛，而他的“小杂种”（威灵顿这样叫他）有朝一日将成为巴马公爵。反动派认为尤其严重得多的是：在尼德兰、莱茵地区、德意志南部、瑞士，不得不全部或部分地保持法国的新事物。为了迫使奥伦治王室的威廉应付好比利时人，卡斯尔雷认为必须强使威廉颁布一部宪法。沙皇也曾答应给波兰人一部宪法。在法国，历尽困难始得复辟的正统国王，远不能恢复绝对王权及其种种特权，他也得委曲求全，保留大革命和帝国的成就，并且不得不与资产阶级共同统治这个国家。

拿破仑的迅雷闪电式的卷土重来又一次证实了这个相当收敛的复辟王朝是多么脆弱不稳。

二、法国第一次复辟与拿破仑从厄尔巴岛卷土重来

路易十八在 1814 年 4 月 24 日到达加来。元老院通过宪法代
572 表全国召唤他回国登基,然而要指望他接受这个宪法殆无可能。5 月 2 日,他在圣多昂发布一项宣言,其中只把这个宪法看成是一个草案;他准备保存这个宪法的一些主要规定,诸如公民的自由与平等、国有产业的出售、维持帝国各项制度、立宪制政府的原则等等;但是人民主权从公法中勾销掉了,代之以国王"将钦赐"的一个"宪章"。这个"宪章"由一个委员会从 5 月 22 日至 27 日起草完成。政治组织是从英国人那里搬过来的。国王通过各负专责的大臣行使行政权;国王独有提出立法之权;贵族院和众议院通过租税和法律,贵族院议员由国王任命,并有可能世袭席位;众议院议员的选举有财产资格的限制,缴纳三百法郎直接税者始有选举权,缴纳一千法郎直接税者有被选举权。但是目前暂时由帝国的立法院改为众议院;帝国的新贵族也成为贵族院的多数——八十四名元老院议员和若干元帅。6 月 4 日,宪章在两院中宣读。

大资产阶级相当满意地接受这个宪章,因为一方面它阻拦了反革命,而另一方面又剥夺了普通人民的一切政治影响。但是,问题仍然在于要看路易十八是否把政府交给显贵们,也即是否像英国国王一样,按照议会多数的愿望选用大臣。可是路易十八全然

无意效法英王，他只不过把旧制度下的“高级国务会议”和“争议处理会议”加以改头换面，而他的大臣只不过是些高级雇员，他们同国王个别联系，彼此并不构成一个政见一致集体负责的内阁。资产阶级深感失望。更糟的是：路易十八对政务不感兴趣，而外国的一些大使，尤以威灵顿和波佐·迪·博尔戈为最甚，则插手法国政务。这个政权实际上无政府可言，从而遭到削弱。

全国的群众处于漠不关心的状态，在群众眼里，波旁王朝已经一文不值，同盟军和亡命者也惊讶地确认这种情况。路易十八回国一事并没有征询人民的意见，人民所以容忍他，只因为在他们心目中，他是外国人强加给法国的，以此作为实现和平与从法国领土撤军的条件。对于这次和平，人民当然毫不感谢路易十八；不但不感谢，相反地，他的白色旗在人民看来是国耻的标志。宪章上没有丝毫可以引起人民热情的规定；只要不恢复种种特权，也不再征收什一税和各种封建租税，群众对这个政权也就听之任之。

然而这恰恰是旧贵族和僧侣所不愿容忍的，特别是僧侣，既然 573
已使宪章宣告罗马正教为国教，他们认为不应使其沦为一纸具文。所有这伙人都把宪章视为一种过渡性的让步，而阿图瓦伯爵也抱有同样看法。路易十八不得不满足他们的一些要求：对于贵族，他把他们安置在宫廷中，在皇室禁卫军中、在政府部门和在军队中充任高官显职，与此同时，数以千计的军官则只发半薪而予以遣散，阿图瓦伯爵曾答应取消的“综合消费税”，却又借口财政困难而继续征课。僧侣则获得国王颁发敕令严格规定必须遵守礼拜日的习俗、免除教会学校一切租税并不受政府任何管辖、取消政府任命的教育总长。政府不能拒绝做出某些象征性的姿态：给基贝隆半岛

登陆死亡的王党分子竖立纪念碑,[①]追封卡杜达尔为贵族;政府因而就有更多的理由纵容贵族的叫嚣和僧侣的说教谴责。很快地全体法国人都认识到,除非全盘恢复旧制度,否则无法满足他们。人民从缄默容忍变成愤慨。至于士兵,复辟政权完全不能指望他们。

不久即有种种秘密策划在暗地进行。富歇深信欧洲是不会容忍拿破仑回来的,因此倾向迎立奥尔良公爵,或者争取奥地利支持拥戴玛丽·路易丝为摄政。相反地,马雷则致力于拥戴拿破仑,并在 1815 年 2 月派遣弗勒里·德·夏布隆去向拿破仑汇报国内情况。一些将军准备发动兵变;3 月 5 日,拉勒芒和德鲁埃·戴尔隆即试图在北部发动一次兵变。他们失败了;但就在这个时刻,消息传来:"他"回来了!

拿破仑从来不肯听天由命,何况他有充分理由表示抱怨。有关当局拒绝把他的儿子给他;而玛丽·路易丝则已以奈珀克为其情夫。路易十八拒绝如约付给他年金。或许他已获悉,在维也纳正在议论把他放逐到圣赫勒拿岛。2 月 26 日,即在夏布隆离开厄尔巴岛之后两天,拿破仑登舟返回法国。此行结果只为他招致新的不幸。

3 月 1 日,拿破仑一帆风顺到达儒昂湾。从儒昂湾出发,他向格勒诺布尔进发,拉贝杜瓦耶上校在该地迎候他,并将要塞交出。10 日,里昂工人热烈欢迎他胜利归来。曾经夸下海口要生擒拿破

---

① 基贝隆半岛在法国西部莫尔比昂郡,1795 年 6 月 7 日,亡命的王党分子在英国支持下在基贝隆登陆,被青年革命将领奥什指挥的共和国军队一网打尽。——译者

仑的内伊也于 14 日在隆勒索尼埃宣布起义，并在奥塞尔与他会合
向巴黎进军。直到此时仍很自信的路易十八受到这个打击后，自 574
知大势已去，乃于 19 日到 20 日的夜间，仓皇出走里尔，继之逃往根特。3 月 20 日，拿破仑回到杜伊勒里宫。带着三色旗的雄鹰才又从一个钟楼飞到另一个钟楼，一直飞到巴黎圣母院的塔楼上。

三、“百日”

拿破仑没有遇到任何认真的抵抗。波旁公爵和昂古莱姆公爵 575
夫人妄图拉走一部分军队，都失败了。昂古莱姆公爵从朗格多克推进到德龙河，但很快就被包围，他乘船逃往西班牙。拿破仑的归来虽然没有遇到直言不讳的敌人，然而他发觉法国有了很大变化；在“百日”期间，法国政治生活显得生气勃勃，这使得他感到为难、不安。

法国大革命的精神在光天化日下公然再度表达出来，并且恢复了革命传统。在他飞驰的归途中，拿破仑不惜诉诸大革命的精神，他猛烈地攻击那些企图恢复旧制度的贵族和僧侣。路经奥顿时，他就曾使用革命期间的语言喊出：“我要把他们吊死在路灯上！”事实上当时是有一个汹涌澎湃的人民运动确实在反对贵族和僧侣们。另一方面，雅各宾派的资产阶级纷纷也重建起结盟军，4 月底布列塔尼的结盟军已经组成，5 月 14 日巴黎的也组成，而尤其在东部各地，在洛林和在斯特拉斯堡，在布尔戈尼厄和在多斐内，结盟军的组成获得很大成功。在这些组织中，令人回忆起救国委员会和共和二年的军队，大唱《马赛曲》和《出征歌》。行政当局

对此感到惊慌不安,有意识地采取措施,务必使大革命精神的复活不致产生任何实际效果。拿破仑是同意的,他无意于重新发动大革命;绝对专制和世袭的君主政体既已失而复得,人民只应保持缄默,静候下达出征命令。

但是拿破仑对待自由主义者的态度,不敢像对待人民那样轻率专断。自从他到达里昂之时起,无疑地是出于拉贝杜瓦耶的忠告,他开始发出大量诺言,虽然或许他本人也并不重视这些诺言。但是,在巴黎,报纸杂志、合法团体以及参政院本身都要求组织一个立宪制政府。拿破仑在论及路易十八时曾说:“这个恶棍替我把法国惯坏了。”其实路易十八是无能为力的,他绝不是心甘情愿,而

576 是迫不得已地去迁就那些名流新贵,这些人物的势力部分地是帝国时期政策的产物。而拿破仑既不想依靠人民,也只得同路易十八一样迁就他们。为了不致食言,他仅允颁布一个《帝国宪法补充条例》,并由他亲自和邦雅曼·贡斯当共同起草。甚至在3月19日,贡斯当还在《辩论报》发表了一篇恶毒攻击拿破仑的文章,但是一经召见,他立即效忠皇帝。这个补充条例相当多地模仿宪章,而且也同宪章一样是一个妥协性的文件。自由主义的资产阶级没有能够争取到保持有财产资格的选举权:拿破仑恢复了普遍选举权和各级选民团;但是他对元老院中有一部分世袭贵族则作了让步,这是他在共和十二年宪法中所拒绝过的。《补充条例》的妥协结果没有使任何人感到满意。在《补充条例》付诸全民投票时,参加投票的人数很少;在选举议员时,半数以上的选民未参加投票。保留世袭贵族使爱国党人心灰意冷,使他们拥护拿破仑的积极精神消失殆尽。至于自由主义的资产阶级,他们也不信任拿破仑,很快地

就重新攻击他。《补充条例》在一次“五月校场大会”[①]（实际上迟到 6 月 1 日才举行）上举行盛大仪式予以宣布以后，议员们就着手自行改为制宪议会，而从事修改这个条例。简而言之，拿破仑疏远了那些热诚拥护他的法国人，而并不能博得新贵名流的好感。

自由主义的反对派使政府感到头疼。担任警务大臣的富歇各方敷衍，面面俱到，此外他还秘密地同梅特涅谈判。担任内务大臣的卡尔诺很少更换官员。特派专员的行动并不比 1814 年更为得力。路易十八所保留下来的帝国时期的出版检查制度，现在被废除了，王党分子趁机利用这一措施。他们利用经济上的危机、利用对征兵的恐惧和不可避免的战争而兴风作浪。在 5 月初，旺代郡又一次暴动起来，在布列塔尼省又出现了舒安分子。叛乱分子攻占了布列绪尔和肖列，拿破仑不得不派出由拉马格统帅的西路军。叛乱很快地被镇压下去。6 月 20 日，旺代的头子们在莱热附近被击溃，25 日求和。然而这些叛乱分子牵制住了三万人的兵力，因而给同盟军在最后关头帮了大忙，如果拉马格的军队投入滑铁卢战场，则同盟军或将必败。

不论历史学家对当时各种政见感到多大的兴趣，在这三个月期间里，法国人首先关注的还是外敌的威胁。拿破仑在向巴黎进军的路途上，他曾保证说他是在同奥地利一致行动；但是很难相信

① 公元 5 世纪，法兰克人征服高卢后，每年 3 月举行法兰克武士的大会，称“三月校场”，自公元 755 年起改为每年 5 月举行，改称“五月校场”。在这些集会上举行军事检阅，或全体自由人向法兰克最高首领致敬献礼，并由首领召集武士议论军情，或召集僧侣解决纠纷，或商讨国家大政。自 9 世纪末年以后不再举行。

拿破仑恢复历史上这一古老集会形式，为的是激发人民的忠君情绪，表示问政于民的传统。——译者他会抱有这样的幻想。在他重登皇位时,他向同盟各国提出过和谈建议,并曾向它们派出一些使节。但是他没有得到任何答复。
577 早在 3 月 13 日,同盟各国在维也纳已经宣布拿破仑为法外之人;25 日,在肖蒙签订的同盟条约得到确认。在这场大决战中,各国君王和贵族又一次自命是在捍卫各族人民的独立,甚至是在捍卫被一个暴君奴役的法兰西民族的自由。事实上他们自己何尝不深知问题并不在此,现在的关键问题就在于要一劳永逸地扑灭法国大革命,要彻底打垮在他们眼里成为体现大革命的这个人。波佐·迪·博尔戈写道:“拿破仑正高举着大革命的火炬向巴黎挺进。跟随着他的是人民的渣滓,还有军队……外国列强必须趁早在罪恶萌芽时加以彻底扑灭,否则它将又一次动摇社会秩序的一切基础……这是热衷抢劫和暴行以破坏财产权和法律。”欧洲正以铺天盖地之势来压倒法国,总共已出动七八十万大军,还有雄厚的后备兵源,以及英国所拥有的一切资源。

复辟王朝留下的军队约有十六万人,还有十万人或经准假,或擅离职守而回到家里;拿破仑号召他们全部归队,并把他在 1813 年 10 月 9 日已征召入伍的 1815 年适龄新兵同这十万人混合编制起来。拿破仑又号召志愿从军,召回已被复辟王朝遣散的军官,并保持他所建立的国民近卫军的组织,派其中一部分加入现役驻守各要塞,或组成后备师。总共他集合起七十万人。不幸的是武器、装备和马匹均感不足,而钱更缺。最糟糕的是国民精神状态,虽然比之 1814 年已稍振作,但仍然不是热情很高:新兵不是迅速去报到,而且远不是全部都去报到。拿破仑如果对各地结盟军表示支持,或许尚可重新燃起公共舆论的热情;但是他既摒弃革命的热忱和救国委员会的范例，便不敢重新实行普遍征兵，也不敢实行混合编制，如果能把国民近卫军混合编入正规军队，他就不难带领至少二十万大军去比利时。然而，我们应该承认，他没有足够的时间把一切安排得更妥善些，因为军情紧迫，必须抢在同盟军调动好以前，迅速出击并收复莱茵河战线。

拿破仑最后这支军队已同大革命的传统决裂：它是由饱经训练的军人组成，而且其中大多数都曾上过火线。它比 1813 年的军队更为可靠而有战斗力，何况配备的炮兵和骑兵也好得多；但是，从数量上看是太少了些。除了国民近卫军和分散在各地国境线上的兵力以外，北路军总共才有十二万六千人：六个军团、近卫军和 578
四团骑兵。参谋部和最高司令部的人选都不是第一流的，而在林尼之战前夕，布尔蒙竟投了敌。至于皇帝本人，尽管有不同的说法，无论如何，看起来他的健康、精力和信心都大不如前。

从法国已撤出的军队中，有两支仍然驻扎在比利时。一支是由英国人、汉诺威人、比利时人和荷兰人所组成的，共有九万六千人，而威灵顿奉命前来担任指挥；另一支是布吕歇尔统率的十二万四千普鲁士军队。因此，敌军在数量上占有优势；但是他们仍然过于分散，可望对他们来个突然袭击，或至少可以各个击破，这是拿破仑唯一可以打出的牌。但是，打一次胜仗，即使取得压倒的胜利，其实也还不能决定全局。

从 6 月 6 日起，拿破仑开始把部队从里尔调动到梅斯，以便在桑布尔河以南集中；并于 15 日大举进攻沙勒罗瓦，插进两支敌军中间。但是他的军令没有被准确执行，林尼和四臂村都未能攻克。拿破仑本人也听任敌军败退撤走，16 日整个上午毫无进展。实际情况是:布吕歇尔和格奈森诺已重新集结了八万四千人,决心冒险一战;而威灵顿,直到12日还在按兵不动,在15日仍然在等待法军从蒙斯方向来进攻,突然迅速地向东调动以便攻击法军的侧翼。最后,到16日中午过后,拿破仑发觉普鲁士人集重兵于林尼;他决定打,命令内伊和德鲁埃从四臂村迂回到普军的右方。但是拿破仑已经把洛博兵团留在沙勒罗瓦,洛博到晚间才赶来,以致拿破仑手下只有六万八千人。内伊受到威灵顿不断加强的兵力的攻击,无法脱身。拿破仑的命令也未能顺利传达下去,以致德鲁埃在两个战场之间来回移动,对哪个战场也帮不了忙。布吕歇尔的军队被从中间突破,被迫撤退,但未被歼灭。拿破仑得了感冒而离开了战场,法军也未乘胜直追,直到17日上午将过的时候,格鲁希才领兵追赶败退的敌军,到了夜间终于发现,敌军并不是退向那慕尔,而是向瓦弗前进。格鲁希此时不是渡过迪勒河去拦击普军,而是
579 尾随普军追击,以致布吕歇尔得以不受阻拦地前进去增援威灵顿。

此时威灵顿已向北退走,并已在苏瓦尼森林的前面,在圣让山高地上构筑阵地,他共有六万七千人,阵地右边有乌古蒙庄园和圣拉埃农庄强固的屏障,阵地中心也隐蔽得很好。阵地的左翼比较暴露,但是他在这一边等待普鲁士援军的到来。在17日一整天,拿破仑调动军队转而进攻威灵顿,他此时有七万四千人;18日由于大雨造成的困难,他等到将近中午时才发动攻势;其后果是到下午一点钟时,比洛就出现在法军的侧翼。正面进攻英军阵地是由内伊指挥的,他指挥得很不好,首先进攻英军右翼,在乌古蒙庄园前受阻攻不上去,于是转向中路进攻,直到下午三点半都被阻于圣拉埃农庄;继之,以密集纵队推进的步兵遭到扫射,经过激烈肉搏

后被击败；骑兵也冲入英国人的方形阵地，但被英军击退；最后集结起来的步兵再度进攻而动摇了敌军的阵线。内伊请求出动近卫军给敌人最后的、致命的一击。但是拿破仑已不得不派出很大部分的近卫军去增援洛博，因为洛博被比洛不断增多的部队逼得逐步后撤，拿破仑只能派出五营老近卫军，英军方面抵挡这些老近卫军攻击的是英国的近卫军——威灵顿最后的后备队。就在这个时刻，齐坦到达法军的最右翼，于是英军转入反攻。拿破仑的部队阵脚大乱，溃不成军，惊慌逃窜，伤亡三万人，被俘七千五百人。格鲁希在瓦弗还能令敌军不敢轻视，甩脱敌人全师返还。法军残部到拉昂集中后退过塞纳河。

21日拿破仑回到巴黎，仍想重整旗鼓，继续抗敌。但是议院表示反对，次日他宣布退位。议院选一个以富歇为首的执政委员会，他决定拿破仑应于29日离开马尔梅松。议院宣称反对波旁王朝，6月30日威灵顿到达巴黎城郊，议院派出代表团去见威灵顿。当时普遍认为宜以奥尔良公爵取代路易十八，仍留在维也纳的塔列朗也附和此议。要使同盟各国都同意废君复辟，并非轻而易举；亚历山大始终强烈地反对他。但是亚历山大此时不在巴黎，拿破仑出乎意外的大败使威灵顿和路易十八得以控制解决方案。路易十八立即兼程回国，28日他在康布雷允诺宣布大赦。威灵顿答复议员代表说，改朝换代无异革命行为，而革命行为势必招致法国被肢解。在这个问题上议院和执政委员会发生分裂。7月3日，受 580
任为军队总司令的达武签署了巴黎投降书，并将军队撤退过卢瓦尔河。8日，路易十八再即王位。

此时拿破仑在7月3日到达罗什福尔。他曾要求派出帆舰，以便乘坐前往美国,执政委员会借口海上有英国巡逻舰,命令他登舰待命,事实上扣留他当做囚犯。14 日,路易十八下令把他交给英国人。不过还没有做到这一步,9 日拿破仑已开始同英国人谈判,要求把他带往美洲,或者到英国;15 日,他登英舰“伯雷勒芬”号,把自己交到英国人手里。

英国政府、普鲁士人,甚至梅特涅都想割去法国几省之地。卡斯尔雷坚决反对这么干,他得到威灵顿和亚历山大的支持。最后,他终于使首相利物浦改变了主张,同时沙皇也说服了奥地利。因此,普鲁士人陷于孤立,不得不让步。9 月 26 日提出的和约草案被塔列朗拒绝;但路易十八撤换了塔列朗,11 月 20 日在第二次巴黎和约上签了字。这次和约从法国夺去菲利普维尔和马利恩堡、萨尔路易、朗道和萨尔等地,以及法国还保留的那部分萨伏依;法国应付赔款七亿法郎,外加私人要求的赔偿二亿四千万法郎;同盟军将占领法国三至五年;此外,这一次法国还得交还从其他国家掠夺来的艺术品。同一天,同盟各国重新确定它们的同盟条约,并决定永远不许波拿巴家族重登法国皇位;卡斯尔雷又提出增加一项附文:同盟各国每隔一定期间应举行会议审查欧洲局势。从 9 月 26 日起,亚历山大已经同普、奥两国签订了一个神秘的公约——神圣同盟,要按基督教教义保障和平并确保欧洲大陆有良好的政府。

至于拿破仑,此时他正在驶向圣赫勒拿岛的途中,同盟各国决定把他囚禁在该岛上。他去到这个遥远的、偏僻的孤岛上,在赤道的烈日下,在辽阔的海洋中,如此悲剧式流放的结果,反而使他的一生更增添了具有浪漫主义色彩的魅力,这种魅力将永远扣人心弦，引起人们的遐想。它也有助于产生关于拿破仑的传说，这种传说使他在历史上所起过的作用走了样。他受到欧洲帝王们的迫害，因此他在法国人的眼里又成为这个革命民族的英雄。帝王们所以要囚禁他，不仅因为他个人的威名使他们心惊肉跳，而且是因为他们要打击报复这个竟敢娶一个公主的暴发户士兵。拿破仑本人则在口述他的回忆录时，最后仍表现出天才横溢，不减当年，他 581
把他的政策中的个人因素完全置诸脑后，而把自己单纯地视为解放人类和各民族的、武装起来的法国大革命的领袖，这场革命正是通过他的双手放下武器的。

1821 年 5 月 5 日，拿破仑闭目长眠了。

583

结　束　语

拿破仑创建新皇朝和世界帝国的大业，功败垂成，因而使诗人浮想联翩，视之为第二个因其大胆而遭天罚的普罗米修斯[①]——人的天才向命运之神奋战的象征。另一些人则与之相反，把拿破仑看成是历史决定论播弄的玩物，他们的理由是法国大革命必然导致独裁，而取得自然疆界又注定了法国永将征战不休。为了不陷入玄学的空论，历史学者倾向于同意诗人的看法。只要革命的敌人仍在勾结外国，要拯救革命就必须有一个无上威权的政府，而资产阶级要建立起这样的政府正需要拿破仑其人，这在历史学者看来是一个事实。法国合并比利时和莱茵河左岸势必遭受新的攻击，历史学者也应把这种情况看成是可能的。但是，军事独裁本身并不意味着必须重建世袭君主政体，更无需另立新贵族阶层；捍卫自然疆界的最好办法也并不是要越过这些边界去向反法同盟各国挑衅。这些都是拿破仑个人的意图要这样干的；客观形势诚然有利于实现他的意图，然而这种个人意图却是发自他天性的最深处。此外尚有一种很流行的说法，即谓拿破仑的个人意图乃是注定要

---

① 古希腊神话中的一个神，他从天上盗取火种带给人类，从此人类进入文明；但因此激怒了“万神之神”宙斯，把普罗米修斯锁在悬崖上，令鹰啄食他的肝脏，以示惩罚。这个动人的神话两千多年来成为西方诗人咏歌，艺术家描绘的主题。——译者

失败的；为了教训那些妄图步恺撒后尘的人，为了整个人类的福利，也许最好能把这一论断看成是无可争辩的。然而我们却不敢苟同，因为在莫斯科，亚历山大的抵抗意志原有可能衰退；在卢岑，同盟军本来也有可能全军覆灭。现在可以肯定说的只是：拿破仑所冒的风险太大，而在这些冒险行动中，法国丧失了大革命时期所征服到的全部领土。

虽然拿破仑的个人壮志未酬，他的所作所为却留下了深刻的痕迹。在法国，革命后的新国家尚未定型，拿破仑给了它一整套行 584
政机构，这显然是大师的杰作。1789 年的革命已使资产阶级掌握政权，但是随后民主力量起而与之相争，[①]在皇帝的庇护下，新贵名流才得以保住政权，增殖其财富并扩大其势力；一旦摆脱了平民的威胁，他们就准备自己登台进行统治并恢复自由主义。在欧洲，法国思想的传播、英国的影响、资本主义的发展以及随之而来的资产阶级的壮大，都在导致同样的后果，拿破仑在摧毁欧洲旧制度并把现代社会秩序的各项原则传入欧洲时，大大加速了这个演进过程。文化的蓬勃发展、人民主权原则的宣布、浪漫主义的传播等等都预示了民族的觉醒，拿破仑所进行的领土调整和种种改革促进了这种觉醒。资本主义正在西欧生根发芽，大陆封锁保护了资本主义早期的成长。长期以来浪漫主义激荡于全欧洲，拿破仑则正好成为浪漫主义诗人的出类拔萃的英雄人物。拿破仑个人的影响诚然是可观的，但是只有顺应当时正在推进欧洲文明的那些潮流，

① 指法国大革命期间的人民运动，尤其是共和二年无套裤汉对国民公会施加的压力。——译者

他的影响才能起作用。要谈历史决定论吗？历史的决定作用正是在这里可以看出来。

既然在这方面拿破仑成为一代伟人，我们就不难理解何以关于他的传说形成得如此之快，而又如此根深蒂固。然而，在他的个人意向和他的具有持久性的成就二者之间存在着明显的矛盾，而关于拿破仑的传说则只保留了他的成就这一面。事实上他越来越敌视大革命，敌视到这种程度，如果时间许可的话，他可能最后会部分地废弃公民平等；然而，人民的想象却把他塑造成大革命的英雄。他曾梦想建立一个世界帝国；然而，在法国人看来他依旧是“自然疆界”的保卫者，欧洲的自由主义者则把他看成是反对神圣同盟帝王们的各民族的捍卫者。他曾建立最严峻的专制统治；然而，人们却打着他的旗号去反对君主立宪的波旁王朝[①]。他是浪漫主义者崇拜的偶像，然而，就其思想方法及对文学艺术的兴趣而言，他却眷恋于纯粹的古典主义。从政治的和民族的观点来看，这种含混的传颂后来使法国又出现了拿破仑三世[②]。

只有浪漫主义者没有完全看错此人，因为拿破仑只是在所受
585 教育及其智慧表现方式方面才是古典主义者。他的行动的原动力来自想象，即其性格中不可克制的进取精神。他能永远具有动人的魅力，其秘密即在于此。因为人总是被追求权力的浪漫主义梦

---

① 指 1814 年和 1815 年复辟的波旁王朝为了同大资产阶级妥协，不得不“钦赐”宪章，在形式上建立君主立宪制。参看上文 720 页。——译者

② 指拿破仑的侄子路易·拿破仑·波拿巴利用“拿破仑传说”所造成的舆论，在 1848 年 12 月当选为第二共和国的总统，三年后发动政变建立个人独裁，又过一年称帝为拿破仑三世，建立法兰西第二帝国。到 1870 年普法战争，拿破仑三世兵败被俘，使法国蒙受色当惨败之辱，割地赔款。——译者

想所萦绕，即使只是在转瞬即逝的热情所激动的青年时代。因此，像巴雷斯所描写的那样的年轻人，兴奋若狂地去到拿破仑墓前顶礼膜拜的，将世代不乏其人。[①]

① 莫理斯·巴雷斯(1862—1923 年)，法国民族主义作家，1897 年出版《民族精神的小说》三部曲第一部《飘零的人们》。在这部小说中，巴雷斯描写的一些青年想要做出一番事业，便到拿破仑墓前顶礼膜拜，从拿破仑的性格和精神汲取生活的力量和献身事业的精神。——译者

下卷参考书目(提要)

第四编　提尔西特条约后帝国的对外征服

参看第一编第三章第二节和第三编的参考书目。

第一章　大陆体系

关于英国的一般著作,参考第一编第二章第二节书目。关于英国的经济和外交,仍看第三编第一章引过的 Crouzet 书和 Butterfield 的书。

关于西班牙,主要的参考书是 Fugier, Napoléon et l'Espagne,但只写到巴荣纳会晤的前夕。从英国辉格党人观点写的有 Sir W. F. P. Napier, History of the War in the Peninsula and in the south of France from the year 1807 to the year 1814 (London, 1828—1840, 6 vol.; 2ᵉ ed. 1890)。现在的权威著作是: C. W. C. Oman, History of the Peninsular War (Oxford, 1902—1930, 7 vol.).

关于英国和坎宁在西班牙事件中所起的作用,看 J. H. Rose, Canning and the Spanish patriots in 1808,载《The American historical review》t. XII (1906—1907), p. 39—52。

关于 1808 年西班牙的情况和起义的准备过程,至今还缺乏社会和经济的研究著作,多数现有著作仍然把西班牙起义说成是纯粹爱国主义的和完全是自发的,这是旧有的传说而已。

关于法俄联盟,主要著作仍是 Vandal,前引书。

关于拿破仑在西班牙,要看法国参谋总部出版的: Balagny, Campagne de l'empereur Napoléon en Espagne (Paris, 1902—1907. 5 vol.).

第二章　1809 年的战争

全章仍参看第一编第一章、第三章第二节和第三编的参考书目。

关于德意志的觉醒，看 H. von Treitschke, Deutsche Geschichte imneunzehnten Jahrhundert, t. I (Leipzig, 1879)，此书只写到 1814 年。Meinecke, Das Zeitalter der deutschen Erhebung (Bielefeld, 1906; 2ᵉ éd., 1913)是很好的简述。再补充 Le romantisme politique en Allemagne, textes choisis et présentés par J. Droz (Paris, 1963)。

关于普鲁士，仍要看 Treitschke 和 Meinecke 两书。普鲁士邦档案馆已开始出版有关普鲁士改革的文献：C. Winter, Die Reorganisation des preussischen Stades unter Stein und Hardenburg, t. I (Leipzig, 1931).

关于奥地利，看 W. C. Langsam, The Napoleonic Wars and German nationalism in Austria (New York, 1930)；关于匈牙利，看 Kecskemeti, Témoignages français sur la Hongrie à l'époque de Napoléon, 1802—1809 (Bruxelles, 1960)。

关于 1809 年战役，奥地利参谋总部出版有：A. Veltze, Das Kriegsjahr 1809 in Einzeldarstellungen (Vienne, 1905—1909)；法国方面的文献是：W. de Fédorovicz, 1809. Campagne de Pologne depuis le commencement jusqu'à l'occupation de Varsovie, t. I: Documents et matériaux français (Paris, 1911).

第三章　英国的成就

关于英国的海上霸权，看 H. Acton, The Bourbon of Naples (1734—1825), (London, 1956); J. Saintoyant, La colonisation française pendant la période napoléonienne (Paris, 1931)。

关于西班牙战役，看 H. Brett-James, Wellington at War, 1794—1815, A selection of his wartime letters (London, 1961)：此书选辑了威灵顿的信件、命令和一般通讯的摘录共一百七十五件，其中涉及西班牙战役者八十三件，有关 1814—1815 年法国和比利时战役者二十六件。关于威灵顿的传记，看 L. Guedalla, The Duke (London, 1931); R. Aldington, Wellington (London, 1946)。代表法国观点的有：Mémoires du Maréchal Soult. Espagne et Portugal, texte établi et présenté par L. et A. de Saint-Pierre Paris, 1955).

第四章　大陆封锁

仍看 T. H. Mahan，前引书；E. F. Hecksher, The Continental System (Oxford, 1922)是很好的综合论述；E. Tarlé, Kontinentalnaia Blodaka (Moscou, 1913); F. E. Melvin, Napoleon's Navigation System (New York, 1919)——这两本书利用了未发表过的文献。至今还没有完整的论述法国封锁的历史著作。

关于英国的贸易，主要地仍看 F. Crouzet 前引书；还要补充同一作者在《Revue historique》t. CCXXVIII(1962)p. 45—72 发表的论文 Groupes de pression et politique de blocus: Remarques sur les origines des ordres en Conseil de novembre 1807; W. F. Galpin, The Grain Supply of England during the Napoleonic Period, Publications of the University of Michigan, "History and Political Sciences" Vol. VI (New York, 1925); J. Holland Rose 在他的《Napoleonic Studies》(London, 1940) pp. 166—203 和 pp. 204—221 所辑的两篇论文：Napoleon and the British Commerce 以及 British Food Supply in the Napoleonic Wars。Rose 指出了粮食问题的重要性，但 Hecksher 和 Galpin 认为这个问题没有决定性的意义，因为他们没有考虑到心理的因素，也没有把粮食问题放在全局里考虑。

关于拿破仑对美国的政策，看 Phœbe-Anne Heath, Napoleon and the origins of the Anglo-American war of 1812 (Toulouse, 1929)；再补充 U. Bonneil, La France, les États-unis et la guerre de course, 1797—1815 (Paris, 1961)，这部书的贡献不仅在于私掠船战争的历史(从 1800 年到 1815 年，法国人拿捕了五百艘美国船)，而且在于法、美贸易史和大陆封锁史。

关于 1811 年法国危机的最佳论述是：L. de Lanzac de Laborie, Paris sous Napoléon, t. VI (Paris, 1910); Odette Viennent, Napoléon et l'industrie française. La crise de 1810—1811 (Paris, 1947).

第五章　俄罗斯战役的准备过程

除本编全编的参考书目外,主要再看 Vandal,前引书,和第三编第一章参考书目。

关于瑞典的情况可看:D. P. Barton: The amazing career of Bernadotte (London, 1929).

第五编　1812年的世界

第一章　帝国的法兰西

仍看第二编第一章参考书目。

关于拿破仑的私生活及其家族,仍看第一编第三章参考书目,还有 Masson,前引书。

关于政府组织和行政机构的演变,看 J. Godechot, Les institutions de la France sous la Révolution et l'Empire (Paris, 1951),尤其要看 C. Durand, L'exercice de la fonction législative de 1800 à 1814 (Aix-en-Provence, 1955) 和同一作者的 La fin du Conseil d'Etat napoléonien (Aix-en-Provence, 1959)。关于警察看:E. d'Hauterive, La Police secrète du Premier Empire. Bulletins quotidiens adressés par Fouché à l'Empereur (Paris, 1908—1922, 3 vol.)只编到1807年;第四卷(1808—1809年)由 J. Grassion 主编,已于1963年出版;第五卷(1809—1810年)即将出版。

关于国民经济,选看:Chaptal, De l'industrie française (Paris, 1819); A. Chabert, Essai sur le mouvement des prix et des revenus en France de 1798 à 1820 (Paris, 1945 et 1949; 2 vol.).

关于思想控制,选看:abbé G. Constant, L'Église de France sous le Consulat et l'Empire (Paris, 1928); G. de Grandmaison, La Congrégation (Paris, 1899); A. Latreille, Le catéchisme impérial (Paris, 1935); comte d'Haussonville, L'Église romaine et le Premier Empire (Paris, 1868—1869, 5 vol.)。关于教育,仍看 G. Pariset,前引书有关论述和书目;A. Aulard, Napoléon et le monopole universitaire (Paris, 1911)。关于宣传,看 R. Holtman, Napoleonic propaganda (Bâton-Rouge, 〔1905〕)。

关于社会演进和舆论,参看第二编,第三章,第三节参考书目;E. Lavasseur, La population française (Paris, 1889—1892, 3 vol.);同一作者的 Histoire des classes ouvrières (同上第一编第二章第三节引)。关于 1812 年的粮荒和最高限价看:Lanzac de Laborie, Paris sous Napoléon, Vol. V. (Paris, 1908); G. Lavalley, Napoléon et la disette de 1812 (Caen, 1896). 关于思想界可看: H. Guillemin, Madame de Stäel, Benjamin Constant et Napoléon (Paris, 1959).

第二章 大陆体系

关于附庸各国君主,看 Masson,前引书;B. Nabonne, Joseph Bonaparte, le roi philosophe (Paris, 1949),同一作者的 Pauline Bonaparte (Paris, 1948); F. Rocquain, Napoléon Ier et le roi Louis (Paris, 1875); Fürstenbriefe au Napoléon I, publiées par F. Kircheisen (Stuttgart et Berlin, 1929, 2 vol.); Lettres personnelles des souverains à l'empereur Napoléon Ier, publiées par le prince Napoléon et J. Hanoteau (Paris, 1939).

关于意大利,仍看 A. Fugier,前引书;L. Madelin, Rome sous Napoléon (Paris, 1906)。

关于德意志,看:H. A. L. Fisher, Studies in Napoleonic Statesmanship. Germany (Oxford, 1903); M. Dunan, Napoléon et l'Allemagne. Le système continental et les débuts du royaume de Bavière, 1806—1810 (Paris, 1942); 关于一个小邦统治情况可看 J. Courvoisier, Le maréchal Berthier et sa principauté de Neufchâtel, 1806—1814 (Neufchâtel, 1959);在贝尔蒂埃元帅统治的七年里,他从该邦搜刮了八十五万法郎之多。

关于波兰,看 M. Handelsman, Napoléon et la Pologne (étude du régime),载《Revue des études napoléoniennes》 t. V (1914), p. 162—180; Abel Mansuy, Jérôme Napoléon et la Pologne en 1812 (Paris, 1930),附有丰

富的参考书目;波兹南科学之友社出版了由 A. Skalkowski 主编的 Correspondance du prince Poniatovski avec la France (Poznan, 1921—1929, 5 vol.)原文是法文;1964 年的《Annales historiques de la Révolution française》出版了一期专号,研究法国革命和拿破仑帝国时期的波兰,附有近年来波兰对这个时期研究成果的书目。

关于大陆经济,参看本编第四章参考书目;E. Tarlé, L'unité économique du continent européen sous Napoléon Ier,载法国《Revue historique》;t. CLXVI (1931), p. 239—255. 关于大陆封锁对附庸各国的影响,Hecksher 前引书,有简要的叙述;此外应补充关于意大利北部的 E. Tarlé, Le blocus continental et le royaume d'Italie (Paris, 1928);关于瑞士的:B. de Cérenville, Le blocus continental et la Suisse (Lausanne, 1906).

第三章　各种独立力量

关于普鲁士,仍看 Cavaignac,前引书;de la Blache, La régénération de la Prusse après Iéna (Paris, 1910)。

关于英、美,除看第一编第二章有关书目外,补充 M. Roberts, The Whig Party, 1807—1812 (London, 1939); G. Chihard, Jefferson (Boston, 1929)。

关于科学和艺术,看 J. Fayet, La Révolution française et la science, 1789—1815 (Paris, 1960); L. Hautecœur, Histoire de l'architecture classique en France, t. V:Révolution et Empire, 1792—1815 (Paris, 1960); 同一作者的 Louis David (Paris, 1954);英国的《Apollo》杂志 1964 年 9 月份专号,专论拿破仑在艺术领域内的功过。

关于欧洲的扩张,除仍看第一编第二章第五节有关书目外,关于马来亚应补充 R. Coupland, Sir T. Stanford Raffles (Oxford, 1926);在太平洋方面,看 J.-P. Fabre, L'expansion française dans le Pacifique, 1800—1842 (Paris 〔1953〕),此书第一编讲帝国时期,主要讲博丹到澳大利亚沿岸探险经过,这是布维埃和梅尼埃根据大英博物馆保存的手稿已经叙述过的,但著者补充了法国海军部的档案。

第六编　拿破仑的败亡

第一章　大陆体系的瓦解

关于俄罗斯战役,看俄国参谋本部出版的 La guerre nationale de 1812 (Péterbourg, 1901—1914, 20 vol.)法译本只出了八卷,到 1811 年底为止,巴黎,1903—1911 年。E. Tarlé, La campagne de Russie, 1812, Paris, 1941; 2e éd. Paris, 1950.(塔尔列此书俄文原著出版于 1938 年)。关于整个战役的回忆录选看:Mémoires de Caulaincourt (Paris, 1933, 3 vol.); comte de Ségur, La campagne de Russie, t. I: La marche vers Moscou, t. II: La retraite, édition augmenté d'extraits de la réfutation du général Gourgaud, préface et notes par J. Burnat (Paris, 〔1960〕2 vol.); comte A. de Montesquiou, Souvenirs sur la Révolution, l'Empire, la Restauration et la règne de Louis-Phillipe, presentés et annotés par R. Burnand (Paris, 1961):作者参加了从俄罗斯撤退,拿破仑命令他把宣布在俄国惨败的公告专程送回法国。

关于外交活动,除前引有关梅特涅各书外,补充 C. Buckland, Metternich and the British government from 1809 to 1813 (London, 1932); Sir C. K. Webster, British Diplomacy, 1812—1815 (London, 1921),1931 年增订改书名为:The Foreign Policy of Castlereagh. Britain and the Reconstruction of Europe.

关于拿破仑第一次退位最权威的著作是 Henri Houssaye, 1814 (Paris, 1888)。

第二章　复辟与"百日"

全章的参考书:Histoire de France contemporaine, publiée sous la direction d'E. Lavisse, t. IV: La Restauration, par S. Charléty (Paris, 〔1921〕),附有重要的参考书目。

关于维也纳公会,参看本丛书("民族与文明")下一卷:L'éveil des nationalités et le mouvement libéral, 1815—1848, nouvelle rédaction par F. Ponteil (Paris, 1960).

关于第一次复辟,看:P. Bartel, Napoléon à l'île d'Elbe (Paris, 1947); Mémoires de Marchand, I. L'île d'Elbe. Les Cent Jours, publiés par J. Bourguignon (Paris 〔1952〕).

关于"百日",最权威的著作是 Henry Houssaye, 1815 (Paris, 1805—1905, 3 vol.)。

关于拿破仑在圣赫勒拿岛,看 O. Aubry, Sainte-Hélène (Paris, 1935, 2 vol.); D. M. Brookes, St. Helena Story (London, 1960):此书部分地根据家藏文献,作者是东印度公司代表 William Balcombe 的后裔,拿破仑流放圣赫勒拿岛最初几个月就住在他家。

关于"拿破仑传说",看:Ph. Connard, Les origines de la légende napoléonienne. L'œuvre historique de Napoléon à Sainte-Hélène (Paris, 1906); J. Dechamps, Sur la légende napoléonienne (Paris, 1931); J. Lucas-Dubreton, Le culte de Napoléon, 1814—1848 (Paris, 1960).

索　　引

（索引页码系原书页码，即本书边码）

图书在版编目(CIP)数据

拿破仑时代/(法)乔治·勒费弗尔著;河北师范大学外语系、中山大学《拿破仑时代》翻译组译.—北京:商务印书馆,2017

(汉译世界学术名著丛书:120年纪念版:珍藏本)

ISBN 978-7-100-14418-6

Ⅰ.①拿… Ⅱ.①乔… ②河… ③中… Ⅲ.①法国—近代史—1774-1815 Ⅳ.①K565.41

中国版本图书馆CIP数据核字(2017)第153138号

汉译世界学术名著丛书

(120年纪念版·珍藏本)

拿破仑时代

(上下卷)

〔法〕乔治·勒费弗尔 著

上卷:河北师范大学外语系《拿破仑时代》翻译组 译
下卷:中山大学《拿破仑时代》翻译组 译

端木正 校

商 务 印 书 馆 出 版

(北京王府井大街36号 邮政编码100710)

商 务 印 书 馆 发 行

北京中科印刷有限公司印刷

ISBN 978-7-100-14418-6

2017年12月第1版 开本 710×1000 1/16

2017年12月北京第1次印刷 印张 51¾

定价:265.00元